U0853990

“十二五”国家重点图书出版规划
国家出版基金资助项目

中国审判案例要览

(2010年刑事审判案例卷)

国家法官学院
中国人民大学法学院 编

编审委员会主任 王胜俊
编审委员会副主任 王利明 万鄂湘

中国人民大学出版社
·北京·

再版前言

为了反映我国审判工作概貌，指导审判实践，促进法学研究，向海内外介绍我国法制建设的成就和执法水平；同时，也为中国司法工作者、立法工作者和教学、研究人员提供有价值的参考资料，1991 年，最高人民法院中国高级法官培训中心[①]与中国人民大学法学院决定共同编纂《中国审判案例要览》，逐年从全国各级人民法院审结的各类案件中选编部分案例分四卷出版，即刑事审判案例卷、民事审判案例卷、商事审判案例卷[②]、行政审判案例卷。由于知识产权审判案例、交通运输审判案例数量较少，不足以独立成卷，故按案例性质分别编入商事卷或刑事卷等分卷。

在本书编写过程中，对案件事实、审判过程、裁判理由、处理结果等，都完全尊重办案实际，具有客观性、真实性。为了便于读者了解具体的审判过程，收入了各审级的审判组织、诉讼参与人、审结时间、诉辩双方的主张、认定的案件事实、采信的证据和适用的法律条文。为了使读者易于理解适用法律的理由和涉及的法学理论观点，由编纂者写了解说，并对裁判的不足之处加以评点。

该书从 1992 年 6 月编纂出版第一本以来，到目前为止已连续编纂出版了 12 年，并出版了英文版，向世界各国发行。该书最初由中国人民公安大学出版社出版，从 1996 年起由中国人民大学出版社出版，从 2003 年起由中国人民大学出版社与人民法院出版社共同出版。该书的编纂出版，在国内外引起了强烈反响，得到法学界、法律界的高度评价。该书曾获得国家新闻出版署颁发的全国优秀法学著作一等奖第一名和北京市第三届哲学社会科学优秀成果特等奖。

我们奉献给读者的《中国审判案例要览》，希望能够对读者有所帮助，能够对我国的法制建设发展进程有所裨益。我们在编写过程中，得到了全国各级人民法院的领导及有关工作人员、中国人民大学法学院师生和海内外人士的关心和帮助，得到了香港中华法律网有限公司总裁梁美芬博士的大力支持，在此谨致谢意。

《中国审判案例要览》编审委员会

2004 年 6 月

---

① 现为国家法官学院。

② 2000 年以前为经济卷。

前　言

十多年来，随着中国改革开放的深入发展，社会主义民主和法制建设有了长足的进步，与此同时，人民法院的审判工作也有很大的进展。除了刑事审判和民事审判外，又逐步开展了经济审判、行政审判、交通运输审判。全国法院每年审结各类一审案件已达300万件左右。审判程序日趋完善，审判工作质量不断提高。我们认为，有必要系统地选编法院审判案例，向海内外介绍中国审判实践的情况，展示中国法制建设的成就；同时，也为中国司法工作者、立法工作者和教学、科研人员提供一些有价值的参考资料。为此，中国高级法官培训中心[①]和中国人民大学法学院共同合作，从1992年起逐年选编一部审判案例综合本，分别收入前一年审结的案例。每部分为刑事审判案例卷、民事审判案例卷、经济审判案例卷、行政审判案例卷，共四卷。由于交通运输审判案例数量少，不足以独立成卷，故按案例性质分别编入经济和刑事卷。书名定为《中国审判案例要览》。

在本书编写过程中，对案件事实、审判过程、裁判理由、处理结果等，都完全尊重办案实际，具有客观性、真实性。为了便于读者了解具体的审判过程，收入了各审级的审判组织、诉讼参与人、审结时间、诉辩双方的主张、认定的案件事实、采信的证据和适用的法律条文。为了使读者易于理解适用法律的理由和涉及的法学理论观点，由编者写了解说，并对裁判的不足之处，加以评点，有的版本还以附录形式加了少量的必要的法律名词解释。

我们奉献给读者的这部案例要览，希望能够对读者有所帮助，得到读者的喜爱。这是我们的初次尝试，疏漏不足之处在所难免，诚恳地欢迎各界人士提供宝贵的意见，帮助我们改进编写工作，以使今后出版的案例要览日臻完善。

我们在编写工作中，得到了各级人民法院的领导与工作人员、中国人民大学法学院师生和有关方面的关心和帮助，美国福特基金会及其驻中国办事处也给予了很大的支持。在此谨致谢意。

《中国审判案例要览》编审委员会

1992年12月

① 现为国家法官学院。

《中国审判案例要览》编审委员会

主　任　王胜俊　中华人民共和国最高人民法院院长、首席大法官

副主任　王利明　中国人民大学党委副书记兼副校长、教授、博士生导师、中国法学会副会长、中国民法学研究会会长

万鄂湘　中华人民共和国最高人民法院副院长、大法官、教授、博士生导师

委　员　（以姓氏笔画为序）

最高人民法院

牛建华　中华人民共和国最高人民法院政治部法官管理部副部长

孙际泉　中华人民共和国最高人民法院原赔偿委员会办公室主任

纪　敏　中华人民共和国最高人民法院原民事审判第一庭庭长

李广宇　中华人民共和国最高人民法院行政审判庭副庭长

杜万华　中华人民共和国最高人民法院民事审判第一庭庭长

宋晓明　中华人民共和国最高人民法院民事审判第二庭庭长

金俊银　国家法官学院民商事审判教研部主任、教授

杨万明　中华人民共和国最高人民法

中国人民大学法学院

王作富　中国人民大学法学院教授、博士生导师、中国刑法学研究会顾问

王益英　中国人民大学法学院教授

史际春　中国人民大学法学院教授、博士生导师、中国经济法学研究会副会长

叶秋华　中国人民大学法学院教授、博士生导师、全国外国法制史研究会副会长

刘文华　中国人民大学法学院教授、博士生导师

江　伟　中国人民大学法学院教授、博士生导师、中国诉讼法学研究会名誉会长

杨大文　中国人民大学法学院教授、博士生导师、中国婚姻法学研究会顾问

许崇德　中国人民大学法学院教授、

院刑事审判第四庭庭长

赵大光　中华人民共和国最高人民法院行政审判庭庭长

高贵君　中华人民共和国最高人民法院刑事审判第五庭庭长

高憬宏　国家法官学院党委书记、院长

梁书文　中华人民共和国最高人民法院原民事审判第一庭庭长、国家法官学院兼职教授

曹士兵　国家法官学院副院长

曹守晔　中华人民共和国最高人民法院中国应用法学研究所副所长

博士生导师、中国宪法学研究会名誉会长

赵中孚　中国人民大学法学院教授、博士生导师

高铭暄　中国人民大学法学院教授、博士生导师、中国刑法学研究会名誉会长

黄京平　中国人民大学法学院教授、博士生导师、中国刑法学研究会副会长

程荣斌　中国人民大学法学院教授、博士生导师

韩大元　中国人民大学法学院院长、教授、博士生导师、中国宪法学研究会会长

戴玉忠　中国人民大学刑事法律科学研究中心主任、教授、博士生导师

《中国审判案例要览》编辑部

	中国人民大学法学院		最高人民法院	
主　　编	王利明	中国人民大学党委副书记兼副校长、教授、博士生导师、中国法学会副会长、中国民法学研究会会长	万鄂湘	中华人民共和国最高人民法院副院长、大法官、教授、博士生导师
副 主 编	韩大元	中国人民大学法学院院长、教授、博士生导师、中国宪法学研究会会长	高憬宏	国家法官学院党委书记、院长
	黄京平	中国人民大学法学院教授、博士生导师、中国刑法学研究会副会长	曹士兵	国家法官学院副院长
			金俊银	国家法官学院民商事审判教研部主任、教授
主编助理	史彤彪	中国人民大学法学院教授、博士生导师	樊　军	国家法官学院科研部副主任、副编审
	曹爱莲	中国人民大学法学院副研究员	温培英	国家法官学院科研部编辑

《中国审判案例要览》各卷正副主编、主编助理

（一）刑事审判案例卷

	中国人民大学法学院		最高人民法院	
主　　编	黄京平	中国人民大学法学院教授、博士生导师、中国刑法学研究会副会长	高憬宏	国家法官学院党委书记、院长
副主编	陈卫东	中国人民大学法学院教授、博士生导师、中国诉讼法学研究会常务副会长	杨万明	中华人民共和国最高人民法院刑事审判第四庭庭长
			高贵君	中华人民共和国最高人民法院刑事审判第五庭庭长
主编助理	时延安	中国人民大学法学院副教授	孙本鹏	国家法官学院教务部主任、教授
			刘　流	国家法官学院教授
编　　辑	刘计划、胡　霞、王　烁、岳蓓玲、汪东升、张学永、徐俊驰		唐世银	

（二）民事审判案例卷

	中国人民大学法学院		最高人民法院	
主　　编	王利明	中国人民大学党委副书记兼副校长、教授、博士生导师、中国法学会副会长、中国民法学研究会会长	杜万华	中华人民共和国最高人民法院民事审判第一庭庭长
副主编	龙翼飞	中国人民大学法学	纪　敏	中华人民共和国最高人民法

		院副院长、教授、博士生导师、中国婚姻法学研究会常务副会长		院原民事审判第一庭庭长
	姚　辉	中国人民大学法学院教授、博士生导师	梁书文	中华人民共和国最高人民法院原民事审判第一庭庭长、国家法官学院兼职教授
主编助理	姚欢庆	中国人民大学法学院副教授	杨永清	中华人民共和国最高人民法院立案二庭副庭长
			樊　军	国家法官学院科研部副主任、副编审
编　　辑	黎建飞、孙若军、王　雷、郑小敏		苏　烽	

（三）商事审判案例卷

	中国人民大学法学院		**最高人民法院**	
主　　编	史际春	中国人民大学法学院教授、博士生导师、中国经济法学研究会副会长	宋晓明	中华人民共和国最高人民法院民事审判第二庭庭长
副 主 编	徐孟洲	中国人民大学法学院教授、博士生导师	曹守晔	中华人民共和国最高人民法院中国应用法学研究所副所长
	吴宏伟	中国人民大学法学院教授、博士生导师	曹士兵	国家法官学院副院长
主编助理	李艳芳	中国人民大学法学院教授、博士生导师	王　立	国家法官学院教授
编　　辑	宋　彪、孟雁北			

（四）行政审判案例卷

	中国人民大学法学院		最高人民法院	
主　　编	韩大元	中国人民大学法学院院长、教授、博士生导师、中国宪法学研究会会长	赵大光	中华人民共和国最高人民法院行政审判庭庭长
副主编	胡锦光	中国人民大学法学院副院长、教授、博士生导师、中国宪法学研究会副会长	李广宇	中华人民共和国最高人民法院行政审判庭副庭长
			金俊银	国家法官学院民商事审判教研部主任、教授
主编助理	李元起	中国人民大学法学院副教授	蔡小雪	中华人民共和国最高人民法院行政审判庭审判长
			赵建华	国家法官学院副教授
编　　辑	王贵松、王雁雄、杜思雨			

《中国审判案例要览》通讯编辑

范跃如	北京市高级人民法院
刘晓虹	北京市高级人民法院
刘艳芳	天津市高级人民法院
麻胜利	河北省高级人民法院
马云跃	山西省高级人民法院
奇牡丹	内蒙古自治区高级人民法院
兆　晖	辽宁省高级人民法院
石　金	吉林省高级人民法院
赵良宇	黑龙江省高级人民法院
朱　妙	上海市高级人民法院
张本勇	上海市高级人民法院
戚庚生	江苏省高级人民法院
程　浩	江苏省高级人民法院
周毓敏	江苏省南京市中级人民法院
沈　杨	江苏省南通市中级人民法院
周耀明	江苏省无锡市中级人民法院
江　勇	浙江省高级人民法院
李令新	安徽省高级人民法院
庞　梅	安徽省高级人民法院
李相如	福建省高级人民法院
李春敏	福建省高级人民法院
胡　媛	江西省高级人民法院
赵　峰	山东省高级人民法院
王　磊	山东省高级人民法院
马　磊	河南省高级人民法院
李治国	湖北省高级人民法院
汪家乾	湖北省宜昌市中级人民法院
黄金波	湖北省宜昌市中级人民法院
唐　竞	湖南省高级人民法院
梁展欣	广东省高级人民法院

贺利研	广西壮族自治区高级人民法院
林书斌	海南省高级人民法院
陈飞霞	重庆市高级人民法院
蒋　敏	四川省高级人民法院
施辉法	贵州省贵阳市中级人民法院
自　宁	云南省高级人民法院
冯丽萍	云南省昆明市中级人民法院
张　勇	陕西省高级人民法院
官　却	青海省高级人民法院
石　燕	新疆维吾尔自治区高级人民法院

目　录

刑法总则案例

刑法分则案例

刑事诉讼法案例

刑法总则案例

1. 郝欣被控非法侵入住宅宣告无罪案（情节显著轻微）

（一）首部

1. 裁判书字号

一审判决书：北京市宣武区人民法院（2009）宣刑初字第64号。

二审裁定书：北京市第一中级人民法院（2009）一中刑终字第2141号。

2. 案由：非法侵入住宅案。

3. 诉讼双方

公诉机关（抗诉机关）：北京市宣武区人民检察院，代理检察员：张治。

撤回抗诉机关：北京市人民检察院第一分院。

被告人：郝欣，女，1964年出生，汉族，出生地北京市，北京市长安商场职工。

辩护人：张力，北京市观澜律师事务所律师。

4. 审级：二审。

5. 审判机关和审判组织

一审法院：北京市宣武区人民法院。

合议庭组成人员：审判长：喻晓敏；人民陪审员：康彦、陈培源。

二审法院：北京市第一中级人民法院。

合议庭组成人员：审判长：贾连春；代理审判员：翟长玺、刘璐。

6. 审结时间

一审审结时间：2009年5月12日。

二审审结时间：2009年11月5日。

（二）一审诉辩主张

1. 公诉机关指控称

1992年，被告人郝欣之夫杨道忠作为职工向中国华能集团公司借用本市宣武区天宁寺前街北里3号楼1门001号房屋1套。1998年，该集团公司职工王晋经公司同意，并与杨道忠协商，搬入该套房屋的大间，与杨道忠共用001号房屋，后王晋将该房屋的大间转借给王的男友张旭居住。2002年10月17日，被告人郝欣在被害人张旭出国期间，未经张旭同意，进入张居住的房间，将张旭的家具等物品搬放至客厅内，并对张旭的部分物品私自进行处理，后把该房间提供给其父母居住。被告人郝欣于2008年1月31日被查获归案。北京市宣武区人民检察院认为，被告人郝欣无视国法，非法侵入他人住宅，干扰公民正常生活，其行为触犯《中华人民共和国刑法》第二百四十五条第一款之规定，已构成非法侵入住宅罪，提请北京市宣武区人民法院追究其刑事责任。

2. 被告辩称

被告人郝欣辩称：该房屋系其借给王晋使用，后王晋让张旭住进来，因公婆来京无房居住，其让对方腾房未果，郝欣为了让公婆居住将张旭的物品搬到客厅，自己的行为不构成犯罪。

其辩护人的辩护意见为：张旭占用该房间存在权利瑕疵，不具有合法性。被告人郝欣没有强行侵入行为。被告人郝欣没有处理被害人物品的行为。本案已过追诉时效。综上，被告人郝欣的行为不构成犯罪。

（三）一审事实和证据

北京市宣武区人民法院经公开审理查明：1992 年，被告人郝欣之夫杨道忠向本单位中国华能集团公司借用本市宣武区天宁寺前街北里 3 号楼 1 门 001 号三居室 1 套，用于存放物品。1998 年，中国华能集团公司职工王晋也以存放物品为由向单位提出借房申请，单位主管人员让其自行与杨道忠协商解决。后王晋和杨道忠协商，杨道忠将三居室中的大间借给王晋暂存物品。王晋在未征得单位及杨道忠同意的情况下，将此间房屋转借给男友张旭居住。2002 年，杨道忠因其父母欲来京，让对方腾房，未果。2002 年 6 月，张旭出国，同年 10 月 17 日，被告人郝欣在未通知张旭的情况下，进入张居住的此间房屋，将张旭的物品挪至客厅内，并对其中部分物品进行了处理，后让杨的父母居住在此房间内。

2002 年 11 月 13 日，张旭回国后得知消息，即报警反映东西被搬，衣柜中存放的物品被盗。公安机关出警进行了调查。2003 年 5 月之前，杨道忠将房屋交回单位，不再借用。2003 年 6 月，公安机关以没有证据证明有盗窃案发生为由，向张旭答复不予立案。2005 年 1 月 31 日，张旭以非法侵入住宅为由再次报案，2007 年 9 月 23 日，公安机关立案。2008 年 1 月 31 日，被告人郝欣被传唤到案。

上述事实有下列证据证明：

1. 被害人张旭陈述：证实 2000 年 11 月，其搬到天宁寺前街北里 3 号楼 1 门 001 号，该房是其女友王晋和王晋的同事杨道忠共用的 1 套三居室，张旭住大间，杨道忠占用另外两小间放家具，没有住在这里。2002 年 6 月 16 日，张旭出国，同年 11 月 13 日回国，张旭听王晋说自己的东西被杨道忠搬到门厅了，张旭就找到杨道忠，两人一起来到 001 号房，张旭看见自己原来住的房间已有人居住，自己的东西被堆在门厅里，后张旭报警，向警方反映东西被搬出，组合柜中存放的东西丢失。

2. 证人杨道忠证言：证实 1992 年其向单位借了 1 套位于天宁寺前街北里 3 号楼 1 门 001 号三居室。1998 年单位同事王晋说她父母拆迁，要借用几个月的房。杨道忠就将三居室的大间借给王晋使用。王晋将家具搬进去，但没有在这住，王晋让一个叫张旭的男子住在这个大间。后杨道忠的父母要来北京，杨道忠让王晋腾房，王晋不同意。2002 年 10 月 17 日，其妻郝欣找人将张旭的东西搬到了门厅里，将房间打扫后让父母住进去。同年 11 月 13 日，杨道忠碰到张旭，张旭说要去拿东西，杨道忠和张旭一起到 001 号房，张旭责备他们搬东西没有跟他说。后张旭报警，说他的好多东西都丢了。

3. 证人王晋证言：证实涉案的房屋是由其和同事杨道忠共用，王晋用此房放一些东西，后来其让朋友张旭住进去。2002 年 6 月，张旭出国。郝欣在没有通知王晋和张旭的情况下把张旭的物品都搬出来了。

4. 证人王继好证言：证实 2002 年 10 月中旬的一天下午，郝欣让其帮助把大房间的家具搬到客厅里。王继好和爱人一起按郝欣的指挥将大间的组合柜、床等物品都推到了客厅里，郝欣让王继好将一些鞋、衣服、书拿走了。王继好搬的东西是住在这儿的一个男子的东西，当时这人不在家，郝欣说他出国不回来了。王继好搬东西时只有她们夫妻二人在场。

5. 证人张签证言：证实涉案的房屋是中国华能集团公司在1992年借给杨道忠使用的。1998年王晋提出要房子暂存物品，张签让王晋找杨道忠商量。王晋和杨道忠如何协商，公司没有参与。2002年，杨道忠和王晋之间因房屋的事发生了纠纷。2003年5月之前，杨道忠将房交回。

6. 中共华能集团公司机关委员会出具的说明：证实经单位工作，杨道忠与王晋口头达成调解协议，杨道忠为郝欣的行为给王晋造成的财产损失道歉并赔偿王晋6 000元。

7. 北京市公安局宣武分局广外派出所出具的证明：证实2002年11月13日，该所接110布警指挥赶到广外天宁寺北里3号楼1门001号，报警人张旭称其与杨道忠合住一套三居室，张旭出国回来发现自己室内的家具被人搬到客厅，大衣柜门被撬，大衣柜内的2万元人民币、6 000美元及手表、黄金首饰等被盗。民警经工作未检出衣柜有被撬痕迹。

8. 北京市公安局宣武刑侦支队出具的到案经过：证实2005年1月31日，张旭报案称其暂住地被他人强行占有；2008年1月31日，被告人郝欣被传唤归案。

（四）一审判案理由

北京市宣武区人民法院经审理认为：被告人郝欣擅自进入张旭的房间，将张旭的东西挪至客厅，并让其公婆进入居住，其行为确有不当之处，但情节显著轻微，对社会的危害性不大，不应被认为是犯罪。公诉机关指控被告人郝欣犯非法侵入住宅罪罪名不成立。被告人郝欣及其辩护人关于不是犯罪行为的辩护意见，予以采纳。被告人郝欣的辩护人关于本案已过追诉时效的辩护意见与事实不符，不予采纳。

（五）一审定案结论

北京市宣武区人民法院依照《中华人民共和国刑法》第十三条、《中华人民共和国刑事诉讼法》第一百六十二条第（二）项，作出如下判决：

郝欣无罪。

（六）二审情况

1. 二审诉辩主张

抗诉机关北京市宣武区人民检察院抗诉称：被告人郝欣非法侵入他人住宅，并给张旭造成物质损失，严重影响了张旭的正常生活，构成非法侵入住宅罪，提出抗诉，提请北京市第一中级人民法院依法惩处。

撤回抗诉机关北京市人民检察院第一分院审核后认为：北京市宣武区人民检察院对北京市宣武区人民法院关于被告人郝欣非法侵入住宅一案提出的抗诉不当，决定撤回抗诉。

2. 二审事实和证据

北京市第一中级人民法院经审理，确认一审法院认定的事实和证据。

3. 二审判案理由

北京市第一中级人民法院经审理认为：原审被告人郝欣不能正确处理借出房屋的使用问题，擅自进入他人房间、处置他人物品，其行为确有不当之处，但情节显著轻微危害不大，不认为是犯罪。原审人民法院根据本案的事实、性质、情节作出的判决，事实清楚、证据确实、适用法律正确、审判程序合法。北京市人民检察院第一分院撤回抗诉的决定，符合法律规定。

4. 二审定案结论

北京市第一中级人民法院依照《中华人民共和国刑事诉讼法》第一百八十九条第（一）项及最高人民法院《关于执行〈中华人民共和国刑事诉讼法〉若干问题的解释》第二百四十一条、第二百四十四条，作出如下裁定：

准许北京市人民检察院第一分院撤回抗诉。

（七）解说

本案在事实认定方面存在的争议是：该房屋是中国华能集团公司提供给王晋的，还是郝欣夫妇借给王晋让其使用的。经查，1992 年，被告人郝欣的丈夫杨道忠，因父母从外地来京而向工作单位中国华能集团公司借用住房，单位同意并将本市宣武区天宁寺前街北里 3 号楼 1 门 001 号的半地下三居室楼房借给杨道忠使用（杨道忠一家住在该楼上）。杨道忠的父母在该房中住到 1998 年离开北京回了原籍，杨道忠就使用该房屋存放物品。证人张签证明：1998 年杨道忠单位同事王晋（女，当时 48 岁，与杨道忠住同楼）以父母拆迁没地方存放物品为由向单位申请借房数月，当时负责房屋管理的他告知王晋没有闲房可借，让王晋找杨道忠商量问问杨道忠是否同意暂借房屋给王晋存放物品。中国华能集团公司亦出具了证明证实，“单位对杨道忠是否借予王晋房屋未下过行政命令，并未明确同意该房屋由王晋借用，该房屋的借用手续只有杨道忠办理过，同时行政处也只发过杨道忠房屋钥匙”。后来，王晋找到杨道忠商量借房，杨道忠同意并将最大一间房屋腾出来给王晋使用。王晋先将部分家具放入屋中，后未经单位和借房人杨道忠同意，将房屋借给自己的男友张旭（当年 45 岁）居住。可见，张旭之所以能够住进该房屋，是基于郝欣和杨道忠的同意，而非基于中国华能集团公司的分配。

本案在法律适用方面存在的争议是：郝欣在张旭出国之后，未经允许进入张旭的房屋并擅自处理其物品的行为，是否具有严重的社会危害性，足以构成非法侵入住宅罪。按照法律规定，非法侵入住宅罪，是指未经法定机关批准或者未经住宅主人同意，非法强行侵入他人住宅的行为。在本案中，郝欣的行为没有明显的强行侵入的特点。据张旭讲，2002 年 6 月张旭出国办事。他走时将所住房间屋门插上了，即由屋外通过破玻璃窗伸手进屋内插上门的插销。据杨道忠和郝欣讲：2002 年 10 月初杨道忠因其父母要来京看病找到王晋让王晋腾房，但王晋没腾。后来在 2002 年 10 月 17 日，杨道忠的妻子郝欣叫来在小区打扫卫生的王继好夫妇，打开张旭居住房间的屋门，并指挥王继好将屋中的组合柜等家具物品从屋中搬出，堆放在房间客厅中，还让王继好将一些旧鞋、旧衣物处理掉，随后郝欣夫妇装修了房屋，并叫杨道忠的父母居住在此房间内。可见，郝欣所实施的并不是典型的非法侵入住宅行为，其情节也显著轻微，不具有构成犯罪所必需的较大的社会危害性。再结合郝欣和杨道忠夫妇先前将房屋中的最大一间借给王晋使用的情况来看，郝欣的主观恶性很小，因此不应认定为构成犯罪。

本案折射出的深层问题之一，是对于刑法理念的不同认识。有一种观点认为，刑法是国家的保障法，并且具有较高的位阶，在法律适用方面应当具有优先性，这是优先性的刑法理念。我们认为，谦抑性是现代刑法的基本理念，对于没有必要动用国家刑罚予以解决的纠纷，坚决不能动用刑法手段来解决。《刑法》第十三条规定了什么是犯罪，其中特别强调，情节显著轻微危害不大的，不认为是犯罪，这是刑法谦抑性的具体立法体现。刑法之所以规定非法侵入住宅的行为构成犯罪，是为了保护公民的住宅安全和生活安宁。就本案来说，郝欣在张旭不在的时候，擅自进入张旭未上锁的屋子，处置张旭个人物品的行为，对张旭来说既没有造成人身上的伤害，也没有造成较大的财产损失，亦没有对张旭的生活安宁产生严重影响，难以认为郝欣的行为严重侵害了张旭的住宅安全，因此该情节是显著轻微的。对于这种介于民事纠纷和刑事犯罪之间的行为，应首先适用民事法律进行调整，而没有必要动用国家刑罚手段，这是刑法谦抑性的必然要求。刑法是维护社会秩序的最后手段，刑法的终极性保障了刑法的权威性，通过其他途径可以解决的问题，就没有必要动用刑法手段。

本案折射出的深层问题之二，是对于犯罪构成观念的不同认识。有一种观点认为，特定行为只要是符合了犯罪构成的四个要件，均属于犯罪行为。这是形式化的犯罪构成观念的反映。我们认为，实质性的犯罪构成观是科学的刑法理念，对于形式上虽然符合了犯罪构成要件的要求，但实质上不具有严重社会危害性的行为，不应被认定为犯罪。严重的社会危害性是任何犯罪都应当具备的本质特征，关于严重社会危害性如何把握，司法解释规定了很多罪名的具体起刑标准，以说明达到何种程度就具有了严重的社会危害性。非法侵入住宅罪虽然不像盗窃等犯罪那样具有明确的司法解释规定起刑标准，但基于同样道理，也不能把所有非法侵入住宅的行为都作为犯罪处理。本案中郝欣的行为不具有严重的社会危害性，因此不应认为是犯罪。

本案折射出的深层问题之三，是对于裁判目标的不同认识。有一种观点认为，刑事审判的唯一目标是要达到良好的法律效果，这是刑事审判唯法律效果论的反映。我们认为，刑事审判应当本着追求良好的法律效果与社会效果相统一的目标，使裁判结果既合法理又合情理。本案中，郝欣和杨道忠夫妇在王晋与其商量借房之后，即将最大的一间腾出，借给王晋使用。这一先前行为表明，郝欣夫妇借房的本意是为了帮助同事，其动机是善良的。如果没有这一善意的先前行为，就不会出现后来的纠纷。而后来郝欣之所以将张旭屋内的物品移出，是基于与同事王晋商量未果，且自认为对该房屋具有使用权的情况作出的。综合上述情节来看，若将郝欣后期的不当行为认定为犯罪，则间接地否定了郝欣先前善意的借房行为。这样裁判的后果，将会损害热心助人的善良风俗，造成负面的社会效果。当前，随着社会价值观念的日益多元化，传统道德观念和善良风俗面临严峻挑战，“自扫门前雪”的个人主义价值观念盛行，热心助人的集体主义价值观念则日益式微。人民法院的司法裁判具有较强的社会引导性，因此应当充分发挥这种引导作用，将积极的正面的价值观念传达给社会成员和新闻舆论，通过司法裁判来褒奖善良风俗，否定消极思想。本案一、二审法官均认为，郝欣的行为虽确有不当，但该行为系帮助他人后所引发，故认为该情节显著轻微。而宣告郝欣无罪，可以通过对她乐于助人行为的褒奖，来引导社会成员互帮互助，有助于全社会道德水平的提升。

综上所述，基于谦抑性的刑法理念和实质性的犯罪构成观念，并本着追求良好的法律效果与社会效果相统一的目标，一、二审法院认定郝欣的行为“确有不当之处，但情节显著轻微危害不大，不认为是犯罪”的裁判是客观、全面、正确的。

（北京市第一中级人民法院　贾连春　李春华）

2. 程海明过失致人死亡案
（非构成要件事实模糊、过于自信的过失）

（一）首部

1. 裁判书字号

一审判决书：北京市朝阳区人民法院（2008）朝刑初字第1864号。

二审裁定书：北京市第二中级人民法院（2009）二中刑终字第200号。

2. 案由：过失致人死亡案。

3. 诉讼双方

公诉机关：北京市朝阳区人民检察院，检察员：张文娟。

被告人(上诉人)：程海明，男，1972年出生于北京市，汉族，初中文化，原系北京市万泉寺出租汽车公司司机，住北京市怀柔区。曾因殴打他人于1992年7月被行政拘留十日。因本案于2006年12月4日被刑事拘留，同年12月31日被取保候审，2008年1月24日被逮捕。

辩护人：邓少东，北京市邓少东律师事务所律师。

4. 审级：二审。

5. 审判机关和审判组织

一审法院：北京市朝阳区人民法院。

合议庭组成人员：审判长：臧德胜；人民陪审员：张春英、薛建超。

二审法院：北京市第二中级人民法院。

合议庭组成人员：审判长：冯桢；代理审判员：郭树明、王志东。

6. 审结时间

一审审结时间：2008年11月14日。

二审审结时间：2009年1月6日。

（二）一审诉辩主张

1. 公诉机关指控称

被告人程海明于2006年12月4日3时许，驾驶（京BF7649）出租车拉乘客张歧明行至北京市朝阳区东大桥路口东南角时，出租车起火，程海明随即下车后用中控锁将车门锁住，后张歧明被烧身亡，后被告人被抓获。

2. 被告辩称

被告人程海明对起诉书指控其犯过失致人死亡罪未提出异议，但是辩解，是被害人点火造成的火灾。

其辩护人的辩护意见为：被害人负有责任，被告人的行为只是被害人死亡的原因之一，建议减轻处罚。

（三）一审事实和证据

北京市朝阳区人民法院经公开审理查明：被告人程海明于 2006 年 12 月 4 日 3 时 30 分许，驾驶出租汽车（车牌号为京 BF7649）行驶至朝内小街时拉载了乘客张歧明（男，殁年 48 岁，原北京天然气集团有限责任公司燃气销售二分公司职工）。当车行驶至北京市朝阳区东大桥路口时，张歧明所乘坐的出租车副驾驶位置起火，程海明随即下车后用中控锁将车门锁住以防止张歧明逃跑，然后拨打 110 报警并等待警察处理。在出租车内火势增大以后，程海明拨打 119 报警，但未施救。后张歧明自行打开副驾驶车门，倒在车门旁死亡。被告人程海明在现场归案。公安机关起获了该汽车中控锁钥匙 1 把。

上述事实有下列证据证明：

1. 证人杨晓路证言：证实 2006 年 12 月 4 日凌晨 3 时 35 分许，我步行至蓝岛大厦红绿灯路口时，发现蓝岛大厦对面主路外侧车道有一出租车着火了，火是从副驾驶座开始的。我站在离出租车 10 米左右的地方拨打 110 报警。我看见另一辆出租车停在着火出租车后面，下来一名司机用灭火器灭火，喷了 2 分钟火势没有变小，他就停止灭火了。这时着火出租车副驾驶门开了，火势变大了，有一个人从副驾驶座出来，浑身是火。过了 3 分钟，警察来了，该男子已经被烧死了，后消防车也来了，火被扑灭了。

2. 证人杨敬博证言：证实 2006 年 12 月 4 日 3 时 40 分许，我们接到市消防局布警称，在东大桥蓝岛十字路口有一辆出租车着火，车内可能有被困人员。我们迅速赶到现场，一辆出租车正在燃烧，副驾驶门下面的地上有一具被烧焦的尸体，尸体当时没有火，膝盖以下的部分已经烧没了。我们把出租车的火灭了。整个灭火过程大约有六七分钟。

3. 证人詹伟证言：证实 2006 年 12 月 4 日 3 时 55 分许，程海明给我打电话说其车让乘客给点着了，车报废了，乘客被烧死了，我便赶到现场。

4. 证人王薇（张歧明之妻）证言证实，案发前几天，张歧明坐立不安，我感觉他心里有事。2006 年 12 月 3 日，我和张歧明在我父亲家，张歧明老说肚子胀。21 时许，我决定陪他去北医三院，到医院时是 23 时 50 分许。下车后他不进医院，在医院门口抽烟，我就进去挂号，我再出来找他时他已经离开了。张歧明当时身穿羽绒服，平时抽烟。

5. 证人张会杰证言：证实没发现张歧明在单位有异常表现。

6. 北京市公安局朝阳分局呼家楼派出所“110”接处警记录：证实 2006 年 12 月 4 日 3 时 41 分，程海明报警，称在东大桥发生纠纷；3 时 47 分，杨晓路报警，称一辆汽车着火。

7. 北京市公安局消防局出具的书证材料：证实 2006 年 12 月 4 日 3 时 43 分，“程”（程海明）报警。

8. 公安机关出具的在逃人员登记信息表、到案经过：证实 2006 年 12 月 4 日在案发现场将程海明查获，2007 年 11 月 14 日对取保候审在逃的程海明上网追逃，2008 年 1 月 24 日将被告人程海明抓获归案。

9. 北京市公安局朝阳分局法医检验鉴定所尸体检验鉴定书：证实死者全身大部分炭化，部分皮肤及软组织缺失，双上肢呈“拳斗状”，双足离断，喉室、气管内检见炭尘，结合死者心血中一氧化碳含量为零，说明燃烧状态为爆燃，其死亡原因为烧死。

10. 公安机关出具的现场勘验检查笔录、现场平面示意图、现场照片，证实了案发现场的情况。

11. 北京市公安局法医检验鉴定中心生物物证鉴定书，极强力支持该男尸为张凯（张歧明之子）的生物学父亲张歧明。

12. 北京市朝阳区公安消防支队火灾原因认定书：证实根据车身漆皮及车辆各部位机件烧损状况判断，最初起火部位在车副驾驶部位。起火部位附近电器线路未见异常迹象。此起火灾是由于人为明火所致。

13. 北京现代汽车有限公司出具的证明材料：证实北京现代生产的伊兰特出租车在发动机运行和中控锁锁住的情况下，由车内仍可以通过按动门拉手处的按钮解锁后把门打开。当车辆起火燃烧导致电路损坏的情况下，仍可以从车内通过按动门拉手处的按钮解锁后把门打开。但是当门拉手处的按钮、按钮与门锁之间的机械连接、门锁本身之一或全部因起火燃烧损坏后，则不能确定是否可以由车内或车外把门打开。

14. 书证北京安定医院证明材料：证实张歧明曾于 1993 年诊断患精神分裂样精神病。

15. 书证北京市万泉寺出租汽车公司证明材料：证实被告人程海明于 2005 年 3 月到该公司从事出租车驾驶员运营工作。

16. 扣押物品清单：证实公安机关扣押程海明汽车中控锁钥匙 1 把，现在案。

17. 公安机关出具的治安处罚材料：证实程海明曾因殴打他人于 1992 年 7 月被怀柔县公安局处行政拘留十天。

18. 公安机关出具的身份证明材料，证实了被告人程海明的身份。

19. 被告人程海明供述：2006 年 12 月 4 日 3 时 30 分许，我驾车到朝内小街，一男子从一车上下来后上了我的车，坐在副驾驶的位置上。我问他上哪儿，他就让我往前走，我就向南开，在等红灯时，我问他怎么走，他说转弯儿，我就左转向东走。过了朝阳门到昆泰酒店门口附近时他对我说去马连洼，我问他马连洼在哪儿，他什么话也没有说，我就一直往东开。上车后他抽过烟。到蓝岛大厦百脑汇附近时我闻到有烧油墨的味道，我问他烧什么，他什么也没说，我就又往前走，后发现车副驾驶的座套烧着了，有火苗，他的两腿中间的座套着火了，我把车停在路边，就立即下车。下车后，我用电子车钥匙把车的四个门给锁上了，因为我怕他跑了，当时车里的火也不大，我以为他能扑灭。我拿出手机拨打 110，报警称客人把我的车点着了。我打完 110，车里的火已经很大了，我又打 119。车里的人用手敲打前挡风玻璃，然后他把车窗玻璃往下摇了约 10 厘米，后他把车门打开了，躺在了副驾驶车门外的地上，他身上的火已经很大了，车里也着了大火。这时过来一个人手里拿着灭火器，朝那人身上喷，他喷完后向我要灭火器，我把驾驶门拉开（因为副驾驶车门打开之后整个车锁就全开了），从里面把后备箱打开，取出灭火器交给他。后警察来了。从我下车到他下车有三五分钟时间，我一直在打电话，打了两次 110，一次 119，还接过警察的一次电话。

（四）一审判案理由

北京市朝阳区人民法院经审理认为：被告人程海明在发现乘客张歧明处着火后即自行下车并用中控锁锁住车门，其行为增加了张歧明打开车门逃生的难度；在火势增大以后，被告人程海明既未给张歧明开启车门帮助其逃生，也未积极灭火，而是在拨打、接听报警电话，其处置方式显然不当；被告人程海明作为出租车司机，在车辆起火的紧急情况下，本应积极救助遇险乘客，而其为了保护财产利益却忽视了乘客的生命安全，导致了乘客张歧明被火烧死的严重后果。故被告人程海明对乘客张歧明的死亡存在重大过失，构成了过失致人死亡罪，依法应予惩处。北京市朝阳区人民检察院指控被告人程海明犯过失致人死亡罪的事实清楚，证据确实、充分，罪名成立。鉴于本案不是程海明及车辆自身原因引起火灾，被告人程海明能够如实供述犯罪事实并自愿认罪，故本院对其所犯罪行酌予从轻处罚。在案之汽车中控锁钥匙1把，发还北京市万泉寺出租汽车公司。被告人程海明关于被害人点火造成火灾的辩解及其辩护人关于被害人张歧明负有责任进而建议本院对其减轻处罚的辩护意见，经查，本案只能查明最初的起火位置而不能查明起火原因，被告人程海明的过失行为与被害人的死亡结果之间具有直接的因果关系，故对被告人及辩护人的辩护意见，本院不予采纳。

（五）一审定案结论

北京市朝阳区人民法院依照《中华人民共和国刑法》第二百三十三条、第六十一条、第六十四条，作出如下判决：

1. 程海明犯过失致人死亡罪，判处有期徒刑五年六个月。
2. 在案之汽车中控锁钥匙一把，发还北京市万泉寺出租汽车公司。

（六）二审情况

1. 二审诉辩主张

上诉人程海明在审理过程中，申请撤回上诉。

2. 二审事实和证据

北京市第二中级人民法院经审理，确认一审法院认定的事实和证据。

3. 二审判案理由

北京市第二中级人民法院经审理认为，上诉人程海明申请撤回上诉的要求符合法律规定，应予准许。

4. 二审定案结论

北京市第二中级人民法院依照最高人民法院《关于执行〈中华人民共和国刑事诉讼法〉若干问题的解释》第二百三十九条，作出如下裁定：

准许上诉人程海明撤回上诉。

（七）解说

本案在审理过程中，存在两个难点。首先，在事实认定上，火灾的引起原因模糊，究竟应该如何处理。其次，在法律适用上，行为人程海明行为的定性存在分歧：第一种意见认为，行为人程海明在发现车辆起火时却锁住车门，并不救助乘客，对被害人张歧明的死亡结果是放任的，属于间接故意，构成故意杀人罪。第二种意见认为，行为人程海明作为出租车司机，在车辆起火的紧急情况下，本应积极救助遇险乘客，而为了保护财产利益却忽视了乘客的生命安全，只是打电话报警，导致了张歧明被烧死，属于过于自信的过失，构成过失致人死亡罪。

笔者认为，火灾的引起原因能够排除是程海明所致，但具体原因不清楚，属于非构成要件事实模糊，可以不予认定，此举并不会对案件的审理造成实质性影响；程海明作为出租车司机，在发现乘客张歧明处于火灾危险中时，以为张歧明能扑灭，没有尽到注意义务，导致死亡结果，构成过失致人死亡罪。

1. 非构成要件事实模糊可以不予认定

以构成要件为界限，案件事实可以分为构成要件事实和非构成要件事实。构成要件事实包括客体要件事实、客观要件事实、主体要件事实和主观要件事实。任何一个构成要件事实都可能出现模糊的情况。客体要件模糊主要包括客体种类模糊和客体主次模糊。客观要件模糊主要是危害行为模糊，指是否存在危害行为等不清楚。主体要件模糊是指被告人是否为犯罪主体模糊、刑事责任能力模糊和犯罪时精神状况模糊。主观要件模糊是指故意、过失，甚至明知、目的、动机等模糊。除此以外的非构成要件事实也可能是模糊的，无法用精确性来衡量。对某些模糊的非构成要件事实不认定不会对整个案件的审理造成实质性影响，完全能够被一般人所容忍。例如，对某些事发原因无法查清的，可以不予认定。

当然，不予认定是在保证基本事实清楚的原则下，对部分事实认定结果灵活处理。① 我国刑事诉讼法规定的证明标准是“案件事实清楚，证据确实、充分”，1981 年彭真同志又提出了“基本事实清楚，基本证据确凿”的“两个基本”证明标准②作为补充。“基本事实清楚，基本证据确凿”并非“事实基本清楚，证据基本确凿”，而是在构成要件事实和证据确定下，容忍了部分非构成要件事实的模糊性。

在本案中，消防支队火灾原因认定书认定火灾系人为明火所致，最初起火部位在车副驾驶部位，行为人认为火灾系坐在副驾驶座上的被害人点火引起。所以，此次火灾能够排除为程海明引起，系被害人张歧明引起的可能性极大。但是，张歧明如何引起火灾尚不明确，故对火灾由谁造成不予认定，而只认定最初着火部位在张歧明所坐的副驾驶部位。

2. 过于自信的过失应该结合具体案件综合判断

我国刑法基于认识因素和意志（或意欲）因素的不同，规定了故意与过失两种罪过。其中，故意又被划分为直接故意和间接故意，过失又分为过于自信的过失和疏忽大意的过失。而过于自信的过失和间接故意之间的区别被称为刑法中最困难和最有争议的问题之一。

从概念上看，间接故意是指行为人明知其行为可能引起某种危害社会的结果并且有意放任这种结果的发生。过于自信的过失是指已经预见自己的行为可能发生危害社会的结果，但轻信能够避免，以致发生这种结果。这种界定表面上似乎已经将两者区分开来了，但是实质上并没有提供令人满意的答案，每当遇到具体案例，争议就会不可避免地产生。

从认识上看，通说认为，间接故意和过于自信的过失对于危害结果都有预见，只是过于自信过失的行为人仅仅是预见到危害结果可能发生，认识程度相对较低；而间接故意的行为人则是明知危害结果的现实可能发生，认识程度较高。③ 问题的关键在于，认识程度的高低究竟应该怎么判断？这种抽象的比较到底如何细化？按照概率学上的量化分析，百分之几十是较低和较高的界限吗？正因为标准的模糊不定，甚至有人提出，间接故意是行为人对行为可能会发生危害社会的结果有认识，而过于自信过失是行为人对发生危害结果的可能性作出

① 参见陈爱蓓：《刑事裁判中的事实误认》，32 页，北京，知识产权出版社，2008。

② 1981 年 5 月彭真同志在五大城市治安座谈会上提出：现在有的案件因为证据不很完全，就判不下去。其实，一个案件，只要有确实的、基本的证据，基本的情节清楚，就可以判刑，一个案件几桩罪行，只要主要罪行证据确凿也可以判，要求把每个犯人犯罪的全部细节都搞清楚，每个证据都拿到手，这是极难做到的，一些细微末节对判刑也没有用处。

③ 参见高铭暄、马克昌主编：《刑法学》，上编，214～215 页，北京，中国法制出版社，1999。

了错误的估计和判断，实际上是没有认识。①

从意志上看，间接故意的行为人对发生危害结果的可能性是放任②，而过于自信过失的行为人对发生危害结果的可能性是排斥。换言之，间接故意是消极的不反对，过于自信过失是积极的反对。但是，有的学者认为，将意志因素作为故意的关键，缺乏实际可操作性、容易造成对犯罪嫌疑人或被告人口供的依赖，且意志完全取决于认识程度，难以应对风险社会语境下刑法的新变化。③

当然，关于间接故意和过于自信过失的区别，理论学说可谓琳琅满目，笔者在此就不再一一介绍和评述了。④

此外，间接故意和过于自信过失的区分是否必要也是存在争论的。英美刑法将罪过分为蓄意（Intention）、明知（Knowledge）、轻率（Recklessness）、疏忽（Negligence），其中的轻率实际上就是将间接故意和过于自信的过失合一了。我国也有的学者主张引进轻率，而不再区分间接故意和过于自信的过失。⑤

笔者认为，过于自信过失的判断应该是结合具体案件综合判断。

第一，应该坚持间接故意和过于自信过失的区分。虽然间接故意和过于自信过失的区分存在大量的灰色地带，但是，不能因此就否定两者区分的必要，否则可能带来一系列弊端。首先，它将突破故意、过失的罪过二分法。众所周知，经典的罪过理论以处罚故意为原则，以处罚过失为例外。以轻率取代间接故意和过于自信过失，进而形成直接故意、轻率、疏忽大意过失的罪过三分法，如果以处罚直接故意为原则，以处罚轻率和疏忽大意过失为例外，则会缩小处罚范围；如果以处罚直接故意和轻率为原则，以处罚疏忽大意过失为例外，则又会扩大处罚范围。其次，它将导致麻烦后置于量刑。在罪过形式上不再区分间接故意和过于自信过失并不是说在量刑时就不需要对不同的情况作出不同的处理，无论如何，问题不可回避。最后，轻率本身也并非明确无疑。即使在英美刑法中，轻率的一般含义是鲁莽，也仍然有客观轻率、主观轻率等不同观点。在文化背景和法律思维存在差异的情况下，轻率能否直接对应于间接故意和过于自信过失尚需论证。⑥因此，有必要坚持故意和过失的两分法，并且应该在确认行为人不具有（间接）故意时，才继续讨论是否具有（过于自信）过失。

第二，应该坚持认识因素和意志因素的齐备。首先，认识程度的高低确实客观存在，只是不容易具体判断，但是不能因此就不进行判断，甚至认为过于自信过失没有认识。事实上，对于行为人“轻信”是否有根据，可以以一般人感受为主，结合行为人具体情况，把握认识程度高低。例如，枪法不精的甲在打猎时看到百米远的猎物旁边有小孩乙，却仍然朝猎物开枪，结果打死了乙。那么，从一般人看来，甲没有根据“确信”不会造成乙死亡，甲对乙的死亡结果只是漠不关心，因此，甲对乙的死亡属于间接故意。其次，意志因素不仅在逻辑上不可或缺，而且放任和排斥的意志因素更容易外化为客观行为，即使是现代社会强调风险，也还不至于完全忽视行为人的意志，否则将走向客观归罪。例如，住在边远山区的丙为

---

① 参见黎宏：《刑法总论问题思考》，255页，北京，中国人民大学出版社，2007。

② 对于间接故意的意志因素，理论上存在放任说、同意说、容忍说、不违背本意说等多种观点，我国的通说持放任说。参见陈兴良：《刑法哲学》，3版，177～178页，北京，中国政法大学出版社，2004。

③ 参见劳东燕：《犯罪故意理论的反思与重构》，载《政法论坛》，2009（1）。

④ 参见李海东：《刑法原理入门：犯罪论基础》，60～64页，北京，法律出版社，1998。

⑤ 参见吴洪林：《确立复合罪过的探讨——对英美刑法中“轻率”的借鉴》，载《政法论坛》，2004（2）。

⑥ 参见郭莉：《论故意与过失的界限》，载《河南公安高等专科学校学报》，2009（3）。

了防止野猪危害庄稼，在野猪可能出没的山上安装了“电猫”，并设置了警告牌、告知了通电的时间，村民丁盗伐林木，不听警告触电死亡。那么，丙采取了警示、告知的防范措施，就是排斥危害结果发生，对丁的死亡结果不愿接受，因此，丙对丁的死亡只是过于自信的过失。

第三，应该坚持客观行为为主、主观供述为辅的统一。当代刑法无疑是以行为为主，兼顾行为人。犯罪嫌疑人或被告人对主观罪过的供述天然地会有利于自己，而法官对行为人行为时主观罪过的判断作为一种事后判断，就需要根据具体客观行为，包括行为方式、现场条件、行为后表现等，同时考虑口供的合理性，单纯地以结果论或口供论都不能得出全面的规范判断。例如，戊在开车时刮倒行人己，因害怕而逃逸，致己没有得到救治而死亡，戊供述说相信有人会救助己，己不会死亡。如果行为发生在人来人往的闹市区，己的确很可能被其他人救助，戊的口供是可信的，那么戊的罪过只是过于自信的过失；如果行为发生在人迹罕至的郊区，那么己得到救治的可能性很小，戊供述的侥幸情况没有发生，那么戊的罪过应是间接故意。

在本案中，行为人程海明作为出租车司机，在发现乘客张歧明所坐副驾驶座着火后，已经预见到可能发生危害结果，其由于职业原因负有防止危害结果发生的避免义务，同时也具有避免危害结果发生的能力，却只是采取了关闭车门、电话报警的不当方式，误认为张歧明能够扑灭火情，相信自己这样做不至于导致张歧明死亡，最后导致危害结果没有避免。在认识因素上，程海明认识到了张歧明可能被烧死，但是张歧明在关闭车门的条件下还是有可能逃生的，因此，程海明对张歧明可能死亡的认识程度是比较低的。在意志因素上，行为人程海明先后多次拨打 110 和 119 报警，最后也参与了灭火，由此可见其对张歧明的死亡是排斥的，而不是放任。因此，行为人程海明构成过失致人死亡罪（主观方面为过于自信的过失），而不是故意杀人罪（主观方面为间接故意）。

综上所述，对于非构成要件事实模糊的，可以不予认定；间接故意和过于自信过失的区别应该综合分析。一、二审法院认定行为人程海明构成过失致人死亡罪是正确的。

（北京市第二中级人民法院　罗灿）

3. 陈敬清非法行医案
（因果关系）

（一）首部

1. 裁判书字号

一审判决书：福建省泉州市泉港区人民法院（2009）港刑初字第 137 号。

二审裁定书：福建省泉州市中级人民法院（2008）泉刑终字第 987 号。

2. 案由：非法行医案。

3. 诉讼双方

公诉机关：福建省泉州市泉港区人民检察院，检察员：陈荣茂。

被告人（上诉人）：陈敬清，男，1971 年出生，福建省泉州市泉港区人，汉族，大专文化，非法经营诊所。2009 年 8 月 14 日因本案被逮捕。

辩护人：涂明忠、郑文峰，福建泉中律师事务所律师。

4. 审级：二审。

5. 审判机关和审判组织

一审法院：福建省泉州市泉港区人民法院。

合议庭组成人员：审判长：谢智灵；代理审判员：周梅清；人民陪审员：肖明聪。

二审法院：福建省泉州市中级人民法院。

合议庭组成人员：审判长：吴泰雄；审判员：陈俊鸿；代理审判员：黄卿堆。

6. 审结时间

一审审结时间：2009 年 8 月 31 日。

二审审结时间：2009 年 11 月 23 日。

（二）一审诉辩主张

1. 公诉机关指控称

被告人陈敬清自 2004 年以来在本区后龙镇坑仔底村虎石自然村无证经营西医门诊，2007 年 10 月搬迁至本村黄加添住房继续无证经营西医门诊。2008 年 2 月 19 日上午 8 时左右，患者陈宗荣到被告人陈敬清诊所就诊，并自述近段小便时有疼痛感。被告人陈敬清根据陈宗荣的口述后，判定陈宗荣可能患有尿道炎，并给陈宗荣注射一针 3 毫升的丁胺卡那注射液（硫酸阿米卡星注射液），陈宗荣注射完后，即感头晕，随即便到诊所门口呕吐。被告人陈敬清见状，认为陈宗荣可能是注射完丁胺卡那后发生过敏反应，即令陈宗荣躺在诊所的诊疗床上，并立即静滴一瓶加入 2 毫升的地塞米松注射液的葡萄糖进行急救。在给陈宗荣静滴的同时，被告人陈敬清发现陈宗荣出现口吐白沫，呼吸困难现象，即采取对陈宗荣胸部按压施救措施，并打电话给泉港医院 120 要求施救。几分钟后，泉港医院 120 医生赶到现场，经抢救无效死亡。被告人陈敬清见状在通知死者家属后，即到后龙派出所自首。经泉州市药品检验所鉴定：该送检药物按《中国药典》2005 年版二部检验需检项目，结果符合规定；经泉港公安分局法医尸检后认为陈宗荣符合冠心病猝死，其不具有药物引起的过敏反应情形。经西安交通大学法医学司法鉴定中心鉴定：医者治疗前未对患者行任何相关检查，直接注射丁胺卡那霉素，诱发了陈宗荣原有心脏病变急性发作，又由于现场缺乏有效抢救条件，终致患者死亡，因此，医者对患者死亡应承担一定的责任。经最高人民检察院法医学检验意见：死者因本次治疗药物注射的不良刺激，诱发了自身潜在的严重心脏病变急性发作死亡。案发后，被告人陈敬清就民事赔偿部分与被害人家属已达成协议，并已实际履行。公诉机关认为，被告人陈敬清未取得医生执业资格非法行医，造成就诊人死亡，其行为已触犯《中华人民共和国刑法》第三百三十六条第一款之规定，应以非法行医罪追究刑事责任。被告人陈敬清系自首，依照《中华人民共和国刑法》第六十七条第一款之规定，可以从轻处罚。

2. 被告辩称

被告人陈敬清对公诉机关指控的事实经过无异议，但辩解其行为仅存在过失，应接受行政处罚，不构成犯罪。

被告人陈敬清的辩护人的辩护意见为：(1) 被告人的注射行为只是诱因，不是被害人死亡的直接、必然原因，被害人的死亡与被告人的医疗行为没有刑法上的因果关系，不属于结果加重犯，仅属于“情节严重”；(2) 被告人具有自首情节，且犯罪较轻，依法可以免除处罚；(3) 被告人已积极赔偿被害人家属的损失，最大限度地降低了社会危害性；(4) 被告人非法行医的行为在客观上也解决了农村村民治病求医的需要，对本案的处理应从被告人行医的非法性和农村医疗现状的客观需要两方面加以考虑。综上，根据被告人的犯罪情节及社会危害程度，可对其免予刑事处罚。

(三) 一审事实和证据

福建省泉州市泉港区人民法院经公开审理查明：被告人陈敬清未取得医生执业资格，自2007年10月以来租用本区后龙镇坑仔底村虎石自然村黄加添住房无证经营西医诊所，此前曾向同村连宝琴租房长期经营诊所。2008年2月19日上午8时许，患者陈宗荣到被告人陈敬清诊所就诊，并自述近段小便时感觉尿道灼热，被告人陈敬清便给陈宗荣注射一针3毫升的丁胺卡那注射液(硫酸阿米卡星注射液)。陈宗荣注射完片刻便到诊所门口呕吐并称感觉头晕，被告人陈敬清见状便将陈宗荣扶到诊所的诊疗床上躺下休息。见陈宗荣躺下后开始口吐白沫、呼吸急促，被告人陈敬清立即为其静滴一瓶加入2毫升地塞米松磷酸钠注射液的葡萄糖液进行急救，并打电话给泉港医院120请求施救，之后被告人又对陈宗荣采取胸外按压施救措施。几分钟后，泉港医院120医生赶到现场并对陈宗荣进行检查发现患者已停止呼吸，经抢救后心电图提示患者无心电活动，泉港医院120医生便告知被告人陈敬清患者已死亡。被告人陈敬清见状在通知死者家属后，于当日上午到泉州市公安局后龙派出所投案。经泉州市药品检验所鉴定：送检的地塞米松磷酸钠注射液、硫酸阿米卡星注射液按《中国药典》2005年版二部检验项目，结果符合规定。经泉港公安分局法医尸检后认为陈宗荣符合冠心病猝死，其不具有由药物引起的过敏反应情形。经西安交通大学法医学司法鉴定中心鉴定：医者治疗前未对患者进行任何相关检查，直接注射丁胺卡那霉素，诱发了陈宗荣原有心脏病变急性发作，又由于现场缺乏有效抢救条件，终致患者死亡，因此，医者对患者死亡应承担一定的责任。经最高人民检察院法医学检验：死者因本次治疗药物注射的不良刺激，诱发了自身潜在的严重心脏病变急性发作死亡。案发后，被告人陈敬清的家属与死者家属达成协议，一次性赔偿死者家属经济损失人民币120 000元并已履行完毕，死者家属对被告人的行为表示谅解。

上述事实有下列证据证明：

1. 证人许来庆的证言，证明刘梅香家的店面出租给他人开诊所，2008年2月19日上午一患者在该诊所就医后死亡的事实。

2. 证人王和方的证言，证明2008年2月19日上午陈智民载陈敬清到其家中告知其公公陈宗荣到陈敬清的诊所打针时晕倒，其到陈敬清的诊所时见陈宗荣已经死亡的事实。

3. 证人庄维彬(泉港医院医生)的证言，证明2008年2月19日上午8时30分许有人报称需出车抢救，其遂带一名护士到虎石一诊所，经询问诊所医生(事后查看出诊记录单签名得知该诊所医生名叫陈敬清)并对患者瞳孔、心跳、呼吸、脉搏等进行检查发现已不具生命特征，经过十分钟左右的抢救，心电图提示患者无心电活动，其便向该诊所医生告知患者已死亡的事实。

4. 证人陈智民的证言，证明2008年2月19日上午8时许，被告人陈敬清打电话告知有病人到其诊所就诊打针后好像不行了，其遂赶到虎石村陈敬清的诊所里，见患者躺在诊所里的一张床上，陈敬清又告知已经泉港医院120抢救无效，后其用摩托车载陈敬清去找死者家属的事实。

5. 证人陈马德的证言，证明其继父陈宗荣2008年2月19日上午在虎石一诊所就诊时死亡的事实。

6. 证人刘梅香的证言，证明被告人陈敬清于2007年10月向其家租一楼的两间店面开办诊所，2008年2月19日上午一老人来该诊所就诊后死亡及陈敬清在虎石开诊所已多年的事实。

7. 证人连荣贵（仙游县枫亭汇峰医药公司送货员）的证言，证明被告人陈敬清的诊所有向其公司购买药品的事实。

8. 证人肖美珠的证言，证明2008年2月19日上午7时许其丈夫陈宗荣骑摩托车出门，9时许其得知陈宗荣死亡的消息的事实。

9. 证人连宝琴的证言，证明被告人陈敬清曾在其家租房经营诊所，后于2007年10月向刘梅香家租房继续开设诊所，以及其曾到陈敬清诊所就诊的事实。

10. 证人黄小平的证言，证明被告人陈敬清在其邻居刘梅香家租房开设诊所，以及其于2007年10月曾到陈敬清的诊所就诊的事实。

11. 证人黄淑明的证言，证明被告人陈敬清在其邻居刘梅香家租房开设诊所，2008年2月19日上午陈宗荣到该诊所就诊后死亡，以及其陪同陈敬清到泉州市公安局后龙派出所投案的事实。

12. 现场草图、现场照片、医疗器械和药品照片、辨认照片，证明案发现场和本案使用的医疗器械、药品的基本情况及经被告人辨认的事实。

13. 泉州市泉港医院随车诊疗记录单、公安机关出具的户口注销证明，证明陈宗荣经抢救无效死亡的事实。

14. 泉州市泉港区卫生局出具的证明，证明被告人陈敬清在2006年10月至2008年2月19日非法行医期间未曾受到该局行政处罚及陈敬清在非法行医期间无医生执业资格的事实。

15. 泉州市泉港区卫生局现场检查笔录、证据先行登记保存决定书、询问笔录、立案报告，证明该局于案发当日对现场进行检查并对被告人陈敬清开设的诊所内的药品予以先行登记保存及对陈敬清、刘梅香进行询问并决定立案查处的事实。

16. 福建省泉州市药品检验所检验报告，证明送检的地塞米松磷酸钠注射液、硫酸阿米卡星注射液按《中国药典》2005年版二部检验项目，结果符合规定的事实。

17. 泉州市第一医院病理科病理检查报告单，证明对死者陈宗荣进行病理检查的事实。

18. 泉州市公安局泉港分局公（泉港）鉴（法尸检）字［2008］17号法医学尸体检验鉴定书，证明陈宗荣符合冠心病猝死，其不具有由药物引起的过敏反应情形。

19. 西安交通大学法医学司法鉴定中心司法鉴定书，证明医者治疗前未对患者进行任何相关检查，直接注射丁胺卡那霉素，诱发了陈宗荣原有心脏病变急性发作，又由于现场缺乏有效抢救条件，终致患者死亡，因此，医者对患者死亡应承担一定的责任。

20. 最高人民检察院法医学检验意见书，证明死者因本次治疗药物注射的不良刺激，诱发了自身潜在的严重心脏病变急性发作死亡。

21. 泉州市公安局后龙派出所及泉州市公安局泉港分局分别出具的工作说明，证明被告人陈敬清于2008年2月19日上午到泉州市公安局后龙派出所投案的事实。

22. 户籍证明，证明被告人陈敬清身份的基本情况。

23. 被告人陈敬清供述其非法行医的事实。

24. 协议书，证明被告人陈敬清家属与死者家属达成赔偿协议并实际履行的事实。

（四）一审判案理由

福建省泉州市泉港区人民法院经审理认为：被告人陈敬清未取得医生执业资格非法行医，造成就诊人死亡，其行为已构成非法行医罪，公诉机关的指控成立。被告人陈敬清犯罪后自动投案，如实供述罪行，系自首，依法可以从轻或者减轻处罚。被告人陈敬清能积极赔偿死者家属的经济损失，可酌情从轻处罚。被告人陈敬清的行为经鉴定系死者自身潜在的严重心脏病变急性发作死亡的诱因，就死者的死亡原因而言，死者自身潜在的严重疾病的内因与外在的诱因都是必不可缺的，外在的诱因与内因相互作用，才造成就诊人死亡的结果。因此，死者的死亡与被告人的医疗行为具有法律上的因果关系，被告人陈敬清的非法行医行为已构成犯罪，故对被告人关于其行为仅有过失不构成犯罪的辩解意见，不予采纳，但被告人对犯罪行为性质的辩解不影响自首的认定；对辩护人关于被害人的死亡与被告人的医疗行为没有刑法上的因果关系的辩护意见不予采纳。根据本案的具体情节，应对被告人科处刑罚，故对辩护人提出的被告人的犯罪情节轻微，应免予刑事处罚的辩护意见，不予采纳。辩护人提出被告人具有自首情节、已赔偿死者家属损失的情节，与庭审查明的事实相符，予以采纳。根据被告人陈敬清的犯罪事实、情节及其非法行医行为对死者死亡所起作用大小，对被告人陈敬清依法予以减轻处罚。

（五）一审定案结论

福建省泉州市泉港区人民法院依照《中华人民共和国刑法》第三百三十六条第一款、第六十七条第一款、最高人民法院《关于处理自首和立功具体应用法律若干问题的解释》第一条，作出如下判决：

陈敬清犯非法行医罪，判处有期徒刑六年六个月，并处罚金人民币5 000元。

（六）二审情况

1. 二审诉辩主张

上诉人诉称：原判关于其非法行医“造成就诊人死亡”的认定错误，对其适用十年以上有期徒刑处罚不当；其犯罪情节轻微，又有自首情节，且已积极赔偿被害人经济损失，取得被害人亲属的谅解。请求改判三年以下有期徒刑或拘役，并对其宣告缓刑。

2. 二审事实和证据

福建省泉州市中级人民法院经审理，确认一审法院认定的事实和证据。

3. 二审判案理由

福建省泉州市中级人民法院经审理认为：上诉人陈敬清未取得医生执业资格而非法行医，且造成就诊人死亡，其行为已构成非法行医罪。经最高人民检察院等相关鉴定部门依法定程序作出的鉴定结论确认，就诊人陈宗荣系因本次治疗药物刺激，诱发了严重心脏病变而死亡，因此，被害人的死亡结果与上诉人陈敬清的非法行医行为之间具有法律上的因果关系。故上诉人陈敬清诉称原判关于其非法行医“造成就诊人死亡”的认定错误及其辩护人提出上诉人陈敬清虽属非法行医，但不具有致人死亡的严重后果的诉辩意见缺乏相关事实和法律依据，均不予采纳。原判鉴于上诉人陈敬清犯罪后自动投案，如实供述罪行，系自首以及其能积极赔偿死者家属的经济损失，结合本案的事实、情节及其非法行医行为对死者死亡所起作用的大小，已对上诉人陈敬清予以减轻处罚。上诉人陈敬清请求改判免刑或者对其从轻处罚并宣告缓刑，以及其辩护人请求改判三年以下有期徒刑或拘役并对其宣告缓刑的意见均不能成立，不予采纳。原审定罪准确，量刑适当，审判程序合法。

4. 二审定案结论

福建省泉州市中级人民法院依照《中华人民共和国刑事诉讼法》第一百八十九条第（一）项、《中华人民共和国刑法》第三百三十六条第一款、第六十七条第一款，作出如下裁定：

驳回上诉，维持原判。

（七）解说

本案中，陈敬清非法行医是造成就诊人死亡，还是仅属于“情节严重”，甚于只有过失，是本案定罪量刑时要考虑的问题。本案行为人辩解其行为仅存在过失，不构成犯罪；其辩护人认为行为人的注射行为只是诱因，不是被害人死亡的直接、必然原因，被害人的死亡与陈敬清的医疗行为没有刑法上的因果关系，不属于结果加重犯，仅属于“情节严重”。

在刑法因果关系中，危害行为对危害结果的产生所起的作用存在程度上的差别，因果关系在量上的差别，反映在刑事责任方面则是量刑的差异。非法行医致人死亡作为一种结果加重犯，只有在非法行医行为与致人死亡间具有内在规律性地引起与被引起的关系，即具有刑法上的因果关系，才能让行为人对致人死亡这一加重结果负责。在实践中，被害人的死亡，除了非法行医者医疗技术、医疗条件、操作差错或失误的原因外，有时可能会有其他情况，如医院延误、使用了伪劣药品，被害人自身身体状况，其他外界因素等。在此种情况下，则应根据具体案件中非法行医行为对结果原因力大小进行具体判断，不能认为只要出现致人死亡的结果，就应当对被告人判处十年以上有期徒刑。

理论界对于如何认定刑法上的因果关系，存在各种各样的学说，有必然因果关系说、偶然因果关系说和国外审判实践上长期采用的条件说等。必然因果关系说认为，当危害行为中包含着危害结果产生的根据，并符合规律地产生了危害结果时，危害行为与危害结果之间就是必然的因果关系；只有这种必然的因果关系，才是刑法上的因果关系。由于这种学说导致因果关系的成立范围过窄，后来出现了偶然因果关系说。偶然因果关系说认为，当危害行为本身并不包含产生危害结果的根据，但在其发展过程中，偶然介入其他因素，并由介入因素合乎规律地引起了危害结果时，危害行为与危害结果之间就是偶然因果关系；必然因果关系与偶然因果关系都是刑法上的因果关系。该学说还认为，不能将条件与原因绝对分开，条件是相对于根据而言的，条件和根据都是原因，只是处于不同的等级层次而已。从重要性来说，与根据相比，条件是次要的、第二位的；但就必要性来说，条件与根据都是必不可缺的。只有根据与条件相互作用，才能产生结果。只有根据没有条件，结果就不会发生，也就谈不上原因。国外审判实践上长期采用的条件说认为，当危害行为与危害结果之间存在“没有前者就没有后者”的关系（条件关系）时，前者就是后者的原因。条件说还认为：(1) 作为条件的行为必须是有导致结果发生可能性的行为，否则不能承认有条件关系；(2) 条件关系中的“结果”是指具体的、特定形态、特定规模与特定时间发生的结果；(3) 条件关系是一种客观联系，与行为人预想的发展过程是否符合，并不影响条件关系的成否；(4) 行为是结果发生条件之一时便可认定条件发生，除去全部行为结果将不发生，则全部行为都是结果发生的原因；(5) 与前“条件”无关的后条件直接导致结果发生，而且即使没有前“条件”也将发生结果时，前“条件”与结果之间没有因果关系；(6) 在因果关系的发展进程中，如果由于介入第三者的行为或者特殊自然事实导致了结果的发生，那么前行为与结果之间的因果关系便中断。

不管采取何种学说，在认定因果关系时应注意的是：(1) 因果关系只是研究某种行为是否某种结果的原因，不能以因果关系的认定取代对危害行为本身的认定；(2) 因果关系是一种客观联系，不以人的意志为转移，行为人是否意识到自己的行为可能发生危害结果，不影响对因果关系的认定；因果关系是一种特定条件下的客观联系，不能离开客观条件认定因果关系，行为人是否意识到特定条件，不能左右对因果关系的认定；(3) 一个危害结果完全可能由数个危害行为造成，因此在认定某种行为是某种危害结果的原因时，不能轻易否认其他行为同时也是该结果发生的原因；(4) 在行为人的行为介入第三者或被害人的行为导致结果发生的场合，要判断某种结果是否行为人所造成时，应当考察行为人的行为导致结果发生的可能性的大小，介入情况的异常性大小以及介入情况对结果发生作用的大小。

本案经最高人民检察院法医学检验：死者因本次治疗药物注射的不良刺激，诱发了自身潜在的严重心脏病变急性发作死亡。就死者的死亡原因而言，死者自身潜在的严重疾病的内因与外在的诱因都是必不可缺的，外在的诱因与内因相互作用，才造成就诊人死亡的结果。因此，死者的死亡与被告人的医疗行为具有法律上的因果关系。这也是符合偶然因果关系说和条件说的。

因此，福建省泉州市泉港区人民法院认定患者的死亡与行为人的医疗行为具有法律上的因果关系是正确的。当然，在量刑上，应该考虑行为人的医疗行为不是导致患者死亡的唯一原因，特别是患者自身潜在的严重疾病系内因，在量刑时应适当考虑。

（福建省泉州市泉港区人民法院　谢智灵）

4. 刘某某盗窃案
（犯罪未遂）

（一）首部

1. 判决书字号：北京市朝阳区人民法院（2009）朝刑初字第 1193 号。
2. 案由：盗窃案。
3. 诉讼双方

公诉机关：北京市朝阳区人民检察院，代理检察员：李琦。

被告人：刘某某，男，1992 年 8 月 28 日出生，汉族，出生地北京市，小学文化，无业，住北京市西城区。曾因抢夺于 2008 年 5 月 16 日被行政拘留五日，未予执行。因本案于 2009 年 1 月 2 日被刑事拘留，同年 1 月 20 日被取保候审。

法定代理人暨辩护人：刘玉清，住北京市西城区，系被告人刘某某之父。

4. 审级：一审。

5. 审判机关和审判组织

审判机关：北京市朝阳区人民法院。

独任审判员：刘鹏。

6. 审结时间：2009 年 5 月 12 日。

（二）诉辩主张

1. 公诉机关指控称

（1）被告人刘某某于 2008 年 11 月 6 日在本市朝阳区北京化工大学篮球场内，趁他人不备，窃取娄某诺基亚牌 6300 型移动电话 1 部（价值人民币 1 100 元）；

（2）被告人刘某某于 2008 年 12 月 24 日在本市朝阳区北京化工大学篮球场内，趁他人不备，窃取李某三星牌 D888 型移动电话 1 部（价值人民币 2 090 元）；

（3）被告人刘某某于 2008 年 12 月 30 日在本市朝阳区北京化工大学篮球场内，趁他人不备，窃取胡某 LG 牌 KE508 型移动电话 1 部（价值人民币 530 元）；

（4）2009 年 1 月 2 日，被告人刘某某在本市朝阳区北京化工大学篮球场内，趁他人不备，窃取武某索爱牌 W950i 型移动电话 1 部（价值人民币 900 元）。

上述物品经鉴定共计价值人民币 4 620 元。被告人刘某某后被查获归案。

2. 被告辩称

被告人刘某某及其法定代理人暨辩护人对公诉机关的指控事实和罪名均没有异议。

（三）事实和证据

本案因涉及未成年人犯罪，为不公开开庭审理。北京市朝阳区人民法院经审理查明：2008 年 11 月～12 月，被告人刘某某先后三次在本市朝阳区北京化工大学篮球场内，趁他人不备，秘密窃取他人财物，分别窃得娄某诺基亚牌 6300 型移动电话 1 部（价值人民币 1 100 元）、李某三星牌 D888 型移动电话 1 部（价值人民币 2 090 元）、胡某 LG 牌 KE508 型移动电话 1 部（价值人民币 530 元）。

经比对监控录像，该校保卫处发现刘某某嫌疑较大，遂于此后加强了对篮球场的监控工作。2009 年 1 月 2 日，被告人刘某某第四次在该校篮球场内秘密窃取他人财物时，被监控室的值班保安员发现。该保安员一边通过监视屏幕监视其盗窃过程，一边报告学校保卫处。当刘某某拿着窃得的武某索爱牌 W950i 型移动电话（价值人民币 900 元）离开篮球场时，被该校保卫处保安员在篮球场东门抓获，并从其身上起获索爱牌 W950i 型移动电话 1 部。

另被告人刘某某归案后，如实坦白了此前在该校篮球场的三次盗窃行为。在我院审理期间，被告人刘某某在家长的帮助下，退赔人民币 3 190 元。

上述事实有下列证据证明：

被害人陈述，证人证言，辨认笔录，涉案财产价格鉴定结论书，扣押、处理、发还物品清单，现场及物证照片，行政处罚决定书，公安机关出具的身份证明以及书证等。

（四）判案理由

北京市朝阳区人民法院经审理认为：被告人刘某某法制观念淡薄，为牟私利，多次秘密窃取他人财物，数额较大，其行为侵犯了公民财产权利，触犯了刑律，已构成盗窃罪，依法应予惩处。北京市朝阳区人民检察院指控被告人刘某某犯盗窃罪的事实清楚，证据确实、充分，指控罪名成立。鉴于被告人刘某某犯罪时尚未成年，实施第四次盗窃行为时，刘某某虽已着手，但因其犯罪行为始终被学校监控室保安员通过监控录像监控，并被当场抓获，故其未能实际取得对该起犯罪所得财物的实际控制，系犯罪未遂，被告人刘某某归案后主动坦白了其他犯罪事实，当庭认罪、悔罪态度较好，并已赔偿各被害人的损失，故本院对其所犯罪行依法从轻处罚。在案之光盘一张，附卷备查。在案之人民币 3 190 元，依法应予发还各被害人。

（五）定案结论

北京市朝阳区人民法院依照《中华人民共和国刑法》第二百六十四条、第六十一条、第十七条第一、三款、第二十三条、第五十二条、第五十三条、第六十四条及最高人民法院《关于处理自首和立功具体应用法律若干问题的解释》第四条，作出如下判决：

1. 刘某某犯盗窃罪，判处罚金人民币 1 000 元。
2. 在案之光盘一张，附卷备查。
3. 在案之人民币 3 190 元，发还各被害人（其中，人民币 1 100 元发还被害人娄某，人民币 2 090 元发还被害人李某）。

（六）解说

本案的分歧点在于，关于刘某某实施的第四次盗窃行为是犯罪未遂还是犯罪既遂。

第一种观点认为，刘某某第四次盗窃行为系盗窃既遂。因为，刘某某主观上有盗窃他人财物的故意，客观上实施了盗窃行为，且盗窃行为已实施完毕，即已经实际占有了所盗财物，符合盗窃罪的构成要件。按照失控加控制说理论，财物所有人武某已失去了对财物的实际控制，刘某某实际取得了对财物的控制，因此应当认定为既遂。

第二种观点认为，刘某某第四次盗窃行为系盗窃未遂。从表面上看，刘某某确已占有了被盗财物并逃离现场，但由于刘某某此次盗窃行为从一开始就被学校保安员通过监视器加以监视，所以，其不具备实际控制财物的可能性，不可能真正控制被盗财物，即犯罪没有得逞。因此，就该起犯罪而言，刘某某已实施了其认为实现犯罪意图所必要的全部行为，但由于意志外原因，没有发生其预期达到的危害结果，属于实行终了的未遂。

笔者同意第二种观点。笔者认为，上述两种观点的分歧主要在于对“实际控制”的理解不同。

1. 盗窃罪既遂标准的聚讼及评析

关于盗窃罪的既遂标准，理论上有接触说、转移说、隐匿说、失控说、控制说、失控加控制说。[①]

接触说认为，应当以行为人是否接触到被盗财物为标准，凡是实际接触到财物的为盗窃既遂，未实际接触到财物的为盗窃未遂。[②] 但“接触”一词，并不能从法律上正确说明财产所有权是否被实际侵犯以及被侵犯的程度，也不能说明盗窃罪构成要件是否完全具备。因为，即使行为人已经接触到被盗财物，但也可能存在由于行为人及时悔悟而主动中止犯罪，成立犯罪中止的情形，所以，接触说抹杀了盗窃罪可能存在的各种停止形态之间的区别，不适当地扩大了盗窃罪既遂的范围。转移说认为，应当以行为人是否已将被盗财物转移离开原在场所为标准，凡是转移离开原在场所位置的为盗窃既遂，未转移离开原在场所位置的为盗窃未遂。[③] 隐匿说认为，应当以行为人是否已将被盗财物藏匿起来为标准，凡是将被盗财物藏匿起来的为盗窃既遂，未藏匿起来的是盗窃未遂。[④] 但是，无论是财产位置被转移，还是被隐匿，都不等于财产所有权或者占有权、控制权发生了转移。所以，这两种观点都难以对盗窃既遂未遂标准问题予以科学的说明。可见，这三种观点都是机械主义方法论的产物，都存在明显的缺陷，不能作为判断盗窃罪既遂的标准。

失控说认为，只要被害人丧失了对自己财物的控制，不管行为人是否控制了该财物，都应当认定为盗窃既遂。因为盗窃行为是否侵害了他人财产，不是绝对取决于行为人是否控制了财产，而是取决于被害人是否丧失对自己财产的控制。[⑤] 可见，失控说是以被害人对财物的实际控制权是否丧失为基点来分析盗窃罪的既遂与未遂的，抓住了“实际控制权”这一关键点，具有相当的合理性。但该说仅仅以被害人主观方面对财物的实际控制权状态为判断标准，而不考虑盗窃行为人是否实际获得对财物的控制权，具有片面性。

控制说认为，应当以盗窃犯是否已获得对被盗财物的实际控制为盗窃罪既未遂标准。即盗窃犯已实际控制财物的为既遂，盗窃犯未实际控制财物的为未遂。[⑥] 与失控说相似，控制说虽然也抓住了“实际控制权”这一关键点，但它脱离被害人仅考虑行为人的盗窃行为，同样具有片面性。

失控加控制说认为，应当以被盗财物是否脱离所有人或保管人的控制并且实际置于行为人控制之下为标准。即被盗财物已脱离所有人或保管人控制并且已实际置于行为人控制之下的为盗窃既遂，反之为盗窃未遂。[⑦] 该学说将失控说和控制说有机地结合在一起，克服了失控说或控制说的片面之处，目前为大多数学者所采纳。笔者也认为盗窃罪的既遂标准以失控加控制说为宜。

2. 如何理解失控加控制说的“实际控制”

就本案而言，无论是第一种观点，还是第二种观点，都是在失控加控制说基础上得出的结论。那么，基于同一种犯罪既遂标准的学说为什么会得出两种不同的结论呢？笔者以为，关键在于对“实际控制”的理解。

如前所述，第一种观点认为，刘某某第四次盗窃行为实施完毕后，即取得了对所盗财物的实际占有，被害人武某也同时失去了对被盗财物的实际控制，所以，刘某某的行为符合盗窃罪的构成要件，应当认定为既遂。而第二种观点认为，刘某某第四次盗窃行为实施完毕

---

① 参见杨春洗、杨敦先、郭自力主编：《中国刑法论》，3版，362页，北京，北京大学出版社，2005。

② 参见高铭暄主编：《新中国刑法学研究综述》，641页，郑州，河南人民出版社，1986。

③④ 参见赵秉志：《犯罪未遂的理论与实践》，278页，北京，中国人民大学出版社，1987。

⑤ 参见张明楷：《刑法学》，2版，773页，北京，法律出版社，2003。

⑥⑦ 参见高铭暄主编：《新中国刑法学研究综述》，642～643页，郑州，河南人民出版社，1986。

后，从表面上看，其已占有了被盗财物并逃离现场，但由于其此次盗窃行为从一开始就被学校保安员通过监视器加以监视，所以，其不具备实际控制财物的可能性，属于因意志外原因，没有发生其预期达到的危害结果，系实行终了的未遂。显然，第一种观点将“实际控制”的控制主体局限于行为人本人，只要行为人客观上将被盗财物据为己有即视为既遂；而第二种观点则将“实际控制”的控制者扩大到行为人与被害人之外的第三人，即如果在同一时空有其他相关人员（如本案中的保安员）在一定程度上实际控制着被盗财物，那么行为人就没有真正取得对财物的实际控制，仍为犯罪未遂。

对此，有学者进行过精辟的论述，盗窃行为人实际控制了被盗财物这一事实本身，并不能当然地排除被害人在同一时空仍然没有完全丧失对该财物的控制，它在应然层面上包括以下三种情形：一是行为人实际控制财物当时并没有排除受害人在同一时空也在一定程度上实际控制该财物的情形；二是行为人实际控制财物当时并没有排除相关人如有关国家机关和第三人（如公安人员和见义勇为者）在同一时空也在一定程度上实际控制该财物的情形；三是行为人控制财物当时已经完全排除了受害人及相关人员在同一时空对该财物的实际控制的情形。在第三种情形中，由于行为人控制财物当时已经完全排除了受害人及相关人员在同一时空对该财物的实际控制，从而盗窃行为人已经完全地排他地获得了对该财物的完全控制，这时当然构成盗窃罪的既遂；而在前两种情形中，由于行为人实际控制财物当时并没有排除受害人、相关人员在同一时空也在一定程度上实际控制该财物，从而导致此情形下盗窃行为人无法获得对该财物的完全控制，只能构成盗窃罪未遂。①

因此，笔者以为，刑法意义上的控制是一种事实上的占有状态，在这种状态下，物品持有人能够依据自己的意志使用、支配、处分其持有物，与民法上“占有”的外延基本一致。它包括不以第三方为媒介的直接控制和以第三方为媒介的间接控制。所以，只有当行为人实际控制财物，且排除相关人员在同一时空在一定程度上实际控制该财物的情况下，才能构成事实上的占有，进而认定为实际控制了财物，构成盗窃罪的既遂。

基于此，笔者认为，刘某某实施的第四次盗窃行为，因自始至终处于保安员的监控下，没有完全排除他人在同一时空对被盗财物的实际控制，未取得对财物确定的支配或处分能力，所以，属于犯罪未遂。

（北京市朝阳区人民法院　陈轶）

5. 袁军荣强奸未遂案
(犯罪未遂与犯罪中止)

（一）首部

1. 判决书字号：湖北省宜昌市西陵区人民法院（2009）西刑初字第274号。

① 参见魏东：《刑法各论若干前沿问题要论》，222～223页，北京，人民法院出版社，2005。

2. 案由：强奸案。

3. 诉讼双方

公诉机关：湖北省宜昌市西陵区人民检察院，检察员：赵曙光、余金波。

被告人：袁军荣，男，1967年10月26日出生，汉族，宜昌市人，武汉空调集团职工，住宜昌市西陵区东山大道。因本案于2009年8月2日被刑事拘留，同年8月14日被逮捕。

辩护人：尚冬生，湖北至成律师事务所律师。

辩护人：李鹏，湖北至成律师事务所律师。

4. 审级：一审。

5. 审判机关和审判组织

审判机关：湖北省宜昌市西陵区人民法院。

合议庭组成人员：审判长：廖健薇；审判员：黄正康、龚万青。

6. 审结时间：2009年12月11日。

（二）诉辩主张

1. 公诉机关指控称

2009年8月1日11时许，被告人袁军荣因楼顶搭建的出租屋漏水上楼检查，见租房的被害人钟某某躺在床上睡觉，即生淫欲，不顾钟的大声呼救和反抗，强行脱去其内裤，并用手指摸其阴道内，后又脱掉自己的裤子，欲对其实施强奸，因袁的妻子吴光婧上楼敲门，袁才被迫停止对被害人钟某某的侵害。

公诉机关认为，被告人袁军荣违背妇女意志，采取暴力手段强奸妇女，其行为已构成强奸罪。被告人袁军荣系强奸未遂，提请法院依法判处。

2. 被告辩称

被告人袁军荣对起诉书指控的犯罪事实不持异议，但辩称其系主动放弃犯罪，是犯罪中止。

其辩护人的辩护意见为：(1) 本案被告人袁军荣的犯罪情节较轻，被告人并未殴打受害人，暴力程度较轻，使用暴力的程度并不明显，受害人的反抗并不是很激烈，被害人是在经济补偿商谈未果的情况下才由其朋友报警。(2) 被告人袁军荣的行为是犯罪中止，袁军荣虽然听到有人敲门，但是没有确定是谁在敲门，且其妻子敲门时，袁军荣的衣服已经穿好，说明被告人袁军荣是因理智和羞耻感而主动停止了犯罪，故被告人袁军荣的行为应是犯罪中止。(3) 被告人袁军荣主动认罪，没有前科，母亲多病，其是家里的主要经济支柱，建议人民法院对被告人袁军荣适用缓刑。

（三）事实和证据

本案因涉及个人隐私，为不公开开庭审理。湖北省宜昌市西陵区人民法院经审理查明：2009年8月1日11时许，被告人袁军荣因楼顶搭建的出租屋漏水上楼检查，见租房的被害人钟某某躺在床上睡觉，即生淫欲，不顾钟的大声呼救和反抗，强行脱去其内裤，并用手指摸其阴道内，后又脱掉自己的裤子，欲对其实施奸淫，因袁的妻子吴光婧上楼敲门，袁才被迫停止对被害人钟某某的侵害。

上述事实有下列证据证明：

1. 被害人钟某某的陈述及病历，证明被告人袁军荣对其实施强奸过程中，因袁军荣妻子上楼而未得逞的事实。

2. 证人谭书书、贺峰的证言，证明案发后被害人钟某某告知其被袁军荣强奸的经过。

3. 证人吴光婧的证言，证明案发当时，其发现袁军荣上楼后未下来，其前去找时，敲门没人应答，遂返回拿钥匙将大门打开，看到第二个房间有一双脚站在门口，后袁军荣出来，并看见一个女子穿着睡衣躺在床上的事实。

4. 抓获经过，证明被告人袁军荣系抓获归案。

5. 被告人袁军荣的身份材料。

6. 指认现场笔录，证明被告人袁军荣对犯罪现场进行了指认。

7. 被告人袁军荣的供述，其在公安机关对上述犯罪事实供认不讳。

（四）判案理由

湖北省宜昌市西陵区人民法院经审理认为：被告人袁军荣违背妇女意志，采取暴力手段强奸妇女，其行为已构成强奸罪，公诉机关指控的罪名成立。被告人袁军荣已着手实行犯罪，由于意志以外的原因而未得逞，系犯罪未遂，可以比照既遂犯减轻处罚。被告人袁军荣及其辩护人辩称本案系犯罪中止的辩解，与审理查明的事实不符，对其观点法院不予采纳。被告人袁军荣归案后认罪态度较好，有悔罪表现，可以酌情从轻处罚。

（五）定案结论

湖北省宜昌市西陵区人民法院依照《中华人民共和国刑法》第二百三十六条第一款、第二十三条、第七十二条第一款、第七十三条第二款、第三款，作出如下判决：

袁军荣犯强奸罪，判处有期徒刑二年，缓刑三年。

（六）解说

在刑法理论界，未遂和中止是两个极易混淆的概念，在审判实践中，未遂和中止也难以把握和界定。犯罪中止、犯罪未遂是两种犯罪的未完成形态，正确区分犯罪未遂与犯罪中止，对被告人的犯罪行为进行正确的定性和量刑，在司法实践中具有十分重要的意义。

1. 犯罪未遂与犯罪中止的概念和特征的区别

犯罪未遂是指已经着手实行犯罪，由于犯罪分子意志以外的原因而未得逞的情形。犯罪未遂主要包括以下三个方面特征：一是已经着手实行犯罪，犯罪行为进入了实行阶段；二是犯罪未得逞，通常表现为没有发生犯罪结果，但并不是凡是发生了犯罪结果的都是犯罪已经得逞；三是犯罪未得逞是由于犯罪分子意志以外的原因。犯罪中止是指在犯罪过程中，自动放弃犯罪或者自动有效地防止犯罪结果发生的情形。犯罪中止主要有四个特征：一是在时间上必须是发生在犯罪过程中；二是中止必须是犯罪人认识到在客观上能够继续进行犯罪，而自动放弃了犯罪意图；三是在客观上已经停止了犯罪行为；四是没有发生作为既遂的犯罪结果。用弗兰克法则概括来说，犯罪未遂是“欲而不能”，而犯罪中止是“能而不欲”。

2. 犯罪中止和犯罪未遂的社会危害性的区别

犯罪中止与犯罪未遂相比较，前者是出于犯罪人主观意愿而主动放弃犯罪，彻底打消犯罪念头；而后者却是因为客观障碍而被迫停止犯罪，如果有合适的机会和条件，犯罪人有可能会继续将犯罪行为进行下去。犯罪人所表现出来的主观恶性不同，人身危险性也有很大的区别。刑法为了更好地实现尊重人权与社会防卫的功能，必然对其规定不同的待遇，也是以此鼓励行为人悬崖勒马，放弃正在实施的犯罪行为或积极有效地防止犯罪结果的发生，体现立法本意中的惩治、规范、保护和教育的功能。

3. 犯罪未遂与犯罪中止在量刑上的区别

我国《刑法》第二十四条规定：“对于中止犯，没有造成损害的，应当免除处罚；造成损害的，应当减轻处罚”；第二十三条规定：“对于未遂犯，可以比照既遂犯从轻或者减轻处罚”。在从轻或者减轻的力度上，对犯罪中止用的是“应当”，对犯罪未遂用的是“可以”，而且对于犯罪中止还有免除处罚的规定，从上述两个条文可以看出，我国刑法对于犯罪中止和犯罪未遂在从宽力度上，对犯罪中止的处罚明显更有利于被告人，这也是我国罪刑法定原则的充分体现。

4. 本案中止和未遂状态的分析

在本案中，袁军荣不顾被害人的反抗和大声呼叫，强行脱去被害人的内裤，并用手指摸其阴道内，后又脱掉自己的裤子，欲对被害人钟某某实施强奸，从此处可以得出被告人已经着手实施强奸行为，这是没有疑问的。袁军荣的妻子吴某上楼敲门，此时其停止正在实施的犯罪行为，对于被告人的这一行为应如何评价，是强奸中止还是强奸未遂，这对确定被告人的量刑意义重大。如果是强奸未遂，行为人面临的是较为严厉的处罚；而如果是强奸中止，对其处罚会相对较轻。

行为人在实行强奸的过程中，到底是主动放弃了可以继续进行的强奸行为，还是因为意志以外的原因被迫放弃了强奸行为，关键要看其妻敲门的行为是否足以阻止行为人继续进行的强奸行为，即其妻敲门的行为是否属于被告人“意志以外的原因”。笔者认为，这要参照普通人的思维方式来进行推断。行为人袁军荣是一个普通人，按照一般的犯罪心理来看，强奸行为毕竟是一件很不光彩的事情，绝大多数的强奸案件都是非公共场所进行，行为人袁军荣在楼上钟某某租住的房间关门后强行和钟某某发生关系，也说明其是不希望外人知晓，更不希望自己的妻子知道，这是一般犯罪人的心理。对于一个正常人来说，当着外人或者自己妻子的面对他人进行强奸行为，这是一个普通人无法逾越的心理障碍，将会面对极大的精神压力和道德伦理风险。本案中，行为人在实施强奸行为过程中，其妻敲门的行为应该达到了足以阻止行为人袁军荣继续进行强奸行为的效果，而且其内心也是对此有很大的恐惧感和羞耻感，在客观上袁军荣也是不可能继续将强奸行为进行下去的，如果行为人袁军荣客观上能够继续进行强奸行为，则不符合一般人的犯罪心理和正常人的思维方式。本案中，袁军荣是一个完全行为能力人，不存在精神疾病和其他的心理异常，所以，其妻上来敲门的行为应该是行为人没有预料到的“意志以外的原因”，其停止强奸的行为应该是迫于其妻子敲门的巨大压力和心理障碍，而被迫停止犯罪行为，这是一种典型的“欲而不能”，故而应该认定为强奸未遂。

（湖北省宜昌市西陵区人民法院　彭军）

6. 李伟等运输毒品案
（共同犯罪、重大立功）

（一）首部

1. 裁判书字号

一审判决书：北京市第二中级人民法院（2009）二中刑初字第198号。

复核裁定书：北京市高级人民法院（2009）高刑核字第174号。

2. 案由：运输毒品、非法持有毒品案。

3. 诉讼双方

公诉机关：北京市人民检察院第二分院，代理检察员：孙颖菲。

被告人：李伟，男，35岁，汉族，籍贯黑龙江省，无业。1990年7月4日因犯强奸罪被判处有期徒刑七年，后经减刑于1995年1月20日释放。因本案于2008年6月5日被逮捕。

辩护人：蔡晓波，北京市建诚律师事务所律师。

被告人：腾玉漳，男，40岁，汉族，籍贯黑龙江省，无业。因本案于2008年6月5日被逮捕。

指定辩护人：陈雅楠，北京市京鼎律师事务所律师。

4. 审级：复核审。

5. 审判机关和审判组织

一审法院：北京市第二中级人民法院。

合议庭组成人员：审判长：唐仑；审判员：李慧文；代理审判员：周建忠。

复核法院：北京市高级人民法院。

合议庭组成人员：审判长：金星；审判员：赵勇辉；代理审判员：蒋啸。

6. 审结时间

一审审结时间：2009年2月2日。

复核审结时间：2009年3月18日。

（二）一审诉辩主张

1. 公诉机关指控称

被告人李伟指使被告人腾玉漳于2008年5月7日将毒品甲基苯丙胺1 037.95克藏匿在随身携带的电子琴内，从广东省深圳市乘坐长途汽车经浙江省温州市运至本市，当日被告人腾玉漳携带上述毒品前往被告人李伟暂住的本市朝阳区易构空间小区6号楼1002室，在该楼电梯内被抓获。

被告人李伟于2008年5月7日被抓获后，公安机关从其暂住的朝阳区易构空间小区6

号楼 1002 室内起获甲基苯丙胺 29.6 克、MDMA6.19 克、氯胺酮 11.46 克。

2. 被告辩称

被告人李伟辩称：其没有指使腾玉漳运输毒品；其家中的毒品只有 1 克多是自己的，其余不知道是谁的，其行为不构成犯罪。

其辩护人的辩护意见为：只有腾玉漳供述是受李伟指使，认定李伟犯运输毒品罪事实不清，证据不足；没有证据证明李伟暂住处起获的毒品是李伟所有，李伟的行为不构成非法持有毒品罪。

被告人腾玉漳对指控事实未提出辩解。

其辩护人的辩护意见为：腾玉漳系受人指使，且其协助抓获同案犯，有重大立功表现，毒品也未流入社会，请求对其减轻处罚。

（三）一审事实和证据

北京市第二中级人民法院经公开审理查明：被告人李伟指使被告人腾玉漳于 2008 年 5 月 2 日到广东省深圳市取毒品，腾玉漳取得毒品后，将毒品甲基苯丙胺 1 037.95 克藏匿在随身携带的电子琴内，从广东省深圳市乘坐长途汽车经浙江省温州市于 2008 年 5 月 7 日运至本市。到京后，被告人腾玉漳遂携带上述毒品前往被告人李伟暂住的本市朝阳区易构空间小区 6 号楼 1002 室，在该楼电梯内被抓获，毒品被当场起获并收缴。被告人李伟于当日被抓获。

被告人李伟被抓获后，公安机关从其暂住的本市朝阳区易构空间小区 6 号楼 1002 室内起获甲基苯丙胺 29.6 克、MDMA6.19 克、氯胺酮 11.46 克。上述毒品均被收缴。

上述事实有下列证据证明：

1. 到案经过，证实：2008 年 5 月 5 日，北京市公安局东城分局接群众举报，一东北籍男子李伟长期在京向他人贩毒。后经工作，发现李伟确有贩毒嫌疑，李伟将从深圳购买一批毒品，通过一叫腾玉漳的男子运至北京。2008 年 5 月 7 日 12 时 30 分，侦查员在朝阳区易构空间小区 6 号楼电梯内将腾玉漳抓获，当场起获可疑晶体两袋、红色药片两袋。后在腾玉漳的配合下，于 13 时 10 分在该楼 1002 室将李伟抓获，并当场从其家中起获 7 小袋可疑物品。

2. 起获毒品工作说明，证实：2008 年 5 月 7 日 12 时 30 分，侦查员在朝阳区易构空间小区 6 号楼电梯内将腾玉漳抓获，当场从腾玉漳随身携带物品中起获一台用彩色纸盒包装的“新韵”牌电子琴。经检查，侦查员发现电子琴内部有异物，遂将电子琴拆开，发现在电子琴内有一个塑料袋，内有两袋可疑晶体、1 个牛奶包装盒内有两袋红色可疑药片。

3. 搜查笔录，证实：2008 年 5 月 7 日在本市朝阳区易构空间小区 6 号楼 1002 室李伟的暂住地卧室梳妆台上发现 1 袋可疑药片，在梳妆台的小抽屉里发现 1 袋红色可疑药片、1 袋白色可疑晶体；在梳妆台的大抽屉里发现 1 袋白色可疑粉末、1 袋粉色可疑药片、1 袋黄色可疑晶体、1 袋白色可疑晶体；在卧室的衣柜里发现两台电子秤。扣押物品制作了《扣押物品清单》。

4. 北京市公安局毒品检验鉴定中心出具的毒品检验报告，证实：

从腾玉漳的尿液中检出甲基苯丙胺；（腾玉漳运输的）2 份红色药片净重 91.32 克，检出甲基苯丙胺；1 份块状物 946.63 克为甲基苯丙胺（65.4%）。

从李伟的尿液中检出甲基苯丙胺；（李伟住处起获的）1 份红色药片净重 1.47 克，为甲基苯丙胺；1 份白色晶体 1.19 克，为甲基苯丙胺；1 份粉色药片净重 6.19 克，为 MDMA；1 份黄色晶体净重 16.06 克，为甲基苯丙胺；1 份白色晶体净重 10.88 克，为甲基苯丙胺；1 份白色粉末净重 11.46 克，为氯胺酮；1 份白色药片净重 2.23 克，为舒乐安定。

5. 起获的毒品、电子琴、牛奶包装盒、电子秤等物证照片在案。

6. 北京市公安局东城分局扣押物品清单，证实了扣押毒品的名称及数量。

7. 北京市公安局收缴毒品清单，证实起获的毒品均被收缴。

8. 携程旅行网以邮件方式提供的李伟为腾玉漳订购 2008 年 5 月 2 日飞往深圳的机票的情况。

9. 起获的腾玉漳于 2008 年 5 月 2 日从北京到深圳的飞机票及 5 月 6 日从温州到北京的车票在案。

10. 住宿收款收据，证实腾玉漳 2008 年 5 月 3 日在深圳船舶招待所登记住宿的情况。

11. 公安机关从中国移动公司调取的李伟的手机通话单，证实 2008 年 5 月 1 日至 5 日，李伟的手机与腾玉漳的手机通话的情况。

12. 2008 年 5 月 7 日李伟的手机与腾玉漳的手机互发短信的照片在案，证实 5 月 7 日 11 时 39 分李伟发信息问腾玉漳“在哪了”，腾玉漳 11 时 41 分回复“二十分钟吧，刚到木”。

13. 公安机关出具的办案说明，证实在抓获腾玉漳并起获毒品后，侦查员带腾玉漳到李伟的房门前，让腾玉漳叫开门，将李伟抓获。

14. 接受刑事案件登记表，证实东城分局于 2008 年 5 月 5 日接群众举报，李伟在北京长期向他人贩毒后受理案件的情况。

15. 证人王迎迎证言：证实 2008 年 5 月 7 日警察从其和李伟的暂住地的梳妆台抽屉里查出了毒品。之前四五天，在家里的梳妆台上其见过有 1 袋白色粉末状的毒品和几粒红色药片。听李伟说毒品是他朋友的，其不吸毒。梳妆台抽屉内的东西都是李伟放的，自己平时不看，也没有自己的东西。

16. 证人芦兆鹏证言及辨认笔录，证实：其通过泛易房地产经纪有限公司将本市朝阳区易构空间小区 6 号楼 1002 室租给他人，其代租户签的合同，其辨认出被告人李伟是租房人。

17. 房屋租赁合同在案。

18. 黑龙江省七台河监狱出具的证明，证实了李伟于 1990 年 7 月 4 日因犯强奸罪被判处有期徒刑七年，后经减刑于 1995 年 1 月 20 日释放，并附有判决书。

19. 被告人李伟、腾玉漳的户籍证明，证实了二人的身份情况。

20. 被告人腾玉漳供述及辨认笔录，证实：2008 年 4 月 29 日到京，5 月 2 日 6 时许，我到李伟家里（朝阳区易构空间小区 6 号楼 1002 室），李伟让我去深圳帮他拿毒品，然后带回北京给他，他给我 5 000 元。他给我订的当日去深圳的机票，当日 20 时许，我到了深圳，后搭车去了珠海，在那里住了一晚。5 月 3 日 19 时许，我从珠海返回深圳，住在罗湖区船舶招待所。5 月 5 日 16 时许，李伟给我打电话（13911947917）说，一会儿有一名男子找我，我把男子给我的东西带回北京给李伟。15 分钟后，一男子手里提着一台电子琴（外有包装盒），还有一个花色的塑料袋，内有一包无色的物体，还有一个牛奶的利乐包装盒，并用塑料胶带缠着。那男子让我把花色塑料袋和牛奶利乐包放在电子琴内带回北京交给李伟。我按那男子的吩咐包装完就退房了。5 月 5 日 18 时许，我从深圳坐巴士，6 日 9 时到温州，后又乘坐温州到北京的巴士，于 5 月 7 日 12 时许到北京的木樨园长途汽车站。出站后，我打车到了易构空间小区李伟住的 6 号楼内，在电梯间被警察抓获，当场从我携带的电子琴内查获了那男子给我的毒品。警察带我到1002房间，将李伟和他女朋友王迎迎抓获。李伟以前还让我帮他从深圳带回过两次毒品，第二次是我和李伟及李伟的女朋友坐飞机去的深圳，开车回的北京，毒品也放在电子琴的包装盒内。李伟的手机号是13911947889、13666664567。我没在李伟的住处住过，也没帮李伟买过假车牌。

被告人腾玉漳写有亲笔供词，腾玉漳辨认出李伟。

21. 被告人李伟供述：其2008年3月来的北京，租住在本市朝阳区易构空间小区6号楼1002室。3月份其曾和腾玉漳、王迎迎去过深圳，买了一汽车，开车回的北京，还带一电子琴回来。2008年5月7日在其住处起获的毒品是腾玉漳放在其住处的，只有1克多冰毒和十几粒麻古是自己吸的。5月2日腾玉漳要去深圳办事，其帮腾玉漳订了飞机票，并让腾玉漳帮其带两副假车牌，5月7日腾玉漳要给其送车牌来。其与王迎迎一起住，王迎迎不吸毒。

（四）一审判案理由

北京市第二中级人民法院经审理认为：被告人李伟指使被告人腾玉漳从广东省深圳市运输大量毒品甲基苯丙胺来京，二被告人的行为均已构成运输毒品罪，均系主犯，均应依法惩处；被告人李伟非法持有毒品数量较大，其行为又已构成非法持有毒品罪，亦应惩处，并实行数罪并罚。北京市人民检察院第二分院指控被告人李伟犯运输毒品罪、非法持有毒品罪；被告人腾玉漳犯运输毒品罪的事实清楚，证据确实、充分，指控的罪名成立。被告人李伟及其辩护人所提李伟不构成运输毒品罪的辩解和辩护意见，经查，腾玉漳始终供述运输毒品是受李伟指使，且去深圳的飞机票是李伟给订的，腾玉漳运输毒品到京后，携带毒品直接去李伟的住处，期间一直与李伟保持联系，公安机关也是在侦查李伟的过程中，发现腾玉漳为李伟运输毒品而将腾玉漳抓获的，与腾玉漳的供述可印证，李伟关于腾玉漳为其送假车牌的辩解缺乏事实依据，故认定李伟犯运输毒品罪，事实清楚，证据充分，李伟及其辩护人的此意见不能成立；李伟及其辩护人关于李伟不构成非法持有毒品罪的意见，经查，毒品系在李伟的暂住处起获，与其同居的王迎迎并不吸毒，其否认毒品是自己的辩解不能成立，故其辩解及辩护人的意见均不能成立。被告人腾玉漳的辩护人关于腾玉漳有协助抓获同案犯的重大立功表现，要求对其减轻处罚的意见，经查，在抓获李伟的过程中，腾玉漳虽配合公安机关敲开了李伟的家门，但其此行为并不能构成重大立功，辩护人要求对其减轻处罚的意见，缺乏法律依据；其辩护人关于腾玉漳犯罪系受人指使的辩护意见成立，本院酌予采纳。

（五）一审定案结论

北京市第二中级人民法院依照《中华人民共和国刑法》第三百四十七条第二款第（一）项、第三百四十八条、第五十七条第一款、第四十八条第一款、第五十一条、第二十五条、第二十六条第一款、第六十九条、第五十九条第一款、第六十一条、第六十四条，作出如下判决：

1. 李伟犯运输毒品罪，判处死刑，缓期二年执行，剥夺政治权利终身，没收个人全部财产；犯非法持有毒品罪，判处有期徒刑二年，罚金人民币4 000元，决定执行死刑，缓期二年执行，剥夺政治权利终身，没收个人全部财产。

2. 腾玉漳犯运输毒品罪，判处无期徒刑，剥夺政治权利终身，没收个人全部财产。

3. 随案扣押的物品予以没收。

（六）复核审情况

1. 复核事实和证据

北京市高级人民法院经审理，确认一审法院认定的事实和证据。

2. 复核理由

北京市高级人民法院经审理认为：被告人李伟指使被告人腾玉漳从广东省深圳市运输大量毒品甲基苯丙胺来京，二被告人的行为均已构成运输毒品罪，均系主犯，均应依法惩处；被告人李伟非法持有毒品数量较大，其行为又已构成非法持有毒品罪，亦应惩处，并实行数罪并罚。北京市第二中级人民法院认定李伟犯罪的事实清楚，证据确实、充分，根据李伟犯罪的事实，犯罪的性质、情节及对于社会的危害程度所作的判决，定罪及适用法律正确，量刑及对在案物品的处理适当，审判程序合法，应予核准。

3. 复核结论

北京市高级人民法院依照《中华人民共和国刑事诉讼法》第二百零一条，作出如下裁定：

核准北京市第二中级人民法院（2009）二中刑初字第198号以李伟犯运输毒品罪，判处死刑，缓期二年执行，剥夺政治权利终身，没收个人全部财产；犯非法持有毒品罪，判处有期徒刑二年，罚金人民币4 000元，决定执行死刑，缓期二年执行，剥夺政治权利终身，没收个人全部财产的刑事判决。

（七）解说

1. 非实行犯共同犯罪的认定

共同犯罪是二人以上共同故意犯罪，各犯罪人必须有共同的犯罪故意，且内容一致。共同犯罪分为事先通谋的共同犯罪和未通谋的共同犯罪。共同犯罪中的各犯罪人又分为实行犯和非实行犯。对于事先通谋的共同犯罪，由于对整个犯罪过程已经有预谋地进行分工，有的犯罪分子实际实行犯罪行为，有的犯罪分子没有实际参与实行行为，但不是说非实行犯的社会危害性就比实行犯小，有时非实行犯的行为往往起最为关键的决定作用。根据“部分行为，全部责任”的刑法原理，非实行犯应当承担共同犯罪的全部责任。

共同犯罪中的“指使者”由于掌控整个犯罪的过程，可以不参与实际的犯罪行为，而通过其他方式间接参与。这种间接参与行为一般为幕后操纵，具有隐秘性，犯罪证据的提取有一定难度，尤其在只有二人的共同犯罪中，仅有实行犯供述，非实行犯往往予以否认。但非实行犯的间接参与行为都是与实行犯的实行行为密切相关的，如非实行犯通过一些高科技手段遥控指挥实行犯的实行行为，雇凶者出高价钱雇凶杀害其仇家，抢劫银行案件中提供银行信息的内线等。因此认定非实行犯的共同犯罪行为，需要认定非实行犯的间接参与行为与案件实行行为的关联，认定了这种关联，也就认定了共同犯罪的成立。

本案中公诉机关指控行为人李伟指使行为人腾玉漳运输毒品，而李伟予以否认。行为人李伟的辩护人认为仅有同案犯腾玉漳供述受李伟指使，认定李伟犯运输毒品罪的事实不清、证据不足。因此，认定行为人李伟的“指使行为”成为认定李伟刑事责任的关键。这种指使行为相对于运输毒品的实行行为而言具有明显的间接性，需要一系列的证据予以佐证。

本案中，“公安机关出具的接受刑事案件登记表，证实东城分局于2008年5月5日接群众举报，李伟在北京长期向他人贩毒后受理案件的情况”，以及“从李伟的尿液中检出甲基苯丙胺”，“在李伟卧室里发现两台电子秤”，证明李伟本人吸毒和在北京长期贩卖毒品的情况，而这些情况使李伟与腾玉漳共同预谋运输毒品，或者以贩卖为目的，或者以自吸为目的，都成为可能；而予以贩卖的可能性更大，因为从其运输的毒品数量来看，自吸的可能性几乎为零。

而“李伟通过携程旅行网以邮件方式为腾玉漳订购2008年5月2日飞往深圳的机票的情况”；“2008年5月1日至5日，李伟手机与腾玉漳通话的情况”；以及李伟与腾玉漳之间的短信，都能与腾玉漳的供述相互印证，足以认定李伟对腾玉漳的“指使行为”，因而李伟指使腾玉漳运输毒品的事实清楚、证据充分，李伟应当承担运输毒品罪的刑事责任。

2. 被告人被抓获后，“配合”公安机关抓获同案犯的行为不能认定为重大立功

犯罪分子有揭发他人犯罪行为，查证属实的，或者提供重要线索，从而得以侦破其他案件的，构成立功表现。根据最高人民法院《关于处理自首和立功具体应用法律若干问题的解释》第七条的规定，犯罪分子有检举、揭发他人重大犯罪行为，经查证属实；提供侦破其他重大案件的重要线索，经查证属实；阻止他人重大犯罪活动；协助司法机关抓捕其他重大犯罪嫌疑人（包括同案犯）；对国家和社会有其他重大贡献等表现的，应当认定为有重大立功表现。因而，协助公安机关抓获同案犯的行为，如果同案犯应当被判处无期徒刑以上刑罚，应当认定为重大立功表现。

刑法规定重大立功的目的是节约司法资源，同时给犯罪分子一个改过自新的机会，表明其认罪悔罪的态度，从而实现刑法的经济效益。但重大立功必须是通过犯罪分子的“协助”破获重大犯罪，这种“协助”要求犯罪分子提供的信息必须是公安机关尚不掌握的信息，或者公安机关只是掌握了些许线索、但不能侦破案件的信息。如果公安机关已经大部分掌握了其他犯罪分子的信息，就没有立功可言。协助的意义一方面是对公安机关抓获其他犯罪分子或侦破犯罪事实具有实质的帮助，另一方面协助本身就包含了配合的意思，因而“配合”不能等同于“协助”。“配合”指犯罪分子被公安机关控制后，就其犯罪事实或与他人共同的犯罪事实，听从公安机关的指挥，从而使案件事实得以顺利查清，具有坦白的意义。在这里需要明确的是公安机关即使没有犯罪分子的“配合”，案件事实仍然能够查清或者说犯罪分子仍然能够被抓获，但这种“配合”行为应当在量刑时予以考虑。从行为的本质上分析，这种“配合”行为不能认定为立功表现。

本案中，行为人李伟经群众举报，已经被列为重大犯罪嫌疑人，且经公安机关工作同时发现腾玉漳与李伟是共同犯罪嫌疑人，腾玉漳亦成为公安机关的抓捕对象，只不过公安机关先将携带毒品的腾玉漳抓获。在抓捕李伟的过程中，腾玉漳配合公安机关敲开李伟的家门，但李伟的暂住地是公安机关已经掌握的信息，即使没有腾玉漳敲门的“配合”行为，公安机关同样能够将李伟抓获，因而腾玉漳敲门的行为不能认定为重大立功表现。

（北京市第二中级人民法院　刘克河）

7. 曾碧文抢劫案
（共同犯罪中实行过限的认定）

（一）首部

1. 裁判书字号

一审判决书：北京市第一中级人民法院（2008）一中刑初字第14号。

二审裁定书：北京市高级人民法院（2008）高刑终字第268号。

2. 案由：抢劫、窝藏、掩饰、隐瞒犯罪所得案。

3. 诉讼双方

公诉机关：北京市人民检察院第一分院，代理检察员：李宏。

附带民事诉讼原告人：辛振池，男，1959年1月6日出生，汉族。系被害人辛芳芳之父。

附带民事诉讼原告人：王桂平，女，1958年10月4日出生，汉族。系被害人辛芳芳之母。

二附带民事诉讼原告人之诉讼代理人：李庆平，北京市天平之星法律咨询服务中心主任。

被告人暨附带民事诉讼被告人（上诉人）：曾碧文，男，1986年7月19日出生，汉族，出生地河北省三河市，初中文化，无业。因本案于2007年3月8日被逮捕。

指定辩护人：陈雅楠，北京市京鼎律师事务所律师。

被告人暨附带民事诉讼被告人（上诉人）：黄志洪，男，1984年1月15日出生，汉族，出生地广东省揭阳县，初中文化，无业。因本案于2007年3月8日被逮捕。

辩护人：崔进，北京市正义律师事务所律师。

被告人（上诉人）：何川，男，1984年12月9日出生，汉族，出生地河北省三河市，初中文化，无业。因本案于2007年3月8日被逮捕。

二审辩护人：丁满良，北京市金励律师事务所律师。

4. 审级：二审。

5. 审判机关和审判组织

一审法院：北京市第一中级人民法院。

合议庭组成人员：审判长：史迹；代理审判员：冯哲；人民陪审员：蒋丽丽。

二审法院：北京市高级人民法院。

合议庭组成人员：审判长：陈佳；审判员：李建新；代理审判员：黄肖娟。

6. 审结时间

一审审结时间：2008年3月5日。

二审审结时间：2008年10月29日。

（二）一审诉辩主张

1. 公诉机关指控称

被告人曾碧文、黄志洪于2007年1月22日预谋抢劫，当晚21时许，曾碧文潜至本市昌平区东小口镇丽水园8号楼四层北京市昌平区金山文化技能培训学校（以下简称金山学校）内，恰遇在该校住宿的教师辛芳芳（女，殁年24岁），曾碧文趁其不备，用手扼压、并用现场加热器的电线猛勒辛的颈部，致辛芳芳机械性窒息死亡。后曾碧文打电话通知被告人黄志洪到金山学校，劫取该校保险柜。其间曾碧文从辛芳芳宿舍内掠走人民币50元及诺基亚牌3100型移动电话一部（价值人民币300元）。黄志洪驾车至学校后，二人将该校校长室内保险柜劫走。后二人找到被告人何川，三人将保险柜运至河北省三河市何川家中。后三人撬开保险柜并将保险柜内的人民币6 000余元伙分，并将欧元50元、公章、银行卡、支票等物品藏匿或烧毁，所抢赃款赃物折价共计人民币7 000余元。被告人何川在明知曾碧文、黄志洪犯罪的情况下，仍在其家中窝藏曾碧文、黄志洪，并帮助转移、窝藏、丢弃保险柜，并参与分赃。三名被告人作案后被查获归案。

2. 附带民事诉讼原告诉称

因被告人曾碧文、黄志洪的犯罪行为给其造成了经济损失，请求判令二被告人赔偿死亡赔偿金、丧葬费、扶养费、处理被害人事宜支出的交通费、住宿费、误工费及其他合理费用等经济损失，共计人民币55万元。

3. 被告辩称

被告人曾碧文、何川对起诉指控的犯罪事实均不持异议，被告人黄志洪对起诉指控其犯抢劫罪不持异议，但辩解称其没有预谋抢劫，且协助公安机关抓获同案犯曾碧文、何川。

被告人曾碧文的辩护人的辩护意见为：被告人曾碧文没有预谋抢劫，而是预谋盗窃；曾碧文到案后如实供述罪行，认罪悔罪。

被告人黄志洪的辩护人的辩护意见为：（1）黄志洪没有预谋抢劫；（2）黄志洪系从犯；（3）黄志洪协助公安机关抓获同案犯曾碧文、何川，具有立功表现；（4）黄志洪认罪态度好。

（三）一审事实和证据

北京市第一中级人民法院经公开审理查明：被告人曾碧文、黄志洪于2007年1月22日预谋抢劫。当晚21时许，曾碧文潜至金山学校内，恰遇在该校住宿的教师辛芳芳，曾碧文趁其不备，用手扼压、并用现场加热器的电线猛勒辛的颈部，致辛芳芳机械性窒息死亡。后曾碧文打电话通知黄志洪到金山学校，二人将金山学校校长室内保险柜（价值人民币150元）劫走，保险柜内有人民币6 000余元、欧元50元、公章、银行卡、支票等款物。其间曾碧文从辛芳芳宿舍内劫取人民币50元及诺基亚牌3100型手机一部（价值人民币300元）。曾碧文、黄志洪所抢款物共计价值人民币7 000余元。被告人何川在明知曾碧文、黄志洪犯罪的情况下，仍在其家中窝藏曾碧文、黄志洪，帮助转移、掩饰、隐瞒保险柜及柜内款物，并参与分赃。

2007年1月29日，被告人黄志洪、曾碧文先后被抓获归案。2007年1月30日，在黄志洪的协助下，被告人何川被抓获归案。所抢赃款人民币 600 元、欧元 50 元及部分赃物已起获并发还金山学校。

上述事实有下列证据证明：

1. 证人孙树发（金山学校业务主管）的证言证明：2007 年 1 月 23 日 7 时 30 分，其到学校上班，刚到一层一个女学生说出事了，楼上有一个人晕倒了。其叫上业务员闫明、胡利波和一个姓郭的到了四层，看见一个女的在四层通道内的地上趴着，脸趴在一个脸盆里，有一只胳膊上压着一台电脑主机，其叫业务员把那个女的翻过来，她的脖子上有血，嘴上堵着毛巾，身体已经僵了。脸盆是蓝色的，里面有水。其让业务员把尸体放下，之后就报警了。学校的卷帘门坏了，有三个月没有锁了。四层的防盗门由值班的老师来锁。

2. 证人闫明、胡利波、郭慧明（金山学校业务员）的证言与孙树发证言证明的内容基本一致。

3. 证人王超杰（北京急救中心天通苑站职员）的证言证明：2007 年 1 月 23 日 7 时 30 分急救站接报金山学校四层有人晕厥，急救人员赶到时见一女子趴在金山学校四层楼道南侧，右面部及右耳边有血迹，口内塞着一块白毛巾，四肢僵硬，皮肤温度低、苍白，无脉搏，无自主呼吸和心跳。

4. 证人张远兵（金山学校校长）的证言证明：其办公桌下有一个灰色的保险柜，内有现金 6 000 余元、学校的公章、人名章、支票、存折、工资表、对账单和一张中国银行卡等。

5. 证人支娜（金山学校老师）的证言证明：其和辛芳芳两人平时住在学校，案发当天其回家了。她们平时用“热得快”烧水洗漱。辛芳芳有一部银黑色相间的直板手机。

6. 证人刘建蓝（金山学校清洁工）的证言证明：2007 年 1 月 22 日晚上 8 点左右，其到学校打扫卫生，当时学校还有很多人。其丈夫杨俊晚 9 点左右来学校，其打扫完后就和丈夫走了。走时学校只剩下辛老师一个人，其看见辛老师用暖瓶打水，辛老师说要洗头。其走时防盗门没有关，其丈夫将卷帘门拉到地上，但没有锁。

7. 证人杨俊的证言证明：2007 年 1 月 22 日晚 8 时 30 分左右其出发去金山学校，和刘建蓝一起在四层打扫卫生。晚上 9 时 40 分左右其和刘建蓝离开学校。走时学校只有一个女老师，其将一层的卷帘门拉了下来。

8. 证人于洋的证言证明：2007 年 1 月 22 日或 23 日，黄志洪和曾碧文在其家。曾碧文到厨房拿水果刀切橙子，切完橙子曾碧文说要把刀拿走去办点事，其没有同意。黄志洪和曾碧文在其家说到手里没钱了，曾碧文跟黄志洪说不成就出去抢，具体内容没有听清楚。晚饭后其和曾碧文跟着黄志洪去天通苑西二区潘昭哥哥的水果摊借走潘昭的夏利车，后黄志洪开车先后将曾碧文和其分别送回家。

9. 证人潘昭的证言证明：其有一辆 TJ7111BU 型夏利车，车牌号京 JG7282。2007 年 1 月 21 日或 22 日下午 3 点多，黄志洪给其打电话说借车送个人，其说行。15 分钟后黄和一个男的来把车开走，第二天下午三四点黄将车还回。

10. 证人潘丁的证言证明：潘昭是其弟弟，潘昭的夏利车一般停在其在天通苑的水果摊附近。2007 年 1 月 21 日或 22 日下午三四点，黄志洪给其打电话说要借潘昭的夏利车用，后潘昭给其打电话让其将车借给黄志洪。后黄志洪和一个男的来其处将车取走。第二天下午黄志洪和一个男的将车还回。

11. 证人冉卫华的证言证明：其别名冉华。其有一辆绿色切诺基车，车牌号京 JR7210。

2007年1月二十多号下午四五点，黄志洪到二里庄艺海物业找其借车，第二天中午黄将车还回。

12. 证人陈峰的证言证明：2007年1月28日下午两三点钟曾碧文、何川和崔小娟去其家住，何川对其说他们惹了大人物出来躲一躲。晚上其睡醒后听曾碧文和何川聊天说杀了人还抢了什么东西，其问怎么回事，曾碧文说在北京昌平区他以前上学的学校掐死一个女老师，和黄志洪把学校的保险箱拉回三河。29日晚上其和曾碧文去网吧，后曾碧文离开网吧去玩游戏，其在网吧待到30日凌晨被抓获。

13. 证人崔小娟的证言证明：一天晚上9点多何川、曾碧文和黄志洪接其去三河市何川家。第二天黄志洪开车走了，其和何川、曾碧文在何川家住了两天，何川和曾碧文说话、打电话总避着其。之后他们三人就去了陈峰家。在何川家时曾碧文给了何川一部手机，何川就把手机给其用了，是诺基亚直板彩屏手机，没有天线。

14. 证人刘春香（三河市腾飞机电商店职员）的证言证明：经查阅账本，2007年1月23日其卖出过一把钢锯（黑色，XiongMao2000型），买钢锯的人记不清了。

15. 证人王立清（三河市立清五金商店店主）的证言证明：其商店出售涉案的撬棍。

16. 北京市昌平区公安分局接受刑事案件登记表、东小口派出所110接处警记录、立案报告证明：2007年1月23日7时35分，孙树发向东小口派出所报案；2007年1月23日7时49分，胡某向东小口派出所报案；公安机关于2007年1月23日立案。

17. 现场勘验检查笔录证明：案发现场为北京市昌平区东小口镇丽水园8号楼四层金山学校。死者辛芳芳头北脚南俯卧于走廊南侧地面，身着黑色西服、西裤，脚穿白色袜子，口中塞堵一条白色毛巾，面部有烫伤，颈部有一段白色电源线。尸体脚部东侧地面处有一个绿色暖水壶，头部东北方向有一个深蓝色水盆（内有半盆混浊水），西北方向有一个浅蓝色空盆。现场提取带电线的电热棒一个、带插头的电源线一段、电源线一段、白色毛巾一条、绿色暖壶一个、水盆二个，足迹五枚。

18. 北京市公安局昌平分局京昌公法病理字（2007）第25号尸体检验鉴定书证明：辛芳芳系被他人扼压、勒颈部致机械性窒息死亡。

19. 北京市京价（刑鉴）字2007第12092号涉案财产价格鉴定结论书证明：涉案的诺基亚3100型手机一部价值人民币300元、武威牌保险柜一台价值人民币150元。

20. 中国银行北京分行保卫部出具的证明材料证明：2007年1月22日，欧元100元兑换人民币1 008.145元。

21. 破案报告、到案经过、北京市公安局预审处出具的工作说明证明：2007年1月29日20时许，公安机关在北京西客站将黄志洪抓获；2007年1月29日22时许，公安机关在河北省三河市创新网吧东侧游戏厅将曾碧文抓获；经黄志洪带路，2007年1月30日4时许，公安机关在河北省三河市亚华水电五局2号楼3单元5层2门将何川抓获。

22. 搜查笔录、起赃记录、扣押物品清单、物证照片证明：2007年1月30日，公安机关从河北省三河市城建新村5-1-142号何川家中起获撬棍一根、锤子一把、钢锯一把、锯条四根、斧子头一个、中国银行长城电子借记卡一张（卡号：4563510100868151535）、北京市朝阳区鑫金山培训学校财务专用章一枚、金山学校信封一个、明信片一张、张远兵印章一枚、张远斌印章一枚、笔记本一个、金山学校业务部工资表一张、张远兵身份证及驾驶证复印件一张、欧元50元；从曾碧文身上起获黑色上衣一件、灰色秋衣一件、旅游鞋一双、蓝紫色牛仔裤一条；从黄志洪身上起获人民币600元；从崔小娟身上起获诺基亚3100型手机一部；从河北省三河市灵山铁路隧道西侧下水管内起获武威牌灰色保险柜一个。

23. 发还物品清单证明：2007年3月22日，公安机关将北京市朝阳区鑫金山培训学校财务专用章一枚、张远兵印章一枚、张远斌印章一枚发还金山学校。2007年4月18日，将中国银行长城电子借记卡一张（卡号：4563510100868151535）、金山学校信封一个、明信片一张、笔记本一个、金山学校业务部工资表一张、张远兵身份证及驾驶证复印件一张、欧元50元及人民币600元发还金山学校。

24. 辨认笔录证明：2007年1月30日，曾碧文、黄志洪分别指认出北京市昌平区东小口镇丽水园8号楼四层的金山学校是其实施犯罪的地点，黄志洪指认出河北省三河市灵山铁路隧道西侧下水管内是其扔保险柜的地点。2007年2月14日，曾碧文指认出河北省三河市洵阳大街帝美家具城东门南数第一个五金商店是其购买锤子和撬棍的地点，河北省三河市紫博宾馆西侧的腾飞机电商店是其购买钢锯的地点，河北省三河市102国道冀东水泥厂门前附近是其扔鞋子的地点。

25. 辨认笔录证明：潘丁从多名男性照片中辨认出5号黄志洪是从其处借走潘昭夏利车的人；冉卫华从多名男性照片中辨认出5号黄志洪是向其借切诺基车的人；于洋从多名男性照片中辨认出曾碧文、黄志洪；陈峰从多名男性照片中辨认出曾碧文、黄志洪、何川。

26. 中国联通移动电话通话清单证明：2007年1月22日20时37分55秒，黄志洪家的固定电话010－81758461与曾碧文手机号码（13146877060）通话一次；2007年1月22日23时4分28秒至23时37分30秒，曾碧文手机号码（13146877060）与黄志洪手机号码（13241924666）共通话四次。

27. 金山学校出具的证明材料、金山学校报名登记表证明：曾碧文曾系该校学员，2006年4月1日入学，同年10月16日毕业。

28. 北京市公安局昌平分局刑侦支队重案队、北京市公安局预审处出具的工作说明证明：公安机关在对曾碧文、黄志洪、何川的讯问过程中没有引供、诱供及刑讯逼供行为。

29. 户籍材料证明：被告人曾碧文、黄志洪、何川的基本情况。

30. 被告人曾碧文的供述证明：2007年1月22日下午，其和黄志洪、于洋在于洋家，其对黄志洪说金山学校有一个保险柜，里边肯定有钱，晚上有一两个老师或业务员在学校住，咱们想办法把保险柜弄走，把老师弄晕了就成。黄志洪说明天找何川再商量一下。三人吃了晚饭后，黄用其手机给一个姓潘的打电话借了一辆夏利车，后黄开车把其送到昌平区东小口镇中滩村其暂住处。当晚8时40分左右，黄志洪给其打电话问保险柜的事晚上动不动手，要是动手他可以出来。其让黄睡觉，并说今天不动手，其先去看看情况。当晚9时40分至9时50分左右，其来到金山学校大门口，看到一楼的卷帘门半开着就进去了。其先到五层抽了支烟，后到四层防盗门外，防盗门没关留着一条缝，其打开防盗门就进去了。四层楼道里没有人，有的教室开着灯，其先后到几个教室看看都没有人，就想去男厕所方便一下，走到厕所门口时见厕所边的老师宿舍的门开着，一个女的正拿着暖壶往脸盆里倒热水，身穿黑色衣服，脚穿粉红色拖鞋，头上包着一条白色毛巾。其问女老师是不是晚上10点关门，女老师告诉其晚上9点就关门。后其进了男厕所，出来后对女老师说想上机，女老师说太晚了明天再上。曾碧文又说将手机忘在学校了，女老师说没见过，明天帮着问问。当时其光想保险柜了，趁女老师不注意伸手掐住她的脖子，女老师“啊”了一声就倒在地上。其就一直掐她脖子，两三分钟她就不动了。其把女老师拖到宿舍门口放下，到她宿舍里找到一个“热得快”，用上边的电线绕在她脖子上用力一勒，电线就断成了三截，其中一截还在女老师的脖子上。其回到她宿舍把屋里的脸盆端出来，当时脸盆还有半盆热水，其把女老师身子翻过来，脸朝下趴着，把脸盆放在她脸下边，把她脸泡在脸盆里。在放脸盆之前还用女老师头上的白毛巾堵住她的嘴。又到宿舍拿出一个暖壶往脸盆里倒热水，想制造老师被呛死的假象。后其到楼道西侧中间的大教室里搬出一台电脑主机箱，想掩饰一下砸女老师，但觉得人已经死了就把主机箱放在尸体旁边。女老师的头朝北、脚朝南。之后其下到一楼把卷帘门关上，回到四楼先翻报名处的抽屉没翻到东西。其用手机给黄志洪打电话说其杀人了，让黄快过来把保险柜弄走，黄说行。后其到校长室从办公桌下把一个木柜子推到楼道里，见这个木柜子的抽屉锁着就没打开看。之后又从办公桌下把保险柜推出校长室，去老师宿舍翻到一部手机和50块钱装起来。等了10分钟左右黄志洪给其打电话说已到楼下，其下楼找到黄，二人一起到四层防盗门口，黄说不进去了怕留下脚印，还问其是否把手印擦了。然后黄在防盗门外等着，其到校长室找了一块小毛巾，把刚才摸过的门把手、暖壶都擦了擦，把保险柜推到防盗门处，和黄把保险柜抬下楼放到黄开来的夏利车后座上。后二人在天通苑门口的一个饭馆吃了饭就去找何川，黄志洪对何川说曾碧文杀人了。何川上车后看见后座上的保险柜，其就把杀人和抢保险柜的事都跟何川说了。后三人开车到河北省三河市何川家，到时已经凌晨3点钟左右，他们把保险柜搬到客厅，何川找了一把斧子和一把螺丝刀，但三人轮番撬都没有撬开。第二天早上三人到三河市老街的五金商店买了一把钢锯，之后又到另外一个五金商店买了一根撬棍和一把锤子，钱是黄志洪出的。回到何川家三人用买来的工具把保险柜撬开，里面有7 000多元现金、三四张存折、一张银行卡、现金支票、公章。黄给了其2 000元和一些零钱，大概400元到500元左右，给了何川一沓整钱和一些零钱，具体多少不清楚。在何川家厨房黄志洪和何川把存折和支票给烧了。之后三人到三河市富达购物中心，其买了一件黑色休闲服、一件白蓝色毛衣、一件黑色秋衣和一双白色旅游鞋，共花了200元左右。大约中午11点，三人回到北京。路上其换上新买的衣服和鞋，把换下的衣服和鞋扔在马路上。回京后其回暂住处收拾东西，黄志洪和何川去还车，后黄又跟冉华借了一辆黑色吉普车，三人去接了何川的女朋友崔小娟一起回到三河市何川家里。等到夜里两三点，其和黄志洪、何川开车将保险柜藏到一条铁路旁路边沟里的水泥管子里。1月24日黄志洪一个人开车回北京，其在何川家住了两三天，之后又在陈峰家住了两天。1月29日晚10点钟左右，其在三河市一个游戏厅里被抓获。其的手机号码是13146877060，黄志洪的手机号码是13241924666。

31. 被告人黄志洪的供述证明：2007年1月22日下午，其和曾碧文、于洋在于洋家。曾碧文看见于洋家切橙子的水果刀，就说把刀借给他，金山学校有一个保险柜他想去抢，于洋没有答应。其提过学校有没有人值班，曾碧文说学校晚上有人值班，把老师弄晕了就成。晚饭后其三人去找潘昭借了一辆银白色的夏利车。后其开车将曾碧文和于洋分别送回家，其就回家了。到家后其用家里座机给曾碧文打电话让曾不要瞎跑。当晚11点多，曾碧文给其打电话说他在金山学校，事情已经搞定，让其过去帮忙拉东西。后其开夏利车到金山学校，在楼下给曾碧文打电话告诉曾已到楼下，让曾下来，曾说让其等10分钟，他把保险柜抱下来。过了几分钟，其忘了谁给谁拨的电话，曾说保险柜太沉，让其上去帮忙。之后曾从里面将一层的卷帘门打开，曾对其说他杀了人。后其和曾上到四层防盗门外，曾让其等一会，他去擦指纹。过了半分钟，曾出来和其一起将保险柜抬下楼放到夏利车的后座上。之后二人去天通苑门口吃了饭，开车到二里庄找何川，其对何川说曾碧文杀人了。上车后何川看见车上的保险柜，其说是曾碧文从金山学校弄出来的。其和曾碧文说把保险柜放到何川家，何川答应了。三人开车凌晨2点多到了河北省三河市，把保险柜放在何川家客厅。何川从家里找来一把斧子、一把菜刀和一个改锥，三人撬但没撬开。第二天早上七八点钟，其三人开车到三河市老街一个五金商店买了一把钢锯，后又在另一个五金店买了一根撬棍、一把锤子和一个钢筋棍，回何川家撬开了保险柜，里面有7 000多元现金、两张存折、一张银行卡、两个公章和一本支票。其给曾碧文3 000元多一点，给何川2 000元，其自己留了2 000元。三人在何川家厨房把存折和支票给烧了。之后三人去三河市富达购物中心，曾碧文买了一双鞋、一件夹克、一件毛衣和一件秋衣。后三人开车到北京，路上曾碧文把新买的衣服换上，换下的衣服扔在京哈高速路边了。到京后曾碧文下车回家，其和何川将车还给潘昭的哥哥，后坐车去了二里庄，晚上曾碧文也过来。其又找冉华借了一辆墨绿色的切诺基吉普车，拉上曾碧文、何川，又接上何川的女朋友崔小娟，回到三河市何川家。凌晨4点多，三人把撬坏的保险柜抬到切诺基吉普车上，开车将保险柜藏到一个铁路桥附近路边的水泥管子里。1月24日早上其一个人开车回北京，之后和曾碧文、何川就没联系。1月29日晚上其去西客站送人时被抓获。被抓之后其带警察把扔了的保险柜找回来。曾碧文的手机号是13146877060，其的手机号是13241924666。其家的固定电话号码是010-81758461。

32. 被告人何川的供述证明：2007年1月22日晚其和李海振等人在二里庄的芒海学生公寓，凌晨1点多黄志洪和曾碧文去找其，其出来后黄志洪对其说曾碧文杀人了。之后他们上了一辆夏利车，其看见后排座上放着一个保险箱，黄志洪说是曾碧文弄的，曾碧文说是他杀人弄的。黄志洪问去哪，其说去三河。凌晨3点半钟左右，他们来到其家将保险柜抬到客厅，其找出一把斧头，一把菜刀和一个改锥，但他们没有撬开。1月23日上午八九点钟，他们去三河市老街一个五金商店买了一根撬棍，又在另一家商店买了一把锤子和一把钢锯，回其家将保险箱撬开，里面有7 000多元现金、存折、支票、印章和银行卡。黄志洪给了其2 000元整钱和一些零钱，总共2 100元左右，还给了曾碧文钱，给多少其不清楚。分钱后黄志洪在厨房将存折和支票烧了，其他东西放在其母住的卧室的大衣柜顶上，撬坏的保险箱放在阳台。之后他们去了三河市富达购物中心，曾碧文买了一件黑色上衣、一件灰色毛衣和一双灰色运动鞋。后他们开车回北京还车，路上曾碧文把旧衣服和鞋换下来，快到白庙收费站时将鞋和旧衣服扔了出去。回北京后曾碧文回住处，其和黄志洪去还车，之后回到二里庄李海振住处。晚上5点左右曾碧文过来，黄志洪找冉华借了一辆切诺基吉普车，他们接了其女朋友崔小娟回三河市其家。1月24日凌晨5点多钟，他们三人将保险箱抬上车，藏到一个干河沟下边的管道里。早上9点左右黄志洪开车回北京，之后曾碧文有时出去玩，有时住在其家，住了三天左右。后其和崔小娟、曾碧文在陈峰家住了两三天，1月29日晚上其在陈峰家被抓获。其听曾碧文说那天晚上9点多他进了金山学校，当时那个女的正在洗头，他觉得时机挺好就把那女的掐死了，后来他打电话给黄志洪把保险箱弄走。

（四）一审判案理由

北京市第一中级人民法院经审理认为：被告人曾碧文、黄志洪采用暴力手段劫取公私财物，致人死亡，其行为已构成抢劫罪，且情节、后果特别严重，社会危害性极大，依法应予惩处。被告人何川明知是严重犯罪的人而为其提供隐藏处所，其行为已构成窝藏罪，且属情节严重；明知是严重犯罪的犯罪所得而予以转移、掩饰、隐瞒，其行为已构成掩饰、隐瞒犯罪所得罪，且属情节严重，依法均应予惩处。

（五）一审定案结论

北京市第一中级人民法院依照《中华人民共和国刑法》第二百六十三条第（五）项、第三百一十条第一款、第三百一十二条、第二十五条第一款、第二十六条第一款、第四款、第六十八条第一款、第五十五条第一款、第五十六条第一款、第五十七条第一款、第六十四条、第三十六条、最高人民法院《关于处理自首和立功具体应用法律若干问题的解释》第五条及《中华人民共和国民法通则》第一百一十九条、第一百三十条、最高人民法院《关于审理人身损害赔偿案件适用法律若干问题的解释》第十七条第三款、第二十七条、第二十八条、第二十九条，作出如下判决：

1. 曾碧文犯抢劫罪，判处死刑，剥夺政治权利终身，并处没收个人全部财产。

2. 黄志洪犯抢劫罪，判处有期徒刑十一年，剥夺政治权利二年，并处罚金人民币22 000元。

3. 何川犯窝藏罪，判处有期徒刑四年；犯掩饰、隐瞒犯罪所得罪，判处有期徒刑四年，并处罚金人民币4 000元，决定执行有期徒刑七年，并处罚金人民币4 000元。

4. 在案扣押物品分别予以发还、没收。

5. 继续追缴曾碧文、黄志洪、何川犯罪的违法所得，发还北京市昌平区金山文化技能培训学校及被害人辛芳芳的亲属。

6. 曾碧文、黄志洪共同赔偿辛振池、王桂平死亡赔偿金人民币399 560元、丧葬费人民币20 058.50元；赔偿辛振池扶养费人民币60 610元；赔偿王桂平扶养费人民币60 610元。

（六）二审情况

1. 二审诉辩主张

上诉人（原审被告人）曾碧文上诉称：本案有其他人参与作案，被害人死亡是没有到案的其他人造成的，一审判决定性不准，量刑过重。

上诉人曾碧文的辩护人的主要辩护意见为：一审判决认定曾碧文与黄志洪预谋抢劫、被害人死亡系曾碧文一人所为，证据不足；曾碧文对被害人死亡不应承担主要责任；应以过失致人死亡罪和盗窃罪追究曾碧文的刑事责任；曾碧文在二审法院审理期间检举他人参与犯罪，请求二审法院查证属实，对曾碧文依法改判。

上诉人（原审被告人）黄志洪上诉称：没有与曾碧文预谋并实施抢劫，一审判决部分证人证言和同案人供词与事实不符。

上诉人黄志洪的辩护人的主要辩护意见为：一审判决认定黄志洪预谋并参与抢劫、致人死亡，构成抢劫罪的事实不清，证据不足，适用法律不当，量刑畸重。

上诉人（原审被告人）何川上诉称：不明知曾碧文和黄志洪杀人、抢劫，没有窝藏曾碧文、黄志洪，一审判决事实不清，量刑过重。

上诉人何川的辩护人的辩护意见为：何川犯罪情节较轻，未造成严重后果，且对司法妨害程度不大，涉案犯罪数额较小；请求对何川从轻处罚。

2. 二审事实和证据

北京市高级人民法院经审理，确认一审法院认定的事实和证据。

3. 二审判案理由

北京市高级人民法院经审理认为：上诉人曾碧文、黄志洪以非法占有为目的，共同预谋并实施抢劫犯罪，其行为均已构成抢劫罪，且情节特别严重，曾碧文在抢劫过程中，致人死亡，依法均应惩处；上诉人何川明知是犯罪的人而为其提供隐藏处所的行为已构成窝藏罪，其明知是犯罪所得而予以转移、处置，其行为又已构成掩饰、隐瞒犯罪所得罪，且情节严重，依法应与其所犯窝藏罪数罪并罚。鉴于黄志洪归案后能协助公安机关抓获同案犯罪嫌疑人，有立功表现及其在犯罪中的地位和作用，依法可从轻处罚。一审法院根据曾碧文、黄志洪、何川犯罪的事实、性质、情节及对于社会的危害程度所作的判决，事实清楚，证据确实、充分，定性准确，量刑适当，审判程序合法，应予维持。

4. 二审定案结论

北京市高级人民法院依照《中华人民共和国刑事诉讼法》第一百八十九条第（一）项，作出如下裁定：

驳回曾碧文、黄志洪、何川的上诉，维持原审刑事部分判决。

（七）解说

本案涉及的主要刑法理论问题为共同犯罪中实行过限行为的司法认定问题。

本案中公诉机关提供的证据确实、充分，认定的事实基本清楚，在审理过程中，争议的焦点主要集中于法律适用方面，即本案中黄志洪是否应当为曾碧文的杀人行为负刑事责任，如果负刑事责任，对黄志洪应当适用我国《刑法》第二百六十三条第（五）项“抢劫致人重伤、死亡的”，对其应处以十年以上有期徒刑、无期徒刑或者死刑并处罚金或者没收财产。因此判定曾碧文将本案中被害人辛芳芳杀害是否属于共同犯罪中的实行过限行为就显得格外重要。

共同犯罪实行过限，又称为共同犯罪中的过剩行为，是指实行犯实施了超出共同犯罪故意的行为。由此可知，共犯过限是伴随着共同犯罪发生的，且是实行犯基于故意或过失实施的行为，并且这种行为不在共同谋议范围内。从主观上看，实行过限的行为人在主观上超出了共同犯罪故意的范围，这种行为虽然是由某共犯实施，但其他共犯并不明知；从客观上看，实行过限的行为人实施了超出共同犯罪故意的犯罪行为，这种行为与共同谋议之罪具有较大的差异。因此，共犯过限具有以下特征：第一，共犯过限行为是一种已经发生的客观存在的犯罪行为；第二，这种行为发生在共同谋议之罪的实施过程当中；第三，这种行为是由其他实行犯实施的，其在主观上表现为故意或过失；第四，这种行为超出了共同谋议范围。综上，共犯过限行为与共同犯罪行为之间既有密切联系又有本质上的区别，这种差异直接体现在刑事责任承担者范围的特殊性上，导致对这种行为性质认定及刑事责任承担等具体问题的困惑。

具体到本案中，曾碧文以杀人为手段劫取财物的行为是否是实行过限，黄志洪是否应对致辛芳芳死亡的抢劫加重情节承担责任呢？首先，曾碧文与黄志洪预谋抢劫，虽没有预谋通过杀人的方式实现抢劫目的，但明确预谋了如果有值班人员就将其弄晕，预谋内容明确指向了对他人人身的伤害；而且对他人人身的伤害也是抢劫罪中的应有之义，并没有超过曾碧文和黄志洪的预谋范围。其次，曾碧文实施的抢劫致人死亡只是抢劫罪中的结果加重情节，致人死亡的情节刑法没有单独评价为犯罪，涵盖于抢劫罪的犯罪构成之中，不符合共同犯罪中实行过限的构成要件。最后，曾碧文与黄志洪对抢劫有预谋，曾碧文在致辛芳芳死亡之后即电话告知黄志洪其杀了人，黄志洪仍然前往抢劫现场协助曾碧文将所抢物品运走，并积极参与分赃，可判断黄志洪对致人死亡的结果不但知情而且认可。综上，黄志洪应当对致辛芳芳死亡的抢劫加重情节承担责任。

根据我国刑法主客观相一致的原则和共同犯罪的相关理论，正确认定共犯过限及相应刑事责任的承担应遵循以下基本原则：首先是责任主义原则。有责任才有犯罪，才可能受惩罚，这里的责任是指归责上的可能性，包括主观上的故意、过失等方面，共同犯罪同一般刑事犯罪一样，各共犯对一种行为负刑事责任，同样要以其主观上的认识因素和意志因素为前提，如果一种结果不是行为人造成的，而且这种结果的出现违背行为人意志，行为人对这种结果就无须承担刑事责任。当然共同犯罪中的主观意志有一定的特殊性，那就是对各共同犯罪人的责任作扩大解释，即各共犯对其他共犯的行为负有谨慎注意义务，如果没尽此义务就是有过失，就可能要承担刑事责任。其次是刑法上因果关系原则。共同犯罪是一个不可分割的整体，共同犯罪的共同犯罪人的行为本身构成了整体行为的一部分。因此，我们首先是把共同犯罪行为作为一个总原因而与犯罪结果之间形成因果关系，那些不在共同犯罪行为之内的行为造成的结果，应该由行为实施者独自负担，即使是其他人可能利用了这样的行为来达到自己的目的，对其来说这也只是条件，而不是原因。

综上所述，笔者认为，由于共犯过限是由实行犯在实施共同犯罪过程中实施的超出共同谋议范围的行为，其他共犯对这种行为在主观上没有罪过，二者仅有行为上的客观联系而没有主观上的共同故意。根据我国刑法理论，行为人只有在对某一危害结果主观上具有罪过的情况下才能负刑事责任。因此，过限行为的刑事责任只能由该实施者承担，而其他共犯只承担谋议之罪的刑事责任。每个共犯的刑事责任应以其对所实施的犯罪具有故意为前提的，过限行为不包括在共同故意之内，所以某共犯的过限行为造成的危害结果与其他共犯的行为之间不存在因果关系，就没有使其他共犯对该过限行为的危害结果负刑事责任的主观基础和客观基础。如果让其他共同犯罪人承担过限行为的刑事责任，就属于客观归罪的情况，有悖近代刑法的责任主义原则。

（北京市第一中级人民法院　冯哲　韩希慧）

8. 商江公司等走私普通货物案（罚金刑的适用）

（一）首部

1. 判决书字号：江苏省无锡市中级人民法院（2009）锡刑二初字第3号。
2. 案由：走私普通货物案。
3. 诉讼双方

公诉机关：江苏省无锡市人民检察院，检察员：包杰。

被告单位：商江精密机械（苏州工业园区）有限公司（以下简称商江公司），住所地：苏州工业园区娄葑高新技术开发区梅巷工业区 D_1 幢厂房。

法定代表人：陈信成。

诉讼代表人：刘邦成，男，商江公司总经理特别助理。

被告人：陈光楠，男，1960 年 8 月 17 日出生，台湾居民，商江公司总经理。因本案于 2008 年 7 月 10 日被刑事拘留，同月 30 日被取保候审。

4. 审级：一审。

5. 审判机关和审判组织

审判机关：江苏省无锡市中级人民法院。

合议庭组成人员：审判长：孙炜；审判员：范莉；代理审判员：程德兵。

6. 审结时间：2009 年 1 月 14 日。

（二）诉辩主张

1. 公诉机关指控称

被告单位商江公司、被告人陈光楠犯走私普通货物罪，偷逃应缴税款共计人民币（以下所涉币种除特别注明外均为人民币）1 161 027.52 元。

2. 被告辩称

被告单位的诉讼代表人刘邦成提出的辩解意见是：被告单位商江公司不是本案走私犯罪的主要获利者，请求法庭从轻处罚。

被告人陈光楠辩称：其是由于对政府法令规章的不了解而配合购货单位修改了设备技术参数，主观上没有意识到该行为导致后果的严重性，归案后具有较好的认罪态度，请求法庭能考虑被告单位的经营及其自身的身体状况予以从轻处罚并对其适用缓刑。

（三）事实和证据

无锡市中级人民法院经公开审理查明：商江公司系外商独资经营企业，注册资本 21 万美元，法定代表人为陈信成，总经理为被告人陈光楠。

1. 被告单位商江公司于 2003 年年底，在向无锡市中联车辆配件有限公司（另案处理，以下简称中联公司）推销台湾油机工业股份有限公司（以下简称台湾油机公司）产 HW-36 型数控车床过程中，明知该设备不符合国家免税标准，该单位总经理被告人陈光楠仍与中联公司总经理谢建林（另案处理）合谋，修改设备技术参数，将设备的技术参数圆度 10um 修改成 0.5um、圆柱度 15um 修改成 0.2um，并伪报设备品名，修改设备铭牌，将品名 HW-36型数控车床修改成 HW-36P 型精密车床，以达到国家免税标准。中联公司据此骗取了征免税证明。中联公司于 2004 年 11 月至 2005 年 2 月间，向台湾油机公司购买的 6 台 HW-36 型数控车床分别从张家港海关、上海吴淞海关免税进口。

经无锡海关计核：中联公司走私进口的 6 台 HW-36 型数控车床的完税价格为 3 550 618.50元，偷逃应缴进口环节税款共计 811 316.33 元。

2. 被告单位商江公司于 2004 年间，在向无锡市捷驰精密机械厂（以下简称捷驰厂）推销日本瓦西诺公司产 G05 型高精密卧式车床过程中，明知该设备不符合国家免税标准，该单位总经理被告人陈光楠仍与捷驰厂投资人陈攀、经理顾坚（均另案处理）合谋，修改设备技术参数，将设备的技术参数圆度 0.38um 修改成 0.3um、圆柱度 0.7um 修改成 0.1um，将表面粗糙度 0.8um 修改成 0.05um，以达到国家免税标准。捷驰厂据此骗取了征免税证明。捷驰厂于 2004 年 5 月至 2004 年 12 月间，向日本瓦西诺公司购买的 2 台 G05 型高精密卧式车床从南京新生圩海关免税进口。

经无锡海关计核：捷驰厂进口的 2 台日本瓦西诺公司产 G05 型高精密卧式车床的完税价格为 1 233 592.68 元，偷逃应缴进口环节税款共计 349 711.19 元。

综上，被告单位商江公司在被告人陈光楠直接负责下，参与走私普通货物偷逃应缴进口环节税款合计 1 161 027.52 元。

另查明，侦查机关无锡海关缉私分局案发后暂扣被告单位商江公司 40 万元。

上述事实有下列证据证明：

（1）书证被告单位商江公司的工商注册资料，被告人陈光楠的身份证明材料，证明商江公司系外商独资经营企业，注册资本 21 万美元，法定代表人为陈信成，总经理为被告人陈光楠。

（2）未到庭证人黄霞、谢建林、王磊、刘丽娟、刘晓飞、焦明飞、许国平、陈攀、顾坚、黄嘉如、钱华俊等的证言，证明中联公司、捷驰厂为免税进口台湾油机公司产HW-36型数控车床和日本瓦西诺公司产 G05 型高精密卧式车床，经与商江公司总经理陈光楠商量后，采用修改设备技术参数的方法骗取征免税证明，进口了上述设备。

（3）侦查机关无锡海关缉私分局制作的现场勘验工作笔录及摄影照片，从中联公司、捷驰厂查获的涉案设备，及调取的进口报关资料、购销合同、规格书、进出口货物征免税证明，证明中联公司、捷驰厂免税进口了涉案的 HW－36 型数控车床、G05 型高精密卧式车床。

（4）侦查机关无锡海关缉私分局查获的真实设备精度检测表、双方传真材料等，台湾油机公司提供的设备精度检测表、情况说明，证明涉案车床的真实状况。

（5）扣押物品清单，证明侦查机关无锡海关缉私分局案发后扣押商江公司 40 万元的情况。

（6）无锡海关出具的《涉嫌走私货物偷逃税款海关核定证明书》，证明商江公司走私普通货物一案涉嫌走私的货物、物品偷逃税款共计 1 161 027.52 元。

（7）被告人陈光楠的供述，与上述证据相互印证。

（四）判案理由

无锡市中级人民法院经审理认为：被告单位商江公司违反国家法律法规，伙同其他单位采用伪报贸易性质的方式走私普通货物，逃避海关监管，偷逃进口货物的应缴税款，其行为已构成走私普通货物罪，且情节严重。被告人陈光楠系被告单位商江公司走私普通货物犯罪过程中直接负责的主管人员和直接责任人员，对被告人陈光楠也应以走私普通货物罪追究刑事责任。被告单位商江公司与被告人陈光楠在庭审中均自愿认罪，悔罪表现较好，决定对被告单位商江公司、被告人陈光楠予以从轻处罚。根据被告人陈光楠的犯罪情节、认罪态度，具备适用缓刑的条件，对其可以宣告缓刑。

（五）定案结论

无锡市中级人民法院依照《中华人民共和国刑法》第一百五十三条、第七十二条、第六十四条及最高人民法院《关于审理走私刑事案件具体应用法律若干问题的解释》第十条第二款，作出如下判决：

1. 商江精密机械（苏州工业园区）有限公司犯走私普通货物罪，判处罚金 40 万元。
2. 陈光楠犯走私普通货物罪，判处有期徒刑三年，缓刑三年。
3. 商江精密机械（苏州工业园区）有限公司的违法所得予以没收，上缴国库。

（六）解说

本案所指控的走私普通货物犯罪，事实清楚，证据确实、充分，定性准确，商江公司及陈光楠亦认罪并同意适用普通程序“被告人认罪案件”简化审理。值得研究的是，商江公司分别与中联公司、捷驰厂共同走私普通货物，而检察院对中联公司、捷驰厂作出了酌定不起诉决定，该情形下如何确定判处被告单位商江公司罚金的数额？

《刑法》第一百五十三条及最高人民法院《关于审理走私刑事案件具体应用法律若干问题的解释》规定，单位犯走私普通货物罪的，对单位判处偷逃应缴税额一倍以上五倍以下罚金，对其直接负责的主管人员和其他直接责任人员，判处自由刑。法院认为，对商江公司应判处的罚金数额，应当按照上述三单位若成为共同被告各自可能判处的罚金数额确定，且承担罚金数额的总和以偷逃应缴税额的一倍以上五倍以下为限度。理由是：

1. 对共犯的量刑应体现罪责自负原则。犯罪与刑罚是前提与结果的关系，没有犯罪就没有刑罚，也就决定了罪责应当自负。罪责自负原则是刑事司法必须遵守的刑事责任原则之一，指刑事责任只能由犯罪人本人承担，即谁实施犯罪，谁承受刑罚，他人的责任不得加害于我们。因为只有让犯罪之人承担刑事责任，才能达到刑罚特殊预防的目的；否则，让无辜之人承担最为严厉的刑事处罚，会将其推向社会对立面，会使公众产生恐慌。“任何人只对自己的不法行为承担责任，而不对他人的不法行为承担责任”，该原则对各共同犯罪人同样适用。我国刑法对共同犯罪人处罚的规定初步体现了罪责自负原则的精神：组织、领导整个犯罪集团的首要分子，应当对其组织、领导下的犯罪集团所犯的全部罪行负责；一般主犯不对他人犯罪负责，仅对自己参与或组织、指挥的犯罪负责。因而在共同犯罪中，罪责自负应包括两个层面的含义：一是未实施犯罪的无辜人员不应被追究刑事责任，各共同犯罪行为人均应共同承担犯罪产生的刑事责任。二是各共同犯罪行为人根据其在共同犯罪中的地位、作用，分别承担各自应当承担的刑事责任，不应为其他共同行为人的犯罪行为承担额外责任。共同犯罪系各行为人基于共同故意和共同行为而作为一个整体、形同一人地对法益实施侵害，各行为人的行为是共同犯罪结果的总原因，故也应当一体化承担刑事责任。但由于各行为人对结果发生的原因力不同，罪责不等，共同犯罪中各行为人罪责相对分散。本案中，商江公司分别与中联公司、捷驰厂共同实施走私普通货物的犯罪行为，根据罪责自负原则，三家单位应根据共同犯罪中各自行为对犯罪结果作用力的大小，共同分担责任，亦即，各自分担应负的刑事责任份额，而不应由商江公司承担共同犯罪的全部刑事责任。

2. 司法机关放弃对部分共犯的求刑权，不能损及其他共犯的合法利益。求刑权作为刑罚权的重要一环，是指请求对犯罪人予以刑罚处罚的刑事权力。国家将求刑权赋予检察院行使。检察院对侦查终结移送起诉的案件，进行审查后，可以作出起诉或者不起诉的决定。我国《刑事诉讼法》规定了三种不起诉的类型：法定不起诉、酌定不起诉、证据不足不起诉。该法第一百四十二条第二款对酌定不起诉予以明确："对于犯罪情节轻微，依照刑法规定不需要判处刑罚或者免除刑罚的，人民检察院可以作出不起诉决定。"依此规定，检察院作出酌定不起诉，须同时具备两个条件：一是犯罪嫌疑人的行为已经构成犯罪；二是犯罪嫌疑人的犯罪情节轻微，依照刑法规定不需要判处刑罚或者免除刑罚的。故检察院对中联公司、捷驰厂作出酌定不起诉决定本身，并不否认，甚至根据酌定不起诉的属性，系明确承认该两家单位构成犯罪且系商江公司走私共犯的事实。虽最终两家单位实际未受到刑事处罚，但其应当承担的刑事责任和可能判处的刑罚客观存在。其应当承受的刑事责任和刑事处罚不能转嫁于商江公司，不能因司法机关行使不起诉裁量权而不当加重本案被告单位的刑事责任。依据起诉便宜主义、诉讼经济原则、刑罚个别化及轻刑化等理论，不起诉裁量权的产生及存在有其必要性和合理性。但仅就酌定不起诉而言，"犯罪情节轻微"、"不需要判处刑罚或者免除刑罚"系主观判断标准，面对形形色色的个案，每个办案人员都会有不同认识，具有一定的随意性；"可以"不起诉，故也可以起诉，因而是否起诉具有较大的不确定性；各地检察院对酌定不起诉掌握的松紧程度不同，对宽严相济等刑事政策理解不一，故适用不平衡；滥用不起诉裁量权等人为因素的介入更增加了是否起诉的随意性。这种较大程度不确定性的存在，也决定了被告人刑事责任的幅度不能随着其他共犯是否被起诉而变动。否则将不仅导致判决的无序，无法发挥法律应有的预测指引功能，而且引发包括当事人在内的社会公众对司法公正的质疑。不能因为中联公司、捷驰厂实际未被追究刑事责任，而置本案被告单位商江公司于不确定和不利状态。在民事侵权领域，最高人民法院《关于审理人身损害赔偿案件适用法律若干问题的解释》第五条规定，"赔偿权利人起诉部分共同侵权人的，人民法院应当追加其他共同侵权人作为共同被告。赔偿权利人在诉讼中放弃对部分共同侵权人的诉讼请求的，其他共同侵权人对被放弃诉讼请求的被告应当承担的赔偿份额不承担连带责任"。在刑事附带民事中，最高人民法院《关于执行〈中华人民共和国刑事诉讼法〉若干问题的解释》第八十六条规定，即使是没有被追究刑事责任的其他共同致害人，依法仍是赔偿责任人。犯罪是最为严重的侵权，走私犯罪侵害的是国家对进出境货物、物品的监管制度。检察院代表国家行使求刑权，其实质就是代表国家权利人向犯罪行为人行使权利。当检察院仅免除部分共同犯罪（最为严重的共同侵权）行为人的责任，不追究其刑事责任时，为平衡共同犯罪人之间的利益，体现公平正义，其他共同犯罪人不应再承担检察院免除的该部分责任。也就是说，本案中联公司、捷驰厂在被酌定不起诉时，国家放弃追究其刑事责任，则该部分责任被绝对免除，即被追究刑事责任的其他共犯亦不承担该部分责任。

3. 对共犯的量刑应体现罪责刑相适应原则。罪责刑相适应原则是刑法三大基本原则之一。我国《刑法》第五条对此予以明确规定："刑罚的轻重，应当与犯罪分子所犯罪行和承担的刑事责任相适应。"即刑罚的量与罪责的量应相适应。对于共同犯罪案件，如何具体确定对各共犯的刑罚，如何平衡各共犯间的量刑，是司法实务中的难点，也凸显了在共同犯罪审判中，贯彻罪责刑相适应原则的极其必要性。

（1）共犯刑罚总量应得到控制。犯罪的社会危害性，即客观侵害性、主观罪过性的统一，是确定刑罚量的依据。在共同犯罪中存在刑罚总量与罪责总量相适应问题。共同犯罪由数个犯罪主体实施，一般而言，较单个主体犯罪的社会危害性高。但在量刑时多已将该因素考虑在内，如法律根据犯罪数额规定数个刑档，数额大则适用高位刑档；多人多次除作为部分犯罪的法定量刑情节外，在司法实务中亦普遍被作为酌定情节加以考量。因此，将共同行为作为整体评价后，分别对共同犯罪人施以刑罚的总量，应当与单个主体实施相等社会危害性的犯罪行为可能受到的刑罚量相平衡。刑法规定罚金刑的具体数额是针对单独犯罪而言的，基于共同犯罪罪责分散原理，不能以单个行为人的刑罚量为基础作无限"复制"。最高人民法院、最高人民检察院、海关总署《关于办理走私刑事案件适用法律若干问题的意见》第二十二条规定："审理共同走私犯罪案件时，对各共同犯罪人判处罚金的总额应掌握在共同走私行为偷逃应缴税额的一倍以上五倍以下。"该条文明确了对共同走私犯罪罚金刑的总量控制，意义重大。当然，该司法解释的精神同样适用于其他共同犯罪情形。部分高院制定的规范性文件对该规则予以确认，如江苏省高级人民法院《关于适用与执行财产刑若干问题的意见》规定："在共同犯罪案件中，对各共同犯罪人（单位）判处的罚金的总额，一般不应超过刑法规定的罚金数额的最高限额。"虽然，检察院对实施本案共同走私行为的中联公司、捷驰厂作酌定不起诉处理，但对该两个犯罪单位仍存在潜在的应然刑罚量。对两家公司刑事处罚的应然刑罚量，与对商江公司实际要判处的刑罚量，两者之和应当控制在刑罚总量之内，即对中联公司、捷驰厂可能判处的和对商江公司实际要判处的罚金数额之和，应当控制在偷逃应缴税额的一倍以上五倍以下，即116万余元以上580万余元以下。

（2）对各共犯的刑罚量应均衡。对共同实施犯罪的行为人，应在刑罚总量控制下，按照其在共同犯罪中所处的地位、发挥的作用，决定对其判处的刑罚量，这也是罪责刑相适应的题中之意。刑法所规定的，对从犯应当从轻、减轻或者免除处罚，对胁从犯应当按犯罪情节减轻或者免除处罚，均体现了共犯间刑罚的均衡感。本案中，商江公司为向中联公司、捷驰厂销售设备，以获取6 500美元的安装及售后服务费用，应两单位要求，修改设备技术参数，使两单位成功骗取征免税证明并偷逃税额。商江公司与该两公司分别构成共同犯罪。在共同走私犯罪中，犯意提起、获利者均不是商江公司。商江公司实施帮助行为，在共同犯罪中的作用、地位低于其他两单位。假设责任均分时，应判处商江公司罚金的数额起点以6 500美元（合人民币58万余元）为基准，考虑其在共同犯罪中作用次于其他两单位，对该基准作反向微调，决定40万元作为起点数额比较妥当。

（3）对单位与责任人员的刑罚量应均衡。我国对单位犯罪以双罚制为主，即对单位判处罚金，并对其直接负责的主管人员和其他直接责任人员判处刑罚。由于对两类主体的处罚均以单位犯罪事实为同一依据，就刑罚裁量而言，就产生对单位及其责任人员判处的刑罚之间的均衡问题，即单位刑与个人刑之间应当相适应。理论上，应当先确定对单位的刑罚量，再视责任人员在犯罪中的作用决定对其个人的刑罚量。但在本案对个人确定所判处的自由刑刑度无障碍，而对单位确定罚金数额值得探讨的情况下，反向比对平衡是必要和可行的。法院综合商江公司单位犯罪的犯罪情节和个人作用，判处行为人陈光楠起点刑有期徒刑三年，并缓刑三年。考虑到实务中对单位走私普通货物犯罪判处的罚金一般为稍高于偷逃税额一倍的整数，并结合上述因素，对商江公司决定判处罚金40万元。

罚金刑使犯罪人承受被剥夺金钱的痛苦，是惩治经济犯罪、单位犯罪的有效方法，且符合刑罚经济原则。但其适用当符合罪责自负、罪刑均衡等原则，适当的罚金数额能削弱犯罪人犯罪能力，使其觉得自己罪有应得，决心改过自新，起到抑制再犯的功能，同时对社会产生威慑作用。罚金数额过高，超出犯罪行为的界限，对实现刑罚目的则会产生诸多弊端：就特殊预防而言，可能使犯罪人产生刑罚不公的情感，易引起被惩罚人的抵触情绪，从而不愿主动履行缴纳义务，甚至萌生犯罪人反国家、反社会的心理；就一般预防而言，会使刑罚对更严重犯罪的威慑度降低，对潜在的即将犯罪的人提供“与其犯轻罪不如犯重罪”的诱惑。综上，法院判处商江公司罚金 40 万元是正确并合理的。

（江苏省无锡市中级人民法院　孙炜　范莉）

9. 卢绍飞等贩卖毒品案
（特情介入时量刑的影响）

（一）首部

1. 判决书字号：广西壮族自治区崇左市中级人民法院（2009）崇刑初字第 42 号。

2. 案由：贩卖毒品案。

3. 诉讼双方

公诉机关：广西壮族自治区崇左市人民检察院，检察员：何斌。

被告人：卢绍飞，绰号“阿南”，男，1969 年 12 月 29 日出生，广西大新县人，壮族，小学文化，农民。因本案于 2008 年 6 月 30 日被逮捕。

辩护人：赵武勇，广西壮族自治区崇左市大新县法律援助中心律师。

被告人：方华红，男，1971 年 10 月 21 日出生，广西大新县人，壮族，小学文化，农民。因本案于 2008 年 6 月 30 日被逮捕。

辩护人：孔繁剑，得天律师事务所律师。

4. 审级：一审。

5. 审判机关和审判组织

审判机关：广西壮族自治区崇左市中级人民法院。

合议庭组成人员：审判长：李阳；审判员：梁冬媛、林凤宁。

6. 审结时间：2009 年 4 月 11 日。

（二）诉辩主张

1. 公诉机关指控称

2008 年 5 月 23 日，被告人卢绍飞向凌旭光联系购买毒品海洛因。凌旭光便与被告人方华红密谋制作掺假海洛因出售。当日 17 时许，被告人方华红和凌旭光一起，将毒品送到大新县硕龙镇“归春江山庄”交给被告人卢绍飞时，被民警当场抓获并缴获可疑毒品两块，净重 665 克。经检验鉴定，两块可疑毒品均检出海洛因。其中 1 号毒品海洛因含量为 0.33%，2 号毒品海洛因含量为 0.03%。

公诉机关认为，被告人卢绍飞、方华红违反国家有关毒品管理的规定，贩卖毒品海洛因，其行为均已触犯《中华人民共和国刑法》第三百四十七条第二款第（一）项的规定，应当以贩卖毒品罪追究其刑事责任，提请本院依法惩处。

2. 被告辩称

被告人卢绍飞辩称：其行为应当是构成诈骗罪，而不是构成贩卖毒品罪，因为其是想跟凌旭光拿假毒品去骗其他老板的，且其是被特情引诱才去买毒品的。

其辩护人的辩护意见为：被告人卢绍飞是被特情引诱作为中间人去购买毒品的，其应当定为从犯。同时本案毒品含量低，被告人卢绍飞能如实供述犯罪事实，认罪态度好，建议对被告人卢绍飞减轻处罚。

被告人方华红辩称：其目的是想与凌旭光用假毒品去骗钱，其应该构成诈骗罪而不是贩卖毒品罪。

其辩护人的辩护意见为：（1）从被告人方华红主客观方面看，其目的都是骗取他人财物，其行为应构成诈骗罪而不是贩卖毒品罪。（2）被告人方华红在共同犯罪中属于从犯，且犯罪未遂，归案后认罪态度好又系初犯，同时本案有特情引诱，所涉案毒品含量低。建议对被告人方华红以诈骗罪减轻处罚。

（三）事实和证据

崇左市中级人民法院经公开审理查明：2008 年 5 月 23 日，被告人卢绍飞向凌旭光联系购买毒品海洛因。凌旭光便找到被告人方华红密谋制作掺假海洛因出售。于是被告人方华红伙同凌旭光在其家中用去痛片、阿司匹林等药品掺入海洛因制作了两块劣质海洛因。当日 17 时许，被告人方华红和凌旭光一起，将两块毒品送到大新县硕龙镇“归春江山庄”交给被告卢绍飞。当被告人方华红与被告人卢绍飞正在进行交易时，被公安民警当场抓获并缴获可疑毒品两块（其中 1 号净重 330 克，2 号净重 335 克）。经检验鉴定，两块可疑毒品均检出海洛因。其中 1 号海洛因含量为 0.33%，2 号海洛因含量为 0.03%。

上述事实有下列证据证明：

1. 提取物证笔录及扣押物品清单。证实公安机关 2008 年 5 月 23 日 18 时许，在大新县硕龙镇“归春江山庄”抓获方华红、卢绍飞并当场缴获两块可疑毒品。

2. 毒品称量笔录、提取可疑毒品送检笔录及照片。证实：（1）可疑毒品的重量。1 号可疑毒品重 360 克、2 号可疑毒品重 365 克。（2）可疑毒品的封装送检过程。

3. 公安机关对被告人方华红搜查的笔录及扣押物品清单。证实侦查人员从被告人方华红身上及住处缴获通信工具手机一部；用于作案的交通工具新大本田女式摩托车一部；制作掺假毒品工具石臼一个、千斤顶一个、铁锤一个、蜡烛三根、去痛片四瓶等。

4. 公安机关对被告人卢绍飞搜查笔录及扣押物品清单。证实侦查机关从被告人卢绍飞的身上及住处缴获手机一部和神行手机卡一张、存折三本、银行卡四张。

5. 发还物品文件清单。证实公安机关已将不该扣押的物品退还给被告人卢绍飞。

6. 户籍证明。证实被告人的年龄、住址等情况。两被告人均已达到刑事责任年龄。

7. 公安机关出具的有关同案人在逃的证明。证实同案人凌旭光在逃情况。

8. 查询资料。证实：13457989548 是被告人方华红的手机号码。

9. 大新县移动公司提供手机 13457989548 和手机 13457989548 在 2008 年 5 月 1 日至 2008 年 5 月 23 日 17 时 46 分的通话清单。证实：方华红使用 13457989548 手机号码进行通话的情况，并与号码为 13737906213 的手机通过话。

10. 大新县移动公司提供手机 13737906213 和手机 13737906213 在 2008 年 5 月 21 日至

2008 年 5 月 24 日 22 时 48 分的通话清单。证实：号码为 13737906213 的手机户名是卢新兴。并证实号码为 13737906213 的手机在这个时间段与号码为 13457989548、13657877313 手机进行通话的情况。

11. 证人卢新兴证言：13737906213 这张手机卡是我帮女儿卢兰平办理的，不是我使用，当时我办好后交给我女儿使用。我也不知道是我女儿使用还是女婿凌育松使用，凌育松是吸毒人员。

12. 证人何志光证实：凌旭光住大新县硕龙镇硕龙街 82 号，他的曾用名叫凌育松，绰号叫“马鸡”。这两个月来没有见过凌旭光，凌旭光的妻子卢兰平其也已好久没有见过，不知她去哪里。

13. 公安机关破案报告。证实公安机关通过特情“老马”获知一名叫“阿南”的人称其手上有毒品出售，后公安人员乔装成老板购买毒品与“阿南”联系，从而侦破此案。

14. 崇左市公安局崇公刑技化字［2008］67 号刑事科学技术检验报告。送检材料：缴获方华红和卢绍飞两人的可疑毒品两块，原编号为 1 号（330g）和 2 号（335g）均用塑料物证袋密封包装。检验结果：从所送的 1 号和 2 号检材中均检出海洛因。其中 1 号检材中海洛因含量为 0.33%，2 号含海洛因为 0.03%。

15. 鉴定结论通知书。证实新公刑鉴通字［2008］190 号已送达卢绍飞、方华红，两被告人均已签名。

16. 现场勘查笔录、现场图及照片。证实了案发现场的情况及被告人方华红制作假毒品的现场情况。

17. 被告人方华红辨认笔录及照片。经辨认，被告人方华红辨认出 10 号照片上的男子就是“马鸡”（凌旭光）；辨认出 8 号照片上的男子就是购买毒品的“阿南”，而 8 号照片上男子，就是被告人卢绍飞。

18. 被告人方华红指认现场笔录及照片。被告人方华红带侦查人员指认了进行毒品交易的现场及制造假海洛因的现场。

19. 被告人卢绍飞辨认笔录及照片。经辨认，被告人卢绍飞辨认出 6 号照片上的男子就是“阿松”（凌旭光，曾用名凌育松）；辨认出 3 号照片上的男子就是把海洛因带到交易现场戴越南帽的男子，而 3 号照片上男子，就是被告人方华红。

20. 被告人卢绍飞指认现场笔录及照片。被告人卢绍飞带侦查人员指认了进行毒品交易的现场。

21. 被告人方华红供述：2008 年 5 月 23 日上午 10 点，我在那涯屯见硕龙街“马鸡”，“马鸡”说其姐夫带两个广东老板来找买毒品海洛因，“马鸡”提出要我和他一起制作假货去卖给老板。经商量我同意后，他就叫我到硕龙街的药店去买一些白色的药品来磨成粉准备好。后我跟我母亲要 200 元钱到硕龙供销社买 10 瓶去痛片、2 瓶安乃近、4 瓶 APC 等药品回家。后我借来石臼和竹筛把药碾成粉。当我碾了十几分钟，就见“马鸡”到我家来，他就对我说：现在我姐夫已经在县城看钱验钱了，再过个把小时就赶下来了，你还不快点。说完他就帮我碾药粉，于是我们就轮流碾药片并用筛子过滤，碾好药粉后，我们又用木板做成模板后把粉放进去，用千拆顶压成块状。下午三点钟时“马鸡”接到电话说：“广东老板要两块，一块人家不要。”这时买来的药片已经不够做成两块，于是“马鸡”就骗对方说：“原来说要一块，现在变成两块，那得等一段时间，因为我叫越南仔去拿货至少要两个小时才能赶回来。”说完我们见药不够，就用我家里的生粉跟已经碾成粉状的药片搅拌均匀，最后放进木模压成块状，然后用水果刀在中心挖一个小洞，接着“马鸡”从裤袋里拿出两块毒品海洛因分别放入已经挖好的小洞里，再用买来的黄色胶布封装好。做好这两块毒品已是下午五点钟，“马鸡”接到电话要他马上送货过去，“马鸡”说在绿岛行云交易，但对方说：广东老板说要在“归春江山庄”交易。于是我就驾驶我的摩托车搭“马鸡”到“归春江山庄”。当到“归春江山庄”有100米时，“马鸡”叫我停车，他一个人开车进“归春江山庄”去验钱。过10分钟见“马鸡”开车搭“阿南”出来说“已见有钱，拿货给人家见”，后“阿南”搭我进“归春江山庄”一个包厢里，“阿南”叫我拿货出来，我就把插在裤头上的假毒品给对方验货，验货时我怕两个广东老板挖错地方就自己先动手按原来挖好的坑挖出里面的真货给他们验。正在验货时公安人员突然冲进包厢把我和“阿南”当场抓起来。我的手机号码是13457989548，“马鸡”手机号码是13737906213。“阿南”叫什么名我不知道，我今天是第一次见到他，听“马鸡”说“阿南”也是大新人。

22. 被告人卢绍飞供述：我以前在越南做生意时认识了“阿松”，在和“阿松”聊天时得知可以从他那里拿到毒品海洛因。2008年4月份左右，其通过“老马”认得“小黄”，“小黄”想购买毒品海洛因，我们说好我帮他联系购买海洛因。2008年5月23日上午9时小黄打电话给我联系购买毒品海洛因，我就跟“阿松”联系问他是否有海洛因，“阿松”当时说只有一块，我和“小黄”说：只有一块海洛因要不要？“小黄”说：有两块才要。我下午3时打电话给“阿松”说要两块海洛因，“阿松”说要两块要等一个小时左右。我和“小黄”就在硕龙“归春江山庄”等。下午5时许，“阿松”打电话给我说他到了，“阿松”开摩托车过来看钱，我们从“小黄”车上带钱到吃饭的包厢给“阿松”看，看完钱后，我和“阿松”开摩托车往硕龙方向走100米，见到“阿松”的一个朋友站在河边。后来我就开摩托车和“阿松”那个带海洛因的朋友回到“归春江山庄”的包厢，回到包厢后两分钟左右就被民警抓获了。和我一起被抓的“阿松”的朋友当时身穿越南服装，戴越南帽。我的手机号码是13657587313，“阿松”的电话是13737906213。

（四）判案理由

崇左市中级人民法院经审理认为：被告人卢绍飞、方华红违反国家有关毒品管理的规定，贩卖毒品海洛因，情节严重，其行为均已触犯《中华人民共和国刑法》第三百四十七条第四款的规定，应当以贩卖毒品罪追究其刑事责任。被告人方华红是在凌旭光的指使下参与贩卖毒品活动，在共同犯罪中起次要作用，是从犯，应比照主犯从轻、减轻处罚。但本案是公安机关采取特情介入的方式进行侦破，并且本案所涉毒品的含量低，对被告人可酌情从轻处罚。被告人卢绍飞是在与其他毒贩商量进行毒品交易后，主动与凌旭光联系购买毒品，并亲自具体实施了贩卖毒品行为，对其称是想跟凌旭光拿假毒品去骗其他老板，其行为应定为诈骗的辩解意见，与本案客观事实不符，不予采信。本案是公安机关掌握了线索后采取特情介入的方式侦破，并不存在特情引诱被告人贩卖毒品的事实，因此对被告人卢绍飞辩解其是被特情引诱才去贩卖毒品的意见及其辩护人认为被告人卢绍飞是被特情引诱作为中间人去购买毒品的，应当定为从犯的辩护意见均不予采信。对辩护人有关被告人卢绍飞其他犯罪情节的辩护意见结合本案事实予以考虑，并在对被告人量刑时酌情从轻处罚。被告人方华红明知自己所出售的是含有海洛因的毒品，具有明显的贩卖毒品的故意，因此对被告人方华红及其辩护人关于其应该构成诈骗罪而不是贩卖毒品罪的辩护意见本院不予采信。辩护人关于被告人是被特情引诱才贩卖毒品的辩护意见与本案所查明的事实不符，不予采信。对辩护人有关被告人方华红是从犯及其他犯罪情节的辩护意见符合本案客观事实，予以采信，结合本案事实，决定对被告人方华红减轻处罚。

（五）定案结论

崇左市中级人民法院依照《中华人民共和国刑法》第三百四十七条第一款、第四款、第二十五条第一款、第二十七条，作出如下判决：

1. 卢绍飞犯贩卖毒品罪，判处有期徒刑七年，并处罚金 30 000 元。
2. 方华红犯贩卖毒品罪，判处有期徒刑四年，并处罚金 10 000 元。

（六）解说

1. 行为人明知所出售及购买的是含有海洛因的毒品，具有明显的贩卖毒品的故意，应当认定为贩卖毒品罪。

从表面上看，行为人主观上是想用假毒品骗取他人钱财，客观上实施了隐瞒事实真相，欺骗他人的行为，这一过程符合诈骗罪的犯罪构成要件。该行为侵害了公私财产所有权是无可置疑的，不能因购买毒品的人违反了我国法律，法律对其财产权就不予保护。但是该行为同时还侵害了国家对毒品的管制秩序。由于国家对毒品的严格管制，毒品非法交易的利润十分可观。行为人正是受这种高额利润的诱惑，在海洛因中大量掺假，以获取期待的暴利。国家对毒品非法交易的管制不应局限于真毒品的交易管制，而且应包括任何以毒品名义进行的假毒品的交易管制。最高人民法院《关于十二省、自治区法院审理毒品犯罪案件工作会议纪要》中亦明确指出："不论其中有多少其他成分，只要含有毒品，就可以以贩卖毒品定罪"。行为人明知对方需要毒品，仍为对方提供，该行为显然是侵害了国家对毒品的管制秩序。

另外，行为人主观上存在双重故意。本案中，行为人方华红将海洛因掺入去痛片、阿司匹林等药品，制作了两块劣质海洛因，因此其是明知内含毒品海洛因的。行为人以此为手段骗取高额利润，即同时存在以非法获取钱财的故意及明知对方需要毒品，仍有偿为其提供毒品的故意。明知国家对毒品的严格管制，仍受高额利润的诱惑，在毒品海洛因中大量掺假，以期获取巨额收入，不能因为行为人使用了欺骗的手段以及大量掺假而否认行为人对国家毒品管制秩序的漠视。无论行为人对其自称的假毒品认识程度如何，我们不能否认该行为仍是一种有偿提供"毒品"的行为。对方购买"毒品"后用于何处，显然行为人对此是有清醒认识的。

2. 本案是公安机关掌握了线索后采取特情介入的方式侦破，虽然不存在犯意引诱，但仍存在数量引诱的问题，且涉案毒品的纯度较低，对被告人可酌情从轻处罚。

首先，最高人民法院《关于执行〈全国人民代表大会常务委员会关于禁毒的决定〉的若干问题的解释》第十七条第二款规定："如果行为人将精制毒品稀释后贩卖，或者是土法加工毒品因提炼不纯而含有较多杂质的，不论其中有多少其他成分，只要含有毒品，就应当以毒品犯罪认定。"最高人民法院《全国法院审理毒品犯罪案件工作座谈会纪要》第四条第二款规定："根据刑法的规定，对于毒品的数量不以纯度折算。但对于查获的毒品有证据证明大量掺假，经鉴定查明毒品含量极少，确有大量掺假成分的，在处刑时应酌情考虑。特别是掺假之后毒品的数量才达到判处死刑的标准的，对被告人可不判处死刑立即执行。为掩护运输而将毒品融入其他物品中，不应将其他物品计入毒品的数量。"据此，本案审理法院在量刑时充分考虑了数量和大量掺假两个要件，既考虑了毒品数量，也考虑了被告人的犯罪情节、危害后果、主观恶性等多种因素。

其次，行为人本身就存在毒品犯罪的故意，具体到本案，被告人方华红伙同凌旭光在其家中用去痛片、阿司匹林等药品掺入海洛因制作了两块劣质海洛因，这一行为主观故意是明显的，从行为本身的起因来看，不存在犯意引诱的问题。而被告人卢绍飞是在与其他毒贩商量进行毒品交易后，主动与凌旭光联系购买毒品，并亲自具体实施了贩卖毒品行为，也不存在犯意引诱。行为人必须对最初犯意下的行为承担刑事责任是没有争议的，虽然本案存在特情介入，但因为行为人原本就有毒品犯罪的故意，扩大犯意的引诱是在行为人已有毒品犯罪意愿之上的扩大，客观上也实施了毒品犯罪行为，行为人应当对扩大犯意下的行为承担刑事责任。但在量刑时，存在数量引诱情形的，应当从轻处罚。

综上所述，两名被告人明知自己所出售及购买的是含有海洛因的毒品，具有明显的贩卖毒品的故意，而被告人方华红主客观两方面均符合贩卖毒品罪的构成要件，因此认定两人构成贩卖毒品罪是正确的。

（广西壮族自治区崇左市中级人民法院　赵欣）

10. 许文利故意伤害案
（自首）

（一）首部

1. 裁判书字号

一审判决书：北京市第二中级人民法院（2009）二中刑初字第207号。

二审裁定书：北京市高级人民法院（2009）高刑终字第260号。

2. 案由：故意伤害案。

3. 诉讼双方

公诉机关：北京市人民检察院第二分院，代理检察员：肖辉。

附带民事诉讼原告人（上诉人）：王华坤，1932年4月15日出生于四川省云金县，汉族，文盲，北京市和义职工大学退休职工。系被害人王福田之父。

附带民事诉讼原告人（上诉人）：李秀英，1940年8月19日出生于北京市，汉族，文盲，北京市红星良种厂退休职工。系被害人王福田之母。

附带民事诉讼原告人（上诉人）：孙文翠，1963年10月5日出生于河北省故城县，汉族，高中文化，北京市华升食品厂下岗职工。系被害人王福田之妻。

附带民事诉讼原告人（上诉人）：王源，19岁，1989年6月18日出生于北京市，汉族，初中文化，无业。系被害人王福田之子。

上述四附带民事诉讼原告人之诉讼代理人：李赓，北京市善邦律师事务所律师。

被告人（上诉人）：许文利，男，1961年8月10日出生于北京市，汉族，小学文化，农民。因本案于2008年8月2日被羁押，同年9月4日被逮捕。

辩护人：杨大成，北京市达奥律师事务所律师。

4. 审级：二审。

5. 审判机关和审判组织

一审法院：北京市第二中级人民法院。

合议庭组成人员：审判长：唐仑；审判员：李慧文；代理审判员：周建忠。

二审法院：北京市高级人民法院。

合议庭组成人员：审判长：耿爱民；代理审判员：孙伟、高文斌。

6. 审结时间

一审审结时间：2009年3月19日。

二审审结时间：2009年5月7日。

（二）一审诉辩主张

1. 公诉机关指控称

北京市人民检察院第二分院指控被告人许文利犯故意伤害罪，提请依法惩处。

2. 附带民事诉讼原告诉称

附带民事诉讼原告人王华坤、李秀英、孙文翠、王源要求被告人许文利赔偿死亡赔偿金、丧葬费、精神损失费等共计人民币65.9万余元。

3. 被告辩称

被告人许文利未作辩解。

其辩护人的辩护意见为：被告人许文利系自首；被害人王福田存在较大过错；王福田的心脏病加速了其死亡的过程；被告人许文利平时表现较好，愿意积极赔偿被害方的经济损失，请求法院对许文利从轻或减轻处罚。

（三）一审事实和证据

北京市第二中级人民法院经公开审理查明：被告人许文利自2007年年底至案发前，在其住处附近经常发现被人书写或张贴对其同居女友及家人进行侮辱的文字或纸条。2008年8月1日23时许，被告人许文利随身携带自制弹簧钢鞭，伙同他人在本市通州区马驹桥镇西店村其住处附近蹲守，发现王福田在一男厕所内欲往墙上粘贴带有侮辱性语言的纸条，遂用随身携带的弹簧钢鞭猛击王的头、背部数下，致王福田闭合性颅脑损伤死亡。被告人许文利作案后主动报警并在原地等候，被接到报警赶来的北京市公安局通州分局民警查获归案。另查明：被告人许文利的犯罪行为确给附带民事诉讼原告人王华坤、李秀英、孙文翠、王源造成了一定的经济损失。在本院审理过程中，被告人许文利的亲属代许文利缴纳赔偿款人民币15万元。

上述事实有下列证据证明：

1. 证人刘富（被告人之姐夫）证言证实：2008年8月1日19点30分许，许文利让其一起去堵截一个贴小广告的人。其到许家时见许文全也在。23时30分，其到路西堵，许文利到马路北的一个厕所附近堵截。过了十多分钟，其听许文利喊："西边有人，截住。"其见一名男子跑来，许文利距那人10米左右在后边追，其用双手抓住那人的右手。那人说："我不认识你，你也不认识我，别逮我。”其抓住那人左胳膊往背后一扭，将他按倒在地，又把他右胳膊扭到背后。许文利也追了上来和其一起按着那人。那人用脚踹了其一下。其将左脚鞋带解下来，许文利用鞋带将那人的双手绑在一起了，他就没再说话就喘粗气。其从那人的左兜翻出一张小广告，之后许文利就打了110报警。这时许文全也赶了过来，一会儿民警就来了。许文利曾说他家大门上老有人贴小广告，并说抓住那人后打一顿解解气再交给派出所。那人后背上有几条红印，许文利说在厕所打他了。

2. 证人许文全（被告人之弟）证言证实：2008年8月1日晚11点左右，许文利说最近有人贴小广告挺勤的，咱们今天去抓他。说完他拿着一个弹簧锁就出去了，其也拿了个弹簧锁去西南的厕所了。其在东边听见西边有人嚷，许文利气喘吁吁地过来对其说：“逮住了，给捆上了。”其到村西边中心校南墙外见地上躺一男子，由刘富看着。其从该男子的裤兜里翻出一张纸，电脑打印的，内容是侮辱许建婷（被告人之女儿）的话。一会警察就来了。

3. 证人孙文翠（被害人之妻）证言及辨认笔录证实：2008年8月1日晚王福田说出去吃饭，结果一夜未归，平时骑的电动自行车也不见了。王晚上经常去看他妈，或者去吃夜宵，去不去其他地方不清楚。王姥姥家在通州区马驹桥镇大葛庄村。王性格内向、太老实、心眼小、朋友很少，家里大小事均由其来办。其辨认并确认该男尸就是丈夫王福田。

4. 证人李秀彦（被告人之同居女友）证言证实：其在王福田的音像店帮他卖过两年货，王知道其和丈夫关系不好，其也知道王和他妻子关系不好，互相之间诉过苦。其离婚后和王福田发生过性关系，这种关系维持了一两年的时间。其和许文利从2007年11月份交男女朋友后同居。2007年11月底12月初，有人在夜里往其家门口、墙上、厕所墙上贴侮辱其和许文利家人的纸条和写字，几乎每周两三次。2008年8月1日19时，许和他姐夫刘富、弟弟许文全准备晚上抓那人。

5. 证人许建婷（被告人之女）证言证实：其母亲2007年8月去世，后父亲和李秀彦同居。从2008年元旦开始，有人在其家西侧二三十米的公共厕所内、村里胡同、主路附近墙上贴纸条和喷漆写字，侮辱其父亲和李秀彦。

6. 证人李学彬（李秀彦前夫之兄）证言证实：1998年的时候，李秀彦帮王福田在马驹桥河北段卖家电，王福田就和李秀彦好上了。然后李秀彦和丈夫李学增就离婚了。

7. 证人刘霞证言证实：王福田比较关心李秀彦的情况，老向其打听李秀彦生病的事。有一次王福田打电话问李秀彦胳膊怎么了，其说洗澡时给摔了。

8. 证人杨玉丽（被告人许文利之房客）证言证实：其租许文利的房子四年了。许为人老实，没与人发生过口角和争执。许文利与李秀彦同居后，从2007年11月开始到现在，有人在附近厕所里、住的院子大门上贴广告或漆喷骂许和李。

9. 证人司锋（急救中心医生）证言证实：2008年8月2日0时20分许，其从单位出车，20分钟到达现场。一男子躺在一条路的南侧，瞳孔已经放大固定了，没有心跳，确定该男子已经死亡。

10. 公安机关出具的下列书证证实了案件的相关情况：（1）受、立、破刑事案件材料、马驹桥派出所接报案记录证实：报警人许文利于2008年8月1日23时47分报案登记。（2）被告人许文利户籍证明及被害人王福田户籍证明和死亡证明证实了被告人及被害人的身份情况。（3）被害人王福田电话水单证实了案发前其的通话情况。

11. 公安机关出具的现场勘验检查笔录及现场图证实：现场位于北京市通州区马驹桥镇西店村马驹桥中心小学南墙外，路面躺有一具男尸，尸体双手置于身后，捆有一根黑色鞋带。

12. 公安机关出具的法医科学检验鉴定报告之尸体检验报告证实：(1) 钝性外力作用其后枕部、颈部及头的其他部位导致了脑损伤，脑干的损伤可以使其很快进入昏迷，脑损伤导致脑水肿、颅压升高、小脑扁桃体疝形成，压迫延脑致呼吸循环中枢功能障碍，最终使死亡难免。(2) 死者生前患有心脏疾患，心功能不全，在上述死亡过程中起到了一个加速的作用。(3) 没有患有严重的心脏疾患，检验中所发现的脑外伤也足以造成其死亡的发生。结论：王福田系被他人用钝器打击其头、颈部导致闭合性颅脑损伤而死亡。

13. 公安机关出具的到案经过证实：2008 年 8 月 1 日 23 时许，许文利拨打电话报警称：发现一乱扔东西的嫌疑人。民警赶到现场发现一名男子倒地，经急救，确定男子死亡，遂将许文利等人依法传唤至通州分局马驹桥派出所。许文利称该男子准备粘贴传单时被其殴打后捆绑。

14. 公安机关出具的提取说明、工作说明证实了下列情况：(1) 通州分局将被告人许文利所称从被害人身上翻出的纸条予以扣押。(2) 通州分局将被告人许文利作案时所穿黑色背心，灰色裤子、作案工具弹簧锁一根、手电筒一个一并扣押。

15. 被告人许文利供述：从 2007 年 12 月份开始，每隔三五天就有人在其家大门上、附近厕所里用油漆喷字或粘贴打印的纸张，开始骂其妻子，后来又骂其和其母亲和女儿。其很生气，一直想办法把那人抓住。2008 年 8 月 1 日 17 时许，其叫姐夫刘富和许文全一起去抓那人。其决定去离家最近的那个厕所，并让刘富和许文全在离家稍远的两个厕所附近堵截。23 时许，其从家里拿了一个弹簧鞭和一个手电筒，蹲在了厕所门口的草丛里。23 时 40 分左右，一男子推一辆电动自行车到了厕所门前。那人身高 1.70 米，浅色 T 恤，蓝色裤子，黑皮鞋。那人进了男厕后，其就跟了进去，厕所里没灯，用手电一照，发现该人正往男厕西墙上涂抹糨子，手里还拿着一张纸，上面写着骂其女儿和其的话。那人说："你干吗?"其说："你说干吗?"，并一拳打中那人的面门，那人往左侧一歪，其就上去用弹簧鞭抽了他后背四五下。那人站起来往外跑，其就追。跑了 200 米左右，刘一把抓住那人按在地上，其也按着那人。刘把左脚旅游鞋的鞋带解了下来，其从后面将那人双手手腕捆在一起。其回厕所找到了那人的胶水，又推了他的电动自行车。其回来在那人的裤兜里翻出一张纸条，上面写着辱骂其和其女儿的话。许文全这时也到了，其就跟他说："人抓住了，咱们报案。"于是其用手机报警。过了 10 分钟，民警到了现场，把其、许文全和刘富带到了派出所。其想抓住那人并问他为什么要这么做。其事先准备好了工具是怕那人反抗，想先把那人打得丧失反抗能力，另外是太生气了想教训他。其打那人非常用力。那人身上的伤都是其造成的。

16. 附带民事诉讼原告人王华坤、李秀英、孙文翠、王源向法庭提供了户籍证明等证据用以证实其经济损失。

(四) 一审判案理由

北京市第二中级人民法院经审理认为：被告人许文利无视国家法律，遇事不能正确处理，竟持械故意伤害他人身体，致人死亡，其行为已构成故意伤害罪，依法应予惩处。许文利在作案后主动报警并原地等候，归案后如实供述所犯罪行，系自首；在本院审理期间其亲属积极代许文利赔偿了被害人一方的部分经济损失，故可对其依法从轻处罚。北京市人民检察院第二分院指控被告人许文利犯罪的事实清楚，证据确实、充分，指控的罪名成立。许文利的辩护人所提辩护意见酌予采纳。由于许文利的犯罪行为而给附带民事诉讼原告人造成的经济损失应合理赔偿，所提精神损失费部分，不属刑事附带民事诉讼受案范围，不予支持。

（五）一审定案结论

北京市第二中级人民法院依照《中华人民共和国刑法》第二百三十四条、第五十七条第一款、第六十七条第一款、第六十四条、第三十六条、《中华人民共和国民法通则》第一百一十九条、最高人民法院《关于审理人身损害赔偿案件适用法律若干问题的解释》第十七条，作出如下判决：

1. 许文利犯故意伤害罪，判处有期徒刑十五年，剥夺政治权利三年。

2. 许文利赔偿附带民事诉讼原告人王华坤、李秀英、孙文翠、王源死亡赔偿金、丧葬费人民币 463 033 元。

3. 随案移送扣押物品弹簧鞭、鞋带、手电筒、上衣、裤子各一件，没收存档。

4. 驳回附带民事诉讼原告人王华坤、李秀英、孙文翠、王源的其他诉讼请求。

（六）二审情况

1. 二审诉辩主张

（1）上诉人王华坤、李秀英、孙文翠、王源诉称：原审判决赔偿的数额少，请求增加赔偿数额。

（2）上诉人许文利诉称：原审判决量刑过重；民事赔偿数额过高。

许文利的辩护人的辩护意见为：被害人在案件起因上有明显重大过错；被害人死于心疾的可能性大于脑外伤；许文利犯罪情节较轻，系初犯、偶犯，且系自首；许文利积极赔偿被害人的经济损失，请求对许文利从轻或减轻处罚，应减轻许文利的民事赔偿责任。

2. 二审事实和证据

北京市高级人民法院经审理，确认一审法院认定的事实和证据。

3. 二审判案理由

北京市高级人民法院经审理认为：上诉人许文利故意非法伤害他人身体，致人死亡，其行为已构成故意伤害罪，依法应予惩处。许文利对其犯罪行为给上诉人王华坤、李秀英、孙文翠、王源造成的经济损失，依法应予合理赔偿。鉴于许文利作案后自首，其亲属积极代许文利赔偿被害人亲属的经济损失等具体情节，可对其从轻处罚。关于许文利的辩护人所提许文利系自首及积极赔偿被害人亲属的经济损失，建议从轻处罚的辩护意见，经查，一审法院在对许文利量刑时已充分考虑上述情节；所提其他辩护意见无充分理由，故不予采纳。许文利的上诉理由亦不能成立，应予驳回。王华坤、李秀英、孙文翠、王源上诉请求增加赔偿数额，没有法律依据，不予支持。一审法院根据许文利犯罪的事实、犯罪的性质、情节和对于社会的危害程度，王华坤、李秀英、孙文翠、王源因许文利的犯罪行为遭受经济损失的事实及诉讼请求所作的刑事附带民事判决，定罪及适用法律正确，量刑及民事赔偿数额适当，对在案扣押物品的处理亦无不当，审判程序合法，应予维持。

4. 二审定案结论

北京市高级人民法院依照《中华人民共和国刑事诉讼法》第一百八十九条第（一）项，作出如下裁定：

驳回王华坤、李秀英、孙文翠、王源及许文利的上诉，维持原判。

（七）解说

本案对于行为人许文利是否构成自首，形成不同意见。第一种意见认为，许文利犯罪后主动报案并原地等待公安机关处理，到案后又如实供述事实经过，构成自首。第二种意见认为，许文利虽然主动报案，但其不是出于交代犯罪事实的动机，而是报警称自己抓获涉嫌侮辱其的行为人，故其行为不构成自首。

我们同意第一种意见，认为本案行为人犯罪后自动报案的动机本身不影响自首的认定。理由如下：自首有两个构成要件，即“自动投案”和“如实供述自己的罪行”。本案行为人许文利到案后对自己的犯罪事实供认不讳，符合“如实供述自己罪行”的要件，因此本案的关键在于许文利是否属于“自动投案”。我们认为“自动投案”是指犯罪嫌疑人在犯罪之后尚未归案之前，出于本人的意志而向有关机关、组织或个人报告，并自愿置于有关机关、组织、个人的控制之下等待处理的行为。其中，出于本人意志和自愿置于有关机关、组织、个人控制之下等待处理是理解“自动投案”的关键，并不要求行为人归案动机是为了交代犯罪事实，否则有违自首制度的精神。一方面，有的行为人在实施犯罪后由于不懂法或对事实、法律的认识错误主动报案，但归案后也能如实供述罪行；有的行为人在报案当时可能不是出于承认罪行的动机，但在司法机关到达后想法发生改变并如实供述了所犯罪行。这些行为同样有益于节约司法资源、提高司法效率，降低社会危害，符合自首的本质特征。如果仅因为行为人报案时不具有交代犯罪事实的动机而不认定自首，无疑是为“自动投案”的成立附加了新的条件，限制了自首制度的正确适用。另一方面，司法实践中对于恶意利用自首制度逃避法律追究的，可以根据其犯罪性质及自首动机而不予从轻、减轻处罚，但也不能否定其自首行为的法律性质。可见，“投案”的动机本身并不影响自首的成立。

本案行为人许文利在犯罪后、犯罪事实尚未被司法机关发现以前，基于本人的意志，而主动向公安机关报案。其虽是以受害人的身份报案，但其自愿等待公安机关的处理，实际上产生了自动归案的法律效果，属于“自动投案”。到案后许文利又能如实供述自己的犯罪事实，完全符合自首的构成要件，应当认定为自首。

综上，一、二审法院的判决是正确的。

（北京市高级人民法院　肖立峰　高文斌）

11. 丁超受贿案
（及时上交、自首、立功）

（一）首部

1. 判决书字号：江苏省启东市人民法院（2009）启刑初字第0160号。

2. 案由：受贿案。

3. 诉讼双方

公诉机关：江苏省启东市人民检察院，检察员：钱兴昌。

被告人：丁超，男，1960年3月19日生，汉族，大专文化，案发前系启东市汇龙镇副镇长，兼任江苏省启东市经济开发区城北工业园及启东市科技创业园管委会副主任。2009年3月11日因本案被逮捕。

辩护人：陆炜花，北京市高朋律师事务所上海分所律师。

4. 审级：一审。

5. 审判机关和审判组织

审判机关：江苏省启东市人民法院。

合议庭组成人员：审判长：陆涛；审判员：黄生、黄志勇。

6. 审结时间：2009年7月24日。

（二）诉辩主张

1. 公诉机关指控称

被告人丁超于2006年年底至2009年1月期间，利用担任启东市汇龙镇人民政府副镇长、江苏省启东市经济开发区城北工业园及启东市科技创业园管委会副主任的职务之便，先后收受陈勇、成华、吉俭的贿赂共计人民币78 000元，为三人谋取利益。公诉机关认为，被告人丁超身为国家工作人员，利用职务上的便利，非法收受他人财物，为他人谋取利益，其行为已触犯刑律，应当以受贿罪追究其刑事责任。

2. 被告辩称

被告人丁超辩称：（1）所收受陈勇7万元人民币中的3万元在纪委招谈前已上交510廉政账户，该3万元不应该认定为受贿；（2）在纪委招谈前已打电话给纪委有关领导，讲明了有关受贿事实，后在纪委招谈时也如实交代了自己的全部经济问题，应该认定为自首；（3）在看守所期间检举了他人的犯罪行为，办案部门根据其提供的线索，已经查证属实，应该认定为立功。

其辩护人的辩护意见为：（1）被告人丁超的行为成立自首。被告人丁超是主动去纪委反映情况的。此前，纪委对丁超的经济问题虽有怀疑但并没有掌握确切的证据。在办案机关没有掌握具体情况的时候，行为人自己交代犯罪事实的，应当认定为自首；（2）被告人丁超具有立功情节。被告人丁超通过承诺给他人好处获取检举线索的手段是合法的，且该线索基本上已查证属实，应当认定为立功。

（三）事实和证据

江苏省启东市人民法院经公开审理查明：被告人丁超于2006年年底至2009年1月期间，利用担任启东市汇龙镇人民政府副镇长、江苏省启东市经济开发区城北工业园及启东市科技创业园管委会副主任的职务之便，先后收受陈勇、成华、吉俭的贿赂共计人民币78 000元，并为三人谋取利益。具体犯罪事实分述如下：

1. 被告人丁超于2006年年底至2008年上半年期间，利用职务之便，三次收受在江苏省启东市经济开发区城北工业园承接道路工程的陈勇所送人民币共计7万元。丁在工程款审批、工程质量监督等方面给予了陈照顾。

(1) 被告人丁超于2006年年底某日，在其办公室收受陈勇所送人民币2万元。

(2) 被告人丁超于2007年年底某日，在其办公室收受陈勇所送人民币3万元。

(3) 被告人丁超于2008年上半年某日，在其办公室收受陈勇所送人民币2万元。

2. 被告人丁超于2009年1月某日，利用职务之便，在本市汇龙镇恺撒咖啡馆收受在启东市科技创业园承接监控系统工程的成华所送人民币5 000元。丁在工程款审批方面给予了成照顾。

3. 被告人丁超于2009年1月某日，利用职务之便，在本市汇龙镇红泥泡脚房收受在启东市科技创业园承接展厅装饰工程的吉俭所送人民币3 000元。丁在工程款审批方面给予了吉照顾。

案发后，被告人丁超退出全部赃款。

另查明，2009年2月20日，启东市纪委开始对南通通汇建设工程有限公司法定代表人陈勇的有关经济问题进行审查谈话。同年2月23日，陈勇交代了其向被告人丁超行贿7万元的事实。同年2月24日启东市纪委找被告人丁超谈话，经说服教育，被告人丁超交代了其收受陈勇7万元的犯罪事实。

再查明，被告人丁超于2009年4月18日在启东市看守所向管教民警检举同监犯黄海荣等人的一条诈骗犯罪线索。该线索虽已基本查证属实，但系被告人丁超通过非法手段所获取。

上述事实有下列证据证明：

1. 被告人丁超主体身份及职责的证据：

(1) 启东市公安局出具的被告人丁超的户籍证明。

(2) 启东市干部人事档案管理中心提供的被告人丁超的干部履历表、启纪发［2003］15号文件、公务员登记表、公务员工资改革套改审批表、干部任免审批表、国家行政机关工作人员（公务员）年度考核登记表复印件。

(3) 汇龙镇人民政府档案室提供的启委［2006］31、32、76号及［2008］58、59、90文件，启东市汇龙镇书记办公会议、党政领导会议、党委委员会议记录，汇委发［2006］32、42号及［2008］77号文件，启东市汇龙镇第十五届人代会第九次会议副镇长选举结果报告单，第十七届人代会第一次会议镇长选举结果复印件。

(4) 江苏省启东市经济开发区城北工业园管理委员会提供的启东市城北工业园开发建设有限公司组织机构代码证、营业执照复印件；启东市科技创业园管理委员会提供的启办发［2008］115号文件、办公会议记录、启科留创委发［2008］1号文件、启发［2009］2号文件及启东市创业科技服务有限公司组织机构代码证、营业执照复印件等。

(5) 证人赵向阳、许瑞华、吴林平、袁新、冯裕兵、黄勇的证言笔录。

2. 被告人丁超于2006年年底至2009年1月期间，利用担任启东市汇龙镇人民政府副镇长、江苏省启东市经济开发区城北工业园及启东市科技创业园管委会副主任的职务之便，先后收受陈勇、成华、吉俭的贿赂共计人民币78 000元，为三人谋取利益的事实和证据：

(1) 被告人丁超所作供述笔录。

(2) 未到庭证人陈勇、周泉、成华、施凌燕、吉俭等人证言笔录。

(3) 书证：江苏省启东市经济开发区城北工业园管理委员会提供的城北工业园内和平北路（兴龙路至跃龙路）、兴龙东路（苏221线至庙港河）、青年路（公园路至规划支路）、青年路（和平路至221省道）、青年路（中联南路至庙港路）、跃龙路（公园路至庙港南路）施工合同及结算审核报告复印件；南京骏豪建设工程有限公司、启东市东方交通基础工程有限公司、启东市水利市政工程有限公司、启东市东利水务市政工程有限公司及江苏中信建设集团有限公司出具的书面证明及内部承包协议复印件；江苏省启东市经济开发区城北工业园管理委员会提供的有关工程款支付凭证：2006年9月第15号记账凭证及附件、2006年11月第3号记账凭证及附件、2006年12月第9号记账凭证及附件、2007年2月第17号记账凭证及附件、2007年6月第65号记账凭证及附件、2007年8月第5号记账凭证及附件、2007年8月第84号记账凭证及附件、2007年12月第75号记账凭证及附件、2007年12月第26号记账凭证及附件、2008年1月第29号记账凭证及附件、2008年2月第8号记账凭证及附件、2008年10月第6号记账凭证及附件、2008年10月第16号记账凭证及附件、2008年12月第45号记账凭证及附件、2009年2月第6号记账凭证及附件及2009年2月第10号记账凭证及附件。

3. 被告人丁超不具有自首情节方面的证据：

（1）侦查机关发破案经过。证明被告人丁超系被通知到案的，之前，市纪委已经掌握了其受贿犯罪事实。

（2）510廉政账户个人业务凭证。证明2009年2月24日丁超上交510廉政账户人民币3万元的事实。

（3）中共启东市纪律检查委员会案件移送函、工作说明。证明2009年2月24日下午2:30，市纪委书记桑建美代表市委找丁超谈话，丁主动说清了收受陈勇人民币3万元的事实。5:00纪委继续向丁调查核实，丁又主动说清了收陈勇人民币4万元的经济问题。

（4）情况说明。证明2009年2月23日启东市纪律检查委员会工作人员黄玲玲接到被告人丁超的电话，要黄帮其将人民币3万元存510廉政账户。2月24日上午，黄将人民币3万元存入该账户。

（5）启东市纪律检查委员会谈话笔录。证明2009年2月23日陈勇将送给被告人丁超人民币7万元的事实已经讲清，纪委已经掌握丁超的受贿犯罪事实。

4. 被告人丁超不具有立功情节方面的证据：

（1）启东市公安局出具的关于被告人丁超检举情况的证明及相关材料。证明被告人丁超被羁押期间有检举他人犯罪线索的立功表现。

（2）启东市人民检察院对被告人丁超的同监犯董力峰、朱国万、黄海荣、蔡雷雷、张小明所作的询问笔录。证明被告人丁超所检举的黄海荣诈骗犯罪线索系其通过向同监犯承诺给付金钱、帮助找工作、为他们向法官说情等非法手段获取的。

（四）判案理由

江苏省启东市人民法院经审理认为：被告人丁超身为国家工作人员，利用职务上的便利，非法收受他人财物合计人民币78 000元，为他人谋取利益，其行为构成受贿罪，依法应当追究其刑事责任。公诉机关指控被告人丁超犯受贿罪的事实清楚，证据确实、充分，指控罪名成立，本院予以支持。被告人丁超在羁押期间检举他人犯罪，虽已查证属实，但据以立功的线索系其通过非法手段获取的，依据最高人民法院、最高人民检察院法发［2009］13号《关于办理职务犯罪案件认定自首、立功等量刑情节若干问题的意见》的相关规定，对此不能认定为立功。对被告人丁超委托他人于2月24日上交510廉政账户的人民币3万元，系被告人丁超因与其受贿有关联的人、事被查处，为掩饰犯罪而退还或者上交的，依据最高人民法院、最高人民检察院《关于办理受贿刑事案件适用法律若干问题的意见》第九条的规定，故对该3万元人民币不认定为及时上交，仍作为对被告人丁超定罪和量刑的犯罪数额。有关被告人丁超及其辩护人陆炜花提出的被告人丁超具有自首情节的辩解及辩护意见，现无证据予以证实，本院不予采纳。辩护人提出关于被告人丁超系初犯、案发后能如实供述且退清全部赃款、认罪态度好，请求法院对其从宽处罚的理由成立，本院予以采纳。辩护人提出对被告人丁超减轻处罚的辩护意见，因被告人丁超无法定减轻处罚的量刑情节，本院不予采纳。对被告人丁超受贿违法所得，应予以没收，上缴国库。

（五）定案结论

江苏省启东市人民法院依照《中华人民共和国刑法》第三百八十五条第一款、第三百八十六条、第三百八十三条第一款第（二）项、第六十四条及最高人民法院、最高人民检察院《关于办理受贿刑事案件适用法律若干问题的意见》第九条，作出如下判决：

1. 丁超犯受贿罪，判处有期徒刑五年，并处没收个人财产80 000元。
2. 对丁超受贿所得人民币78 000元予以没收，上缴国库。

（六）解说

本案的争议焦点在于行为人丁超是否具有自首和立功的法定量刑情节，以及上交纪委510廉政账户的3万元人民币是否应该算入其受贿犯罪数额。

受贿罪是指国家工作人员利用职务上的便利索取他人财物，或者非法收受他人财物，为他人谋取利益的行为。详言之，国家工作人员主观上具有为他人谋取利益的故意，客观上利用了职务之便，索取或收受请托人财物，不论所谋取的利益是否实现，也不论谋取的利益是合法还是非法，均构成受贿犯罪。纵观本案，丁超的行为无疑符合受贿罪的构成要件，但具体量刑还要综合考虑其犯罪情节和悔罪表现加以确定，也即本案的争议焦点。

1. 关于行为人丁超上交纪委510廉政账户的人民币3万元是否应该算入其受贿犯罪数额的问题

最高人民法院、最高人民检察院2007年7月8日联合发布的《关于办理受贿刑事案件适用法律若干问题的意见》（以下简称《意见》）第九条规定："国家工作人员收受请托人财物后及时退还或者上交的，不是受贿。国家工作人员受贿后，因自身或者与其受贿有关联的人、事被查处，为掩饰犯罪而退还或者上交的，不影响认定受贿罪。"该条的要旨有两点：其一，国家工作人员收受他人财物后，及时退还或者上交的，其主观上没有受贿故意，不认定为受贿；其二，国家工作人员受贿后，因自身或与其受贿有关联的人、事被查处，为掩饰犯罪退还或者上交的，客观上受贿行为已经实施完毕，主观上也没有悔罪之意，依法应当认定为受贿罪。因此，对丁超上交纪委510廉政账户的人民币3万元能否认定为受贿，关键要看其收受贿赂后是否及时、主动上交，及时、主动上交的，可依法不认定为受贿，否则仍以受贿论处。

"及时"是一个时间性概念。现代汉语词典对"及时"一词的解释是："不拖延、马上、立刻”。按照这一解释去理解，就是在国家工作人员在收受他人财物后，应迅速、立刻退还或者上交，否则就是受贿。只有这样，才能充分反映出其主观上没有受贿的故意。需要注意的是，这里及时退还或上交不限于当时当刻退还或上交，因为收受人当时当刻可能会有客观方面的原因而未立刻退还或上交，如有碍于情面或担心给在场的亲戚、朋友造成不良影响等，但在客观原因消除之后，应该立刻退还或者上交。虽然《意见》没有对“及时”明确一个具体的期限，但我们认为，该期限不能无缘由地过长，否则将会成为受贿人逃避惩罚的一个借口。

“主动”是“及时退还或上交”的主观要件。主动性要求行为人退还或上交财物是自觉自愿的，而不是受外部因素迫使的，因为只有自觉自愿的退还或上交才能体现行为人没有受贿的犯罪故意。如果是因自身或者与其受贿有关联的人、事被查处，为掩饰犯罪而被动退还或者上交的，就不能认定为主动。主观方面要靠客观行为来证明。因此，主动性还应体现在及时性上，只有在客观障碍消除后迅速退还或上交才能说明行为人具有退还或上交的自觉自愿。

本案中，行为人丁超分别于2006年年底某日、2007年年底某日、2008年上半年某日三次收受陈勇所送人民币共计7万元。2009年2月20日，丁超听说陈勇被纪委审查，感觉可能要出事，才委托朋友将人民币3万元上交510廉政账户。纵观本案，行为人丁超在没有任何客观障碍的情况下，事隔一年多时间以后才上交部分贿款，而且是在闻知行贿人已被纪委审查感觉可能要东窗事发的情况下上交的，其目的显然是掩饰犯罪，可谓既不及时也不主动。因此，行为人丁超不具备《意见》第九条第一款“及时退还或者上交”的实质性条件，受贿行为在客观上已处于既遂状态，故法院认定该3万元人民币为行为人丁超受贿犯罪数额是正确的。

2. 关于行为人丁超是否成立自首的问题

自首的认定要从两方面来把握：一是看犯罪人是否自动投案；二是看犯罪人是否如实供述自己的犯罪事实。自动投案是指犯罪人在犯罪之后，主动将自己置于有关司法机关的控制之下，听候处理。如实供述自己的犯罪事实是指犯罪人归案后，彻底供述自己全部犯罪事实，或者至少是如实供述自己的主要犯罪事实。

行为人丁超是否成立自首呢？我们认为丁超不具有自首法定从轻或减轻情节，理由是：一方面，丁超没有自动投案。丁超是于2009年2月24日被纪委通知到案接受审查的，之前其虽向纪委有关领导打过电话，但仅说要去讲讲，并没有实际行动。因此，行为人丁超是被动归案。另一方面，丁超没有如实供述自己的犯罪事实。丁超在被纪委通知到案前虽向纪委有关领导打电话说要过去讲讲，但并未涉及具体犯罪事实。到案后，纪委领导找他谈话，起初丁超仍心存侥幸拒不交代，后在工作人员教育说服下也仅交代了收受陈勇人民币3万元并已上交510廉政账户的事实，其余的犯罪事实是到了办案点之后才陆续交代的。丁超是在无法继续掩饰的情况下才陆续供述自己的受贿犯罪事实，并非如实供述。根据最高人民法院、最高人民检察院法发［2009］13号《关于办理职务犯罪案件认定自首、立功等量刑情节若干问题的意见》的规定，不能认定为自首。故法院认定行为人丁超不成立自首是正确的。

3. 关于行为人丁超是否成立立功的问题

我国的刑事立功制度起源于解放战争时期的刑事政策，在和平年代，立功制度在一定程度上是罪犯与司法机关功利上的交换。刑事立功制度构建的是一个公正的秩序，需要司法的介入才能成为现实。刑事立功制度的立法本意是鼓励罪犯悔过自新、将功折罪，从而获得对其在刑事责任上的宽宥。法的正义价值要求保护正当利益不受侵犯，法律不禁止任何人获得利益，但是任何人不得通过损害他人而获得利益，任何人不得因自身的不法获得利益。通过违法手段获取立功线索、材料，从现实和长远来看，不利于惩治违法犯罪，反而会诱发监管场所司法腐败案件的增长。因此，最高人民法院、最高人民检察院《关于办理职务犯罪案件认定自首、立功等量刑情节若干问题的意见》第二条规定，对据以立功的线索、材料来源是本人通过非法手段或者非法途径获取的，不能认定为立功。

何为非法？承诺给他人好处是不是非法？有关司法解释并未作出明确的界定，只有全面领会我国立功制度的立法精神才能准确把握。我们认为承诺给他人好处是不是非法，关键要看所承诺的好处是不是符合法律的规定，如果是对自己合法财产的处分，就是合法，如果承诺的非法利益，就是非法。

本案中，行为人丁超为了获得法定从轻或减轻情节，判处缓刑，通过承诺出狱后给同监犯金钱、帮助找工作、为他们找法官说情等手段，获取了一条立功线索。其中承诺"给同监犯金钱及帮助找工作"因法律没有明文禁止，根据"法无明文禁止即可行"的公民权利保障原则，该承诺的内容是合法的。但承诺出狱后"为他们找法官说情"却明显系为同监犯谋取非法利益而为法律所明令禁止的。故法院认定丁超系通过非法手段获取立功线索的认定是正确的。

（江苏省启东市人民法院　周喜春）

12. 张云某某等抢劫、盗窃案（帮助立功与代为立功的区别）

（一）首部

1. 判决书字号

一审判决书：北京市朝阳区人民法院（2009）朝刑初字第446号。

二审判决书：北京市第二中级人民法院（2009）二中少刑终字第1911号。

2. 案由：抢劫、盗窃案。

3. 诉讼双方

公诉机关：北京市朝阳区人民检察院，代理检察员：王彬。

被告人（上诉人）：张云某某，男，1991年9月10日出生。因本案于2008年4月9日被逮捕。

法定代理人暨辩护人：柳枫，44岁。系张云某某之母。

法定代理人：张杰，43岁。系张云某某之父。

被告人（上诉人）：李越，男，1989年1月14日出生。因本案于2008年4月9日被逮捕。

被告人：韦京津，男，1989年3月23日出生。因本案于2008年5月5日被逮捕。

被告人：赵甲，男，1991年9月1日出生。因本案于2008年4月9日被逮捕。

法定代理人暨辩护人：赵俊祥，47岁。系赵甲之父。

法定代理人：杨英茹，47 岁。系赵甲之母。

被告人：赵乙，男，1991 年 10 月 29 日出生。因本案于 2008 年 4 月 1 日被取保候审。

法定代理人暨辩护人：赵铁生，53 岁。系赵乙之父。

法定代理人：刘英，55 岁。系赵乙之母。

被告人：周某，男，1992 年 5 月 25 日出生。因本案于 2008 年 4 月 14 日被取保候审。

法定代理人暨辩护人：于秀兰，46 岁。系周某之母。

4. 审级：二审。

5. 审判机关和审判组织

一审法院：北京市朝阳区人民法院。

合议庭组成人员：审判长：康海滨；人民陪审员：张淑云、吕贺芬。

二审法院：北京市第二中级人民法院。

合议庭组成人员：审判长：刘云；代理审判员：史磊、王洪波。

6. 审结时间

一审审结时间：2009 年 7 月 24 日。

二审审结时间：2009 年 9 月 18 日。

（二）一审情况

1. 一审诉辩主张

(1) 公诉机关指控称

①被告人韦京津伙同任然等人（另案处理）于 2007 年 9 月 30 日 15 时许，在本市朝阳区中国传媒大学北门对面胡同内，持刀威胁、殴打被害人金鹏（男，23 岁，北京市人），抢走其摩托罗拉牌 E2 型移动电话机 1 部（价值人民币 720 元）。

②被告人韦京津伙同任然等人（另案处理）于 2007 年 9 月的一天，在本市朝阳区北京第二外国语学院北门门口，对被害人倪刚（男，18 岁，安徽省人）进行殴打，后抢走倪刚摩托罗拉牌 L7 型移动电话机 1 部（价值人民币 800 元）。

③被告人韦京津伙同李毅、李跃（均另案处理）经预谋后，于 2008 年 1 月 2 日 17 时 10 分许，在本市朝阳区金台路东方德才中学校门口，由李毅、李跃对途经此处的刘巍某（男，16 岁，北京市人）进行言语威胁，抢走其诺基亚牌 N73 型移动电话 1 部（价值人民币 2 100 元）。

④被告人韦京津、张云某某、赵甲经预谋后，于 2008 年 1 月 16 日 18 时许，在本市朝阳区东大桥 101 车站处，持刀对刘暐某（男，16 岁，北京市人）进行威胁，抢走其摩托罗拉牌 E2 型移动电话 1 部（价值人民币 800 元）。

⑤被告人韦京津、张云某某、赵甲、周某伙同王鹏（另案处理）经预谋后，于 2008 年 1 月 25 日 14 时许，在本市朝阳区东风乡高庙村一胡同内，由赵甲、周某分别持刀和铁质甩棍对途经此处的李甲（男，15 岁，北京市人）和郝某某（男，15 岁，北京市人）进行威胁和殴打，抢走李甲诺基亚牌 5700 型移动电话 1 部（价值人民币 1 800 元）。

⑥被告人韦京津、张云某某经预谋后，于 2008 年 2 月 5 日 20 时许，在本市朝阳区水锥子汽车站东侧路边，对途经此处的张某某（男，16 岁，北京市人）进行殴打，抢走其诺基亚牌 N73 型移动电话 1 部（价值人民币 1 800 元）。

⑦被告人张云某某、李越、赵乙经预谋后，于 2008 年 3 月 4 日 18 时许，在本市朝阳区

八里庄北里美廉美超市门前，对李乙（男，16 岁，北京市人）进行殴打，抢走其诺基亚牌 5700 型移动电话 1 部（价值人民币 1 900 元）。

⑧被告人韦京津伙同史小北（已被判刑）经预谋后，于 2006 年 6 月份的一天 1 时许，在本市朝阳区管庄西里 11 号楼前，窃得李伟（女，29 岁，北京市人）白洋淀牌残疾人摩托车 1 辆（价值人民币 2 500 元）。

⑨被告人张云某某伙同张章、舒楠（均另案处理）经预谋后，于 2007 年 10 月 5 日 23 时许，在本市朝阳区定福庄西街 18 号楼一层楼道内，窃得杨秀红（女，44 岁，北京市人）飞翎牌 FL150T-5 型二轮摩托车 1 辆（价值人民币 3 000 元）。

（2）被告辩称

被告人张云某某对起诉书指控的内容没有提出异议。

其辩护人的辩护意见为：被告人张云某某犯罪时尚未成年，归案后认罪态度较好，坦白交代了部分犯罪事实，且有立功表现，建议法庭对其所犯罪行减轻处罚。

被告人韦京津辩称：起诉书指控的第一、二、三起事实其未参与。

其辩护人的辩护意见为：被告人韦京津归案后认罪态度较好，有立功表现，建议法庭对其所犯罪行从轻处罚。

被告人李越、赵甲、赵乙、周某对起诉书指控的内容没有提出异议。

被告人李越的辩护人的辩护意见为：被告人李越在共同犯罪中系从犯，归案后有立功表现，认罪态度较好，建议法庭对其所犯罪行减轻处罚。

被告人赵甲的辩护人的辩护意见为：被告人赵甲犯罪时尚未成年，归案后认罪态度较好，建议法庭对其所犯罪行减轻处罚。

被告人赵乙的辩护人的辩护意见为：被告人赵乙犯罪时尚未成年，归案后认罪态度较好，且有立功表现，建议法庭对其所犯罪行减轻处罚并适用缓刑。

被告人周某的辩护人的辩护意见为：被告人周某犯罪时尚未成年，归案后认罪态度较好，系初犯，建议法庭对其所犯罪行减轻处罚。

2. 一审事实和证据

本案因涉及未成年人犯罪，为不公开开庭审理。北京市朝阳区人民法院经审理查明：

（1）2007 年 9 月 30 日 15 时许，被告人韦京津伙同任然等人（另案处理）在本市朝阳区中国传媒大学北门对面胡同内，持刀威胁、殴打被害人金鹏（男，23 岁，北京市人），抢走其摩托罗拉牌 E2 型移动电话机 1 部（价值人民币 720 元）。

上述事实有下列证据证明：

①被害人金鹏的陈述，证实在上述时间、地点被 3 男 1 女殴打，后被抢走摩托罗拉牌 E2 型移动电话机 1 部。经指认韦京津就是其中之一。

②证人任然的证言，证实在上述时间、地点韦京津等人对一男子进行殴打，后任然将被打男子的手机抢走。

③北京市朝阳区价格认证中心出具的涉案财产价格鉴定清单证实，摩托罗拉牌 E2 型移动电话 1 部价值人民币 720 元。

（2）被告人韦京津伙同任然等人（另案处理）于 2007 年 9 月的一天，在本市朝阳区北京第二外国语学院北门门口，对被害人倪刚（男，18 岁，安徽省人）进行殴打，后抢走倪刚摩托罗拉牌 L7 型移动电话机 1 部（价值人民币 800 元）。

上述事实有下列证据证明：

①被害人倪刚的陈述，证实在上述时间、地点被韦京津、任然等人进行殴打，后其身上的摩托罗拉牌 L7 型移动电话机 1 部被抢走。

②证人任然、吴家博的证言，证实在上述时间、地点韦京津、任然等人对倪刚进行殴打，后将倪刚的手机抢走。

③北京市朝阳区价格认证中心出具的涉案财产价格鉴定清单证实，摩托罗拉牌 L7 型移动电话 1 部价值人民币 800 元。

（3）被告人韦京津伙同李毅、李跃（均另案处理）经预谋后，于 2008 年 1 月 2 日 17 时 10 分许，在本市朝阳区金台路东方德才中学校门口，由李毅、李跃对途经此处的刘巍某（男，16 岁，北京市人）进行言语威胁，抢走其诺基亚牌 N73 型移动电话 1 部（价值人民币 2 100 元）。

上述事实有下列证据证明：

①被害人刘巍某的陈述，证实 2008 年 1 月 2 日 17 时左右，在上述地点李毅、李跃用言语对刘巍某进行威胁，抢走其诺基亚牌 N73 型移动电话 1 部，后将所抢物品给了被告人韦京津。

②证人李毅、李跃的证言，证实在上述时间、地点，受韦京津的指使抢劫了一个学生的手机。

③北京市朝阳区价格认证中心出具的涉案财产价格鉴定清单证实，诺基亚牌 N73 型移动电话 1 部价值人民币 2 100 元。

（4）被告人韦京津、张云某某、赵甲经预谋后，于 2008 年 1 月 16 日 18 时许，在本市朝阳区东大桥 101 车站处，持刀对刘暐某（男，16 岁，北京市人）进行威胁，抢走其摩托罗拉牌 E2 型移动电话 1 部（价值人民币 800 元）。

（5）被告人韦京津、张云某某、赵甲、周某伙同王鹏（另案处理）经预谋后，于 2008 年 1 月 25 日 14 时许，在本市朝阳区东风乡高庙村一胡同内，由赵甲、周某分别持刀和铁质甩棍对途经此处的李某（男，15 岁，北京市人）和郝某某（男，15 岁，北京市人）进行威胁和殴打，抢走李某诺基亚牌 5700 型移动电话 1 部（价值人民币 1 800 元）。

（6）被告人韦京津、张云某某经预谋后，于 2008 年 2 月 5 日 20 时许，在本市朝阳区水锥子汽车站东侧路边，对途经此处的张某某（男，16 岁，北京市人）进行殴打，抢走其诺基亚牌 N73 型移动电话 1 部（价值人民币 1 800 元）。

（7）被告人张云某某、李越、赵乙经预谋后，于 2008 年 3 月 4 日 18 时许，在本市朝阳区八里庄北里美廉美超市门前，对李乙（男，16 岁，北京市人）进行殴打，抢走其诺基亚牌 5700 型移动电话 1 部（价值人民币 1 900 元）。

（8）被告人韦京津伙同史小北（已被判刑）经预谋后，于 2006 年 6 月份的一天 1 时许，在本市朝阳区管庄西里 11 号楼前，窃得李伟（女，29 岁，北京市人）白洋淀牌残疾人摩托车 1 辆（价值人民币 2 500 元）。

（9）被告人张云某某伙同张章、舒楠（均另案处理）经预谋后，于 2007 年 10 月 5 日 23 时许，在本市朝阳区定福庄西街 18 号楼一层楼道内，窃得杨秀红（女，44 岁，北京市人）飞翎牌 FL150T-5 型二轮摩托车 1 辆（价值人民币 3 000 元）。

被告人张云某某于 2008 年 3 月 6 日被抓获归案，坦白交代了部分作案事实并揭发了同案共同的作案事实；被告人韦京津于 2008 年 4 月 1 日被抓获归案；被告人李某于 2008 年 3 月 6 日被抓获归案，归案后协助公安机关将被告人赵乙抓获归案；被告人赵乙被抓获归案后揭发了被告人张云某某的其他作案事实。

上述事实，被告人张云某某、韦京津、李越、赵甲、赵乙、周某在开庭审理过程中亦无异议，且有被害人刘暐某、李甲、张某某、李乙、李伟、杨秀红的陈述、证人李某某、郝某某、王某、史小北、张章、舒楠的证言，涉案财产价格鉴定结论书，公安机关出具的到案经过、工作记录、身份证明等证据证实，足以认定。

3. 一审判案理由

北京市朝阳区人民法院经审理认为：被告人张云某某、韦京津、李越、赵甲、赵乙、周某无视国法，为谋私利，使用暴力手段劫取他人财物，其中张云某某、韦京津多次实施抢劫，六被告人的行为触犯了刑律，均已构成抢劫罪；另张云某某、韦京津以非法占有为目的，分别伙同他人秘密窃取财物，数额较大，二被告人行为触犯了刑律，已构成盗窃罪，亦应惩处。鉴于张云某某犯罪时尚未成年，归案后坦白交代部分犯罪事实，并揭发同案犯共同犯罪事实，故对其所犯抢劫罪予以减轻处罚，对其所犯盗窃罪予以从轻处罚；韦京津在盗窃犯罪时尚未成年，故对其所犯盗窃罪予以从轻处罚；李越在刑罚执行完毕后五年内，再次犯应当被判处有期徒刑以上刑罚之罪，系累犯，依法从重处罚；李越归案后认罪态度较好，能协助公安机关抓捕同案犯，属立功，依法对其所犯抢劫罪予以从轻处罚；赵甲犯罪时尚未成年，归案后认罪态度较好，故对其所犯抢劫罪予以减轻处罚；赵乙犯罪时尚未成年，归案后认罪态度较好，且能检举他人犯罪，有立功表现，故对其所犯抢劫罪予以减轻处罚并适用缓刑；周某犯罪时尚未成年，归案后认罪态度较好，故对其所犯抢劫罪予以减轻处罚并适用缓刑。

4. 一审定案结论

北京市朝阳区人民法院依照《中华人民共和国刑法》第二百六十三条第（四）项、第二百六十四条、第二十五条第一款、第十七条第一、三款、第六十一条、第六十九条、第五十二条、第五十三条、第六十四条及最高人民法院《关于处理自首和立功具体应用法律若干问题的解释》第四条、第六条和最高人民法院、最高人民检察院、司法部《关于适用普通程序审理“被告人认罪案件”的若干意见（试行）》第九条；对韦京津依照《中华人民共和国刑法》第二百六十三条第（四）项、第二百六十四条、第二十五条第一款、第十七条第一、三款、第六十一条、第六十九条、第五十二条、第五十三条、第五十五条第一款、第五十六条第一款、第六十四条和最高人民法院、最高人民检察院、司法部《关于适用普通程序审理“被告人认罪案件”的若干意见（试行）》第九条；对李越依照《中华人民共和国刑法》第二百六十三条、第二十五条第一款、第六十五条第一款、第六十八条第一款、第六十一条、第五十二条、第五十三条、第六十四条及最高人民法院《关于处理自首和立功具体应用法律若干问题的解释》第五条和最高人民法院、最高人民检察院、司法部《关于适用普通程序审理“被告人认罪案件”的若干意见（试行）》第九条；对赵甲依照《中华人民共和国刑法》第二百六十三条、第二十五条第一款、第十七条第一、三款、第六十一条、第五十二条、第五十三条、第六十四条及最高人民法院、最高人民检察院、司法部《关于适用普通程序审理“被告人认罪案件”的若干意见（试行）》第九条；对赵乙依照《中华人民共和国刑法》第二百六十三条、第二十五条第一款、第十七条第一、三款、第六十八条第一款、第七十二条、第七十三条第二、三款、第六十一条、第五十二条、第五十三条、第六十四条及最高人民法院《关于处理自首和立功具体应用法律若干问题的解释》第五条和最高人民法院、最高人民检察院、司法部《关于适用普通程序审理“被告人认罪案件”的若干意见（试行）》第九条；

对周某依照《中华人民共和国刑法》第二百六十三条、第二十五条第一款、第十七条第二、三款、第七十二条、第七十三条第二、三款、第六十一条、第五十二条、第五十三条、第六十四条及最高人民法院、最高人民检察院、司法部《关于适用普通程序审理"被告人认罪案件"的若干意见（试行）》第九条，作出如下判决：

（1）张云某某犯抢劫罪，判处有期徒刑五年，罚金人民币5 000元；犯盗窃罪，判处有期徒刑一年，罚金人民币500元；决定执行有期徒刑五年六个月，罚金人民币5 500元。

（2）韦京津犯抢劫罪，判处有期徒刑十一年，罚金人民币22 000元，剥夺政治权利一年；犯盗窃罪，判处有期徒刑一年，罚金人民币500元；决定执行有期徒刑十一年六个月，罚金人民币22 500元，剥夺政治权利一年。

（3）李越犯抢劫罪，判处有期徒刑三年六个月，罚金人民币7 000元。

（4）赵甲犯抢劫罪，判处有期徒刑二年，罚金人民币2 000元。

（5）赵乙犯抢劫罪，判处有期徒刑六个月，缓刑一年，罚金人民币1 000元。

（6）周某犯抢劫罪，判处有期徒刑六个月，缓刑一年，罚金人民币1 000元。

（7）责令韦京津退赔人民币3 620元，其中发还被害人金鹏人民币720元，发还被害人倪刚人民币800元，发还被害人刘巍某人民币2 100元；责令韦京津及张云某某、赵甲之法定代理人共同退赔人民币800元，发还被害人刘暲某；责令韦京津及张云某某、赵甲、周某之法定代理人共同退赔人民币1 800元，发还被害人李甲；责令韦京津及张云某某之法定代理人共同退赔人民币1 800元，发还被害人张某某；责令李越及张云某某、赵乙之法定代理人共同退赔人民币1 900元，发还被害人李乙；责令张云某某之法定代理人退赔人民币3 000元，发还被害人杨秀红；责令韦京津与共犯史小北、郝晨龙共同退赔北京市朝阳区人民法院（2008）朝刑初字第417号刑事判决书主文第五项中确认的数额人民币2 500元，发还被害人李伟。

（三）二审诉辩主张

张云某某及其法定代理人上诉称：张云某某协助公安机关抓获同案犯，有立功表现，建议对其从轻处罚。

李越上诉称：原判对其量刑过重。

（四）二审事实和证据

北京市第二中级人民法院经审理查明：

1. 抢劫罪

（1）原判认定2007年9月30日15时许，原审被告人韦京津伙同任然（另案处理）等人在本市朝阳区中国传媒大学北门对面胡同内，抢劫被害人金鹏的摩托罗拉牌E2型移动电话机1部的事实是正确的。

上述事实有下列证据证明：

①被害人金鹏的陈述及辨认笔录证明：2007年9月30日15时许，其被4男1女带至中国传媒大学北门对面胡同内，其中一名男子持刀砍伤其右臂及背部，其他人对其拳打脚踢，后那名女子将其的摩托罗拉牌E2型移动电话机抢走。经其辨认，韦京津就是抢劫其的男子

之一。

②证人任然的证言证明：2007 年 9 月 30 日 15 时许，其及韦京津等人在朝阳区中国传媒大学北门对面胡同内对一男子进行殴打，后其将被打男子的手机抢走。

③涉案财产价格鉴定结论书证明：摩托罗拉牌 E2 型移动电话 1 部，价值人民币 720 元。

(2) 原判认定 2007 年 9 月的一天，原审被告人韦京津伙同任然（另案处理）等人，在本市朝阳区北京第二外国语学院北门门口，抢劫被害人倪刚的摩托罗拉牌牌 L7 型移动电话机 1 部的事实是正确的。

上述事实有下列证据证明：

①被害人倪刚陈述：2007 年 9 月的一天，在本市朝阳区北京第二外国语学院北门门口，韦京津、任然等人对其进行殴打，并将其的摩托罗拉牌 L7 型移动电话机抢走。

②证人任然、吴家博的证言证明：2007 年 9 月的一天，在本市朝阳区北京第二外国语学院北门门口，韦京津、任然等人对倪刚进行殴打，并将倪刚的摩托罗拉牌 L7 型移动电话机抢走。

③涉案财产价格鉴定结论书证明：摩托罗拉牌 L7 型移动电话 1 部，价值人民币 800 元。

(3) 原判认定 2008 年 1 月 2 日 17 时 10 分许，原审被告人韦京津伙同李毅、李跃（均另案处理），在本市朝阳区金台路东方德才中学校门口，抢劫被害人刘巍某的诺基亚牌 N73 型移动电话 1 部的事实是正确的。

上述事实有下列证据证明：

①被害人刘巍某的陈述及辨认笔录证明：2008 年 1 月 2 日 17 时左右，在东方德才中学校门口，其被二名学生模样的男孩以言语威胁，抢走其的诺基亚牌 N73 型移动电话 1 部。经其辨认，李毅、李跃即抢劫其的男子。

②证人李毅、李跃的证言证明：2008 年 1 月 2 日 17 时左右，在东方德才中学校门口，韦京津指使二人以语言威胁抢劫了一个学生的手机，后将手机给了韦京津。

③110 接处警记录证明：刘巍某报案情况。

④涉案财产价格鉴定结论书证明：诺基亚牌 N73 型移动电话 1 部，价值人民币2 100元。

(4) 原判认定 2008 年 1 月 16 日 18 时许，上诉人张云某某及原审被告人韦京津、赵甲，在本市朝阳区东大桥 101 车站处，抢劫刘暲某的摩托罗拉牌 E2 型移动电话 1 部的事实是正确的。

上述事实有下列证据证明：

①被害人刘暲某的陈述及辨认笔录证明：2008 年 1 月 16 日 18 时许，在朝阳区东大桥东里 4 号楼下，其被二名持刀男子抢走摩托罗拉牌 E2 型移动电话 1 部。经其辨认，张云某某、赵甲即抢劫其的男子。

②110 接处警记录证明：刘暲某的报案情况。

③涉案财产价格鉴定结论书证明：摩托罗拉牌 E2 型移动电话 1 部，价值人民币 800 元。

④公安机关出具的到案经过证明：抓获张云某某、赵甲的情况。

⑤张云某某、赵甲的供述及辨认笔录与上述证据相符。

(5) 原判认定 2008 年 1 月 25 日 14 时许，上诉人张云某某及原审被告人韦京津、赵甲、周某伙同王鹏（另案处理），在本市朝阳区东风乡高庙村一胡同内，对被害人李甲、郝某某进行殴打，抢劫李甲的诺基亚牌 5700 型移动电话 1 部的事实是正确的。

上述事实有下列证据证明：

①被害人李甲、郝某某陈述：2008 年 1 月 25 日 14 时许，二人途经朝阳区东风乡高庙村一胡同内，三名男子以借手机为名将李甲的手机拿走，二人跟在三人后面，这三人拿出刀及甩棍对二人威胁，并用甩棍打了郝某某，后将李甲的诺基亚牌 5700 型手机抢走。

②证人王鹏的证言证明：2008 年 1 月底一天，其接韦京津的电话赶到八里庄北里美廉美超市对面旅馆，当时张云某某、赵甲、周某也在，韦京津提出最近没钱了，找一个有好点手机的人。其即给李甲打电话约李下午 2 点到高庙村见面打球，后其听李甲说手机被三名拿刀及甩棍的男子抢了。知道是张云某某、赵甲、周某他们干的。

③110 接处警记录证明：李甲报案的情况。

④涉案财产价格鉴定结论书证明：诺基亚牌 5700 型移动电话 1 部，价值人民币 1 800元。

⑤公安机关出具的到案经过证明：抓获周某的情况。

⑥公安机关出具的户籍材料证明：赵甲、周某作案时未成年。

⑦韦京津、张云某某、赵甲、周某的供述与上述证据相符。

（6）原判认定 2008 年 2 月 5 日 20 时许，上诉人张云某某及原审被告人韦京津，在本市朝阳区水锥子汽车站东侧路边，抢劫被害人张某某的诺基亚牌 N73 型移动电话 1 部的事实是正确的。

上述事实有下列证据证明：

①被害人张某某的陈述及辨认笔录证明：2008 年 2 月 5 日 20 时许，其和李某某途经朝阳区水锥子汽车站东侧路边，二名男子将其拉倒在地，将其手中的诺基亚牌 N73 型手机抢走。经其辨认，张云某某即抢劫其的男子之一。

②证人李某某的证言证明：2008 年 2 月 5 日 20 时许，其和张某某途经朝阳区水锥子汽车站东侧路边，二名男子将张某某拉倒在地，将张手中的诺基亚牌 N73 型手机抢走。经其辨认，张云某某即抢劫张某某的男子之一。

③证人张杰（张云某某之父）的证言证明：张云某某被抓后，韦京津还没有到案。张云某某提供韦京津没有固定住处，但韦的女友住在人民日报社宿舍小区，后其天天到该小区守候。2008 年 4 月 1 日，其在小区内看到了韦京津，就立即给民警打电话，民警赶到将韦京津抓获。

④涉案财产价格鉴定结论书证明：诺基亚牌 N73 型移动电话 1 部，价值人民币 1 800 元。

⑤公安机关出具的到案经过、工作记录证明：根据张云某某提供的线索，民警在张云某某之父张杰的协助下抓获韦京津的情况。

⑥韦京津、张云某某的供述与上述证据相符。

（7）原判认定 2008 年 3 月 4 日 18 时许，上诉人张云某某、李越及原审被告人赵乙，在本市朝阳区八里庄北里美廉美超市门前抢劫被害人李乙的诺基亚牌 5700 型移动电话 1 部的事实是正确的。

上述事实有下列证据证明：

①被害人李乙的陈述及辨认笔录证明：2008 年 3 月 4 日 18 时许，其途经朝阳区八里庄北里住总路口时被三名男子围住，对其殴打，后将其的诺基亚牌 5700 型移动电话抢走。经其辨认，张云某某、李越、赵乙即抢劫其手机的男子。

②医院诊断证明书证明：李乙的伤情。

③手机发票、涉案财产价格鉴定结论书证明：诺基亚牌 5700 型移动电话 1 部，价值人民币 1 900 元。

④110 接处警记录、公安机关出具的到案经过证明：被害人报案情况；李越于 2008 年 3 月 6 日被抓获后，协助公安机关将赵乙抓获。

⑤行政处罚决定书、刑事判决书证明：张云某某劣迹情况；李越前科情况。

⑥公安机关出具的户籍材料证明：张云某某、赵乙作案时未成年。

⑦被告人张云某某、李越、赵乙的供述及辨认笔录与上述证据相符。

2. 盗窃罪

（1）原判认定 2006 年 6 月份的一天 1 时许，原审被告人韦京津伙同史小北（已被判刑），在本市朝阳区管庄西里 11 号楼前，盗窃被害人李伟的白洋淀牌残疾人摩托车 1 辆的事实是正确的。

上述事实有下列证据证明：

①被害人李伟陈述：2006 年 6 月一天凌晨 1 时许，其下班后将三轮残疾人摩托车停放在朝阳区管庄西里 11 号楼前，7 时许，其下楼发现车不见了。

②证人史小北的证言证明：2006 年 6 月一天凌晨 1 时许，其和韦京津在朝阳区管庄西里小区一栋高层楼的停车处，盗窃了一辆三轮残疾人摩托车。第二天，其和韦京津、郝晨龙把车拉到其住的楼下，第三天，韦京津把车卖了 1 600 元，其分得 400 元，郝晨龙分得 200 元。

③涉案财产价格鉴定结论书证明：被盗残疾人摩托车价值人民币 2 500 元。

④（2008）朝刑初字第 417 号刑事判决书证明：该起犯罪事实已被生效判决书认定，史小北、郝晨龙已被定罪量刑。

⑤公安机关出具的户籍材料证明：韦京津作案时尚未成年。

上述证据，已经一审法院庭审质证，本院审核属实，予以确认。

（2）原判认定 2007 年 10 月 5 日 23 时许，上诉人张云某某伙同张章、舒楠（均另案处理），在本市朝阳区定福庄西街 18 号楼一层楼道内，盗窃被害人杨秀红的飞翎牌 FL150T-5 型二轮摩托车一辆的事实是正确的。

上述事实有下列证据证明：

①被害人杨秀红陈述：2007 年 10 月 5 日 12 时许，其将飞翎牌 FL150T-5 型二轮摩托车停放在朝阳区定福庄西街 18 号楼一层楼道内。第二天 6 时许，其发现车被盗。

②证人张章的证言证明：2007 年 9 月份左右一天，其和张云某某、舒楠在朝阳区定福庄西街 18 号楼一层楼道内，盗窃一辆二轮摩托车。

③证人舒楠的证言及辨认笔录证明：2007 年 9 月份左右一天，其和张云某某、舒楠在朝阳区定福庄附近一个楼的楼道内，盗窃一辆二轮摩托车。经其辨认，朝阳区定福庄西街 18 号楼一层楼道内是盗窃摩托车的地点。

④现场照片证明：案发现场情况。

⑤涉案财产价格鉴定结论书证明：涉案摩托车价值人民币 3 000 元。

⑥公安机关出具的工作说明、到案经过证明：民警根据赵乙揭发的线索将张章、舒楠抓获。

⑦行政处罚决定书证明：舒楠因涉嫌盗窃被行政拘留十四日。

⑧被告人张云某某的供述与上述证据相符。

另经本院审理查明，张云某某提供同案人韦京津藏匿地点等线索，由其法定代理人协助公安机关将韦京津抓获，张云某某系有立功表现。

上述事实有公安机关出具的抓获韦京津的经过及证人张杰的证言等予以证明。

（五）二审判案理由

北京市第二中级人民法院经审理认为：上诉人张云某某、李越及原审被告人韦京津、赵甲、赵乙、周某以非法占有为目的，使用暴力手段劫取他人财物，六被告人的行为均已构成抢劫罪，且张云某某、韦京津多次抢劫，依法均应予惩处。张云某某、韦京津分别伙同他人秘密窃取财物，数额较大，其行为均已构成盗窃罪，依法应予数罪并罚。李越在刑罚执行完毕后五年内，再犯应当被判处有期徒刑以上刑罚之罪，系累犯，依法应从重处罚。鉴于张云某某犯罪时尚未成年，归案后坦白交代部分犯罪事实，并揭发同案犯共同犯罪事实，对其所犯抢劫罪予以减轻处罚，所犯盗窃罪予以从轻处罚。韦京津在盗窃犯罪时尚未成年，对其所犯盗窃罪予以从轻处罚。李越认罪态度较好，协助公安机关抓捕同案犯，属立功，依法对其从轻处罚。赵甲犯罪时尚未成年，认罪态度较好，依法对其减轻处罚。赵乙、周某犯罪时尚未成年，认罪态度较好，且赵乙能检举他人犯罪，有立功表现，对二被告人予以减轻处罚并适用缓刑。鉴于张云某某提供同案人藏匿地点，从而协助公安机关将同案人抓捕归案，有立功表现，依法对其再予从轻处罚。张云某某及其法定代理人所提张云某某协助公安机关抓捕同案犯，有立功表现，建议对张云某某再予从轻处罚的上诉理由及辩护意见成立，本院予以采纳。李越所提原判量刑过重的上诉理由，经查，原审法院根据李越犯罪的事实，在共同犯罪中的作用，系累犯等情节，在法定幅度之内对其量刑适当，故李越的上诉理由不能成立。一审法院认定张云某某、韦京津犯抢劫罪、盗窃罪，李越、赵甲、赵乙、周某犯抢劫罪的事实清楚，证据确实、充分，定罪正确，对韦京津、李越、赵甲、赵乙、周某量刑及判处罚金的数额适当，继续追缴各被告人犯罪所得发还被害人无误，审判程序合法。

（六）二审定案结论

北京市第二中级人民法院依照《中华人民共和国刑事诉讼法》第一百八十九条第（一）、（二）项及《中华人民共和国刑法》第二百六十三条第（四）项、第二百六十四条、第二十五条第一款、第十七条第二、三款、第六十五条第一款、第六十八条第一款、第六十九条、第五十五条第一款、第五十六条第一款、第五十二条、第五十三条、第六十四条和最高人民法院《关于处理自首和立功具体应用法律若干问题的解释》第五条，作出如下判决：

1. 驳回李越的上诉，维持北京市朝阳区人民法院（2009）朝刑初字第 446 号刑事判决的第二项、第三项、第四项、第五项、第六项、第七项，即韦京津犯抢劫罪，判处有期徒刑十一年，罚金人民币 22 000 元，剥夺政治权利一年；犯盗窃罪，判处有期徒刑一年，罚金人民币 500 元；决定执行有期徒刑十一年六个月，罚金人民币 22 500 元，剥夺政治权利一年。李越犯抢劫罪，判处有期徒刑三年六个月，罚金人民币 7 000 元。被告人赵甲犯抢劫罪，判处有期徒刑二年，罚金人民币 2 000 元。赵乙犯抢劫罪，判处有期徒刑六个月，缓刑一年，罚金人民币 1 000 元。周某犯抢劫罪，判处有期徒刑六个月，缓刑一年，罚金人民币

1 000 元。责令被告人韦京津退赔人民币 3 620 元，其中发还被害人金鹏人民币 720 元，发还被害人倪刚人民币 800 元，发还被害人刘巍某人民币 2 100 元；责令韦京津及张云某某、赵甲之法定代理人共同退赔人民币 800 元，发还被害人刘暐某；责令韦京津及张云某某、赵甲、周某之法定代理人共同退赔人民币1 800元，发还被害人李甲；责令韦京津及张云某某之法定代理人共同退赔人民币 1 800 元，发还被害人张某某；责令李越及张云某某、赵乙之法定代理人共同退赔人民币 1 900 元，发还被害人李乙；责令被告人张云某某之法定代理人退赔人民币3 000元，发还被害人杨秀红；责令被告人韦京津与共犯史小北、郝晨龙共同退赔北京市朝阳区人民法院（2008）朝刑初字第 417 号刑事判决书主文第五项中确认的数额人民币 2 500 元，发还被害人李伟。

2. 撤销北京市朝阳区人民法院（2009）朝刑初字第 446 号刑事判决的第一项，即张云某某犯抢劫罪，判处有期徒刑五年，罚金人民币 5 000 元；犯盗窃罪，判处有期徒刑一年，罚金人民币 500 元；决定执行有期徒刑五年六个月，罚金人民币 5 500 元。

3. 张云某某犯抢劫罪，判处有期徒刑四年六个月，罚金人民币 4 000 元；犯盗窃罪，判处有期徒刑六个月，罚金人民币 500 元；决定执行有期徒刑四年六个月，罚金人民币 4 500 元。

（七）解说

本案争议焦点是张云某某是否构成立功，即张云某某属于帮助立功还是代为立功。

1. 立功，是指犯罪分子揭发他人犯罪行为，查证属实，或者提供重要线索，从而得以侦破其他案件等情况的行为。“帮助立功”，顾名思义就是犯罪嫌疑人或者罪犯在他人帮助下完成的立功，即非由犯罪嫌疑人或罪犯独立完成的立功。帮助立功在司法实践中一般表现为两种情况：一种是犯罪分子的亲属通过律师等合法会见渠道，将有关案件或案犯线索传递给犯罪分子，后由其予以检举揭发，司法机关据此侦破其他案件或抓捕其他犯罪嫌疑人；另一种是犯罪分子在羁押场所将获得的他人犯罪重要线索，通过律师等会见渠道传给家属，让家属协助司法机关破案或捉拿案犯。“代为立功”是指犯罪嫌疑人或罪犯被抓获之后，应司法机关及其工作人员的要求，或者由犯罪嫌疑人及其亲友主动提出，由犯罪嫌疑人的亲友为司法机关提供其他人的犯罪线索，或者协助司法机关抓获其他犯罪嫌疑人，或者协助司法机关破获其他案件，从而希望司法机关对犯罪嫌疑人或罪犯从轻、减轻处罚。帮助立功与代替立功的区别在于：第一，两者的表现形式不同。帮助立功是由犯罪分子和犯罪分子以外的其他人共同完成的立功。代替立功的行为本身与犯罪分子没有直接关系，仅仅是代替立功者与犯罪分子之间可能存在一定的社会联系。第二，反映的犯罪分子主观恶性不同。帮助立功体现了犯罪分子一定的弃恶从善心理，即“立功赎罪”。而代替立功则无，代替立功中犯罪分子没有参与，无法从中看出犯罪分子的主观恶性程度的变化，无法看出改造、教育方针的实现与否。

2. 张云某某供述韦京津藏匿地，其法定代理人协助公安机关将韦京津抓获应构成立功。本案中对张云某某是否构成立功有两种意见：（1）张云某某的法定代理人协助公安机关将韦京津抓获与张云某某无关，属于代为立功，不构成立功。（2）张云某某的法定代理人根据张云某某的供述，协助公安机关将韦京津抓获属于帮助立功，张云某某应构成立功。我们认为第二种意见正确，张云某某的法定代理人在参与公安机关对张的讯问中，得知了韦京津的几个可能的藏匿地点，后经蹲守，确定了韦京津的藏匿地，在韦京津出现后即进行抓捕并向公安机关报警，后将韦京津抓获归案。以上行为符合帮助立功的构成要件，故张云某某协助公安机关抓获同案犯，构成立功。

（北京市第二中级人民法院　史磊）

13. 陈河等抢劫案
（前判决遗漏附加刑并罚，后判决能否直接予以并罚）

（一）首部

1. 裁判书字号

一审判决书：北京市房山区人民法院（2009）房刑初字第108号。

二审判决书：北京市第一中级人民法院（2009）一中刑终字第1091号。

2. 案由：抢劫案。

3. 诉讼双方

公诉机关：北京市房山区人民检察院，检察员：李金田。

被告人：陈河，男，1968年3月1日出生于河北省涿州市，汉族，小学文化，农民，暂住北京市琉璃河水泥厂家属区。因犯抢劫罪于1988年8月22日被判处有期徒刑五年；因犯抢劫罪于1998年12月21日被判处有期徒刑十二年，剥夺政治权利三年，并处罚金2 000元，2006年6月24日刑满释放；因犯盗窃罪于2007年1月19日被判处有期徒刑一年六个月，并处罚金2 000元，刑期自2006年9月26日起至2008年3月25日止。因本案于2008年6月18日被羁押，同年7月21日被逮捕。

被告人（上诉人）：沈如龙，男，1962年6月21日出生于北京市，汉族，初中文化，无业，住北京市房山区琉璃河镇。因犯盗窃罪于1984年8月8日被判处有期徒刑二年；因犯盗窃罪于1989年7月被判处有期徒刑二年；因犯敲诈勒索罪于1994年8月19日被判处有期徒刑二年；因寻衅滋事于2005年11月30日被行政拘留十五日。因本案于2008年7月5日被羁押，同年8月7日被逮捕。

4. 审级：二审。

5. 审判机关和审判组织

一审法院：北京市房山区人民法院。

合议庭组成人员：审判长：赵东；人民陪审员：隗合群、张振旗。

二审法院：北京市第一中级人民法院。

合议庭组成人员：审判长：王东；代理审判员：王靖、张学。

6. 审结时间

一审审结时间：2009年2月25日。

二审审结时间：2009年4月22日。

（二）一审诉辩主张

1. 公诉机关指控称

2008 年 6 月 13 日 22 时 10 分许，被告人沈如龙、陈河伙同刘东瑜（男，42 岁，另案处理）、“思雨”（男，姓名不详，另案处理）窜至北京市房山区窦店镇白草洼村八部口区五号院王家洋、孙西莉夫妇的暂住地，持刀入室对王家洋夫妇进行威胁、恐吓，并用事先准备好的胶带将王家洋夫妻捆绑，抢走人民币 4 000 余元及诺基亚牌 7360 型手机和摩托罗拉牌 V3 型手机各 1 部。经北京市房山区价格认证中心鉴定，被抢的两部手机共计价值人民币 1 450 元。两部手机被沈如龙等人丢弃，赃款已挥霍。被告人沈如龙于 2008 年 7 月 5 日被江苏省东海县牛山派出所民警查获，被告人陈河于 2008 年 6 月 18 日被北京市公安局房山分局民警查获归案。

北京市房山区人民检察院认为：被告人陈河、沈如龙的行为已构成抢劫罪，提请依法惩处。

2. 被告辩称

被告人陈河对公诉机关指控的内容未提出异议。

被告人沈如龙辩称其未参与抢劫，对起诉书中指控的事实一无所知。

（三）一审事实和证据

北京市房山区人民法院经公开审理查明：被告人陈河、沈如龙与刘东瑜（绰号“老管”，男，在逃）、“思雨”（男，在逃）经预谋后，于 2008 年 6 月 13 日 22 时许窜至北京市房山区窦店镇白草洼村八部口区五号院王家洋、孙西莉夫妇的暂住地，刘东瑜驾车在院外等候，沈如龙、陈河、“思雨”持刀入室对王家洋、孙西莉实施捆绑、威胁，抢走人民币 4 000 元及诺基亚牌 7360 型、摩托罗拉牌 V3 型手机各 1 部。2008 年 6 月 18 日，被告人陈河被抓获归案。2008 年 7 月 5 日，被告人沈如龙被抓获归案。经鉴定，被抢两部手机共计价值人民币 1 450 元。公安机关已扣押陈河人民币 20 元发还王家洋。

上述事实有下列证据证明：

1. 被害人王家洋的陈述证明：他租用房山区窦店镇白草洼村八区五号院收废品。2008 年 6 月 13 日晚上 10 点多，他与妻子孙西莉准备睡觉时院里有狗叫。他正准备出去看看，这时进来一名四十多岁、头戴棒球帽的男子，那男子进门问他铁多少钱一斤，他说一块六。那男子说有点便宜，他说就这价。那男子又问有水吗？他就给那男子拿了瓶矿泉水。这时又进来两名男子，先进房子的男子顺手就把房门插销给插上了。他看遇到坏人了，就赶快说：“你们两位喝水吗？”他去拿水时先进门的男子一下把他推倒在床上，从裤兜里拿出一把弹簧刀。年轻的男子用胶带把他双手绑了起来，问他钱放在哪儿。他说：“小本生意，哪有钱”，那人说：“不拿钱就把你手筋、脚筋挑了”。孙西莉一听就跪下了，另外一名男子用胶带把孙西莉的双手也绑上了。这时，先进门的男子发现床头放着一千多元现金就放进了自己左裤兜。然后又问：“就这点钱啊？”他说没钱了。年轻的男子举刀要扎他，他说床上相册下还有钱。那男子就从相册下拿出他的钱包，把钱包内的三千多元现金拿了出来，也放进左裤兜了，还问他“就这些钱啊？”他说就这些了，孙西莉求那些人不要伤害他，年轻的男子就用胶带把他嘴绑住了，又把孙西莉的嘴用胶带封住了。临走时，年轻的男子说："你们不许报警，报警我就扎死你们"。说完三人就走了。他透过窗帘缝看见路北停着一辆夏利车，车没熄火，大灯和刹车灯都亮着。那三人上汽车走后，他出房间来到房东住的房子，使劲敲打窗户玻璃，房东给他松开胶带后他用房东的电话报了警。他还被抢走摩托罗拉牌 V3 型、诺基亚牌 7360 型手机各 1 部。

2. 被害人孙西莉的陈述证明：2008 年 6 月 13 日 22 时 10 分许，她和爱人王家洋在暂住地的出租房准备睡觉，这时她们听到外面有狗叫，从外面进来一名四十多岁、头戴棒球帽的男子。那男子进屋后问她们铁多少钱一斤，她们说 1.6 元，那男子讲太便宜了，她说她们也挣不到什么钱。正说着又进来两名男子，那两名男子进来就对她们说是来求财的，并从兜里都掏出刀子，将王家洋摁在床上，用胶带把王家洋的双手和嘴给绑住了。戴棒球帽的男子用刀把屋里的灯给打掉了，并说是来求财的，不让她们喊，让她们拿钱，拿着刀子放在王家洋手腕上说不给钱就把王家洋的手筋挑了，她就跪下求他们。他们说她怀孕了，就不为难她了，让她站到一边。当时电视开着有光亮，他们看到床头放着一千多元钱，其中一人抓起钱放在兜里，接着又问她们还有没有钱，其中一人就开始翻，从床角处的相册下翻出约三千元。他们又问有几部手机，后把床上的摩托罗拉牌 V3 手机和诺基亚牌 7360 手机给装起来了。然后他们跟她们说 10 分钟之内不许出去，不许报警，如果报警就来报复她们。那三人出屋后她和王家洋向外看了一眼，看见三人上了一辆白色两厢车离开了。后她和王家洋出来敲房主的窗户，在房主的屋里打电话报了案。

3. 被告人陈河的供述证明：2008 年 6 月 13 日 17 时许，"老管"打电话让他去琉璃河水泥厂一趟，他说没车，后"老管"开一辆吉利车将他接到水泥厂，又接上沈如龙后他们找了个小饭店吃饭。在饭店"老管"说："我看好一个收废品的摊，只有两口子，没别人，比较好抢，今晚咱们去抢他们"。他当时有些犹豫，沈如龙跟着也说："是，我们看过好几次了，没问题"。他说："人是不是少点，我还认识一个叫'思雨'的东北人，不行也叫上他"，"老管"、沈如龙同意后他就给"思雨"打电话，"思雨"到后他们商量由"老管"开车在外面等他们，沈如龙先进去摸情况，他和"思雨"再进去抢劫。"老管"给了他一把刀，给了"思雨"一卷胶带，沈如龙自己有一把弹簧刀。后"老管"开车拉着他们来到白草洼村路边一个大院，"老管"把车停好后沈如龙带他和"思雨"进院来到收废品的两口子住的屋子。沈如龙进去后与两口子搭讪，他和"思雨"见没有其他人就进去了，进屋后见是一个二十多岁的小伙子和一个怀孕妇女。他们进去后小伙子已经意识到不对劲，那个妇女就想往外走，沈如龙一把将那妇女拽住了。"思雨"一把将那个小伙子推坐在床上。沈如龙掏出弹簧刀对着两口子讲："你们别动，我们不想伤人，只是为了钱"。"思雨"掏出胶带把那小伙子的手给缠住了，随后又跟他要刀，他就把刀给了"思雨"。"思雨"拿刀问那小伙子钱在哪？那小伙子说里边床头上就有。沈如龙伸手把钱拿过去了。"思雨"又问那小伙子，小伙子说没有了，"思雨"说："别装蒜，不说找我扎你呢"，那小伙子又说床上相册下还有钱。这时那妇女跪在地上求他们。他说："没你的事"，就把那妇女扯到旁边去了。由于屋里开着灯，放着电视，从外边能看到屋里的情况，沈如龙可能怕外边有人看见，不知用什么东西把灯打灭了。然后沈如龙和"思雨"又拿了两部手机，还威胁不准报案。临走，"思雨"又用胶带把那小伙子嘴封上，他也用胶带把那妇女双手缠上，把嘴封上。出来后"老管"就拉他们去了涿州。他们抢了 2 800 元和两部手机，"老管"让他们把手机扔掉了。

4. 证人白永民的证言证明：王家洋、孙西莉夫妇租用他房山区窦店镇白草洼村八区 5

号的一间房收废品。2008 年 6 月 13 日晚 10 点多，他听见有人敲他家的后窗户，拉开窗帘一看是王家洋，王家洋说被抢劫了。他从屋里出来看见王家洋夫妇都站在门外，双手都被黄色胶带绑着，他就赶紧给二人解开。后王家洋用他家的电话报了案。

5. 现场勘验检查工作记录及现场照片、胶带一团证明了案发现场及作案工具情况。

6. 辨认笔录证明：陈河辨认出了 2008 年 6 月 13 日与其一起抢劫的沈如龙、“老管”。王家洋、孙西莉辨认出沈如龙就是 2008 年 6 月 13 日对他们实施抢劫的那个戴帽子的人。

7. 报案记录、抓获经过及到案经过证明：王家洋于 2008 年 6 月 13 日 22 时 23 分向公安机关报案。2008 年 6 月 18 日，在王家洋的指认下，被告人陈河被抓获归案。2008 年 7 月 5 日，被告人沈如龙被抓获归案。

8. 证人刘艳婷的证言、车辆信息表及扣押、发还物品清单证明：公安机关已将扣押刘东瑜的物品发还其姐刘艳婷，已将扣押陈河的人民币 20 元发还王家洋。

9. 涉案财产价格鉴定结论书证明：被抢诺基亚牌 7360 型及摩托罗拉牌 V3 型手机经鉴定共计价值人民币 1 450 元。

10. 户籍证明、电话查询记录及办案说明证明了陈河、沈如龙的身份情况。

11. （1988）刑字第 12 号、（1998）保刑一初字第 70 号、（2007）涿刑初字第 24 号、（84）刑字第 272 号、（1994）崇刑初字第 144 号刑事判决书，释放证明书及公安行政处罚决定书证明：被告人陈河因犯抢劫罪于 1988 年 8 月 22 日被判处有期徒刑五年；因犯抢劫罪于 1998 年 12 月 21 日被判处有期徒刑十二年，剥夺政治权利三年，并处罚金 2 000 元，2006 年 6 月 24 日刑满释放；因犯盗窃罪于 2007 年 1 月 19 日被判处有期徒刑一年六个月，并处罚金 2 000 元，刑期自 2006 年 9 月 26 日起至 2008 年 3 月 25 日止。被告人沈如龙因犯盗窃罪于 1984 年 8 月 8 日被判处有期徒刑二年，因犯盗窃罪于 1989 年 7 月被判处有期徒刑二年，因犯敲诈勒索罪于 1994 年 8 月 19 日被判处有期徒刑二年，因寻衅滋事于 2005 年 11 月 30 日被行政拘留十五日。

（四）一审判案理由

北京市房山区人民法院经审理认为：被告人陈河、沈如龙以非法占有为目的，伙同他人入户采取暴力、威胁手段强行劫取公民财物，其行为均已构成抢劫罪。北京市房山区人民检察院指控被告人陈河、沈如龙犯有抢劫罪罪名成立。被告人沈如龙的辩解无事实依据，不能成立。被告人陈河曾因犯罪被判处有期徒刑以上刑罚，在刑罚执行完毕后五年以内再犯应当判处有期徒刑以上刑罚之罪，是累犯，依法从重处罚。其在前罪主刑执行完毕以后，附加刑未执行完毕以前又犯新罪，应当根据《中华人民共和国刑法》第七十一条的规定，将前罪没有执行的附加刑与后罪所判处的刑罚并罚。被害人被抢款物应责令被告人陈河、沈如龙退赔，作案工具应予没收。

（五）一审定案结论

北京市房山区人民法院依照《中华人民共和国刑法》第二百六十三条第（一）项、第二十五条第一款、第五十五条第一款、第五十六条第一款、第六十五条第一款、第五十二条、第六十九条、第七十一条、第六十四条，作出如下判决：

1. 陈河犯抢劫罪，判处有期徒刑十二年，剥夺政治权利二年，并处罚金人民币 24 000 元；与原犯抢劫罪尚未执行完毕的剥夺政治权利二年六个月零五日、并处罚金 2 000 元，犯盗窃罪尚未执行完毕的并处罚金 2 000 元并罚，决定执行有期徒刑十二年，剥夺政治权利四年六个月，并处罚金人民币 28 000 元。

2. 沈如龙犯抢劫罪，判处有期徒刑十二年，剥夺政治权利二年，并处罚金人民币 24 000元。

3. 责令陈河、沈如龙退赔被害人王家洋、孙西莉人民币 5 430 元。

4. 作案工具胶带一团予以没收。

（六）二审情况

1. 二审诉辩主张

上诉人沈如龙上诉称：其没有和他人预谋抢劫，在陈河等人抢劫的时候，其在车上，不知道他们去做什么，一审判决认定其参与抢劫事实不清，证据不足。

沈如龙的辩护人的主要辩护意见为：一审判决认定沈如龙参与抢劫事实不清，证据不足。

2. 二审事实和证据

北京市第一中级人民法院经审理，确认一审法院认定的事实和证据。

3. 二审判案理由

北京市第一中级人民法院经审理认为：上诉人沈如龙、原审被告人陈河以非法占有为目的，伙同他人当场使用暴力入户劫取他人财物，其行为均已构成抢劫罪，依法应予惩处。陈河曾因犯罪被判处有期徒刑以上刑罚，刑罚执行完毕后，在五年以内再犯应当判处有期徒刑以上刑罚之罪，是累犯，依法应当从重处罚；其在前罪主刑执行完毕，附加刑未执行完毕前又犯新罪，依法应将新罪判处的刑罚与前罪未执行完毕的附加刑数罪并罚。一审法院认定沈如龙、陈河犯抢劫罪的事实清楚，证据确实、充分，定罪及适用法律正确，量刑适当、审判程序合法，应予维持。

4. 二审定案结论

北京市第一中级人民法院依照《中华人民共和国刑事诉讼法》第一百八十九条第（一）项，作出如下裁定：

驳回上诉人沈如龙的上诉，维持原判。

（七）解说

本案中，行为人陈河犯抢劫罪于 2006 年 6 月 24 日刑满释放后，至因盗窃于 2006 年 9 月 26 日被羁押时，尚有剥夺政治权利 2 年 8 个月零 29 天、罚金 2 000 元未执行。但河北省涿州市人民法院在判决其所犯盗窃罪时未予并罚。本案审理中的争议问题是，如果外地法院对被告人尚未执行的附加刑未并罚，被告人于本地再犯罪，审理法院在判决新罪时是否应对外地法院遗漏并罚的附加刑进行并罚以及如何并罚。

1. 对外地法院遗漏并罚的附加刑应否并罚

对此，否定意见认为，不并罚不影响附加刑的实际执行，既然外地法院没有并罚，北京法院就应当考虑外地法院的判决情况，亦不予并罚；肯定意见则认为，根据1994年5月16日最高人民法院《关于在附加剥夺政治权利执行期间重新犯罪的被告人是否适用数罪并罚问题的批复》(以下简称1994年《批复》)，对外地法院遗漏并罚的附加刑，审理法院在判决新罪时应予以并罚。

我们同意肯定意见。理由如下：首先，根据最高人民法院1997年3月25日《关于认真学习宣传贯彻修订后的〈中华人民共和国刑法〉的通知》第五条，修订后的刑法有关条文实质内容没有变化的，在没有新的司法解释前，最高人民法院原司法解释可参照执行，1994年《批复》仍具有参照意义。1994年《批复》明确规定："对被判处有期徒刑的罪犯，主刑已执行完毕，在执行附加刑剥夺政治权利期间又重新犯罪，如果所犯新罪无须判处附加刑剥夺政治权利的，应当在对被告人所犯新罪作出判决时，将新罪所判处的刑罚和前罪没有执行完毕的附加刑剥夺政治权利，按照数罪并罚原则，决定执行的刑罚，即在新罪所判处的刑罚执行完毕以后，继续执行前罪没有执行完毕的附加刑剥夺政治权利。"在本案中，行为人犯新罪时，前罪所判处的附加刑未执行完毕，是客观存在的，故依据1994年《批复》的精神，法院在判决新罪时应对先前判决已确定但没有执行完毕的附加刑剥夺政治权利以及罚金予以并罚。其次，人民法院判决所确定的刑罚是具有法律效力的，非因法定事由和法定程序处理不能消灭，外地法院遗漏附加刑并罚，并不能构成原判附加刑消灭的依据。再次，我国不实行遵循先例的判例制度，不仅前判决对后判决没有法律约束力，对前判决不当的处理，后判决还应采取适当方式加以修正和补救。最后，实行并罚的做法也符合2009年5月25日新颁行的最高人民法院《关于在执行附加剥夺政治权利期间犯新罪应如何处理的批复》(以下简称2009年《批复》)的精神。依据2009年《批复》，对判处有期徒刑并处剥夺政治权利的罪犯，主刑已执行完毕，在执行附加刑剥夺政治权利期间又犯新罪，如果所犯新罪无须附加剥夺政治权利的，依照《刑法》第七十一条的规定数罪并罚。故本案的一、二审法院对外地法院遗漏并罚的附加刑与新罪判处的刑罚实行并罚的做法，是正确的。

2. 对外地法院遗漏并罚的附加刑如何并罚

对此，审判实践中也有两种意见：第一种意见认为，应先对存在瑕疵的前判决按审判监督程序纠正后，后判决才能并罚。第二种意见则认为，无须经审判监督程序即可直接依法予以并罚。

我们倾向于第二种意见。理由是，前判决存在的瑕疵对原判附加刑的执行并不具有实质影响力，原判附加刑确定后，除非因法定事由和法定程序进行刑罚消灭，在被执行主体存在且刑罚没有执行完毕的情况下，原判附加刑应持续具有法律效力，后判决对原判附加刑予以并罚是对其法律效力的再次确认，并为该附加刑的有效执行提供更为明确的判决依据，故后判决的法院对被遗漏并罚的原判附加刑可直接按照数罪并罚原则，决定执行的刑罚，而无须经作出前判决的法院提起审判监督程序纠正遗漏附加刑并罚问题后再进行并罚。

对于判处两个以上罚金的如何并罚，刑法没有明确规定。最高人民法院《关于适用财产刑若干问题的规定》第三条规定，依法对犯罪分子所犯数罪分别判处罚金的，应当实行并罚，即将数罪所判处的罚金数额相加，执行总和数额。就本案而言，即将原判遗漏并罚的犯抢劫罪所处罚金2 000元和犯盗窃罪所处罚金2 000元，与新犯抢劫罪所处罚金2.4万元累加，并罚执行罚金2.8万元。

关于两个以上附加刑剥夺政治权利的并罚问题，最高人民法院研究室 1986 年 10 月 20 日曾在《关于数罪中有判处两个以上剥夺政治权利附加刑的应如何并罚问题的电话答复》中指出：如数罪中有两罪以上都判处有期徒刑并附加剥夺政治权利的，按限制加重的方法，其剥夺政治权利的附加刑，只能在一年以上五年以下决定应执行的刑期，不能超过五年。尽管它是依据 1979 年刑法有关规定作出的，但是刑法修订后有关条文实质内容没有变化，仍可参照执行。这一并罚原则也为 2009 年《批复》所确认，即对判处有期徒刑的罪犯，主刑已执行完毕，在执行附加刑剥夺政治权利期间又犯新罪，如果所犯新罪也剥夺政治权利的，依照《刑法》第五十五条、第五十七条、第七十一条的规定并罚。也就是说，对剥夺政治权利均为有期限的，采取限制加重的方法，把前罪未执行完毕的剥夺政治权利的刑期与新罪的剥夺政治权利并罚，除《刑法》第五十七条第二款规定外，依照《刑法》第五十五条规定在一年以上五年以下决定应执行的刑期；如果有一罪判处剥夺政治权利终身的，则采取吸收方法，并罚时只执行剥夺政治权利终身。

在本案中，行为人陈河因盗窃于 2006 年 9 月 26 日被羁押时，尚有附加刑剥夺政治权利二年八个月零二十九天未执行；2008 年 3 月 25 日其刑满释放至 2008 年 6 月 18 日因又犯抢劫罪被羁押时，除去已执行的附加刑剥夺政治权利二个月二十四天，尚有附加刑剥夺政治权利二年六个月零五天未执行。本案的一、二审法院依据限制加重原则，将新判决的剥夺政治权利二年，与原判尚未执行完毕的剥夺政治权利二年六个月零五天并罚，决定执行剥夺政治权利四年六个月，是适当的。

（北京市高级人民法院　于同志）

刑法分则案例

一、危害公共安全罪

14. 马浩洋放火案

(一) 首部

1. 裁判书字号

一审判决书：江苏省启东市人民法院（2009）启刑初字第 0105 号。

二审裁定书：江苏省南通市中级人民法院（2009）通刑终字第 0050 号。

2. 案由：放火案。

3. 诉讼双方

公诉机关：江苏省启东市人民检察院，检察员：汪涛。

被告人（上诉人）：马浩洋，别名马杨惠，男，1990 年 9 月 6 日出生于河南省禹州市，汉族，小学文化，无业，住河南省禹州市小吕乡。因本案于 2008 年 11 月 27 日被刑事拘留，同年 12 月 19 日被逮捕。

辩护人：陈凡，北京市华贸硅谷律师事务所上海分所律师。

辩护人：梁少铎，上海市中华律师事务所律师。

4. 审级：二审。

5. 审判机关和审判组织

一审法院：江苏省启东市人民法院。

合议庭组成人员：审判长：陈春花；审判员：章建忠、黄志勇。

二审法院：江苏省南通市中级人民法院。

合议庭组成人员：审判长：杜开林；审判员：顾尧、张亚军。

6. 审结时间

一审审结时间：2009 年 4 月 3 日。

二审审结时间：2009 年 6 月 18 日。

(二) 一审诉辩主张

1. 公诉机关指控称

被告人马浩洋及李明明、李小雷（均已判刑）等人在汤汉卫（已判刑）带领下乘坐吴赛（已判刑）驾驶的轿车至启东市太阳岛美食广场附近，汤汉卫对被告人马浩洋等言明由他们一方到太阳岛美食广场停车场砸施晓雷圈子里人停放在该处的一辆路虎牌越野车，再由高峰（另案处理）一方的人烧车。后被告人马浩洋等人进入太阳岛美食广场停车场对该车进行砸损，高峰一方用点燃物将车烧毁。当时被烧车辆旁有其他建筑物、停有其他车辆。被毁损车辆价值人民币338 100元。公诉机关认为，被告人马浩洋构成放火罪，依法应当追究其刑事责任。被告人马浩洋是主犯，应当按照其所参与的全部犯罪处罚；被告人马浩洋是未成年人犯罪，应当从轻或减轻处罚。诉请依法判处。

2. 被告辩称

被告人马浩洋辩称：只是受人指使参与砸车，不是主犯，不构成放火罪。

其辩护人的辩护意见为：(1) 本案放火的危害结果没有出现，故本案性质应为故意毁坏财物罪，而不是放火罪；(2) 被告人马浩洋在本案中不是组织者和策划者，没有起到主要作用，是从犯；(3) 被告人马浩洋是未成年人，有法定从轻或减轻处罚的情节，又是初犯、认罪态度好的酌定从轻情节，建议法庭对其从轻处罚。

（三）一审事实和证据

江苏省启东市人民法院经公开审理查明：汤汉卫受他人指使对施晓雷圈子里的人实施报复殴打。2008年7月19日晚，汤汉卫接到电话，称施晓雷圈子里的人在本市汇龙镇太阳岛美食广场棋牌室打牌。汤汉卫遂带领被告人马浩洋及李明明、李小雷、吴赛四人乘坐由吴赛驾驶的一辆桑塔纳轿车到其租住地，制作了作案时戴的头套，后在汇龙镇紫薇公园、本草大药房附近等地段与高峰等人碰头商议报复事宜。汤汉卫等五人又到孟阳、辛磊（均身份不明）的住处，将两人叫上车，并携带两把鱼叉在太阳岛美食广场附近等待。过后，高峰告诉汤汉卫，施晓雷圈子的人有一辆路虎牌越野车停在太阳岛美食广场停车场，并指使汤汉卫一方先将车砸坏，后由高峰等人烧车。汤汉卫遂对车上被告人马浩洋等六人言明由他们一方去砸车，再由高峰一方烧车，并让李明明到太阳岛美食广场停车场对高峰所讲的越野车进行观察确认。汤汉卫在得悉高峰等人已到太阳岛美食广场停车场时，即指使吴赛开车至太阳岛门口，让被告人马浩洋及李小雷、辛磊、李明明四人砸车。四人遂戴上头套，被告人马浩洋持鱼叉、其他三人持砍刀、鱼叉等工具进入太阳岛美食广场停车场，对停在该停车场的一辆路虎牌越野车进行砸损。接着，高峰一方将点燃物扔向车内，致使越野车燃烧毁损。被告人马浩洋等人坐上由吴赛开的轿车逃离现场。后大火由消防人员扑灭。被毁损的路虎牌越野车价值人民币338 100元。案发时太阳岛美食广场厨房的墙上一窗户被烧坏、玻璃被震碎，上面一路灯被烧坏。

涉案越野车被烧时，旁边停有其他汽车，西侧相隔0.4米有一南北向二层楼，底楼为太阳岛美食广场厨房、更衣室、仓库，二楼为棋牌室，东侧为太阳岛沐足房，北侧为太阳岛餐饮部。

上述事实有下列证据证明：

1. 被告人马浩洋的供述笔录，证明起诉书指控的犯罪事实。

2. 共同作案者汤汉卫、李小雷、吴赛、李明明的供述笔录，证明汤汉卫受他人指使，带人对施小雷圈子里的人实行报复。后与高峰计议后，汤汉卫对被告人马浩洋及李小雷、吴赛、李明明等人言明由他们砸车，再由高峰他们烧车，后分别实施了上述行为。

3. 被害人杨柳的陈述笔录，证明案发当晚其停放在太阳岛停车场的一辆路虎牌越野车被砸、烧毁，后大火由消防人员扑灭的事实。

4. 未到庭证人朱一楠、祁立华的证言笔录，证明靠近棋牌室停放的一辆路虎牌越野车被砸、烧毁，后大火由消防人员扑灭，并证明燃烧后的越野车西侧的太阳岛美食广场厨房墙上一窗户被烧坏、玻璃被震碎，上面一路灯被烧坏的事实。

5. 未到庭证人樊礼、黄俊瑞、施俭东的证言笔录，证明案发当晚看见停放在太阳岛停车场一辆越野车被砸、烧毁，后大火由消防人员扑灭，黄俊瑞、施俭东还证明在该越野车燃烧时，为防止自己的轿车被焚，将其各自停放于该越野车南侧的两辆轿车开走的事实。

6. 未到庭证人张健、徐尚德的证言笔录，证明被焚越野车西侧的南北向二层楼底楼为太阳岛美食广场的厨房、更衣室及仓库，二楼为棋牌室的事实。

7. 被告人马浩洋及汤汉卫、李小雷、吴赛、李明明对作案人员及作案地点的辨认笔录、照片，证明上述人员在本市太阳岛停车场参与本案犯罪活动的事实。

8. 启东市公安局现场勘查笔录、现场图、现场照片，证明案发现场情况及被焚越野车距周围建筑物间距的事实，同时证明正对被焚越野车的南北向二层楼内的布置情况的事实。

9. 启东市公安局消防中队对太阳岛美食广场停车场的汽车火灾情况的说明，证明消防中队接警后迅速调动两辆消防车对汽车火灾进行扑灭的事实。

10. 启东市公安局发破案经过，证明本案的案发情况。

11. 启东市价格认证中心启价认（2008）第420号价格鉴定结论书，证明被焚毁的路虎牌越野车的价值。

12. 被告人马浩洋的户籍证明，证明被告人马浩洋在犯罪时系未成年人。

（四）一审判案理由

江苏省启东市人民法院经审理认为：被告人马浩洋为报复他人，伙同他人参与砸车并放火烧车，危害公共安全，致使公私财产遭受重大损失，其行为已触犯刑律，构成放火罪，依法应当追究刑事责任。公诉机关指控被告人马浩洋犯放火罪的事实清楚，证据确实、充分，所控罪名成立，本院予以支持。本案系共同犯罪。被告人马浩洋在共同犯罪中起主要作用，是主犯，应当按照其所参与的全部犯罪处罚。被告人马浩洋已满14周岁未满18周岁，系未成年人犯罪，依法应当从轻或减轻处罚。综合本案案情，本院决定对被告人马浩洋减轻处罚。被告人马浩洋在庭审中认罪态度较好，可酌情从轻处罚。被告人马浩洋及辩护人提出被告人马浩洋不构成放火罪、不是主犯的辩解意见和辩护意见，经查，被告人马浩洋明知高峰和汤汉卫策划砸车后烧车，仍实施了砸车行为，其本人虽未直接实施放火行为，但高峰等人的点燃物正是从被砸损的车门窗进入车内燃烧，砸车和烧车是本案共同犯罪的两个阶段，且被焚越野车的临近有其他车辆及建筑物，已危及不特定财产和人身的公共安全，危害结果是否发生不影响放火罪的成立，故被告人马浩洋的行为符合放火罪的构成要件；被告人马浩洋明知其砸车后由他人实施焚烧涉案车辆，而积极实施砸车行为，是共同犯罪中的主犯，故上述辩解和辩护意见，本院不予采纳。辩护人提出被告人马浩洋是未成年人犯罪，有法定从轻或减轻情节，又是初犯、认罪态度好的酌定从轻情节，建议法庭对其减轻处罚的辩护意见，符合法律规定，本院予以采纳。

（五）一审定案结论

江苏省启东市人民法院依照《中华人民共和国刑法》第一百一十五条第一款、第二十五条第一款、第二十六条第一、四款、第十七条第一、三款，作出如下判决：

马浩洋犯放火罪，判处有期徒刑六年六个月。

（六）二审情况

1. 二审诉辩主张

上诉人马浩洋诉称：一审判决定性不准、量刑过重。

2. 二审事实与证据

江苏省南通市中级人民法院经审理，确认一审法院认定的事实和证据。

3. 二审判案理由

江苏省南通市中级人民法院经审理认为：原审判决事实清楚，证据确实、充分，法律适用正确。

4. 二审定案结论

江苏省南通市中级人民法院依照《中华人民共和国刑事诉讼法》第一百八十九条第（一）项，作出如下裁定：

驳回上诉，维持原判。

（七）解说

本案主要的争议焦点是被告人马浩洋的行为构成何罪，是放火罪还是故意毁坏财物罪。

庭审中，被告人马浩洋及其辩护人均提出被告人马浩洋只是参与了砸车的行为，并且其没有放火的主观故意，根据主客观相一致的原则，应当认定为故意毁坏财物罪，而非放火罪。

案件审理过程中，审判人员一致认为被告人马浩洋的行为危害公共安全，构成放火罪，其行为与他人的烧车的行为是一个连贯的整体，不应分开评价。

对于被告人马浩洋及其辩护人的辩护意见，笔者认为：

被告人马浩洋砸车行为的定性应当考虑以下三个因素：一是其砸车时是否明知或者应当知道其共同作案人要放火烧车；二是该放火引起路虎车燃烧的事实是否将会危害到公共安全；三是被告人马浩洋的行为如果构成放火罪，则其行为同时符合故意毁坏财物罪的构成要件，此时该如何认定。笔者将结合案件具体事实分别予以说明。

1. 放火罪是故意犯罪，“故意”的含义在刑法理论上是“明知或者应当知道”，即故意犯罪是指明知或者应当知道自己的行为会发生或者可能发生危害后果，希望或者放任这种结果的发生；我国《刑法》第十四条规定：明知自己的行为会发生危害社会的结果，并且希望或者放任这种结果发生，因而构成犯罪的，是故意犯罪。本案中，被告人马浩洋在受汤汉卫邀请参与砸车的过程中，是否已经知道其他共同作案人将要烧车的意图，将是本案的关键。从审判人员认定的证据反映来看，共同作案人汤汉卫、李小雷、吴赛、李明明的供述，均能够证实汤汉卫邀请马浩洋、李小雷、吴赛、辛磊、李明明等人前去作案地点（太阳岛美食城）停车场报复施小雷，后汤汉卫与高峰（另一主谋）商定，由汤汉卫一行人负责打砸施小雷同伙人停放在太阳岛美食城的一辆路虎越野车，然后由高峰一伙人前去放火烧车；后汤汉卫即告知马浩洋、李小雷、辛磊、李明明四人由他们砸车、高峰等人烧车的意思：“后来

‘阿卫’（汤汉卫）对我们车上六个人讲过一会儿我们下车到太阳岛里面砸车，再由‘老高’（高峰）他们烧车”。虽然被告人马浩洋在庭审中提出其不知道高峰的人要去烧车的意见，但是我国证据标准采取的是“重证据，不轻信口供”的原则，已有几名共同作案人的供述证明其在砸车之前明知后面会有人前去烧车，即被告人马浩洋对于烧车的意图是明知的，在此前提下仍然积极地前去砸车。根据共同犯罪的理论，应当认为被告人马浩洋具有了砸车并烧车的故意，而砸车、烧车行为是一个连贯的整体，应整体评价，故一审法院认定被告人马浩洋亦应承当放火罪的刑事责任。

2. 放火罪所体现的危害后果是足以危害公共安全。所谓公共安全是指不特定多数人的生命健康或者重大财产的安全。放火罪的性质是危险犯，即行为人的放火行为只要足以危害公共安全即可，而非必须造成现实的危害后果。关于认定是否足以危害公共安全，笔者认为，“足以危害公共安全”是一个比较抽象的概念，在实践中没有统一标准，只要使得燃烧物的燃烧状况达到引起危害公共安全的“高度可能性”即可认定为“足以危害公共安全”。在案件的具体认定中，应当综合考察危害行为的具体内容，如放火地点、临近事物状况，或者燃烧物本身的特征等方面综合认定，笔者就本案具体情况作出说明：

本案中，被告人马浩洋及其共同作案人的砸车、放火行为，是发生在启东市太阳岛美食城停车场，根据公安侦查人员所制作的现场勘查笔录，案发当时，被烧的路虎车南侧停车位有一辆凌志轿车，正前方一楼为美食城厨房，距厨房西墙仅 0.4 米，厨房内东墙有一排冷柜，“太阳岛厨房东墙上有一扇窗子，窗玻璃破碎，室内地面上见有玻璃碎片。窗子北部墙上有油漆部分脱落，墙上灯被烧毁”。二楼为棋牌室，案发当时，棋牌室内有多人在娱乐，并且该棋牌室附近有易燃物品存放。车子被烧 10 分钟左右后（目击者描述，在此期间被烧路虎车发出两次“爆炸声”），消防车赶到，用了 7 分钟左右的时间才将火扑灭。从上述具体情况可以看出，本案发生的地点停车场系公共场所，在被告人等人砸车、烧车时附近有其他车辆，并且该路虎车停放地点周围有厨房、棋牌室等，在此种情况下，被告人等人仍然放火烧车，危及临近车辆、建筑物及不特定人身及财产安全，笔者认为足以对公共安全造成威胁。

3. 本案被告人的行为同时符合故意毁坏财物罪与放火罪的构成要件，那么本案应如何定性？

本案审理过程中，被告人马浩洋的辩护人提出本案应当以故意毁坏财物罪追究刑事责任，而不应是放火罪。对于本问题，理论上涉及罪数问题，即想象竞合犯，想象竞合犯是指行为人出于一个犯意，实施一个行为，而同时触犯两个以上罪名的罪数形态。在大陆法系国家，想象竞合犯的处罚是采取从一重处罚的原则。本案中，放火烧路虎车的行为，行为人是基于一个犯意，实施了一个行为（放火烧车），但是触犯了不同的法益：一是公共安全，一是他人财产权利，因此，从犯罪构成要件上讲，同时符合放火罪与故意毁坏财物罪，属于同一行为触犯数罪名的情况。根据想象竞合犯的理论以及我国刑法中有关类似情况处理的法律解释（如非法经营罪与生产、销售伪劣产品罪），依法应当从一重罪处罚。本案被告人的行为造成公私财产重大损失，法定刑在十年以上有期徒刑，而故意毁坏财物罪规定，故意毁坏财物数额巨大或者有其他特别严重情节的，处三年以上十年以下有期徒刑。据此，本案应当以放火罪定罪处罚，应在十年以上量刑。

综上，本案中砸车行为与放火烧车行为是一个连贯的整体，被告人马浩洋在明知的情况下，仍然积极参与，其应当对其后他人放火的行为负责。被告人及其共同作案人的行为导致车辆燃烧，足以危害公共安全，并造成公私财产重大损失，其行为构成放火罪，依法应在十年以上量刑。鉴于被告人马浩洋在实施犯罪行为时已满 14 周岁不满 18 周岁，依法应当从轻或者减轻处罚。本院根据被告人马浩洋的犯罪情节，对其减轻处罚，判处有期徒刑六年六个月的判决，是合法又合理的。

（江苏省启东市人民法院　闫丽丽）

15. 孙伟铭以危险方法危害公共安全案

（一）首部

1. 判决书字号

一审判决书：四川省成都市中级人民法院（2009）成刑初字第158号。

二审判决书：四川省高级人民法院（2009）川刑终字第690号。

2. 案由：以危险方法危害公共安全案。

3. 诉讼双方

公诉机关：四川省成都市人民检察院，代理检察员：刘东、尹萧。

被告人（上诉人）：孙伟铭，男，1979年5月9日出生于西藏自治区，汉族，高中文化，信息技术从业人员，户籍所在地重庆市沙坪坝区，住四川省成都高新技术产业开发区芳草街。2008年12月15日因本案被刑事拘留，同月25日被逮捕。

一审辩护人：施俊英、陈红，四川鼎立律师事务所律师。

二审辩护人：施杰、陈红，四川鼎立律师事务所律师。

4. 审级：二审。

5. 审判机关和审判组织

一审法院：四川省成都市中级人民法院。

合议庭组成人员：审判长：仇静；代理审判员：林乔、黄文。

二审法院：四川省高级人民法院。

合议庭组成人员：审判长：王静宏；审判员：胡华；代理审判员：任冀川。

6. 审结时间

一审审结时间：2009年7月22日。

二审审结时间：2009年9月8日。

（二）一审情况

1. 一审诉辩主张

（1）公诉机关指控称

被告人孙伟铭自2008年5月购买一辆别克轿车以来，一直无驾驶证上路行驶，并有多次交通违法的记录。2008年12月14日下午4时许，被告人孙伟铭醉酒后驾驶自己的川A43K66别克轿车从成都市成华区万年场“四方阁”酒楼送其父母前往成都市火车北站，后又继续驾车沿成龙路前往成都市龙泉驿区。当日下午5时许，被告人孙伟铭在成龙路“蓝谷地”路口从后面撞上正常行驶的川A9T332比亚迪轿车尾部。事故发生以后，被告人孙伟铭为逃避处罚不顾公共安全，立即高速驾车往龙泉驿区方向逃逸，并在窜至成龙路“卓锦城”路段时，以超过每小时130千米的速度向右绕行强行超车后又向左迅速绕回，越过道路中心双实线，猛烈冲撞对面正常行驶的川AUZ872长安轿车，接着又迎面先后撞上川AK1769长安轿车、川AVD241福特轿车、川AMC337奇瑞轿车，直至川A43K66别克轿车不能动弹。造成川AUZ872长安轿车内驾驶员张景全、乘客尹国辉、金亚民、张成秀死亡，代玉秀重伤，公私财产损失5万余元。四川省成都市人民检察院认为，被告人孙伟铭的行为已构成以危险方法危害公共安全罪，提请法庭依照《中华人民共和国刑法》第一百一十五条之规定予以惩处。

(2) 被告辩称

被告人孙伟铭辩称：其不是故意犯罪。

其辩护人的辩护意见为：被告人孙伟铭的行为应构成交通肇事罪，被告人孙伟铭有自首情节，请求对被告人孙伟铭从轻处罚。

2. 一审事实和证据

四川省成都市中级人民法院经公开审理查明：2008年5月，被告人孙伟铭购买了一辆车牌号为川A43K66的别克轿车，之后在未取得合法驾驶资格的情况下，长期无驾驶证驾驶该车，并有多次交通违法记录。2008年12月14日中午，被告人孙伟铭与其父母在位于成都市市区东面的成华区万年场“四方阁”酒楼为亲属祝寿，期间大量饮酒。其后，被告人孙伟铭又驾驶川A43K66车送其父母到位于成都市市区北面的成都市火车北站搭乘火车，而后驾车折返至位于成都市市区东面的成龙路，沿成龙路往成都市龙泉驿区方向行驶。当日17时许，被告人孙伟铭驾车行至成都市成龙路“蓝谷地”路口时，从后面冲撞与其同向行驶的川A9T332比亚迪轿车尾部。发生事故后，被告人孙伟铭继续驾车往成都市龙泉驿区方向行驶。当行至限速60公里/小时的成龙路“卓锦城”路段时，被告人孙伟铭驾车越过道路中心黄色双实线，先后撞向对面相向方向正常行驶的川AUZ872长安奔奔轿车、川AK1769长安奥拓轿车、川AVD241福特蒙迪欧轿车、川AMC337奇瑞QQ轿车，直至其所驾驶的川A43K66别克轿车不能动弹。造成川AUZ872长安奔奔轿车内驾驶员张景全及同车乘客张景全之妻尹国辉、金亚民和张成秀夫妻死亡，另一乘客代玉秀重伤，并造成公私财产各项经济损失共计5万余元。公安人员接群众报案后赶至现场将被告人孙伟铭抓获。经鉴定，事发前，川A43K66车在碰撞前瞬间的行驶速度为134～138千米/小时；被告人孙伟铭血液中的乙醇浓度为135.8毫克/100毫升。

上述事实有下列证据证明：

(1) 接受刑事案件登记表，证实2008年12月14日17时许，市民周全文向公安机关电话报案：在成龙路“卓锦城”路段，一车牌号为川A43K66的轿车先后与多辆车发生碰撞，有人员伤亡。

(2) 交通事故现场勘查笔录、现场示意图及照片，证实现场位于成都市成龙路“卓锦城”路口附近，该处为双向六车道，中间为双黄中心实线，左右两侧各有一条非机动车道。机动车道和非机动车道间为实体隔离绿化带，该路段全道路限速60千米/小时。在距“卓锦城”事故现场约1 650米的成龙路“蓝谷地”路口，川A9T332车尾部有碰撞痕迹，后保险杠印有43K66车牌反向印迹。

(3) 交通事故尸表检验报告及尸检报告、尸检照片，证实：①张景全、尹国辉的全身受伤情况，并证实二人的死亡地点在从现场到医院的途中。②金亚民、张成秀的全身受伤情况，并证实二人的死亡地点在成龙路“卓锦城”路口。③张景全系驾车时被碰撞致颅脑、胸部复合性损伤死亡。④尹国辉系乘车时被碰撞致颅脑、胸部复合性损伤死亡。⑤金亚民系乘车时被碰撞致颅脑、胸腹部复合性损伤死亡。⑥张成秀系乘车时被碰撞致颅脑损伤死亡。

(4) 成都市公安局物证鉴定所鉴定书，证实代玉秀的伤情为重型颅脑外伤、右额颞硬膜下血肿、蛛网膜下腔出血、左侧创伤性湿肺、双侧胸腔积液、全身多处骨折。经治疗后左膝关节不能弯曲，左膝关节运动活动度丧失达50%以上，已明显构成肢体残疾；骨盆骨折严重变形。代玉秀的伤情属重伤。

(5) 唾液提取笔录及四川华西法医学鉴定中心检验报告书，证实经检验，提取的孙伟铭口腔拭子与川 A43K66 驾驶员座位气囊上血迹的 DNA 遗传标记一致。

(6) 四川西华机动车司法鉴定所司法鉴定检验报告书，证实：①经对川 A43K66、川 A9T332、川 AUZ872、川 AK1769 车外部相关痕迹检验，分析认为，川 A43K66 车先与川 A9T332 发生追尾，又相继与川 AUZ872、川 AK1769 车发生碰撞；②依据天网监控录像、现场图等测算，川 A43K66 车在碰撞前瞬间的行驶速度为 134～138 千米/小时；③经检验，未发现川 A43K66 车、川 AUZ872 车、川 AK1769 车事故前存在安全隐患。

(7) 中国科学院成都分院测试结果报告，证实经检测，川 A9T332 轿车后保险杠右侧附着物与川 A43K66 轿车前保险杠车牌上提取的漆片为同种类漆。

(8) 涉嫌酒后驾车人员血样提取表及四川华西法医学鉴定中心鉴定，证实 2008 年 12 月 14 日 17 时 55 分，在成都市空军医院抽取孙伟铭血液。同日经检验，从所送孙伟铭血液中检出乙醇，浓度为 135.8 毫克/100 毫升。

(9) 交通事故责任认定书，证实孙伟铭驾驶川 A43K66 车与刘小红驾驶的川 A9T332 比亚迪牌轿车在成龙路“蓝谷地”路口发生交通事故，因孙伟铭未依法取得机动车驾驶证，酒后驾驶机动车，未与前车保持足以采取紧急制动措施的安全距离，且发生交通事故后驾车逃逸，负此次事故的全部责任。

(10) 四川省道路交通事故物损鉴定结论书，证实经鉴定，川 A9T332 比亚迪车的损失金额为 5 571 元；川 AUZ872 长安奔奔车的损失金额为 33 667 元；川 AMC337 奇瑞 QQ 车的损失金额为 2 080 元；机动车辆保险定损单，证实川 AK1769 奥拓车的维修费用为 7 380 元；成都通海三圣汽车销售有限公司的发票，证实川 AVD241 蒙迪欧车在该公司维修，维修费用为 869 元。

(11) 成都市锦江区园林林业局关于成龙路车祸绿化损毁情况的说明，证明因 2008 年 12 月 14 日的车祸造成绿化带受损，其中受损苗木的价值为 6 640 元，恢复需管护的时间为 3 个月。

(12) 成都市公安局交通管理局机动车驾驶证查询结果，证实孙伟铭未办理机动车驾驶证。

(13) 成都市公安局交通管理局机动车查询记录，证实经查询，川 A43K66 别克牌轿车的车主为孙伟铭，产权为个人，车辆登记时间为 2008 年 5 月 28 日。

(14) 川 A43K66 车交通违法未处理电子眼记录，证实川 A43K66 车从 2008 年 5 月 30 日至同年 11 月 5 日，共有 10 次交通违法记录。孙伟铭确认其中 4 次冲红灯及 2 次违反规定使用专用车道是其驾车所为。

(15) 抓获经过，证实 2008 年 12 月 14 日 17 时 09 分，公安机关接到群众报警后，民警于同日 17 时 25 分赶到现场，将被告人孙伟铭抓获。

（16）户籍材料，证实被告人孙伟铭及被害人的身份情况。

（17）证人周全文、付雨根、王良伟的辨认笔录，证实经辨认，孙伟铭为 2008 年 12 月 14 日 17 时许发生车祸时肇事车川 A43K66 别克车的驾驶员。

（18）证人余九林的证言，证实其是成都空军医院医护人员，2008 年 12 月 14 日 17 时 10 分，接到 120 通知后与同事一同赶到现场，见一辆长安奔奔车被撞到绿化带，一中年男子卡在驾驶室位置，救出后医生发现该男子已死亡。

（19）证人干基友的证言，证实 2008 年 12 月 14 日 17 时许，接到 120 指挥中心电话后，其与医生一同赶到现场，见一辆奔奔车上有两名伤者，车旁还躺有一男一女两名死者。其与医生把女伤者送到医院。

（20）证人付雨根的证言，证实 2008 年 12 月 14 日 17 时许，其驾车搭载家人沿成龙路往龙泉驿方向行驶，当车行至"蒋排骨"路口上坡处时，一辆黑色别克车从其右侧超车后随即向左变道，差点和其所驾车辆相撞。之后该车呈 S 形左右变道超车，其妻王良伟记下那辆车的牌号是川 A43K66。行至"蓝谷地"路口时，见那里停了一辆车尾被撞坏的车，车旁一名男子称肇事车跑了。后行至"卓锦城"路口时，见对面车道停了五辆被撞坏的车，地上躺了两个人，伤情严重，即打电话报警。刚才所见那辆别克车的副驾上有名头部受伤的男子，车上只有他一个人。他下车看见奔奔车上有人受伤，就喊有没有医生。不久 120 和警察都到了。当时路上车比较多，天气和视线都好。

（21）证人王良伟的证言，证明情况同上。

（22）证人刘小红的证言，证实 2008 年 12 月 14 日 17 时许，其驾驶川 A9T332 比亚迪轿车由成都市二环路沿成龙路向龙泉驿方向行驶。当车行至成龙路"蓝谷地"路口时，被一辆黑色别克车从后面追尾。别克车没有停，从右侧超车往三环路方向速度很快地跑了，其随即打电话报警。那车的牌号为川 A43K66。

（23）证人周全文的证言，证实 2008 年 12 月 14 日 17 时许，其驾车从龙泉驿方向往成都市三环路方向行驶，当行至"卓锦城"路口附近时，见一辆车牌号为川 A43K66 的车从相同方向高速越过中心双实线，先和一辆奔奔车相撞，奔奔车被撞得腾空侧翻于机动车道与非机动车道之间的隔离绿化带上，之后川 A43K66 在道路上旋转，在旋转时与一辆奥拓车发生碰撞，之后又与一辆福特蒙迪欧车发生擦刮，然后再与一辆 QQ 车发生碰撞。被撞的四辆车当时都是与自己同向、在规定车道内行驶的。其打开川 A43K66 车的右侧前门，见里面只有驾驶员一个人，他坐在驾驶位置，倒在副驾位置，头部在流血。

（24）证人袁福详的证言，证实 2008 年 12 月 14 日 17 时许，其驾车从龙泉驿往成都市三环路方向行驶，行至"卓锦城"路口处见相向方向驶来一辆别克车，车速很快地斜着越过中心双实线，撞上自己前面的奔奔车、奥拓车、蒙迪欧车和 QQ 车，并造成了人员死亡。奔奔车被撞到绿化带上去，那辆别克车上只看见有一个人。

（25）证人谢开新的证言，证实 2008 年 12 月 14 日 17 时许，其驾驶川 AK1769 奥拓车从成都市龙泉驿方向沿着成龙路往三环路方向行驶。当行至成龙路"卓锦城"路口时，相向方向一辆黑色轿车突然越过双实线，将前面的一辆奔奔车撞飞到路边，车内有一个人被撞出来。黑色轿车继续碰撞了自己的奥拓车和身后的两辆车。肇事车驾驶员从副驾上下来，头部受伤，他看见地上躺着人，就大喊找医生。当时是晴天，路面干燥，视线较好，自己的车速约 30～40 千米/小时，在三挡。

(26) 证人蒋维平的证言，证实2008年12月14日17时许，其驾驶川AVD241福特蒙迪欧车由龙泉驿方向沿成龙路向成都市三环路方向行驶，当车行至“卓锦城”路口时，前方与其同向行驶的一辆长安奔奔车突然腾空飞起，且从车上飞出一个人来。其急忙刹车，看见是一辆黑色车先将奔奔车撞飞，又和后面的一辆奥拓车相撞，飞溅的散落物将其车灯打坏。肇事车上只有一名小伙子，他的头部受伤，因驾驶室被撞变形无法打开车门，只好从副驾位置出来，出来后站立不稳。肇事车的车牌号为川A43K66。

(27) 证人王健的证言，证实2008年12月14日17时许，其驾驶川AMC337奇瑞QQ车沿成龙路往三环路方向行驶，当行至距“卓锦城”路口约50米时，见一辆黑色轿车从相向方向越过双实线，突然撞向在自己前方同向行驶的一辆长安奔奔轿车，将该车撞上右侧机动车道与非机动车道的隔离绿化带，黑色车最后撞上其所驾奇瑞QQ车的前保险杠后停下。其下车后，见黑色轿车还撞了一辆奥拓车和一辆福特车，长安奔奔车被撞得比较严重，即打电话报警并去抢救伤员，肇事车上只有驾驶员一个人，他的头部受了伤，从副驾位置下来，也在喊现场有没有医生。

(28) 证人孙林的证言，证实其与孙伟铭是父子关系。孙伟铭驾驶的车是孙伟铭于2008年5月购买的。案发当日中午11时许，孙伟铭驾车搭载孙林夫妇到万年场“四方阁”酒楼参加寿宴。下午16时许，孙伟铭开车送其夫妇到成都市火车北站坐火车回重庆。寿宴中，孙伟铭喝了白酒。

(29) 证人游川艺的证言，证实其与孙伟铭是朋友关系，川A43K66别克车是孙伟铭购买的私车，其平常也曾借用过该车，孙伟铭没有驾照。

(30) 被告人孙伟铭的供述，供认川A43K66车是其2008年5月底购买的，前期大多是请朋友代为驾驶，后来主要是自己驾驶，有时供给朋友、同事开。其一直没有驾照，也未到驾校学习，跟着朋友学了一段时间就开始开车了，也知道自己曾有驾车违法的记录，曾驾车走高速公路到重庆等地。有几次酒后也是请人代开。2008年12月14日当天事前知道要送父母离开成都，中午开车送父母到成都市二环路万年场的“四方阁”酒楼为亲戚祝寿，期间喝了些白酒。后来的事情没有记忆。

3. 一审判案理由

四川省成都市中级人民法院经审理认为：被告人孙伟铭作为受过一定教育、具有完全刑事责任能力的人，明知必须经过相关培训并经考试合格，取得驾驶执照后才能驾驶机动车辆，但其无视国家交通安全法规和公共安全，在未领取驾驶执照的情况下，长期无证驾驶机动车辆并多次违反交通法规。且在醉酒后，驾车行驶于车辆、人群密集之处，对公共安全构成直接威胁，在发生追尾交通事故后，仍置不特定多数人的生命、财产安全于不顾，继续驾车超速行驶，跨越禁止超越的道路中心黄色双实线，与对方正常行驶的多辆车辆相撞，造成四人死亡一人重伤、公私财产损失达数万元的严重后果，其行为已构成以危险方法危害公共安全罪，且其情节特别恶劣、后果特别严重，应依法予以严惩。公诉机关指控被告人孙伟铭的犯罪事实和罪名成立，予以支持。

关于被告人孙伟铭所提其不是故意犯罪的辩解及其辩护人所提被告人孙伟铭的行为应构成交通肇事罪的辩护意见，本院认为，交通肇事罪是对主观上表现为过失，客观上表现为违反交通安全法规，并造成严重后果的行为人行为的评价。以危险方法危害公共安全罪是指行为人以放火、决水、爆炸、投毒以外的其他性质相当的危险方法，严重危害不特定多数人的生命、健康或财产安全的行为，主观上表现为故意。纵观本案现有证据和被告人孙伟铭的犯罪事实，被告人孙伟铭在明知自己没有驾驶执照，没有相应的机动车驾驶能力的情况下，仍然长期驾驶机动车辆并多次违反交通法规，反映出其对交通安全法规以及他人生命、健康和财产安全的漠视。且被告人孙伟铭应当知道在醉酒情况下，驾车超速行驶、跨过不能超越的道路双实线，会危害不特定他人的生命、健康或财产安全，但仍放任危害结果的发生，其主观心态已不属过失；依据审理查明的事实，本案被害人死伤和公私财产损失，并非系被告人孙伟铭在“疏忽大意”或“轻信能够避免”的情况下造成，而是其故意所致。故对此辩解及辩护意见，不予采纳。关于被告人孙伟铭的辩护人所提被告人孙伟铭有自首情节的辩护意见，本院认为，根据现有证据，本案系目击群众报案，公安民警是在接到群众报案之后赶到现场，在群众指认下挡获被告人孙伟铭并将其送往医院救治。本案中被告人孙伟铭并未主动向公安机关投案，也无在公安机关尚未掌握其犯罪事实时主动向公安机关供述自己犯罪事实的行为，因此被告人孙伟铭的行为并不符合我国刑法对自首的规定，故对此辩护意见，不予采纳。关于请求对被告人孙伟铭从轻处罚的辩护意见，本院认为，被告人孙伟铭的行为给被害人及其家属造成了无法弥补的损失，并具有极大的社会危害性，因此被告人孙伟铭不具有从轻处罚的情节，故对此请求，不予采纳。

4. 一审定案结论

四川省成都市中级人民法院依照《中华人民共和国刑法》第一百一十五条第一款、第五十七条第一款，作出如下判决：

孙伟铭犯以危险方法危害公共安全罪，判处死刑，剥夺政治权利终身。

（三）二审诉辩主张

1. 上诉人诉称

上诉人孙伟铭诉称：（1）其不具有以危险方法危害公共安全的主观故意，一审判决定性不准，适用法律错误。其虽然从 2008 年 7 月开始无证驾驶机动车辆并多次交通违法，但主观上并非是对他人生命、健康和财产安全的漠视；事发当天其酒后驾车是违反交通管理法规，不是以汽车作为犯罪工具危害公共安全；其酒后驾车追尾、超速、跨双实线发生交通事故，都是在不清醒的状态下实施的行为，没有危害公共安全的主观故意。（2）原判量刑过重。

孙伟铭的辩护人的辩护意见为：（1）原判定性不准，量刑不当。孙伟铭犯罪时的主观心理状态应为对自己驾驶机动车的能力过于自信而轻信可以避免的过失，不是故意实施危害公共安全的行为，应以交通肇事罪施予相应刑罚。（2）原判遗漏重要事实。根据“天网”监控视频，孙伟铭所驾车辆在发生交通事故前，曾与一辆白色微型车发生擦刮，导致车辆偏向，其为躲避前方行人，措施失当才造成严重后果。（3）原判认定孙伟铭所驾车辆与比亚迪汽车发生追尾的证据有瑕疵，证据不足；对孙伟铭发生车祸后要求对被害人救援的情节未予认定不当。（4）孙伟铭有真诚悔罪表现。案发后其和家人积极赔偿被害人经济损失，并获得被害人方的谅解，应酌情从轻处罚。

2. 出庭检察员意见

原判认定事实清楚，定性准确，审判程序合法。对于辩护人出示的视频证据，检察员认为，该视频所示图像不能证明孙伟铭所驾车辆与白色微型车发生擦刮，辩护人主张的事实没有相关证据佐证，不能认定。孙伟铭醉酒后驾车高速行驶，不计后果强行超车导致车辆失控才是酿成车祸的真正原因，与是否发生擦刮没有关系；专家意见的结论本身就具有不确定性，且不能作为刑事诉讼的证据使用。检察员对辩护人出示的第二组证据的真实性不持异议，但提出该组证据与本案事实不具有关联性，不能作为从轻、减轻处罚的情节。对辩护人出示的第三组证据，检察员不持异议。关于与比亚迪车追尾相关证据的瑕疵问题，检察员认为证据细节上的差异，不能否定证据的真实性、客观性，也不能否定孙伟铭驾车与比亚迪汽车追尾后，未停车解决纠纷而是迅速离开现场这一基本事实。对于孙伟铭在发生车祸后下车呼叫抢救伤者的情节，检察员建议在量刑时酌情考虑。检察员提出，孙伟铭犯罪后果严重，应依法严惩，但鉴于孙伟铭属于间接故意犯罪，案发后其本人并通过家人尽力赔偿被害人损失，被害人亦表示谅解，不宜判处死刑立即执行。

（四）二审事实和证据

四川省高级人民法院经审理查明：2008年5月28日，孙伟铭购买了车牌号为川A43K66的别克牌轿车。在未取得合法驾驶资格的情况下，孙伟铭长期无证驾驶该车，并有多次交通违法记录。2008年12月14日中午，孙伟铭与其父母在成都市成华区万年场“四方阁”酒楼为亲属祝寿，期间大量饮酒。16时许，孙伟铭驾驶川A43K66车送其父母到成都市火车北站搭乘火车，之后驾车折返至城东成龙路向成都市龙泉驿区方向行驶。17时许，行至成龙路“蓝谷地”路口时，孙伟铭驾车从后面冲撞与其同向行驶的川A9T332比亚迪牌轿车尾部。其后，孙伟铭继续驾车向前超速行驶，并在成龙路“卓锦城”路段违章越过道路中心黄色双实线，与对面车道正常行驶的川AUZ872长安奔奔牌轿车猛烈碰撞后，又与川AK1769长安奥拓牌轿车、川AVD241福特蒙迪欧牌轿车、川AMC337奇瑞QQ轿车发生碰撞及擦刮，致川AUZ872长安奔奔牌轿车内张景全及尹国辉夫妇、金亚民及张成秀夫妇死亡，另一乘客代玉秀重伤，造成公私财产损失共计5万余元。交通警察接群众报案后赶至现场将孙伟铭抓获。经鉴定，孙伟铭驾驶的车辆碰撞前瞬间的行驶速度为134～138千米/小时；孙伟铭案发时血液中的乙醇含量为135.8毫克/100毫升。

另查明，案发后，孙伟铭委托其父变卖名下财产筹款，其父亲亦全力筹款，倾力赔偿被害人的经济损失，被害人及其亲属已出具谅解书。

上述事实有一审法院认定的各项证据及下列证据证明：

1. 成都市锦江区人民法院（2009）锦江民初字第2227、2228、2229、2339、2340号民事调解书，证实本案被害人亲属分别向成都市锦江区人民法院提起民事诉讼，经法院主持调解，被告人与被害人亲属自愿达成赔偿协议，由被告人赔偿被害人经济损失100万元。

2. 谅解书，证实被害人亲属韩常进、金宇航、李淑清、张志宇在与被告人达成赔偿协议后，孙伟铭之父孙林通过变卖房产及借款等方式凑齐了赔偿款。被害人亲属对孙伟铭予以谅解，并请求法院在量刑时对此情节予以考虑。

（五）二审判案理由

四川省高级人民法院经审理认为：

1. 关于辩护人提出的原判存在重大事实遗漏的问题。经审查，辩护人出示的视频资料及相关分析说明不能确认孙伟铭所驾车在案发前与白色微型车发生过擦刮，也没有白色车车主的报案及相关痕迹勘验，确认该情节的依据不足，不予认定。孙伟铭无证、醉酒、高速危险行驶、在不具备通行条件下强行通过是车辆失去控制引发车祸的直接原因，与其所驾车辆是否与白色车发生擦刮没有因果关系。对辩护人出示的该组证据不予采信，对相应的辩护意见不予采纳。

2. 关于辩护人出示的孙伟铭所在工作单位及同事、朋友、其资助对象的证明和证言。经审查，该组证据证明了孙伟铭案发前的生活、工作状况，但与本案事实及定罪量刑无关，不能作为本案的定案证据。

3. 关于辩护人提出的原判认定孙伟铭所驾车辆与比亚迪汽车追尾的证据间存在矛盾和瑕疵的问题。经审查，证人刘小红（比亚迪车驾驶员）的几次证言间确实存在细节上的差异，但不能据此否定其证明的被追尾撞击的基本事实，且该项事实的认定证据还有现场勘查笔录、相关痕迹检验及刑事科学技术鉴定结论、比亚迪汽车被撞部位也查见孙伟铭所驾别克车号牌痕迹等证据，足以认定。

4. 关于孙伟铭行为的性质，检方主张构成以危险方法危害公共安全罪，辩方主张构成交通肇事罪。经审查，以危险方法危害公共安全罪和交通肇事罪均属于危害公共安全罪，二者的主要区别在于行为人对危害公共安全的后果所持的主观心态不同。前者为故意犯罪，行为人对危害后果持积极追求或放任的心态；后者为过失犯罪，行为人应当预见到自己的行为可能造成危害后果，因疏忽大意没有预见，或者已经预见而轻信能够避免，以致发生危害后果。从本案事实及证据证明的情况看，孙伟铭购置汽车以后，未经正规驾驶培训及考核获得驾驶资格证，长期无证驾驶车辆，并多次交通违法。众所周知，汽车作为现代交通运输工具，使社会受益的同时，由于其高速行驶的特性又易给社会造成危害，因此，国家历来对车辆上路行驶有严格的管理规定。孙伟铭作为受过一定教育、具有完全刑事责任能力的人，在明知国家规定的情况下，仍漠视社会公众和重大公私财产的安全，藐视法律、法规，长期、持续违法驾车行驶于车辆、人群密集的公共道路，威胁公众安全。尤其是在本次醉酒驾车发生追尾交通事故后，孙伟铭不计后果，以超过限速两倍以上的速度驾车在车辆、人流密集的道路上穿行逃逸，最终跨越道路黄色双实线，冲撞多辆车辆，造成四死一伤、公私财产损失数万元的严重后果。事实表明，孙伟铭对本次行为可能造成严重危害公共安全的后果完全能够预见，虽不是积极追求这种结果发生，但完全放任这种结果的发生，未采取任何避免的措施，其行为完全符合刑法关于以危险方法危害公共安全罪的构成规定，已构成以危险方法危害公共安全罪。辩护人提出的孙伟铭在犯罪主观上属于过于自信的过失的意见，不能成立。过于自信的过失是一种有认识的过失，即应当避免而没有避免。应当避免是避免义务与避免能力的统一。虽有避免义务，但没有避免能力，仍属于缺乏应当避免这一要件。在过于自信的过失中，行为人认为凭借自己熟练的技术、敏捷的动作、高超的技能、丰富的经验、有效的防范，完全可以避免发生危害结果，但实际上过高地估计了自己的力量，因而未能防止危害结果的发生。在本案中，孙伟铭既没有经过专业培训，也没有通过国家专门部门考核取得机动车驾驶资格，更没有长期丰富的经验取得熟练的技术及意外处置能力，其酒后高速驾车之行为不仅完全丧失对危害的有效防范，而且大大降低其驾驭危险交通工具的能力。因此，孙伟铭对危害结果的发生没有避免能力，其无证、醉酒、高速驾车发生交通事故，造成重大损害结果的发生是必然的，其主观心理状态上的自信没有客观根据。

5. 关于对孙伟铭的量刑。孙伟铭无证、醉酒、超限速驾驶机动车在道路上进行危险驾驶，致四人死亡、一人重伤，并造成直接经济损失5万余元，犯罪情节恶劣，后果严重，应依法严惩。但孙伟铭系间接故意犯罪，不希望、也不积极追求危害后果的发生，与驾车撞击车辆、行人并造成重大伤亡后果的直接故意犯罪有所不同，主观恶性不是很深，人身危险性不是很大；其犯罪时处于严重醉酒状态，对自己行为的认识和控制能力有所减弱；归案后，其真诚悔罪，并通过亲属尽其所能积极赔偿被害人的经济损失，被害人及其亲属因此出具了谅解书，依法可从轻处罚。基于以上因素综合衡量，孙伟铭尚不属罪行极其严重必须施予极刑的罪犯。

综上，四川省高级人民法院认为，对孙伟铭应以以危险方法危害公共安全罪定罪处罚。孙伟铭所提不是故意犯罪的辩解及其辩护人所提孙伟铭的行为应构成交通肇事罪的辩护意见，与查明的事实及相关法律规定不符，不予采纳。辩护人提出的原判存在重大事实遗漏的辩护意见，因证据不足且所提情节与本案事实及定性没有关联，不予采纳。孙伟铭及其辩护人所提的有真诚悔罪表现、原判量刑过重的意见成立，予以采纳。原判认定事实和定罪正确，审判程序合法，但量刑不当。

（六）二审定案结论

四川省高级人民法院依照《中华人民共和国刑事诉讼法》第一百八十九条第（二）项和《中华人民共和国刑法》第一百一十五条第一款、第五十七条第一款，作出如下判决：

1. 维持四川省成都市中级人民法院（2009）成刑初字第158号刑事判决中对孙伟铭的定罪部分；

2. 撤销四川省成都市中级人民法院（2009）成刑初字第158号刑事判决中对孙伟铭的量刑部分；

3. 孙伟铭犯以危险方法危害公共安全罪，判处无期徒刑，剥夺政治权利终身。

（七）解说

一段时间以来，酒后驾车致人死伤的案件时有发生，引起社会舆论的高度关注。本案的争议点主要集中在两个方面：一是定罪方面，构成交通肇事罪还是以危险方法危害公共安全罪；二是量刑方面，是否应当判处死刑。

1. 关于本案的定罪

我国刑法规定，醉酒的人犯罪，应当负刑事责任。行为人明知饮酒驾车违法、醉酒驾车会危害公共安全，却无视法律、醉酒驾车，造成重大伤亡后果的，可能构成以危险方法危害公共安全罪或者交通肇事罪。以危险方法危害公共安全罪和交通肇事罪均属于危害公共安全类犯罪，二者的主要区别在于：其一，主观方面不同，前者为故意，后者为过失。其二，客观要求不同，前者为危险犯，即只要行为足以危及公共安全即可构成犯罪，是否造成损害结果仅影响量刑幅度；后者为结果犯，必须发生致人重伤、死亡或者公私财产遭受重大损失的结果才能构成犯罪。就本案来看，解决定罪问题的关键在于准确区分间接故意和过于自信的过失两种主观心态。

间接故意和过于自信的过失是两种不同的罪过形式。间接故意是明知自己的行为会造成危害社会的结果，而放任这种结果发生的心理态度；过于自信的过失则是行为人已经预见自己的行为可能发生危害社会的结果，而轻信能够避免，以致发生危害结果的主观心态。二者的区别表现在三个方面：其一，在对自己行为可能发生危害社会结果的认识方面，间接故意要明显高于过于自信的过失。其二，在意志因素方面，间接故意是采取放任的态度，既不积极追求，又不设法避免；而过于自信的过失不仅不希望危害结果发生，而且希望或相信能够避免。其三，在对危害结果的避免能力方面，间接故意认为不会发生危害结果的根据是主观的；而过于自信的过失则有一定的避免能力。

由于二者在认识因素与意志因素方面具有相似之处，实践中常常难以区分，需要根据行为人的客观行为，综合考虑行为发生的时间、地点、环境等因素加以认定。以酒后驾车为例，如果行为人平常驾驶技术娴熟、经验丰富，饮酒后驾车发生事故的，一般认定为对危害结果有一定认识但轻信能够避免，属于过于自信的过失，应以交通肇事罪定罪处罚；但如果在醉酒驾车肇事后，仍继续驾车冲撞，造成重大伤亡，说明行为人主观上对持续发生的危害公共安全的结果持放任态度，属于间接故意，构成以危险方法危害公共安全罪。

本案中，孙伟铭既没有经过专业培训，也没有通过国家专门部门考核取得机动车驾驶资格，更没有长期丰富的经验取得熟练的技术及意外处置能力，其酒后高速驾车之行为不仅完全丧失对危害的有效防范，而且大大降低其驾驭危险交通工具的能力。因此，孙伟铭对危害结果的发生没有避免能力，其无证、醉酒、高速驾车发生交通事故，造成重大损害结果的发生是必然的，其自认为能够避免，完全是出于侥幸心理，不具备任何自信的基础，故不能认定为过于自信的过失。从本案事实及证据证明的情况看，孙伟铭在醉酒驾车发生追尾交通事故后，继续以超过限速两倍的速度在车辆、人流密集的道路上驾车冲撞行驶，致多人伤亡的严重后果，其主观上对危害结果明显持放任态度，具有危害公共安全的故意，应按以危险方法危害公共安全罪定罪处罚。

2. 关于本案的量刑

量刑是对犯罪分子适用刑罚的过程。根据刑法“特殊预防与一般预防相结合”的目的和“惩罚犯罪，保护人民”的功能，量刑应以犯罪的社会危害性为基础，同时考虑犯罪人的人身危险性。社会危害性是客观危害性与主观危害性的统一，既包含犯罪对象、犯罪所侵犯的客体、造成的实际损害、犯罪的时间、地点、方法及实施程度等客观方面的因素，也必须考虑犯罪的罪过形式、动机与目的、对危害结果的认识和控制能力等主观方面的因素。此外，在当前贯彻宽严相济刑事政策、注重刑罚个别化的背景下，犯罪人的人身危险性，即再犯可能，也是量刑应予考虑的内容，包括犯罪人的个人情况、悔罪表现和补偿损害的努力等。

就死刑的裁量来看，我国刑法规定，死刑仅适用于罪行极其严重的犯罪分子。这里的“罪行极其严重”，不仅是造成了极其严重的后果，还包括主观恶性很大，很有可能再犯等出于一般预防的考虑因素。对于行为人犯罪情节恶劣、造成严重后果，但系间接故意犯罪，且归案后悔罪态度较好，主观恶性不是很深，人身危险性不是很大的，不应认定为罪行极其严重，不属于应当判处死刑的情况。

本案中，孙伟铭无证、醉酒、超速驾驶机动车在道路上进行危险驾驶，致多人死伤、公私财产损失数万元，犯罪情节恶劣，后果严重，应依法严惩。但孙伟铭系间接故意犯罪，不希望、也不积极追求危害后果的发生，与以制造事端为目的而驾车撞人并造成重大伤亡后果的直接故意危害公共安全的犯罪有所不同，其主观恶性不是很深，人身危险性不是很大。这是二审改判的根本原因。此外，孙伟铭犯罪时处于严重醉酒状态，对自己行为的辨认和控制能力有所减弱；归案后，孙伟铭真诚悔罪，并通过亲属尽其所能积极赔偿被害人的经济损失，被害人及其亲属因此出具了谅解书，也属于依法可从轻处罚的情节。基于对以上因素的综合衡量，孙伟铭不属于罪行极其严重、必须适用死刑的犯罪分子。

综合上述情况，二审以以危险方法危害公共安全罪，判处孙伟铭无期徒刑，剥夺政治权利终身。这一判决结果既坚持了对醉酒驾驶这一危险行为的严厉打击，正确认定了犯罪；又充分考虑了影响量刑的各个情节，体现了我国严格控制、慎重适用死刑的刑事政策，准确适用了刑罚。本案实现了法律效果和社会效果的统一，对今后类似案件的裁判有较好的示范和参照意义。

3. 本案在程序方面的积极意义

值得一提的是，在该案的二审中，四川高院将量刑问题纳入庭审，取得了良好效果。二审开庭审理中，公诉人当庭提出“不宜判处死刑立即执行”的量刑意见；辩护人围绕孙伟铭案发前一贯表现良好、充满爱心、对社会负责，以及案发后真诚悔过、积极赔偿被害人损失、双方达成谅解等量刑事实，当庭出示了孙伟铭原工作单位证明，对孙伟铭同事、朋友和孙伟铭所资助的困难学生家长的调查笔录，以及房屋买卖合同、收条、民事调解书、谅解书等证据材料，希望对其酌情从轻处罚；法庭也在归纳争议焦点时特别强调量刑问题，并引导控辩双方围绕量刑问题进行辩论。法官在判决书制作时更是将公诉人、被告人、辩护人发表的量刑意见予以载明，并认定和采纳了被告人及其辩护人提出的从轻量刑的事实和意见，终审改判为无期徒刑。

此案虽然不属于当前量刑规范化改革试点涉及的罪名和刑期范围，二审法院也非量刑规范化试点法院，但合议庭在实际操作中灵活、有效地将量刑纳入庭审，并在裁判文书制作中详细阐明了量刑理由，是对量刑程序改革的积极有益尝试，凸显了量刑程序在大案要案审理中的重要价值。最终，这一社会广泛关注的案件取得了社会普遍认可的良好效果，并被最高法院作为指导性案例予以公布。在 2010 年四川省“两会”期间，这一案件的成功审理也成为四川高院工作报告的亮点之一，得到了人大代表、政协委员们的高度肯定。一些代表、委员明确指出，省法院在该案庭审中，组织控辩双方就量刑问题进行举证、质证和辩论，以令人信服的理由将被告人由死刑改判为无期徒刑，得到了社会各界的理解和认同，取得了法律效果和社会效果的有机统一。

（四川省高级人民法院　王静宏　王佳）

16. 曹学青破坏交通设施案

（一）首部

1. 判决书字号：江苏省连云港市新浦区人民法院（2009）新刑初字第 378 号。

2. 案由：破坏交通设施案。

3. 诉讼双方

公诉机关：江苏省连云港市新浦区人民检察院，检察员：赵登梅。

被告人：曹学青，男，1958 年 3 月 15 日出生。因本案于 2009 年 8 月 22 日被刑事拘留，同年 9 月 25 日被逮捕。

4. 审级：一审。

5. 审判机关和审判组织

审判机关：江苏省连云港市新浦区人民法院。

合议庭组成人员：审判长：陶士刚；人民陪审员：王义娟、王统珍。

6. 审结时间：2009年12月9日。

（二）诉辩主张

1. 公诉机关指控称

2009年7月下旬至8月间，被告人曹学青先后六次至连云港市新浦区海宁路、海昌南路、新孔北路、解放西路、龙河北路等交通道路路面上盗窃12孔窨井盖12个（价值人民币2 200元）。公诉机关认为，被告人曹学青故意破坏交通道路路面设施，足以使行驶于路面上的车辆发生倾覆、毁坏危险，尚未造成严重后果，其行为触犯了《中华人民共和国刑法》第一百一十七条的规定，应当以破坏交通设施罪追究其刑事责任。

2. 被告辩称

被告人曹学青对起诉书指控的事实无异议，自愿认罪。

（三）事实和证据

连云港市新浦区人民法院经公开审理查明：2009年7月下旬至8月间，被告人曹学青先后六次至连云港市新浦区海宁路、海昌南路、新孔北路、解放西路、龙河北路等交通道路路面上盗窃12孔窨井盖12个（价值人民币2 200元）。分述如下：

1. 2009年7月15日凌晨，被告人曹学青至连云港市新浦区海宁路与瀛洲路交叉口大转盘西北侧附近，窃得12孔窨井盖2个（价值人民币472元）。

2. 2009年8月15日凌晨，被告人曹学青至连云港市新浦区海昌南路附近，窃得12孔窨井盖4个（价值人民币648元）。

3. 2009年8月16日凌晨，被告人曹学青至连云港市新浦区新孔北路附近，窃得12孔窨井盖3个（价值人民币567元）。

4. 2009年8月18日凌晨，被告人曹学青至连云港市新浦区解放西路附近，窃得12孔窨井盖1个（价值人民币189元）。

5. 2009年8月20日凌晨，被告人曹学青至连云港市新浦区龙河北路路段，窃得12孔窨井盖1个（价值人民币162元）。

6. 2009年8月22日凌晨，被告人曹学青至连云港市新浦区龙河路苍梧绿园西门附近，窃得12孔窨井盖1个（价值人民币162元）。被告人曹学青正要离开现场时被抓获。

上述事实有下列证据证明：

1. 发破案经过、立案决定书、接受刑事案件登记表，证明2009年8月22日凌晨，被告人曹学青至连云港市新浦区龙河路苍梧绿园西门附近，窃得12孔窨井盖1个，群众发现报警后，被告人曹学青正要离开现场时被当场抓获，被告人曹学青归案后如实供述了其全部犯罪事实。

2. 户口证明，证明被告人曹学青身份等情况。

3. 辨认笔录，证明被告人曹学青对盗窃窨井盖的现场进行辨认。

4. 未出庭证人周明青、陈康伯、韦校伟、常得玉、孙善云的书面证词，证明上述地点窨井盖曾被盗并后补等事实。

5. 价格鉴定结论书，证明上述被盗窨井盖鉴定价值。

（四）判案理由

连云港市新浦区人民法院经审理认为：被告人曹学青故意破坏交通道路路面设施，足以使行驶于路面上的车辆发生倾覆、毁坏危险，尚未造成严重后果，其行为已构成破坏交通设施罪，应依法追究其刑事责任。被告人曹学青当庭自愿认罪，量刑时酌情予以从轻处罚。

（五）定案结论

连云港市新浦区人民法院依照《中华人民共和国刑法》第一百一十七条、第六十四条及最高人民法院、最高人民检察院、司法部《关于适用普通程序审理“被告人认罪案件”的若干意见（试行）》第九条，作出如下判决：

1. 曹学青犯破坏交通设施罪，判处有期徒刑三年六个月。
2. 责令曹学青退赔被害单位损失 2 200 元。

（六）解说

对本案的定性，存在四种不同意见：

第一种意见认为被告人曹学青的行为构成盗窃罪，理由是：盗窃罪是指以非法占有为目的，秘密窃取数额较大公私财物的行为。其犯罪构成要件为：侵犯的客体是公私财产的所有权，客观方面表现为秘密窃取公私财物的行为，犯罪主体为一般主体，主观方面只能由直接故意构成。本案被告人主观上有占有公私财物的故意，客观上实施了秘密窃取公私财物的行为，符合盗窃罪的构成要件。类似案例如 2002 年上海市卢湾区人民法院审理的张铁军、刘志国盗窃案，案情为：张铁军于 2002 年 11 月 20 日来到上海，他没有把心思花在寻找正经工作上，却和比他早来上海、同样没有正当工作的老乡刘志国一起商量怎样通过偷窃来“赚钱”。商量后两人把偷窃目标瞄准路边随处可见的铸铁窨井盖，因为大白天众目睽睽，干偷窃显然不行，于是两人约定半夜动手。2002 年 11 月 22 日凌晨 3 点多，张铁军、刘志国骑着事先准备好的黄鱼车从住处出来后一路寻找盗窃机会，当窜至上海市茂名南路花园饭店主楼北侧墙下时，刘志国见一处铁门未锁。透过铁门，两人看见主楼墙根下的窨井上有一长溜铸铁窨井盖。于是他们趁无人之际，偷偷溜进去撬起一块块铸铁窨井盖就往黄鱼车上装，一口气搬了 31 块方停手，随后一个拖、一个推，转身拉起黄鱼车就逃。但两人没逃多远，就被夜间巡逻的巡警发现而人赃俱获。后经鉴定，两人窃得的铸铁窨井盖 31 块共计价值人民币 5 580 元。该院经审理，以盗窃罪分别判处二被告人有期徒刑六个月，并各处罚金人民币 3 000元。

第二种意见认为本案被告人曹学青的行为构成以危险方法危害公共安全罪，理由是：危害公共安全罪，是指故意或者过失地实施危害不特定多人的生命、健康或者大量公私财产的行为。以危险方法危害公共安全罪是危害公共安全罪中的一种犯罪，是指使用除放火、决水、爆炸、投毒以外的其他危险方法，造成或者足以造成不特定多数人的伤亡或者公私财产重大损失，危害公共安全的行为。“其他危险方法”应系与放火、爆炸、投毒的危险性相当的，足以危害公共安全的方法。从犯罪构成要件上看，其侵犯的客体是不特定多数人的生命、健康或者重大公私财产的安全；犯罪主体为一般主体；主观方面由故意构成，包括直接故意和间接故意。本案被告人实施盗窃时主观上可能只有占有公私财物的故意，客观上实施的是秘密窃取公私财物的行为，但被告人盗窃的是市区主要道路上的地下公共设施的地面安全保护设置物窨井盖，其被盗必然会带来人员伤亡隐患或交通事故隐患。从这个角度出发，被告人盗窃窨井盖的行为，对不特定多数人的生命、健康和公私财产造成威胁，更符合危害公共安全罪的构成要件。本案应注意到被告人实施盗窃的地点为人员车辆较为集中的城市主要道路，考虑到可能会发生的危害后果，故以以危险方法危害公共安全罪对被告人定罪处罚较妥。类似案例如浙江省杭州市江干区人民法院审理的胡华盗窃窨井盖案。其案情为，被告人胡华骑三轮车至杭州市江干区秋涛北路皇冠大酒店西北侧通往商业银行、永乐家电城等公共场所的公共通道上时，用铁钩窃得道路上正在使用中的窨井盖一只，在逃跑途中被抓获。该窨井盖直径 70 厘米，下有深度达 1.5 米的污水井，并有污水排放设施，该窨井盖的缺失足以威胁到不特定多数人的生命、健康和财产安全。该院认为被告人胡华虽系基于非法占有的直接故意盗窃窨井盖，但其主观上具有明知其行为会造成危害公共安全的后果而予以放任的间接故意，客观上已实际造成足以危害公共安全的威胁状态存在，其行为符合以危险方法危害公共安全罪的构成要件；虽以危险方法危害公共安全罪与破坏交通设施罪侵犯的客体均为不特定多数人的人身及财产安全，但破坏交通设施罪侵害对象为用于交通的设施而非作为本案侵害对象的用于污水排放的市政公用设施。胡华盗窃正在使用中的公共交通通道上的市政公共设施，足以使过往不特定行人的生命、健康、不特定车辆的安全处于危险状态，尚未造成严重后果，其行为已构成以危险方法危害公共安全罪，判处有期徒刑三年六个月。再如，江苏省苏州市平江区人民法院审理的吴淑华、王振东以危险方法危害公共安全案，案情为：2002 年 12 月 16 日凌晨 4 时许，吴淑华、王振东经事先预谋，驾驶电动三轮车至苏州市景德路埃河沿及河沿下塘，吴淑华用铁钩将路面上铺设的窨井盖拉起，并与王振东一起抬上电动三轮车，在近一百米的路面上连续盗窃窨井盖 5 块，致使该两处路段路面严重破损，直接危及过路行人及车辆的安全。而该两处路段是附近苏州市景范中学 470 名学生上学、放学的必经之路。该院以以危险方法危害公共安全罪分别判处吴淑华、王振东有期徒刑三年零三个月和三年。

第三种意见认为被告人曹学青的行为构成盗窃罪、以危险方法危害公共安全罪，按从一重罪处罚原则定以危险方法危害公共安全罪。类似案例如 2004 年 12 月 6 日河南省郑州市高新区人民法院审理的焦铁头以危险方法危害公共安全案，案情为：焦铁头家住郑州市高新区，2004 年 9 月 12 日晚，他骑三轮车到高新区红椿里，连续盗取马路上的 3 个窨井盖（价值 973 元），在用三轮车拉走的途中，恰被巡逻民警查获。该院经审理认为，焦铁头以非法占有为目的，秘密窃取公共财物，数额较大，其行为已构成盗窃罪；其在实施盗窃时，主观上有放任道路上过往的行人、车辆发生危险的故意，客观上也有使过往的行人、车辆发生危险的可能性，行为已危害了公共安全，构成以危险方法危害公共安全罪，按从一重罪处罚的原则，应以危险方法危害公共安全罪定罪处罚，但念及尚未造成严重后果，判处其有期徒刑三年六个月。

第四种意见认为被告人曹学青的行为构成破坏交通设施罪，理由是：虽然公路上的窨井盖产权属于市政部门，但铺在公路上就成为交通设施不可分割的一部分，盗窃窨井盖，其实质就是在破坏交通设施，对可能造成危及车辆行人安全危险的发生持放任态度，因此其行为构成了破坏交通设施罪。

我们认为，本案被告人实施盗窃时主观上可能只有占有公私财物的故意，客观上实施的是秘密窃取公私财物的行为，虽然窨井盖价值较低，但当窨井盖被盗窃之后，存在很大的安全隐患，有可能产生重大伤亡的后果。因此，定盗窃罪欠妥。以危险方法危害公共安全罪与破坏交通设施罪都是危害公共安全罪中的一种，比较该两罪的构成要件和特征：后者着重强调破坏交通设施，而前者不仅包括路面交通设施，而且包括其他地方市政设施（如排污窨井、电缆窨井等），从适用法律特别法条优先适用的原则，盗窃作为交通道路路面设施的窨井盖，定破坏交通设施罪较妥。至于类似案件是否适用择一重罪处罚原则，目前仅有最高人民法院《关于审理盗窃案件具体应用法律若干问题的解释》（法释［1998］4号）第十二条第（一）、（二）项规定了盗窃广播电视设施、公用电信设施价值数额不大，但是构成危害公共安全罪的，依照《刑法》第一百二十四条的规定定罪处罚；盗窃广播电视设施、公用电信设施，盗窃使用中的电力设备，同时构成盗窃罪和破坏广播电视设施、公用电信设施罪、破坏电力设备罪的，择一重罪处罚。对盗窃窨井盖如何定罪处罚尚无明文规定。鉴于此类案件的时有发生，以及审判实践中不同做法，因此，建议对上述解释予以补充和完善。

（江苏省连云港市新浦区人民法院　陶士刚）

17. 党纪伟破坏电力设备案

（一）首部

1. 判决书字号：北京市昌平区人民法院（2009）昌刑初字第1087号。

2. 案由：破坏电力设备案。

3. 诉讼双方

公诉机关：北京市昌平区人民检察院，检察员：夏文广。

被告人：党纪伟，男，1975年6月1日出生，汉族，出生地河南省，农民。因本案于2009年8月6日被羁押，同年8月21日被逮捕。

辩护人：高成，北京市炜衡律师事务所律师。

4. 审级：一审。

5. 审判机关和审判组织

审判机关：北京市昌平区人民法院。

合议庭组成人员：审判长：双玉娥；人民陪审员：韩玉海、许艳平。

6. 审结时间：2009年12月1日。

（二）诉辩主张

1. 公诉机关指控称

2009 年 4 月 22 日 2 时许，被告人党纪伟伙同张超飞（另案处理）在北京市昌平区马池口镇香江别墅工地内，盗剪正在使用中的 VV－0.6/1kV－3＊120＋2＊70 平方毫米电缆线 76.25 米，被值班人员发现后，二人将剪断的电缆线丢弃在现场逃跑，后被查获。经鉴定所窃物品价值人民币 11 590 元。公诉机关认为被告人党纪伟的行为触犯了《中华人民共和国刑法》第一百一十八条之规定，应当以破坏电力设备罪追究其刑事责任，提请依法惩处。

2. 被告辩称

被告人党纪伟对起诉书指控的事实和罪名均没有异议，自愿认罪。

其辩护人的辩护意见为：对破坏电力设备罪的罪名有异议，本案证据不足以证实被告人党纪伟盗剪电缆线足以危害公共安全，应当定盗窃罪，且系未遂，被告人党纪伟系从犯，认罪态度较好，请求法庭对被告人党纪伟从轻、减轻处罚。

（三）事实和证据

北京市昌平区人民法院经公开审理查明：2009 年 4 月 22 日 2 时许，在北京市昌平区马池口镇香江别墅工地内，被告人党纪伟伙同张超飞（另案处理）盗剪正在使用中的 VV－0.6/1kV－3＊120＋2＊70 平方毫米电缆线 76.25 米，被值班人员发现后，二人将剪断的电缆线丢弃在现场逃跑，后被查获。经鉴定所窃电缆线价值人民币 11 590 元。

上述事实有下列证据证明：

1. 被告人党纪伟的供述，证实党纪伟伙同张超飞经过预谋，党纪伟准备了压力钳、壁纸刀等工具，2009 年 4 月份的一天 2 时许，二人开车到北京市昌平区马池口镇一个工地的北侧，当时工地电缆线正通电使用着。党纪伟先打开变电箱关闭电闸，在工地南侧一片空地处的灯就灭了，后二人把连接变电箱的电缆线剪断了几段后拉到楼房东侧空地上。被人发现后二人将面包车及剪断的电缆丢弃在现场逃跑。

2. 被害人王建国的陈述，证实 2009 年 4 月 22 日 2 时许，昌平区马池口镇香江别墅区样板间区的电缆线被盗。

3. 证人王绪刚的证言，证实 2009 年 4 月 22 日 2 时 20 分许，夜间值班经理杜玉春给王绪刚打电话说昌平区马池口镇香江别墅东侧电缆线被盗。被盗电缆线长 76.25 米，VV－0.6/1kV－3＊120＋2＊70 平方毫米型号，是香江别墅二期设备的照明线。电缆线正在使用中，北边连接着变压器，南边连着闸箱。在现场附近发现一段未完全割断的电缆线和七段割断的电缆线以及一辆京字头白色面包车。后王绪刚打电话报警。

4. 证人张园波的证言，证实 2009 年 4 月 22 日 2 时许，马池口镇香江别墅二期工程西北 30 米左右处正在使用中的电缆线被盗，在现场附近发现一段未完全割断的电缆线和七段割断的电缆线以及一辆白色面包车。

5. 证人杜玉春的证言，证实 2009 年 4 月 22 日 2 时许，马池口镇香江别墅样板区突然停电了，后确定是电缆线被盗剪。杜玉春通知了王绪刚，王绪刚报警。被割的电缆线有七段被扔在空地上。

6. 公安机关出具的接报案经过及到案经过，证实2009年4月22日2时35分许，王绪刚打电话报警称马池口镇香江别墅东侧围墙电缆线被盗。2009年8月6日，公安机关将党纪伟刑事传唤到公安机关。

7. 勘验、检查笔录及照片，证实2009年4月22日公安机关对北京市昌平区马池口镇香江别墅盗窃案件的现场勘查情况。

8. 北京市涉案财产价格鉴定结论书，证实76.25米VV—0.6/1kV—3＊120＋2＊70平方毫米的电缆线经鉴定价值人民币11 590元。

9. 手印鉴定书，证实2009年4月22日北京市昌平区马池口镇香江别墅案发现场的一辆面包车上提取的指纹痕迹与党纪伟左手食指样本指纹是同一人所留。

10. 工作说明，证实北京市公安局昌平分局马池口派出所工作人员对被盗电缆线进行测量，总长度为76.25米。

11. 公安行政处罚决定书，证实2009年2月23日党纪伟因盗窃公路指示牌被北京市公安局昌平分局给予党纪伟行政拘留十二日的处罚。

12. 被告人的户籍证明，证实被告人党纪伟的身份情况。

（四）判案理由

北京市昌平区人民法院经审理认为：被告人党纪伟盗窃正在使用中的电力设备，危害公共安全，尚未造成严重后果，其行为构成破坏电力设备罪，依法应予惩处。

北京市昌平区人民检察院指控被告人党纪伟犯破坏电力设备罪，事实清楚，证据确实、充分，罪名成立。辩护人认为本案证据不足以证实被告人党纪伟盗剪电缆线足以危害公共安全，对破坏电力设备罪的罪名有异议，认为应当定盗窃罪，且系未遂的辩护意见，经查，本案被盗的电缆线是别墅工地正在运行使用中的电力设备，被告人党纪伟采用盗剪的方式破坏电力设备足以危害公共安全。根据相关法律规定，被告人的行为同时构成破坏电力设备罪和盗窃罪，应当依照刑法处罚较重的规定定罪处罚，结合本案的实际情况，被告人党纪伟的行为应该以破坏电力设备罪定罪处罚。破坏电力设备罪属于行为犯，本案被告人党纪伟的行为具备了破坏电力设备罪法律所要求的全部构成要件，行为人着手实施了盗剪正在使用中的电缆线的行为，破坏电力设备足以危害公共安全，即构成犯罪既遂，该辩护人关于犯罪未遂的辩护意见没有事实和法律依据，本院不予采纳。对于辩护人认为被告人党纪伟系从犯的辩护意见，经查，被告人党纪伟伙同张超飞共同预谋，党纪伟亲自准备了犯罪工具，积极参与犯罪实施过程，无证据证实党纪伟在共同犯罪中起次要或者辅助作用，故该项辩护意见缺乏事实及法律依据，本院不予采纳。辩护人关于被告人党纪伟如实供述全部犯罪事实，认罪态度较好，请求对被告人党纪伟从轻处罚的辩护意见，本院予以采纳。鉴于被告人党纪伟自愿认罪，如实供述罪行，酌情予以从轻处罚。

（五）定案结论

北京市昌平区人民法院依照《中华人民共和国刑法》第一百一十八条，最高人民法院《关于审理破坏电力设备刑事案件具体应用法律若干问题的解释》第三条、第四条，作出如下判决：

党纪伟犯破坏电力设备罪，判处有期徒刑三年。

（六）解说

关于案件的定性是盗窃罪还是破坏电力设备罪，需要注意两个问题：

1. 行为人盗窃的物品是否属于正在使用中的电力设备，是否危害公共安全？

2007 年 8 月 21 日起施行的最高人民法院《关于审理破坏电力设备刑事案件具体应用法律若干问题的解释》第四条明确规定，本解释所称电力设备，是指处于运行、应急等使用中的电力设备；已经通电使用，只是由于枯水季节或者电力不足等原因暂停使用的电力设备；已经交付使用但尚未通电的电力设备。本案党纪伟盗窃的物品是香江别墅工地内正在使用中的电缆线，属于正在使用中的电力设备。

在司法实践中，对破坏电力设备是否危害公共安全，应当根据具体案情，审查电力设备被破坏的手段、部位、行为实施的程度等，实事求是地分析该行为中是否包含了可以引起危害公共安全发生的必然性和原因力。但是这种导致危害结果发生的必然性和原因力，并不意味着要求这种危险是一种现实的、紧迫的、即将转化成现实危害结果的危险。一般认为，如果盗割的是正在使用中的高压输电线路备用线，或者用于医疗、交通、抢险、生产、养殖等领域的正在使用中的电路，往往会危害公共安全；而对于一般的生活用电、景观照明等用电线路则要视其损害的范围及时间，以及是否造成了严重后果而定。因此在没有相关证据直接证明对公共安全造成实际损失的情况下，就只能根据盗窃电力设备的地点和用途来判断对于公共安全的危害程度。本案行为人盗窃的电力设备属于别墅工地二期工程正在使用中的电缆线，结合相关证据可以认定危害公共安全。

2. 行为人的一个犯罪行为同时触犯了盗窃罪与破坏电力设备罪两个罪名，应该如何定罪量刑？

行为人的一个犯罪行为同时触犯了盗窃罪与破坏电力设备罪两个罪名，属于想象竞合。想象竞合犯作为一行为触犯数罪名的一种犯罪形态，其一行为所侵犯的两个法益并非同一法益，从非典型数罪形态的划分上将其划归实质的数罪、处理上一罪更为合理。在刑法理论上对想象竞合犯“择一重罪处罚”已经没有分歧。最高人民法院《关于审理破坏电力设备刑事案件具体应用法律若干问题的解释》第三条规定，盗窃电力设备，危害公共安全，同时构成盗窃罪和破坏电力设备罪的，依照刑法处罚较重的规定定罪处罚。

在刑事审判实践中，关键应当结合犯罪的具体情节来考虑应该在哪一量刑幅度内对其量刑，进而确定哪一罪为“重罪”，从而选择哪一罪名定性。《刑法》第一百一十八条规定，破坏电力、燃气或者其他易燃易爆设备，危害公共安全，尚未造成严重后果的，处三年以上十年以下有期徒刑。《刑法》第二百六十四条规定，盗窃公私财物，数额较大的，处三年以下有期徒刑、拘役或者管制，并处或者单处罚金；数额巨大或者有其他严重情节的，处三年以上十年以下有期徒刑，并处罚金；数额特别巨大或者有其他特别严重情节的，处十年以上有期徒刑或者无期徒刑，并处罚金或者没收财产。

本案中，行为人党纪伟着手实施了盗剪正在使用中的电缆线的行为，破坏电力设备，危害公共安全，尚未造成严重后果，按照破坏电力设备罪应当处三年以上十年以下有期徒刑；

同时，破坏电力设备罪是行为犯，无论是否存在危害结果都依法追究刑事责任，故以破坏电力设备罪定罪不存在犯罪未遂的问题。按照1998年6月22日北京市高级人民法院、北京市人民检察院、北京市公安局联合颁发的《关于八种侵犯财产犯罪数额认定标准的通知》的规定，盗窃罪数额较大为1 000元以上；数额巨大为1万元以上；数额特别巨大为6万元以上。本案行为人党纪伟盗窃的电缆线经鉴定价值人民币11 590元，按照盗窃罪属于数额巨大，应当处以三年以上十年以下有期徒刑，并处罚金；且行为人剪断电缆线后被值班人员发现，行为人将电缆线丢弃在现场后逃跑，按照盗窃罪的构成要件属于犯罪未遂，根据《刑法》第二十三条的规定，对于未遂犯，可以比照既遂犯从轻或者减轻处罚。结合本案的实际情况，破坏电力设备罪相对于盗窃罪而言处罚较重，所以法院以破坏电力设备罪对党纪伟定罪量刑是正确的。

（北京市昌平区人民法院　双玉娥）

18. 胡明贵非法制造、买卖爆炸物案

（一）首部

1. 判决书字号

一审判决书：四川省叙永县人民法院（2008）叙永刑初字第97号。

二审判决书：四川省泸州市中级人民法院（2008）泸刑终字第59号。

2. 案由：非法制造、买卖爆炸物案。

3. 诉讼双方

公诉机关（抗诉机关）：四川省叙永县人民检察院，代理检察员：张小刚、周泽国。

被告人：胡明贵，绰号胡八斤，男，生于1971年9月7日，汉族，四川省叙永县人，小学文化，农民，住叙永县龙凤乡。因本案2008年2月2日被刑事拘留，同年3月7日被逮捕。

辩护人：吴昌军，四川远智律师事务所律师。

4. 审级：二审。

5. 审判机关和审判组织

一审法院：四川省叙永县人民法院。

合议庭组成人员：审判长：陈国波；审判员：郑明强、高肃。

二审法院：四川省泸州市中级人民法院。

合议庭组成人员：审判长：陈柯剑；审判员：雷刚、李旭东。

6. 审结时间

一审审结时间：2008年7月17日。

二审审结时间：2009年5月31日。

（二）一审情况

1. 一审诉辩主张

（1）公诉机关指控称

被告人胡明贵涉嫌非法制造、买卖爆炸物罪，诉请依法惩处。

（2）被告辩称

被告人胡明贵对公诉机关指控的事实未提出异议。

2. 一审事实和证据

四川省叙永县人民法院经公开审理查明：2008年1月20日，被告人胡明贵在叙永县龙凤乡头塘村家中向何书孝（另处）购买氯酸钾25千克、银粉5千克、硫黄粉20千克、引火线8把做原料，无证生产土制鞭炮销售牟利。为逃避公安机关检查，被告人胡明贵唆使其妻陈友琼将家中剩余的原料及配制的烟火药藏匿。案发后陈友琼主动向公安机关交出氯酸钾8.75千克、硫黄粉19千克、疑似烟火药3.75千克、引火线16把（含胡明贵原向朱华兴购买部分）。经四川省烟花爆竹产品质量监督检查站检验：3.75千克疑似烟火药中所含成分为烟火药，引火线所含成分为烟火药，每一米引火线含烟火药0.422克。经清算，查获引火线总长度为12 565米，所含烟火药总量为5.30千克（12 565米×0.422克）。被告人胡明贵归案后主动向叙永县人民检察院上缴赃款1 800元。

上述事实有下列证据证明：

接受刑事案件登记表、立案决定书、拘留证、逮捕证、户籍证明、销售记录、检查证、检查笔录、情况说明、扣押清单、现场照片、检验报告2份、清理引火线照片、清理引火线记录、鉴定委托书2份、罚没款收据、陈友琼的保证书、被告人胡明贵的供述及辩解，证人朱显庆、陈友琼、何书孝的证言等。

3. 一审判案理由

四川省叙永县人民法院经审理认为：2006年4月国务院公布实施的《民用爆炸物品安全管理条例》，以及同年11月国防科工委和公安部依照条例的规定公布的《民用爆炸物品品名表》中均没有烟花爆竹与烟火药，公诉机关指控被告人胡明贵为生产土制鞭炮所配制的烟火药及购买的引火线属于爆炸物的证据不足，指控不能成立，不予支持。

4. 一审定案结论

四川省叙永县人民法院依照《中华人民共和国刑事诉讼法》第一百六十二条第（三）项，作出如下判决：

被告人胡明贵无罪。

（三）二审诉辩主张

1. 四川省叙永县人民检察院抗诉称：一审判决认定事实有误、适用法律不当。其理由是：（1）根据最高人民法院法释［2001］15号《关于审理非法制造、买卖、运输枪支、弹药、爆炸物等刑事案件具体应用法律若干问题的解释》第一条第一款第（六）项之规定，烟火药属于《刑法》第一百二十五条规定的爆炸物范围。（2）本案应当适用的法律是《刑法》第一百二十五条以及最高人民法院法释［2001］15号《关于审理非法制造、买卖、运输枪支、弹药、爆炸物等刑事案件具体应用法律若干问题的解释》。该解释明确规定，非法制造、买卖、运输、邮寄、储存烟火药3千克以上的，应当依照《刑法》第一百二十五条第一款的规定，以非法制造、买卖、运输、邮寄、储存枪支、弹药、爆炸物罪定罪处罚，该司法解释仍然有效，原审法院对原审被告人胡明贵判决无罪不当，诉请二审法院依法改判胡明贵犯非法制造、买卖爆炸物罪。

2. 上诉人胡明贵对原审判决无意见。

（四）二审事实和证据

四川省泸州市中级人民法院经审理，确认一审法院认定的事实和证据。

（五）二审判案理由

四川省泸州市中级人民法院经审理认为：胡明贵违反国家法律、行政法规的规定，非法制造、买卖爆炸物，依照最高人民法院《关于审理非法制造、买卖、运输枪支、弹药、爆炸物等刑事案件具体应用法律若干问题的解释》的规定，非法制造、买卖、运输、邮寄、储存烟火药3千克以上的，应当依照《刑法》第一百二十五条第一款的规定，以非法制造、买卖、运输、邮寄、储存枪支、弹药、爆炸物罪定罪处罚，胡明贵的行为已构成非法制造、买卖爆炸物罪。叙永县人民检察院的抗诉意见成立，予以采纳。胡明贵配制烟火药数量不大，并经教育确有悔改表现。案发后，胡明贵在被采取强制措施前，如实向公安机关供述了主要犯罪事实，应认定为具有自首情节。对于自首的犯罪分子，可以从轻或者减轻处罚，其中，犯罪较轻的，可以免除处罚。根据本案被告人的犯罪事实、犯罪性质、情节和社会危害性，决定对原审被告人胡明贵免除处罚。

（六）二审定案结论

四川省泸州市中级人民法院依照《中华人民共和国刑事诉讼法》第一百八十九条第（二）项、《中华人民共和国刑法》第一百二十五条第一款、第六十七条第一款、最高人民法院《关于审理非法制造、买卖、运输枪支、弹药、爆炸物等刑事案件具体应用法律若干问题的解释》第一条第一款第（六）项，作出如下判决：

1. 撤销四川省叙永县人民法院（2008）叙永刑初字第97号刑事判决。
2. 胡明贵犯非法制造、买卖爆炸物罪，免予刑事处罚。

（七）解说

本案的焦点在于，用于生产烟花爆竹的烟火药是否属于《刑法》第一百二十五条第一款规定的爆炸物。

一种意见认为，烟火药不属于爆炸物，因而被告人为非法生产烟花爆竹配制、买卖烟火药的行为不构成非法制造、买卖爆炸物罪。理由在于：2001年最高人民法院《关于审理非法制造、买卖、运输枪支、弹药、爆炸物等刑事案件具体应用法律若干问题的解释》（以下简称《解释》）虽明确规定非法制造、买卖、运输、邮寄、储存烟火药 3 千克以上的，构成非法制造、买卖、运输、邮寄、储存爆炸物罪，但由于 1984 年《民用爆炸物管理条例》已被 2006 年 9 月 1 日起实施的《民用爆炸物品安全管理条例》所取代，而适用于该新条例的《民用爆炸物品品名表》未包含烟火药，并对黑火药一栏明确备注了“用于生产烟花爆竹的黑火药除外”，因而应认为用于生产烟花爆竹的烟火药、黑火药等不再是民用爆炸物品。《解释》的规定与新行政法规抵触的部分，应不再予以适用。此外，国务院 2006 年 1 月 21 日颁布了《烟花爆竹安全管理条例》，其中虽然对烟火药、引火线等进行了管理，但也没有明确其为爆炸物品。

另一种意见认为，烟火药属于爆炸物，因而被告人为非法生产烟花爆竹配制、买卖烟火药的行为构成非法制造、买卖爆炸物罪。理由在于：《解释》在本案二审期间仍然有效，应予适用。1984 年《民用爆炸物管理条例》虽因 2006 年 9 月 1 日《民用爆炸物品安全管理条例》实施而废止，但在 2006 年 1 月，国务院颁布了《烟花爆竹安全管理条例》，对生产烟花爆竹的民用黑火药、烟火药、引火线等物品实行许可证制度，并规定非法生产、经营、运输烟花爆竹构成犯罪的，依法追究刑事责任。可以理解为 1984 年《民用爆炸物管理条例》被 2006 年《民用爆炸物品安全管理条例》和《烟花爆竹安全管理条例》共同取代，《解释》适用的法规基础还存在。

我们赞同第二种观点。理由如下：

其一，国家对烟火药等物品不是放松了管理，而是用专门行政法规进行规范。《烟花爆竹安全管理条例》出台于临近春节，烟花爆竹生产、销售进入旺季时，且在部分城市对烟花爆竹由禁止燃放改为限制燃放的大背景下，市场需求量剧增，一些企业和个人受经济利益的驱动，抢产量、赶进度、超能力生产，严重忽视生产安全；非法生产、销售烟花爆竹的活动也日趋严重，爆炸事故频发。国务院安全生产委员会多次发布事故通报和严厉打击非法生产经营烟花爆竹行为的通知。国务院为有效规范、监管烟花爆竹的生产、经营、运输和燃放，预防爆炸事故发生，单独制定了行政法规，其目的是对烟花爆竹实行更规范的管理，保障人民群众生命财产安全，而不是否定烟花爆竹及有关原材料——黑火药、烟火药的爆炸物特性。从立法目的、限制程度等方面看，该条例与《民用爆炸物品安全管理条例》无异。

其二，非法制造、买卖爆炸物罪中的爆炸物，并非局限于《民用爆炸物品安全管理条例》中的民用爆炸物品。非法制造、买卖、运输、邮寄、储存枪支、弹药、爆炸物罪，是指违反国家有关枪支、弹药、爆炸物的管理规定，未经批准，非法制造、买卖、运输、邮寄、储存枪支、弹药、爆炸物，危害公共安全的行为。这里的爆炸物，也即刑法意义上的爆炸物，是指能够引起爆炸，具有较高危险性、较大杀伤力的物品，既包括雷管、炸药、导爆索等民用爆炸物，也包括手榴弹、地雷等军用爆炸物，绝不仅仅限于《民用爆炸物品品名表》中所列物品，不能以烟火药未列在《民用爆炸物品品名表》内就否认其属于刑法意义上的爆炸物，进而排除《解释》的适用。

其三，烟火药是主要利用其燃烧反应产生可见光、红外辐射、高热、高压气体、气溶胶烟幕和声响等效应的弱爆炸性物质，属于低速炸药，能够引起爆炸，可能危及公共安全。在某些情况下，烟火药比黑火药更敏感，易爆性更强，应属于刑法意义上的爆炸物。2009 年 11 月 16 日，最高人民法院法释［2009］18 号对 2001 年的《解释》进行了修改。该司法解释出台于 2006 年《民用爆炸物品安全管理条例》后，但并未依据《民用爆炸物品品名表》而将烟火药排除出非法制造、买卖爆炸物罪的对象范围，可看作是对烟火药爆炸物属性的再次确认。

综上可见，行为人为生产烟花爆竹而配制烟火药，购买含有烟火药成分的引火线的行为构成非法制造、买卖爆炸物罪。当然，如果行为人配制、买卖烟火药的行为没有造成严重的社会危害性，数量不大，经教育确有悔改表现，可以根据有关规定和法律确定的程序，对行为人从轻、减轻或者免除处罚。本案二审法院即是在综合考虑胡明贵配制烟火药的数量、悔改表现、自首等情节的情况下，对其免予刑事处罚。

（四川省高级人民法院研究室　王佳）

19. 陈德国交通肇事案

（一）首部

1. 判决书字号：福建省厦门市海沧区人民法院（2009）海刑初字第122号。

2. 案由：交通肇事案。

3. 诉讼双方

公诉机关：福建省厦门市海沧区人民检察院，检察员：曾峰。

被告人：陈德国，男，1972年11月25日出生，汉族，小学文化，厦门振远工贸有限公司驾驶员，家住湖北省襄樊市襄城区。2009年6月2日因本案被刑事拘留，同年6月20日被逮捕。

4. 审级：一审。

5. 审判机关和审判组织

审判机关：福建省厦门市海沧区人民法院。

独任审判员：陈军晖。

6. 审结时间：2009年9月10日。

（二）诉辩主张

1. 公诉机关指控称

被告人陈德国违反交通运输管理法规，驾驶车辆行经路口左转弯时，遇直行车辆未让行，因而发生致一人死亡的重大交通事故并负事故的全部责任，其行为已构成交通肇事罪；且具有交通运输肇事后逃逸情节。

2. 被告辩称

被告人陈德国对被起诉指控的犯罪事实供认不讳。

其辩护人主要辩护意见是：被告人陈德国在交通事故发生后能主动报警并在现场等候交警的调查处理，其行为不属交通肇事逃逸。

（三）事实和证据

福建省厦门市海沧区人民法院经公开审理查明：2006 年 9 月 2 日凌晨 2 时左右，被告人陈德国（驾驶证号 420600197211257512，准驾 A2）驾驶厦门振远工贸有限公司所有的闽 D28981 号重型自卸货车沿海沧区马青路由东往西行驶，行经马青路路桥公司路口左转弯时，遇直行车辆未让行，与对向车道被害人许惠艺（未取得摩托车驾驶资格证，没有佩戴安全头盔）驾驶的由西往东直行的翼 AR8723 号二轮摩托车碰撞而发生交通事故。肇事后，被告人陈德国能主动报警并在现场等候交警的调查处理，被害人许惠艺受伤后经送医抢救无效死亡。被告人陈德国在归案后能如实供述其交通肇事的主要的犯罪事实并提供担保人为其提供担保。但在随后的事故处理阶段，被告人陈德国逃离厦门，且在逃跑期间从未与被害人家属、公安机关或其所在单位和人员联系，直至 2009 年 6 月 2 日因其罪行已被当地司法机关发觉后才主动向湖北省襄樊市公安局投案。

该事故经厦门市公安局交通警察支队海沧大队认定，被告人陈德国驾驶重型自卸货车行经路口左转弯时，遇直行车辆未让行，其行为在本起事故中起关键作用，是造成本起事故的全部原因，应负事故的全部责任；被害人许惠艺存在未取得摩托车驾驶资格驾驶普通二轮摩托车的违法行为，该违法行为与本事故的发生无直接的因果关系，因此，被害人许惠艺在本起事故中无责任。

案发后，经厦门市公安局交通警察支队海沧大队主持调解，被告人陈德国所在的单位厦门振远工贸有限公司已先行同被害人家属达成民事赔偿协议，赔偿被害人家属死亡赔偿金、被扶养人生活费等各项经济损失共计人民币 44 万元并已实际履行。

上述事实有下列证据证明：

证人高英强、张亚梅等人证言，被告人陈德国的供述，现场勘查笔录、现场图、现场照片，肇事车辆闽 D28981 号重型自卸货车的登记信息材料，道路交通事故车辆技术性能状况司法鉴定意见书，道路交通事故尸体检验意见书，道路交通事故认定书，道路交通事故报警登记，到案说明，抓获经过，在逃人员登记信息表，肇事车辆的机动车行驶证，被告人陈德国的户籍及驾驶证材料，机动车驾驶证查询结果，调解协议书及赔偿款支付凭证，以及本案的受、立、破案表及采取强制措施等相关法律手续等证据；被告人陈德国的供述与上述证据可以相互印证，足以认定。

（四）判案理由

福建省厦门市海沧区人民法院经审理认为：被告人陈德国违反交通运输管理法规，驾驶车辆行经路口左转弯时，遇直行车辆未让行，因而发生致一人死亡的重大交通事故并负事故的全部责任，其行为已构成交通肇事罪；且具有交通运输肇事后逃逸的情节。公诉机关指控的罪名可以成立。被告人陈德国交通肇事后能自动投案并如实供述所犯罪行，在逃跑将近三年后在尚未受到讯问、未被采取强制措施时，亦能主动向其户籍所在地的公安机关投案，归案后仍能如实供述所犯罪行，应认定其具有自首情节，依法可以从轻处罚。鉴于被告人陈德国所在的单位厦门振远工贸有限公司已先行同被害人家属达成民事赔偿协议并已实际履行，对该事故所造成的后果予以一定的补偿，对被告人陈德国可酌情从轻处罚。公诉人、辩护人关于被告人具有自首情节和被害人得到赔偿等的量刑意见本院予以采纳。

（五）定案结论

福建省厦门市海沧区人民法院依照《中华人民共和国刑法》第一百三十三条、第六十七条第一款、最高人民法院《关于审理交通肇事刑事案件具体应用法律若干问题的解释》第二条第一款第（一）项、第三条、最高人民法院《关于处理自首和立功具体应用法律若干问题的解释》第一条、最高人民法院、最高人民检察院、司法部《关于适用普通程序审理“被告人认罪案件”的若干意见（试行）》第九条，作出如下判决：

陈德国犯交通肇事罪，判处有期徒刑三年。

（六）解说

本案的主要焦点问题是：交通肇事后的逃逸有没有时间和场所的限定？对此有两种意见：

第一种意见（辩护人）认为，被告人陈德国在交通事故发生后能主动报警并在现场等候交警的调查处理，其行为不属交通肇事逃逸情节。其定性依据主要是：被告人陈德国在交通肇事后，能履行停车保护现场、主动报警并在现场等候交警的调查处理的法定义务，同时被害人也及时被送医抢救（后经抢救无效死亡），其归案后的调查笔录中也能如实供述主要的犯罪事实并提供担保人为其提供担保，应认定被告人陈德国在案发后没有为逃避法律追究而逃离事故现场。根据公安部制定的《交通事故处理程序规定》附则第一条对交通肇事逃逸所作的定义是指发生交通事故后，交通事故当事人为逃避法律追究，驾驶车辆或者遗弃车辆逃离交通事故现场的行为。被告人陈德国在肇事后履行了立即停车、保护现场，及时报警并接受现场调处，抢救伤员等主要义务，因此，在当时不能认定他“交通肇事后逃逸”。综合考虑被告人陈德国的犯罪行为、性质和其随后的逃跑行为所造成的社会危害后果，如对本案被告人在随后的案件调处（主要是民事赔偿的调处）中的逃跑行为认定为“交通肇事逃逸”情节予以加重处刑，将有违我国刑法“罪刑相适应”的原则，也不利于鼓励交通肇事后的行为人及时报警、抢救伤员和保护现场以减少危害后果。因此，根据最高人民法院《关于审理交通肇事刑事案件具体应用法律若干问题的解释》（以下简称《解释》）第三条规定以及公安部制定的《交通事故处理程序规定》附则第一条的规定，应认为被告人陈德国在随后的案件调处中的逃跑行为的性质属犯罪以后向公安机关投案并如实供述自己的罪行后又畏罪潜逃的行为，不应认定为“交通肇事逃逸”情节，而应作为酌情从重情节予以认定。

第二种意见（公诉机关）认为，被告人陈德国在交通肇事后，事故的调处阶段逃离厦门，置事故的责任、调查处理和被害人的赔偿不顾，明显属于为逃避法律追究。根据《解释》第三条规定，“交通运输肇事后逃逸”，是指行为人具有本解释第二条第一款规定和第二款第（一）至（五）项规定的情形之一，在发生交通事故后，为逃避法律追究而逃跑的行为。因此，应认定被告人陈德国具有交通肇事逃逸情节。

本案审理法院认为被告人陈德国违反交通运输管理法规，驾驶车辆行经路口左转弯时，遇直行车辆未让行，因而发生致一人死亡的重大交通事故并负事故的全部责任，其行为已构成交通肇事罪；且具有交通运输肇事后逃逸情节。理由如下：

被告人陈德国违反交通运输管理法规，驾驶车辆行经路口左转弯时，遇直行车辆未让行，因而发生致一人死亡的重大交通事故并负事故的全部责任，其行为属《解释》第二条第一款第（一）项规定的情形，其行为已构成交通肇事罪。被告人陈德国在交通肇事后，虽能主动报警并在现场等候交警的调查处理。但在事故的调处阶段，被告人陈德国逃离厦门，对交通肇事的处理情况不闻不问，也从未与被害人家属、公安机关或其所在单位和人员联系，表示要对被害人进行相应赔偿，直至2009年6月2日其罪行已被当地司法机关发觉后才向湖北省襄樊市公安局投案。逃跑期间将近三年时间，其为逃避法律追究的主观目的和社会危害性足以认定。对于辩护人提出被告人陈德国没有逃离现场，依据公安部制定的《交通事故处理程序规定》附则第一条的规定，不能认定为肇事逃逸的相关意见，审理法院认为，《解释》第三条所规定的“逃跑”，并没有时间和场所的限定，只要被告人在肇事后为逃避法律追究而逃跑的行为，都应视为“交通肇事后逃逸”；辩护人所引用的《交通事故处理程序规定》是公安机关处理交通事故的部门内部程序性规章，其规定与《解释》的内容有冲突时，应适用司法解释的规定。因此，审理法院采纳公诉机关的上述认定意见，即认定被告人陈德国具有交通运输肇事后逃逸情节。

（福建省厦门市海沧区人民法院　陈军晖）

20. 李桂年交通肇事案

（一）首部

1. 裁判书字号

一审判决书：江苏省淮安市楚州区人民法院（2009）楚刑初字第030号。

二审裁定书：江苏省淮安市中级人民法院（2009）淮中刑一终字第0030号。

2. 案由：交通肇事案。

3. 诉讼双方

公诉机关：江苏省淮安市楚州区人民检察院，代理检察员：杨加友。

被告人（上诉人）：李桂年，男，1953年12月24日出生于淮安市楚州区，汉族，高中文化，农民，住淮安市楚州区顺河镇。2009年1月8日因本案被取保候审，同年12月14日被批准逮捕，同日转取保候审。

辩护人：冯志礼，江苏大业天平律师事务所律师。

4. 审级：二审。

5. 审判机关和审判组织

一审法院：江苏省淮安市楚州区人民法院。

合议庭组成人员：审判长：郭晓梅；审判员：孙荣山；人民陪审员：邵雪芹。

二审法院：江苏省淮安市中级人民法院。

合议庭组成人员：审判长：张一农；审判员：陈来强；代理审判员：罗锐。

6. 审结时间

一审审结时间：2009 年 4 月 16 日。

二审审结时间：2009 年 12 月 19 日。

（二）一审诉辩主张

1. 公诉机关指控称

2007 年 9 月 27 日 8 时左右，被告人李桂年未取得机动车驾驶证驾驶未经登记的二轮摩托车，沿本区顺河镇李郁村水泥路由东向西行驶至一组路段，未能安全驾驶，与沿李郁村一组土路由北向南骑自行车的姚金华相撞，致姚受伤。后姚金华被送至楚州医院治疗，于同年 10 月 20 日出院。同年 11 月 10 日，姚金华在家中死亡。经淮安市公安局法医学尸体检验鉴定，姚金华系肺动脉栓塞致急性心肺功能衰竭死亡。淮安市公安局楚州分局交通巡逻警察大队《交通事故认定书》认定，被告人李桂年负该起事故的全部责任。2007 年 9 月 28 日，李桂年主动到公安机关投案。

公诉机关认为，被告人李桂年未取得机动车驾驶证，未能安全驾驶，因而发生重大交通事故，致一人死亡，负事故的全部责任，其行为已触犯《中华人民共和国刑法》第一百三十三条之规定，应当以交通肇事罪追究其刑事责任。被告人李桂年系自首，依法可以对其从轻处罚。

2. 被告辩称

被告人李桂年辩称：（1）姚金华的死亡与其没有直接关系；（2）其不应负事故全部责任，最多负同等责任。

其辩护人的辩护意见为：公诉机关指控被告人有罪的证据不足，指控的犯罪事实不能成立，应宣告无罪。

（三）一审事实和证据

江苏省淮安市楚州区人民法院经公开审理查明：2007 年 9 月 27 日 8 时左右，被告人李桂年在未取得机动车驾驶证情况下，驾驶未经登记的二轮摩托车，沿本区顺河镇李郁村水泥路由东向西行驶至一组路段，与沿李郁村一组土路由北向南骑自行车的姚金华相撞，致姚金华受伤。后被告人李桂年将姚金华送至顺河卫生院治疗。后姚金华被转至楚州医院住院治疗，于同年 10 月 20 日出院。同年 11 月 10 日，姚金华在家中死亡。

2008 年 1 月 18 日，淮安市公安局法医学尸体检验鉴定认为，姚金华系肺动脉栓塞致急性心肺功能衰竭死亡。

2008 年 5 月 21 日，司法鉴定科学技术研究所司法鉴定中心鉴定认为，姚金华的死亡原因符合道路交通事故致股骨骨折，因患肢制动导致静脉血栓形成，栓子脱落后引起肺栓塞，致循环、呼吸功能衰竭。

2008 年 12 月 22 日，淮安市公安局楚州分局交通巡逻警察大队作出的第 3208032009053 号《交通事故认定书》认定，李桂年未取得机动车驾驶证驾驶未经登记的二轮摩托车未能安全行驶，存在严重过错，在发生交通事故后又未能及时报警，故认定李桂年承担该起事故的全部责任。

另查明，2007 年 9 月 28 日，被告人李桂年到公安机关报案。

上述事实有下列证据证明：

1. 被告人李桂年对犯罪事实供认。

2. 被害人姚金华陈述，证实其被从东向西的二轮摩托车撞到路东边圩沟里。事故发生后，李桂年将其用送顺河卫生院。

3. 证人郁成岗、徐洪兵证言，证实了上述相关事实。

4. 淮安市公安局楚州分局交通巡逻警察大队制作的事故发生点路况图（无事故原始现场）及事故发生地点路况照片，佐证了上述相关事实。

5. 淮安市公安局刑事科学技术研究所出具的《法医学尸体检验鉴定书》，证实姚金华系肺动脉栓塞致急性心肺功能衰竭死亡。

6. 淮安市公安局楚州分局交通巡逻警察大队出具的《交通事故认定书》，认定李桂年承担该起事故的全部责任。

7. 江苏省淮安市楚州区人民法院（2008）楚民一初字第 0398 号民事判决书证实，司法鉴定科学技术研究所司法鉴定中心的鉴定意见为，姚金华的死亡原因符合道路交通事故致股骨骨折，因患肢制动导致静脉血栓形成，栓子脱落后引起肺栓塞，致循环、呼吸功能衰竭。

8. 公安机关出具的发、破案经过及证明，证实 2007 年 9 月 28 日李桂年本人到楚州交警大队事故科报案，称昨天在顺河镇李郁村驾驶二轮摩托车与骑自行车妇女发生事故。因送受伤人去医院没有及时报案。

（四）一审判案理由

江苏省淮安市楚州区人民法院经审理认为：被告人李桂年未取得机动车驾驶证，未能安全驾驶，因而发生重大交通事故，致一人死亡，其行为已构成交通肇事罪。公诉机关指控被告人李桂年犯交通肇事罪的事实清楚，证据确实、充分，指控的罪名及适用的法律正确，本院予以采纳。被告人李桂年在案发后主动将伤者送医院抢救，且主动到公安机关投案，并能如实供述其犯罪的基本事实，可认定其为自首，依法可以对其从轻处罚。

对于被告人李桂年提出的辩解意见及其辩护人提出“公诉机关指控被告人有罪的证据不足，指控的犯罪事实不能成立，应宣告无罪”的辩护意见，本院认为，在该起事故中，被告人李桂年无证驾驶未经登记的二轮摩托车未能安全行驶，存在严重过错，在撞伤姚金华后又未能及时报警，因此，淮安市公安局楚州分局交通巡逻警察大队认定被告人李桂年承担本起事故的全部责任并无不当，且司法鉴定科学技术研究所司法鉴定中心出具的鉴定意见亦证实被害人的死亡与该起交通事故有着直接的因果关系。如前所述，本院应以交通肇事罪追究被告人李桂年刑事责任，故对被告人李桂年及其辩护人提出的辩解意见，本院不予采纳。

（五）一审定案结论

江苏省淮安市楚州区人民法院依照《中华人民共和国刑法》第一百三十三条、第六十七条第一款，作出如下判决：

李桂年犯交通肇事罪，判处有期徒刑一年。

（六）二审情况

1. 二审诉辩主张

上诉人李桂年诉称：（1）姚金华的死亡与其没有直接因果关系；（2）其不应负事故全部责任，最多负同等责任。

其辩护人提出：楚州公安局交警大队分别于2007年10月31日和2008年12月22日作出的第3208032007432号《道路交通事故认定书》和第3208032009057号《道路交通事故认定书》以及二审期间所作的淮楚公交认字（2010）第013号《道路交通事故认定书》，在程序上和实体上均有严重错误，不应作为本案的定案依据。公诉机关指控被告人有罪的证据不足，指控的犯罪事实不能成立，应宣告被告人李桂年无罪。

2. 二审事实和证据

江苏省淮安市中级人民法院经审理查明李桂年违章驾驶摩托车肇事的事实与原审认定一致。二审期间，淮安市公安局楚州分局交通巡逻警察大队撤销了第3208032009057号《道路交通事故认定书》，重新作出了淮楚公交认字（2010）第013号《道路交通事故认定书》，对原《道路交通事故认定书》在形式和双方当事人的责任划分上进行了补充和修正。

3. 二审判案理由

江苏省淮安市中级人民法院经审理认为：上诉人李桂年未取得机动车驾驶证，且在行驶中违反交通管理法规，造成重大交通事故，致一人死亡，其行为构成交通肇事罪，依法应予惩处。李桂年交通肇事后能抢救被害人并投案自首，可依法从轻处罚。针对李桂年的上诉理由和其辩护人的辩护意见，本院依法审查评判如下：

（1）关于本案被害人姚金华的死亡与上诉人李桂年交通肇事行为之间因果关系问题。本案事实表明，被告人李桂年交通肇事导致姚金华左股骨干骨折，右股骨内髁骨折，其死亡的后果源于姚金华术后因患肢制动导致静脉血栓形成，栓子脱落后引起肺栓塞，致循环、呼吸功能衰竭死亡。根据淮安市公安局刑事科学技术研究所出具的《法医学尸体检验鉴定书》和司法鉴定科学技术研究所司法鉴定中心的鉴定意见认定，姚金华的死亡原因明确，排除其他疾病和其他因素所致。交通肇事所造成的损伤本身虽未直接导致姚金华死亡，但损伤与其死亡之间存在关联。因此李桂年交通肇事所造成的损伤与姚金华死亡之间具有间接因果关系。原审判决认定被害人的死亡原因与该起交通事故之间有直接的因果关系的观点不当，应予纠正。但本案被害人姚金华左股骨干骨折，右股骨内髁骨折后经查无其他重大因素介入，因此本案被害人姚金华的死亡具有其客观必然性，姚金华的死亡与上诉人李桂年交通肇事行为之间存在关联。

（2）关于上诉人李桂年应负交通事故的责任问题。

经查，本起事故于2007年9月27日8时左右发生，事故发生后，李桂年为抢救伤员而送被害人去医院，第二天即与被害人亲属一起去楚州交警大队报案，并如实陈述了事故发生的经过，接着交警大队又对被害人姚金华进行询问，对相关现场目击证人进行调查，对事故地点也进行了勘验、检查、拍照，获取了相关的证据。根据公安部《交通事故处理程序》第四十五条规定，公安机关交通管理部门经过调查后，应当根据当事人的行为对发生交通事故所起的作用以及过错的严重程度，确定当事人的责任。因一方当事人的过错导致交通事故的，承担全部责任；当事人逃逸，造成现场变动、证据灭失，公安机关交通管理部门无法查证交通事故事实的，逃逸的当事人承担全部责任；当事人故意破坏、伪造现场、毁灭证据的，承担全部责任。本案当事人既没有逃逸，也没有故意破坏、伪造现场，应当说，案件的基本事实是清楚的，事故形成的原因也是清楚的。因此本起交通事故也是可以作出事故认定的。

关于本起交通事故，公安机关第一份事故认定作出的时间是 2007 年 10 月 31 日，由于事故不是现场报案，因而公安机关在接到当事人事后报案后，在 2007 年 10 月 31 日作出事故认定并不违法。而 2008 年 12 月 22 日作出的事故认定是对前一事故认定错误的纠正，同时，公安机关撤销原事故认定书重新作出事故认定，并不是依据复核程序提起的，在本案诉讼期间，人民法院对公安机关可能作出的错误认定提出司法建议是有义务也有依据的。但司法建议本身并不能直接引起公安机关重新作出事故认定。值得指出的是该《道路交通事故认定书》在形式上存在着明显的缺陷，事故认定书认定李桂年承担事故的全部责任，具有过错，但没有具体表述违反了《道路交通安全法》的哪一条规定，对此问题，在二审期间楚州区交通巡逻警察大队对原事故认定书的缺陷重新作出了修正，补充了相关条款，完善了道路交通事故认定书的形式要件。公安机关经过审查对自己存在的错误进行纠正并不违法。

根据本案事实，对照《中华人民共和国道路交通安全法实施条例》的规定，可以明确李桂年的过错行为在于：（1）李桂年驾驶无证无照的摩托车，其缺失型过错行为明显；（2）事故发生后未能及时报警；（3）驾驶机动车观察疏忽，采取措施不力。而被害人姚金华也有违反《道路交通安全法实施条例》的驾驶自行车观察疏忽，未能确保安全通行的过错行为。本起交通事故系双方当事人的过错行为共同导致，而不单纯是李桂年一方的过错行为所导致，但李桂年无牌无证的缺失型过错行为影响了其在事发过程中对事故采取措施的准确性，根据法律法规对安全驾驶的要求和一般驾驶人的安全驾驶能力的依据，李桂年在交通事故中有不具有安全驾驶能力的缺失型过错行为，该行为对于应当避免的交通事故未能避免的，起主要作用，负主要责任。二审审理期间，淮安市楚州区交通巡逻警察大队对原第 3208032009057 号《道路交通事故认定书》在双方当事人责任划分上重新作了修正，将由李桂年负事故的全部责任修正为由其负事故的主要责任，认定事实清楚，责任划分科学适当，应当予以采信。故对李桂年的上诉理由和其辩护人的辩护意见均不予采纳。

鉴于原审认定李桂年犯罪的主要事实清楚，其证据在二审期间得到修正和充实，现行法律法规不排斥二审期间对新证据的采用，且其最终的结果也不影响李桂年交通肇事的犯罪构成，因此，原审对上诉人李桂年的定罪及量刑并无不当，可予维持。

4. 二审定案结论

江苏省淮安市中级人民法院依照《中华人民共和国刑事诉讼法》第一百八十九条第（一）项，作出如下裁定：

驳回上诉，维持原判。

（七）解说

本案的争议焦点集中在《道路交通事故认定书》的形式要件是否合法。

关于第 3208032009057 号《道路交通事故认定书》的程序和形式要件是否合法的问题，辩护人提出：（1）《中华人民共和国道路交通安全法实施条例》第九十三条规定："公安机关交通管理部门对经过勘验、检查现场的交通事故应当在勘察现场之日起 10 日内制作交通事故认定书。对需要进行检验、鉴定的，应当在检验、鉴定结果确定之日起5日内制作交通事故认定书。”而该认定书的制作时间是2008年12月22日，距本起事故发生的时间2007年9月27日，时间跨度为一年零两个多月，违反了行政法规强制性规定。（2）该认定书系重新认定。违反了公安部《交通事故处理程序规定》关于复核程序的规定。原办案单位只有在接到其上一级公安机关交管部门作出的责令重新认定的复核结论后，才能依法重新调查、重新制作《道路交通事故认定书》，撤销《原道路交通事故认定书》。但是，楚州公安分局交警大队违反了上述法定程序，其并没有接到其上一级机关作出的责令重新认定的复核结论，而只是依据原审法院于2008年12月15日一份《淮安市楚州区人民法院司法建议书》。很显然，其主体不合法，淮安市楚州区人民法院与淮安市公安局交警支队两个机关不能画等号，各自的法定职责相互不能代替，不能交换。因此，其程序上违法。

对以上意见，审理法院认为，本起交通事故公安机关第一份事故认定作出的时间是2007年10月31日，由于事故不是现场报案，因而公安机关在接到当事人事后报案后，在2007年10月31日作出事故认定并不违法。而2008年12月22日作出的事故认定是对前一事故认定错误的纠正，不应适用《中华人民共和国道路交通安全法实施条例》第九十三条的规定。同时，公安机关撤销原事故认定书重新作出事故认定，并不是依据复核程序提起的。在2009年1月1日之前，公安部《交通事故处理程序规定》尚没有复核程序，公安机关是依据当事人的强烈反映和人民法院的司法建议，经过审查对自己存在的错误进行纠正。在本案诉讼期间，人民法院对公安机关可能作出的错误认定提出司法建议是有义务也有依据的。但司法建议本身并不能直接引起公安机关重新作出事故认定。因此，辩护人的观点无法律依据，淮安市公安局楚州分局交通巡逻警察大队所作的第3208032009057号《交通事故认定书》在程序上并不违法。但该《道路交通事故认定书》在形式上存在着明显的缺陷，主要是事故认定书认定李桂年承担事故的全部责任，具有过错，但没有具体表述违反了《道路交通安全法》的哪一条规定，存在明显问题。对此问题，在二审期间楚州区交通巡逻警察大队对原事故认定书又重新作出了修正，补充了相关的条款，完善了《道路交通事故认定书》的形式要件。

（江苏省淮安市中级人民法院　陶锐）

21. 李向东交通肇事案

（一）首部

1. 判决书字号：北京市海淀区人民法院（2009）海刑初字第3号。
2. 案由：交通肇事案。
3. 诉讼双方

公诉机关：北京市海淀区人民检察院，代理检察员：齐沁霞。

被告人：李向东，男，1976年2月24日出生于黑龙江省佳木斯市，汉族，初中文化程度，无业，户籍地为黑龙江省佳木斯市永红区。因本案于2008年9月4日被逮捕。

4. 审级：一审。

5. 审判机关和审判组织

审判机关：北京市海淀区人民法院。

合议庭组成人员：审判长：游涛；人民陪审员：韩玉魁、闫洪。

6. 审结时间：2009 年 4 月 9 日。

（二）诉辩主张

1. 公诉机关指控称

2008 年 3 月 11 日 14 时许，被告人李向东驾驶一辆中华轿车（车牌号京 JT5795）由东向西行驶至本市海淀区玉泉山路四槐居时，为躲避车辆与路边大树相撞，造成乘车人员赵君海（男，44 岁）受伤，后因抢救无效于 2008 年 4 月 25 日死亡。北京市公安局法医检验鉴定中心鉴定，赵君海符合车祸致颈椎骨脱位伴四肢完全瘫痪，术后继发感染导致多器官功能衰竭死亡。案发后，被告人李向东让黎金明赶到现场，由黎金明向公安机关假冒肇事者，4 月 30 日黎金明供述被告人李向东为肇事者。北京市公安局公安交通管理局海淀交通支队认定，被告人李向东违反《中华人民共和国道路交通安全法》第二十二条第一款、第二十三条、第七十条的规定，负事故全部责任，被害人赵君海无责任。

2008 年 9 月 4 日，被告人李向东被公安机关抓获归案。

针对上述指控，公诉机关向本院提供了相应的证据材料，认为被告人李向东违反交通运输管理法规，致一人死亡，且肇事后逃逸，其行为已构成交通肇事罪，提请本院依照《中华人民共和国刑法》第一百三十三条之规定，对被告人李向东定罪量刑。

2. 被告辩称

被告人李向东对起诉书指控的基本事实无异议，但辩称由于当时其没带驾驶证所以找黎金明顶替，其没有逃逸，也没有延误就诊时间。

（三）事实和证据

北京市海淀区人民法院经公开审理查明：2008 年 3 月 11 日 14 时许，被告人李向东驾驶车号为京 JT5795 的中华轿车由东向西行驶至本市海淀区玉泉山路四槐居时，因在超车过程中躲避对面车辆而与路边大树相撞，致乘车人赵君海（男，44 岁）颈椎骨折脱位伴四肢瘫痪，后被告人李向东让黎金明赶到现场，指使黎金明在民警处理事故时冒充肇事者替其承担责任。2008 年 4 月 25 日，被害人赵君海经抢救无效死亡，被告人李向东仍让黎金明继续冒充肇事者，直至 4 月 30 日黎金明供述被告人李向东为肇事者。2008 年 9 月 4 日，被告人李向东被民警抓获归案。经北京市公安局法医检验鉴定中心鉴定，被害人赵君海符合车祸致颈椎骨脱位伴四肢完全瘫痪，术后继发感染导致多器官功能衰竭死亡。北京市公安局公安交通管理局海淀交通支队认定，被告人李向东违反《中华人民共和国道路交通安全法》第二十二条第一款“机动车驾驶人应当遵守道路交通安全法律、法规的规定，按照操作规范安全驾驶、文明驾驶”，第二十三条“公安机关交通管理部门依照法律、行政法规的规定，定期对机动车驾驶证实施审验”，第七十条第一款“在道路上发生交通事故，车辆驾驶人应当立即停车，保护现场；造成人身伤亡的，车辆驾驶人应当立即抢救受伤人员，并迅速报告执勤的交通警察或者公安机关交通管理部门。因抢救受伤人员变动现场的，应当标明位置。乘车人、过往车辆驾驶人、过往行人应当予以协助”的规定，负事故的全部责任，被害人赵君海无责任。案发后，被告人李向东垫付被害人赵君海的医药费 50 000 元；案件审理过程中，被告人李向东与被害人的家属达成调解协议，由被告人李向东一次性赔偿被害人赵君海之母周志兰经济损失人民币 30 万元，欠付医院的费用及被害人赵君海的丧葬费由被告人李向东承担，被害人家属周志兰表示不再追究被告人李向东的责任。

上述事实有下列证据证明：

1. 被告人李向东的供述；

2. 证人黎金明的证言及辨认笔录；

3. 证人赵君锁、赵君江、胡杰、付光友、张学俭、郑瑞国、张建贵、陈晓凤、郑悦、余方圆、宋慧的证言；

4. 物证照片；

5. 诊断证明书；

6. 交通事故现场勘查笔录；

7. 机动车驾驶证；

8. 公共交通管理处罚决定书；

9. 接受刑事案件登记表；

10. 到案经过；

11. 交通事故认定书；

12. 尸体检验鉴定书；

13. 办案说明等。

（四）判案理由

北京市海淀区人民法院经审理认为：被告人李向东违反道路交通安全法规，在发生交通事故后找人冒充驾驶人以逃避法律追究，并在被害人死亡后逃跑，属交通肇事后逃逸，其行为已构成交通肇事罪，应予惩处。北京市海淀区人民检察院指控被告人李向东犯有交通肇事罪的事实清楚，证据确实、充分，指控罪名成立。对被告人李向东关于其未逃离事故现场，也没有延误抢救时机的辩解，本院认为，被告人李向东在发生事故后虽未逃离现场，但其找人冒充肇事者接受处罚，意在使自己逃避承担法律责任；且其在得知被害人死亡后仍继续指使他人冒充肇事者，进一步说明其具有逃避法律追究之意图，其行为已经符合法律规定的交通肇事后逃逸的情节，被告人李向东的辩解是对法律认识上的错误，法庭不予采信。考虑到被告人李向东到案后能如实供述犯罪事实，当庭认罪态度较好，且与被害人家属达成调解协议，积极赔偿被害人的经济损失，故本院对其酌予从轻处罚。

（五）定案结论

北京市海淀区人民法院依照《中华人民共和国刑法》第一百三十三条，作出如下判决：

李向东犯交通肇事罪，判处有期徒刑三年。

（六）解说

本案争议的焦点在于本案被告人李向东在交通事故发生后找人顶罪的行为是否构成交通肇事逃逸。本案中，北京市海淀区人民检察院认为被告人李向东违反交通运输管理法规，致一人死亡，且肇事后逃逸，符合交通肇事后逃逸的条件，应以交通肇事逃逸对其量刑。但被告人李向东认为，因其发生交通事故时未携带驾驶证，故找黎金明来顶替，且其在发生交通事故后并未逃离现场，及时报警并救助被害人，故其行为不属于交通肇事后逃逸。

对于"逃逸"有多种理解，有学者认为"逃逸是指行为人明知自己的行为造成了重大交通事故的发生，为逃避法律追究逃离事故现场的行为"；有学者认为"逃逸是指行为人明知自己的行为造成了重大交通事故，为逃避法律追究而不依法报警、保护现场、等候处理等，私自逃离现场的行为"；还有的学者认为逃逸"是指发生交通事故后，行为人没有履行法律所规定的，对于受害人或受毁损的财物未做必要的救治或者处理的义务，未按法律规定向公安机关报告，而逃离现场，使交通事故所引起的刑事、民事、行政责任无法确定和追究的行为"。笔者认为，学者对逃逸的理解不同，关键在于未能正确区分一般意义上的逃逸和刑法意义上的逃逸。一般意义上的逃逸仅是人的动作，即肇事者离开现场的客观表现，不仅包括自事故现场逃跑，而且包括在现场躲藏、谎称自己不是肇事者，使行为人与事故现场的被损（害）情况相分离，导致有关机关对肇事人的追究发生困难。而根据最高人民法院《关于审理交通肇事刑事案件具体应用法律若干问题的解释》第三条的规定，"逃逸"是指发生交通事故后，为逃避法律追究而逃跑的行为。因此，刑法意义上的逃逸，不能仅从客观上离开现场来理解，而应坚持主观与客观相结合的原则，单纯的离开现场并不一定是逃逸，确定逃逸的含义应与行为人逃逸时的主观心理态度相联系，只要行为人主观上已经认识到发生了交通事故，但为逃避法律追究实施一定行为即可认定为逃逸。同时，需要注意的是，逃逸并不以不救助为必要条件，救助不等于不逃逸，因为逃逸是行为人负有不得实施侵犯国家、社会和他人利益行为的义务（逃逸），而行为人"为之"，其本质在于创造逃避责任的条件和环境的作为。只要行为人为逃避罪责而逃跑，法律便加以责难。

反观本案中被告人李向东的行为，其在交通肇事后找人顶罪，事实上就是将自己的交通肇事犯罪行为由他人顶替，由他人代替自己承担交通肇事的法律责任。从具体过程来看，李向东的主观目的是使自己不受法律追究；而黎金明向交警部门作虚假供述，承认自己是交通肇事的行为人，目的在于包庇李向东，意图使李向东逃避法律追究，且事实上因黎金明的包庇致使被告人李向东逃避追究数月之久，可见，逃避法律追究是李向东在交通肇事后找人顶罪行为的本质特征。虽然，被告人李向东案发后并未离开事故发生地，且对被害人实施了救助行为，但这并不影响逃逸的认定。同时，不可否定的是，被告人李向东在交通事故发生后急于联系朋友，预谋顶罪事宜，不免忽视了对被害人的救助及现场的维护；而且面对交警的询问，李向东也隐瞒了事故的真实情况，故这种行为就是"逃跑"。因此，本案检察院指控和法院的判决是正确的。

（北京市海淀区人民法院　曹晓颖）

22. 张志红等重大责任事故案

（一）首部

1. 判决书字号：四川省芦山县人民法院（2009）芦山刑初字第30号。

2. 案由：重大责任事故案。

3. 诉讼双方

公诉机关：四川省芦山县人民检察院，检察员：袁永平。

被告人：张志红，男，生于1973年4月2日，汉族，四川省芦山县人，文化程度小学肄业，农民，住芦山县双石镇石凤村。2009年3月1日因本案被刑事拘留，同年4月4日被逮捕。

被告人：唐德礼，男，生于1974年6月17日，汉族，四川省芦山县人，文化程度小学肄业，住芦山县双石镇石凤村。2009年3月31日因本案被取保候审。

被告人：包东，男，生于1980年2月4日，汉族，四川省芦山县人，文化程度初中，系四川天润生物科技有限公司驾驶员，家住芦山县清仁乡大同村。2009年3月4日因本案被刑事拘留，同年3月13日被取保候审。

辩护人：张尧、门华先，四川锦城律师事务所律师。

4. 审级：一审。

5. 审判机关和审判组织

审判机关：四川省芦山县人民法院。

合议庭组成人员：审判长：肖一兵；审判员：骆东秀、王勇。

6. 审结时间：2009年8月20日。

（二）诉辩主张

1. 公诉机关指控称

2008年9月间，被告人唐德礼购买一辆悬挂车牌号为川T04303无任何手续的中型货车，后将该车交予未取得机动车驾驶证的被告人张志红驾驶，冒险从事货物运输，并向其支付劳务报酬。

2009年2月5日四川天润生物科技有限公司与芦山县大川镇杨开村村民牟家礼签订了《荒地开发栽种承包协议》，由牟家礼承包该公司位于芦山县双石镇石凤村大面山林场的荒地开发栽种。后牟家礼通过任燕琼、邱光林等人组织了宋朝云、杜毓坤、任绍蓉等18名农民工前往大面山林场务工。

2009年2月27日14时许，被告人包东按照四川天润生物科技有限公司负责人之一陈志连的事先安排，电话联系为唐德礼从事货物运输的被告人张志红，让其将二十多名农民工拉运到大面山林场，运费100元。被告人张志红同意后，并经被告人唐德礼同意。18时许，宋朝云、杜毓坤、任绍蓉等18名农民工，从大邑县租乘三辆面包车到达芦山县双石镇石凤村水泥路尽头后，即转乘由被告人张志红驾驶的川T04303中型货车前往大面山林场。19时许，被告人张志红驾车行驶至芦山县双石镇石凤村康家沟组小地名为“庙槽头”路段的一陡坡时因车辆熄火，被告人张志红下车试图用石块堵塞车轮未果，车辆随后后退坠下路边悬崖，致使乘车农民工宋朝云、杜毓坤2人死亡，任绍蓉等16人不同程度受伤。事故发生后，张志红逃离现场藏匿，3月1日在亲友陪同下到芦山县公安局投案。

经鉴定：杜毓坤死亡原因为车祸致颅脑损伤死亡；宋朝云死亡原因为车祸致腹腔脏器官损伤失血性休克死亡。

经公安机关调查后认定，张志红违反《中华人民共和国道路交通安全法》第二十二条第一款、第十九条、第七十条第一款、第五十条之规定，是造成此起事故的直接原因，应负事故的全部责任。杜毓坤、宋朝云等18人不负事故的责任。

公诉机关认为，被告人张志红驾车违反道路交通运输管理法规，发生了重大交通事故，致2人死亡、16人受伤，属情节特别恶劣，且事故发生后逃离现场，其行为已触犯《中华人民共和国刑法》第一百三十三条之规定，犯罪事实清楚，证据确实、充分，应当以交通肇事罪依法追究被告人张志红的刑事责任，事故发生后，被告人张志红家人为其报案后，张志红经亲属规劝后主动投案，具有自首情节，符合《中华人民共和国刑法》第六十七条第一款规定，可以从轻或者减轻处罚。

被告人唐德礼、包东在生产、作业过程中，违反相关劳动安全法规，造成2人死亡、16人受伤的严重后果，其行为已触犯《中华人民共和国刑法》第一百三十四条之规定，犯罪事实清楚，证据确实、充分，应当以重大责任事故罪依法追究其刑事责任。

2. 被告辩称

被告人张志红对公诉机关指控的事实和罪名无异议，请求法院根据自己的自首情节对其从宽处罚。

被告人唐德礼对公诉机关指控的事实和罪名无异议，请求法院对其从宽处罚。

被告人包东及其辩护人对指控的基本事实有异议，认为包东的行为不构成犯罪。其理由是：(1) 包东给张志红打电话是因为陈志连不熟悉周围环境，让牟家礼与四川天润生物科技有限公司的驾驶员包东联系车子，陈志连与牟家礼通完电话后当晚就给包东打电话，问包东有没有合适的车子，送牟家礼的工人到山上林场去。包东当时答复“夜深了，明天再说”并挂断了电话。第二天是包东先与刘世松联系车子未果，10点左右，牟家礼通过陈志连给包东打电话，询问车子是否找到，后来包东又联系驾驶员张均芳，其要求支付运费200元。包东给牟家礼打电话告知其运费情况，牟家礼表示同意，后包东再次与张均芳联系时，已无法与其联系上。在此情况下，包东才在下午2点左右找到张志红，双方同意车费100元，由张志红开车送民工上山。包东与张志红协商好后，再次与牟家礼联系，告知其情况，牟家礼也表示同意。所以，包东找张志红的车子，是帮忙行为，不是包东的行为。(2) 在主体方面，包东不属于重大责任事故罪主体。构成重大责任事故罪的犯罪主体应为特殊主体，即在职务上负有特定职责的人员，包东只是四川天润生物科技有限公司的驾驶员，日常的重要工作是当公司需要用车时，由其负责开车接送，从其从事的工作的内容和性质上看，包东既不是直接从事生产、作业人员，更不是对生产、作业负有领导、指挥、组织、管理职责的人员，因此认定包东为重大责任事故罪的犯罪主体失格。(3) 包东的行为不符合重大责任事故罪的客观要件。①从包东联系车辆运送工人的行为看，包东联系车辆的行为系临时性的帮忙行为，不是具体的生产、作业行为。②2009 年 2 月 27 日发生的交通事故不是在生产、作业的过程中，包东帮助牟家礼联系车辆的行为与生产、作业没有任何关系。③包东的行为没有违反生产、作业安全的规定。因为交通事故只能适用《中华人民共和国刑法》第一百三十三条的规定，而不适用第一百三十四条的规定。包东的行为不管是从主体要件，还是从客观要件上说，都不符合重大责任事故罪的构成要件。公诉机关指控包东犯重大责任事故罪适用法律不当，请求法院判决包东无罪。

（三）事实和证据

四川省芦山县人民法院经公开审理查明：被告人唐德礼在 2008 年 9 月间，从他人手中购买了一辆无任何手续，悬挂车牌号为“川 T04303”的无牌照的中型货车，后将该车交予未取得机动车驾驶证的被告人张志红驾驶，冒险从事货物运输，并向张志红给付劳务报酬。

2009 年 2 月 5 日，四川天润生物科技有限公司与芦山县大川镇杨开村村民牟家礼签订了《荒地开发栽种承包协议》，由牟家礼承包该公司位于芦山县双石镇石凤村大面山林场的荒地开发栽种。后牟家礼通过任燕琼、邱光林等人组织了前往大面山林场务工的宋朝云、杜毓坤、任绍蓉等 18 名农民工，前往牟家礼承包四川天润生物科技有限公司位于芦山县双石镇石凤村大面山的公司林场进行开发栽种。

2009 年 2 月 26 日晚，四川天润生物科技有限公司的大面山林场负责人之一陈志连，根据牟家礼的电话，要联系车子拉宋朝云、杜毓坤、任绍蓉等 18 名农民工，到牟家礼承包的双石镇石凤村大面山公司自己的林场的荒地开发栽种，陈志连随后电话联系四川天润生物科技有限公司的驾驶员被告人包东叫帮找车子。

第二天（2009 年 2 月 27 日）早上，被告人包东在联系货车驾驶员刘世松和张均芳未成后，被告人包东于当天下午 14 时许，电话联系到了为唐德礼从事货物运输的，悬挂车牌号为“川 T04303”的无牌照的中型货车的驾驶员被告人——张志红，让其将二十多名农民工拉到四川天润生物科技有限公司的大面山林场，运费 100 元。被告人张志红同意后，并告知被告人唐德礼同意。

2009 年 2 月 27 日 18 时许，宋朝云、杜毓坤、任绍蓉等 18 名农民工，从大邑县租乘三辆面包车到达芦山县双石镇石凤村水泥路尽头后，即转乘由被告人张志红驾驶的悬挂车牌号为“川 T04303”的无牌照的中型货车，前往四川天润生物科技有限公司的大面山林场。19 时许，被告人张志红驾车行驶至芦山县双石镇石凤村康家沟组小地名为“庙槽头”的四川天润生物科技有限公司的大面山林场路段的一陡坡时，因车辆熄火，被告人张志红从驾驶室下车，试图用石块堵塞车轮未果，车辆随后后退坠下路边悬崖，致使乘车农民工宋朝云、杜毓坤 2 人死亡，任绍蓉等 16 人不同程度受伤。事故发生后，张志红逃离现场藏匿，3 月 1 日在亲友陪同下到芦山县公安局投案。

经鉴定：杜毓坤死亡原因为车祸致颅脑损伤死亡；宋朝云死亡原因为车祸致腹腔脏器官损伤失血性休克死亡。

经公安机关调查后认定，张志红违反了《中华人民共和国道路交通安全法》第二十二条第一款、第十九条、第七十条第一款之规定，违章驾驶机动车辆是造成此起事故的直接原因，应负事故的全部责任。杜毓坤、宋朝云等 18 人不负事故的责任。

事发后，在芦山县公安局交警大队的主持下，四川天润生物科技有限公司与事故中死者宋朝云、杜毓坤的家属以及伤者杜毓云、杜毓伦、李桂芳、彭术云、杜学勤、陈碧红、何建均、张元忠、李成元、宋家兵、张建平、杨世迁、张秀英等人达成并履行了赔偿协议。

另查明，芦山县双石镇石凤村康家沟至大面林场的道路属于企业自建自用林场道路。

上述事实有下列证据证明：

1. 芦山县公安局接受刑事案件登记表；立案决定书；被告人张志红、唐德礼和包东的户籍证明、归案经过；拘留证、逮捕证、取保候审决定书。

2. 现场勘验笔录、现场图、现场照片。

3. 病情诊断书、病情证明、尸检照片、雅安市公安局物证鉴定所出具的雅公刑鉴［2009］32号和33号法医学尸体检验鉴定书。

4. 道路交通事故认定书、公安机关的送达回证。

5. 病情证明、疾病诊断证明、出院证。

6. 证人杨杰、高月云、高才强的证言和被告人张志红、唐德礼的供述和辩解。

7. 证人陈志连、牟家礼、邱光林以及被告人包东的证言。

8. 证人张均芳、刘世松的证言以及被告人张志红的供述与辩解和被告人包东的供述与辩解，证人陈志连、牟家礼等证言。

9. 证人康芝伦、康芝文、杨兴武、陈万龙、刘世琴、陈志连、邱光林、任燕琼、牟家礼等证人的证言。

10. 芦山县公安局关于张志红投案的情况说明、证人张炳武证言。

11. 芦山县公安局交通警察大队的交通事故调解记录、死亡赔偿协议、对伤者赔偿协议书、芦山县公安局关于交通警察大队有关赔偿的情况说明。

12. 芦山县交通局、芦山县农机局、芦山县双石镇石凤村村委会的证明。

13. 三被告人的供述与辩解。

（四）判案理由

四川省芦山县人民法院经审理认为：重大责任事故罪是指，在生产、作业中违反有关安全管理的规定，因而发生重大伤亡事故或者造成其他严重后果的行为；或在工厂、矿山、林场、建筑企业或者其他企业、事业单位的职工，由于不服从管理、违反规章制度，或者强令工人违章冒险作业而发生重大伤亡事故，造成严重后果的行为。

根据芦山县交通局、芦山县农机局和芦山县双石镇石凤村村委会等所出具的证明，事故发生路段系林场自建自用的林场道路。依据最高人民法院《关于审理交通肇事刑事案件具体应用法律若干问题的解释》第八条第二款的规定，被告人张志红所违章驾车的道路，属于公共交通管理外的林场道路。被告人张志红违章驾驶车辆在该路段发生了2人死亡、16人受伤的重大伤亡后果，因此，被告人张志红的行为构成重大责任事故罪。由于这起事故极为严重，所以在量刑上应当依法从严处罚。同时，被告人唐德礼与张志红的行为是基于同一事故，且作为车主，在明知张志红要拉人上山和知道收取了100元的运费，仍然允许张志红开车拉人上山，其行为也应当与张志红为同一罪名，应以重大责任事故罪定罪处罚。

鉴于事故发生后，被告人张志红在其亲友的陪同下向公安机关投案，并如实供述其案发事实，被告人张志红的行为符合《中华人民共和国刑法》第六十七条第一款的规定，属于自首行为，可从轻对其处罚；同时被告人归案后有一定悔罪表现，可以酌情从轻处罚。公诉机关指控被告人张志红犯罪的事实清楚，但指控罪名不当，本院依法予以变更。

被告人唐德礼作为张志红所驾驶车牌号为“川 T04303”实际无牌照的中型货车的车主，明知张志红没有驾驶执照，其所买的中型货车也没有相应的行驶证，在张志红告知其该车收有 100 元运费用该车拉人上山后，仍然同意张志红用其车拉人上山。其行为是既是自己的违反运输安全的相关规定的行为，也是对张志红违反规章驾车的允认行为，所以被告人唐德礼是构成本事故的责任人之一。应当根据《中华人民共和国刑法》第一百三十四条的规定，公诉机关指控被告人唐德礼犯重大责任事故罪的事实清楚，证据确实、充分，本院予以支持。

鉴于被告人唐德礼在归案后能如实供述其事实，有一定的悔罪表现，适用缓刑不致再危害社会，可依照《中华人民共和国刑法》第七十二条的规定，对被告人唐德礼适用缓刑。

四川天润生物科技有限公司与芦山县大川镇杨开村村民牟家礼签订了《荒地开发栽种承包协议》，由牟家礼承包该公司位于芦山县双石镇石凤村大面山林场的荒地开发栽种。牟家礼组织的前往大面山林场务工的宋朝云、杜毓坤、任绍蓉等 18 名农民工，是在前往牟家礼承包四川天润生物科技有限公司位于芦山县双石镇石凤村大面山林场的荒地进行开发栽种的林场的自建自用的林区道路的途中，由于四川天润生物科技有限公司的大面山林场负责人之一陈志连，根据承包人牟家礼的电话，帮联系车子送农民工到其承包的芦山县双石镇石凤村大面山林场的荒地开发栽种，随后陈志连电话联系四川天润生物科技有限公司的驾驶员包东叫其找车子。在整个找车辆的过程中，均是四川天润生物科技有限公司的大面山林场负责人之一陈志连电话要包东联系车辆拉人，而且其路段也正是到四川天润生物科技有限公司的大面山林场的林区道路，包东（如其本人所述：既是陈志连的工作安排，也是私人帮牟家礼）在领受了陈志连的找车任务后，就应当认真履行其职责，其本人就是驾驶员，明知货车不能载客，但其在刘世松、张均芳二位货车驾驶员没有答应其出车时，又找到张志红，要其用其货车载客上大面山林场。领受找车任务的包东，在找车运载农民工上山的过程中，明知道自己工作的四川天润生物科技有限公司到大面山林场的林区道路山高坡陡，艰险崎岖，也不对所找货车的车况和驾驶人员的驾车能力进行了解，冒险让张志红驾驶无牌照的中型货车的货车载客，最后造成了 2 人死亡 16 受伤的重大责任事故。所以被告人包东接受陈志连要其找货车载客的行为，是运载农民工到四川天润生物科技有限公司的大面山林场的整个过程的一部分，且被告人包东明知禁止货运机动车载客，其却与张志红讲好运费 100 元和同意其驾驶货车载客，进而造成了 2 人死亡、16 人受伤的重大责任事故，其行为已触犯《中华人民共和国刑法》第一百三十四条之规定。公诉机关指控包东犯重大责任事故罪的事实清楚，证据确实、充分，罪名成立，本院予以支持。

辩护人所称包东的行为不构成犯罪的辩护理由本院不予采纳。鉴于包东在归案后如实讲明本案事实，也是悔罪的表现，且适用缓刑不致再危害社会，可依照《中华人民共和国刑法》第七十二条的规定，对被告人包东适用缓刑。

（五）定案结论

四川省芦山县人民法院依照《中华人民共和国刑法》第一百三十四条、第六十七条第一款、第七十二条，作出如下判决：

1. 张志红犯重大责任事故罪，判处有期徒刑二年十个月。

2. 唐德礼犯重大责任事故罪，判处有期徒刑一年六个月，缓刑二年。
3. 包东犯重大责任事故罪，判处有期徒刑六个月，缓刑十个月。

（六）解说

行为人张志红和唐德礼的行为构成重大责任事故罪，而非交通肇事罪。其理由是：交通肇事罪是指从事交通运输人员或者非交通运输人员违反交通运输管理法规，因而发生重大事故，在分清事故责任的基础上，致人重伤、死亡或者使公私财产遭受重大损失的行为。重大责任事故罪是指：在生产、作业中违反有关安全管理的规定，因而发生重大伤亡事故或者造成其他严重后果的行为；或在工厂、矿山、林场、建筑企业或者其他企业、事业单位的职工，由于不服从管理、违反规章制度，或者强令工人违章冒险作业而发生重大伤亡事故，造成严重后果的行为。

关于行为人张志红的刑事责任，关键在于正确认定其所违章驾车的道路，是属于公共交通管理内的道路，还是属于公共交通管理外的道路。根据芦山县交通局、芦山县农机局和芦山县双石镇石凤村村委会等所出具的证明，该路段系林场自建自用的道路，该道路系属于公共交通管理外的道路。行为人张志红违章驾驶车辆在该路段发生了 2 人死亡、16 人受伤的重大伤亡后果。因此，行为人张志红的行为构成重大责任事故罪。由于这起事故极为严重，所以在量刑上应当依法从严处罚。同时，行为人唐德礼与张志红的行为是基于同一事故，且其作为车主，在明知张志红要拉人上山和知道收取了 100 元的运费，仍然允许张志红开车拉人上山，其也应当与张志红为同一罪名，应以重大责任事故罪定罪处罚。

（四川省芦山县人民法院　杨学文　肖一兵）

二、破坏社会主义市场经济秩序罪

23. 余崇地销售伪劣产品案

（一）首部

1. 裁判书字号

一审判决书：浙江省宁波市鄞州区人民法院（2009）甬鄞刑初字第907号。

二审裁定书：浙江省宁波市中级人民法院（2009）浙甬刑二终字第318号。

2. 案由：生产、销售伪劣产品案。

3. 诉讼双方

公诉机关：浙江省宁波市鄞州区人民检察院。

被告人（上诉人）：余崇地，男，1963年5月29日出生于浙江省临海市，汉族，小学文化，无业，住浙江省临海市白水洋镇下庄村。

辩护人：蔡士勇、杨培尔，浙江红邦律师事务所律师。

4. 审级：二审。

5. 审判机关和审判组织

一审法院：浙江省宁波市鄞州区人民法院。

合议庭组成人员：审判长：马晓；人民陪审员：毛亚军、毛启良。

二审法院：浙江省宁波市中级人民法院。

合议庭组成人员：审判长：王坚；审判员：张奇辉；代理审判员：陈靖。

6. 审结时间

一审审结时间：2009年9月15日。

二审审结时间：2009年11月9日。

（二）一审诉辩主张

1. 公诉机关指控称

2008年末始，被告人余崇地为非法牟利，与福建人“小胡”（另案处理）结伙从事贩卖假冒伪劣卷烟，以6 000元价格贩卖给宋仁明假冒中华、红双喜等卷烟共250条，以3 000元价格贩卖给蔡显林假冒芙蓉王卷烟共100条，以2 000元价格贩卖给王光中假冒红双喜卷烟共100条。2009年3月14日从被告人余崇地管理的堆放假烟的五处库房内（分别地处宁波市鄞州区石碶雅渡新村 35 号 15 号车棚、江北区宁江铸造厂仓库、海曙区玫瑰园小区车库、江东区宁兴小区车库、海曙区阳光城小区 D—6 车棚），共查获中华、红双喜等假冒且伪劣卷烟 21 498 条，价值 4 612 025 元。

公诉机关认为被告人余崇地的行为已构成销售伪劣产品罪，提请本院依照《中华人民共和国刑法》第一百四十条之规定予以判处。

2. 被告辩称

被告人余崇地对公诉机关指控其犯销售伪劣产品罪的罪名无异议，对指控的犯罪事实有异议，辩称其贩卖给蔡显林 100 条假冒芙蓉王卷烟的价格是 800 元，而不是 3 000 元。

其辩护人的辩护意见为：（1）仓库中堆放的假烟的价值应以已贩卖的假烟的价格来确定；（2）被告人余崇地在共同犯罪中起次要作用，应认定为从犯。

（三）一审事实和证据

宁波市鄞州区人民法院经公开审理查明：2008 年年底开始，被告人余崇地为非法牟利，与福建人“小胡”（另案处理）合伙从事贩卖假冒伪劣卷烟。2008 年 2 月份以来，被告人余崇地以 6 000 元的价格贩卖给宋仁明假冒中华、红双喜等卷烟共 250 条，以 800 元的价格贩卖给蔡显林假冒芙蓉王卷烟共 100 条，以 2 000 元的价格贩卖给王光中假冒红双喜卷烟共 100 条。2009 年 3 月 14 日从被告人余崇地管理的分别位于宁波市鄞州区石碶雅渡新村 35 号 15 号车棚、江北区庄桥街道宁江铸造厂仓库、海曙区玫瑰园小区车库、海曙区宁兴小区车库、海曙区阳光城小区 D—6 车棚内共查获中华、红双喜等假冒伪劣卷烟 21 498 条，价值共计 4 612 025 元。

2009 年 3 月 14 日下午，被告人余崇地在宁波市鄞州区古林镇藕池村被民警抓获。

上述事实有下列证据证明：

（1）证人蔡显林的证言笔录，证实 2009 年 2 月左右，蔡显林从被告人余崇地处买进 100 条芙蓉王假烟共计 800 元。

（2）证人王光中的证言笔录，证实从 2009 年 2 月开始，王光中从被告人余崇地处买进 100 条左右红双喜假烟共计 2 000 元。

（3）证人宋仁明的证言笔录，证实从 2009 年 2 月开始，宋仁明从被告人余崇地处买进 250 条左右中华、红双喜等假烟共计 6 000 元左右。

（4）证人张丽明的证言笔录，证实 2009 年 3 月初的一天，张丽明帮助老公宋仁明从被告人余崇地处买进红双喜假烟。

（5）证人吴平凡的证言笔录，证实 2008 年 12 月底吴平凡将自己位于海曙区玫瑰园小区的车库出租给一个福建男子。

（6）辨认记录，证实证人蔡显林、王光中、宋仁明、张丽明从一组照片中辨认出被告人余崇地的经过。

（7）检查笔录，证实宁波市鄞州区烟草专卖局执法人员对宁波市海曙区玫瑰园小区车库等五处车库进行检查，并对车库内堆放的假烟先行登记保存的经过。

（8）移送财物清单、扣押物品清单，证实宁波市鄞州区烟草专卖局将扣留的五个车库内查获的假烟及车库钥匙、运送假烟的面包车移送给宁波市公安局鄞州分局，并予以扣押。

（9）浙江省烟草质量监督检测站出具的卷烟鉴别检验报告，证实被查获的卷烟为假冒注册商标且伪劣卷烟。

（10）宁波市烟草公司鄞州分公司出具的卷烟价格认定函，证实被查获的卷烟的价值共计 4 612 025 元。

（11）车辆行驶证及被告人的相关供述，证实浙 BHM668 号五菱牌小型客车的登记车主是蔡珍利，被告人余崇地于 2008 年 8 月左右在二手车市场将该车买下，但未办理过户手续。

（12）抓获经过，证实被告人的归案经过。

（13）被告人的身份证明，证实其身份情况。

（14）被告人余崇地的供述，证实被告人余崇地在侦查阶段多次供述自己从 2008 年年底开始保管五处车库内的假烟并负责销售，且已贩卖给蔡显林、王光中、宋仁明等人。

（四）一审判案理由

宁波市鄞州区人民法院经审理认为：被告人余崇地为了非法牟利，伙同他人销售伪劣卷烟，其行为已构成生产、销售伪劣产品罪，公诉机关指控的罪名成立。被告人余崇地的犯罪行为同时触犯了生产、销售伪劣产品罪、非法经营罪和销售假冒注册商标的商品罪，应以处罚较重的生产、销售伪劣产品罪定罪量刑。被告人余崇地管理的部分伪劣卷烟尚未销售即被查获，是犯罪未遂，依法可以比照既遂犯减轻处罚，辩护人就此提出的辩护意见予以采纳。被告人余崇地辩称其贩卖给蔡显林 100 条假冒芙蓉王卷烟的价格是 800 元，而不是 3 000 元。本院认为，虽然被告人余崇地在侦查阶段曾供述自己以 30 元左右的价格卖给蔡显林芙蓉王假烟 100 条左右，共计 3 000 元左右，但证人蔡显林的证言证实从被告人余崇地买进的芙蓉王假烟的价格是每条 8 元，共计 800 元。从有利于被告人的角度出发，就低认定被告人余崇地贩卖给蔡显林 100 条芙蓉王假烟的总价格是 800 元。辩护人提出五处仓库中堆放的假烟的价值应以已贩卖的假烟的价格来确定的辩护意见。本院认为，被查获的假烟的货值金额应以违法生产、销售的伪劣产品的标价计算，没有标价的，按照同类合格产品的市场中间价格计算。虽然被告人余崇地已将部分假烟卖给蔡显林等人，但对不同买家出售假烟的价格差异巨大，不能视为库存假烟的标价，库存假烟的价格应按照同类合格产品的市场中间价格计算，因此对上述辩护意见不予采纳。辩护人还提出被告人余崇地在共同犯罪中起次要作用，应认定为从犯的辩护意见。本院认为，被告人余崇地多次供述自己保管五处车库内的假烟，参与联系买家并负责销售，且已把假烟贩卖给蔡显林、王光中、宋仁明等人，可以看出被告人余崇地对库存假烟不仅有实际上的控制权，也有支配权，在共同犯罪中并非起次要或者辅助作用，因此对上述辩护意见不予采纳。

（五）一审定案结论

宁波市鄞州市人民法院依照《中华人民共和国刑法》第一百四十条、第二十三条、第二十五条第一款、第六十四条，作出如下判决：

1. 余崇地犯生产、销售伪劣产品罪，判处有期徒刑七年，并处罚金人民币 235 万元。

2. 余崇地违法所得 8 800 元予以追缴，上缴国库；涉案的 21 498 条假冒伪劣卷烟及作案工具五菱牌小型客车，均予以没收。

（六）二审情况

1．二审诉辩主张

上诉人及其辩护人上诉称，应认定被告人为从犯；库存假烟的价值应以已经销售的假烟的价格计算；罪名适用错误。

2．二审事实和证据

宁波市中级人民法院经审理，确认一审法院认定的事实和证据。

3．二审判案理由

宁波市中级人民法院经审理认为：上诉人余崇地为了非法谋利，伙同他人销售伪劣卷烟，其行为已构成生产、销售伪劣产品罪。上诉人余崇地的犯罪行为同时触犯了生产、销售伪劣产品罪、非法经营罪和销售假冒注册商标的商品罪，应择一重罪，以生产、销售伪劣产品罪定罪量刑。上诉人余崇地因涉案的部分伪劣卷烟尚未销售即被查获，是犯罪未遂，依法可以比照既遂犯减轻处罚。上诉人余崇地在共同犯罪中积极实施犯罪行为，不能以从犯认定；原判对于查获的假烟的价格认定符合相关法律和司法解释的规定；原判以生产、销售伪劣产品罪定性，符合法律规定，故上诉理由均不予采纳。原判认定的事实清楚，证据确实、充分，定罪正确，量刑适当，审判程序合法。

4．二审定案结论

宁波市中级人民法院依照《中华人民共和国刑事诉讼法》第一百八十九条第（一）项、《中华人民共和国刑法》第一百四十条、第二十三条、第二十五条第一款、第六十四条、最高人民法院、最高人民检察院《关于办理生产、销售伪劣商品刑事案件具体应用法律若干问题的解释》第二条，作出如下裁定：

驳回上诉，维持原判。

（七）解说

1．生产、销售伪劣产品罪中销售金额是本罪的既未遂要件，而非犯罪成立要件。

我国刑法对涉及财产或经济利益的犯罪，通常规定一定数额作为犯罪成立或犯罪既遂标准，学者将这类犯罪命名为数额犯。根据法定数额的功能不同，数额犯包括两种类型：一类是结果数额犯，在这类犯罪中，法定数额犯罪结果的出现是判断犯罪成立的标志，例如违法发放贷款罪，刑法规定以“数额巨大或者造成重大损失”为其构成要件；另一类是行为数额犯，在这类犯罪中，只要犯罪行为所指向的数额达到法定要求即已构成犯罪，至于法定数额犯罪结果是否出现只是判断犯罪既未遂的标准，例如诈骗罪的罪状为“诈骗公私财物，数额较大”，只要犯罪行为指向的数额达到法定要求即构成犯罪。

根据数额犯的上述理论区分，从《刑法》第一百四十条生产、销售伪劣产品罪的罪状用语来看，“销售金额五万元以上”属于上述第一类情形，被许多学者理解为结果数额犯，认为生产、销售伪劣产品的行为，必须是销售伪劣产品的金额达到5万元以上，才构成犯罪。由于将“销售金额五万元以上”作为本罪的成立要件，而非既未遂要件，这实际上否认了本罪存在未遂形态，即不管行为人生产的伪劣产品再多，只要伪劣产品尚未销售，或者已经销售的金额不足 5 万元，就不能认定为犯罪，从而使得对大量伪劣产品尚未销售的行为无法制裁。

为此，司法解释对上述立法缺陷进行弥补，重新将该罪归入行为数额犯的范畴之中，即将销售金额作为本罪的既未遂要件而非成立要件来看待。最高人民法院、最高人民检察院《关于办理生产、销售伪劣商品刑事案件具体应用法律若干问题的解释》第二条第二款明确规定："伪劣产品尚未销售，货值金额达到刑法第一百四十条规定的销售金额三倍以上的，以生产、销售伪劣产品罪（未遂）定罪处罚。"据此，伪劣产品即使没有任何销售，只要行为所涉及的货值金额达到一定数额就可以构成生产、销售伪劣产品罪。当然，在生产、销售伪劣产品犯罪中，如果伪劣产品尚未销售，由于其尚未流向社会，社会危害性远远小于已经销售的情形，在犯罪成立的起点上要高于已经销售的金额，即需要达到 15 万元以上。

在本案中，尽管被告人销售的金额仅为 8 800 元，未达到 5 万元的标准，但是其尚未销售的货值金额达到 4 612 025 元，远远超过了 15 万元的数额要求。因此，应当认定被告人余崇地构成销售伪劣产品罪。

2. 对于伪劣产品既有已经销售的部分，又有尚未销售的部分，应比较二者的数量关系来认定本罪的既未遂问题，并根据重刑吸收轻刑原则选择量刑档次。

对于伪劣产品既有已经销售的，又有尚未销售的部分，应当根据具体情况来认定既未遂问题。其一，行为人已经销售的部分金额达 5 万元以上，未销售的部分不满 5 万元的，全案应认定为销售伪劣产品罪的既遂。其二，行为人已经销售的部分金额未满 5 万元，未销售的部分达到 5 万元的，全案应认定为销售伪劣产品罪的未遂。其三，行为人已经销售与尚未销售的部分均达 5 万元以上的，全案应认定为销售伪劣产品罪的既遂。

在本案中，被告人余崇地已经销售的部分不足 5 万元，未销售的部分远远超过 5 万元，应认定为销售伪劣产品罪的未遂。

3. 对于伪劣产品既有已经销售的部分，又有尚未销售的部分，应根据重刑吸收轻刑原则选择量刑档次。

对于销售伪劣产品既有既遂又有未遂的部分，如何选择自由刑与附加刑的量刑档次，司法实践中操作不一。司法实践部门既有仅以既遂金额来选择量刑档次，不再追究未遂的刑事责任的做法，又有将既遂与未遂数额进行简单相加而选择量刑档次的做法；也有观点认为应当将已经销售或者尚未销售的金额进行折算之后再进行累积计算，并以该金额作为选择量刑档次的依据。

笔者认为，应当先针对既遂与未遂的部分分别量刑，然后根据重刑吸收轻刑原则决定最终判处的刑罚。(1) 当未遂的犯罪数额小于既遂的犯罪数额时，由于既遂处罚必定重于未遂的处罚，应当按照既遂的犯罪数额即已经销售的金额选择量刑档次；(2) 当未遂的犯罪数额大于既遂的犯罪数额时，应当采用重刑吸收轻刑的处理方法，以未遂的处罚吸收对既遂的处罚，即应当按照尚未销售的金额来选择量刑档次，并对全案以未遂论；(3) 当未遂的犯罪数额与既遂的犯罪数额相同或者相近时，应当采用既遂吸收未遂的方法来处理，因为在同等数额条件下未遂还有比照既遂从轻或者减轻的处罚条件，即应当按照已经销售的金额来选择主刑和附加刑，并对全案以既遂论。

在本案中，被告人既有已经销售伪劣卷烟的部分，又有尚未销售的部分，尚未销售的部分远远大于已经销售的部分，因此在选择量刑档次时以尚未销售部分的金额作为依据，即依法应当在十五年以上这一档次适用刑罚；再考虑本案未遂情节，对被告人予以减轻处罚，在七年以上十五年以下判处有期徒刑。

4. 伪劣产品无标价或标价没有参考价值的，按照同类合格产品的市场中间价格计算。

2001年4月出台的最高人民法院、最高人民检察院《关于办理生产、销售伪劣商品刑事案件具体应用法律若干问题的解释》第二条明确规定，货值金额以违法生产、销售的伪劣产品的标价计算；没有标价的，按照同类合格产品的市场中间价格计算。同时，最高人民法院、最高人民检察院、公安部、国家烟草专卖局《关于办理假冒伪劣烟草制品等刑事案件适用法律座谈会纪要》对假冒伪劣烟草制品的货值金额计算也有类似规定。

本案中，虽然被告人余崇地已将部分假烟卖给蔡显林等人，但对不同买家出售假烟时有时以批发价出售，有时以零售价出售，二者差异巨大，不能作为库存假烟的参考价格，也不能视为库存假烟的标价，因此库存假烟的价格应按照同类合格卷烟产品的市场中间价格计算。

（浙江省宁波市鄞州区人民法院　马晓）

24. 李德成等妨害清算、相王公司等逃税案

（一）首部

1. 判决书字号：安徽省淮北市相山区人民法院（2009）相刑初字第070号。

2. 案由：妨害清算、逃税案。

3. 诉讼双方

公诉机关：安徽省淮北市相山区人民检察院，检察员：许阳；代理检察员：徐钦玉。

被告单位：安徽淮北相王啤酒有限责任公司，住所地：淮北市相山区相阳路136号。

诉讼代表人：杨连魁，安徽淮北相王啤酒有限责任公司董事长。

辩护人：肖太福，北京市泰福律师事务所律师。

被告人：李德成，男，1942年6月1日出生于安徽省濉溪县，汉族，中专文化程度，住淮北市相山区。1992年任淮北啤酒厂厂长、法定代表人至2006年3月该厂注销工商登记；2003年6月至2006年3月任安徽淮北相王啤酒有限责任公司董事长，2006年3月至2006年7月任该公司监事会主席。2008年5月16日因本案被刑事拘留，同年5月29日被逮捕。

辩护人：赵玉宏，安徽北方之光律师事务所律师。

辩护人：孙舒维，安徽金亚太律师事务所律师。

被告人：韩新田，男，1969年9月21日出生于安徽省怀远县，汉族，大学文化程度，住淮北市相山区。1997年任淮北啤酒厂副厂长至2006年3月该厂注销工商登记；2003年6月至2006年7月任安徽淮北相王啤酒有限责任公司总经理。2008年5月19日因本案被刑

事拘留，同年5月29日被逮捕。

辩护人：马磊，安徽众星合律师事务所律师。

辩护人：瞿凯俊，北京市泰福律师事务所律师。

被告人：周桂云，女，1963年6月18日出生于安徽省萧县，汉族，中专文化程度，住淮北矿业集团公司院内。1997年任淮北啤酒厂副厂长至2006年3月该厂注销工商登记；2003年6月至2006年7月任安徽相王啤酒有限责任公司副总经理。2008年5月15日因本案被刑事拘留，同年5月29日被逮捕。

辩护人：单玉成，安徽嘉闻律师事务所律师。

被告人：胡长艳，女，1966年3月26日出生于安徽省濉溪县，汉族，大学文化程度，住淮北市相山区。1994年3月任淮北啤酒厂财务科长至2006年3月该厂注销工商登记；2003年6月至2006年7月任安徽淮北相王啤酒有限责任公司监事会主席。2008年5月15日因本案被刑事拘留，同年5月29日被逮捕。

辩护人：王千秋，安徽惠黎律师事务所律师。

4. 审级：一审。

5. 审判机关和审判组织

审判机关：安徽省淮北市相山区人民法院。

合议庭组成人员：审判长：翟文彦；审判员：齐立、胡剑。

6. 审结时间：2009年11月30日（经安徽省高级人民法院批准延长审限、公诉机关补充侦查延长审限）。

（二）诉辩主张

1. 公诉机关指控称

2002年12月9日，淮北市国有企业改革和发展领导小组批准淮北啤酒厂分立重组产权改革方案，将原淮北啤酒厂分立为淮北啤酒厂和安徽淮北相王啤酒有限责任公司。2003年元月淮北啤酒厂聘请安徽淮信会计师事务所对企业资产、负债进行了分割评估。民营的安徽淮北相王啤酒有限责任公司（以下简称相王公司）由被告人李德成、韩新田、周桂云、胡长艳及霍林华、杨连魁、曹二喜七人出资共181.82万元人民币成立。李德成任公司董事长、法定代表人，韩新田为公司总经理。

原经销淮北啤酒厂啤酒的经销商淮北市顺达糖酒有限公司（以下简称顺达公司）姚勇欠淮北啤酒厂货款2 830 704.93元。2002年8月淮北啤酒厂起诉姚勇，要求其归还货款。2002年11月经淮北市中级人民法院判决，淮北啤酒厂败诉，被驳回上诉请求并承担诉讼费。因该债权有可能不能实现，故在分立重组时被划归将要破产的淮北啤酒厂；2003年4月8日淮北啤酒厂上诉至安徽省高级人民法院，经判决顺达公司（姚勇）应付给淮北啤酒厂1 030 086.36元及违约金，淮北啤酒厂申请淮北市中级人民法院强制执行，执行法院即冻结了顺达公司的账户和其在口子酒厂的股权，2003年12月16日被告人韩新田代表淮北啤酒厂同姚勇达成和解协议，姚勇一次性支付淮北啤酒厂货款本金及利息68万元。2003年12月18日，姚勇安排会计将68万元货款以现金缴款的方式交到淮北市商业银行淮北啤酒厂账户上，此款被民营相王公司用于业务支出。为了占有淮北啤酒厂的68万元国有资产，2003年年底的一天，被告人李德成、韩新田、周桂云、胡长艳在相王公司开会，四人一致同意将姚勇归还的68万元货款留在相王公司。为了防止收回的68万元在淮北啤酒厂破产清算时被发现，被告人李德成、韩新田安排周桂云和胡长艳将评估报告中债务人姚勇的名字改掉，使其不在评估报告中出现。第二天，胡长艳到淮信会计师事务所找熟人将评估报告中债务人"姚勇"的名字改成了"轩传忠"，而将"轩传忠"的名字改成了"李传忠"，并将改后的两页报告交给了周桂云，周用其替换了原未改的两页报告，并将改动后的分立评估报告交淮北啤酒厂破产清算组，将该68万元国有资产隐瞒、侵吞。

2004年年初，为了偷逃国家税款，相王公司七股东经过集体讨论通过采用隐瞒公司销售收入，设置账外账的手段来偷逃税款。会后，相王公司总经理被告人韩新田安排销售、财务、生产统计部门的人员，将部分销售收入单独做账，不进入公司大账，以此方法将部分销售收入隐瞒，并每天将每日实际的总产量报表和隐瞒销售收入的报表报董事长李德成、总经理韩新田处审核。在被告人李德成、韩新田的具体安排下从2004年3月1日至2006年3月30日相王公司被华润集团收购，相王公司通过设置账外账的手段隐瞒部分销售收入，2004年度偷逃税款4 570 960.75元，占当年应纳税额（13 367 866.37元）的比例为34.19%。2005年度偷逃税款7 371 143.66元，占当年应纳税额（12 604 445.52元）的比例为58.48%。2006年度偷逃税款672 353.72元。共偷逃税款12 614 458.13元，其中增值税6 784 310.29元、消费税5 830 147.84元。

公诉机关认为，被告人李德成、韩新田、周桂云、胡长艳之行为已触犯了《中华人民共和国刑法》第三百八十二条之规定，构成贪污罪；被告单位安徽淮北相王啤酒有限责任公司、被告人李德成、韩新田之行为已触犯了《中华人民共和国刑法》第二百零一条第一款之规定，构成偷税罪。

2. 被告辩称

被告单位相王公司辩称：起诉书关于偷税犯罪指控的主要事实是清楚的，但对偷税数额及占应纳税额的比例不符合事实及法律规定，片面扩大了偷税犯罪的程度及后果；被告单位隐瞒收入、偷逃税款具有行业竞争、企业生存的特殊性，且其积极采取了纠正措施，请求法院对被告单位予以从轻处罚。

被告人李德成辩称：起诉书指控其犯贪污罪罪名不成立，其当时已经从啤酒厂退休，不再具有国家工作人员身份，68万元没有占为已有，只是先用。对偷税罪，其认为是集体讨论的，当时研究的是避税，没说逃税，其也不是直接主管的负责人；另对偷税的数额及所占应纳税额的比例有异议。

其辩护人的辩护意见为：起诉书指控四被告人犯贪污罪罪名不能成立，理由如下：被告人李德成在案发时已经退休，另三被告人已经从国企职工转换为民营企业职工，自2003年6月至2006年4月，淮北啤酒厂不再支付四被告人任何劳动报酬，故其均不具有国家工作人员身份；淮北啤酒厂自2003年6月至2004年2月，其财产看管、债权、债务清算等事务，由相王公司受托行使，本案所涉68万元占有使用，均系相王公司的行为，而非四被告人的个人行为；68万元中应扣除相王公司为啤酒厂垫付的相关费用计76.36万元；该68万元因啤酒厂进入破产还债程序中，应为破产财产，非啤酒厂净资产，从而非国有企业享有的国有资产所有权。对偷税罪的辩护意见，起诉书指控的偷税金额与事实不符：占应纳税额的比例与事实不符；相王公司及被告人在量刑上具有免予或减轻刑事处罚的情节，相王公司自愿补缴偷逃税款，并且具有补缴税款的能力；虽然李德成系相王公司的原法定代表人，但其只是作为股东之一实施表决权，他的行为是消极的，法定代表人也不是当然的偷税的直接责任人员，将其作为偷税的直接主管人员不妥当。

被告人韩新田辩称：其行为不构成贪污罪；偷税罪应对其从轻处罚。

其辩护人的辩护意见为：被告人韩新田不具有贪污罪的主体资格，其在相王公司成立之后，已进行了身份置换，成为相王公司这个民营企业的职工，不再具有国家工作人员身份；认定韩新田构成贪污罪的事实不清，证据不足，起诉书指控被告人在公司会议上一致同意将68万元留在相王公司，但该会议的具体时间不详；另68万元与证据显示的53万余元存在矛盾；68万元打入的是啤酒厂账户，相王公司直接使用啤酒厂账户上的款项在事实上是不可能发生的，起诉书指控该款被相王公司用于业务支出是主观臆断，该款始终处于啤酒厂的监管之下，缺乏基本的证据证明被告人将该款据为己有。对起诉书指控韩新田的行为构成偷税罪无异议，但偷税的具体数额和偷税比例存在错误，偷税的数额不应包括漏税的数额，偷税比例是偷税数额占应纳税额的比例，起诉书指控的偷税比例中的应纳税额仅为向国税部门缴纳的应纳税额，相王公司的偷税比例应在30%以下。被告人韩新田对偷税罪具有自首情节，其主动到纪委坦白了偷税的事实；偷税是公司股东研究决定的，主体是公司，公司也积极采取了纠正措施，韩新田作为直接责任人，依法应予以从轻处罚。

被告人周桂云辩称：其行为不构成贪污罪。

其辩护人的辩护意见为：被告人周桂云的行为在主客观方面与贪污罪的犯罪构成均不一致，新体（啤酒厂）与老体（相王公司）之间存在着复杂的经济联系，新体占有老体68万元不应视为非法侵吞国有资产，且属于单位行为，不符合贪污罪的客观要件；被告人行为侵犯的客体是破产管理秩序及债权人的合法权益，与公共财产的所有权有一定区别；被告人不具有个人非法占有公共财产的目的，与贪污罪的主观要件不一致；被告人的身份不符合贪污罪的主体。被告人在啤酒厂破产清算过程中篡改账册的行为对清算秩序形成了妨害，其行为构成妨害清算罪。被告人犯罪情节轻微，且具有自首情节，积极退赃，依法可以从轻或免除处罚。

被告人胡长艳辩称：其行为不构成贪污罪。

其辩护人的辩护意见为：被告人胡长艳的身份不符合贪污罪的主体，在68万元汇到啤酒厂的账户上时，被告人已经不是国有企业的管理人员，对68万元不再进行管理，几被告人将68万元用于相王公司支出的行为只能是相王公司侵占代为管理的他人资产的行为，实际上构成了侵占罪。68万元经集体讨论用于相王公司的各项支出，没有被几被告人分配到个人手里，应当是单位行为，68万元中应扣除用于姚勇案的相关费用，实际数额应为53万余元。

（三）事实和证据

淮北市相山区人民法院经公开审理查明：2002年12月9日，淮北市国有企业改革和发展领导小组关于进一步完善淮北啤酒厂产权改革方案批复的淮企政（2002）7号文件，原则上同意啤酒厂分立重组的改革方案，在2000年资产评估确认值的基础上商市有关部门及债权银行，合理划定新体与老体的资产负债结构和比例，按规定的程序进行分立；对2000年市国有企业改革和发展领导小组批准予以冲减剥离净资产的项目，重新予以调整、报批，尽快完善改革。2003年5月市国资办在批文中同意淮北啤酒厂国有资产出让价为181.82万元，款项分三年付清，被告人李德成（时任淮北啤酒厂厂长）代表啤酒厂国有资产受让方与市国资办筹备组签订了《分期付款合同》，后分立重组筹建相王公司。在招股方案中，规定每股 20 万元，最后形成了 7 个股东 9 股，7 个股东是李德成、韩新田（时任淮北啤酒厂副厂长）、周桂云（时任淮北啤酒厂副厂长）、胡长艳（时任淮北啤酒厂财务科长）、曹二喜、霍林华、杨连魁，因李德成入股 41.82 万元，是大股东，故由其担任董事长。相王公司于 2003 年 6 月 9 日注册成立，其性质是私有企业。

淮北啤酒厂分立重组时，淮北市顺达糖酒有限公司欠啤酒厂的 280 余万元债权划给了啤酒厂。2002 年 8 月，啤酒厂起诉顺达公司，要求其归还 280 万元欠款，二审啤酒厂胜诉，法院判决顺达公司应支付给啤酒厂 103 万余元款项。2003 年 12 月 16 日，顺达公司与啤酒厂达成和解协议（和解协议上有韩新田的签字），顺达公司归还啤酒厂 68 万元，余款啤酒厂不再追要。2003 年 12 月 18 日，顺达公司将 68 万元以现金的方式缴到啤酒厂在淮北市商业银行的账户，此款很快被相王公司用于业务支出及支付顺达公司案的相关费用 14.379 6 万元。2003 年年底或 2004 年年初的一天，四被告人在相王公司的会议室开会，一致同意将该 68 万元留在相王公司使用，不再归还啤酒厂。为防止被破产清算组发现该笔债权（2004 年 2 月破产清算组进入啤酒厂），周桂云提出必须将欠款人的名字进行更改，李德成、韩新田安排周桂云与胡长艳将资产评估报告中应收账款清查评估明细表中债务人姚勇（淮北市顺达糖酒有限公司法定代表人）的名字改掉。周胡二人商议将姚勇的名字改为轩传忠，轩传忠的名字改为李传忠，由胡长艳到资产评估单位安徽淮信会计师事务所去办理，胡长艳找到对啤酒厂进行评估的孙实发，要求将评估报告中的姚勇的名字改为轩传忠，轩传忠的名字改为李传忠，孙将更改后的两页报告打印后交给胡长艳，胡拿回后，又交给了周桂云，周替换了原评估报告，交给破产清算组，将 68 万元债权隐匿。案发后，被告人李德成、韩新田各退款 12 万元、被告人周桂云、胡长艳及杨连魁、曹二喜、霍林华各退款 6 万元。

上述事实有下列证据证明：

1. 证人姚勇的证言，证实顺达公司与淮北啤酒厂诉讼及和解情况。

2. 证人黄华、马超、李祥瑞的证言，证实淮北啤酒厂的清算中并无涉及姚勇的情况。

3. 证人周雅珍的证言、姚勇支付的 68 万元进入啤酒厂账户以及入账后使用情况的相关票据、安徽中安会计师事务所所作的鉴定报告，证实姚勇所付 68 万元被转至啤酒厂账户上，相王公司成立后被相王公司使用的情况。

4. 淮北啤酒厂的企业信息表，淮北市人民政府任免通知，淮北啤酒厂的营业执照，相王公司的登记信息表等登记资料，相王公司的会议纪要、公司章程，淮北啤酒厂资产评估报告书、出资协议、产权改革方案、淮北市国有企业改革和发展领导小组淮企政（2002）7 号、(2003) 12 号文件、情况说明、淮北市国有资产管理办公室筹备组国资办筹（2003）10 号函、分期付款合同及委托书、公司变更登记申请书、相王公司股东会议决议、淮北市中级人民法院（2004）淮民二破字 001 号卷、淮北市中级人民法院（2004）淮民二破字第 001—13 号裁定书、淮北啤酒厂淮啤（2003）37 号文件、淮北经贸委淮经贸企（2003）144 号文件、淮北啤酒厂淮啤（2003）40 号文件、淮北啤酒厂出具的证明，证实淮北啤酒厂改革和相王公司成立及人员组成、变动的情况。

5. 安徽淮信会计师事务所所作的淮北啤酒厂资产评估说明及各项明细表、安徽省高级人民法院（2003）皖民二终字第 34 号判决书、和解协议、安徽淮信会计师事务所所作的资产评估报告书、淮北啤酒厂的明细账，证实淮北啤酒厂与姚勇之间的债权债务关系的情况。

6. 被告人的户籍信息，证实被告人的自然情况。

7. 扣押物品清单，证实赃物情况。

（四）定案理由

淮北市相山区人民法院经审理认为：淮北啤酒厂在进行破产清算时，被告人李德成、韩新田、周桂云、胡长艳作为淮北啤酒厂的厂长、副厂长、财务科长经共谋后，对啤酒厂资产评估报告进行虚伪记载，隐匿财产，严重损害了债权人的利益，被告人李德成、韩新田系直接负责的主管人员，被告人周桂云、胡长艳系直接责任人员，四被告人行为均已构成妨害清算罪。因四被告人对隐匿的 68 万元并没有私分，而是经集体讨论，以单位名义直接用于相王公司的业务支出及支付为收回 68 万元而花费的相关诉讼费用上，该行为应属单位行为，不符合贪污罪的构成要件；另贪污罪侵犯的客体有两个，一是公共财物，二是国家工作人员职务行为的廉洁性，而妨害清算罪侵犯的客体是国有公司、企业管理制度以及债权人或其他人的合法权益，本案四被告人的行为侵犯的客体符合该规定，故公诉机关指控四被告人的行为构成贪污罪罪名不成立，不予支持，依法应变更为妨害清算罪。对四被告人及其辩护人认为公诉机关指控四被告人的行为构成贪污罪罪名不成立的辩护意见，予以支持，但对无罪的辩护意见不予支持。四被告人在共同犯罪中均起主要作用，均系主犯。被告单位淮北相王啤酒有限责任公司在公司董事长被告人李德成、总经理被告人韩新田的授意和安排下，采取做两套账、少列收入的手段，逃避缴纳税款数额巨大，且占应纳税款的 30%以上，侵犯了国家税收征管制度，被告单位安徽淮北相王啤酒有限责任公司的行为已构成逃税罪，被告人李德成作为直接负责的主管人员、被告人韩新田作为直接责任人员，其行为均已构成逃税罪。公诉机关指控被告单位淮北相王啤酒有限责任公司、被告人李德成、韩新田犯逃税罪的罪名成立，依法予以支持。但公诉机关指控的相王公司逃避缴纳税额占应纳税额的比例，未计入相王公司应纳地税税额，故指控的逃避缴纳税额占应纳税额的比例应予以调整。关于被告人韩新田、周桂云的辩护人认为两人有自首情节的辩护意见，缺乏依据，不予采纳。四被告人积极退赔被隐匿的款项，被告单位积极补缴部分逃缴的税款，酌情予以从轻处罚。对四被告人及其辩护人关于对四被告人从轻处罚的意见予以采纳。对被告人李德成、韩新田予以两罪并罚。

（五）定案结论

淮北市相山区人民法院依照《中华人民共和国刑法》第二百零一条第一款、第三款、第二百一十一条，对李德成、韩新田适用《中华人民共和国刑法》第一百六十二条、第二百零一条第一、三款、第二百一十一条、第二十五条第一款、第二十六条第一、四款、第六十九条；对周桂云、胡长艳适用《中华人民共和国刑法》第一百六十二条、第二十五条第一款、第二十六条第一、四款，作出如下判决：

1. 安徽淮北相王啤酒有限责任公司犯逃税罪，判处罚金 100 万元；

2. 李德成犯逃税罪，判处有期徒刑三年，并处罚金 5 万元；犯妨害清算罪，判处有期徒刑二年，并处罚金 5 万元，决定合并执行有期徒刑四年，并处罚金 10 万元；

3. 韩新田犯逃税罪，判处有期徒刑三年，并处罚金 5 万元；犯妨害清算罪，判处有期徒刑一年九个月，并处罚金 5 万元，决定合并执行有期徒刑三年九个月，并处罚金 10 万元；

4. 周桂云犯妨害清算罪，判处有期徒刑一年六个月，并处罚金 2 万元；

5. 胡长艳犯妨害清算罪，判处有期徒刑一年六个月，并处罚金 2 万元。

（六）解说

对于本案中被告人李德成、韩新田、周桂云、胡长艳的行为是构成贪污罪，还是构成其他犯罪，有以下几种意见：

第一种意见认为构成贪污罪，理由如下：四犯罪人原均是啤酒厂的管理人员，职务一直没有免去，实际上仍然行使着对啤酒厂的管理职权，这从韩新田在与姚勇的和解协议上签字，以及啤酒厂申请破产时，啤酒厂给淮北市中级人民法院出具的李德成为啤酒厂厂长、法人代表、韩新田、周桂云为副厂长的证明上可以看出；另根据《企业破产法》第十五条的规定，企业的法人代表，还可以包括企业的财务管理人员及其他经营管理人员，在法院受理破产申请的裁定送达债务人之日起至破产程序终结之日，必须承担相应的义务，应视为受委托行使管理权，因此符合贪污罪的主体要件；几犯罪人经研究后将应属于啤酒厂的 68 万元划归他们作为股东的私营的相王公司进行业务支出，并更改评估报告进行隐瞒，实际上已将 68 万元侵吞，侵犯了国有公司的财产所有权。虽然四犯罪人未将 68 万元装入个人腰包，而是用在了相王公司，但应视为对该款享有实际支配。在认定的贪污数额上，认为应从 68 万元中扣除因收回该款而支出的相关费用，即为 53 万余元；对每个犯罪人的量刑上，应考虑其在相王公司所占的入股比例及在共同商议中所起的作用。

第二种意见认为不构成贪污罪，理由如下：（1）主体问题。犯罪人李德成于 2003 年 6 月已退休，另三犯罪人已于 2003 年 6 月进行了身份置换，此后他们在啤酒厂也不领任何报酬。特别是法院于 2003 年 12 月 25 日依法受理了啤酒厂破产案，破产清算组进驻啤酒厂之后（时间为 2004 年 2 月 6 日），如果几犯罪人对 68 万元开会处置的时间是破产清算组进入之后，即使在此之前他们还实际对啤酒厂实施管理，那么在这时他们在实际上也失去了管理职权，即不具备主体资格，是显而易见的。（2）客观方面的核心问题是 68 万元的实际去向。68 万元到啤酒厂账户后，几犯罪人并没有私分，而是经集体讨论，直接用于相王公司的业务支出及支付为此案而花费的相关费用上。该行为应属单位行为，不符合贪污罪的构成要件。（3）客体问题。贪污罪侵犯的客体有两个，一是公共财物或国有财物，二是国家机关工作人员职务行为的廉洁性。不能因为侵犯了公共财物或国有财物，就当然的构成贪污罪，还必须侵犯了国家机关工作人员职务行为的廉洁性，也就是必须符合贪污罪的主体要件。

第三种意见认为构成妨害清算罪。妨害清算罪是单位犯罪，只追究直接负责主管人员和其他直接责任人员。当时是对淮北啤酒厂进行破产清算，那么妨害清算罪的单位主体应是淮北啤酒厂，四犯罪人作为啤酒厂的原负责人，当时是实际的管理人员，根据是《企业破产法》第十五条的规定，企业的法人代表，还可以包括企业的财务管理人员及其他经营管理人员，在法院受理破产申请的裁定送达债务人之日起至破产程序终结之日，必须承担相应的义务。应视为受委托行使管理权。四犯罪人在啤酒厂进行清算时，采用对评估报告进行虚伪记载的方法，隐匿啤酒厂的财产，严重损害了债权人的利益，四犯罪人行为均符合妨害清算罪的犯罪构成，应构成妨害清算罪。

我们同意第三种意见，认为四犯罪人采用对评估报告进行虚伪记载的方法，隐匿啤酒厂68万元财产的行为构成妨害清算罪。

（安徽省淮北市相山区人民法院　齐立）

25. 高春立非国家工作人员受贿案

（一）首部

1. 判决书字号：北京市朝阳区人民法院（2009）朝刑初字第93号。
2. 案由：职务侵占案。
3. 诉讼双方

公诉机关：北京市朝阳区人民检察院，代理检察员：闫彦。

被告人：高春立，男，35岁，汉族，吉林省人，系北京西贵国际房地产开发有限公司合同预算部经理。因本案于2008年4月15日被羁押，同年4月16日被刑事拘留，同年4月25日被逮捕。

辩护人：崔营营，北京市博赢律师事务所律师。

4. 审级：一审。
5. 审判机关和审判组织

审判机关：北京市朝阳区人民法院。

合议庭组成人员：审判长：吴小军；人民陪审员：席久义、丁京莉。

6. 审结时间：2009年12月16日。

（二）诉辩主张

1. 公诉机关指控称

被告人高春立于2007年12月至2008年3月期间，利用担任北京西贵国际房地产开发有限公司合同预算部经理的职务便利，在中艺建筑装饰有限公司承揽该公司位于本市朝阳区丰联广场A26层办公室及该公司姜庄湖别墅装修工程中，通过抬高装修标的的手段，伙同施工方，侵占中艺建筑装饰有限公司曾一强（男，31岁，北京市人）给予的装修款人民币69.55万元及IBM牌T61型笔记本电脑一台、LG牌KG70C型移动电话机一部、诺基亚牌N82型移动电话机一部（上述物品价值人民币2.04万元），上述款物价值共计人民币71.59万元。被告人高春立后被抓获归案。公诉机关认为被告人高春立的行为触犯了《中华人民共和国刑法》第二百七十一条第一款之规定，已构成职务侵占罪。

2. 被告辩称

被告人高春立对收取曾一强款物的事实没有异议，表示认罪，但认为数额没有那么多，也未与曾一强合谋侵占单位款物。

其辩护人的辩护意见为：起诉书指控的数额过高；被告人高春立认罪态度好，有悔改表现，其家属帮助积极退赃，建议法庭对其从轻处理。

（三）事实和证据

北京市朝阳区人民法院经公开审理查明：高春立于2006年10月起担任北京西贵国际房地产开发有限公司（以下简称西贵公司）合同预算部经理，负责合同预结算、工程洽谈及工程监督事宜。2007年12月至2008年3月期间，被告人高春立利用职务便利，帮助中艺建筑装饰有限公司（以下简称中艺公司）的挂靠人员曾一强承揽北京中鸿建信息技术有限公司（以下简称中鸿建公司）委托西贵公司管理的位于北京市朝阳区丰联广场A26层办公室装修工程（2007年12月签订建设工程施工合同，标的额为人民币229万余元）和西贵公司全额出资装修的姜庄湖别墅29号楼工程（Ⅱ号地，2008年3月签订建设工程施工合同，标的额为人民币730万元），从中多次收受曾一强给予的好处费共计人民币768 000元及IBM牌T61型笔记本电脑一台、LG牌KG70C型、诺基亚牌N82型移动电话机各一部（上述物品价值共计人民币20 400元），上述款物价值共计人民币788 400元。期间，被告人高春立分三次共退还曾一强人民币11万元。2008年4月15日，被告人高春立被抓获归案。公安机关从被告人高春立处扣缴IBM牌T61型笔记本电脑一台、LG牌KG70C型、诺基亚牌N82型移动电话机各一部和人民币6 900元，另冻结中国建设银行储蓄卡（户名：高春立，卡号：4367420014430014003）一张在案。在本院审理期间，被告人高春立家属退还西贵公司人民币16万元。

上述事实有下列证据证明：

1. 证人张浩、曾一强、丁辰、左皓文、张晓菊、吴声亮的证言及辨认笔录；
2. 西贵公司出具的职务证明；
3. 中艺公司出具的材料；
4. 个人存款回单和交通银行账户清单；
5. 手机短信；
6. 中国建设银行嘉园支行的账户明细单；
7. 委托合同；
8. 企业法人营业执照；
9. 公司章程；
10. 工商登记材料；
11. 西贵公司股东会决议；
12. 出资说明和房权证；
13. 建设工程施工合同；
14. 西贵公司出具的情况说明；
15. 工资表；
16. 中艺公司用款申请书和银行转账支票存根；
17. 劳动合同书和续订书；
18. 发票、银行转账支票存根；

19. 收据和合同执行情况明细；

20. 丰联广场办公室改造工程预算汇总表和姜庄湖 29 号楼经济标；

21. 房屋所有权证；

22. 涉案财产价格鉴定结论书；

23. 搜查笔录和扣押物品清单证明：公安机关在高春立的住所扣押涉案物品；

24. 被告人高春立的供述等；

25. 西贵公司开具的收据三张证明：被告人高春立家属分别于 2008 年 7 月 31 日、2009 年 2 月 2 日和 3 日，向该公司缴纳代赔损失款共计人民币 16 万元；

26. 西贵公司于 2009 年 2 月 3 日出具的材料，载明：鉴于被告人高春立家属积极赔偿，并深表歉意，且考虑其家庭状况，建议法院在量刑时酌予从轻考量。

（四）判案理由

北京市朝阳区人民法院经审理认为：被告人高春立身为公司管理人员，利用职务上的便利，非法收受他人财物，为他人谋取利益，数额巨大，其行为触犯了刑法，已构成非国家工作人员受贿罪，依法应予惩处。北京市朝阳区人民检察院指控被告人高春立犯罪的事实清楚，证据确实、充分，但指控罪名不当、数额有误。经查，证人曾一强未提及与高春立事先预谋、共同确定涉案工程标的额，仅证明通过投标的形式，在高春立的帮助下工程中标；被告人高春立多次供述均未认可事先与曾一强预谋、商定工程标的额或故意抬高工程标的额，仅承认为曾一强中标提供帮助并收取好处费。被告人高春立的供述与证人曾一强的证言基本吻合，能够相互印证，本案并无证据证明双方存在侵吞被告人所在单位工程款的犯意沟通和联络，亦无证据证明高春立与曾一强以虚设项目、重复计算工程量等手段侵吞工程款的行为，其行为不符合职务侵占罪的犯罪构成。被告人高春立身为建设单位管理人员，在工程建设过程中收受贿赂款，为施工单位承揽工程提供帮助，其行为符合非国家工作人员受贿罪的犯罪构成，应以非国家工作人员受贿罪定罪处罚。另，公诉机关指控的数额为 715 900 元，但根据在案证人证言及被告人高春立的供述，能够相互印证的数额为 678 400 元，公诉机关指控的数额有误，本院予以纠正。鉴于被告人高春立当庭自愿认罪，有悔罪表现，且能积极退缴赃款，故本院对其所犯罪行酌予从轻处罚。被告人高春立及其辩护人的相关辩护意见，本院酌予采纳。在案款物一并处理。

（五）定案结论

北京市朝阳区人民法院依照《中华人民共和国刑法》第一百六十三条第一款、第六十一条及第六十四条，作出如下判决：

1. 高春立犯非国家工作人员受贿罪，判处有期徒刑七年。

2. 在案之 IBM 牌 T61 型笔记本电脑一台、LG 牌 KG70C 型、诺基亚牌 N82 型移动电话机各一部，予以没收。

3. 继续追缴高春立犯罪所得人民币 658 000 元［含在案之人民币 6 900 元及冻结的中国建设银行卡（户名：高春立，卡号：4367420014430014003）之内存款］，予以没收。

（六）解说

关于本案的定性，在审理过程中存在两种意见：

一种意见认为，被告人高春立的行为构成非国家工作人员受贿罪。理由是：从本案证据来看，被告人高春立在公安机关的多次口供以及当庭供述均未认可事先与曾一强预谋、商定工程标的额或故意抬高标的额，只承认为曾一强中标提供了帮助，收取好处费；从曾一强的证言来看，未提及与高春立事先预谋、共同确定工程标的额，而是通过投标的形式，在高春立的帮助下中标。就此环节，高春立的供述与曾一强的证言基本吻合。在案西贵公司提交书证认为高春立与曾一强存在串通合谋共同侵占工程款的事实，因西贵公司与本案有利害关系（直接关系到涉案款的处理），并没有证据证明双方存在侵吞单位工程款的犯意沟通和联络，故被告人高春立不存在侵占本单位工程款的主观故意。本案并没有证据证明高春立与曾一强以虚设项目、重复计算工程量等手段侵吞工程款的行为，相反，却是在工程建设中，作为建设单位管理人员的高春立，收受贿赂款为施工单位承揽工程提供帮助，属于典型的商业贿赂，符合非国家工作人员受贿罪的犯罪构成。

另一种意见认为，被告人高春立的行为构成职务侵占罪。理由是：被告人高春立作为西贵公司合同预算部经理，具备工程预算方面的专业知识，理应知悉工程施工价格和利润等行情。涉案的两个工程均系高春立介绍给曾一强，并事先约定曾一强承揽工程后给予高春立好处费。尽管合同的签订均是在没有预算的前提下，参照各家报价的高低进行的，但西贵公司的决策是在高春立前期的询价、报价、审核等工作基础上进行的。尽管公诉机关提交的预算工程书欠缺证据的形式要件，但从其内容来看，丰联广场办公室 26 层改造工程作价 129 万余元，姜庄湖别墅装修工程作价 445 万余元，与双方签订的合同标的额（229 万余元和 730 万元）差距甚大，这在一定程度上说明合同标的额过高，即通过抬高装修标的额，侵占西贵公司给付的工程款。高春立利用其职务之便，运用自己的专业知识和对公司内部运作的熟稔，帮助曾一强中标、签约和履约。高春立收受曾一强的贿赂款，从形式上看是商业贿赂，但从实质上看高春立与曾一强之间形成了默契的犯意，共同侵占单位的工程款，故其行为构成职务侵占罪。

一般情况下，非国家工作人员受贿罪与职务侵占罪的界限比较清楚，不容易混淆。前者是指公司、企业或者其他单位的工作人员利用职务上的便利，索取他人财物或者非法收受他人财物，为他人谋取利益，数额较大的行为。后者是指公司、企业或者其他单位的人员，利用职务上的便利，将本单位财物非法占为已有，数额较大的行为。二者的相似之处在于：行为主体均是公司、企业或其他单位的人员，但不包括国有公司、企业或其他国有单位中从事公务的人员；行为内容中均包含利用职务上的便利。两者的区别在于客观行为表现不同：前者是他人有求于行为人的职务行为时，行为人以职务行为或允诺职务行为作为条件，索取或非法收受他人财物；后者是利用其主管、管理、经营、经手单位财物的便利条件，将本单位财物非法占为已有，包括将基于职务管理的单位财物非法占为已有以及利用职务之便的窃取、骗取等行为。

本案的关键在于：建设单位管理人员高春立与工程承包人曾一强在工程建设项目的预决算中是否存在串通或预谋，通过虚设项目、故意抬高标的额或重复计算工程量等手段侵吞工程款的行为？如果存在上述行为，则应认定为职务侵占。即本单位工作人员，利用职务之便，与外单位人员串通或预谋，骗取本单位财物从中收受好处费的行为，应认定为职务侵占罪。本案中，被告人高春立作为合同预算部经理，尽管其具备工程预算方面的专业知识，知悉工程施工价格和利润等行情，但并没有证据证明高春立与曾一强存在侵吞单位工程款的犯意沟通和联络，本案亦没有证据证明高春立与曾一强以虚设项目、重复计算工程量等手段侵吞本单位工程款的行为，故无论是从主观故意还是从客观行为来看，被告人高春立的行为均不符合职务侵占罪的犯罪构成。在商业贿赂犯罪中，行贿人往往通过向单位管理人员行贿以期中标，其成本势必抬高，最终会以较高的合同造价拿下工程。所以，本案中曾一强的合同报价自然比其他报价要高，单位因此会承担相应的损失。但本案中，作为建设单位管理人员的高春立，在工程建设工程中收受贿赂款为施工单位承揽工程提供帮助，属于典型的商业贿赂，符合非国家工作人员受贿罪的犯罪构成。

（北京市朝阳区人民法院　吴小军）

26. 张令臣非法吸收公众存款案

（一）首部

1. 裁判书字号

一审判决书：江苏省宿迁市宿豫区人民法院（2009）宿豫刑初字第22号。

二审裁定书：江苏省宿迁市中级人民法院（2009）宿中刑二终字第0042号。

2. 案由：非法吸收公众存款案。

3. 诉讼双方

公诉机关：江苏省宿迁市宿豫区人民检察院，检察员：马海青。

被告人（上诉人）：张令臣，男，1982年10月19日出生，汉族，江苏省宿迁市人，初中文化，农民。因本案于2008年3月28日被监视居住，同年4月20日被刑事拘留，5月27日被逮捕。

一、二审辩护人：李延平，江苏宿迁正四方律师事务所律师。

4. 审级：二审。

5. 审判机关和审判组织

一审法院：江苏省宿迁市宿豫区人民法院。

合议庭组成人员：审判长：许素芳；人民陪审员：张守业、张用早。

二审法院：江苏省宿迁市中级人民法院。

合议庭组成人员：审判长：刘国志；审判员：罗红兵、杨海峰。

6. 审结时间

一审审结时间：2009年4月21日。

二审审结时间：2009 年 6 月 15 日。

（二）一审诉辩主张

1. 公诉机关指控称

被告人张令臣自 2006 年 10 月至 2008 年 3 月，与宿迁及周边地区 226 名被害人签订了鸡蛋预售合同 317 份，变相非法吸收公众存款 21 907 520 元。

江苏省宿迁市宿豫区人民检察院认为，被告人张令臣的行为已构成非法吸收公众存款罪，请依法予以惩处。

2. 被告辩称

被告人张令臣对起诉书指控其与被害人签订鸡蛋预售合同并收取预付款的事实不表示异议，但辩称自己是正常商业行为，不构成犯罪。

其辩护人的辩护意见为：被告人张令臣的行为与非法吸收公众存款罪的主客观要件不符。

（三）一审事实和证据

江苏省宿迁市宿豫区人民法院经公开审理查明：被告人张令臣于 2006 年 3 月 18 日在宿豫工商行政管理局办理个体营业执照，经营鸡蛋批发、零售业务。2007 年 6 月 5 日张令臣又在宿豫工商行政管理局注册成立宿迁市金臣禽蛋有限公司（自然人独资），经营鸡养殖、蛋品销售等业务。在经营过程中，张令臣为获取更多资金，扩大养鸡规模，采取以低价供应鸡蛋吸引客户预交一年货款的方式吸收客户资金。自 2006 年 10 月 23 日至 2008 年 3 月 7 日，张令臣本人亲自或安排徐其彬、张明玉等人与来自宿迁市宿城区、泗阳县、沭阳县、泗洪县，淮安市清河区、清浦区、楚州区、涟水县，安徽省泗县等地的 226 名客户签订鸡蛋供货合同 317 份，总计收取货款 21 907 520 元。2007 年 11 月之前，张令臣尚能按合同约定供应客户鸡蛋，从 2007 年 12 月开始，鸡蛋供应困难，并很快中断，大部分供货合同没有履行完毕，造成客户损失约 1 300 万元。

上述事实有下列证据证明：

1. 书证：宿迁市宿豫工商行政管理局关于被告人张令臣的档案资料、317 份鸡蛋订货合同、收取客户预付款的收据。

2. 证人徐其彬、张明玉、赵伟、汤井胜、季爱梅、邱磊红、陶其生、周碧云、宋梅、成山娟、王萃平、时菊花等人的证言。

3. 海德明、陈永峰、卢斯俊、胡闯、左霞、王秀法、刘娟、刘须顺、张立松、熊秀梅、孙华云、戴雅芬、何秀芳、方玉平、胡平忠、刘枫、周卫加、王泽祥、李成连等众多受害人的陈述。

4. 宿迁市公安局宿豫分局提取的商品房买卖合同、房屋转卖协议、接受刑事案件登记表、立案决定书、扣押物品清单。

5. 被告人张令臣供述。

（四）一审判案理由

江苏省宿迁市宿豫区人民法院经审理认为：被告人张令臣在经营过程中，为获取资金，采取以低价供应鸡蛋收取预付款方式，非法吸收公众资金 21 907 520 元，数额巨大，并致使众多被害人的预付货款无法追回，严重扰乱了国家的金融管理秩序，其行为属变相吸收公众存款，构成非法吸收公众存款罪。

（五）一审定案结论

江苏省宿迁市宿豫区人民法院依照《中华人民共和国刑法》第一百七十六条第一款、第六十四条，作出如下判决：

1. 张令臣犯非法吸收公众存款罪，判处有期徒刑九年，并处罚金 30 万元。
2. 对张令臣非法吸收的资金予以追缴，返还被害人。

（六）二审情况

1. 二审诉辩主张

一审法院宣判后，原审被告人张令臣不服，上诉提出自己具有自首情节以及原判量刑太重。辩护人仍持原审时辩护意见。

2. 二审事实和证据

江苏省宿迁市中级人民法院经审理，确认一审法院认定的事实和证据。

3. 二审裁判理由

江苏省宿迁市中级人民法院经审理认为：上诉人张令臣在蛋鸡养殖经营过程中，为扩大养殖规模，获取客户资金投人，采取以明显低于市场价格供应鸡蛋收取预付款方式，非法吸收 200 余户公众资金 2 000 余万元，属于数额巨大，并具有致使众多受害人的预付货款总额 1 300 余万元无法追回的严重情节，其行为危害了公众的资金安全，属变相非法吸收公众存款，严重扰乱了国家的金融管理秩序，构成非法吸收公众存款罪。上诉人张令臣提出其系投案自首，经查，上诉人张令臣系被通知到公安机关，其到派出所目的并非为了投案，而后被审查归案，其行为不构成自首。上诉人张令臣提出量刑太重的上诉理由，经查，原判综合考虑全案量刑情节，在法律规定的量刑幅度内对上诉人张令臣处以刑罚，量刑并无不当，故对此上诉理由不予采纳。原审人民法院定罪准确，量刑适当，适用法律正确，审判程序合法。

4. 二审定案结论

江苏省宿迁市中级人民法院依照《中华人民共和国刑事诉讼法》第一百八十九条第（一）项，作出如下裁定：

驳回上诉，维持原判。

（七）解说

本案的焦点有二：一是集资诈骗罪与非法吸收公众存款罪的界限问题；二是被告人张令

臣以收取预付款的方式吸纳客户资金，在经营难以为继的情况下，造成客户经济损失，究竟属于商业经营活动失败，还是属于变相吸收公众存款。

1. 关于集资诈骗罪与非法吸收公众存款罪的界限问题。判断该问题的关键是被告人是否具有非法占有的故意，对其是否具有非法占有故意的判断，需要考察其是否存在实际经营及其开支情况。根据本案案情，被告人张令臣2004年以2万元资本开始在睢宁县小规模养殖蛋鸡，为了吸收资金投入生产，2005年以办理会员证的方法，比市场价优惠0.5—1元每斤，收取客户全年定金，至2006年6月，其收取10万多元定金，后到宿迁市皂河办养殖场，养4 000只蛋鸡，当年10月，其收取客户60余万元定金，其又不断扩大养殖规模，与大量客户签订预售合同，收取的资金大量增加，至2007年11月底，养殖量达8.8万只，但是，由于其无节制地签订了大量低价供应合同，加之养殖风险的影响，养殖场的产蛋量不能供应合同需求，其开始停止部分客户的供应，至2008年1月，全面停止供应，并靠卖鸡来养鸡。另外，从提取的公司账册看，2007年6月之后至案发，公司开支1 460余万元，主要投入生产经营，其个人按揭购买两处房屋，合计43万元，按揭购买轿车一辆，支付14万元，个人另消费10万元左右。总的来说，被告人张令臣实施了具体的经营行为，但是急功近利，违背市场规律，不断亏本经营，逐步难以为继，最终导致本案结果发生，另外，其个人消费与其非法吸收公众存款的总额相比不算太多，因此，不能认定其具有非法占有故意。虽然造成了众多客户巨额经济损失不能归还，仍不能客观归罪，只能以非法吸收公众存款罪定罪处罚，巨额的损失可以作为量刑的情节予以考虑。

2. 被告人张令臣以低价吸引客户签订预售合同，收取预付款，在经营难以为继的情况下，造成客户经济损失，究竟属于商业经营活动失败，需要以民商法调整，还是属于向不特定客户吸纳资金，变相吸收群众存款，在造成严重社会危害性的情况下，构成非法吸收公众存款罪？

非法吸收公众存款罪保护的客体是国家金融管理制度，保护公众存款安全也是应有之意。随着经济的发展，非法吸收公众存款犯罪的行为方式开始多样化，通过签订供货合同的方式，以低价向公众预售产品，向不特定客户预收巨额货款，经营失败后，使本应流向安全的国家金融管理渠道的巨额公众资金蒙受损失，与以高额回报为诱饵向公众吸纳存款没有本质区别。从本案案情看，定购鸡蛋的客户身份不一，只有少部分是超市经营者，大多数人是教师、工人、农民甚至公务员等等，这些发现了“发财捷径”的人收到鸡蛋后转手以正常市场批发价卖出获利，其本质仍然是资金的运作，属于变相非法吸收公众存款，破坏社会金融秩序的行为，应以非法吸收公众存款罪论处。因此，从本案可以看出，合法的民间借贷受法律保护，但借贷的对象只能是特定的少数个人，基于信任关系而建立，不至于对国家金融秩序造成破坏，若以明显高于银行存款利率的利益回报为诱饵，包括本案的低价预售手段，向社会不特定对象广泛吸收资金，则会扰乱国家金融管理秩序，同时给公众资金造成损失的风险也无法控制，其社会危害性是显而易见的。现阶段，国家对商品房的预售采取许可证制度，用以盘活开发商的资金同时审查其交易能力，控制交易风险，但是对其他商品的预售行为仍然缺乏市场监管，值得警惕。

（江苏省宿迁市中级人民法院　杨海峰）

27. 黄国平伪造金融票证等案

（一）首部

1. 判决书字号：北京市崇文区人民法院（2009）崇刑初字第208号。
2. 案由：伪造金融票证、伪造国家机关证件案。
3. 诉讼双方

公诉机关：北京市崇文区人民检察院，代理检察员：王硕。

被告人：黄国平，男，1976年12月22日出生，汉族，出生地黑龙江省大庆市，高中文化，无业。因本案于2008年11月7日被羁押，同年12月15日被逮捕。

4. 审级：一审。
5. 审判机关和审判组织

审判机关：北京市崇文区人民法院。

合议庭组成人员：审判长：马晓宇；审判员：黄艳苗、张立鹏。

6. 审结时间：2009年9月11日。

（二）诉辩主张

1. 公诉机关指控称

2008年7月间，被告人黄国平从不法人员处购买了伪造的中国建设银行客户回单、存取款凭条等银行结算凭证及国家有关机关颁发的济南中油石化销售有限公司企业法人营业执照、组织机构代码证、税务登记证、成品油批发经营批准证书、危险化学品经营许可证等证件（赃物均已起获）。被告人黄国平在使用前述伪造的银行结算凭证和国家机关证件与于跃侦等人进行商务活动时被发现，黄国平后被抓获。公诉机关认为，被告人黄国平已构成伪造金融票证罪、伪造国家机关证件罪，提请法院依法惩处。

2. 被告辩称

被告人黄国平对起诉书指控的事实不持异议。

（三）事实和证据

北京市崇文区人民法院经公开审理查明：2008年7月间，被告人黄国平从不法人员处购买了伪造的中国建设银行客户回单、存取款凭条等银行结算凭证及济南中油石化销售有限公司企业法人营业执照、组织机构代码证、税务登记证、成品油批发经营批准证书、危险化学品经营许可证等证件，并使用上述伪造的银行结算凭证和国家机关证件与于跃侦等人进行商务活动，后被抓获。

上述事实有下列证据证明：

1. 到案经过，证明被告人黄国平被抓获的情况。

2. 证人徐志和、于跃侦、段正龙、张瑞满的证言，证明与黄国平买卖成品油等的情况。

3. 证人郭成强的证言及济南中油石化销售有限公司出具的证明，证实济南中油石化销售有限公司没有黄国平其人，该公司证件原件均在公司内保管，本案所起获营业执照等证件均系伪造。

4. 起获的济南中油石化销售有限公司“企业法人营业执照”、“组织机构代码证”、“税务登记证”、“成品油批发经营批准证书”、“危险化学品经营许可证”及山东省质量技术监督局组织机构代码办公室、山东省济南市国家税务局、山东省安全生产监督管理局、山东省经济贸易委员会、济南市工商行政管理局出具的证明等书证，证明所起获证件均系伪造。

5. 起获的中国建设银行“客户回单”、“存取款凭条”及银行查询材料等书证，证明所起获上述票证内容均系伪造。

6. 被告人黄国平供述：其于2006年开始倒卖成品油，因为倒卖成品油必须要有用油单位的手续，所以其在2008年7月份找做假证的人做了济南中油石化销售有限公司的假营业执照等五个证件，还伪造了对账单、存取款凭条，后其对外宣称自己是济南中油石化的业务经理，可以收购成品油，并先后认识了徐志和等人。2008年10月下旬，徐志和讲有朋友能弄到柴油，并安排双方见面，为获得对方信任，其提供了上述假材料。后对方核实出其身份是假的。

7. 被告人黄国平的户籍、劣迹材料等书证，证明其个人情况。

（四）判案理由

北京市崇文区人民法院经审理认为：被告人黄国平无视国法，伪造银行结算凭证和国家机关证件，其行为已构成伪造金融票证罪、伪造国家机关证件罪，应依法予以惩处并数罪并罚。北京市崇文区人民检察院起诉书指控的事实清楚，举证确实、充分，指控的罪名成立。被告人黄国平归案后认罪态度较好，酌情对其从轻处罚。

（五）定案结论

北京市崇文区人民法院依照《中华人民共和国刑法》第一百七十七条第一款第(二）项、第二百八十条第一款、第五十二条、第五十三条、第六十九条、第六十四条，作出如下判决：

1. 黄国平犯伪造金融票证罪，判处有期徒刑一年，并处罚金人民币2万元；犯伪造国家机关证件罪，判处有期徒刑一年，决定执行有期徒刑一年六个月，并处罚金人民币2万元。

2. 随案移送的济南中油石化销售有限公司“企业法人营业执照”、“组织机构代码证”、“税务登记证”、“成品油批发经营批准证书”、“危险化学品经营许可证”及中国建设银行“客户回单”、“存取款凭条”予以留存。

（六）解说

对于犯罪人黄国平伪造国家机关证件的犯罪事实以及伪造存取款凭条的事实，审理中不存在异议。但对于伪造存取款凭条的行为是否构成伪造金融票证罪，存在不同意见。一种意见认为，银行结算凭证是一个非常广泛的概念，存取款凭条属于广义上的结算凭证，但从《刑法》第一百七十七条的规定来看，其第一款第（一）、（二）项列举了汇票、本票、支票、委托收款凭证、汇款凭证、银行存单等票据和结算凭证，上述金融票证都具有独立的支付结算功能，而银行存取款凭条并不具备这一功能。存取款凭条仅能证明行为人与银行曾发生过某笔业务，而不能证明账户内余额，既没有独立的证明意义也不能凭此办理实际业务，单纯伪造存取款凭条的行为实际上并无社会危害性，因此对于单纯伪造存取款凭条的行为不能以伪造金融票证罪定罪处罚。另一种意见认为，存取款凭条属于《刑法》第一百七十七条规定的其他银行结算凭证，伪造存取款凭条构成犯罪的，应当以伪造金融票证罪定罪处罚。我们同意后一种意见。主要理由如下：

1. 关于《刑法》第一百七十七条第一款第（二）项的理解

《刑法》第一百七十七条第一款对伪造、变造金融票证罪进行了规定。根据该条规定，汇票、本票、支票、其他银行结算凭证、信用证或者附随的单据、文件以及信用卡均属于该条所规定的金融票证。该条第一款第（二）项规定“伪造、变造委托收款凭证、汇款凭证、银行存单等其他银行结算凭证的”属于伪造变造金融票证的情形之一。这里涉及对“等”的理解问题。也就是说，其他银行结算凭证是否仅限于委托收款凭证、汇款凭证、银行存单。从语义上而言，“等”字有两种含义。一种意义是概括前面列举的事项，另一种意义是指对与前面所列事项性质一样的事项的省略。一方面，根据中国人民银行的相关文件，除票据以外的其他银行结算凭证并不限于以上三种。如中国人民银行2004年《关于调整票据、结算凭证种类和格式的通知》列明了调整前的31种票据和结算凭证以及调整后的15种票据和结算凭证，进账单等亦属于银行结算凭证。另一方面，《刑法》的上述条款并未采取“伪造、变造委托收款凭证、汇款凭证、银行存单等其他三种银行结算凭证的”的表述方式。因此，我们认为，进行后一种意义上的理解是妥当的。至于其他银行结算凭证的范围，应当根据中国人民银行关于其他银行结算凭证的有关文件加以确定。

2. 银行结算凭证应当具有特定的功能

实践中，犯罪人往往通过伪造各种能够直接或者间接证明资金能力的凭证，使被害人相信其具有相应的资金实力，进而进行诈骗活动。除《刑法》第一百七十七条第一款第（二）项规定的三种结算凭证外，被告人还往往通过伪造进账单、对账单、存取款凭条等凭证证明资金实力。这些日常经济交往中的单据，有些已经中国人民银行的有关文件明确为银行结算凭证，有些则没有明确。这就需要我们对这些凭证进行实质性的判断。判断标准就是是否具有银行结算凭证应当具有的特定功能。

中国人民银行1997年公布的《支付结算办法》第三条规定，“支付结算是指单位、个人在社会经济活动中使用票据、信用卡和汇兑、托收承付、委托收款等结算方式进行货币给付及其资金清算的行为”；第九条规定，“票据和结算凭证是办理支付结算的工具”。据此，结算就是指在经济活动过程中发生的货币给付和清结债权债务的行为，银行结算凭证就是指银行专门用以办理结算的凭证，是银行、单位和个人用以记载账务的会计凭证，也是记载经济业务和明确经济责任的一种书面证明。因此，银行结算凭证应当具有以下两方面的功能：一方面，银行结算凭证作为支付结算工具，应当具有给付货币和资金清算的功能；另一方面，能够证明银行与客户之间发生了资金收付关系，代表债权债务关系的建立。对于只具有证明或事后检查作用，不具有货币给付和资金清算作用的凭证，不属于银行结算凭证。中国人民银行办公厅给最高人民法院办公厅《关于其他银行结算凭证有关问题的复函》中对此问题也予以了明确。

本案中，犯罪人通过伪造存取款凭条的方式来证明其具有相应的资金能力。存取款凭条，是存款人开户银行根据存款人委托，将款项存入其账户或者从其账户中将款项支付给收款人的一种书面证明，证明存款人与银行之间进行了货币给付，发生了资金收付关系，而不仅仅具有证明或事后检查的作用，应当认定为银行结算凭证。

除存取款凭条以外，结合中国人民银行的有关文件精神，对于实践中常见的下列凭证，也应当认定为《刑法》第一百七十七条所规定的其他银行结算凭证：银行进账单、银行现金解款单、支付系统专用凭证、转账贷方传票等。而银行履约保函、银行质押凭证止付通知书、支票存根、单位定期存款开户证实书、对账单以及银行询证函等，则不属于《刑法》第一百七十七条所规定的其他银行结算凭证。

3. 关于追诉标准中“面额”的理解

根据最高人民检察院、公安部《关于经济犯罪案件追诉标准的规定》（以下简称《追诉标准》）第二十五条，伪造、变造金融票证的追诉标准是，“面额在一万元以上”或者“数量在十张以上”。审判实践中，在认定金融票证的面额及数量问题上一般不存在异议。但就存取款凭条而言，存在一定的特殊性。存取款凭条不仅载明了该次货币给付中发生的金额，也载明了存款人账户在该次货币支付后的余额。实践中有意见认为，根据文义解释，上述规定中的“面额”，只能理解为每次存取款的发生额。本案中，被告人伪造了 5 张存取款凭条，存取款凭条上记载的每次存取款的金额为数百元，但载明的余额为上亿元。根据上述意见，被告人的行为就不构成伪造金融票证罪。

我们认为，上述理解不甚妥当。《刑法》第一百七十七条规定了行为人只要实施规定的四种伪造、变造行为，即构成伪造、变造金融票证罪，对于情节严重、情节特别严重的，升格处刑。当然，伪造、变造金融票证的行为也要达到一定的社会危害程度，才能定罪处罚。上述追诉标准对定罪情节进行了具体化，确定了面额标准与数量标准。但这种面额标准在存取款凭条中不应仅理解为存取款金额，还应包括余额。首先，伪造、变造金融票证罪所侵犯的客体是国家金融票证的管理制度。《刑法》第一百七十七条并未将伪造、变造行为在金融票证的记载事项范围上进行限定。换而言之，任何伪造、变造该条所规定的金融票证的行为，都侵犯了国家金融票证的管理制度。其次，被告人伪造、变造金融票证往往是为了实施诈骗等其他违法犯罪行为。不仅包括直接骗取伪造、变造的金融票证所载明的支付金额等行为；也包括通过伪造、变造的金融票证所载明的信息证明其资金能力，获取他人信任进而实施诈骗等其他违法犯罪行为。显然，金融票证所载明的信息不仅指支付金额，也包括余额等信息。如果将《追诉标准》规定的“面额”限定为支付金额，不当缩小了《刑法》第一百七十七条的惩处范围，不利于对伪造、变造金融票证严重犯罪行为的惩处，有悖立法旨意。

本案中，被告人伪造的存取款凭条不够 10 张，且每张凭条每次记载的存取款金额为数百元，不足 1 万元，但载明的余额为上亿元，一审法院根据伪造的存取款凭条所载明的余额数额，认定符合《刑法》第一百七十七条所规定的定罪条件，综合本案的具体情节，对被告人伪造存取款凭条的行为以伪造金融票证罪判处其有期徒刑一年并处罚金人民币 2 万元是适当的。

（北京市高级人民法院　罗鹏飞）

28. 陈文安等集资诈骗案

(一) 首部

1. 裁判书字号

一审判决书：福建省厦门市湖里区人民法院（2008）湖刑初字第567号。

二审裁定书：福建省厦门市中级人民法院（2009）厦刑终字第238号。

2. 案由：集资诈骗案。

3. 诉讼双方

公诉机关：福建省厦门市湖里区人民检察院，检察员：林剑铭。

被告人（上诉人）：陈文安，化名“陈俞安”，男，汉族，1968年8月5日出生，福建省福安市人，大学文化，原系厦门奥星生物科技有限公司法定代表人、总经理，住厦门市集美区。2007年12月11日因本案被逮捕。

一、二审辩护人：郑金火，福建厦门联合信实律师事务所律师。

二审辩护人：李明，福建厦门天衡联合律师事务所泉州分所律师。

被告人（上诉人）：杨延军，化名“杨长霖”，男，汉族，1974年3月9日出生，吉林省桦甸市人，大专文化，原系厦门奥星生物科技有限公司副总经理，住桦甸市启新街道春阳委五组，来厦暂住思明区。2007年12月11日因本案被逮捕。

一审辩护人：庄颖、赖洪德，福建厦门天翼律师事务所律师。

二审辩护人：刘军峰、王荣文，福建厦门联合信实律师事务所律师。

4. 审级：二审。

5. 审判机关和审判组织

一审法院：福建省厦门市湖里区人民法院。

合议庭组成人员：审判长：宋晋勇；代理审判员：陈巧玲；人民陪审员：陈珙。

二审法院：福建省厦门市中级人民法院。

合议庭组成人员：审判长：黄冬阳；代理审判员：徐艳、张镇安。

6. 审结时间

一审审结时间：2009年5月20日。

二审审结时间：2009年11月26日。

(二) 一审诉辩主张

1. 公诉机关指控称

2007年6月，被告人陈文安经与香港冠隆投资集团有限公司（以下简称冠隆公司）李成汉、陈自龙（另案处理）商议，将其注册成立但无实际经营的厦门奥星生物有限公司（以下简称奥星公司）进行包装后宣称可以到美国上市，然后借机对外进行融资。随后，被告人陈文安向厦门市数字引擎网络技术有限公司租用空间建立厦门奥星生物科技有限公司（以下简称奥星科技公司）网站，在网站上发布了大量的有关公司规模、产品、实力、财务报表以及将赴美国纳斯达克上市的虚假信息；为进一步骗取投资者的信任，被告人陈文安通过陈先跃、李庆成（均另案处理）代垫注册资本金，将奥星公司的注册资本由50万元虚增至5 000万元；冠隆公司则派遣被告人杨延军进驻奥星科技公司担任副总经理，专门负责公司“股权信托受益权”转让业务的相关事宜；被告人杨延军则独自或指使公司员工刘冰与包头市融创信合企业管理有限责任公司、东南信托投资咨询有限公司等中介机构联系，谎称奥星科技公司将于2008年到美国纳斯达克上市，委托中介机构招揽投资者购买奥星科技公司股东陈佩初（陈文安之妻）名下的“股权信托受益权”，并承诺给予一定比例的分成，从而诱骗被害人王昌文、黄超等五十多名投资者纷纷将投资款转入其指定的以陈佩初名义在中国工商银行、中国建设银行、中国农业银行开立的账户内（卡号依次为6222024100004230607、6227001935840104391、6228480070037422915）。自2007年6月至12月，被告人陈文安骗取上述款项共计2 982 090元，收款后立即转走并予以瓜分。公诉机关认为：被告人陈文安、杨延军以非法占有为目的，结伙采用虚构事实的手段，以转让股权为幌子，非法集资达290余万元，数额特别巨大，其行为已触犯《中华人民共和国刑法》第一百九十二条，应以集资诈骗罪追究其刑事责任。根据《中华人民共和国刑法》第二十五条第一款之规定，本案系共同犯罪，提请法院依法惩处。

2. 被告辩称

被告人陈文安辩称：其对指控的事实没有意见，但对指控的罪名有意见。其一直都是想让公司去美国上市，根本没有以非法占有为目的，没有诈骗的目的，公司只收回40多万元，款项都用于公司的投资，其行为应构成擅自发行股票罪。

其辩护人的辩护意见为：(1) 本案的实质是非法发行股票，构成擅自发行股票罪，而且是单位犯罪，公诉机关关于集资诈骗罪的指控是定性错误。①本案仅是未经批准擅自发行股票而不是使用诈骗方法非法集资。以“高回报为诱饵，以骗取资金为目的”是集资诈骗的重要特征，本案中奥星科技公司不具备这一特征。②本案是非法发行证券的弄虚作假手段而不是非法集资的诈骗手段。(2) 本案是单位犯罪，即奥星科技公司擅自发行股票。①擅自发行股票行为是单位行为而非个人行为。②违法所得归单位所有，从而体现单位的真实意思，属于单位罪过。被告人陈文安、杨延军以奥星科技公司名义实施的行为完全没有背离该公司的利益，是为该公司谋取相应的利益，而且两被告人所实施的行为都是职务行为，代表的是奥星科技公司，同时本案也没有证据证明非法发行证券所收取的款项是落入陈文安、杨延军的个人腰包。

被告人杨延军辩称：其不认同指控的罪名，指控的犯罪事实有部分不属实。其不是冠隆公司派驻到奥星公司的，只是经陈自龙介绍而成为奥星公司的员工。其没有参与瓜分款项，其没有拿股东的投资款。其不是来骗钱的，只是打工者，不是结伙诈骗。

其辩护人的辩护意见为：(1) 被告人杨延军不构成公诉机关指控的集资诈骗罪，其行为不具备该罪犯罪构成要件中的主观要件，即其不具有非法占有集资款的目的。理由如下：①本案中奥星公司为真实存在的公司，税务是否如实申报并不影响奥星公司有实际经营的事实；②奥星公司不仅将所有股东情况进行备案存档，还准备了相应的股权回购协议，并已向中介机构谈及退款的相关事宜，这一行为表明了奥星公司及两被告人并没有想侵吞股东缴纳的股权转让款；③被告人的一切行为在主观上确实只是为了奥星公司最终能在美国上市的这一目的；④杨延军对相关中介机构的情况进行了审查，表明其并非存心欺骗；⑤证券部门认为本案两被告人的行为仅仅是擅自发行股票的行为；⑥被告人杨延军在整个事件中并没有分得任何的“分成”。（2）被告人杨延军在本案中起到的只是次要作用。理由如下：①被告人杨延军不是本案集资事件的起意人；②整个集资过程中，杨延军参与的仅仅是出具文件这一过程，至于收转股款一事，其仅仅是听从上级的指示，进行统计和汇报；③在本次集资事件中，被告人杨延军从始至终未获得任何利益。

（三）一审事实和证据

福建省厦门市湖里区人民法院经公开审理查明：2007 年 7 月，被告人陈文安注册成立厦门奥星生物有限公司（以下简称奥星公司），注册资金 50 万元，没有厂房和生产基地，没有自身生产的产品，没有专利技术，没有科研团队，也没有下属公司，公司 2003 年度至 2007 年度的应纳税额均为零；2007 年 12 月 4 日其将奥星公司变更为厦门奥星生物科技有限公司（以下简称奥星科技公司），注册资本 5 000 万元，法定代表人陈文安。被告人陈文安对该公司进行包装后宣称可以到美国上市，借机对外进行融资。随后，被告人陈文安化名“陈俞安”向厦门市数字引擎网络技术有限公司租用空间建立了奥星科技公司网站，在奥星公司尚未变更为奥星科技公司之前，即私刻了奥星科技公司公章、奥星科技公司财务章、厦门中山律师事务所印章、林伦良印章，在网站上发布了大量有关奥星科技公司规模、产品、实力、财务报表以及将赴美国纳斯达克上市等虚假信息（包括宣称奥星科技公司拥有 1 个独资子公司和 4 个控股子公司，是专业化的生物科技高新技术企业，拥有国家级专利技术——生物冶炼轻合金泡沫金属，是全国乃至国际唯一拥有“轻合金泡沫金属”自主知识产权产品的生产企业；公司近 2 年保健品生产产值超过 8 000 万元，多肽原料出口 200 多吨，营业额 2 000 万美元，截至 2006 年 12 月 31 日公司总资产为 25 200 万元，净资产为 18 280 万元；公司通过股权信托受益权转让方式获得的资金将用于“轻合金泡沫金属”、“种子浸泡液”两项高新技术企业，公司计划用 2 年时间完成海外上市，计划在美国纳斯达克证券市场上市，预计于 2008 年 7 月挂牌上市；公司拥有《高新技术企业认定证书》、《质量管理体系认证证书》等证书）。为进一步骗取投资者的信任，2007 年 9 月至 2007 年 11 月，被告人陈文安先后雇请陈先跃、李庆成（均另案处理）代垫注册资本金并办理相关工商登记手续，分 4 次将奥星公司的注册资本由 50 万元虚增至 5 000 万元，2007 年 11 月奥星公司的注册资本虚增为 5 000 万元。为此被告人陈文安先后支付给陈先跃、李庆成一定比例的垫资增资费用。

被告人杨延军化名“杨长霖”，担任奥星科技公司副总经理，主要负责奥星科技公司“股权信托受益权”转让业务的相关事宜。被告人杨延军独自或指使公司员工刘冰与福州海西投资顾问有限公司（以下简称海西公司）、东南信托投资咨询有限公司（以下简称东南公司）、包头市融创信合企业管理有限责任公司（以下简称包创公司）等中介机构联系，委托中介机构招揽投资者购买奥星科技公司股东陈佩初（陈文安的妻子）名下的“股权信托受益权”，并承诺给予一定比例的分成，谎称奥星科技公司将于 2008 年到美国纳斯达克资本市场上市等，并向投资者出具了虚假的宣传资料（如奥星科技公司虚假的企业法人营业执照、税务登记证、财务报表、陈佩初与林伦良之间的“民事股权信托约定书”等），从而诱骗被害人周伟雄、班启龙、毛超辉等 52 名投资者在 2007 年 6 月至 2007 年 12 月期间将投资款转入其指定的以陈佩初名义在中国工商银行、中国建设银行、中国农业银行开立的账户内（卡号依次为 6222024100004230607、6227001935840104391、6228480070037422915）。被告人陈文安实际持有和控制上述三张银行卡，骗取 52 名被害人的投资款项共计 2 993 050 元，收款后立即全部转走并予以瓜分，致使 52 名被害人的大部分投资款至今无法返还。

2007 年 12 月 11 日公安机关根据线索抓获被告人陈文安、杨延军。案发后公安机关在厦门市前埔中二路 835 号 5 楼奥星科技公司办公室，从刘冰的办公桌内缴获印章 5 枚（分别是"厦门奥星生物科技有限公司"、"厦门奥星生物科技有限公司财务专用章"、"陈佩初印"、"汤绍景印"、"李扬印"）、《受益权证》3 本；在奥星科技公司杨延军办公室的办公桌内亦缴获印章 2 枚（分别是"厦门奥星生物有限公司"、"厦门中山律师事务所"）、律师执业证 1 本、《股权证》162 本、《受益权证》4 本。公安机关向陈佩初缴获了户名为陈佩初的银行卡 3 张（中国建设银行卡号 6227001935840104391，中国工商银行卡号 6222024100004230607，中国农业银行卡号 6228480070037422915）。陈佩初向公安机关上交了赃款 325 000 元。公安机关向缪颖南扣缴了非法所得款项 5 000 元，向李庆成扣缴非法所得款项 295 000 元，向陈先跃扣缴非法所得款项 6 万元，向王进扣缴非法所得款项 10 万元。上述款项合计 785 000 元。

上述事实有下列证据证明：

1. 证人陈佩初、陈先跃、王进、李庆成、杨小奇、于艳春、缪颖南的证言、奥星公司的公司章程、章程修正案、股权转让协议、股东出资情况表、股东身份证复印件、任职合法性声明、董事监事情况表、验资报告、公司变更登记申请书、公司变更登记审核书、股东会决议、准予变更登记通知书、企业法人营业执照副本、奥星公司的银行账户进出款项清单、银行转账支票、银行进账单、银行对公账户对账单，证明奥星公司增资和改名等情况。

2. 证人刘冰、陈鹏奇、李成汉、陈自龙、汤绍景、黄玉霖、董明伟的证言、厦门市湖里区国家税务局的申报明细报告表、中国证券监督管理委员会厦门监管局的复函、电子数据鉴定报告、福建中证司法鉴定中心检验报告书，证明奥星公司虚构公司信息的情况。

3. 搜查笔录、扣押物品文件清单、暂存款专用票据、发还物品清单、银行账户信息清单、银行取款凭条、账户交易清单，证实犯罪工具、赃物等情况。

4. 到案经过，证实公安机关抓获被告人陈文安、杨延军的情况。

5. 户籍证明，证实被告人陈文安、杨延军的自然情况。

（四）一审判案理由

福建省厦门市湖里区人民法院经审理认为：关于被告人陈文安及其辩护人提出的被告人陈文安的行为构成擅自发行股票罪，而且是单位犯罪的辩解和辩护意见，以及被告人杨延军及其辩护人提出的被告人杨延军行为不具备非法占有集资款目的的辩解和辩护意见，经查，（1）擅自发行股票罪的行为人主观上是以非法募集经营资金为目的，而集资诈骗罪的行为人主观上是以非法占有为目的。擅自发行股票罪与集资诈骗罪的重要区别就是行为人是否具有非法占有目的。（2）本案二被告人个人均使用化名对外联系，使用私刻的奥星科技公司印章与投资者签订协议书，多次虚增公司注册资金，而且发布大量的虚假信息，开始实施犯罪行为时奥星科技公司也不具有任何偿还能力或者盈利能力，二被告人根本没有落实其对外宣称的生产经营项目，投资者的投资款也没有被用于约定的用途，相反二被告人收到投资者的投资款后立即全部转走并予以瓜分，非法随意处分。通过对二被告人的主体身份、履约能力、履约行为、对非法筹集资金的处置的综合分析，可以充分认定二被告人具有非法占有的目的。二被告人以非法占有为目的，打着公司的旗号进行非法集资活动，其实施的行为不符合擅自发行股票罪的犯罪构成要件，而且不属于单位犯罪的范畴。二被告人及其辩护人的上述辩解和辩护意见，依据不足，本院均不予采纳。

被告人陈文安、杨延军以非法占有为目的，结伙采用虚构事实的手段，以转让股权信托受益权为幌子，以虚假的证明文件和高回报率为诱饵，变相向社会募集骗取资金达 299 万余元，数额特别巨大，严重扰乱了国家金融管理秩序，侵犯了他人的财产所有权，其行为均已构成集资诈骗罪，且系共同犯罪。厦门市湖里区人民检察院指控被告人陈文安、杨延军犯集资诈骗罪，指控的罪名成立。案发后，被告人陈文安的家属自动上交了部分赃款，可对被告人陈文安酌情从轻处罚。虽然本案不宜区分主从犯，但是在共同犯罪中被告人杨延军的作用相对较小，应判处较轻的刑罚。

（五）一审定案结论

福建省厦门市湖里区人民法院依照《中华人民共和国刑法》第一百九十二条、第二十五条第一款、第六十四条，作出如下判决：

1. 陈文安犯集资诈骗罪，判处有期徒刑十三年，并处罚金 30 万元。

2. 杨延军犯集资诈骗罪，判处有期徒刑十一年六个月，并处罚金 25 万元。

3. 随案移送的“厦门奥星生物科技有限公司”等内容的印章 7 枚、律师执业证 1 本、《股权证》162 本、《受益权证》7 本、户名为陈佩初的银行卡 3 张，均予以没收。

4. 暂扣于本院的赃款 785 000 元按同等比例退赔给本案的周伟雄、罗南庆、戴国祥、范锐标、张溢诚、毛超辉等 52 名被害人。陈文安、杨延军应于本判决发生法律效力第二日起十日内继续共同退赔给本案 52 名被害人尚未退赔的投资款共计 2 208 050 元。

（六）二审情况

1. 二审诉辩主张

上诉人陈文安诉称：（1）原判定性错误，其运作奥星科技公司和发行并销售股权信托受益权证的目的是使该公司在海外上市，主观上没有骗取他人钱款的目的，其行为应当定性为擅自发行股票罪。（2）本案系单位犯罪，而非个人犯罪。请求二审予以改判。

上诉人杨延军诉称：（1）其主观上不具有非法占有目的，认定其行为构成集资诈骗罪是错误的。（2）即使本案构成集资诈骗罪，也应当认定为单位犯罪。（3）其在共同犯罪中起次要作用，应当认定为从犯。请求对其从轻、减轻处罚。

2. 二审事实和证据

福建省厦门市中级人民法院经审理，确认一审法院认定的事实和证据。

3. 二审判案理由

福建省厦门市中级人民法院经审理认为：原判认定事实清楚，定罪准确，量刑适当，审判程序合法，应予维持。上诉人陈文安、杨延军及其辩护人提出的上诉、辩护意见，缺乏事实和法律依据，均不予采纳。

4. 二审定案结论

福建省厦门市中级人民法院依照《中华人民共和国刑事诉讼法》第一百八十九条第（一）项，作出如下裁定：

驳回上诉，维持原判。

（七）解说

本案是以擅自发行公司股票方式进行的集资诈骗犯罪。两犯罪人通过公司网站的虚假宣传，谎称要到海外上市，面向全国兜售公司“原始股”。在6个月时间内，来自全国20个省份的52名投资者的近300万元投资款被一个注册资金5 000万元的奥星科技公司给卷走了。因本案的影响面较广，公安部曾通知各地公安机关协助厦门公安机关全面调查此案，证券部门也介入调查此案。奥星科技公司是经工商部门注册成立的注册资金达5 000万元的合法公司法人，对作为公司老总的两犯罪人擅自募集资金的行为要如何定性，引起了广泛的争议。侦查阶段，公安机关以合同诈骗罪立案侦查，以合同诈骗罪对两犯罪人刑事拘留，后以擅自发行股票罪移送审查起诉。证券部门介入调查时也认为是擅自发行股票的行为。公诉机关指控集资诈骗罪，被告人和辩护人均认为是擅自发行股票罪。本审经过一审、二审才最终尘埃落定。可见，实践中对集资诈骗罪仍然存在诸多的模糊认识。明确集资诈骗罪与擅自发行股票罪、合同诈骗罪之间的界限，具有现实的指导意义。

1. 集资诈骗罪和擅自发行股票罪的区别

集资诈骗罪和擅自发行股票罪同属非法集资类犯罪。当前非法集资类犯罪的形式较多，我国《刑法》为了打击非法集资类犯罪，通过第一百六十条的欺诈发行股票、公司、企业债券罪，第一百七十九条的擅自发行股票、公司、企业债券罪，第一百七十六条的非法吸收公众存款罪和第一百九十二条的集资诈骗罪，构建了打击非法集资类犯罪的刑事法网。但是资本市场中的融资方式总是不断推陈出新，常会创造出游弋于上述四种罪名之间的新型犯罪手段。本案即是一个例证，两犯罪人的行为游弋于集资诈骗罪和擅自发行股票罪之间。明确集资诈骗罪和擅自发行股票罪之间的界限是正确界定两犯罪人行为的前提。

集资诈骗罪是指以非法占有为目的，使用诈骗方法非法集资数额较大的行为。而擅自发行股票罪是指个人或者单位，未经《公司法》规定的有关主管部门的批准，擅自发行股票或者不符合法律规定的条件发行股票，数额巨大、后果严重或者有其他严重情节的行为。两罪的主要区别有：（1）两罪侵犯的犯罪客体有所不同。集资诈骗罪侵犯的客体是复杂客体，不仅包括国家金融管理秩序，而且包括公私财物所有权。而擅自发行股票罪侵犯的是国家对股票的管理秩序，广义上属于国家金融管理秩序。（2）两罪的主观故意内容有所不同。集资诈骗罪的行为人主观上必须具有非法占有他人财物的目的，这是集资诈骗罪不可缺少的主观故意的构成要件。而擅自发行股票罪行为人主观上一般是以非法募集经营资金为目的，但并不具有非法占有他人财物的目的。虽然理论上上述两罪的界限是明显的，但是司法实践中的区分却不容易。集资诈骗案件中行为人也常常打着为公司募集经营资金的旗号，例如本案。而擅自发行股票案件中投资者的投资款也常常血本无归，但是也不能直接认定就是投资者的财产所有权受到了侵害。实践中要判断行为人的主观故意是非法募集经营资金的目的，还是非法占有的目的，并非易事。特别是诈骗类犯罪的行为人往往极力回避或者隐藏自己具有非法占有的目的。本案两犯罪人从归案一直到二审结束，均没有供述自己具有非法占有的目的。

这给刑事诉讼带来了一定的难度。对被告人主观故意的认定也仅能通过对已经收集到的客观证据来分析推定。对被告人主观故意的分析推定也就成了本案的难点。

集资诈骗罪的本质特征就是主观上具有非法占有的目的，客观上使用诈骗方法非法集资。这一本质特征的主客观方面是相互统一的。主观上的非法占有目的会支配行为人去使用诈骗方法非法集资，而行为人客观上使用诈骗方法非法集资则反映出行为人的非法占有目的。集资诈骗行为人的非法占有目的，在集资诈骗过程中都会体现。所以对集资诈骗行为人的非法占有目的，也就应当从集资诈骗的各个环节的客观事实来认定。本案从行为人的主体身份、履约能力、履约行为、对非法筹集资金的处置等方面综合分析并最后推定出被告人具有非法占有的目的。这是司法实践中行之有效的方法。

(1) 从行为人的主体身份分析，看行为人在实施集资犯罪过程中是否使用虚假名义或者假冒他人名义。擅自发行股票案件中，行为人往往是未经国家主管部门批准擅自发行股票，既可能是其发行的股票不符合法律规定的条件，也可能是符合法律规定的发行股票的条件而没有经过国家主管部门批准。但是行为人发行股票时一般不会出现虚假名义或者假冒他人名义的情形。而集资诈骗案件中，使用虚假名义或者假冒他人名义则是行为人惯用的伎俩。本案两犯罪人使用化名，使用虚假的企业法人营业执照，用私刻的奥星科技公司公章和投资者签订协议，并且为奥星科技公司虚增注册资本等。其给投资者提供这些虚假的信息和虚假的协议书，目的就是让投资者今后难于追索回集资款项，最终实现非法占有。

(2) 从行为人的履约能力分析，看行为人开始实施犯罪行为时是否具有一定的偿还能力或者盈利能力，其集资项目和资金需求是否真实。擅自发行股票案件中，行为人在刚要实施发行股票之初往往具有一定的资金实力，具有一定的偿还能力或者盈利能力，其公司往往因扩大生产经营的需要而萌发对外募集资金的计划。而集资诈骗案件中，行为人在刚要实施集资之初本身往往是“皮包公司”，或者已经处于濒临歇业、停产、倒闭，没有盈利的可能，没有偿还能力，行为人故意隐瞒真相，对外宣称的资金项目和用途往往弄虚作假，甚至是子虚乌有的。本案两犯罪人刚开始对外转让股权信托受益权时，奥星科技公司这个主体是不存在的，2007 年 12 月奥星公司名称才变更为奥星科技公司，而且注册资金是通过虚报方式增资的。奥星公司的真实情况是一个连续几年的应税销售收入和应纳税额均是零的公司，奥星公司处于几乎歇业的状态，被告人宣称的奥星科技公司的规模、产品、实力等，以及其经营奥星科技公司的盈利能力，均是虚假的。两犯罪人在奥星科技公司网站和对外散发的宣传资料上关于奥星科技公司的偿还能力或者盈利能力的陈述均是不真实的。

(3) 从行为人的履约行为分析，看行为人有无履行集资约定事项的诚意和实际行动。擅自发行股票案件中，行为人当初一般是将非法募集的资金投入公司的生产经营活动中，如购买厂房、购买机器设备、进行研究开发、进行贸易活动等，行为人有履约的诚意，也积极实践事先的承诺，即使后来由于客观情况的变化或者经营管理不善导致行为人破产或者丧失偿还能力，导致投资者的投资款无法返还，我们根据行为人当初的情况也不能认定行为人具有非法占有的主观目的。而集资诈骗案件中，行为人往往没有将募集的资金投入公司生产经营活动中，没有兑现募集资金时承诺的资金项目和用途。本案两犯罪人并没有将募集到的资金存入公司的银行账户，而是存入以陈佩初名义在银行开立的私人银行账户内。其根本没有落实其对外宣称的奥星科技公司的生产经营项目，投资者的投资款项没有用于约定的用途，至今也没有给投资者任何的回报。

(4) 从行为人对非法筹集资金的处置分析，看行为人有无将募集资金投入生产经营活动中。擅自发行股票案件中，非法募集的资金被投入公司正常的生产经营活动中，行为人没有对这些资金行使处分权。而集资诈骗案件中，行为人常直接将募集资金用于个人私分、个人消费、肆意挥霍、从事违法活动等，甚至隐匿财产、携款潜逃，致使募集的投资款根本无法返还。本案二犯罪人在收到投资者的投资款后立即全部转走并予以瓜分，非法随意处分。除本案已经追缴的78.5万元赃款外，二被告人的行为客观上造成了投资者220余万元投资款至今无法追回的危害后果，侵害了投资者的财产所有权。

通过上述四个方面的综合分析，在被告人不认罪的情况下，仍然可以充分推定二被告人具有非法占有的目的，准确地界定出二被告人以擅自发行股票为幌子，行集资诈骗之实。

我国刑法中没有关于推定的明确规定，而民事法律中却有推定的明确规定。最高人民法院《关于民事诉讼证据的若干规定》第九条第一款第（三）项规定，“根据法律规定或者已知事实和日常生活经验法则，能推定出的另一事实”，当事人无需举证证明。我国刑事司法解释中关于非法占有目的也有类似推定的规定。例如，最高人民法院《全国法院审理金融犯罪案件工作座谈会纪要》指出：“在司法实践中，认定是否具有非法占有为目的，应当坚持主客观相一致的原则，既要避免单纯根据损失结果客观归罪，也不能仅凭被告人自己的供述，而应当根据案件具体情况具体分析。根据司法实践，对于行为人通过诈骗的方法非法获取资金，造成数额较大资金不能归还，并具有下列情形之一的，可以认定为具有非法占有的目的：（1）明知没有归还能力而大量骗取资金的；（2）非法获取资金后逃跑的；（3）肆意挥霍骗取资金的；（4）使用骗取的资金进行违法犯罪活动的；（5）抽逃、转移资金、隐匿财产，以逃避返还资金的；（6）隐匿、销毁账目，或者搞假破产、假倒闭，以逃避返还资金的；（7）其他非法占有资金、拒不返还的行为。但是，在处理具体案件的时候，对于有证据证明行为人不具有非法占有目的的，不能单纯以财产不能归还就按金融诈骗罪处罚。”又如最高人民法院颁布的《关于审理诈骗案件具体应用法律的若干问题的解释》第三条规定，集资诈骗罪的“诈骗方法”是指行为人采取虚构集资用途，以虚假的证明文件和高回报率为诱饵，骗取集资款的手段。而具有下列情形之一的，应当认定其行为属于“以非法占有为目的，使用诈骗方法非法集资”：（1）携带集资款逃跑的；（2）挥霍集资款，致使集资款无法返还的；（3）使用集资款进行违法犯罪活动，致使集资款无法返还的；（4）具有其他欺诈行为，拒不返还集资款，或者致使集资款无法返还的。司法解释列举的上述表现形式有助于我们从行为人的客观行为方式推定出行为人的主观目的。这实际上属于法律推定，具备了上述规定的情形之一就可以认定为行为人具有非法占有的目的。但是上述司法解释规定的行为人的客观表现形式与非法占有目的之间的联系，也仅是一种通常情况下的推定，这种推定并非是不容置疑的，也存在被推翻的可能性。因为在没有应用主客观相统一的分析基础上，从行为方式来推定行为人主观意识毕竟是有一定的风险，可能会出现偏差。所以，上述司法解释也特别规定了在有证据证明行为人不具有非法占有目的的情况下，不能单纯以财产不能归还就按金融诈骗罪处罚。这是对上述非法占有目的推定的限制。

2. 集资诈骗罪和合同诈骗罪的区别

合同诈骗罪是指以非法占有为目的，在签订、履行合同过程中，骗取对方当事人财物，数额较大的行为。集资诈骗罪和合同诈骗罪都同属诈骗类犯罪，二者都具有诈骗罪的共性特征，即采取欺诈的手段把他人的财物非法占为己有。二者在主观方面都是以非法占有为目的的故意。诈骗类犯罪的欺骗方法十分广泛，但是主要的方式不外乎虚构事实和隐瞒真相。

集资诈骗罪和合同诈骗罪的重要区别在于：（1）侵犯的客体有所不同。集资诈骗罪属于刑法金融诈骗罪的范畴，侵犯的客体是复杂客体，不仅包括国家金融管理秩序，而且包括公私财物所有权。而合同诈骗罪属于刑法扰乱市场秩序罪的范畴，侵犯的客体也是复杂客体，不仅包括国家对合同的管理秩序，而且包括公私财物所有权。(2) 犯罪对象有所不同。集资诈骗罪侵害的对象是不特定的，即行为人是针对社会上不特定的公众，或者是某一特定类型的不特定的公众，以高回报率为诱饵非法募集资金并占有集资款。而合同诈骗罪侵害的对象是特定的，即行为人是针对签订合同的对方当事人实施诈骗行为并获取其钱财。(3) 客观表现形式有所不同。集资诈骗罪的客观表现形式不仅要以隐瞒真相或虚构事实的方法骗取公众的资金，而且要属于非法集资的行为。而合同诈骗罪在客观方面表现为在签订、履行合同过程中，隐瞒真相或虚构事实，骗取对方当事人财物。

集资诈骗罪和合同诈骗罪在特定情况下也会出现重合。当非法集资活动以签订合同的形式进行时，两罪就发生了一定程度的重合。本案即是例证。被告人谎称奥星科技公司将到美国纳斯达克资本市场上市，招揽投资者购买奥星科技公司的“股权信托受益权”，52 名投资者分别和奥星科技公司签订了《股权信托受益权转让协议》。被告人骗取的钱款就是投资者按照协议约定支付的股权转让费。如果被告人仅仅和一个投资者签订《股权信托受益权转让协议》，那么此时被告人的诈骗对象是特定的，被告人的行为符合合同诈骗罪的全部构成要件。本案公安机关也是以合同诈骗罪为由拘捕被告人的。但是当我们全面考察本案 52 份《股权信托受益权转让协议》后，我们会发现，这并不是一般民法意义上的买卖合同，而更类似于一种投资类的合同。其实被告人招揽的对象是社会上不特定的投资者，投资者的数量不受限制，而且被告人所转让的“股权信托受益权”也没有总量上的限额，多多益善。当 52 份合同的当事人把资金都交给了本案两犯罪人，所有聚集起来的资金实际上就是集资意义上的一个资本储蓄池，参与者越多，聚集的资金就越多。本案犯罪人以签订投资合同的形式来骗取众多合同当事人的财物，既符合合同诈骗罪的构成要件，又符合集资诈骗罪的构成要件，属于交叉竞合的法条竞合关系。这种交叉竞合的法条竞合以“重法优于轻法”为适用原则，比较合同诈骗罪和集资诈骗罪，很明显后者要重于前者。合同诈骗罪的最高刑是无期徒刑，而集资诈骗罪的最高刑期是死刑，本案的犯罪数额属于集资诈骗罪中的“数额特别巨大”，量刑幅度在十年以上有期徒刑或者无期徒刑。因此本案应以集资诈骗罪定罪处罚为宜。

（福建省厦门市湖里区人民法院　宋晋勇）

29. 肖智敏信用卡诈骗案

（一）首部

1. 判决书字号：福建省厦门市思明区人民法院（2009）思刑初字第 231 号。

2. 案由：信用卡诈骗案。

3. 诉讼双方

公诉机关：福建省厦门市思明区人民检察院，代理检察员：江羽佳。

被告人：肖智敏，男，1987年2月11日出生于福建省莆田市，汉族，系厦门大学历史系2005级学生。2008年7月17日因本案被刑事拘留，同年8月23日被逮捕。

辩护人：柯华东、林家年，北京市大成律师事务所律师。

4. 审级：一审。

5. 审判机关和审判组织

审判机关：福建省厦门市思明区人民法院。

合议庭组成人员：审判长：江玉华；人民陪审员：黄鹭达、王晓丽。

6. 审结时间：2009年9月22日（经福建省高级人民法院批准，本案延长审理期限一个月，公诉机关以补充调取新的证据材料为由，于2009年5月27日和2009年8月11日先后申请延期审理各一次）。

（二）诉辩主张

1. 公诉机关指控称

（1）2008年4月到6月间，被告人肖智敏以帮忙在中国建设银行办理信用卡后代为销卡为由骗得他人的信用卡，或以虚构的理由骗取他人的身份资料办理信用卡。随后又将上述中国建设银行信用卡信息重新设置后通过商家的POS机透支套取现金总计人民币187 180.88元，将所得款项用于挥霍。2008年6月，肖智敏通过家人将套取的款项归还。

（2）2007年5月至2008年6月间，被告人肖智敏还以帮忙销卡为由，骗得他人的中信银行信用卡并更改信用卡信息，通过商家的POS机透支套取现金共计人民币21 816.47元，将款项用于挥霍。

（3）2008年1月至2008年7月间，被告人肖智敏以虚假理由骗得他人的招商银行信用卡后，更改他人信用卡信息并通过商家的POS机透支套取现金共计人民币22 094.43元，将款项用于挥霍。

2. 被告辩称

被告人肖智敏辩称：（1）中信银行、招商银行的银行卡持卡人在被透支的第一时间即知晓银行卡被透支的事实，该部分属于“借卡”使用，且透支后其亦陆续还款。该部分数额不应计入诈骗数额。（2）其系通过厦门大学人文学院一党委副书记与办案警官约定在人文学院见面，而非被抓获。（3）其并非将取得的款项用于挥霍。

其辩护人的辩护意见为：（1）被告人用他人的信用卡套现并非以非法占有为目的，且在中国建设银行套取的款项已经归还，依法不构成信用卡诈骗罪。（2）庭审调查显示，至少部分持卡人知道信用卡的使用人为被告人，或是在被告人使用信用卡后予以追认或默认，该部分行为并非冒用他人信用卡的行为。（3）被告人有自首情节：被告人归案前即获悉有部分持卡人已经报案并应人文学院一党委副书记的要求前往人文学院与警察见面，应当认定为主动投案。

（三）事实和证据

福建省厦门市思明区人民法院经公开审理查明：

1. 2008年4月到6月间，被告人肖智敏以其正在中国建设银行社会实践、需要扩充业务量或办理银行卡在商场购物可打折等各种借口说服各被害人办理中国建设银行银行卡并承诺申领成功后即予销户，或以报考公务员需要充人数等借口骗得各被害人的证件后擅自申请银行卡等方法，非法取得温成浩等62名被害人的62张中国建设银行银行卡并更改持卡人信息，尔后频繁通过取现、消费累计透支人民币187 180.88元。同年6月下旬，因部分被害人发现其名下的银行卡被透支，即要求被告人及时还款，被告人肖智敏乃通过家人将套取的全部款项归还。

2. 2007年5月至2008年6月间，被告人肖智敏还以帮助金鑫等被害人为此前申领的中信银行信用卡办理销卡手续为由，取得被害人的中信银行信用卡，之后更改持卡人信息，通过取现、消费透支，截至案发，累计透支人民币56 282.12元，尚有人民币20 927.11元未归还（均不含利息、滞纳金、手续费等）。

3. 2008年1月至2008年7月间，被告人肖智敏编造借口向何建平等被害人借用招商银行信用卡，随后更改持卡人信息并频繁通过取现、消费透支，截至案发，累计透支人民币43 394.33元，尚有人民币22 094.43元未归还（均不含利息、滞纳金、手续费等）。

另查明，2008年7月10日，公安机关根据罗金华等被害人的报案，在厦门大学人文学院的协助下，将被告人肖智敏抓获归案。在本院审理期间，被告人的亲属代被告人向中信银行和招商银行退赔了上述大部分未归还的款项（其中何建平卡号为5187107102682157的招商银行信用卡的透支款尚有人民币5 128.02元未归还）。

上述事实有下列证据证明：

1. 温成浩等被害人的陈述，证明被告人以各种理由说服其办理中国建设银行银行卡并承诺申领成功后即予销户，后发现卡被透支的情况；或以报考公务员需要充人数等借口取得其证件后未经同意申请银行卡并透支使用；或以代为办理销卡手续骗取信用卡并使用；或以借卡购物取得信用卡后透支的事实。

2. 证人钟子强、庄碧蓉、陈惠卿、庄琼莺的证言以及证人陈惠卿的辨认笔录，证明被告人以各种借口为其他同学集中办理信用卡或取得同学的证件办理银行卡并透支套现的事实，从而佐证了各被害人的陈述内容。

3. 中国建设银行的证明及提供的销户清单，证明被告人使用该行信用卡透支的款项已经归还；该部分银行卡已经销户。

4. 公安机关向厦门大学调取的特快专递签收单、签收单据以及《文检鉴定书》，证实以上所涉的部分银行卡系被告人签收。

5. 公安机关向建设银行、中信银行、招商银行调取的对账单，证明被告人透支的具体款额以及尚未归还的款项数额。

6. 以上各银行提供的信用卡申请资料（包括申请表、证件等）佐证了各信用卡的申领过程。

7. 公安机关出具的到案经过，证明：厦门大学党委书记以有事约谈被告人为由通知被告人到人文学院，由等候在该地的警察将其带至公安机关。

8. 通话记录，证明被告人通过手机更改银行卡持卡人信息的情况。

9. 被告人的户籍资料，证明其自然情况。

（四）判案理由

福建省厦门市思明区人民法院经审理认为：被告人肖智敏辩称关于“中信银行、招商银行的银行卡持卡人在被透支的第一时间即知晓银行卡被透支”的辩解，经查，各相关被害人均证实被告人或以帮助销户为由骗得各信用卡，或以购买光盘、需借用信用卡支付为借口向持卡人取得信用卡，在取得信用卡后即更改持卡人信息，导致各持卡人无法知晓信用卡被使用、透支的情况；被告人的庭前供述对此亦予供认。可见，被告人系在持卡人不知情的情况下冒用信用卡取现、透支的，“借卡使用”一说不能成立。

被告人及其辩护人关于“被告人系通过厦门大学人文学院一党委副书记与办案警官约定在人文学院见面，而非被抓获”的辩解或辩护意见，经查，公安机关出具的到案经过证明已然证实，系厦门大学党委书记以有事约谈被告人为由通知被告人到人文学院，由等候在该地的警察将被告人带至公安机关；被告人归案后接受讯问的笔录以及相关法律文书亦表明被告人系被拘传到案。被告人的相关辩解与事实不符，不足以采信，所谓“自首情节”不能成立。

被告人肖智敏以其正在中国建设银行社会实践、需要扩充业务量或办理银行卡在商场购物可打折等各种借口说服各被害人办理中国建设银行银行卡并承诺申领成功后即予销户、或以报考公务员需要充人数等借口骗得各被害人的证件后擅自申请银行卡等方法，非法取得温成浩等62名被害人的62张中国建设银行银行卡并频繁透支的行为，鉴于其在案发前已经归还所透支的款项，不足以认定其主观上具有非法占有的故意，该部分行为不宜认定为信用卡诈骗罪，公诉机关的指控本院不予支持。但被告人采用欺诈手段非法持有他人信用卡，数量较大，其行为已经构成妨害信用卡管理罪。

被告人冒用他人的中信银行与招商银行信用卡频繁透支，所透支的金额已明显超出其还款能力，其主观上非法占有的故意明显，客观上，截至案发，亦有数额较大的款项（达人民币43 021.54元）未能归还，该部分行为已构成信用卡诈骗罪。公诉机关对该部分指控的罪名成立，予以支持。

被告人身犯二罪，应依法数罪并罚。

量刑方面，鉴于被告人归案后尚能认罪、悔罪，所造成的大部分损失已经退赔，且年纪尚轻，决定予以从轻处罚。

（五）定案结论

福建省厦门市思明区人民法院依照《中华人民共和国刑法》第一百九十六条第一款第（三）项、第一百七十七条之一第一款第（二）项、第六十四条、第六十九条第一款，作出如下判决：

1. 肖智敏犯信用卡诈骗罪，判处有期徒刑二年，并处罚金人民币3万元；犯妨害信用卡管理罪，判处有期徒刑一年，并处罚金人民币1万元；数罪并罚，决定执行有期徒刑二年六个月，并处罚金人民币4万元。

2. 肖智敏应退赔招商银行经济损失5 128.02元。

（六）解说

在市场经济与电子信息技术推动下，信用卡业在我国迅猛发展。信用卡诈骗犯罪作为信用卡业发展的负面产物，也随之呈蔓延趋势。司法实践中，信用卡诈骗犯罪数额的认定、计算一直是较难把握的问题。在本案的审理过程中，就被告人案发前通过家人已归还的款项应否计入其信用卡诈骗的犯罪数额曾发生激烈的争议。

第一种观点认为应当计入信用卡诈骗数额，理由是：被告人冒用他人信用卡套取款项的行为已经完成，并已实际将所套取的款项占为己有，应为犯罪既遂。被告人事后退还赃款的行为只能作为量刑情节予以考虑。

第二种观点认为不宜计入信用卡诈骗数额，理由是：被告人冒用他人信用卡套取款项的同时也实施了还款行为，且于案发前已通过家属归还了全部款项，其主观上不具有非法占有的故意，故不宜计入信用卡诈骗数额。

针对上述争议的焦点，从被告人的主观方面入手，并结合相关司法解释分析，本案中被告人于案发前已通过家属归还的款项不宜计入其信用卡诈骗的犯罪数额。具体理由如下：

1. 本案中不宜认定被告人实施该部分行为时主观上具有非法占有的故意。金融诈骗犯罪都是以非法占有为目的的犯罪。在司法实践中，认定是否具有非法占有为目的，应当坚持主客观相一致原则，既要避免单纯根据损失结果客观认定，也不能仅凭被告人自己的供述，而应当根据案件具体情况具体分析。本案中，一方面，被告人肖智敏虚构其正在中国建设银行社会实践、需要扩充业务量或办理银行卡在商场购物可打折等各种借口说服各被害人办理中国建设银行银行卡并承诺申领成功后即予销户，或以报考公务员需要充人数等借口骗得各被害人的证件后擅自申请银行卡等欺诈方法，非法取得温成浩等 62 名被害人的 62 张中国建设银行银行卡并频繁透支，客观上给发卡行及金融秩序造成了一定损害。另一方面，被告人在冒用他人信用卡的同时亦实施了还款行为。从被告人的上述行为分析还不足以明确其主观上对所套取的款项是否具有非法占有之故意。在司法机关介入前，应部分被害人的要求，被告人即通过家人归还所套取的全部款项，足见其还款行为的自觉性、主动性，能体现出被告人比较明确的还款意愿。同时，在案的证据不足以证实被告人具有非法占有之故意，根据"有利于被告人"的原则，不应作出不利于被告人的认定。综上，本案中被告人实施该部分行为时不宜认定其主观上具有非法占有之故意。

2. 不将被告人于案发前已通过家属归还的款项计入其信用卡诈骗的犯罪数额，有相关司法解释为依据。2001 年《全国法院审理金融犯罪案件工作座谈会纪要》（以下简称《金融犯罪纪要》）强调："金融诈骗犯罪定罪量刑的数额标准和犯罪数额的计算。……在具体认定金融诈骗犯罪的数额时，应当以行为人实际骗取的数额计算。对于行为人实施金融诈骗活动而支付的中介费、手续费、回扣等，或者用于行贿、赠与等费用，均应计入金融诈骗的犯罪数额。但应当将案发前已归还的数额扣除。"1996 年最高人民法院《关于审理诈骗案件具体应用法律的若干问题的解释》（以下简称《诈骗案件解释》）规定："对于多次进行诈骗，并以后次诈骗财物归还前次诈骗财物，在计算诈骗数额时，应当将案发前已经归还的数额扣除，按实际未归还的数额认定，量刑时可将多次行骗的数额作为从重情节予以考虑。"《金融犯罪纪要》和《诈骗案件解释》均强调应当将案发前已归还的数额从犯罪数额中扣除，但对于案发前已归还款项的性质却有不同的规定。《诈骗案件解释》明确规定以后次诈骗财物归还前次诈骗财物的才可从犯罪金额中扣除。《金融犯罪纪要》对于案发前用何种款项归还才可从犯罪金额中扣除并无特别规定。结合本案，被告人同一时间在不同银行间冒用多人信用卡，在套取款项的同时亦在实施还款行为，显然存在以后次诈骗财物归还前次诈骗财物的情形。公诉机关在指控中对这一情况亦予以确认（在起诉指控的中信银行、招商银行部分，公诉机关仅将被告人案发后尚未归还的金额计入指控的犯罪数额）。持案发前被告人通过家人退还的款项不应当从其犯罪金额中扣除观点的人，固然要质疑被告人家属代其归还的款项是否可等同于《诈骗案件解释》规定的后次诈骗的财物，予以从犯罪金额中扣除是否符合该解释的精神。对此，我们认为对于该解释的理解不应过于机械。首先，金钱是种类物，特定钱款一旦脱离所有人的控制范围，即难已明确其权属。本案中，司法实践中对于被告人家属代为归还的款项是否为被告人后次诈骗所得的财物是无法进行确认的，因此被告人用自己所有的财物或家人的财物归还所套取的款项，只要金额相等，就不宜作出不利于被告人的认定。其次，既然用后次诈骗财物归还前次诈骗的财物应当从犯罪数额中扣除，用家人的财物归还套取的款项亦可从犯罪数额中扣除。这一观点看似是对《诈骗案件解释》之规定进行了扩大解释，违背其为避免在多次诈骗中对诈骗金额重复认定的初衷。然而，该观点却符合公布在后的《金融犯罪纪要》的规定。

3. 将被告人案发前归还的18万多元从其犯罪金额中扣除符合罪责刑相适应原则。本案中，被告人于案发前已通过家人归还所套取的款项18万多元，案发后其未归还款项为4万多元，在法院审理期间，被告人家人代被告人退赔了大部分未归还的款项（仅余五千多元未归还）。公诉机关指控被告人的犯罪金额为22万多元，数额巨大，且被告人无减轻情节，依法应当在“五年以上十年以下有期徒刑，并处五万元以上五十万元以下罚金”量刑幅度内处刑。如据此对被告人处刑，显然违背了《刑法》第五条之规定：刑罚的轻重，应当与犯罪分子所犯罪行和承担的刑事责任相适应，不仅不利于对被告人的教育、改造，亦远远超出大众的心理预期，造成轻罪重判的印象，很难得到社会的认可。

综上，在本案的审理过程中，合议庭没有将被告人通过家人已归还的18万多元计入其犯罪金额，但鉴于被告人采用欺诈手段非法持有他人信用卡，数量较大，该部分行为已严重危害信用卡管理秩序，故对被告人以妨害信用卡管理罪判处。宣判后，控辩双方均未抗诉或上诉，取得了良好的法律效果和社会效果。

（福建省厦门市思明区人民法院　江玉华　许友滨）

30. 舒茗保险诈骗案

（一）首部

1. 裁判书字号

一审判决书：江苏省灌南县人民法院（2009）南刑初字第173号。

二审裁定书：江苏省连云港市中级人民法院（2009）连刑二终字第061号。

2. 案由：保险诈骗案。

3. 诉讼双方

公诉机关：江苏省灌南县人民检察院，检察员：茆虎成。

被告人（上诉人）：舒茗，男，1972年1月16日出生，汉族，初中文化，农民，住江苏省灌南县李集乡。因本案于2009年2月27日被刑事拘留，同年4月3日被逮捕。

辩护人：王廷明，江苏连云港海西律师事务所律师。

4. 审级：二审。

5. 审判机关

一审法院：江苏省灌南县人民法院。

合议庭组成人员：审判长：张海峰；审判员：汪勤云、朱学敏。

二审法院：江苏省连云港市中级人民法院。

合议庭组成人员：审判长：吴玲；审判员：张伟；代理审判员：刘亚洲。

6. 审结时间

一审审结时间：2009年7月10日。

二审审结时间：2009年9月25日。

（二）一审诉辩主张

1. 公诉机关指控称

2008年3月至6月间，被告人舒茗在国泰人寿保险有限责任公司、联泰大都会人寿保险有限公司等十余家保险公司，以本人为被保险人，投保了近千万元人民币的伤害保险。2008年10月16日上午，被告人舒茗利用在家剁排骨之机，故意将自己左食指剁伤，致近节指离断，制造保险公司七级伤残保险事故。被告人舒茗在向国泰人寿保险有限责任公司、中国人寿保险股份有限公司灌南支公司申请理赔保险金人民币25万元未果后，于2008年12月31日向灌南县人民法院起诉，要求中国人寿保险股份有限公司灌南支公司支付其保险金人民币5万元，后案发。被告人舒茗的行为已构成保险诈骗罪，提请依法判处。

2. 被告辩称

被告人舒茗辩称：其只向中国人寿保险股份有限公司灌南支公司申请理赔保险金人民币5万元，对其余的20万元已放弃理赔。

其辩护人的辩护意见为：（1）公诉机关指控被告人舒茗保险诈骗的数额无事实依据；（2）被告人舒茗诈骗国泰人寿保险有限责任公司保险金20万元的行为属犯罪中止。

（三）一审事实和证据

江苏省灌南县人民法院经公开审理查明：被告人舒茗为骗取保险金，从2008年3月起至6月间，分别在中国人寿保险股份有限公司灌南支公司、国泰人寿保险有限责任公司、联泰大都会人寿保险有限公司、新华人寿保险股份有限公司等十余家保险公司，以本人作为投保人和被保险人，投保了保险金额达1 000余万元人民币的人身意外伤害保险。2008年10

月 16 日上午，被告人舒茗利用在家剁排骨之机，故意将自己左食指剁伤，致左食指近节指端离断，经鉴定属七级伤残，依据人身意外伤害保险合同所附《人身保险残疾程度与保险金给付比例表》规定，该伤残应按投保金额的 10%的比例给付保险金。2008 年 10 月 30 日，被告人舒茗谎称其在家剁排骨时不慎将自己左食指剁断，到中国人寿保险股份有限公司灌南支公司、国泰人寿保险有限责任公司分别要求理赔保险金人民币 5 万元和 20 万元。同年 12 月 31 日，被告人舒茗又向灌南县人民法院提起诉讼，要求中国人寿保险股份有限公司灌南支公司支付其保险金人民币 5 万元，后因案发而未得逞。

上述事实有下列证据证明：

1. 证人刘政、彭兆新、陈尚军、王巧英、沈加军、朱怡、刘辉、刘振伟的证言，及要求理赔的申请书、起诉书等，证实被告人舒茗向中国人寿保险股份有限公司灌南支公司和国泰人寿保险有限责任公司理赔情况。

2. 中国人寿保险股份有限公司灌南支公司、国泰人寿保险有限责任公司等十余家保险公司与被告人舒茗签订的保险单、合同书及调查笔录等材料，证实被告人舒茗的投保情况。

3. 连云港市灌南县中医院司法鉴定所出具的司法鉴定意见书、法医学人体损伤检验报告、连云港市公安局物证鉴定所出具的生物物证鉴定书、有关病例等，证实被告人舒茗的身体伤害情况。

4. 灌南县公安局出具的提取笔录、扣押物品清单、提取的作案工具菜刀和刀板、现场勘验检查工作记录、现场图和现场照片，证实被告人舒茗的作案现场和工具情况。

（四）一审判案理由

江苏省灌南县人民法院经审理认为：被告人舒茗以非法获取保险金为目的，故意造成自己伤残，向保险公司骗取保险金，侵犯了保险公司的财产所有权，妨害了国家的保险制度，其行为已构成保险诈骗罪，且诈骗数额特别巨大，依法应予惩处。公诉机关指控被告人舒茗犯保险诈骗罪的事实清楚，证据确实、充分，指控的罪名成立，本院予以支持。被告人舒茗以骗取保险金为目的，故意造成自己伤残，并实施向中国人寿保险股份有限公司灌南支公司和国泰人寿保险有限责任公司提出请求支付保险金人民币 25 万元的行为，属于已经首手实行保险诈骗行为，但由于其意志以外的原因没有骗取到保险金，属于保险诈骗罪的未遂犯，可以比照既遂犯减轻处罚；而相对于其余保险公司而言，被告人舒茗故意造成保险事故的行为，只是为诈骗保险金创造了前提条件，还没有着手实施保险诈骗犯罪，即被告人舒茗并未提出保险金的索赔或支付行为，依据《中华人民共和国刑法》第一百九十八条第一款第（五）项的规定，投保人、受益人不仅需要具备制造保险事故的行为，同时还应具备“骗取保险金”的行为，而“骗取保险金”不包括尚未向保险人骗取保险金的行为，被告人舒茗对中国人寿保险股份有限公司灌南支公司和国泰人寿保险有限责任公司以外的保险公司还没有着手实行保险诈骗，可不作为犯罪评价，但应作为量刑因素予以考虑，故对公诉机关认为被告人舒茗对全案保险诈骗数额应认定为未遂的意见不予支持。对被告人舒茗辩称其只向中国人寿保险股份有限公司灌南支公司申请理赔保险金人民币 5 万元，对其余的 20 万元已放弃理赔以及辩护人发表的认为公诉机关指控被告人舒茗保险诈骗的数额无事实依据和被告人舒茗诈骗国泰人寿保险有限责任公司保险金 20 万元的行为属犯罪中止的辩护意见，与庭审查明的事实不符，本院不予采纳。被告人舒茗归案后能如实交代犯罪事实，认罪态度较好，在庭审中又能自愿认罪，可以酌情从轻处罚。

（五）一审定案结论

江苏省灌南县人民法院依照《中华人民共和国刑法》第一百九十八条第一款第（五）项、第二十三条、第五十二条、第五十三条、第六十四条，作出如下判决：

1. 舒茗犯保险诈骗罪（未遂），判处有期徒刑六年，并处罚金人民币 50 000 元。

2. 随案移交的犯罪工具菜刀一把、刀板一块，予以没收。

（六）二审情况

1. 二审诉辩主张

上诉人舒茗诉称：上诉人没有蓄意投保、故意制造保险事故骗取保险金，之所以供认骗保，系侦查机关刑讯逼供所致。请求撤销一审判决，对本案改判或发回重审。

在二审中，上诉人舒茗申请撤回上诉。

2. 二审事实和证据

江苏省连云港市中级人民法院经审理，确认一审法院认定的事实和依据。

3. 二审判案理由

江苏省连云港市中级人民法院经审理认为：原审认定上诉人舒茗犯保险诈骗罪的事实清楚，证据确实、充分，适用法律正确，量刑得当，审判程序合法。上诉人舒茗提出的撤回上诉申请，是其真实意思表示，符合相关法律规定，依法应予准许。

4. 二审定案结论

江苏省连云港市中级人民法院依照最高人民法院《关于执行〈中华人民共和国刑事诉讼法〉若干问题的解释》第二百三十九条、第二百四十四条，作出如下裁定：

准许上诉人（原审被告人）舒茗撤回上诉。

（七）解说

本案理论问题有二：（1）如何确定被告人舒茗保险诈骗犯罪状态？（2）如何确定被告人舒茗保险诈骗的犯罪金额？

1. 被告人舒茗保险诈骗的犯罪状态：是犯罪的预备、中止还是未遂？

刑法理论上将故意犯罪分成一般形态和特殊形态，又称完成状态和未完成状态。我国刑法中将故意犯罪的未完成状态分为犯罪的预备、未遂和中止三种状态，并分别比照犯罪的既遂，规定了不同的处罚标准。《刑法》第二十二条规定："为了犯罪，准备工具、制造条件的，是犯罪预备。对于预备犯，可以比照既遂犯从轻、减轻或者免除处罚"；第二十三条规定："已经着手实行犯罪，由于犯罪分子意志以外的原因而未得逞的，是犯罪未遂。对于未遂犯，可以比照既遂犯从轻或者减轻处罚"；第二十四条规定："犯罪过程中，自动放弃犯罪或者自动有效地防止犯罪结果发生的，是中止犯。对于中止犯，没有造成损害的，应当免除处罚；造成损害的，应当减轻处罚"。

犯罪预备与犯罪中止、犯罪未遂有着明显的区别，即犯罪分子仅仅处于为犯罪准备工具、制造条件的“未着手实施”犯罪的行为状态，其危害性较小，所以处罚也较轻。实践中，难以区分的是犯罪的中止和未遂。犯罪中止和犯罪未遂共同特点是都已经着手实施犯罪，但最终没有造成行为人所积极追求的危害后果，其本质的区别是危害后果没有发生的促成因素不同：中止犯是因为行为人主动、自愿、彻底放弃犯罪行为，未遂犯是迫于“由于意志以外的原因”、被动不能完成犯罪行为，德国刑罚学者提出的著名的“佛兰克公式”形象地说明了两者的区别标准：前者是“能达目的而不欲”，后者是“欲达目的而不能”。

认定犯罪的状态，本案的难点在于：

(1) 能否认定舒茗具有犯罪预备的犯罪状态？

因为根据犯罪预备的理论，只要为犯罪“准备工具、制造条件”的行为，就构成犯罪预备，具体到本案而言，被告人舒茗投保的行为，就是蓄意为保险诈骗制造条件的行为，其不实施投保行为，就不具有制造事故、申请理赔骗保的条件。本案中，被告人舒茗投保行为是否构成犯罪预备可以通过犯罪形态理论来予以排除。根据刑法的犯罪形态理论，在一个犯罪行为中，只能确定一种犯罪形态，如果具有连续性的多个犯罪形态并存的，则距离犯罪既遂状态近的形态吸收距离较远的形态，本案中，被告人舒茗具有距离既遂状态更近的未遂或中止状态，其投保行为的预备状态被吸收，不予单独考虑，其投保的总金额，可以作为量刑时的参考依据。故舒茗犯罪预备的状态首先可以排除。

(2) 被告人舒茗的行为属于犯罪的中止还是犯罪的未遂？

如上所述，犯罪中止与犯罪未遂的共同点是已经着手犯罪，区别是没有发生危害后果的原因是主动还是被动。本案中，舒茗制造保险事故后，分别向受害人中国人寿保险股份有限公司灌南支公司、国泰人寿保险有限责任公司提出 5 万元和 20 万元的理赔申请，虽仅对中国人寿保险有限公司灌南支公司提起诉讼，但保险诈骗的“着手实施”以是制造保险事故与理赔申请的结合为要件，提起诉讼并非必需要件，其向两家保险公司的索赔属于已经“着手实施”，其因为保险公司报案案发而未能得逞，是属于“意志以外”因素，所以，对舒茗的行为应当认定为犯罪未遂，其尚未起诉国泰人寿保险有限责任公司并非其主观上自愿、主动放弃犯罪，而是由于案发而不能，所以也属于犯罪未遂。

2. 舒茗保险诈骗的犯罪金额如何确定：以合同金额、赔偿基准、理赔金额还是起诉金额为准？

犯罪金额是犯罪行为人通过犯罪行为希望得到的财产价值或金钱数量。而保险合同诈骗犯罪的定罪量刑的情节分为：数额较大、数额巨大、数额特别巨大几个量刑幅度。对于保险诈骗犯罪这种特殊的诈骗犯罪案件，刑法及相关司法解释没有专门的特别定罪量刑规定，司法实践中，该类犯罪的定罪量刑是依照普通诈骗犯罪的定罪量刑标准，来确定罪与非罪和量刑幅度金额。最高人民法院《关于审理诈骗案件具体应用法律若干问题的解释》第八条根据犯罪的金额，规定了诈骗犯罪三个不同的量刑幅度：个人进行保险诈骗数额在 1 万元以上的，属于“数额较大”；个人进行保险诈骗数额在 5 万元以上的，属于“数额巨大”；个人进行保险诈骗数额在 20 万元以上的，属于“数额特别巨大”。所以，如何确定舒茗的犯罪金额，对于为其准确量刑至关重要。本案中，舒茗保险诈骗犯罪过程中，涉及四个金额：投保合同金额、法定赔偿金额和申请理赔金额和起诉索赔金额。舒茗在十多家保险机构投保的意外伤害险合同总金额超过 1 000 万元；按照合同约定，如发生七级伤残的保险事故，保险公司按规定应按投保保险金额10%的标准向其赔偿保险金，即超过100万元；在事故发生后，其暂时仅向两家保险机构分别申请理赔，合计申请理赔金额为25万元；在保险公司理赔支付前，其只向法院起诉中国人寿保险股份有限公司灌南支公司，要求判决赔偿保险金5万元。四个涉案金额分属上述司法解释中规定的三个量刑幅度档次。

第一，订立意外伤害保险合同的最高总额，不能作为对其量刑的犯罪金额。首先，如前所述，订立保险合同，仅仅是为实施犯罪行为制造可能条件，是一种犯罪预备的状态，而该状态已被距离犯罪既遂状态更近的犯罪状态吸收，应当以最终认定的犯罪形态所涉金额作为定罪量刑依据。其次，被告人保险合同中的1 000余万元保险金额，是其发生意外死亡、保险人按照合同应当支付的保险金的最高限额，在保险事故发生前，尚不能确定理赔金额，所以该金额不能作为对被告人进行理赔的金额。最后，犯罪未遂状态的定罪量刑是参照既遂状态从轻、减轻或免除处罚，而保险诈骗犯罪的既遂是以行为人实际获得理赔金额为标准。实际理赔金额是根据保险事故登记相对应的理赔比例与保险金额的乘积，所以，保险诈骗犯罪未遂状态中犯罪金额的确定，应当根据假设其既遂可能得到的赔偿金额确定，1 000余万元不能成为其犯罪金额。

第二，现有保险事故等级的法定赔偿金额，不能作为对其量刑的犯罪金额。本案中，根据舒茗与保险公司订立的保险合同，如果发生造成被保险人七级伤残的意外保险事故，保险公司应按照合同约定保险金额10%的比例支付保险赔偿，即100余万元，是所有保险人均按照合同约定比例，向其支付保险赔偿金的情况下，其应得的最高限额的保险金，是一种理论上的“应然”金额。但是事实上，舒茗并没有向全部保险公司提出理赔申请，按照其已经申请理赔所能得到的“实然”保险金额，与其理论上的“应然”金额差距明显，如果按照“应然”量刑，则不符合罚当其罪的罪责刑相适应基本原则的要求，所以，100余万元也不能成为其犯罪金额。

第三，提起诉讼要求判决赔偿的请求金额，不能成为对其定罪量刑的犯罪金额。虽然舒茗只向法院起诉中国人寿保险股份有限公司灌南支公司，要求其赔偿保险金5万元，但是因为保险诈骗犯罪案件的着手实施并非以提起诉讼为必需，所以在提出理赔申请、启动理赔程序的前提下，是否对被申请理赔的保险公司提起诉讼不影响对其保险诈骗犯罪的定罪量刑，起诉要求判决支持的索赔金额，与其保险诈骗金额无关，其起诉要求赔偿的5万元金额不能成为其犯罪金额。

第四，申请理赔的请求总金额，应当作为对其定罪量刑的犯罪金额。与一般犯罪的犯罪的“着手”状态有别的是，保险诈骗犯罪在订立保险合同、制造了犯罪前提条件之后，制造保险事故并非着手保险诈骗的开始，因为发生合同约定的保险事故只是启动保险理赔程序的一个必要条件，而非充分条件。简言之，保险理赔，必须以保险事故发生为条件，但保险事故发生，并非必然导致保险赔偿发生。保险赔偿程序的启动，还必须有投保人的理赔申请，理赔申请是保险诈骗“着手实施”标志。因为保险事故发生后，投保人如果不申请理赔，保险赔偿程序不会自动启动，投保人即使制造了保险事故，也构不成保险诈骗犯罪。本案中，舒茗在故意制造保险事故后，分别向两家保险公司提出了合计金额为25万元的理赔申请，两家保险公司已经受理了其申请，并已经开展理赔调查、核实，启动了理赔程序。其申请理赔的行为，是其保险诈骗犯罪真正“着手实施”，其申请赔偿的金额25万元才是其犯罪行为真正涉及的金额，至于其向国泰人寿保险有限责任公司索赔的20万元并未提起诉讼，如前所述，因为起诉并非已经受理理赔申请的保险赔偿的必经程序，其不影响保险理赔程序的进行，也就对保险诈骗犯罪的金额不产生实质性影响。所以，其申请理赔的25万元请求金额是对其定罪量刑的法定金额。

（江苏省灌南县人民法院　王永仑）

31. 金双牛公司等假冒注册商标、朱华东销售假冒注册商标的商品案

（一）首部

1. 判决书字号：浙江省绍兴县人民法院（2009）绍刑初字第391号。
2. 案由：假冒注册商标、销售假冒注册商标的商品案。
3. 诉讼双方

公诉机关：浙江省绍兴县人民检察院，检察员：金少华。

被告单位：绍兴金双牛针织品有限公司，住所地：绍兴市城南九里工业园区。

诉讼代表人：奚柏林，绍兴金双牛针织品有限公司副总经理。

辩护人：罗嫣、王军，京衡律师集团事务所律师。

被告人：李大牛，男，1962年4月16日出生，浙江省绍兴县人，汉族，初中文化，系绍兴金双牛针织品有限公司法定代表人。因本案于2008年4月12日被逮捕，同月18日被取保候审，2009年4月17日再次被取保候审。

辩护人：董坚，浙江越光律师事务所律师。

被告人：朱华东，男，1971年11月17日出生，浙江省绍兴县人，汉族，初中文化，系绍兴县东南制衣厂负责人。因本案于2008年4月12日被逮捕，同月18日被取保候审，2009年4月17日再次被取保候审。

辩护人：沈沛敏、滕永林，浙江越光律师事务所律师。

4. 审级：一审。
5. 审判机关和审判组织

审判机关：浙江省绍兴县人民法院。

合议庭组成人员：审判长：王伟良；审判员：杨林；人民陪审员：魏木根。

6. 审结时间：2009年9月15日（经浙江省高级人民法院批准依法延长审限）。

（二）诉辩主张

1. 公诉机关指控称

2006年10月，被告单位绍兴金双牛针织品有限公司（以下简称金双牛公司）接到为新旭贸易（香港）有限公司（以下简称新旭公司）加工前胸绣有“骑马挥杆运动员”图案T恤衫的业务。被告人李大牛分别委托绍兴县东南制衣厂、绍兴经纬服饰有限公司、绍兴依盛

服饰有限公司、绍兴县梦乔服饰厂加工生产。2006 年 11 月 2 日，绍兴经纬服饰有限公司在生产该批 T 恤衫时，因涉嫌侵犯波罗图案商标而被绍兴市工商行政管理局绍兴市经济开发区分局查获。被告人李大牛在工商部门的要求下向新旭公司索要有关商标授权委托手续，但未果。被告人李大牛为减少损失，在已明知委托生产的 T 恤衫是假冒的波罗牌 T 恤衫的情况下，隐瞒真相让其余三家公司继续生产。同年 12 月 23 日，绍兴县东南制衣厂在生产过程中被绍兴县工商行政管理局当场查获，查获假冒波罗牌 T 恤衫 51 696 件、半成品 1 104 件。同年 12 月 27 日，绍兴依盛服饰有限公司、绍兴县梦乔服饰厂也被绍兴县工商行政管理局当场查获，绍兴依盛服饰有限公司被查获假冒波罗牌 T 恤衫 5 388 件、半成品 2 445 件，绍兴县梦乔服饰厂被查获假冒波罗牌 T 恤衫半成品 4 045 件。

2006 年 12 月 23 日，绍兴县东南制衣厂被绍兴县工商行政管理局查获后，被告人李大牛、朱华东为减少损失，预谋将被绍兴县工商行政管理局就地查封在绍兴县东南制衣厂的假冒波罗牌 T 恤衫转移、藏匿并销售。后被告人李大牛指派人员与被告人朱华东数次转移、藏匿已被工商部门查封的假冒波罗牌 T 恤衫，并于 2007 年 4 月 16 日将其中的 24 840 件假冒波罗牌 T 恤衫出售，得款 20 余万元。

公诉机关认为，被告单位金双牛公司及其直接负责的主管人员被告人李大牛未经商标所有人许可，在同一种商品上使用与其注册商标相同的商标，情节严重，应当以假冒注册商标罪追究其刑事责任。被告人朱华东明知是假冒注册商标的商品而进行销售，数额较大，应当以销售假冒注册商标的商品罪追究其刑事责任。被告人李大牛、朱华东有自首情节。诉请法院根据《中华人民共和国刑法》第二百一十三条、第二百一十四条、第二百二十条、第六十七条第一款之规定判处。

2. 被告辩称

被告单位金双牛公司辩称：承揽涉案业务时，新旭公司表示能够提供完整的商标授权资料，该公司没有假冒注册商标的主观故意。

其辩护人的辩护意见为：(1) 被告单位金双牛公司没有假冒注册商标的故意。(2) 金双牛公司委托涉案加工 T 恤衫所使用商标与美国波罗/劳伦有限公司持有的“骑马挥杆运动员”图案商标（以下简称“波罗商标”）并非相同商标；“波罗商标”核准使用的商品“衣服”与涉案的 T 恤衫属于相类似商品，不属于同一种商品。(3)“波罗商标”注册时申请保护的是“骑马挥杆运动员”图案。但根据 1995 年 12 月 7 日的变更公告，权利人将该商标变更为文字“POLO PLAYER SYM－BOL”。1997 年至 2007 年 6 月间，该商标保护的是文字“POLO PLAYER SYM—BOL”，而不是“骑马挥杆运动员”图案。涉案 T 恤衫所使用的商标显然与文字“POLO PLAYER SYM－BOL”不同。综上，被告单位金双牛公司的行为不构成假冒注册商标罪。

被告人李大牛对被指控的事实和罪名均无异议，自愿认罪。

其辩护人的辩护意见为：(1) 只有被告单位金双牛公司的行为构成犯罪的前提下，被告人李大牛的行为才构成犯罪。(2) 若李大牛的行为构成假冒注册商标罪，则法庭应考虑以下情节：①李大牛在接单时并不明知加工的产品涉嫌商标侵权，非法经营数额只能以其明知涉嫌商标侵权后加工生产的产品数量为依据认定；②李大牛犯罪情节较轻、主观恶性不大；且有自首情节，又自愿认罪。建议对李大牛从轻处罚并宣告缓刑。

被告人朱华东对被指控的事实和罪名均无异议，自愿认罪。

其辩护人的辩护意见为：(1) 如果被告单位金双牛公司的行为不构成犯罪，则被告人朱华东的行为亦不构成犯罪。(2) 若被告单位金双牛公司的行为构成假冒注册商标罪，则法庭应考虑以下情节：①朱华东犯罪的主观恶性相对较轻；②朱华东的犯罪情节较轻；③朱华东有自首情节，且自愿认罪，又系初犯、偶犯。建议对朱华东从轻处罚并宣告缓刑。

（三）事实和证据

浙江省绍兴县人民法院经公开审理查明：2006 年下半年，被告单位金双牛公司从新旭公司承揽到生产一批前胸绣有“骑马挥杆运动员”图案 T 恤衫的业务。同年 9 月中旬，被告单位金双牛公司的法定代表人即被告人李大牛将上述业务中的约 60 000 件 T 恤衫委托被告人朱华东经营的绍兴县东南制衣厂生产。同时，被告人李大牛提供给被告人朱华东 2 件 T 恤衫样衣，一件前胸绣有大的“骑马挥杆运动员”图案且袖子上绣有“3”字，一件前胸绣有小的“骑马挥杆运动员”图案。此前被告人李大牛已要绍兴县平水顺利服装辅料厂为 T 恤衫前胸所绣“骑马挥杆运动员”图案打样并且作了确认。

与此同时，被告人李大牛于 2006 年 10 月又将上述业务中的 4 000 余件 T 恤衫委托绍兴经纬服饰有限公司生产，并提供了 T 恤衫前胸应绣的“骑马挥杆运动员”图案电脑底稿。同年 11 月 2 日，绍兴经纬服饰有限公司正在生产前胸绣有小的“骑马挥杆运动员”图案 T 恤衫时，因该批 T 恤衫涉嫌侵犯他人注册商标权而被绍兴市工商行政管理局绍兴经济开发区分局查获。次日，绍兴市工商行政管理局绍兴经济开发区分局工作人员要求被告人李大牛提供生产“骑马挥杆运动员”图案商标 T 恤衫的授权资料，李大牛向新旭公司索要相关资料未果。

2006 年 11 月 3 日，被告人李大牛在明知被告单位金双牛公司委托绍兴县东南制衣厂生产的前胸绣有“骑马挥杆运动员”图案 T 恤衫涉嫌侵犯他人注册商标权的情况下，为减少损失，仍隐瞒真相，让绍兴县东南制衣厂继续生产。而此时，绍兴县东南制衣厂已生产的前胸绣有“骑马挥杆运动员”图案 T 恤衫成衣至多不超过 1 万件。同年 12 月初，根据被告单位金双牛公司的指示，绍兴县东南制衣厂委托绍兴经纬服饰有限公司刺绣 T 恤衫前胸所绣的小的“骑马挥杆运动员”图案。同年 12 月初，被告人李大牛又将上述业务中的一批 T 恤衫委托绍兴依盛服饰有限公司生产。同年 12 月中旬，被告人李大牛还将上述业务中的一批 T 恤衫委托绍兴县梦乔服饰厂生产。同年 12 月 23 日，绍兴县东南制衣厂在生产前胸绣有“骑马挥杆运动员”图案 T 恤衫过程中被绍兴县工商行政管理局当场查获，查获前胸绣有“骑马挥杆运动员”图案的 T 恤衫成衣 51 696 件、半成品 1 104 件。同年 12 月 27 日，绍兴依盛服饰有限公司、绍兴县梦乔服饰厂在生产前胸绣有小的“骑马挥杆运动员”图案 T 恤衫过程中也被绍兴县工商行政管理局当场查获，绍兴依盛服饰有限公司被查获前胸绣有小的“骑马挥杆运动员”图案的 T 恤衫成衣 5 388 件、半成品 2 445 件，绍兴县梦乔服饰厂被查获前胸绣有小的“骑马挥杆运动员”图案的 T 恤衫半成品 4 045 件。

2006 年 12 月 23 日，绍兴县东南制衣厂被绍兴县工商行政管理局查获后，被告人李大牛、朱华东商量决定将被工商部门就地封存在绍兴县东南制衣厂涉嫌侵犯注册商标权的 T 恤衫转移、藏匿并销售。当晚，被告人李大牛指派公司职员李华根、徐伟江等人前往绍兴县东南制衣厂与被告人朱华东等人一起将其中 693 箱（72 件/箱，计 49 896 件）T 恤衫转移至绍兴县青坛茶厂藏匿。同月 26 日，绍兴县工商行政管理局发现就地封存在绍兴县东南制衣厂的大部分T恤衫被转移，即将剩余的13箱T恤衫予以扣留。2007年1月4日，绍兴县工商行政管理局在绍兴县青坛茶厂再次查获其中的345箱T恤衫（72件/箱，计24 840件）并予以扣留。后被告人李大牛、朱华东再次指派徐伟江、宣永祥等人将剩余的348箱（72件/箱，计25 056件）转移至绍兴市袍江工业区“恒昌集团”仓储公司藏匿。2007年4月6日，被告人朱华东将藏匿在“恒昌集团”仓储公司的348箱（72件/箱，计25 056件）T恤衫转移到绍兴市区天镜南苑的车库内。同月26日，被告人朱华东通过他人介绍，将这批T恤衫以每件8余元的价格出售，合计得款20万余元。

另查明，“波罗商标”1987年注册时核准使用商品的范围为我国《商品分类（组别）表》（1981年版）第53类：衣服，对商标图形的颜色、尺寸均未有限制。1988年，我国商标注册适用《商标注册用商品和服务国际分类》后，该商标被核准注册在《商标注册用商品和服务国际分类》第25类衣服上。中华人民共和国国家工商行政管理（总）局商标局依照《商标注册用商品和服务国际分类》（第八版）制定的《类似商品和服务区分表》（2002年版）将T恤衫划归在第25类，属于衣物的一种。

2006年11月2日至今，被告单位金双牛公司没有提供其有权使用“波罗商标”的依据。

上述事实有下列证据证明：

1. 金双牛公司的工商登记资料，证实金双牛公司住所、法定代表人等基本情况。

2. 绍兴市工商行政管理局现场检查笔录和相应的生产现场及产品照片、绍兴市工商行政管理局绍市工商开案字（2006）第33、49、52、60号封存财物通知书及相应的NO.0600168、NO.0104791、NO.0002921、NO.0104800财产清单，证实查获、就地封存涉嫌商标侵权的T恤衫的情况。

3. 证人方瑶娟、葛驹、谢松青、朱黎明、胡梦夫、张剑锋的证言以及浙江方圆染整有限公司有关绍兴县东南制衣厂的染色加工清单、绍兴经纬服饰有限公司业务结算表及相应的出库单、新旭公司出具的商标授权书，证实金双牛公司和新旭公司的业务往来，以及侵权T恤衫的生产情况。

4. 证人李小牛、蒋炳富、李华根、徐伟江、董凯萍、应水苗、宣永祥、沈寅生、陈建庭、俞强、毛如通“恒昌集团”仓储分公司的出门证存根、绍兴县公安局绍县公刑查询字[2008] 019号查询存款/汇款通知书（回执）和相应的存款凭条、俞强的中国建设银行信用卡交易记录，证实李大牛、朱华东将工商部门就地封存的侵权T恤衫转移、藏匿和销售的情况。

5. 中华人民共和国国家工商行政管理（总）局商标局《商标公告》1986年第29期第145页、1987年第5期第188页、1995年第45期第458页、1997年第27期第564页、2007年第23期第1057页资料，证实美国波罗/劳伦公司的注册商标情况。

6. 绍兴县公安局经济犯罪侦查大队民警出具的抓获经过，证实李大牛、朱华东归案的时间、经过。

（四）判案理由

浙江省绍兴县人民法院经审理认为：被告单位金双牛公司未经注册商标所有人的许可，擅自在同一种商品上使用与注册商标相同的商标，情节严重，其行为构成假冒注册商标罪；

被告人李大牛作为被告单位金双牛公司的法定代表人，决定生产假冒注册商标的商品并联系、确定具体生产厂商，是被告单位金双牛公司假冒注册商标直接负责的主管人员，其行为亦构成假冒注册商标罪。被告人朱华东明知是假冒注册商标的商品而进行销售，数额较大，其行为构成销售假冒注册商标的商品罪。公诉机关指控的罪名成立，予以支持。

对被告单位金双牛公司关于其没有假冒注册商标故意的辩解意见和辩护人王军、罗嫣关于被告单位金双牛公司的行为不构成假冒注册商标罪的辩护意见及理由，本院认为，涉案T恤衫所使用商标与“波罗商标”属于相同商标；涉案T恤衫与“波罗商标”所核准使用的商品属同一商品；被告单位金双牛公司有假冒注册商标的故意，非法经营数额已达到须定罪处罚的程度。被告单位金双牛公司及辩护人王军、罗嫣的辩解、辩护意见及理由均不成立。

案发后，被告人李大牛、朱华东自动投案，如实供述自己的罪行，可以认定被告单位金双牛公司及被告人李大牛、朱华东有自首情节，均依法予以从轻处罚；被告人李大牛、朱华东自愿认罪，有悔罪表现，均酌情予以从轻处罚并宣告缓刑。采纳辩护人分别建议对被告人李大牛、朱华东从轻处罚并宣告缓刑的意见。

（五）定案结论

浙江省绍兴县人民法院依照《中华人民共和国刑法》第二百一十三条、第二百一十四条、第二百二十条、第六十七条第一款、第七十二条，作出如下判决：

1. 绍兴金双牛针织品有限公司犯假冒注册商标罪，判处罚金人民币19万元。
2. 李大牛犯假冒注册商标罪，判处有期徒刑一年，缓刑二年，并处罚金人民币19万元。
3. 朱华东犯销售假冒注册商标的商品罪，判处有期徒刑二年，缓刑三年，并处罚金人民币11万元。

（六）解说

同一种商品与类似商品是商标法中的两个重要概念。依据商标法的规定，商标权人有权禁止他人未经许可在同一种商品或者类似商品上使用与其注册商标相同或近似的商标。因此，从认定商标侵权的角度看，严格区分同一种商品和类似商品并没有多大的现实意义，商标法关注的也只是类似商品与其他商品之间的界限，最高人民法院《关于审理商标民事纠纷案件适用法律若干问题的解释》也仅是依据审理商标民事侵权案件的现实需要对于“类似商品”的概念作出了明确的界定，而未提及“同一种商品”。但是，依据《刑法》第二百一十三条和第二百一十四条的规定，成立假冒注册商标罪，要求行为人必须是在同一种商品上使用与其注册商标相同的商标，销售假冒注册商标的商品罪的成立也要求行为人销售的假冒商品与商标注册核定使用的商品属于同一种商品。因此，“同一种商品”成了认定假冒注册商标罪、销售假冒注册商标的商品罪罪与非罪的重要问题，同一种商品与类似商品的界限问题在刑法中反而凸显出来。而就本案而言，控辩双方争议的关键点及法院审理的难点也就是在于如何判断涉案T恤衫与“波罗商标”核准使用的商品是否属于同一种商品。

判断是否属于同一种商品，首先要解决的是认定同一种商品的参照商品的问题。由于认定同种商品的目的在于对商标权人商标权利的保护，而我国商标法又明确规定，注册商标专用权，以核定使用的商品和核准注册的商标为限。因此，认定同一种商品的参照商品应当是商标权人核定使用的商品。其次，便需要考虑采用何种标准来判断待认定商品与参照商品是否属于同一种商品。依照我国商标法的规定，申请商标注册，应当按照规定的商品分类表填报使用商标的商品类别和名称。这一商品分类表指的是《尼斯协定》所确定的《商标注册用商品和服务国际分类》，它是商标管理法规中一个重要的文件，具有法定效力，它也是判断商品是否相同或相似的重要依据，直接影响到对商标权的保护。同时，根据最高人民法院《关于审理商标民事纠纷案件适用法律若干问题的解释》对于"类似商品"的含义界定，综合考察两者的功能、用途、生产部门、销售渠道、消费对象等方面是否相同。因此，在判断待认定商品与参照商品是否属于同一种商品时，应当以《商标注册用商品和服务国际分类》为基础，以商品的通用名称和用途作为主要标准，同时参考商品的主要原料、消费对象、销售渠道等因素。

在本案中，"波罗商标"1987年注册时核准使用商品的范围为我国《商品分类（组别）表》第53类：衣服，1988年我国商品注册适用《商标注册用商品和服务国际分类》后，"波罗商标"被核准注册在《商标注册用商品和服务国际分类》第25类衣服上，其通用名称、用途、主要原料等均与T恤衫相同。在《商标注册用商品和服务国际分类》（第八版）中第25类为服装、鞋、帽，T恤衫为该类下的"衣物"所包含。从《商标注册用商品和服务国际分类》对有关商品分类的历史沿革和从"衣物"在其中所处的位置及其所包含的商品看，T恤衫应为"波罗商标"1987年注册时核准使用商品即"衣服"所包含。综上所述，涉案T恤衫与"波罗商标"核定使用的商品在《商标注册用商品和服务国际分类》中所属的类别相同，通用名称、用途及主要原料等也相同，应当认定涉案T恤衫与"波罗商标"核准使用的商品属于同一种商品。

（浙江省绍兴县人民法院　王伟良　黄园）

32. 郭志军等销售假冒注册商标的商品、郭良假冒注册商标案

（一）首部

1. 裁判书字号

一审判决书：江苏省镇江经济开发区人民法院（2009）镇经刑初字第85号。

二审裁定书：江苏省镇江市中级人民法院（2009）镇知刑终字第1号。

2. 案由：销售假冒注册商标的商品、假冒注册商标案。

3. 诉讼双方

公诉机关：江苏省镇江经济开发区人民检察院，检察员：朱莉莉。

被告人（上诉人）：郭志军，化名"王齐林"，男，1984年10月24日出生，无业，住天津市宝坻区。因本案于2009年4月14日被刑事拘留，同年5月18日被逮捕。

辩护人：石云马，江苏江成律师事务所律师。

辩护人：李文昕，江苏同大律师事务所律师。

被告人：郭志，化名“金彦平”，男，1965年8月4日出生，无业，住天津市宝坻区。因本案于2009年4月14日被刑事拘留，同年5月18日被逮捕。

辩护人：孙鸿晓，江苏江成律师事务所律师。

被告人：倪克洪，化名“陈春林”，男，1964年2月21日出生，无业，住天津市宝坻区。因本案于2009年4月14日被刑事拘留，同年5月18日被逮捕。

辩护人：闵云贵、刘人，江苏江成律师事务所律师。

被告人：郭良，男，1955年9月22日出生，无业，住天津市宝坻区。因本案于2009年6月22日被刑事拘留，同年7月8日被取保候审。

辩护人：许治国，江苏江成律师事务所律师。

4. 审级：二审。

5. 审判机关和审判组织

一审法院：江苏省镇江经济开发区人民法院。

合议庭组成人员：审判长：吴强；人民陪审员：束德华、夏咏华。

二审法院：江苏省镇江市中级人民法院。

合议庭组成人员：审判长：奚采平；审判员：俞江虹；代理审判员：谢荣根。

6. 审结时间

一审审结时间：2009年9月15日。

二审审结时间：2009年10月23日。

（二）一审诉辩主张

1. 公诉机关指控称

2008年6月至2009年4月，被告人郭志军、郭志、倪克洪明知天津市宝坻区牛道口镇生产的“合力”牌叉式装卸车系未经商标注册单位安徽叉车集团有限责任公司许可的假冒注册商标的商品，先后在镇江经济开发区、常州市湖塘镇等地非法销售11辆。其中，郭志军、郭志参与销售9辆，销售金额共计人民币338 600元；倪克洪参与销售5辆，销售金额共计人民币197 000元。

2009年2月至3月，被告人郭良在天津市宝坻区牛道口镇庞各庄村生产叉式装卸车3辆，未经商标注册单位安徽叉车集团有限责任公司许可，在叉式装卸车上使用与其“合力”牌注册商标相同的商标，先后销售给被告人郭志军、郭志，非法经营金额人民币61 500元。

2. 被告辩称

被告人郭志军辩称：其系被告人郭志的雇员，其没有销售假冒注册商标的商品，其行为不构成犯罪。

其辩护人的辩护意见为：（1）被告人郭志军在参与共同犯罪过程，起次要作用，帮助被告人倪克洪犯罪过程中是无偿的帮忙，故被告人郭志军的犯罪主观恶性和社会危害性较轻；（2）被告人郭志军系初犯、偶犯，案发后其主动退出了65 000元的赃款，减轻了其行为的社会危害性；（3）被告人郭志军在四被告人中年龄最小，法律意识不强，是帮别人打工造成犯罪的。综上所述，提请对被告人郭志军从轻处罚。

被告人郭志、倪克洪、郭良均对起诉书指控的事实无异议。

其辩护人的辩护意见基本一致，认为：（1）被告人郭志、倪克洪、郭良系初犯；（2）被告人郭志、倪克洪、郭良认罪态度较好，郭志、倪克洪在公安机关主动交代公安机关尚未掌握的同种较重犯罪事实，有悔罪表现；（3）被告人倪克洪、郭良家庭条件困难，并积极交纳了罚金。综上所述，请求对三被告人从轻处罚。

（三）一审事实和证据

镇江经济开发区人民法院经公开审理查明：2008 年 6 月至 2009 年 4 月，被告人郭志军、郭志、倪克洪明知天津市宝坻区牛道口镇生产的“合力”牌叉式装卸车系未经商标注册单位安徽叉车集团有限责任公司许可的假冒注册商标的商品，先后在镇江经济开发区、常州市湖塘镇等地非法销售 11 辆。其中，郭志军、郭志参与销售 9 辆，销售金额共计人民币 338 600 元；倪克洪参与销售 5 辆，销售金额共计人民币 197 000 元。

2009 年 2 月至 3 月，被告人郭良未经商标注册单位安徽叉车集团有限责任公司许可在天津市宝坻区牛道口镇庞各庄村生产叉式装卸车 3 辆，在叉式装卸车上使用与“合力”牌注册商标相同的商标，先后销售给被告人郭志军、郭志，销售金额人民币 61 500 元。

上述事实有下列证据证明：

1. 被告人郭志军的供述与辩解以及被告人郭志、倪克洪、郭良的供述与辩解，证实了各被告人的主观故意和实施的具体行为。

2. 证人周宝仲、孙新生的证言，证实了其曾参与郭志军、郭志、倪克洪销售假冒注册商标的商品等事实。

3. 被害单位安徽叉车集团有限责任公司出具的证明、授权委托书、鉴定书、商标注册证以及国家工商总局商标局出具的关于认定“合力”商标为商标的批复、合格证证书、产品质量保证书、企业法人营业执照以及该厂叉车的对比照片等物证、书证，证实了该公司系“合力”牌叉车注册商标的所有人，该商标系中国驰名商标，该公司在天津没有分厂和联营生产厂家，在天津没有授权任何单位、个人使用“合力”商标进行生产经营活动。被告人郭志军、郭志、倪克洪所销售的“合力”牌叉式装卸车均系假冒其注册的“合力”、“HELI”商标的劣质产品。被告人郭良在叉车上使用的“合力”、“HELI”牌注册商标未经该公司许可。

4. 被害人陈云、李章胜、纪平飞、孙秀武、曹松龙、王金方、邓良俊、颜友兵、吴明双等人的陈述与辨认笔录，证实了被告人郭志军、郭志、倪克洪采用虚假手段销售假冒叉车的时间、地点、人员、价格等事实。

5. 证人王明春、葛卫民、何卫英、陆康等人的证言及辨认笔录，证实了被告人郭志军、郭志、倪克洪租用吊车、租赁场地进行销售假冒叉车的时间、地点、人员等事实。

6. 涉案叉车的照片、借记卡查询明细表、扣押物品清单、发破案及抓获经过、情况说明、收条等物证、书证，证实了从郭志军处扣押“王齐林”的假身份证 1 张、人民币 65 000 元、手机 2 部、铝牌、钢印等物；从郭志处扣押“金彦平”的假身份证 1 张、人民币 11 176 元、叉车 2 辆、手机 2 部、司机手册、产品合格证书、发票等物；从倪克洪处扣押叉车 1 辆、“陈春林”假身份证 1 张、手机 1 部等物，以及证实郭志军、郭志退出的赃款 76 000 元已发还给被害人曹松龙。

（四）一审判案理由

镇江经济开发区人民法院经审理认为：注册商标属于知识产权保护范畴，对假冒注册商标、销售假冒注册商标的商品的犯罪行为依法应予惩罚。被告人郭志军、郭志、倪克洪明知是假冒注册商标的商品仍予以销售，郭志军、郭志销售金额数额巨大，倪克洪销售金额数额较大，其行为均已构成销售假冒注册商标的商品罪；被告人郭良违反国家商标管理法规，未经注册商标所有人许可，在同一种商品上使用与其注册商标相同的商标，情节严重，其行为已构成假冒注册商标罪。被告人郭志军、郭志、倪克洪在实施犯罪过程中有郭志军与郭志共同犯罪，也有郭志军、郭志与倪克洪共同犯罪，三被告人在共同犯罪中的地位、作用相当，故不宜区分主从犯。被告人郭志、倪克洪案发后主动向公安机关交代了同种较重余罪，一般应当从轻处罚。被告人郭志、倪克洪、郭良在庭审中均能自愿认罪，且均系初犯，可酌情从轻处罚；被告人倪克洪、郭良认罪态度较好，有悔罪表现，综合考虑两被告人的违法所得及犯罪金额、社会危害性等情节，可对两被告人适用缓刑。被告人郭志军为逃避惩罚而翻供，庭审中又不认罪，酌定从重处罚。

（五）一审定案结论

镇江经济开发区人民法院执照《中华人民共和国刑法》第二百一十三条、第二百一十四条、第二十五条第一款、第七十二条、第七十三条第二、三款、第六十四条，作出如下判决：

1. 郭志军犯销售假冒注册商标的商品罪，判处有期徒刑四年，并处罚金人民币180 000元。

2. 郭志犯销售假冒注册商标的商品罪，判处有期徒刑三年六个月，并处罚金人民币170 000 元。

3. 倪克洪犯销售假冒注册商标的商品罪，判处有期徒刑一年六个月，缓刑二年，并处罚金人民币 100 000 元。

4. 郭良犯假冒注册商标罪，判处有期徒刑一年，缓刑一年，并处罚金人民币60 000元。

5. 作案工具假身份证 3 张、铝牌 9 张、手机 5 部、钢印 3 盒、银行卡 4 张予以没收，尚未追缴的赃款赃物继续予以追缴。

（六）二审情况

1. 二审诉辩主张

上诉人郭志军诉称：其只是给郭志帮忙，未参与销售假冒注册商标的商品，其行为不构成犯罪。

2. 二审事实和证据

镇江市中级人民法院经审理，确认一审法院认定的事实和证据。

3. 二审判案理由

镇江市中级人民法院经审理认为：上诉人郭志军明知其所售叉车系假冒“合力”牌注册

商标的商品，仍与郭志、倪克洪等人共同销售，并在销售过程中积极实施，应以销售假冒注册商标的商品罪论处，其上诉理由不能成立。上诉人郭志军、原审被告人郭志、倪克洪明知是假冒注册商标的商品，其中上诉人郭志军、原审被告人郭志销售金额数额巨大，原审被告人倪克洪销售金额数额较大，其行为均已构成销售假冒注册商标的商品罪；原审被告人郭良违反国家商标管理法规，未经注册商标所有人许可，在同一种商品上使用与其注册商标相同的商标，情节严重，其行为已构成假冒注册商标罪。原审被告人郭志、倪克洪案发后主动向公安机关交代了同种较重余罪，应当从轻处罚。原审被告人倪克洪、郭良认罪态度较好、有悔罪表现，综合考虑其犯罪金额、违法所得及社会危害性等情节，可对两原审被告人适用缓刑。

4. 二审定案结论

镇江市中级人民法院依照《中华人民共和国刑事诉讼法》第一百八十九条第（一）项，作出如下判决：

驳回上诉，维持原判。

（七）解说

本案是一起典型的销售假冒注册商标的商品、假冒注册商标的案件。案情并不复杂，本案中需要探讨的是销售假冒注册商标的商品罪与假冒注册商标罪的区分。

销售假冒注册商标的商品罪与假冒注册商标罪在犯罪客观方面的区别比较明显。前罪行为人实施犯罪行为的核心在销售，后罪行为人实施犯罪行为的核心在假冒。司法实践中，两种犯罪一般比较容易区分，只是在出现共犯与牵连犯问题时，容易发生混淆。即如果行为人既实施假冒注册商标行为又销售该假冒注册商标的商品，均构成犯罪的，应当如何处罚。

这种情形下，行为人的行为虽然同时符合假冒注册商标罪和销售假冒注册商标的商品罪的构成要件，但两者之间具有手段行为与目的行为的牵连关系。首先，主观上，牵连犯要求行为人必须出于一个犯罪目的，如果行为人主观上具有多个犯罪目的，则不构成牵连犯。在上述行为中，行为人具有假冒注册商品和销售该假冒注册商标的商品两个犯罪故意，但行为人假冒他人注册商标必然是为了销售假冒产品以牟利，故这两个犯罪故意均归于同一个犯罪目的，即谋取非法利益。因此，该行为符合牵连犯的主观特征。其次，客观上，牵连犯要求行为人实施了数个行为，并且其手段行为和目的行为触犯了不同的罪名。在上述行为中，行为人一方面实施了假冒注册商标的行为，另一方面也实施了销售假冒注册商标的商品的行为。假冒行为是手段行为，销售行为是目的行为，前行为作为目的行为符合假冒注册商标犯罪的构成，后行为作为手段行为符合销售假冒注册商标的商品罪的构成。该行为符合牵连犯的客观特征。关于牵连犯的处罚原则应采取：刑法分则条文对牵连犯的处罚有明文规定时，依条文规定；刑法分则条文对此没有明文规定时，应从一重处罚，而不应数罪并罚。因此，行为人既实施假冒注册商标犯罪，又销售该假冒注册商标的商品的行为，构成牵连犯，应从一重罪处罚。由于假冒注册商标罪在刑罚上重于销售假冒注册商标的商品罪，按牵连犯从一重处罚的原则，应以假冒注册商标罪处罚。

但如果行为人实施了假冒注册商标犯罪，又销售明知是他人的假冒注册商标的商品，构成犯罪的，应当实行数罪并罚。因为当假冒行为与销售行为的对象不是同一商品时，行为人的行为构成两罪且两罪之间不存在牵连关系。如果假冒注册商标者与销售假冒注册商标的商品者事前通谋，形成共同故意，然后分工合作，其中有人假冒，有人负责销售冒牌商品，并按一定的比例分享利润，那么销售假冒注册商标的商品的行为实际上已成为假冒注册商标罪的共同犯罪行为的组成部分，销售者也应以假冒注册商标罪的共犯论处。

本案中，犯罪人郭良与犯罪人郭志军、郭志，倪克洪并无事前通谋，形成共同故意，故对郭良与另三名犯罪人分别定罪。郭良未经商标注册单位许可在生产叉式装卸车 3 辆，在叉式装卸车上使用与“合力”牌注册商标相同的商标，先后销售给郭志军、郭志，其行为属于既实施假冒注册商标犯罪，又销售该假冒注册商标的商品的行为，构成牵连犯，应以假冒注册商标罪处罚。郭志军明知其所售叉车系假冒“合力”牌注册商标的商品，仍与郭志、倪克洪等人共同销售，三人的行为均构成销售假冒注册商标的商品罪。

（江苏省镇江经济开发区人民法院　吴强）

33. 东金公司等侵犯商业秘密案

（一）首部

1. 裁判书字号

一审判决书：上海市普陀区人民法院（2008）普刑初字第 370 号。

二审裁定书：上海市第二中级人民法院（2009）沪二中刑终字第 253 号。

2. 案由：侵犯商业秘密案。

3. 诉讼双方

公诉机关：上海市普陀区人民检察院，检察员：帅海祥、薛明坚。

被告单位（上诉人）：上海东金设备工程有限公司，住所地：上海市广中路 168 号 218 室。

诉讼代表人：孙蕾，上海东金设备工程有限公司员工。

一审、二审辩护人：刘宪权，上海中茂律师事务所律师。

被告人（上诉人）：邬志雄，男，1962 年 11 月 9 日出生于上海市，汉族，大学文化，原系中船第九设计研究院工程有限公司设备所所长，现系上海东金设备工程有限公司法定代表人、董事长。2007 年 11 月 24 日因本案被逮捕。

一审辩护人：韩海鸣、蒋楚明，上海金马律师事务所律师。

二审辩护人：吕淑琴、李向农，上海普世律师事务所律师。

被告人（上诉人）：盛文蔚，女，1968 年 9 月 9 日出生于上海市，汉族，硕士文化，原系中船第九设计研究院工程有限公司设备所副所长，现系上海东金设备工程有限公司总经理。2007 年 11 月 2 日因本案被刑事拘留。

一审、二审辩护人：毛雁冰，上海高信德律师事务所律师。

被告人（上诉人）：何先凡，男，1976 年 5 月 10 日出生于四川省泸县，汉族，大学文化，原系中船第九设计研究院工程有限公司设备所员工，现系上海东金设备工程有限公司副总经理。2007 年 11 月 24 日因本案被逮捕。

一审、二审辩护人：赵能文，上海毅石律师事务所律师。

被告人（上诉人）：徐灏，男，1976 年 7 月 24 日出生于上海市，汉族，硕士文化，原系中船第九设计研究院工程有限公司设备所设计室主任，现系上海东金设备工程有限公司副总经理。2007 年 11 月 2 日因本案被刑事拘留。

一审辩护人：吴允锋，上海森泰律师事务所律师。

被告人（上诉人）：潘海鹰，男，1970 年 5 月 15 日出生于上海市，汉族，大学文化，原系中船第九设计研究院工程有限公司设备所员工，现系上海东金设备工程有限公司员工。2007 年 10 月 19 日因本案被取保候审。

一审辩护人：纪春祥、俞长麟，上海捷华律师事务所律师。

4. 审级：二审。

5. 审判机关和审判组织

一审法院：上海市普陀区人民法院。

合议庭组成人员：审判长：王惠筌；审判员：唐慧琴；代理审判员：陈肸。

二审法院：上海市第二中级人民法院。

合议庭组成人员：审判长：芮文彪；审判员：吴欣、李国泉。

6. 审结时间

一审审结时间：2009 年 3 月 16 日。

二审审结时间：2009 年 12 月 31 日。

（二）一审诉辩主张

1. 公诉机关指控称

起重、装卸机械、船坞、下水等设备是中船第九设计研究院工程有限公司（以下简称九院）设备所长期研究设计的特色专业。这些专业的技术图纸中各要素组合构成的完整设计和技术资料中包含的不为公众所知悉的技术信息等均为九院所有的商业秘密。九院所有有机会接触商业秘密的员工都负有保密义务。

2007 年年初，被告人邬志雄、盛文蔚在担任九院设备所所长、副所长期间，欲辞职自行成立公司开展业务，遂在春节前后与时任该所专用设备及钢结构设计室主任徐灏、起重运输设备设计室技术骨干何先凡等人多次商议，商定一起先后从九院辞职，成立公司并主要从事与九院设备所相同的业务。在被告人邬志雄、盛文蔚的默许及示意下，被告人徐灏、何先凡、潘海鹰等人违反九院关于不得将相关技术图纸进行私自拷贝并外带使用的规定，利用仍在设备所工作的时间或以各种借口，将自己或其他设计人员设计的大量技术图纸资料从电脑上拷贝后带出。

2007 年 3 月起，被告人盛文蔚先行向九院递交辞呈，成立了由被告人邬志雄、盛文蔚、徐灏等人为股东的上海东金设备工程有限公司（以下简称东金公司）。随后，被告人邬志雄、徐灏、何先凡、潘海鹰等人也在后向九院辞职至东金公司工作。从公司成立至 2007 年 10 月，东金公司先后与 12 家单位签订了设计委托合同，客户单位中有多家是原九院的客户。

2007 年 3 月至 10 月，东金公司使用九院的技术图纸和技术资料中不为公众所知悉的技术信息，完成 8 份设计委托合同，已累计取得人民币 428.60 万元。经司法鉴定评估造成九院直接经济损失为人民币282.19万元。

2. 被告辩称

被告人徐灏、潘海鹰辩称：涉案的船坞、起重机械等技术资料及图纸已在书刊、杂志等处发表，属公知的技术信息。

被告单位的辩护人及各名被告人的辩护人的辩护意见为：起诉指控被告单位构成侵犯商业秘密罪存在重大瑕疵，各名被告人从九院获取的图纸、技术资料系公知信息，不属九院的商业秘密；司法鉴定报告中未将上海东金设备工程有限公司计提的劳务费人民币400余万元计入成本，评估损失应以权利人九院的直接经济损失计算，评估的利润率过高，故起诉认定被告单位给被害单位造成直接经济损失的计算标准既不符合法律规定，也不符合客观事实。另外，公诉机关委托的北京九州世初知识产权司法鉴定中心、北京华德恒资产评估有限公司无鉴定资质。

（三）一审事实和证据

上海市普陀区人民法院经公开审理查明：中船第九设计研究院工程有限公司设备所系长期研究设计船坞、起重机械等设备的专业研究所，经国家投资及多年的研究，该所设计的技术图纸中各要素组合构成的完整设计包含不为公众所知悉的技术信息，为此九院制定了院商业秘密管理规定、计算机信息系统安全保密管理规定等规章制度，并在九院局域网上予以公布，该规章制度对九院商业秘密的范围、保密措施等作出了规定。2006年年底，九院设备所为防止技术信息的泄露，对电脑机箱采取了上锁的措施。被告人邬志雄、盛文蔚原系九院设备所的所长、副所长；被告人徐灏原系九院设备所设计室主任；被告人何先凡、潘海鹰原系九院设备所技术人员，上述五名被告人均有机会接触有关起重机械、船坞、下水等设备的商业秘密，并负有保密义务，且被告人邬志雄、盛文蔚对九院设备所的保密工作承担管理职能。

2007年年初，被告人邬志雄、盛文蔚在担任九院设备所所长、副所长期间，因不满上级的工作安排，欲辞职自行成立公司开展业务。春节后，被告人邬志雄、盛文蔚经与九院设备所退休返聘职工黄元龙及被告人何先凡、徐灏等人商定，分别从九院辞职，成立公司，主要开展与九院设备所相同的业务。被告人潘海鹰及被告人何先凡、徐灏在被告人邬志雄、盛文蔚的默许下，违反九院规定，利用工作便利，采用拷贝自己或其他设计人员设计的技术图纸的方法，窃得九院的技术信息。

2007年3月，被告人盛文蔚率先从九院辞职，成立了由被告人邬志雄、盛文蔚、徐灏及黄元龙、张军为股东的上海东金设备工程有限公司，并由黄元龙担任法定代表人，后被告人邬志雄、何先凡、徐灏、潘海鹰等人陆续从九院辞职至东金公司工作。东金公司成立后，由被告人邬志雄担任董事长；被告人盛文蔚担任总经理，主要负责财务、人事等工作；被告人何先凡担任副总经理，主要负责起重设备工程的设计；被告人徐灏担任副总经理，主要负责坞门、下水工程的设计；被告人潘海鹰主要负责电脑配置及起重设备工程的设计等。在黄元龙、张军退出东金公司后，被告人何先凡成为东金公司股东并担任法定代表人，同年9月东金公司的法定代表人变更为被告人邬志雄。

2007年3月至10月，东金公司主要与九院原客户开展业务，并使用九院设计的技术图纸中不为公众所知悉的技术信息，在对九院的技术图纸简单修改后交付客户单位使用。东金公司先后为大连辽南船厂、浙江造船有限公司、招商局重工（深圳）有限公司、山海关船舶重工有限责任公司、上海豪力起重机械有限公司、江苏象王起重机械厂、江苏蓝波船舶制造有限公司，无锡大力起重机械有限公司等八家单位完成设计委托合同，共获取人民币428.60万元，经鉴定机构评估，造成九院直接经济损失达人民币282.19万元。

被告人邬志雄、盛文蔚分别担任被告单位上海东金设备工程有限公司的董事长、总经理，对被告单位侵犯权利人九院商业秘密的行为负直接负责的主管人员责任；被告人何先凡、徐灏、潘海鹰具体实施了侵犯权利人九院商业秘密的行为，对被告单位侵犯商业秘密负有直接责任人员的责任。

案发后，被告人邬志雄、徐灏、盛文蔚经公安机关电话通知主动到案，并供述上述事实。被告人何先凡、潘海鹰到案后对上述事实亦作了供述。

上述事实有下列证据证明：

1. 被告人邬志雄的供述，证人黄元龙的证言，北京九州世初知识产权司法鉴定中心［2007］知鉴字第112号、106号、90号、72号等司法鉴定报告书及补充意见书，鉴定人张瑾、亓赢的证言证实，九院设备所系长期研究设计船坞、起重机械等设备的专业研究所，经国家投资及多年的研究，该所设计的技术图纸中各要素组合构成的完整设计包含不为公众所知悉的技术信息。

2. 被告人邬志雄的供述，证人黄元龙、蒋梦嫣、吴艳青、汤大伟的证言，九院知识产权保护与管理规定、商业秘密管理规定、计算机信息系统安全保密管理规定，九院设备所关于电脑机箱上锁的情况说明、购买电脑机箱的发票、电脑机箱上锁的照片，九院关于邬志雄等人使用电脑显示器的说明、上海卓越计算机发展中心出具的情况说明证实，九院为防止技术信息的外泄，制定了院商业秘密管理规定、计算机信息系统安全保密管理规定等规章制度，并在九院局域网上予以公布，该规章制度对九院商业秘密的范围、保密措施等作出了规定。2006年年底，九院设备所为防止技术信息的泄露，对电脑机箱采取了上锁的措施。

3. 被告人邬志雄、盛文蔚、何先凡、徐灏、潘海鹰的供述，证人张志华、许容、周泉的证言，中船第九设计研究院工程有限公司的营业执照、劳动合同、干部任免审批表、九院员工离职审批表、涉密人员调离保密审批表、告知书证实，邬志雄、盛文蔚原系九院设备所的所长、副所长；徐灏原系九院设备所设计室主任；何先凡、潘海鹰原系九院设备所技术人员，上述五人均有机会接触有关起重机械、船坞、下水等设备的技术信息，并负有保密义务，且邬志雄、盛文蔚对九院设备所的保密工作承担管理职能。

4. 被告人邬志雄、盛文蔚、何先凡、徐灏的供述，证人张军、黄元龙的证言证实，2007年年初，邬志雄、盛文蔚在担任九院设备所所长、副所长期间，因不满上级的工作安排，欲辞职自行成立公司开展业务。春节后，被告人邬志雄、盛文蔚经与九院设备所退休返聘职工黄元龙及何先凡、徐灏等人商定，分别从九院辞职，成立公司，主要开展与九院设备所相同的业务。

5. 被告人邬志雄、何先凡、徐灏、潘海鹰的供述，证人潘润道、慎辰的证言证实，潘海鹰及何先凡、徐灏在盛文蔚、邬志雄的默许下，违反九院规定，利用工作便利，采用拷贝自己或其他设计人员设计的技术图纸的方法，窃得九院的技术信息。

6. 诉讼代表人孙蕾的陈述，被告人邬志雄、盛文蔚、何先凡、徐灏、潘海鹰的供述，证人陶占忠、张军、黄元龙、秦静、白刚、瞿国军、刘后建的证言，上海东金设备工程有限公司的营业执照、注册登记资料证实，2007年3月，盛文蔚率先从九院辞职，成立了由邬志雄、盛文蔚、徐灏及黄元龙、张军为股东的东金公司，并由黄元龙担任法定代表人，后邬志雄、何先凡、徐灏、潘海鹰等人陆续从九院辞职至东金公司工作。东金公司成立后，由邬志雄担任董事长；盛文蔚担任总经理，主要负责财务、人事等工作；何先凡担任副总经理，主要负责起重设备工程的设计；徐灏担任副总经理，主要负责坞门、下水工程的设计；潘海鹰主要负责电脑配置及起重设备工程的设计等。在黄元龙、张军退出东金公司后，何先凡成为东金公司股东并担任法定代表人，同年9月东金公司的法定代表人变更为邬志雄。

7. 证人南海博、马承祖、陶占忠、江武康、陆崎、王俐、徐斌、葛明、张言才的证言，鉴定人张瑾、亓赢、洪月芳的证言，东金公司与大连辽南船厂、浙江造船有限公司、招商局重工（深圳）有限公司、山海关船舶重工有限责任公司、上海豪力起重机械有限公司、江苏象王起重机械厂、江苏蓝波船舶制造有限公司、无锡大力起重机械有限公司等八家单位签订的合同及东金公司开具的发票，九院提供的客户资料，上海司法会计中心沪司会字［2007］第212号司法鉴定检验报告，北京九州世初知识产权司法鉴定中心［2007］知鉴定第72号、73号、90号、91号、112号、113号、106号、107号、114号、116号、119号、120号、126号司法鉴定报告书及补充意见书，北京华德恒资产评估有限公司、北京九州世初知识产权司法鉴定中心对九院的直接经济损失评估报告书证实，2007年3月至10月，东金公司主要与九院客户开展业务，并使用九院设计的技术图纸中不为公众所知悉的技术信息，在对九院的技术图纸简单修改后交付客户单位使用。东金公司先后为大连辽南船厂、浙江造船有限公司、招商局重工（深圳）有限公司、山海关船舶重工有限责任公司、上海豪力起重机械有限公司、江苏象王起重机械厂、江苏蓝波船舶制造有限公司、无锡大力起重机械有限公司等八家单位完成设计委托合同，共获取人民币428.60万元，经评估，造成九院直接经济损失达人民币282.19万元。

8. 上海市公安局普陀分局搜查笔录、调取证据清单、扣押物品清单及赃证物品照片，上海市公安局公共信息网络安全监察处检查意见书证实，东金公司涉案的电脑、图纸、合同、财务资料等均被公安机关查扣，电脑中发现涉案文件。

9. 公安机关工作情况证实，案发后，被告人邬志雄、徐灏、盛文蔚经公安机关电话通知主动到案，并供述涉案事实；被告人何先凡、潘海鹰到案后对涉案事实亦作了供述。

（四）一审判案理由

上海市普陀区人民法院经审理认为：被告单位上海东金设备工程有限公司采用拷贝技术图纸的方法，侵犯权利人的商业秘密，并给权利人造成特别严重的损害后果，其行为已构成侵犯商业秘密罪，依法应予处罚。被告人邬志雄、盛文蔚分别是被告单位上海东金设备工程有限公司的董事长、总经理，对被告单位侵犯权利人商业秘密负直接负责的主管人员责任；被告人何先凡、徐灏、潘海鹰具体实施了侵犯权利人商业秘密的行为，对被告单位侵犯权利人商业秘密负有直接责任人员的责任，依法亦应以侵犯商业秘密罪惩处。公诉机关指控被告单位上海东金设备工程有限公司及各名被告人的罪名成立。本案系单位犯罪，各名被告人又各司其职，承担不同的责任，不划分主从犯，应根据各名被告人在犯罪中的地位、作用等，分别对其作出相应的处罚。被告人邬志雄、盛文蔚、徐灏有自首情节，被告单位上海东金设备工程有限公司可视作为自首论；被告人何先凡、潘海鹰到案后的情节，亦可视作为自首论，对被告单位上海东金设备工程有限公司及各名被告人依法均可减轻处罚。

鉴于被告单位上海东金设备工程有限公司因客户需求对图纸有所改动，付出了一定的劳务，以及上海东金设备工程有限公司计提的劳务费中不能排除部分用于年终奖金发放等，可对被告单位及各名被告人酌情从宽处罚。被告人的辩解及辩护人的相关辩护意见，与本案查证事实不符，均不予采纳。

（五）一审定案结论

上海市普陀区人民法院依照《中华人民共和国刑法》第二百一十九条第一款第（一）、（二）项、第三、四款、第二百二十条、第六十七条第一款、第七十二条、第七十三条及最高人民法院《关于处理自首和立功具体应用法律若干问题的解释》第一条，作出如下判决：

1. 上海东金设备工程有限公司犯侵犯商业秘密罪，判处罚金人民币 80 万元。

2. 邬志雄犯侵犯商业秘密罪，判处有期徒刑二年，缓刑二年，并处罚金人民币 2 万元。

3. 盛文蔚犯侵犯商业秘密罪，判处有期徒刑二年，缓刑二年，并处罚金人民币 2 万元。

4. 何先凡犯侵犯商业秘密罪，判处有期徒刑一年六个月，缓刑一年六个月，并处罚金人民币 15 000 元。

5. 徐灏犯侵犯商业秘密罪，判处有期徒刑一年，缓刑一年，并处罚金人民币 1 万元。

6. 潘海鹰犯侵犯商业秘密罪，判处拘役六个月，缓刑六个月，并处罚金人民币 5 000元。

（六）二审情况

1. 二审诉辩主张

上诉人诉称：东金公司和邬志雄、盛文蔚、何先凡、徐灏、潘海鹰不构成侵犯商业秘密罪。

上海市人民检察院第二分院认为，原判决认定事实清楚，证据确实、充分，适用法律正确，定罪量刑并无不当，诉讼程序合法。东金公司和邬志雄、盛文蔚、何先凡、徐灏、潘海鹰的上诉辩解，以及东金公司和邬志雄、盛文蔚、何先凡辩护人的辩护意见不能成立。

2. 二审事实和证据

上海市第二中级人民法院经审理，确认一审法院认定的事实和证据。

3. 二审判案理由

上海市第二中级人民法院经审理认为：原审法院认定东金公司采用拷贝技术图纸的方法，侵犯九院的商业秘密，并给九院造成直接经济损失人民币 282 万余元的事实清楚，证据确实、充分，根据被告单位和五名被告人构成侵犯商业秘密罪的事实、性质、情节和对社会的危害程度，所作出的判决并无不当，且审判程序合法。东金公司和邬志雄、盛文蔚、何先凡、徐灏、潘海鹰的上诉理由以及东金公司和邬志雄、盛文蔚、何先凡辩护人的辩护意见因与事实不符，不予采纳。

4. 二审定案结论

上海市第二中级人民法院依照《中华人民共和国刑事诉讼法》第一百八十九条第（一）

项，作出如下裁定：

驳回上诉，维持原判。

（七）解说

1. 关于鉴定机构有无资质的问题

本案辩护人认为，鉴定机构无资质。

经法院查证，出具《司法鉴定检验报告》的上海司法会计中心、出具《司法鉴定报告书》及补充意见书的北京九州世初知识产权司法鉴定中心、出具《直接经济损失评估报告书》的北京九州世初知识产权司法鉴定中心、北京华德恒资产评估有限公司，分别具有相关机构颁发的《司法鉴定许可证》、《资产评估资格证书》。

我们认为，上述鉴定机构均具备鉴定机构的资格，符合国家实行的司法鉴定业务登记管理制度的规定，其所出具的鉴定结论合法，应作为定案依据。北京九州世初知识产权司法鉴定中心虽有人涉及刑事案件，因不涉及本案鉴定人，故对其所作出的鉴定结论的合法性没有影响。

2. 关于九院设备所设计的船坞、起重机械等技术图纸是否属于商业秘密

被告人及其辩护人认为，涉案的船坞、起重机械等技术资料及图纸系公知信息，不属九院的商业秘密。

我们认为，我国《反不正当竞争法》第十条第三款规定，该条所称的商业秘密，是指不为公众所知悉、能为权利人带来经济利益、具有实用性并经权利人采取保密措施的技术信息和经营信息。本案所涉船坞、起重机械等设备的技术图纸作为完整设计，是包含了众多技术要素的复杂的信息组合，而非相关公众通过观察产品实体即可直接获得的简单组合的信息，九院为此投入了大量人力、物力、财力，经长期研究、实践积累而成，不为所属领域的相关人员普遍知悉和容易获得，故公知技术信息的完整组合可以成为非公知技术信息。辩方提供的相关证据不足以否定北京九州世初知识产权司法鉴定中心作出的九院设备所设计的船坞、起重机械等技术图纸中各要素组合构成的完整设计不为公众所知悉的鉴定结论，对该鉴定结论的证明力应予确认，该图纸的技术信息能为九院带来经济利益，并具有现实的商业价值，能为九院带来竞争优势，为防止技术信息的泄露，九院设备所还对电脑机箱采取了上锁等措施，故九院设备所设计的船坞、起重机械等技术图纸属于商业秘密。

3. 关于被告单位给权利人九院造成直接经济损失的认定问题

辩护人认为，评估损失应以权利人九院的直接经济损失计算，评估的利润率过高。

我们认为，上海司法会计中心根据财务规定作出的东金公司计提的虚增劳务费人民币400余万元不应计入成本的鉴定意见，可以采纳。北京华德恒资产评估有限公司根据最高人民法院《关于审理不正当竞争民事案件应用法律若干问题的解释》、《关于审理专利纠纷案件适用法律问题的若干规定》等规定，采用以侵权人因侵权行为获得的利润的方法确定经济损失赔偿额，并根据上海司法会计中心、北京九州世初知识产权司法鉴定中心的鉴定结论，作出东金公司的侵权行为给权利人九院造成直接经济损失为人民币282.19万元的鉴定意见，应予确认。

（上海市普陀区人民法院　唐慧琴）

34. 林瑞太合同诈骗案

（一）首部

1. 裁判书字号

一审判决书：福建省厦门市思明区人民法院（2009）思刑初字第48号。

二审裁定书：福建省厦门市中级人民法院（2009）厦刑终字第335号。

2. 案由：合同诈骗案。

3. 诉讼双方

公诉机关：福建省厦门市思明区人民检察院，检察员：黄琦。

被告人（上诉人）：林瑞太，男，1958年8月4日出生，汉族，出生地福建省厦门市，住厦门市思明区，初中文化，原系厦门宝龙剑房地产开发有限公司法定代表人。2008年6月3日因本案被刑事拘留，同年7月11日被逮捕。

4. 审级：二审。

5. 审判机关和审判组织

一审法院：福建省厦门市思明区人民法院。

合议庭组成人员：审判长：郑志勇；人民陪审员：王凌、林中由。

二审法院：福建省厦门市中级人民法院。

合议庭组成人员：审判长：唐红宇；代理审判员：余强、王诚。

6. 审结时间

一审审结时间：2009年8月3日（公诉机关以补充侦查为由先后于2009年3月3日和5月18日申请延期审理各一次，同时该案报经福建省高级人民法院批准后延长审理期限一个月）。

二审审结时间：2009年10月30日。

（二）一审诉辩主张

1. 公诉机关指控称

2003年10月至2005年12月，被告人林瑞太在没有取得"海峡商贸城"开发资质及"阳翟综合建材厂"无法变更为房地产项目的情况下，以厦门宝龙剑房地产开发有限公司的名义对外签订合同，收取对方当事人交付的工程押金、定金、保证金等款项共计人民币86.5万元，但未用于厦门宝龙剑房地产开发有限公司正常经营活动；经追讨，被告人林瑞太只退还人民币10.6万元，后因其无法履行合同又无力还款而逃逸，至2008年6月3日被深圳公安局东门派出所抓获归案。认定被告人林瑞太在签订、履行合同过程中，骗取对方当事人人民币75.9万元，数额特别巨大，其行为已触犯了《中华人民共和国刑法》第二百二十四条第（四）、（五）项之规定，应以合同诈骗罪追究其刑事责任。

2. 被告辩称

被告人林瑞太对签约收款的事实不持异议，但称无法履约系因客观条件所限，其并无非法占有他人钱款的诈骗故意，涉案行为不应以合同诈骗犯罪论处。

（三）一审事实和证据

福建省厦门市思明区人民法院经公开审理查明：

1. 2003年10月至2005年10月间，被告人林瑞太在尚未取得“海峡商贸城”项目合作开发资质的情况下，就以厦门宝龙剑房地产开发有限公司（以下简称宝龙剑公司）的名义对外签订工程承包、物业委托管理、商品房销售代理等合同，收取对方当事人交付的押金、定金、保证金以及出借的款项共计人民币49.5万元，后因无法履约经追讨只退还人民币5.6万元。

2. 2005年6月至2005年12月间，被告人林瑞太在“阳翟综合建材厂办公综合楼、仓库”建设项目尚未变更为房地产开发项目的情况下，就以宝龙剑公司的名义对外签订物业委托管理、商品房销售代理合同和商品房优先认购协议书，收取对方当事人交付的押金、定金以及出借的款项共计人民币37万元，后因无法履约经追讨只退还人民币5万元。

综上，被告人林瑞太在签订合同过程中共收取款项人民币86.5万元，扣除已退还的钱款人民币10.6万元，实际所得人民币75.9万元由林瑞太个人支配，均未在宝龙剑公司入账开支。

上述事实有下列证据证明：

1. 被害人戴文安、张惜珍、郜治治、江建平的陈述及相关书证，证人张玉山、乔晨光、朱莹、余东霞、单运龙、杨延义、林启文、梁富贵、陈良篇、彭海云、黄辽英、吉加强的证言及相关书证，证明林瑞太在尚未取得“海峡商贸城”项目合作开发资质和“阳翟综合建材厂办公综合楼、仓库”建设项目尚未变更为房地产开发项目的情况下，以宝龙剑房地产开发有限公司名义与他人签约并收取对方当事人支付的押金、定金、保证金以及出借的款项的情况。

2. 在案的工商登记材料、税务查询单及其情况说明，证实宝龙剑公司法定代表人变更、纳税等情况。

3. 兴办金瑞泉农场的合作协议及其征地补偿材料，证实林瑞太因承包的农场被拆迁所获补偿款被法院强制执行的情况。

4. 公安机关出具的抓获经过及其侦查工作的情况说明，证实林瑞太到案的相关情况。

5. 林瑞太的户籍证明，证实林瑞太的自然情况。

（四）一审判案理由

福建省厦门市思明区人民法院经审理认为：在“海峡商贸城”项目上，被告人林瑞太虽然通过梁富贵以及以宝龙剑公司的名义先后和乾隆坊公司签约准备合作开发该项目，但其并未依约履行出资义务，在案证据也表明其没有确实的融资能力和实际的融资行动，被告人林瑞太在尚未取得合作开发资质的情况下就以投资开发商的名义单方对外发包，显无履约能力和诚意；而被告人林瑞太与阳翟建材厂签订合作意向书准备开发的“办公综合楼、仓库”建设项目系属企业用地，在规划申请已经被退件处理的情况下，仍以商品房开发项目对外签约，更无履约的实际能力和意愿；由此可见，被告人林瑞太签约并非为了履行合同，而是通过签约骗得对方当事人的信任以实现其获取款项的真实目的；不仅如此，被告人林瑞太签约收款后也没有积极履约的具体行为表现，在履约不能无力还款时即行逃匿逃避责任，进一步印证其非法占有的主观故意；综上所述，被告人林瑞太以非法占有为目的，采用虚构事实、隐瞒真相的手段签订合同骗取对方当事人钱款的行为，依法应当以合同诈骗罪论处。需要指出的是，尽管被告人林瑞太是以宝龙剑公司的名义对外签约收款，但在案证据表明，宝龙剑公司成立以来没有正常的经营活动，涉案款项均是现金交付由林瑞太个人支配，并未在宝龙剑公司入账开支，公司利益无从体现，依法不应以单位行为论处。被告人林瑞太以非法占有为目的，在签订、履行合同过程中，骗取对方当事人钱款，涉案金额共计人民币 75.9 万元，属数额特别巨大，其行为已构成合同诈骗罪。公诉机关指控的罪名可以成立，本院予以支持。被告人林瑞太有关其行为不构成合同诈骗罪的辩解意见与案件事实不符，与法律相悖，依法不予采纳。

（五）一审定案结论

福建省厦门市思明区人民法院依照《中华人民共和国刑法》第二百二十四条第（四）、（五）项及第六十四条，作出如下判决：

1. 林瑞太犯合同诈骗罪，判处有期徒刑十一年，并处罚金人民币 15 000 元。
2. 林瑞太应退赔给本案各被害人（单位）相应的经济损失共计人民币 759 000 元。

（六）二审情况

1. 二审诉辩主张

上诉人诉称：其主观上不具有非法占有的故意，不构成合同诈骗罪。

2. 二审事实和证据

福建省厦门市中级人民法院经审理，确认一审法院认定的事实和证据。

3. 二审判案理由

福建省厦门市中级人民法院经审理认为：首先，上诉人林瑞太在未取得“海峡商贸城”项目合作开发资质及“阳翟综合建材厂办公综合楼、仓库”建设项目尚未变更为房地产开发项目的情况下，仍对外签订工程承包、物业委托管理、商品房销售代理等合同，表明其不具备履约的能力和诚意；其次，林瑞太在收取对方当事人钱款后逃匿。可见林瑞太主观上具有非法占有的故意，其行为构成合同诈骗罪的构成要件，其上诉意见理由不足，不予采纳。原判定罪准确，审判程序合法，量刑适当。

4. 二审定案结论

福建省厦门市中级人民法院依照《中华人民共和国刑事诉讼法》第一百八十九条第（一）项，作出如下裁定：

驳回上诉，维持原判。

（七）解说

合同诈骗罪，是指以非法占有为目的，在签订、履行合同过程中，采取虚构事实或者隐瞒事实真相的方法，骗取对方当事人财物，数额较大的行为。由于合同纠纷与合同诈骗罪都与合同制度有关，都发生于合同的签订、履行过程之中，都涉及合同双方义务的履行和权利的实现，都表现为当事人双方的利益冲突和纷争，因而两者在理论上较难区分，在实践中较难把握，这些特点都给司法实践中的认定带来极大的干扰。再加上合同诈骗案件中行为人对其主观非法占有故意往往不予供述，因此审判人员只能通过运用司法推定的方法，从客观行为来推定行为人主观上是否具有非法占有的故意。结合相关刑法理论和司法实践，笔者认为，区分合同诈骗和合同纠纷案件，一般可从行为人签订合同时的履约能力、有无实施欺骗行为、履行合同中有无履约的实际行动、未履行合同的原因以及对取得财物的处置等方面综合考察。就本案而言，笔者认为：

1. 被告人林瑞太在签订合同时不具有实际履约能力

实际履约能力是指行为人依照法律的规定或合同的约定，在双方约定的期限，完成双方各自承诺的民事法律行为的能力，即行为人拥有履约所需的资金、货源、技术等。假如行为人在签订合同前还没有现成的物质、技术力量，但其根据法定的经营范围或资金、货源情况，能够在合同到期前通过一定的途径达到所需要的能力，这种情况也可视为有能力完成自己的承诺。反之，行为人在签订合同前，没有合同所需的物资、货源、技术，并且也没有能力在合同期满前组织到所需的物资等，却在签订合同时虚构事实、伪造履约能力，这种行为应视为其主观上有非法占有的目的。本案中，被告人虽然通过梁富贵以及以宝龙剑公司的名义先后和乾隆坊公司签约准备合作开发该项目，但其并未依约履行出资义务，在案证据也表明其没有确实的融资能力和实际的融资行动，被告人在尚未取得合作开发资质的情况下就以投资开发商的名义单方对外发包，显无履约能力和诚意；而被告人与阳翟建材厂签订合作意向书准备开发的“办公综合楼、仓库”建设项目系属企业用地，在规划申请已经被退件处理的情况下，仍以商品房开发项目对外签约，更无履约的实际能力和意愿。

2. 被告人林瑞太在签订、履行合同过程中采取了欺骗手段

利用合同进行诈骗的人，往往采取伪造证件，虚构事实，或隐瞒真相，编造谎言，以虚假的身份和虚假的担保等手段，掩盖其根本无履行合同的能力和诚意的真相，骗取对方与自己签订合同，事实上则根本不去履行合同，或者故意制造障碍，破坏履行合同的条件，把责任推给对方，致使合同不能履行，从而给对方造成重大经济损失。在本案中，相关的被害人均是在签订合同后，由于项目迟迟未开工，到项目工地实际调查以后才发现宝龙剑公司尚未取得项目开发权，可见被告人在签约时隐瞒了其尚未取得项目开发权的真相，而采取如此欺骗手段的主观目的显然是企图获取不义之财。

3. 被告人林瑞太并无履行合同的实际行为

实践中，合同诈骗往往是以不履约的形式表现出来。有无履约行为，能客观地反映出行为人对合同规定的义务的心理活动，是认定行为人非法占有目的的客观依据。尽管被告人一直强调自己不履约是由于内情复杂、纠纷不断一直无法开工，然而，如果没有非法占有的故意，即使由于种种原因导致合同无法全部履行而出现违约时，行为人一般也不会逃避，虽可能从自身利益出发而辩解以减轻责任，但无可辩驳自己违约时，会有承担责任的表示，并设

法弥补对方所受损失。纵观本案，被告人先是编造各种理由拖延，进而躲避追讨，不知去向，通过这样的行为我们足以认定其主观上非法占有的故意。

4. 被告人林瑞太在违约后并无归还钱款的表现

被告人是以公司的名义对外签订合同，收取钱款的理由亦是工程押金、定金、保证金，然而，事实是这笔款项并未在公司入账开支，亦未用于公司的正常经营活动，而是由被告人自己收取、花费，案发后这笔款项亦不知所踪，直至案件审结时仍未归还，已给被害人造成了无法挽回的损失，在这种情况下被告人非法占有他人财物的目的显而易见。

综上所述，笔者认为，刑事诉讼中对证据审查判断的目的，不在于对客观犯罪事实的复原或再现，而在于根据已有证据及其规则，对法律事实的推断和认定。本案在案的证据均充分证实了被告人主观上具有非法占有的故意，足以认定被告人合同诈骗的犯罪事实。

（福建省厦门市思明区人民法院　郑志勇　方晋晔）

35. 吴火栋合同诈骗案

（一）首部

1. 判决书字号：福建省泉州市鲤城区人民法院（2009）鲤刑初字第245号。

2. 案由：合同诈骗案。

3. 诉讼双方

公诉机关：福建省泉州市鲤城区人民检察院。

被告人：吴火栋，别名“阿坤”，男，1988年8月16日出生，汉族，初中文化，无业，家住福建省泉州市鲤城区。2003年9月11日因犯强奸罪被判处有期徒刑一年，2004年4月13日刑满释放。因本案于2009年5月9日被刑事拘留，同月27日被逮捕。

辩护人：王红螺，福建君涵律师事务所律师。

4. 审级：一审。

5. 审判机关和审判组织

审判机关：福建省泉州市鲤城区人民法院。

合议庭组成人员：审判长：雷庆元；审判员：吴志婷；代理审判员：潘银幼。

6. 审结时间：2009年9月4日。

（二）诉辩主张

1. 公诉机关指控称

被告人吴火栋于2009年4月8日晚7时许，至泉州市顺达汽车租赁服务中心，以李伟添的驾驶证向吴国伟承租一辆东南菱帅小轿车（闽C2755A号，价值人民币38 500元），后到石狮向蔡木渲谎称家中发生了火灾急需用钱，该车是其家人的，愿用该车抵押，向蔡木渲借款人民币 12 500 元。同年 4 月 22 日，再次向吴国伟承租一辆闽 CPC539 号丰田花冠小轿车（价值人民币 87 000 元）。后通过黄东彬（另案处理）伪造一本户名为吴火栋的该车行驶证，并经他人介绍又以家中着火急需用钱为由，将该车作抵押向陈美珍欲借人民币 40 000 元，因被告人吴火栋未能提供汽车登记证，陈美珍先拿出 20 000 元借给吴火栋，余款 20 000 元待登记证拿到后再付，但事后吴火栋与陈美珍未再联系。被告人吴火栋向吴国伟承租两辆小轿车后，经吴国伟催还，吴火栋以各种理由推脱，无法将车归还。2009 年 5 月 6 日，吴国伟向泉州市公安局经济技术开发区分局报案。同月 8 日，吴国伟在本区浮桥街道王宫社区锦江中路依达网络会所找到被告人吴火栋，将其扭送至泉州市公安局经济技术开发区分局。

公诉机关认为被告人的行为已构成合同诈骗罪且系累犯，提请法院依照《中华人民共和国刑法》第二百二十四条第（一）、（三）项、第六十五条第一款之规定，对被告人吴火栋定罪惩处。

2. 被告辩称

被告人吴火栋辩称：其在鲤城区浮桥街道王宫社区依达网络会所被车主吴国伟找到后，是自己与吴国伟到公安机关投案的，应认定为自首。

其辩护人的辩护意见为：将轿车的评估价值作为被告人吴火栋的犯罪数额不能成立，因被告人主观上不具有占有的目的，而应以被告人向蔡木渲、陈美珍的借款数额认定为犯罪数额。被告人能跟被害人到公安机关投案，说明被告人愿意接受政府的处理。且抵押的车辆已被追回，向陈美珍借的款也由担保人归还，建议对被告人从轻处罚。

（三）事实和证据

泉州市鲤城区人民法院经公开审理查明：2009 年 4 月 8 日晚 7 时许，被告人吴火栋到泉州市顺达汽车租赁服务中心，以骗借的李伟添驾驶证向被害人吴国伟承租一辆东南菱帅小轿车（闽 C2755A 号），同年 4 月 22 日，被告人吴火栋又到该租赁服务中心，以承租的东南菱帅小轿车不好驾驶为借口，再次向吴国伟承租一辆丰田花冠小轿车（闽 CPC539 号）。尔后，吴火栋窜到石狮市向蔡木渲谎称家中火灾急需用钱，以东南菱帅小轿车系其家人所有，愿以该车作抵押为由，向蔡木渲借款人民币 12 500 元。又通过黄东彬（另案处理）伪造一本户名为吴火栋的闽 CPC539 号丰田花冠小轿车行驶证，并经他人介绍，以家中火灾急需用钱为由，将该车作抵押向陈美珍借款人民币 20 000 元。在被害人吴国伟多次催讨下，吴火栋多次推脱。同年 4 月 23 日，吴国伟到石狮市找到东南菱帅小轿车后，将该车开回。

2009 年 5 月 8 日，被害人吴国伟在本区浮桥街道王宫社区锦江中路依达网络会所找到被告人吴火栋，将其带到泉州市公安局经济技术开发区分局。案发后，闽 CPC539 号丰田花冠小轿车被公安机关追回发还被害人吴国伟。

经泉州市价格认证中心对轿车价格鉴定，东南菱帅轿车价值为人民币 38 500 元，丰田花冠轿车价值为人民币 87 000 元。

上述事实有下列证据证明：

1. 被害人吴国伟的陈述，证实吴火栋以李伟添驾驶证向其承租一辆东南菱帅小轿车（闽 C2755A 号）及丰田花冠小轿车（闽 CPC539 号）情况。

2. 证人李伟添、蔡木渲、陈美珍、潘龙艺、杨明、吴炳希、黄林发、吴碧山的证言，证实吴火栋以车抵押向他人借款的情况。

3. 辨认笔录。

4. 抓获经过、工作说明、户籍证明、案情经过、租赁合同书、个人独资企业营业执照、机动车登记栏、扣押（发还）物品、文件清单、行驶证照片复印件、通话清单、价格鉴定结论书、鉴定结论通知书、刑事附带民事判决书、释放证明。

（四）判案理由

泉州市鲤城区人民法院经审理认为：被告人吴火栋以非法占有为目的，在签订、履行合同过程中，骗取他人财物价值人民币125 500元，数额巨大，其行为已构成合同诈骗罪，公诉机关指控的犯罪成立。辩护人提出诈骗数额应以借款的数额认定的辩护意见与事实和法律不符，不予采纳。被告人吴火栋辩解其在本区浮桥街道依达网络会所被吴国伟带到公安机关接受审查是自首的意见，不符合自首的条件，不予采纳。归案后，被告人吴火栋能如实交代犯罪事实，认罪态度较好，且骗取的两部小轿车已被追回归还失主，可酌情从轻处罚，但被告人吴火栋曾因犯罪被判处有期徒刑，在刑罚执行完毕后五年内再犯应当判处有期徒刑以上刑罚之罪，是累犯，应当从重处罚。

（五）定案结论

泉州市鲤城区人民法院依照《中华人民共和国刑法》第二百二十四条第（一）、（三）项、第六十五条第一款、第六十四条，作出如下判决：

1. 吴火栋犯合同诈骗罪，判处有期徒刑四年六个月，并处罚金人民币5 000元。
2. 暂扣的伪造行驶证1本，予以没收。

（六）解说

本案的争议焦点是被告人吴火栋的诈骗数额如何认定。

本案是一起汽车承租人将租赁的汽车用于“抵押”借款进行恶意占有的案件。对本案被告人的行为认定为合同诈骗罪，控辩双方均不持异议。但对本案诈骗犯罪数额的认定，控辩双方及合议庭部分人员存在分歧。主要有以下三种观点：

第一种观点认为，本案诈骗的数额应以被告人行骗数额作为定罪数额，即被告人骗取汽车的金额和骗取蔡木渲、陈美珍的借款数额共计158 000元为被告人诈骗的数额。因被告人的行为不仅骗走了汽车还骗走了钱财，应一并计算为诈骗的数额。

第二种观点认为应以被告人实际骗取的数额作为定罪数额，即被告人通过实施诈骗行为而实际得到的财物数额。辩护人所持的辩护观点与之相同。理由是：公诉机关将轿车的评估价值作为被告人吴火栋的犯罪数额不能成立，因被告人主观上不具有占有车辆的目的。从表面上看，被告人吴火栋向他人借款，并且还有抵押物，但是从实质上看，其用作抵押的抵押物并不是该吴火栋本人的，属无权抵押，其借款后大肆挥霍，根本无力归还，也从未想过要归还，事实上也没有归还过，吴火栋借款的行为是以合法的形式掩盖非法的目的，其隐瞒了无力归还、不想归还的事实，达到了骗取他人钱财的目的，因而应以吴火栋向蔡木渲、陈美珍的借款数额即32 500元认定为诈骗犯罪的数额。

第三种观点认为应以受骗损失数额作为定罪数额。被告人吴火栋以非法占有为目的，隐瞒了租车的真实用途，用租来的汽车抵押借款，因而本案中吴火栋诈骗的是汽车价值数额而不是借款。诈骗的数额应为两辆租赁轿车的价值125 500元。

笔者同意第三种意见。汽车租赁诈骗案件中存在两个诈骗环节：第一个环节是行为人以租车为名将车骗到自己的控制下，这一环节行为人实际取得的是汽车；第二个环节是行为人虚构车主身份，将车辆销售或用于抵押以套取现金，这一环节行为人实际取得的是汽车的变卖款、典当款或借款。行为人通过这两个欺诈行为，实际取得的数额是不同的，有的甚至相距甚大，这就产生了以行为人的哪个“实际取得”作为诈骗犯罪数额的问题。应该说，行为人出于骗租车辆后变现的动机，通过第一个环节的欺诈行为，已非法占有了车辆，这时其诈骗行为已经得逞，至于其是通过直接销赃，还是通过抵押借款的方式变现，只是其对赃物的处置问题，而行为人非法占有公私财物后，对租赁汽车如何处置，不影响非法占有的成立。因此，汽车租赁诈骗案件中，行为人的“实际取得”应是指所骗租的车辆的价值，而不是行为人将所骗租车辆变现的实际所得数额。因此，被告人吴火栋为达到非法占有的目的，将车辆以租赁的形式骗出后又采取隐瞒真相的手段，以家人或车主的身份将车辆“抵押”给他人以获取现金，其所实施的“抵押”诈骗行为，是其为最终非法占有他人“租赁财物”这一结果的手段行为，属于前一行为的牵连犯罪，由于触犯的是同一罪名，应当从重罪。第一种观点有失之过严的倾向，不符合罪责刑相适应原则。而第二种观点割裂了被告人吴火栋犯罪行为的整体性和连续性，也不符合法律规定。因此，本案以被骗车辆的价值作为被告人诈骗犯罪的数额是正确。同时，在汽车租赁诈骗案件诈骗数额的认定中，还有一个问题需要探讨，即行为人支付的租车费用是否应从诈骗数额中扣除，在汽车租赁诈骗案件中，行为人要取得对车辆的控制，必须根据租赁合同的要求支付相应的对价，即租金。对于行为人所支付的这部分租金应否在诈骗数额中扣除，根据司法实践，诈骗数额应当以行为人实际骗取的数额即被害人的实际经济损失认定。就本案来看，被告人吴火栋为租赁汽车，先行支付了一定的押金，押金是承租人为归还租赁车辆和交纳租金提交的担保。在正常租赁关系中，承租人在向出租人归还租赁车辆后有收回押金的权利，一旦不能归还车辆，就无权要求收回押金，出租人遭受的损失会因有押金的担保而削减。租金则不同，租金是承租人交付出租人作为取得车辆使用权的对价，属于出租人的合法收益，即使承租人归还了车辆，也无权要求出租人返还租金，因此在计算诈骗数额时，押金应从被告人诈骗所得的车辆价值中扣除。故本案法院在计算诈骗数额时，应将被告人吴火栋缴纳的2 000元租车押金从诈骗数额125 500元中扣除，较为合理。因此，笔者认为，该案的判决没有将此部分租金从被告人吴火栋的诈骗数额中扣除是不妥的。

（福建省泉州市鲤城区人民法院　吴志婷）

36. 张仁顺非法经营案

（一）首部

1. 判决书字号：四川省南充市嘉陵区人民法院（2009）嘉刑初字第128号。

2. 案由：非法经营案。

3. 诉讼双方

公诉机关：四川省南充市嘉陵区人民检察院，代理检察员：秦占标。

被告人：张仁顺，男，1959 年 12 月 27 日出生，汉族，初中文化，粮农，户籍地四川省南充市嘉陵区，现租住于南充市顺庆区。2009 年 7 月 9 日因本案被逮捕。

辩护人：杨释杰，四川鑫中云律师事务所律师。

4. 审级：一审。

5. 审判机关和审判组织

审判机关：四川省南充市嘉陵区人民法院。

合议庭组成人员：审判长：张学军；审判员：彭禹；人民陪审员：吴可定。

6. 审结时间：2009 年 12 月 11 日。

（二）诉辩主张

1. 公诉机关指控称

2009 年 4 月初，被告人张仁顺伙同刘纪春、韩树彬（二人另案处理）在租赁的嘉陵区文峰镇 4 村 6 社任胜全的房屋内，假冒他人注册的云烟、玉溪牌香烟商标，以“天下秀”香烟为主要原料，以换嘴的方式，非法生产盖玉溪、嘴玉溪、特制珍品云烟、盖紫云烟等品牌假烟 508.3 条。经南充市价格鉴定中心鉴定，假烟价值共计金额 10.137 3 万元。公诉机关认为对被告人张仁顺的行为应以假冒注册商标罪追究其刑事责任。

2. 被告辩称

被告人张仁顺对公诉机关指控的事实和罪名无异议，请求法庭对其从轻判处。

其辩护人的辩护意见为：（1）本案中，张仁顺假冒他人注册商标的行为属实，但涉案金额不大；情节相对轻微，其在被查获前无销售行为，也未从中谋取任何不正当利益，对社会造成的危害相对较小。（2）被告人系初犯，被告人张仁顺的妻子患有严重的哮喘病，两个孩子正在上学，家庭困难。其犯罪与所面临的家庭困境有关。（3）被告人在案发后如实供述犯罪事实，具有明显的悔罪表现。请求对被告人张仁顺从轻处罚，并适用缓刑。

（三）事实和证据

四川省南充市嘉陵区人民法院经公开审理查明：2009 年 3 月起，被告人张仁顺在未取得烟草专卖生产企业许可证，也未经工商行政管理部门核准登记的情况下，在租赁的嘉陵区文峰镇 4 村 6 社任胜全的房屋内，伙同刘纪春以“天下秀”香烟为主要原料，以换嘴的方式，非法生产盖玉溪、嘴玉溪、特制珍品云烟、盖紫云烟等品牌假烟 508.3 条。刘纪春的丈夫韩树彬（另案处理）到南充来看望刘纪春时，与刘一起生产假烟。5 月 14 日，顺庆区烟草专卖局、嘉陵区烟草专卖局、嘉陵区公安分局治安大队共同将该正在制假的窝点查获。经南充市价格鉴定中心鉴定，生产的假烟价值共计金额 101 373 元。

上述事实有下列证据证明：

1. 顺庆区烟草专卖局案件移送函、接受刑事案件登记表、立案决定书、抓获经过，证实 2009 年 6 月 2 日顺庆区烟草专卖局向公安机关移送该案，2009 年 6 月 5 日被告人张仁顺被抓获。

2. 被告人张仁顺的户籍证明，证实其基本情况。

3. 被告人张仁顺的供述，证实其从2009年3月开始，至5月14日被查获时，在嘉陵区文峰镇4村6社任胜全的房屋内，非法制造假冒盖玉溪、嘴玉溪、特制珍品云烟、盖紫云烟。

4. 同案犯刘纪春、韩树彬的供述，证实刘纪春受张仁顺的雇请从2009年3月起在嘉陵区文峰镇4村6社任胜全的房屋内，非法制造假冒盖玉溪、嘴玉溪、特制珍品云烟、盖紫云烟。韩树彬4月份到南充看望妻子刘纪春，并和其一起生产假烟。

5. 证人任胜全的证言，证实2009年3月其房屋租给一南充口音的男子，住了两个女的，后来来了一个男的也一同在住。

6. 证人韩如娜的证言，证实其到南充后，看到其父母韩树彬、刘纪春在生产香烟。

7. 扣押物品清单，证实公安机关扣押盖玉溪、嘴玉溪、特制珍品云烟、盖紫云烟，加工生产假烟的原辅产品及制烟工具若干。

8. 现场照片，证实生产假烟的场景、所查获的假烟及生产工具。

9. 四川省烟草质量监督检测站鉴别检验报告，证实被扣的珍品云烟、紫云烟、玉溪系假冒注册商标且属伪劣卷烟。

10. 南市认鉴字（2009）8号鉴定结论书，证实伪劣卷烟价格为101 373元。

11. 南充市顺庆区烟草专卖局的证明，证实被告人张仁顺无烟草专卖生产企业许可证，也未经工商行政管理部门核准登记。

12. 南充市中心医院肺功能报告单，加盖了河西乡三教庙村委会印章的申请，证实被告人张仁顺的妻子患有严重的哮喘病，两个孩子正在上学，家庭困难。

（四）判案理由

四川省南充市嘉陵区人民法院经审理认为：被告人张仁顺违反《中华人民共和国烟草专卖法》的规定，在未经许可的情况下非法生产香烟，并假冒盖玉溪、嘴玉溪、特制珍品云烟、盖紫云烟等品牌的注册商标，制造香烟达508.3条，价值共计101 373元。其行为扰乱了市场秩序，侵犯了国家限制买卖物品和经营许可证的市场管理制度，已构成非法经营罪，依法应予以惩处。公诉机关指控的犯罪事实清楚，证据确实充分，但指控的罪名有误。本案中被告人张仁顺非法生产香烟和假冒其他香烟注册商标、经营价值达101 373元的行为，既触犯了《中华人民共和国刑法》第二百二十五条关于非法经营罪的规定，又触犯了第二百一十三条关于假冒注册商标罪的规定，依照我国刑法罪责刑相适应的原则和参照最高人民法院、最高人民检察院、公安部、国家烟草专卖局《关于办理假冒伪劣烟草制品等刑事案件适用法律问题座谈会纪要》（以下简称《伪劣烟草制品案件纪要》）第六条关于“行为人的犯罪行为同时构成生产、销售伪劣产品罪、销售假冒注册商标的商品罪、非法经营等罪的，依照处罚较重的规定定罪处罚”的规定，应择一重罪对被告人定罪量刑。因此，根据被告人张仁顺在本案中的犯罪情节，通过对《中华人民共和国刑法》第二百二十五条和第二百一十三条中关于量刑的规定进行比较，第二百二十五条所规定的非法经营罪处罚较重，故应以非法经营罪对被告人张仁顺定罪量刑。被告人张仁顺归案后的认罪态度较好，生产的假烟尚未流入社会，辩护人关于“张仁顺的犯罪情节相对轻微，对社会造成的危害相对较小和被告人在案发后能如实供述犯罪事实，具有明显的悔罪表现”的辩护意见成立，予以采纳。

（五）定案结论

四川省南充市嘉陵区人民法院依照《中华人民共和国刑法》第二百二十五条、第六十四条、第七十二条、第七十三条第二、三款，作出如下判决：

1. 张仁顺犯非法经营罪，判处有期徒刑二年，缓刑三年，并处罚金10 000元。
2. 对张仁顺生产的假烟508.3条和生产假烟的原辅产品及制烟工具予以没收。

（六）解说

生产、销售假烟的行为通常同时构成生产、销售伪劣产品罪、假冒注册商标罪或者销售假冒注册商标的商品罪、非法经营罪，应当依照《刑法》处罚较重的规定定罪处罚。

张仁顺假冒盖玉溪、嘴玉溪、特制珍品云烟、盖紫云烟等品牌的注册商标，在未经许可的情况下制造伪劣香烟达508.3条，价值共计101 373元。《伪劣烟草制品案件纪要》规定：“伪劣烟草制品的销售金额不满五万元，但与尚未销售的伪劣烟草制品的货值金额合计达到十五万元以上的，以生产、销售伪劣产品罪（未遂）定罪处罚。”张仁顺生产的假烟尚未销售，货值金额未达到15万元，不能以生产、销售伪劣产品罪（未遂）定罪处罚。《中华人民共和国商标法》第六条规定，“国家规定必须使用注册商标的商品，必须申请商标注册，未经核准注册的，不得在市场销售”。《中华人民共和国烟草专卖法实施条例》第二十四条规定，“卷烟、雪茄烟和有包装的烟丝，应当使用注册商标”。根据上述规定，所有的卷烟均属于必须注册商标的商品。《刑法》第二百一十三条规定：“未经注册商标所有人许可，在同一种商品上使用与其注册商标相同的商标，情节严重的，处三年以下有期徒刑或者拘役，并处或者单处罚金；情节特别严重的，处三年以上七年以下有期徒刑，并处罚金。”张仁顺假冒他人注册商标的商品货值金额达101 373元，属情节严重，应处三年以下有期徒刑或者拘役，并处或者单处罚金。根据《中华人民共和国烟草专卖法》和《中华人民共和国烟草专卖法实施条例》规定，烟草制品属于国家规定的专卖物品，其生产、销售和进出口业务由国家实行垄断经营、统一管理。张仁顺没有取得烟草专卖生产企业许可证，属于《刑法》第二百二十五条第（一）项规定的“未经许可经营法律、行政法规规定的专营、专卖物品或者其他限制买卖的物品”，扰乱市场秩序，情节严重的，构成非法经营罪，应处五年以下有期徒刑或者拘役，并处或者单处违法所得一倍以上五倍以下罚金。对于这种同时触犯数个法条的犯罪行为，最高人民法院、最高人民检察院《关于办理生产、销售伪劣商品刑事案件具体应用法律若干问题的解释》第十条规定，“依照处罚较重的规定定罪处罚”。在比较法定刑时，结合张仁顺的具体犯罪行为应当适用的法定刑幅度，适用假冒注册商标罪法定最高刑为三年，适用非法经营罪法定最高刑为五年。显然，以非法经营罪定罪处罚，才符合该司法解释第十条的规定。

（四川省南充市嘉陵区人民法院　张学军　李晓丽）

37. 健商高科公司、刘英波等非法经营案

(一) 首部

1. 裁判书字号

一审判决书：北京市顺义区人民法院（2008）顺刑初字第677号。

二审裁定书：北京市第二中级人民法院（2009）一中刑终字第1667号。

2. 案由：非法经营案。

3. 诉讼双方

公诉机关：北京市顺义区人民检察院，代理检察员：郭富选。

被告单位：北京健商高科生物技术有限公司，住所地为北京市顺义区李遂镇前营村南孙路4号。

诉讼代表人：王玉贤，女，1965年7月13日出生，原北京健商高科生物技术有限公司股东。

一审指定辩护人：王书文，北京市顺义区法律援助中心律师。

被告人：张家平，男，1964年10月24日出生，汉族，出生地北京市，大专文化，北京健商高科生物技术有限公司法定代表人。因本案于2007年5月25日被监视居住，同年8月3日被拘留，同年9月6日被逮捕。

一审辩护人：李岩，北京市青天律师事务所律师。

被告人（上诉人）：刘英波（曾用名：刘晓玉、刘文华），女，1974年7月7日出生，蒙古族，出生地河北省秦皇岛市，中专文化，原北京健商高科生物技术有限公司常务副总经理；因本案于2007年6月30日被羁押，同年9月6日被逮捕。

一审辩护人：王磊，北京市青天律师事务所律师。

一审辩护人：乔健，男，汉族，1968年6月20日出生，住河北省秦皇岛市海港区。

二审辩护人：邱祥平，北京市中盛律师事务所律师。

4. 审级：二审。

5. 审判机关和审判组织

一审法院：北京市顺义区人民法院。

合议庭组成人员：审判长：赵仁洋；人民陪审员：赵德胜、王功。

二审法院：北京市第二中级人民法院。

合议庭组成人员：审判长：白波；审判员：赵静；代理审判员：郑敏。

6. 审结时间

一审审结时间：2009年6月18日。

二审审结时间：2009年12月18日。

（二）一审诉辩主张

1．公诉机关指控称

被告单位北京健商高科生物技术有限公司（以下简称健商高科公司）在被告人张家平、刘英波伙同他人组织、策划下，于2007年1月25日至5月25日期间，采用“蜂业合作社盈利返还模式”传销蜂产品，并依据该模式开发成电子商务系统在该公司网站上运行。该模式以消费者购买一定数额的蜂产品，成为相应级别社员可以得到高额返利，而后发展其他人员购买一定数额的蜂产品，进而可以获得高额的盈利返还和社员岗位津贴方式，发展大量人员购买蜂产品，非法获取钱财。在上述期间，被告单位健商高科公司发展各种社员4 059人次，非法经营额人民币28 018 720元，违法所得人民币6 045 466元，现冻结部分钱款共计人民币2 914 847.93元及港币5 000元。被告人张家平、刘英波后被查获。公诉机关认为，被告单位健商高科公司、被告人张家平、刘英波的行为触犯了《中华人民共和国刑法》第二百二十五条第（四）项、第二百三十一条之规定，已构成非法经营罪，提请法院依法惩处。

2．被告辩称

被告单位北京健商高科生物技术有限公司诉讼代表人王玉贤对公诉机关指控的犯罪事实和罪名不持异议。

其辩护人的辩护意见为：（1）没有证据证实奥迪车系公司车辆，不应该被扣押；（2）被告单位牵连的其他公司，由于没有参与非法经营，对其账户应当解除冻结；（3）在被告单位的账户上的一笔公司的对外贸易款项，由于不是采取传销方式所得，应当从本案中扣除；（4）另因公司曾向社会捐款，且进行非法经营的时间较短，故建议法庭从轻处罚。

被告人张家平对公诉机关的指控的犯罪事实和罪名不持异议。

其辩护人的辩护意见为：被告人张家平认罪态度较好，一贯表现良好，且此次犯罪系没有履行监管责任，故建议对被告人张家平从轻处罚。

被告人刘英波对公诉机关的指控的犯罪事实和罪名不持异议。

其辩护人的辩护意见为：（1）被告人刘英波没有前科劣迹、一贯表现良好；（2）其与公司具有债权债务关系，对公司使用其账户存在失误，主观恶性较小；（3）其对模式是否合法存在错误认识，其没有公司人事上的任免权，也没有模式运作的决定权，其在客观行为上起相对次要作用；（4）其悔罪态度较好，建议法庭从轻处理。

（三）一审事实和证据

北京市顺义区人民法院经公开审理查明：被告单位北京健商高科生物技术有限公司在被告人张家平、刘英波伙同他人组织、策划下，于2007年1月25日至5月25日期间，采用“蜂业合作社盈利返还模式”传销蜂产品，并依据该模式开发成电子商务系统在该公司网站上运行。该模式以消费者购买一定数额的蜂产品，成为相应级别社员可以得到高额返利，而后发展其他人员购买一定数额的蜂产品，进而可以获得高额的盈利返还和社员岗位津贴方式，发展大量人员购买蜂产品，非法获取钱财。在上述期间，被告单位健商高科公司发展各级社员4 059人次，非法经营额人民币28 018 720元，违法所得人民币6 045 466元。被告人张家平、刘英波后被查获。

上述事实有下列证据证明：

1. 被告人张家平的供述证明：其担任健商高科公司的法定代表人，该公司成立于2003年3月。其单位从1995年开始，采取门店和旅游销售的方式销售蜂产品，从2007年1月，又增加了“蜂业合作社盈利返还模式”销售蜂产品。2006年8月左右，刘英波开始负责健商高科公司的销售。2006年12月中旬左右，刘英波介绍周大龙到健商高科公司工作。后孙劲松、舒红燕相继来到健商高科公司工作。刘英波召集其和周大龙等人在办公楼三层召开会议，讨论了孙劲松策划的“蜂业合作社盈利返还模式”。后来根据这个模式制作了一套电子商务系统，名称是“北京健商高科电子商务系统”，在互联网上运行。2007年1月，“蜂业合作社盈利返还模式”在其办公楼的三层开始运行。从2007年3月1日开始，就有社员往其提供的账户中打钱了，当顾客购买其公司产品达到规定的额度之后，就可成为其公司不同级别的社员。发展的下线人员越多，上线人员的收入越高；下线的业绩越高，上线收入越高。从蜂产品加工厂的拿货价格是刘英波等人销售产品价格的15%～20%。孙劲松于2007年4月份辞职。刘英波、周大龙是在2007年5月18日离开公司的。

2. 被告人刘英波的供述证明：从2006年12月26日开始，其和张家平、周大龙、孙劲松、舒红燕这几个公司高层决定采取传销模式，具体的制度是孙劲松引进的。该传销制度的特点是发展下线人员越多，下线的业绩越高，该会员的收入就越高。其负责公司的财务、物流、客服等全面工作，张家平是决策者，其是执行者。从2006年12月份至今，紫云蜂业集团进行传销的非法经营数额，据其了解是2 900万元，团队下线总人数是3 000多人。紫云蜂业集团没有工商注册，它只是健商高科公司、蜂业合作社、蜂产品加工厂、紫云英保健品研究院、北大沟养蜂基地等五家企业的统称，是张家平和他老婆王玉贤以及其他一些股东投资的。

3. 证人周大龙的证言证明：其在北京紫云英保健品开发有限责任公司任副总经理，负责公司蜂产品销售以及“蜂业合作社盈利返还模式”运作。

4. 证人舒红燕的证言证明：健商高科公司法定代表人是张家平，负责公司全面工作和所有事情的决策权；刘英波是常务副总，负责处理公司日常事务；周大龙负责营销、策划方面的工作和教育培训；孙劲松负责营销工作；财务负责人是李小冬，由张家平任命的。“蜂业合作社盈利返还模式”是经张家平批准，由健商高科公司经营的。其加入成为社员后，共从这个模式中获得返利40多万元。

5. 证人李小冬的证言证明：其是于2007年2月6日到北京紫云蜂业工作的。其到该公司之后，张家平让其对他的五家单位的财务进行一下梳理，主要负责蜂产品加工厂的账目。其于2007年1月开始建健商高科公司的账目。张家平在工行和农行的个人账户，张家平父亲张西耀的两个在工行和农行的个人账户，张家平的弟弟张宏在工行和农行的个人账户，以及其在工行、农行、中行的三个个人账户都是张家平让其去开的。这些账户中的往来资金大部分都是盈利返还模式的资金。

6. 证人李永峰、陈三勇、刘志国、孟林、宗宁、杨凌云、朱小红、张学敏、朱小红、崔青枝的证言证明了健商高科公司通过网络以“蜂业合作社盈利返还模式”销售蜂产品的相关情况。

7. 保健品价格鉴定结论书证明，紫云科健牌蜂王搭档1盒价值人民币40元，健商高科牌夫妻搭档胶囊1套价值人民币350元，健商高科牌蜂产品系列1盒价值人民币90元。

8. 北京健商高科生物技术有限公司非法经营案审计报告［东易审字（2007）第155号］证明，健商高科公司通过“北京健商高科电子商务系统”网站发展会员、销售产品、返利、网上销售利润等情况。

9．企业法人营业执照副本复印件、北京健商高科生物技术有限公司设立申请、变更申请材料、股东会决议等书证，证明北京健商高科生物技术有限公司的住所地、法定代表人等企业信息情况。

10．公安机关的冻结、解除冻结存款、汇款通知书回执证明涉案公司及相关人员银行存款账户被冻结的情况。

11．石桂香等五百余名各级社员的证言及材料证明部分健商高科公司各级社员的相关情况。

（四）一审判案理由

北京市顺义区人民法院经审理认为：被告人张家平、刘英波两人担任被告单位北京健商高科生物技术有限公司直接负责的主管人员期间，在该二被告人伙同他人组织、策划下，被告单位健商高科公司，违反国家有关禁止传销之规定，通过传销的方式进行非法经营的行为，严重扰乱了市场秩序，情节特别严重，被告单位健商高科公司、被告人张家平、刘英波均已构成非法经营罪，应予惩处。北京市顺义区人民检察院对被告单位健商高科公司、被告人张家平、刘英波犯有非法经营罪的指控成立。本案冻结的相关账户内的资金有证据证实与非法经营行为相关，均应当予以追缴，被告单位健商高科公司辩护人关于有关账户应当解冻和相关款项应当扣除的辩护意见与事实不符，不能成立，不予采纳。在案扣押的奥迪汽车虽不是被告单位健商高科公司所有，但系被告人张家平所有，不应当发还，故被告单位健商高科公司辩护人关于在案扣押的奥迪车一辆应当发还的辩护意见，无法律依据，不能成立，不予采纳。被告人张家平、刘英波的辩护人关于二被告人认罪态度较好，可以酌情予以从轻处罚的辩护意见成立，予以采纳。

（五）一审定案结论

北京市顺义区人民法院依照《中华人民共和国刑法》第二百二十五条第（四）项、第三十条、第三十一条、第二百三十一条、第二十五条第一款、第二十六条第一、四款、第六十四条，作出如下判决：

1．北京健商高科生物技术有限公司犯非法经营罪，判处罚金人民币1 000万元。

2．张家平犯非法经营罪，判处有期徒刑八年，并处罚金人民币800万元。

3．刘英波犯非法经营罪，判处有期徒刑七年，并处罚金人民币700万元。

4．北京健商高科生物技术有限公司、张家平、刘英波的非法所得继续予以追缴，追缴后分别发还相关人员。

5．在案扣押的作案工具电脑硬盘3个、电脑主机7台、U盘3个、宣传资料2册，予以没收。

（六）二审情况

1．二审诉辩主张

上诉人刘英波诉称：其只是公司普通员工，不是领导，未参与组织、策划，原判量刑过重。

北京市人民检察院第二分院的审查意见是：原审判决认定被告单位健商高科公司、被告人张家平、刘英波犯罪的事实清楚，证据确实、充分；原审被告单位健商高科公司、原审被告人张家平、刘英波的行为构成组织、领导传销活动罪，原判认定非法经营罪系定罪及适用法律错误；上诉人刘英波的上诉理由无事实和法律依据，不能成立，应依法予以驳回。

2. 二审事实和证据

北京市第二中级人民法院经审理，确认一审法院认定的事实和证据。

3. 二审判案理由

北京市第二中级人民法院经审理认为：上诉人（原审被告人）刘英波伙同原审被告人张家平，在担任被告单位健商高科公司主管人员期间，违反国家规定，为获取非法利益，从事传销活动，严重扰乱了市场秩序，情节特别严重，其行为侵犯了国家对市场的管理制度，影响了市场经济的健康运行，已构成非法经营罪，依法均应予惩处。关于刘英波所提其只是公司普通员工，不是领导，未参与组织、策划，原判量刑过重的上诉理由，经查，根据同案被告人张家平的供述及证人周大龙、舒红燕、李小冬等人的证言，刘英波系健商高科公司副总经理，负责公司的销售工作，并参与讨论“蜂业合作社盈利返还模式”，在共同犯罪中起主要作用，系主犯，故刘英波的上诉理由及辩护人的辩护意见无事实根据，不能成立，不予采纳。关于刘英波的辩护人所提一审判决对刘英波羁押期限计算有误的辩护意见，经查属实，予以采纳。关于北京市人民检察院第二分院所提原审被告单位健商高科公司、原审被告人张家平、刘英波的行为构成组织、领导传销活动罪，原判认定非法经营罪系定罪及适用法律错误的审查意见，经查，根据刑法规定，非法经营罪情节严重的处五年以下有期徒刑，而《刑法修正案（七）》中的组织、领导传销活动罪情节严重的处五年以上有期徒刑。被告人的犯罪行为发生在《刑法修正案（七）》颁布之前，根据从旧兼从轻的原则，对被告人认定非法经营罪定罪较轻，故上述意见无法律根据，不予采纳。关于北京市人民检察院第二分院所提原审判决认定被告单位健商高科公司、被告人张家平、刘英波犯罪的事实清楚，证据确实、充分；上诉人刘英波的上诉理由无事实和法律依据，不能成立，应依法予以驳回的审查意见，经查属实，予以采纳。一审法院根据健商高科公司、刘英波、张家平犯罪的事实、犯罪的性质、情节及对于社会的危害程度所作出的判决，定罪及适用法律正确，量刑适当，对扣押物品的处理亦无不当，审判程序合法，唯对二被告人的羁押时间计算有误，予以纠正。

4. 二审定案结论

北京市第二中级人民法院依照《中华人民共和国刑事诉讼法》第一百八十九条第（一）项，作出如下裁定：

驳回上诉，维持原判。

（七）解说

本案中，张家平、刘英波非法传销蜂产品的行为，根据行为时法构成非法经营罪，根据裁判时法构成组织、领导传销活动罪，审理中对此没有分歧。争议主要集中在以下两点：一是《刑法修正案（七）》第四条的效力是否及于《刑法》实施之时；二是在适用《刑法》第十二条“从旧兼从轻”原则时，如何比较非法经营罪和组织、领导传销活动罪。

1.《刑法修正案（七）》第四条的效力不能及于《刑法》实施之时

根据最高人民法院《关于情节严重的传销或者变相传销行为如何定性问题的批复》（以下简称《批复》），“对于1998年4月18日国务院《关于禁止传销经营活动的通知》发布以后，仍然从事传销或者变相传销活动，扰乱市场秩序，情节严重的，应当依照刑法第二百二十五条第（四）项的规定，以非法经营罪定罪处罚”。2009年2月28日《刑法修正案（七）》颁布实施，其第四条规定，对于组织、领导传销活动的犯罪行为以组织、领导传销活动罪定罪处罚。二者在处罚范围、定罪条件以及刑罚设置上都存在一定的区别。但就本案而言，犯罪人张家平、刘英波的行为同时符合两罪的规定，根据行为时法构成非法经营罪，根据裁判时法构成组织、领导传销活动罪，这就产生了是根据《批复》适用《刑法》第二百二十五条以非法经营罪论处，还是适用《刑法修正案〈七〉》第四条即《刑法》第二百二十四条之一以组织、领导传销活动罪定罪处罚的问题。

一种意见认为，《刑法修正案（七）》的效力及于《刑法》实施之时，对于犯罪人张家平二人的行为应当适用《刑法》第二百二十四条之一的规定，以组织、领导传销活动罪定罪处罚。主要理由是，在《刑法修正案（七）》颁布以前，《批复》已将此类犯罪行为明确为非法经营犯罪行为，这并不是增加新的犯罪行为，而是对《刑法》第二百二十五条“其他严重扰乱市场秩序的非法经营行为”的明确化。因此，可以将《刑法修正案（七）》第四条理解为通过法律的形式对《刑法》第二百二十五条“其他严重扰乱市场秩序的非法经营行为”的明确化，《刑法修正案（七）》第四条的效力就应当及于《刑法》实施之时。那么，《刑法修正案（七）》颁布以后，《批复》就自动失效。因此，对于本案涉及的组织、领导传销活动的犯罪行为应当定性为组织、领导传销活动罪。一、二审期间，检察机关均持此意见。

笔者认为，《刑法修正案（七）》第四条的效力不及于《刑法》实施之时。首先，《刑法修正案（七）》第四条的规定与《批复》的规定在表述上存在很大的不同，组织、领导传销活动罪在构成要件上与非法经营罪存在较大的区别，不能被非法经营罪的犯罪构成所涵盖，属于新增的罪名。因此，不能认为《刑法修正案（七）》第四条是对《刑法》第二百二十五条“其他严重扰乱市场秩序的非法经营行为”的明确化。其次，《刑法》第二百二十五条属于堵漏条款，一般而言，只有在法律作出明确规定或者有明确的司法解释的情况下，才能对非堵漏条款没有规定的行为根据堵漏条款定罪处罚，否则有违反罪刑法定原则之嫌。基于此，《刑法修正案（七）》第四条的效力不能及于《刑法》实施之时。

2. 对于依行为时法构成非法经营罪、依裁判时法构成组织、领导传销活动罪的犯罪行为，根据“从旧兼从轻”原则，应当以非法经营罪定罪处罚

一种意见认为，应当根据不同刑档具体分析：（1）就第一刑档而言，组织、领导传销活动罪与非法经营罪的主刑最高法定刑一致，均为五年有期徒刑。但后者同时规定“并处或者单处违法所得一倍以上五倍以下罚金”，而前者的附加刑为“并处罚金”。也就是说，非法经营罪的最低法定刑为单处罚金，比组织、领导传销活动罪的最低法定刑轻。根据“从旧兼从轻”的原则，对于应当在第一刑档处刑的组织、领导传销活动的被告人，应当定性为非法经营罪。（2）就第二刑档而言，二者主刑一致，均为五年以上有期徒刑。但后者的附加刑为“并处违法所得一倍以上五倍以下罚金或者没收财产”，而前者的附加刑仅为“并处罚金”。也就是说，非法经营罪的附加刑比《刑法》第二百二十四条之一的刑罚重。根据“从旧兼从

轻”的原则，对于应当在第二刑档处刑的组织、领导传销活动的被告人，则应当以组织、领导活动罪定罪处罚。

我们认为，上述意见中对第一刑档的比较是正确的，但对第二刑档的比较则欠妥。对于同时符合《刑法》第二百二十四条之一和《刑法》第二百二十五条的犯罪行为，根据“从旧兼从轻”原则选择适用时，无论第一刑档还是第二刑档，均应当以非法经营罪定罪处罚。

首先，根据最高人民法院《关于适用刑法第十二条几个问题的解释》，在存在两个以上的法定刑幅度的情况下，“法定最高刑或者最低刑是指具体犯罪行为应当适用的法定刑幅度的最高刑或者最低刑”。在决定具体犯罪行为应当适用的法定刑幅度时，关键是看该行为是否具备相应的法定刑升格条件。对此，最高人民检察院在《关于检察工作中具体适用修订刑法第十二条若干问题的通知》也进行了明确，在适用“从旧兼从轻”原则时，不仅要比较法定刑的轻重，还要比较罪名、构成要件和情节。就本案而言，在被告人的行为同时构成非法经营罪和组织、领导传销活动罪的情况下，首先应当从加重情节的角度，进行法定刑幅度的比较。根据分则条文，非法经营罪中，“情节严重”为定罪情节，“情节特别严重”为加重情节；而在组织、领导传销活动罪中，“情节严重”为加重情节。如果仅从文义上分析，犯组织、领导传销活动罪“情节严重”即可在五年以上有期徒刑处刑，而犯非法经营罪“情节特别严重”才能在五年以上有期徒刑处刑，非法经营罪的法定刑升格条件更为严格，因此对于本案的犯罪行为应当以非法经营罪定罪处罚才能体现出“从轻”。但是我们认为，这一区别只是立法上的表述问题，并不意味着为了严惩传销犯罪，《刑法修正案（七）》较之于《刑法》第二百二十五条在定罪情节和加重情节标准上分别降低了一档。在法律及司法解释未就两罪中的“情节严重”和“情节特别严重”进行明确以前，实践中在把握两罪关于组织、领导传销活动犯罪行为的定罪情节和加重情节标准上，保持一致更加有利于案件的准确处理。

其次，根据最高人民法院《关于适用刑法第十二条几个问题的解释》，“刑法第十二条规定的‘处刑较轻’，是指刑法对某种犯罪规定的刑罚即法定刑比修订前刑法轻”。毋庸置疑，这里的“法定刑”即包括分则条文中的主刑，也包括附加刑。因此，就第一刑档而言，非法经营罪的最低法定刑为单处罚金，较之于组织、领导传销活动罪为轻。但我们认为，不宜比较第二刑档附加刑的轻重。在第二刑档中，两罪的主刑一致，非法经营罪的附加刑为“并处违法所得一倍以上五倍以下罚金或者没收财产”，而组织、领导传销活动罪的附加刑为“并处罚金”。理论上，没收财产应当最重；“并处罚金”没有数额限制，较之于“违法所得一倍以上五倍以下罚金”要重。但实践中，没收财产的数量取决于被告人的财产状况，不一定比罚金刑更重；“并处罚金”尽管从文义上解释没有数额限制，但审判中一般参照类似法律条文决定罚金数额。因此，考虑到实践中的具体情况，对于第二刑档，不宜再进行最低法定刑的轻重比较。对于同时符合两罪第二刑档的行为，按照“从旧”原则，亦以非法经营定罪即可。

本案中，一审法院根据张家平、刘英波组织、领导传销活动的犯罪事实和具体情节，认定二犯罪人的行为同时构成非法经营罪和组织、领导传销活动罪，并且均应升格处刑，根据“从旧兼从轻”的原则，以非法经营罪定罪并予以适当量刑是正确的。

（北京市高级人民法院　罗鹏飞）

38. 高显雷倒卖车票案

(一) 首部

1. 判决书字号：石家庄铁路运输法院（2009）石铁刑初字第19号。

2. 案由：倒卖车票案。

3. 诉讼双方

公诉机关：石家庄铁路运输检察院，检察员：李睿杰。

被告人：高显雷，男，1980年3月24日出生于黑龙江省鹤岗市，汉族，初中文化，个体，租住河北省涿州市老国税小区。因本案于2008年12月31日被刑事拘留，2009年1月22日被逮捕。

辩护人：崔双喜，中宇律师事务所律师。

4. 审级：一审。

5. 审判机关和审判组织

审判机关：石家庄铁路运输法院。

独任审判员：薛造国。

6. 审结时间：2009年4月9日。

(二) 诉辩主张

1. 公诉机关指控称

2008年12月30日，被告人高显雷从北京西站购买了北京至杭州、重庆、成都、兰州、沈阳、牡丹江等地硬座车票共计38张，票面价值人民币10 224元。当日23时许，高显雷携带购买的车票来到高碑店市白沟镇老箱包大厅南侧一门市部，欲每张车票加价20元出售给旅客时，被公安人员抓获。公安人员从其身上查获上述车票38张，出售后收回票面款10 224元。

公诉机关向法院移送了全部案卷材料，认为被告人高显雷的行为触犯了《中华人民共和国刑法》第二百二十七条之规定，构成倒卖车票罪，提请法院依法判处。

2. 被告辩称

被告人高显雷对检察院的指控没有提出异议。

其辩护人的辩护意见为：高显雷经营着一家合法的航空售票点，高显雷接受他人委托，代购火车票，并自费到北京购买，每张票加收少量费用也有合理性，其行为不是囤积票源，高显雷的行为具有民事代理行为的性质。我国现对“非法倒票”的法律含义规定较为模糊，所以，也只是勉强认定高显雷构成倒卖车票罪。高显雷初次犯罪，认罪态度好，建议对其酌情从轻处罚并适用缓刑。

（三）事实和证据

石家庄铁路运输法院经公开审理查明：2008 年 12 月 30 日，被告人高显雷从北京西站购买了北京至杭州、重庆、成都、兰州、沈阳、牡丹江等地硬座车票共计 38 张，票面价值人民币 10 224 元。当日 23 时许，高显雷携带购买的车票来到高碑店市白沟镇老箱包大厅南侧一门市部，欲每张车票加价 20 元出售给旅客时，被公安人员抓获。公安人员从其身上查获上述车票 38 张，出售后收回票面款 10 224 元。

上述事实有下列证据证明：

1. 公安机关出具的抓获经过，证实抓获高显雷的时间、地点和经过。
2. 公安机关扣押的车票、票面款清单、车票复印件及关于倒票案件缴获车票情况说明，证实高显雷倒卖车票的情况。
3. 证人高显峰、王章龙的证言，证实高显雷加价倒卖车票的情况。
4. 被告人高显雷的户籍证明。

（四）判案理由

石家庄铁路运输法院经审理认为：被告人高显雷以牟利为目的，采取平价买进高价售出的手段倒卖车票，根据最高人民法院《关于审理倒卖车票刑事案件有关问题的解释》的规定，系情节严重，其行为已构成倒卖车票罪，应予惩处。检察机关对被告人高显雷犯倒卖车票罪的指控，事实清楚，证据确实、充分，指控罪名成立。被告人高显雷归案后，能如实供述犯罪事实，主动要求缴纳罚金款，有悔罪表现，辩护人提出对其酌情从轻处罚并适用缓刑的意见，本院予以采纳。

（五）定案结论

石家庄铁路运输法院依照《中华人民共和国刑法》第二百二十七条第二款、第七十二条、第七十三条第二、三款、第五十二条、第五十三条、第六十四条，作出如下判决：

1. 高显雷犯倒卖车票罪，判处有期徒刑六个月，缓刑一年，并处罚金人民币12 000元。
2. 随案移送的票款 10 224 元予以没收，上缴国库。

（六）解说

本案关键是被告人高显雷采取预约的方式，平价买进欲高价售出火车票的行为是否构成倒卖车票罪。

经查，被告人高显雷以牟利为目的，倒卖火车票事先曾接受不同“委托人”的“委托”，在代为购买火车票后，进行加价卖给委托人，属于预约式倒卖火车票，本案票面价值人民币 10 224 元。对该行为是否构成倒卖车票罪，存在两种看法，一种意见认为，高某的行为不能认定倒卖车票罪。高某先接受他人的委托，再按委托人要求代购车票，将火车票加价卖给委托人，并不属于囤积居奇、垄断票源、高价销售的行为，其每张票加价 20 元，也明显不属于谋取高额利润，高某的行为属于民事代理行为。而且，上述车票已由公安机关平价出售给了委托人，因此，高某的行为不能认定为倒卖车票犯罪。

另一种意见认为，高某的行为构成倒卖车票罪。理由如下，高某以谋取非法利益为目的，具有倒卖车票犯罪的主观故意，客观上实施了倒卖车票的行为。根据 1999 年最高人民法院《关于审理倒卖车票刑事案件有关问题的解释》第一条规定，票面数额在 5 000 元以上或者非法获利数额在 2 000 元以上的，构成倒卖车票罪。高某倒卖车票 38 张，票面计 1 万余元，已构成倒卖车票罪。

我们同意第二种观点，高显雷预约式倒票构成倒卖车票罪。

首先，按照刑法的解释方法，高显雷的行为属于倒卖车票。一般认为，刑法中的“倒卖”应该是指以非法牟利为目的，买入车票后卖出或为倒卖而购买车票的行为，倒卖行为应当包括买入和卖出两个行为；从字面上来解释，“倒卖”可分解为“倒”和“卖”。这说明了倒卖行为也应当包括“倒”和“卖”两个行为，只要行为人实施以非法牟利为目的，买入车票、船票后倒出或者为倒卖而购买车票的行为，都应当按倒卖车票罪定罪处罚。预约式倒卖车票，虽以预约为形式，但其实质为对火车票的“倒”和“卖”，行为人以牟利为目的，通过各种手段将火车票从火车站“倒”出，再加价“卖”给旅客，其行为特征符合刑法关于倒卖车票犯罪的行为特征的规定。

其次，从社会危害性层面分析，高显雷预约式倒卖车票的行为具有刑法意义上的社会危害性。犯罪的本质特征是具有社会危害性。行为人大量购进车票为个人牟利的行为侵害了火车票管理秩序，当行为人实施预约式倒卖达到“情节严重”的程度，理应按照倒卖车票罪处理。预约式倒票剥夺了其他旅客平等购买车票的权利，造成广大旅客无法购买车票或购票不能的结果。同时，行为人在谋取非法利益的犯罪目的支配下，利用旅客购票难和急需车票的心理，加价出售车票，从旅客手中获取非法钱财，扰乱了正常的车票交易关系，同时还侵犯了公民的合法财产权。

再次，预约式购票不同于一般的民事代理行为，应按犯罪论处。本案中高显雷的行为虽然表面是代购行为，属于民事范畴调整，但火车票作为限制交易的有价票证，其交易行为有明确规范。按照相关规定，具备铁路客票销售权的只有铁路运输企业设立的销售点、铁路运输企业以外的其他社会经济组织或个体工商户经铁路主管部门批准，并在当地工商行政主管部门注册登记开办的铁路客票代理销售点以及铁路合同订票单位，非经法定程序批准，不得擅自经营。若将火车票进行集中私自交易，容易造成社会的不稳定。众所周知，近年来，由于铁路运能与运量之间的矛盾客观存在，在重大节日期间，客票紧张、一票难求已是普遍的社会现象，诸多倒卖车票犯罪分子也是利用旅客求票心切的心理，实施倒卖车票行为，而该种倒卖车票的行为破坏了正常的购票秩序。有些票贩子找关系、钻空子、想尽一切办法控制车票流转，并从中渔利。在一定意义上讲这种带有民事合法行为外观的倒卖车票行为比传统的囤积式倒票行为具有更大的社会危害性。其危害的也不仅仅是一般意义上的车票市场，还可能让没有车票无法出行的群体产生许多严重的社会问题。

最后，从法律层面上分析，本案中高显雷的行为完全符合《刑法》第二百二十七条第二款和最高人民法院《关于审理倒卖车票刑事案件有关问题的解释》的规定。虽然本案中高显雷手头的车票没有高价卖出，但是其行为发生在元旦期间，严重影响了车票的管理秩序，且以倒卖为目的购买车票超过 5 000 元的面值，属于“倒卖车票情节严重”，已构成倒卖车票罪。

近年来，随着铁路企业对于车票购买秩序管理的加强，倒卖车票的犯罪类型逐渐由传统的囤积式倒卖车票向预约式倒卖车票转移，2006年至2008年北京铁路两级法院系统审理的40件倒卖车票犯罪案件中采取预约式倒票的共有30件，占案件总数的75%。从打击犯罪维护社会秩序的角度来讲，对于预约式倒票犯罪行为的审理能有效维护车票管理秩序，保护正常的车票市场交易和广大旅客的合法权益。

综上，本案审理法院对高显雷犯倒卖车票罪的认定是正确的。

（石家庄铁路运输法院　卢君　冉小毅）

39. 张丽伪造国家机关印章、付强等被控逃避商检裁定准许撤诉案

（一）首部

1. 裁判书字号

一审裁定书：北京市朝阳区人民法院（2009）朝刑初字第704号；

一审判决书：北京市朝阳区人民法院（2009）朝刑初字第704号。

2. 案由：伪造国家机关印章、逃避商检案。

3. 诉讼双方

公诉机关：北京市朝阳区人民检察院，代理检察员：侯爱文。

被告人：张丽，女，1963年6月20日出生，汉族，北京市人，高中文化，系北京东丽佳国家物流有限公司副总经理。因本案于2008年7月4日被逮捕。

辩护人：吴翌，北京市风清律师事务所律师。

被告人：付强，男，1980年8月31日出生，汉族，河北省人，大专文化，系北京东丽佳国家物流有限公司出口部经理。因本案于2008年7月4日被逮捕。

辩护人：张兴宽、刘红娜，北京市德衡律师集团（北京）事务所律师。

被告人：刘铭涛，男，1975年12月31日出生，回族，北京市人，大专文化，系北京东丽佳国家物流有限公司进口部经理。因本案于2008年7月4日被逮捕。

辩护人：蒋朝辉，北京市易行律师事务所律师。

辩护人：高成，北京市炜衡律师事务所律师。

4. 审级：一审。

5. 审判机关和审判组织

审判机关：北京市朝阳区人民法院。

合议庭组成人员：审判长：吴小军；人民陪审员：孙敏、郝建丰。

6. 审结时间：2009年9月29日。

（二）诉辩主张

1. 公诉机关指控称

被告人张丽于2002年担任北京东丽佳国际物流有限公司副总经理职务期间，为达到逃避商品检验检疫的目的，同意公司员工王克宝（已去世）伪造首都机场出入境检验检疫局“CIQ已办检验检疫（3）”印章，并指使被告人付强、刘铭涛在该公司代办的进口货物海关运单上私盖上述印章。2006年张丽被调离机场办公后，被告人付强、刘铭涛大量使用该章办理进口业务，以达到逃避商品检验快速通关提货的目的，造成首都机场出入境检验检疫局对进口货物的检验检疫监管失控。三被告人后被抓获。北京市朝阳区人民检察院认为，被告人张丽无视国法，为逃避商检伪造国家机关印章并指使他人大量使用，情节严重，触犯《中华人民共和国刑法》第二百八十条第一款，应当以伪造国家机关印章罪追究其刑事责任；被告人付强、刘铭涛违反进出口商品检验法的规定，逃避商品检验，且情节严重，触犯《中华人民共和国刑法》第二百三十条，应当以逃避商检罪追究其刑事责任。

2. 被告辩称

被告人张丽对起诉书指控的事实没有异议。

其辩护人的辩护意见为：张丽私刻商检印章不是为了逃避商检，其没有指使他人大量使用假章；起诉书指控情节严重缺乏事实和法律依据；张丽系从犯，主观恶性不深，认罪态度较好，用假章提取的货物没有造成不良后果，建议法庭对其从轻或减轻处罚。

被告人付强对起诉书指控的事实没有异议。

其辩护人的辩护意见为：付强犯罪情节轻微，主观恶性不大，没有造成严重社会后果，系初犯，建议法庭酌情从轻或者减轻处罚。

被告人刘铭涛对起诉书指控的事实没有异议。

其辩护人的辩护意见为：刘铭涛犯罪情节较轻，主观恶性较小，建议法庭对其从轻处罚。

（三）事实和证据

2009年9月18日，公诉机关向北京市朝阳区人民法院申请撤回对被告人付强、刘铭涛的起诉；2009年9月23日，北京市朝阳区人民法院裁定准许撤诉。

北京市朝阳区人民法院经公开审理查明：被告人张丽在担任北京东丽佳国际物流有限公司（以下简称东丽佳公司）副总经理职务期间，为达到逃避商品检验检疫快速通关提货的目的，于2002年授意公司员工王克宝（已去世）伪造了首都机场出入境检验检疫局“CIQ已办检验检疫（3）”印章，并授意公司员工付强、刘铭涛在该公司代办的进口货物海关运单上使用，致使75批次进口货物脱离国家检验检疫部门监管即被直接从海关监管库提出进入我国境内。2008年5月27日，被告人张丽被查获归案，上述印章已起获在案。

上述事实有下列证据证明：

1. 证人李东生、杜忠东、赵东生、庄国营、吴英兵、池朝海、王冬梅、胡羽的证言，证实张丽授意公司员工王克宝伪造首都机场出入境检验检疫局“CIQ已办理检疫（3）”印章，并在该公司代办的进出口货物海关运单上使用的情况。

2. 东丽佳公司工商登记材料、企业法人营业执照、税务登记证、组织机构代码证、报关企业报关注册登记证书、东佳丽公司出具的进口报关流程证明，证实东佳丽公司基本信息和报关流程的情况。

3. 中华人民共和国组织机构代码证、首都机场出入境检验检疫局出具的关于“已办检验检疫”印章的使用和管理证明材料、入境货物检验检疫工作流程简介、说明、照片、印鉴，证实首都机场使用“已办检验检疫”印章的情况。

4. 东丽佳公司代理进口货物清单，证实未经检验检疫即被直接从海关监管库提出货物的情况。

5. 公安机关调取的盖有伪造的“CIQ已办检验检疫（3）”印章的运单、北京市刑事科学技术研究所所出具的文检鉴定书，证明伪造“CIQ已办检验检疫（3）”的情况。

（四）判案理由

北京市朝阳区人民法院经审理认为：被告人张丽法制观念淡薄，伪造国家机关印章，并授意他人在未经检验检疫的进口货物运单上多次加盖使用，致使七十余批次进口货物脱离国家检验检疫部门监管即进入我国境内，其行为扰乱了国家机关的管理秩序，已构成伪造国家机关印章罪，依法应予惩处。北京市朝阳区人民检察院指控被告人张丽犯伪造国家机关印章罪的事实清楚，证据确实、充分，罪名成立。关于公诉机关指控情节严重的意见，经查：被告人张丽伪造国家检验检疫机关印章一枚，授意公司员工使用；在案起获了盖有上述印章的进口货物运单75张，没有证据证明该75批次货物系必须经商检机构检验的进口商品，本案亦未造成严重后果，故公诉机关指控情节严重缺乏事实和法律根据，本院不予确认。鉴于被告人张丽自愿认罪，有一定悔罪表现，故本院对其所犯罪行酌予从轻处罚；其辩护人所提“起诉书指控情节严重缺乏事实和法律依据，被告人张丽认罪态度较好，建议法庭从轻处罚”的辩护意见，本院予以采纳；关于辩护人所提“被告人张丽系从犯”的辩护意见，经查：被告人张丽作为东丽佳公司的副总经理，负责机场办公点的业务和人员管理，在其员工提出私刻检验检疫印章以方便从海关监管库提货时，其表示同意并支付刻章费用；该假印章亦主要用于东丽佳公司业务经营需要，系为了公司利益，被告人张丽在此次犯罪过程中并非起次要或辅助作用的从犯，故辩护人的此辩护意见，缺乏事实和法律根据，本院不予采信；辩护人的其余辩护意见，本院酌予采纳。在案伪造的印章，依法应予没收。

（五）定案结论

北京市朝阳区人民法院依照《中华人民共和国刑法》第二百八十条第一款、第六十一条及第六十四条，作出如下判决：

1. 张丽犯伪造国家机关印章罪，判处有期徒刑一年五个月。
2. 在案伪造的印章一枚，予以没收。

（六）解说

本案中，有三个问题值得探讨：一是付强、刘铭涛的行为是否构成逃避商检罪；二是犯罪人张丽的行为是否构成伪造国家机关印章罪；三是犯罪人张丽的行为是否属于伪造国家机关印章罪中情节严重情形。

1. 付强、刘铭涛的行为是否构成逃避商检罪？

逃避商检罪，是指违反进出口商品检验法的规定，逃避商品检验，将必须经商检机构检验的进口商品未报经检验而擅自销售、使用，或者将必须经商检机构检验的出口商品未报经检验合格而擅自出口，情节严重的行为。

逃避商检罪侵犯的客体是国家对进出口商品检验的管理秩序；犯罪对象是《商检机构实施检验的进出口商品种类表》中的商品和其他法律、法规规定必须经商检机构检验的进出口商品；客观方面表现为违反进出口商品检验法的规定，逃避商品检验，将必须经商检机构检验的进口商品未报经检验而擅自销售、使用，或者将必须经商检机构检验的出口商品未报经检验合格而擅自出口，情节严重的行为。所谓情节严重，司法实践中，一般是指逃避商检行为给国家、单位或者个人造成直接经济损失数额在 50 万元以上的；导致病疫流行、灾害事故或者造成其他严重后果的；造成恶劣影响的；等等。

认定逃避商检罪必须要查明涉案的商品是否属于必须经商检机构检验的商品，即法定检验的商品。根据我国进出口商品检验法实施条例的相关规定，由国家质检总局制定、调整必须实施检验的进出口商品目录并公布实施，出入境检验检疫局对列入目录的进出口商品以及法律、行政法规规定须经出入境检验检疫机构检验的其他进出口商品实施检验。具体来说，商检机构对进出口商品实施法定检验的范围包括：对列入目录的进出口商品的检验；对进出口食品的卫生检验；对出口危险货物包装容器的性能鉴定和使用鉴定；对装运出口易腐烂、变质食品、冷冻食品的船舱、集装箱等运载工具的适载检验；对有关国际条约规定须经商检机构检验的进出口商品的检验；对其他法律、法规规定须经商检机构检验的进出口商品的检验。

本案中，证明涉案商品属于法定检验商品的证据不足：

首先，从起获的运单来看，不能证明涉案商品系法定检验商品（以下简称法检商品）。运单仅记载了货物的种类，名称、重量等信息，具体的规格、型号等未明确，据此无法判断是否系法检商品。从商品检验检疫的实践来看，对于进口商品，由货主或代理人主动申报是否系法检商品：若申报为法检商品，自然不存在逃避商检的问题；若申报为非法检商品，则检验检疫机构进行一定比例的抽查，经检查如果是法检商品，则系逃避商检。

本案中，一是涉案的商品未查获，无法进行开箱检查；二是公诉机关亦未调取涉案商品的详细信息，现无法甄别上述商品是否系法检商品。

其次，从法检商品和非法检商品的报检、通关、提货流程看，货物到港后，货主或代理人持报检信息单、货物运单等单据到出入境检验检疫局报检大厅进行现场申报，出入境检验检疫局审核单据合格后，对法检货物进行计收费、签发《入境货物通关单》，并在相应的货物运单上加盖“已办检验检疫”章，货主或代理人凭《入境货物通关单》、加盖“已办检验检疫章”的货物运单等报关单据向海关申报，海关放行后在货物运单上加盖“海关放行章”，货主或代理人持《入境货物通关单》、加盖了“海关放行章”、“已办检验检疫章”的货物运单到海关监管库提货。对于非法检商品，则由出入境检验检疫局审核单据合格后，直接在货物运单上加盖“已办检验检疫章”，海关放行后，在运单上加盖“海关放行章”（海关放行时不需要相关报检手续），货主或代理人持已加盖“海关放行章”及“已办检验检疫章”的运单直接到海关监管库提货。可见，法检商品和非法检商品在流程上是有区别的：法检商品必须先到出入境检验检疫局报检，取得《入境货物通关单》、“已办理检验检疫章”后方能向海关报关，取得海关放行，提货时也必须持《入境货物通关单》及货物运单，否则无法提取货物；而对于非法检商品，报检和报关是交叉进行的，报检并非报关的前置程序，货物被海关放行后只要在货物运单上加盖“已办检验检疫章”即可提货。

本案中，根据各被告人的供述，其使用伪造的“已办检验检疫章”的目的在于加快提货速度，所以才在货物运单上直接加盖“已办检验检疫章”，并到海关监管库提货。从通关流程看，直接在法检货物运单上加盖“已办检验检疫章”是不能提货的，还必须有《入境货物通关单》，因此，根据常理推断，涉案的货物为非法检类货物的可能性更大。

综上，本案证明涉案商品属于法定检验商品的证据不足，不符合逃避商检罪的构成要件，因此，不能证明被告人付强、刘铭涛的行为构成逃避商检罪。正是基于此，公诉机关在审理过程中撤回起诉。

2. 张丽的行为是否构成伪造国家机关印章罪？

伪造国家机关印章的行为妨害了国家机关的正常管理活动和信誉。在我国，国家机关使用印章，是其行使职权、管理社会的重要凭证和手段，任何伪造国家机关印章的行为，都会影响其正常的管理活动，损害其公共信誉。

国家机关印章是指固定了国家机关名称等内容并可以通过一定方式表示在其他物体上的图章，包括表示国家机关名称的印章和国家机关用以表示某种特殊用途的专用章，如合同专用章、税务专用章等。司法实践中，专用章与省略文书的界限是微妙的。省略文书，又称简易文书，是国家机关为了处理一些需要反复书写的简单文字而制作的“印章”。如人民法院发布判决书时加盖的“与原件核对无误”章、国家机关使用的骑缝章、注册章、校对章，在收取各类费用时使用的现金收讫章等。省略文书表面上看具有一般印章的外观和部分特性，使用方法也与一般印章类似，社会公众也给予很高的信赖度，但它们一般没有标明国家机关名称，不具有代表国家机关、表征权利义务的性质，不能证明国家机关的同一性，因而不是国家机关的集中性符号标志，不具有国家机关印章的属性。

本案中，通过以下证据可以证明犯罪人张丽伪造的“CIQ 已办检验检疫（3）”的印章属于国家机关专用章，而非省略文书。

首先，“CIQ 已办检验检疫（3）”的印章属于我国首都机场出入境检验检疫局所有，并建立了专门部门管理、相关人员登记领用、领用人与印章编号一一对应等管理措施。

其次，“CIQ 已办检验检疫（3）”具有代表国家机关、表明国家机关意思的性质，是国家机关集中性符号的标志。根据首都机场出入境检验检疫局出具的证明材料，英文字母“CIQ”是中国出入境检验检疫的标志，是中国出入境检验检疫的英文全称“China Inspection and Quarantine”的缩写，该印章是首都机场出入境检验检疫局在货物运单上进行标示并以此为据通知监管库落实检验检疫放行的官方管理模式，只要加盖该印章即视为货物已经检验检疫。可见，该印章形式上代表了国家机关，内容上承载着国家机关的意思表示，符合国家机关印章的属性。

因此，犯罪人张丽伪造的“CIQ 已办检验检疫（3）”印章属于国家机关印章，其行为构成伪造国家机关印章罪。

3. 张丽的行为是否属于伪造国家机关印章罪中的情节严重情形？

根据我国《刑法》第二百八十条第一款的规定，伪造国家机关印章的，处三年以下有期徒刑、拘役、管制或者剥夺政治权利；情节严重的，处三年以上十年以下有期徒刑。司法实践中，情节严重一般是指多次或者大量伪造国家机关印章；造成恶劣政治影响或者重大经济损失；动机、目的十分恶劣，如出于打击报复或者诬陷他人；等等。

本案中，公诉机关认为张丽的行为属于情节严重，其依据在于：2007 年、2008 年北京东丽佳国际物流有限公司进口货物明细单总数为六百多单，报检的只有 60 单，减去这些已报检的，推算出逃避商检的单数，从而认定张丽的行为属于伪造国家机关印章情节严重。该指控的前提是张丽同时构成逃避商检罪，进而与伪造国家机关印章罪发生竞合，择一重罪处理。

但是，根据案件证据，由于海关监管库经手的货物量大，保存单据的时间有限，因而只起获了在案的 75 张运单，仅能证明该 75 张运单上加盖的"ICQ 已办检验检疫（3）"印章属于伪造的，而对于未起获的运单，由于货物明细单并不能直接证明六百多单货物逃避商检，不能依靠推算证明六百多单货物运单上使用了伪造的印章。对于在 75 批次货物运单上使用伪造的印章，是否属于伪造国家机关印章情节严重的情形，尚无明确的解释。此外，由于没有证据证明该 75 批次货物系必须经商检机构检验的进口商品，且犯罪人使用伪造的印章也仅仅是为了加快通关提货速度，并没有造成严重后果。因此，公诉机关指控张丽的行为属于伪造国家机关印章情节严重的证据不足，应认定情节一般，可判处三年以下有期徒刑、拘役、管制或者剥夺政治权利。

（北京市朝阳区人民法院　吴小军　李晓）

三、侵犯公民人身权利、民主权利罪

40. 韩景禄故意杀人案

（一）首部

1. 裁判书字号

一审判决书：北京市海淀区人民法院（2008）海法刑初字第2788号。

二审裁定书：北京市第一中级人民法院（2009）一中刑终字第1036号。

2. 案由：寻衅滋事案。

3. 诉讼双方

公诉机关：北京市海淀区人民检察院，代理检察员：张昌红。

被告人：韩景禄，男，1994年8月1日出生，汉族，出生地北京市海淀区，初中文化，农民。曾因犯诈骗罪于1986年8月26日被判处有期徒刑五年，1990年9月25日刑满释放。2008年7月9日因本案被羁押，同年7月23日被逮捕。

辩护人：韦林，北京市天科律师事务所律师。

4. 审级：二审。

5. 审判机关和审判组织

一审法院：北京市海淀区人民法院。

合议庭组成人员：审判长：张鹏；人民陪审员：郝广辉、王兰芝。

二审法院：北京市第一中级人民法院。

合议庭组成人员：审判长：赖琪；审判员：赵建；代理审判员：王奕。

6. 审结时间

一审审结时间：2008年12月19日。

二审审结时间：2009年4月29日。

（二）一审诉辩主张

1. 公诉机关指控称

2008年4月18日19时许，被害人曹志全与鲁瑞刚按照村委会安排看护新修的马路，并在路口设置了“前方施工，禁止通行”的指示牌。当日19时30分许，被告人韩景禄酒后不听劝阻，驾驶一辆白色捷达汽车（京KW2891）强行通过，汽车右前部撞倒曹志全，并向前拖曳 10 米，造成曹志全左胫骨上段及外平台骨折，左胫骨内平台及腓骨小头骨挫伤，全身多处软组织损伤，左膝关节外侧副韧带损伤，左肩散在皮擦伤。经依法鉴定，曹志全身体损伤程度为轻伤。2008 年 7 月 9 日，被告人韩景禄被公安机关抓获。公诉机关针对上述指控提供了相关证据，认为韩景禄的行为已构成寻衅滋事罪，提请法院依照《中华人民共和国刑法》第二百九十三条第（一）项之规定予以惩处。

2. 被告辩称

被告人韩景禄辩称其没有强行通过新修的马路，被害人曹志全的骨折不是其造成的。

其辩护人的辩护意见为：对检察院的指控罪名不持异议，被害人曹志全的陈述与证人证言关于停车次数的问题上存在矛盾；被害人曹志全是如何致伤的存在疑点；被告人韩景禄对基本事实予以承认，其也愿意赔偿被害人的经济损失，提请法庭对其从宽处罚。

（三）一审事实和证据

北京市海淀区人民法院经公开审理查明：2008 年 4 月 18 日 19 时许，被害人曹志全与鲁瑞刚按照村委会安排看护新修的马路，并在路口设置了“前方施工，禁止通行”的指示牌。当日 19 时 30 分许，被告人韩景禄酒后不听曹志全、鲁瑞刚二人的劝阻，并扬言要驾车撞击二人，后在明知车辆前进方向上有人阻拦的情况下，仍驾驶一辆白色捷达汽车（京 KW2891）强行通过，汽车右前部撞倒曹志全，并向前拖曳十余米，造成曹志全左胫骨上段及外平台骨折，左胫骨内平台及腓骨小头骨挫伤，全身多处软组织损伤，左膝关节外侧副韧带损伤，左肩散在皮擦伤。经鉴定，曹志全身体损伤程度为轻伤。同年 7 月 9 日，被告人韩景禄被公安机关抓获。经本院调解，被告人韩景禄与被害人曹志全就本案民事赔偿问题达成调解协议，被告人韩景禄赔偿被害人曹志全人民币 35 000 元，被害人曹志全表示不再追究被告人韩景禄的民事责任，并对被告人韩景禄表示谅解。

上述事实有下列证据证明：

1. 被告人韩景禄的供述：2008 年 4 月 18 日 19 时 30 分许，其从家里出来到村外边去挪车。走到村口，看见村联防员曹志全、鲁瑞刚在看护马路。其对他俩说要把车挪过来，鲁瑞刚不同意，说其要从这儿过，除非从他身上轧过去。其说别因为一句话、一分钟的事儿把命搭进去，说完其就去开车了。大约 10 分钟后，其开车从村东边过来，拐进曹志全、鲁瑞刚看护的马路路口，往前开了 20 米，其感觉车的右前部有动静，就刹车了。下车后，其看见曹志全躺在车底下。后来有人报警了。其吃晚饭时，喝了三两白酒，吃完饭就去挪车了。鲁瑞刚不同意其开车通过新修的马路，但其没有听从劝阻，以为他俩跟其开玩笑。

2. 被害人曹志全的陈述：2008 年 4 月 18 日 19 时许，其和村民鲁瑞刚按照村里安排看护刚刚修好的马路，不让车通过，并设置了“前方施工，禁止通行”的指示牌。其去村北头找村长谈事情时，碰到韩景禄，他说“这条新修的马路上的脚印都是我踩的，你报派出所把我抓起来”。其说人踩的没事儿，其也管不着，其就是不让汽车过来。说完之后，其与韩景禄就分手了。其办完事情，又回到修路的村南头，与鲁瑞刚一起边聊天边看护马路。这时，韩景禄过来了，说“我家的车回来怎么办，我得把车开到家里边去。”其和鲁瑞刚说：“不行，汽车都停放在路边了，你就把车停在路边好了。”他说车丢了怎么办，其说：“我们给你看着。”他说：“不行，我去开车去，看你们怎么弄。”然后就走了。过了十几分钟，他又回来了，手里拿着一个驾驶本说“我有本，撞死人不偿命，没有死罪！”其和鲁瑞刚没有理他，他就气呼呼地走了。20分钟后，从马路东边开过了一辆车，走到往北拐的路口7米左右时停了下来，韩景禄下车走了过来说："我把车开来了，你们俩不躲开就撞死你们"。其和鲁瑞刚没有理睬，他就将车开到距离路口3米处停下，并下车过来让其二人躲开，并称不躲开就撞死其二人。其二人还是没有理会，继续聊天。韩景禄见状直接上车，开车就直奔其撞过来，撞到其的身体右侧，其一下就有点晕。韩景禄开着车又向前拖了十米左右就停下了，将其摔倒在地。其听到韩景禄说："大刚子，你跟他坐一块儿，我把你俩一块儿撞死。"之后，其就昏过去了。等其醒来时，警察就来了。韩景禄开的是一辆白色捷达车，车牌号不知道。他自己没有车，开的是谁的车不清楚。当时他跟其二人说话时，嘴里有酒气。鲁瑞刚没有被撞到，没有受伤。其被撞得后背挫伤，左腿动不了，头晕，衬衣和裤子都被拖坏了，后经检查没有骨折。2008年4月18日至5月22日，其一直在北京999急救中心就诊。这期间一直住院治疗，没有外出过。4月底，医生给其小腿作了一次核磁共振检查，发现其的左小腿有一处骨折，就是韩景禄开车撞击造成的。

3. 证人鲁瑞刚的证言：2008年4月18日20时许，因其村子的水泥马路正在修缮，村里安排其和曹志全在上庄镇常乐村村内的一条马路路口看护，防止过往车辆开进来把路轧坏。这时，韩景禄由北向南走了过来，他对其和曹志全说："我家门口刚抹好的路让我踩了，你们叫派出所的来把我逮住。"其二人当时看他好像喝了酒，说话也不靠谱，就没有搭理他。韩景禄一看其二人不搭理他，就用手晃其二人设的路障，上面写着"前方施工，禁止通行"，一边晃一边说："破牌子，挡什么呀！"其回答说："刚抹好的路，怕车开进来把路轧坏了，就起这么个作用。"韩景禄听其这么说，就问："那我们家的车回来了，放哪儿呀？"其说："就放外面吧，我们这儿总有人，会帮你看着。"韩景禄说："不行，我非得把车放在我家门口，我这就叫车回来。"说完，他就走了。过了大约10分钟，韩景禄回来了，手里拿着一个驾驶本让其二人看，嘴里还说着："我可有驾驶本，你们有本事就在这儿站着，我开车撞了你们白撞。"其二人当时也没有理会，韩景禄就向村南走了。过了大约20分钟，其和曹志全看见韩景禄开着一辆白色捷达车过来了，将车头冲西停在了马路上，然后走过来对其和曹志全说："你们躲不躲开，不躲开我就开车撞你们了。"然后，韩景禄就真的开车去了，他加大油门从路上右转弯过来向其二人冲了过来。还没等其反应过来，其就发现曹志全人没了。因为曹志全站在其的左边，而韩景禄开着车从其身边蹭过去的。当时，其就感觉不好，知道曹志全被韩景禄撞了，其就赶紧回头看，发现曹志全已经倒在捷达车下面被拖出十多米远。于是，其马上追了过去。这时，韩景禄也停车下来了，其当时趴下看曹志全情况的时候，韩景禄说："你不躲开，我就连你一块儿撞死。"说完还真要上车，其见状就连忙上前阻止他，并把他推开了。在此过程中，其一边拉着韩景禄，一边用手机报了警，还给村委会领导打了电话。过了五六分钟，村里来人了，这时韩景禄嘴里还说："有什么呀，报警抓我呀。"村里赶来的人想把曹志全赶紧从车底下拉出来，但又怕出问题，只好等999急救车来了后，大家才把捷达车抬起来，医务人员将曹志全从车下拉了出来，简单处理了一下，将曹志全送往医院。后来，交通队警察来了，将韩景禄带到交通队去了。当时，其看到的是曹志全在捷达车的左前部下边，双手扒着车的保险杠，头部露在外面，被韩景禄开车撞倒后拖曳了十几米远。事情太突然了，当时其懵了，没有看韩景禄开的车辆牌号。其没太注意曹志全身上的伤情，因为当时其一直在拉着韩景禄，怕他再去开车。其认为韩景禄是有意将曹志全撞倒的。

4. 证人韩长贵的证言：2008年4月18日晚8时许，其在家吃饭。这时看路的联防队员鲁瑞刚给其打电话，说韩景禄开车在村南新修的马路口将曹志全给撞了。其随后就赶到了现场，看见韩景禄的白色捷达车头冲北，停在村南新修的马路路口北侧 20 米左右的地方。曹志全躺在车底下，就露出一个头在外面。其上前叫他，他没有说话。后来 999 医生来了，才把曹志全给抬出来。当时，韩景禄在路边站着和鲁瑞刚吵架，他说："我就开车进去了，撞你们怎么了。"他喝酒了，而且还没少喝。后来人多了，医生也来了，其就跟着去医院了。

5. 证人赵民的证言：2008 年 4 月 18 日晚 8 时许，其村里的联防队员韩长贵给其打电话，说曹志全被韩景禄开车撞了。其就马上过去了。到了现场后，其看见曹志全在韩景禄的汽车前面趴着。其就问韩景禄："你看见人没有?"韩景禄回答说看见了，其又问他："你看见了，你还撞!"韩景禄没有言声。其过去就抓住他的衣服要打他，被别人拉开了。当时其村里正在修路，韩长贵安排曹志全看护路口，不让汽车进村。韩景禄开的是一辆白色捷达汽车，当时车头朝北，车尾朝南，马路是南北方向。韩景禄在村里表现不太好，好喝酒，喝完酒就好闹事。撞人当天还与修路工人吵架，撞人就是在这条路上撞的。

6. 证人韩丽清的证言：韩景禄是其父亲，其有一辆白色捷达汽车（京 KW2891）。其是 6 时许开车去的其父亲家，当时因为修路进不去，就把车放在了路边。其父亲撞完人后，给家里打了电话，说撞人了其才知道。其和母亲聊天，把车钥匙放在了窗台上，他什么时候走的其也不知道。

7. 证人刘辉军的证言：2008 年 4 月 18 日晚上 2 时 25 分许，其医院收诊了一个叫曹志全的病人，他的伤情是全身多处软组织损伤，没有骨折。曹志全是 2008 年 5 月 22 日出院的，该人入院时有民警询问过他的病情。曹志全一直在其医院住院治疗，没有外出过。但是 2008 年 4 月 29 日其医院对曹志全进行进一步检查时，发现曹志全左胫骨上段及外平台骨折，左胫骨内平台及腓骨小头骨挫伤，左膝关节外侧半月板损伤。

8. 人体损伤程度鉴定结论，证明被害人曹志全身体所受损伤程度为轻伤。

9. 酒精检验报告，证明从被告人韩景禄的血液中检出酒精，含量为 182.3mg/100ml。

10. 报案记录，证明 2008 年 4 月 18 日 21 时 6 分许，赵民向"110"报警称在上庄镇常乐村内有人故意撞人。

11. 诊断证明书，证明：2008 年 5 月 22 日，北京市红十字会急诊抢救中心出具诊断证明，证实曹志全左胫骨上段及外平台骨折；左胫骨内平台及腓骨小头骨挫伤；左膝关节外侧半月板损伤；左膝关节外侧副韧带损伤；左膝关节少量积液；全身多处软组织损伤；左肩散在皮擦伤。

12. 照片，证明案发现场设置有"前方施工，禁止通行"的路牌，以及牌照号为京 KW2891 的白色捷达轿车右前侧下部损坏，该车尾部后面的路面留有较长刹车痕迹。

13. 到案经过，证明被告人韩景禄于 2008 年 7 月 9 日被公安机关抓获。

14. 刑事判决书及释放证明，证明被告人韩景禄曾因犯诈骗罪，于 1986 年 8 月 26 日被北京市石景山区人民法院判处有期徒刑五年，于 1990 年 9 月 25 日刑满释放。

15. 车辆信息，证明牌照号为京 KW2891 的白色捷达轿车的相关登记信息。

16. 办案说明，证明：2008 年 4 月 18 日 20 时 30 分许，被害人曹志全在海淀区上庄镇常乐村南被韩景禄酒后驾车撞伤，后温泉交通队受理此案。但被害人曹志全认为韩景禄故意将其撞伤，不是酒后交通肇事，故来上庄派出所报案，上庄派出所受理此案。办案民警曾在 2008 年 8 月与被害人曹志全联系核实他的伤情，曹志全称其已出院在家养伤，案发当天入院时的检查是拍 X 光片，拍得不是很清楚，所以没有照出骨折的情况。后来其一直住清河 999 医院治疗，总是感到腿疼，过了几天医生给其左腿进行核磁共振检查，才发现骨裂骨折的情况。其一直住院治疗，一个多月期间未离开过医院。办案民警曾在2008年8月与负责处理案发现场的交通队民警程为民联系，程为民答复：当时被害人曹志全始终称韩景禄是故意滋事伤害，不能作为一般事故处理，应当追究韩景禄的刑事责任，所以交通队就一直未对韩景禄作交通方面的处罚。

17. 身份证明，证明被告人韩景禄的基本身份情况。

18. 北京市红十字会急诊抢救中心的出院小结，证明被害人曹志全背部没有明显肿胀。

（四）一审判案理由

北京市海淀区人民法院经审理认为：被告人韩景禄以非法剥夺他人生命为目的，驾车故意撞击他人，致一人轻伤，其行为已构成故意杀人罪，应予惩处。北京市海淀区人民检察院对于被告人韩景禄犯罪的指控事实清楚，证据确实、充分，但指控罪名有误，本院予以纠正。

经庭审质证，被告人韩景禄称其是在没看清笔录的情况下就签的字，因此公安机关对其所作笔录内容与其实际供述内容不一致。辩护人提出证人韩长贵、赵民均是案发后赶到现场，不能证明案发当时的情况，同时提出调取案发现场勘查报告的申请。上述控方证据来源及形式合法，证据内容与本案事实具有关联性、可证明性，应予确认。对于被告人韩景禄提出的其是在没有看清笔录的情况下便签字的质证意见，法庭认为，上述质证意见缺乏事实依据，故不予采纳。对于辩护人所提出的调取案发现场勘查报告的申请，法庭认为，公诉人当庭出示的相关证据材料表明，本案并未作为交通事故处理，亦没有相关勘查报告，且已时过境迁，案发现场无法恢复原状，故对上述申请不予准许。

对公诉机关及辩护人关于将本案定性为寻衅滋事的意见，本院认为，寻衅滋事罪中的随意殴打他人，显然不能以驾车撞人的形式表现出来，这是不需要用证据来证实的公知性常识。任何一个思维和心智正常的人，都知道驾驶机动车撞击血肉之躯所可能产生的严重后果。但被告人韩景禄在向被害人作出死亡威胁后，断然驾车撞击他人，并将倒在车下的被害人拖曳十余米，完全置被害人的死活于不顾，其行为的主观恶性及社会危害性已远远超出了寻衅滋事罪的范畴。虽然被告人韩景禄否认其在驾车通过案发现场前曾与被害人曹志全、证人鲁瑞刚发生争执，而后也没有强行通过，但是被害人曹志全的陈述与证人鲁瑞刚的证言相互印证，能够证明二人在案发前对被告人韩景禄进行过劝阻，而被告人韩景禄不听劝阻，更是扬言要驾车撞死一人，并且在撞击前曾停车再次向被害人发出死亡威胁，威胁二人要强行通过的事实，由此可见其对驾车前进方向上有人阻拦的事实是明知的，这一事实亦可从证人赵民事后对韩景禄的询问内容中得到印证。综合上述证据材料可知，被告人韩景禄作为具有完全刑事责任能力的成年人，对驾驶汽车撞击他人可能导致他人死亡的危害后果是可以预见的，其在明知被害人进行阻拦的情况下，仍驾车故意撞击被害人，并导致被害人曹志全仰面倒在汽车下并被拖曳十余米的严重后果，足以印证其主观上对于可能造成被害人曹志全死亡这一危害后果持积极追求的态度，因此无论从其主观目的、客观行为还是所侵犯的客体来说，其行为都符合故意杀人罪的犯罪构成。关于被告人韩景禄及其辩护人对被害人曹志全的伤情所提出的异议，本院认为，被害人曹志全的陈述、证人刘辉军的证言及办案说明相互印证，能够证明被害人曹志全受伤后住院治疗期间并未外出，亦未遭受其他外力侵害，故由此可以证明被害人曹志全所受轻伤系由被告人韩景禄的犯罪行为造成，对被告人韩景禄的上述异议不予支持。被告人韩景禄曾因犯诈骗罪被判处有期徒刑，现仍不思悔改，又因故意杀人行为触犯刑律，故本院对其酌予从重处罚。鉴于被告人韩景禄已着手实施犯罪，由于其意志以外的原因而未能得逞，属于犯罪未遂，并结合其赔偿被害人曹志全的经济损失，被害人对其表示谅解等具体情节，本院依法对其减轻处罚。

（五）一审定案结论

北京市海淀区人民法院依照《中华人民共和国刑法》第二百三十二条、第二十三条、第五十五条第一款、第五十六条第一款，作出如下判决：

韩景禄犯故意杀人罪，判处有期徒刑七年，剥夺政治权利一年。

（六）二审情况

1. 二审诉辩主张

上诉人（原审被告人）韩景禄诉称：其开车时没有看见被害人，其行为不构成故意杀人罪。

其辩护人的辩护意见为：韩景禄的行为不构成故意杀人罪。

2. 二审事实和证据

北京市第一中级人民法院经审理，确认一审法院认定的事实和证据。

3. 二审判案理由

北京市第一中级人民法院经审理认为：上诉人韩景禄故意非法剥夺他人生命，致人轻伤，其行为已构成故意杀人罪，依法应予惩处。对于上诉人韩景禄所提上诉理由及其辩护人所提辩护意见，经查，韩景禄驾车欲通过新修的马路被被害人拒绝后，扬言不躲开就撞死对方，后强行冲撞，致被害人轻伤。韩景禄主观上有杀人故意，客观上有驾车强行冲撞他人的杀人行为，故对上诉理由及辩护意见，本院均不予采纳。鉴于韩景禄犯罪系未遂，有积极赔偿表现，被害人对其表示谅解，依法对其减轻处罚。原审人民法院根据韩景禄犯罪的事实、犯罪的性质、情节和对于社会的危害程度所作出的判决，定罪、适用法律正确，量刑适当，审判程序合法，应予维持。

4. 二审定案结论

北京市第一中级人民法院依照《中华人民共和国刑事诉讼法》第一百八十九条第（一）项，作出如下裁定：

驳回上诉，维持原判。

（七）解说

本案的争议焦点在于韩景禄的行为是构成寻衅滋事罪还是构成故意伤害罪，或是构成故意杀人罪。

寻衅滋事罪是指肆意挑衅，随意殴打、骚扰他人或者任意损毁、占用公私财物，情节严重或者情节恶劣的，或者在公共场所起哄闹事，造成公共场所秩序严重混乱的行为。寻衅滋事罪所侵犯的客体为社会秩序，而在主观方面只能由故意构成，而且只能是直接故意构成，行为人在主观故意方面表现为公然藐视国家法纪和社会公德，故意用寻衅滋事、破坏社会秩序的行为，来寻求精神刺激，填补精神上的空虚。寻衅滋事罪客观方面的表现之一是随意殴打他人，情节恶劣的行为也是有着特定的含义，它主要是指行为人在要威风、寻求精神刺激等流氓动机的支配下无故、无理殴打他人。

因此，第一种观点认为主观上的流氓动机和客观上的无事生非，是寻衅滋事罪的基本特征，也是该罪与故意伤害罪等近似犯罪的关键区别。在本案中，行为人韩景禄酒后无故滋事，在明知案发路段路口设有“前方施工，禁止通行”的指示牌，并且被害人对其进行劝阻的情况下仍强行驾车通过，导致被害人受伤（轻伤），这是典型的寻衅滋事行为，并造成被害人轻伤的后果，可以认定为情节恶劣，而寻衅滋事罪中随意殴打他人的后果，应以造成他人轻伤为限，如果造成了他人重伤、死亡的，应以故意伤害罪、故意杀人罪论处，被害人身体损伤程度为轻伤，所以本案应以寻衅滋事罪定罪处罚。

第二种观点认为寻衅滋事罪中的随意殴打他人的手段，既可以是赤手空拳殴打他人，也可以用棍棒、砖块等器物殴打他人，还可以是并不与被殴打人发生身体接触，而用石块、砖瓦等投掷被殴打人。但如果行为人使用攻击性较强，极易致人伤亡的凶器殴打他人，如管制刀具，此时行为人殴打他人的凶器明显反映出行为人主观上有杀死、伤害他人的故意，已经超出了寻衅滋事罪的主观故意。在本案中，行为人采取的驾驶汽车冲撞被害人的行为的危害性更甚于使用一般凶器殴打他人的行为，同时造成了被害人轻伤的后果，因此以故意伤害罪定罪处罚更为适宜。

第三种观点则认为在本案中，行为人韩景禄在主观上的确有要威风以寻求精神刺激的流氓动机，客观上也有不听劝阻，强行驾车通过案发路段，致被害人受轻伤的无事生非行为，这似乎完全符合寻衅滋事罪的构成要件，这也是第一种观点的关键所在。但是第一种观点却完全忽视了行为人韩景禄所采取的犯罪手段——驾驶汽车故意冲撞被害人，并致被害人在汽车底盘下被拖曳长达十余米，这种犯罪手段显然已超出了社会公众对于“殴打”这一概念的认知范畴，如果再以“随意殴打他人”来评价行为人的客观方面的行为显然与客观事实不符。同时，第二种观点虽然注意到了寻衅滋事罪中的随意殴打他人的手段在行为方式上是有限制范围的，但本案被害人身体损伤程度为轻伤，如果以故意伤害罪对行为人韩景禄定罪处罚，也只能是在三年有期徒刑以下量刑，而以寻衅滋事罪定罪处罚，是在五年有期徒刑以下量刑。在本案中，寻衅滋事罪较之故意伤害罪而言，属于重罪，那么以故意伤害罪定罪处罚更无法体现出行为人韩景禄犯罪行为的社会危害性。实际上，只要仔细考察本案证据，就不难发现行为人韩景禄最初的主观故意确实是想以强行驾车通过新修马路的方式来逞威风，但遭到被害人的阻拦和明确拒绝后，其主观故意上便发生了转化，这可以从其客观行为中得到印证，其不但在言语上扬言要撞死对方，在明知被害人进行拦阻的情况下，仍故意驾车撞向被害人，且在被害人被汽车拖曳十余米的情况下才将车停下，这一系列行为足以证明行为人韩景禄在主观上就是要置被害人于死地。行为人韩景禄犯罪行为未得逞的原因在于被害人反应较为机敏，才未造成重伤或者死亡等严重后果，因而应以故意杀人罪（犯罪未遂）对行为人韩景禄定罪处罚。

第三种观点全面考虑了本案的证据情况，指出对于寻衅滋事罪中“殴打”行为的认定不能超出社会公众对于这一概念的认知范畴，并通过行为人韩景禄的客观行为分析了其主观故意的转化，说明以故意杀人罪对行为人韩景禄定罪处罚符合主客观相一致的原则，故一审法院在判决时采用了第三种观点，二审法院对一审判决亦予以维持。

（北京市海淀区人民法院　张鹏）

41. 陈法春等故意杀人案

(一) 首部

1. 判决书字号：江苏省常州市戚墅堰区人民法院（2009）戚刑初字第25号。

2. 案由：故意杀人案。

3. 诉讼双方

公诉机关：江苏省常州市戚墅堰区人民检察院，代理检察员：陈俊、吴洪平。

被告人：陈法春，男，1976年1月9日出生，汉族，出生地江苏省灌云县，农民。2009年2月12日因本案被逮捕。

辩护人：张宇明，江苏乐天律师事务所律师。

被告人：马连静，男，1967年4月22日出生，汉族，出生地江苏省沭阳县，农民。2009年2月12日因本案被逮捕。

辩护人：倪志峰，江苏鑫法律师事务所律师。

被告人：史雪平，男，1971年5月10日出生，汉族，出生地江苏省金坛市，工人。2009年2月12日因本案被逮捕。

辩护人：曹波，江苏乐天律师事务所律师。

被告人：谭龙，男，1971年8月12日出生，汉族，出生地江苏省邳州市，农民。2009年2月12日因本案被逮捕。

辩护人：杨敏、张志明，江苏恒韵律师事务所律师。

被告人：缪龙成，男，1975年7月11日出生，汉族，出生地江苏省涟水县，农民。2009年2月12日因本案被逮捕。

辩护人：周中林、崔小兵，江苏益同盛律师事务所律师。

4. 审级：一审。

5. 审判机关和审判组织

审判机关：江苏省常州市戚墅堰区人民法院。

合议庭组成人员：审判长：陈晔栋；人民陪审员：朱菊英、陈全喜。

6. 审结时间：2009年9月3日。

(二) 诉辩主张

1. 公诉机关指控称

被告人陈法春、马连静、史雪平于2007年11月23日上午因怀疑被害人潘洪发在“钓黑车”，遂尾随其至本市戚墅堰区潞城街道潞城桥处。潘洪发因“钓黑车”的意图暴露，随即逃跑，被告人陈法春、马连静、史雪平、谭龙、缪龙成则追赶、殴打潘洪发，致使潘洪发跳入潞横河，后潘洪发因体力不支溺水死亡，陈法春、马连静、史雪平、谭龙、缪龙成目睹该情况均未施救即离开现场。检察机关认为：被告人陈法春、马连静、史雪平、谭龙、缪龙成共同追打潘洪发，致潘洪发跳入河中，明知其有生命危险，应救助而未救助，最终发生了潘洪发死亡的结果，其行为均已构成故意杀人罪，属共同犯罪。应依照《中华人民共和国刑法》第二百三十二条、第二十五条第一款之规定予以判处。

2. 被告辩称

被告人陈法春对公诉机关指控的事实无异议，但辩称自己不构成故意杀人罪。

其辩护人的辩护意见为：第一，被告人陈法春不存在剥夺被害人潘洪发生命的主观故意，其主观上属于过于自信的过失，另外被害人的死亡与陈法春的行为之间不存在必然的因果关系，故被告人陈法春的行为不构成故意杀人罪。第二，被告人陈法春具有自首情节，无前科劣迹、认罪态度较好，建议对其从轻处罚。

被告人马连静对公诉机关指控的事实没有异议，但辩称自己不构成故意杀人罪。

其辩护人的辩护意见为：第一，被告人马连静不具备故意杀人的主观故意，且被害人的溺水也是由其他因素导致的，故被告人马连静的行为不构成故意杀人罪，不属于共同犯罪。第二，被告人马连静具有自首情节，无前科劣迹、认罪态度较好，建议对其减轻处罚。

被告人史雪平对公诉机关指控的事实未提出异议。

其辩护人的辩护意见为：第一，被告人史雪平主观上不具备对被害人死亡结果的放任，而是对施救结果的过分信任。另外，被害人的死亡结果与吴文兴的行为存在因果关系，故被告人史雪平的行为不应定性为故意杀人罪，其行为应认定为过失致人死亡罪。第二，被告人史雪平在犯罪中作用较小，主观恶性不大，系初犯且认罪态度较好，建议对其从轻处罚。

被告人谭龙对公诉机关指控的事实未提出异议。

其辩护人的辩护意见为：第一，被告人谭龙主观上没有非法剥夺他人生命的故意，客观上没有实施故意杀人的行为，且谭龙的行为与被害人的死亡没有因果关系，故被告人谭龙的行为不构成故意杀人罪，不属于共同犯罪。第二，被告人谭龙系初犯，且其由于误认被害人系小偷，才上前追赶，建议对其从轻处罚。

被告人缪龙成对公诉机关指控的事实没有异议，但辩称自己不构成故意杀人罪，不属于共同犯罪。

其辩护人的辩护意见为：第一，被告人缪龙成在追赶潘洪发时没有杀人的故意，潘洪发的死亡与缪龙成先前的追赶行为不具有法律上的因果关系，其不是有条件施救而故意不救，故被告人缪龙成的行为不构成故意杀人罪，不属于共同犯罪。第二，被告人缪龙成具有自首情节，系初犯、偶犯，认罪态度较好，积极赔偿被害人家属的损失，建议对其适用缓刑。

（三）事实和证据

江苏省常州市戚墅堰区人民法院经公开审理查明：2007 年 11 月 23 日上午 9 时许，被害人潘洪发与高洪强为领取奖励到本市戚墅堰区丁堰街道漕上寻找非法运营的车辆（俗称“钓黑车”）。潘洪发叫被告人陈法春开黑车去新北区，陈法春怀疑潘洪发二人是钓黑车的而未前往，潘洪发二人随即下车离开。陈法春对被告人马连静、史雪平和王来军、鲁东坦（均另案处理）提及潘洪发二人可能是钓黑车的。后潘洪发二人乘上一辆汽车向潞城方向开去，陈法春、马连静、史雪平、鲁东坦即乘王来军驾驶的面包车尾随。

当天上午 10 时许，陈法春等人乘坐王来军驾驶的面包车尾随潘洪发二人至本市戚墅堰区潞城街道潞城桥附近，陈法春等人停车后发现潘洪发二人在潞城老乡政府门口换乘上一辆黑车，王来军即上前拦住该黑车并说潘洪发二人是钓黑车的，潘洪发见来意暴露，遂打开车门下车，试图向潞城桥上跑，但被陈法春、史雪平等人阻拦，潘洪发随即沿潞横路由东往西跑，陈法春、马连静即上前追赶潘洪发，这时，在潞城桥南首的被告人谭龙、缪龙成听到现场有人喊抓小偷也加入追赶。陈法春、马连静、谭龙、缪龙成四人在潞横路北侧周莹的拉面店门口处追上潘洪发，围住潘洪发并对其殴打，潘洪发挣脱后往潞横路南侧潞横河边跑，陈法春随即追赶潘洪发并扑向潘欲抓其，二人均摔倒在地，马连静向潘洪发砸了一只鞋子（未砸中），潘洪发起身跑到河堤上随后跳入潞横河内往南游。后赶来的史雪平用砖块砸向河中的潘洪发（未砸中），陈法春又从潞城桥上绕到潞横河南岸厕所处欲抓潘洪发，潘洪发游至南岸边时发现岸上吴文兴手举砖块，即又往北岸游去。当游至河中央附近时，潘洪发因体力不支而逐渐沉入水中。被告人陈法春、缪龙成目睹此情况，均未施救。被告人马连静、史雪平、谭龙在被害人潘洪发跳入河中亦均未施救即离开现场。经法医鉴定，潘洪发系溺水死亡。案发后，被告人陈法春、马连静、缪龙成到公安机关投案自首。

在本院审理过程中，经本院主持调解，被告人陈法春、马连静、史雪平、谭龙、缪龙成与附带民事诉讼原告人蒋建菊、潘乾、潘福珍达成调解协议，五被告人共赔偿附带民事诉讼原告人蒋建菊、潘乾、潘福珍死亡赔偿金、丧葬费、被抚养人生活费、交通费等各项经济损失合计人民币 388 622 元，目前五被告人已支付赔偿款 217 000 元（陈法春赔偿 40 000 元、马连静赔偿 47 000 元、史雪平赔偿 50 000 元、谭龙赔偿 44 000 元、缪龙成赔偿 36 000 元），附带民事诉讼原告人蒋建菊、潘乾、潘福珍自愿放弃向五被告人追偿余款 171 622 元，并建议本院对五被告人从轻处罚。

上述事实有下列证据证明：

1. 被告人陈法春供述：2007 年 11 月 23 日上午，其在丁堰街道漕上做黑车生意，有两名男子要其开车送到新北区，因怀疑该两名男子是钓黑车的，其找了借口没有送。随后，其与马连静、史雪平、鲁东坦坐王来军的汽车尾随该两名男子到了潞城桥附近，其发现该两名男子在潞城老乡政府门口又钓了一辆黑车，王来军就上前将该车拦住，坐在副驾驶室的一名男子就下车逃走，其与马连静等人就去追他，后来在拉面店附近，该男子被围住并遭到他们殴打，该男子遂挣脱跑到河边并跳入河中向河南岸游，其就到河南岸边去抓他，该男子游到河南岸后发现一个老头拿东西砸他，就返身向北岸游，后来该男子就沉入水中，其因为害怕就与马连静坐王来军的汽车离开现场。

2. 被告人马连静供述：2007 年 11 月 23 日上午 9 点左右，陈法春告诉其有两名男子可能是钓黑车的，现在向潞城方向去了，陈法春、史雪平、鲁东坦与其商量一起跟过去看看，后来他们上了王来军开的汽车跟着该两名男子到了潞城桥，其发现该两名男子在潞城老乡政府处又钓了一辆黑车准备走，王来军就上前对驾驶员讲他们是钓黑车的，这时该两名男子中的一人就下车逃跑，其与陈法春等人就去追赶，该男子在拉面店门口被他们围住，并遭到殴打，后来该男子跳入河中，史雪平用砖块向河里砸，但没砸到，其就回到潞城老乡政府门口，听到周围群众讲该男子沉入河中，其就与王来军、陈法春离开现场。

3. 被告人史雪平供述：2007 年 11 月 23 日上午其听到陈法春讲有人钓黑车，其就与陈法春、马连静、鲁东坦坐王来军的汽车尾随该两名钓黑车的男子来到潞城，其发现该两名男子在潞城老乡政府门口又叫了一辆黑车准备走，王来军就上前拦住该车，坐在副驾驶室的一名钓黑车的男子就下车逃跑，其就上前阻拦，但没有拦住，该男子继续逃跑。后来，其发现该男子在潞横河里向南岸游，就捡了一块砖头砸了过去，但没有砸中。其又回到潞城老乡政府门口，后来听说该男子沉入水中，其就回到河边没看见人就离开了现场。

4. 被告人谭龙供述：2007 年 11 月 23 日上午，其在潞城信用社门口做黑车生意，有两名男子要其开车送到新北区，因为其妻子要跟去，该两名男子没有让其送。后来该两名男子在潞城老乡政府门口又叫了一辆黑车准备走时被三四名男子拦住并发生争执，其中一名男子开始往西跑，后面有人追赶，其听说是抓小偷，就与缪龙成上前追赶，在拉面店门口该男子被他们追上并遭到殴打，该男子随后跳入河中向南岸游去，当该男子游到河岸边时，有个老头一边端着碗，一边向该男子走过去，该男子只得又往河里游，其就离开了现场。

5. 被告人缪龙成供述：2007 年 11 月 23 日上午其看到潞城桥东边有一名男子向西跑，后面有人在追赶，其听说是抓小偷，就与谭龙一起追赶，在拉面店门口该男子被他们围住并遭到殴打，该男子随后跳入河中游到南岸，后该男子又向北岸游，过一会儿，该男子就沉入河中，其因为害怕就离开现场。

6. 未到庭证人王来军的证言笔录证实：2007 年 11 月 23 日上午 9 时许，其在本市戚墅堰区丁堰街道漕上菜场做黑车生意，有一名男子来要车，与其一起做黑车生意的陈法春即开车与他们谈，后来陈法春因为怕他们是钓黑车的就没有做他们生意。其与陈法春看到那两名男子上了一辆汽车向潞城方向开去。后来其开着汽车带着陈法春、鲁东坦、史雪平、马连静尾随那两名男子到了潞城桥后，其发现那两名男子在潞城老乡政府门口又换乘了一辆面包车，其就上前拦住那辆面包车，并对驾驶员讲那两名男子是钓黑车的，这时，坐在副驾驶室的一男子开了车门跑走了，陈法春就追了过去，后来其听说那个人掉到河里了，其就到潞城桥上看，发现那个逃跑的人在河里游，其就回到自己的车里，过了一会儿，陈法春、马连静回到车上，其开车带着他们离开了现场。

7. 未到庭证人鲁东坦的证言笔录证实：2007 年 11 月 23 日其在丁堰街道漕上菜场与陈法春、马连静、史雪平一起乘上王来军驾驶的面包车尾随两个钓黑车的人来到潞城桥上，其发现那两名男子正在潞城老乡政府门口，王来军就下车去拦那两名男子，后其中一男子由东向西跑过来，后面有好几个人追他，陈法春也上前追赶，最后那个人跳入河中，往南岸游，游到了南岸后有一个老头一手端着碗，一手举着砖块不让那个人上岸，那人只好又往回游，在游到河中间时，沉入水中。后来其在潞城桥上碰见史雪平，并与其一起离开。

8. 未到庭证人高洪强的证言笔录证实：2007 年 11 月 23 日上午 8 时许，潘洪发叫其一起到丁堰去钓黑车，后来他们在丁堰找到一辆面包车，讲好价钱，由于司机提出有两个朋友要一起去，潘洪发没有同意，随后，他们即坐车赶到潞城桥，在潞城老乡政府门口，他们找到一辆车，当车子刚发动，从潞城桥那里冲过来五名男子拦住车子并对驾驶员讲他们是钓黑车的，这时坐在副驾驶室的潘洪发随即打开车门逃走，有三名男子去追他，其中包括他们在丁堰碰见的那名司机。后来其下车打电话报警并离开现场。

9. 未到庭证人周莹的证言笔录证实：2007 年 11 月 23 日上午 11 点左右，在其开的拉面店外有三四个男子在打一个人，过一会儿，这些人跑到了马路对面，后来其发现河里面有一个人沉入水中。

10. 未到庭证人梁耀光的证言笔录证实：2007 年 11 月 23 日早上 10 点左右，其看见有五六个人在追赶一男子，后该男子在理发店门口摔倒，后面追的人就上前围住该男子对其进行殴打，该男子挣脱后向马路南边逃走，结果又摔倒在地，后面追赶人群中有一个人上前踢该男子，该男子随后跳入潞横河中，往河南岸游，这时南岸有一个年纪大的男子一手端碗，一手用砖头砸那名男子，该男子又向河北边游，当游到河中央时，该男子慢慢沉入水中。

11. 未到庭证人陈苗根的证言笔录证实：2007 年 11 月 23 日早上 10 点左右，其听说有小偷跳到河里，就到潞城桥上看，其发现有一名男子在潞城桥下的西侧河里游到河的南岸，此时吴文兴一手端着碗，一手举着砖块对着那个男子，该男子看见吴文兴后又向河中央游去，在河中央该男子慢慢沉入水中，后来其找了船帮着将该男子尸体打捞上岸。

12. 未到庭证人赵海飞的证言笔录证实：2007 年 11 月 23 日上午，有两名男子要其开车送到新北区，其刚开车，有两名男子拦住车子，并对其讲车上的两个人是钓黑车的，车上的一名男子随即下车逃走，其就将车子退回原处，后来其听说逃走的男子淹死了。

13. 未到庭证人赵风生的证言笔录证实：2007 年 11 月 23 日早上 10 点左右，其看到在潞横路北侧一家店门口有三四名男子围着殴打一名男子，该男子随后穿过潞横路跑到河堤边，围打的男子中有一人又追到河堤上，被打男子就跳入潞横河中，向河南岸游，游到南岸边时，吴文兴一手端着碗，一手举着砖头走到南岸边的河堤上，该男子看到有人过来就又往河中间游，游到河中间时，该男子沉入水中，后来该男子被打捞出来已经死亡。

14. 未到庭证人冯伟的证言笔录证实其与他人一起将被害人潘洪发尸体从河中打捞出来的经过。

15. 现场勘验检查笔录及现场照片证实：潞横河河宽 22 米，其水面宽 15 米，河中部水深 2.5 米，当时水温为 10℃。

16. 物证死者照片、书证常州市公安局物证鉴定所出具的（常）公（刑验）鉴（尸）字（2008）179 号法医学尸体检验鉴定书，证实潘洪发系溺水死亡。

17. 发破案经过和抓获经过证实被告人陈法春、马连静、缪龙成具有投案自首情节。

18. 监控录像等视听资料证实了被害人潘洪发被被告人陈法春、马连静、谭龙、缪龙成追打并跳入潞横河的经过。

（四）判案理由

江苏省常州市戚墅堰区人民法院经审理认为：被告人陈法春、马连静、史雪平、谭龙、缪龙成共同追打潘洪发，致使潘洪发跳入河中生命发生危险，五被告人在负有法定的救助义务的前提下均未实施救助，放任潘洪发死亡结果的发生，其行为均已构成故意杀人罪，属共同犯罪。但五被告人间接故意杀人，情节较轻。被告人陈法春自动投案，如实供述自己的犯罪事实，是自首；其在共同犯罪中起主要作用，是主犯；另其积极赔偿附带民事诉讼原告人的损失，综上，对被告人陈法春减轻处罚。被告人马连静自动投案，如实供述自己的犯罪事实，是自首；其在共同犯罪中起次要作用，是从犯；另其积极赔偿附带民事诉讼原告人的损失，综上，对被告人马连静减轻处罚。被告人史雪平在共同犯罪中起次要作用，是从犯；另其积极赔偿附带民事诉讼原告人的损失，综上，对被告人史雪平减轻处罚。被告人谭龙在共同犯罪中起次要作用，是从犯；另其积极赔偿附带民事诉讼原告人的损失，综上，对被告人谭龙减轻处罚。被告人缪龙成自动投案，如实供述自己的犯罪事实，是自首；其在共同犯罪中起次要作用，是从犯；另其积极赔偿附带民事诉讼原告人的损失，综上，对被告人缪龙成减轻处罚。常州市戚墅堰区人民检察院起诉指控五被告人犯故意杀人罪的主要事实清楚，证据确实充分，但起诉未依照五被告人在共同犯罪中所起作用区分主从犯，本院对此予以纠正。关于起诉对五被告人的建议量刑意见，因五被告人系间接故意杀人，被害人的死亡由多种因素造成，其中有第三方吴文兴行为的介入，而五被告人的不作为行为只是被害人死亡的原因之一。此外，五被告人均能积极赔偿被害人家属的损失，故本院对五被告人适用故意杀人情节较轻量刑档次并适用减轻处罚，对起诉量刑建议本院不予采信。关于五被告人及其辩护人提出五被告人的行为不构成故意杀人罪的辩护意见，经查，五被告人共同实施追赶、殴打潘洪发的先前行为导致被害人潘洪发的生命发生危险，五被告人作为负有救助义务的行为人均未对被害人潘洪发进行救助，五被告人主观上具有放任被害人潘洪发死亡的间接故意。此外，虽然被害人潘洪发死亡的直接原因是溺水，但五被告人不实施救助的不作为行为没有阻止潘洪发由跳水向溺水死亡的方向发展，是引起潘洪发溺水死亡结果的客观原因之一，五被告人的不作为行为与被害人死亡结果之间存在因果关系，故五被告人的行为均符合间接故意杀人罪的构成要件，本院对该项辩护意见不予采信。关于被告人马连静的辩护人、被告人缪龙成及其辩护人提出的本案不属于共同犯罪的辩护意见，经查，五被告人共同实施了追赶、殴打被害人潘洪发的先前行为，五被告人共同的行为使被害人潘洪发处于危险状态，后又由于五被告人的放任故意及不作为行为产生了被害人潘洪发死亡的结果，故五被告人的行为构成共同犯罪，辩护人的该项辩护意见本院不予采信。关于被告人缪龙成的辩护人提出对被告人缪龙成宣告缓刑的辩护意见，因根据本案被告人缪龙成的犯罪情节不宜适用缓刑，故辩护人提出的该项辩护意见本院不予采信。本院对五被告人及其辩护人提出的其他辩护意见予以采信。

（五）定案结论

江苏省常州市戚墅堰区人民法院依照《中华人民共和国刑法》第二百三十二条、第二十五条第一款、第六十七条第一款、第二十六条第一款、第二十七条，作出如下判决：

1. 陈法春犯故意杀人罪，判处有期徒刑二年。
2. 马连静犯故意杀人罪，判处有期徒刑十个月。
3. 史雪平犯故意杀人罪，判处有期徒刑十个月。
4. 谭龙犯故意杀人罪，判处有期徒刑九个月。
5. 缪龙成犯故意杀人罪，判处有期徒刑八个月。

（六）解说

本案的焦点是在多种原因导致被害人死亡的情形下，对五行为人的行为如何定性。

经过审理查明，本案被害人潘洪发死亡的直接原因是溺水，其间接原因是五行为人共同实施的追赶、殴打行为，以及岸上群众吴文兴手举砖块不让其上岸等。故被害人的死亡属于多因一果，对于五行为人共同追赶殴打被害人，导致其为逃避追赶而跳入河中，事后又不予救助的行为该如何定性有多种意见，第一种意见认为，五行为人构成故意伤害罪。因为五行为人主观上均有故意伤害的故意，客观上均实施了侵害潘洪发身体的行为，五行为人的故意伤害行为与被害人的溺水死亡具有直接的因果关系，符合故意伤害罪构成要件，都构成故意伤害罪。第二种意见认为，五行为人构成过失致人死亡罪。因为陈法春等人殴打、追赶被害人潘洪发，迫使潘洪发跳入河中，陈法春等人应当预见落水会发生致人死亡的后果，由于疏忽大意而没有预见，导致潘洪发溺死结果的发生，其行为均构成过失致人死亡罪。第三种意见认为，五行为人均不构成犯罪。因为吴文兴用砖块砸向被害人是被害人游离岸边的直接原因，该介入因素导致陈法春等人的追赶、殴打行为与被害人溺死结果之间的刑法因果关系中断。陈法春等人主观过失不明显，对潘洪发的死亡结果无明显过错责任，不构成犯罪。第四种意见认为，五行为人构成故意杀人罪。因为五行为人追赶、殴打的先行行为迫使被害人潘洪发跳入河中，五行为人在法律上产生了救助义务。五行为人明知应实施救助，也具备救助条件，却采取放任态度，未实施任何救助行为，最终发生了被害人溺水死亡的结果，先行行为与该结果之间具有刑法上的因果关系，五行为人构成故意杀人罪。

笔者认为，第一种意见的缺陷在于故意伤害罪要求行为人只能具有损害他人身体健康的故意，而在本案中，五行为人基于故意伤害的故意实施殴打、追赶行为，在被害人落水后、陈法春等人明知被害人陷入危险状况，却放任被害人死亡之结果的发生，其主观故意已发生变化，不符合故意伤害罪的构成要件。

关于第二种意见，疏忽大意的过失要求行为人应当预见自己的行为可能导致他人的死亡，由于疏忽大意没有预见。在本案中，被害人潘洪发落水的事实，五行为人都是亲眼所见的，其中陈法春、缪龙成、史雪平甚至目睹被害人慢慢沉入河中的瞬间。因此，陈法春等人主观上明知被害人已陷入危险状态，即对自己的行为可能导致他人死亡是有所预见的，均不存在疏忽大意。

第三种意见的理论基础在于其认为吴文兴行为的介入导致刑法上的因果关系中断。事实上，吴文兴实施其行为时，被害人尚在河岸边水中，并未完全脱离危险状态。吴文兴的行为虽然对潘洪发游向北岸起了一定作用，但并不是决定性因素，吴文兴的行为不能独立造成被害人溺水死亡的结果，故不成立因果关系的中断。

相比前三种意见，第四种的意见更具合理性。因为先行殴打、追打行为是由五行为人共同实施的，且被害人落水后，五行为人均未采取救助措施，应以故意杀人罪追究五行为人的刑事责任，具体理由如下：

首先，陈法春等五行为人的先行行为引起救助义务。在本案中，陈法春等五行为人的追赶、殴打行为是被害人跳河置于危险状态的原因，如果没有陈法春等人的追赶、殴打行为，被害人绝对不会跳入河中，两者之间存在引起与被引起的内在逻辑性。因此，陈法春等人负有排除潘洪发危险状态的义务，即救助义务。潘洪发落水后，其生命安全已经受到威胁，在离开南岸游向北岸过程中由于体力不支，沉入水中，其生命安全处于极度危险状况，这种危险状态是现实的、紧迫的，此时如果没有他人的救助，溺水死亡是必然的。

其次，陈法春等五行为人的不作为与潘洪发死亡结果之间存在刑法上的因果关系。潘洪发的死亡，其直接原因固然是溺水，然而如果五行为人及时实施救助，就会阻止潘洪发由跳水向溺水死亡的方向发展，也不会发生被害人溺死的结果。陈法春等五行为人具备救助的可能性，均未实施任何救助行为，与被害人的死亡结果之间具有因果关系。

最后，陈法春等五行为人对潘洪发的死亡结果持放任态度。陈法春等人明知被害人落水后，生命陷入危险状态，可能会发生溺水死亡结果，被告人陈法春、缪龙成、史雪平目睹被害人慢慢沉入河中，明知不实施救助，被害人必定会死亡。五行为人均未实施任何救助措施，是一种以消极不作为表现出来的非法剥夺他人生命的间接故意。

（江苏省常州市戚墅堰区人民法院　陈晔栋）

42. 宋宏霞故意杀人案

（一）首部

1. 判决书字号：天津市经济技术开发区人民法院（2009）开刑初字第80号。

2. 案由：故意杀人案。

3. 诉讼双方

公诉机关：天津市经济技术开发区人民检察院，代理检察员：陈辉。

被告人：宋宏霞，女，1987年2月22日出生，汉族，出生地山东省沾化县，小学文化，工人。2008年2月23日因本案被取保候审，2009年2月23日被刑事拘留，同年3月6日被逮捕。

辩护人：刘林、赵楠，天津石金律师事务所律师。

4. 审级：一审。

5. 审判机关和审判组织

审判机关：天津市经济技术开发区人民法院。

合议庭组成人员：审判长：宋增义；审判员：徐克贤；代理审判员：李正文。

6. 审结时间：2009年7月16日。

（二）诉辩主张

1. 公诉机关指控称

被告人宋宏霞于2007年5月外出打工期间与男友王某同居并怀孕，在宋宏霞将希望与男友继续保持恋爱关系的情况告知父母时，遭父母强烈反对，宋宏霞遂将自己怀孕一事隐瞒，并于同年6月底回到原籍。2007年10月间，宋宏霞到斯克赛尔（天津）科技有限公司（以下简称斯克赛尔公司）打工，暂住在斯克赛尔公司员工集体宿舍，期间宋宏霞亦一直将怀孕一事对外隐瞒。2008年2月22日凌晨5时许，宋宏霞在该公司员工宿舍一楼女卫生间内自然分娩产下一活体男婴，后不顾当日低温且下雪的室外环境，将该男婴扔到女卫生间窗外的空地上，最终导致该男婴死亡。公诉机关认为，宋宏霞的行为构成故意杀人罪，但犯罪情节较轻，提请依照《中华人民共和国刑法》第二百三十二条的规定对宋宏霞判处刑罚。

2. 被告人辩称

被告人宋宏霞对公诉机关指控的事实及罪名均没有异议，当庭表示自愿认罪。

其辩护人的辩护意见为：被告人宋宏霞实施的杀人行为与婴儿的死亡后果之间无法确定是否存在因果关系，建议对宋宏霞从轻处罚。

（三）事实和证据

天津市经济技术开发区人民法院经公开审理查明：2007年5、6月间，被告人宋宏霞在山东省青岛市打工期间与男友王某同居并怀孕。因父母强烈反对宋宏霞与王某继续交往，宋宏霞心存畏惧而不敢将自己怀孕一事告知家人，并于同年 6 月底回到原籍，遂与王某失去联系。

2007 年 10 月间，宋宏霞到斯克赛尔公司打工，暂住在斯克赛尔公司员工集体宿舍，期间宋宏霞亦一直将怀孕一事对外隐瞒。

2008 年 2 月 22 日凌晨 5 时许，宋宏霞在斯克赛尔公司员工宿舍一楼女卫生间内自然分娩产下一活体男婴，为隐瞒未婚生子的事实，宋宏霞不顾当日低温且下雪的室外环境，将该男婴扔到女卫生间窗外一片无人经过的空地上，该男婴终因缺少新生儿存活的基本条件而死亡。

2008 年 2 月 22 日 8 时许，斯克赛尔公司员工宿舍的保洁员张某某发现该死婴，遂向公安机关报案。经侦查，公安机关于当日将宋宏霞抓获归案。

上述事实有下列证据证明：

1. 被告人宋宏霞供述，证实其于 2008 年 2 月 22 日凌晨 5 时许，在斯克赛尔公司员工宿舍一楼女卫生间内自然分娩产下一活体男婴，为隐瞒未婚生子的事实，其不顾当日低温且下雪的室外环境，将该男婴扔到女卫生间窗外一片无人经过的空地上，致使该男婴缺少新生儿存活的基本条件而死亡。

2. 证人张某某、孙某某、陈某某、宋某某、王某某、耿某某的证言，证实在斯克赛尔公司员工宿舍一楼卫生间外的空地上发现一死亡男婴的情况。

3. 天津市塘沽区气象局出具的案发日气象咨询证明，证实案发日低温且下雪的天气情况。

4. 天津市公安局刑事科学技术鉴定中心出具的 DNA 检验鉴定书、天津市公安局物证鉴定中心出具的法医学尸体检验鉴定书、补充法庭科学 DNA 鉴定书，证实宋宏霞系该死亡男婴的生物学母亲，和该男婴因缺少新生儿存活的基本条件而死亡的事实。

5. 天津市公安局经济技术开发区分局制作的现场勘验检查笔录及现场照片，证实发现该死亡男婴的地方系少有人经过的空地，和该男婴未穿任何保暖衣物的事实。

6. 山东省滨州市沾化县公安分局出具的户籍材料，证明宋宏霞身份情况。

（四）判案理由

天津市经济技术开发区人民法院经审理认为：被告人宋宏霞故意非法剥夺新生婴儿的生命，其行为已构成故意杀人罪，应当依法予以惩处。公诉机关指控被告人宋宏霞犯故意杀人罪事实清楚，证据确实、充分，指控罪名成立，应予支持。

关于辩护人所持被告人宋宏霞实施的杀人行为与婴儿的死亡后果之间无法确定是否存在因果关系之辩护意见，经查，被告人宋宏霞在明知新生婴儿生命力脆弱的情况下，出于掩盖其未婚生子的事实及心存畏惧等动机，未给予该婴儿基本的存活条件，又将该婴儿弃置于无人经过的寒冷偏僻之地，导致婴儿死亡，被告人宋宏霞实施的上述行为系故意非法剥夺新生婴儿生命的行为，且有证人证言、书证、勘验、检查笔录及鉴定结论等证据予以证实，足以认定，其行为与该婴儿死亡后果之间存在直接因果关系，被告人宋宏霞对此亦供认不讳。故辩护人的上述辩护意见不能成立，本院不予采纳。

在综合考虑被告人宋宏霞犯罪的动机、实施犯罪的手段、犯罪的对象、犯罪的主观方面及犯罪的社会危害性等各种因素的基础上，本院认为，被告人宋宏霞的故意杀人行为属于犯罪情节较轻，应在有期徒刑三年以上十年以下的法定刑幅度内宣告刑罚，故公诉机关所持的上述量刑建议成立，本院予以采纳。被告人宋宏霞当庭自愿认罪，又确系初次犯罪，始终对所犯罪行予以供认，悔罪态度真诚，可酌情从轻处罚，故辩护人建议对被告人宋宏霞从宽处罚的辩护意见成立，本院予以采纳。

本案虽系故意杀人案件，但与其他典型的严重影响社会治安和人民群众安全感的恶性故意杀人案件在主观恶性、犯罪情节及后果等方面均有很大差别，被告人宋宏霞系来自贫困农村的外来务工人员，文化程度偏低，年龄刚满法定婚龄，涉世未深，社会认知能力较差，加之其父母对子女的教育方式简单、严厉，其本人法律观念淡薄以及固有的愚昧思想，父母对其婚姻自由的干涉等等，均是导致本案发生的不可忽视的诸多主客观因素。此外，被告人宋宏霞是在主客观方面均无准备的情况下仓促分娩生产，并在茫然失措、无助无知的状态下实施的犯罪行为。被告人宋宏霞自被采取强制措施起至本案庭审过程中，均对其所犯罪行追悔莫及，真诚地认罪、悔罪，其原籍地的基层人民政府也证实其一贯品行良好，此次犯罪实属初犯、偶犯。以上情况均反映出被告人宋宏霞主观恶性小，人身危险性也较小，考虑到对被告人宋宏霞适用缓刑确实不致再危害社会，故本院决定对其宣告缓刑。

（五）定案结论

天津市经技术开发区人民法院依照《中华人民共和国刑法》第二百三十二条、第七十二条第一款，作出如下判决：

宋宏霞犯故意杀人罪，判处有期徒刑三年，缓刑五年。

（六）解说

如何区分遗弃罪与故意杀人罪，且正确量刑，是本案的关键，可从以下三方面进行分析：

1. 判断遗弃行为构成遗弃罪还是故意杀人罪的司法实践标准

依照我国《刑法》第二百六十一条、第二百三十二条之规定，遗弃罪是指对于年老、年幼、患病或者其他没有独立生活能力的人，负有扶养义务而拒绝扶养，情节恶劣的行为；而故意杀人罪是指故意非法剥夺他人生命的行为。二者的性质和法益侵害程度相差较大，在通常情形下是容易辨别的。但从司法实践来看，行为人对婴儿或没有任何独立生活能力的老人不予任何扶养甚至移置于室外致其死亡的案件，在定性上就颇具争议。在这些案件中，行为人对被害人在法律上有特定的扶养义务，但却拒不履行扶养义务，且将被害人移至危险场所，最终导致被害人死亡。那么，上述行为是构成遗弃罪还是故意杀人罪呢？笔者认为，对该行为的定性，应坚持以下几个标准予以具体判断：

其一，从对生命法益的保护角度而言，遗弃罪与故意杀人罪的区别在于：前者是给被害人的生命造成危险的犯罪（如造成实害则属于结果加重犯），后者是现实地剥夺被害人生命的犯罪。[①]

---

① 参见张明楷：《刑法分则的解释原理》，154页，北京，中国人民大学出版社，2004。

其二，从犯罪客观构成要件方面而言，首先应考察犯罪行为、犯罪结果以及二者之间的因果关系。除此之外，还应考察特定的行为状况与条件、特定的行为时间与地点、特定的行为对象与手段等客观构成要件要素。在上述案件中，应具体考察行为人实施了何种遗弃行为，该行为是否会立即导致被害人死亡，被害人所处的境地使其生命所面临的危险是否急迫，被害人生命对行为人作为义务的依赖程度等等。比如，将婴儿置于行人较多的场所或者国家机关门前的，只能认定为遗弃罪，倘使发生死亡后果，也只是量刑上应考虑的因素；反之，如果将婴儿置于没有行人的场所，将行动艰难的老人带至悬崖边上扔下不管的，则应认定为故意杀人罪。①

其三，从犯罪主观方面而言，故意和过失是犯罪主观构成要件要素，此外还包括犯罪的动机和目的。在上述案件中，遗弃罪的行为人主观上对被害人生命所遭受的危险持希望或者放任发生的心理态度，但并不希望或者放任被害人死亡；而故意杀人罪的行为人主观上对被害人死亡后果持希望或者放任发生的心理态度。

2. 宋宏霞遗弃新生活体婴儿于寒冷偏僻之地的行为构成故意杀人罪

(1) 宋宏霞客观上实施了故意杀人的行为

宋宏霞在明知新生婴儿生命力脆弱的情况下，出于掩盖其未婚生子的事实及心存畏惧等动机，未给予该婴儿基本的存活条件，又将该婴儿弃置于无人经过的寒冷偏僻之地，导致婴儿死亡。综上，对新生婴儿所面临的危险是否紧迫，新生婴儿生命对宋宏霞作为义务的依赖程度，宋宏霞履行对新生婴儿扶养义务的难易程度以及宋宏霞实施的行为是否会立即导致新生婴儿死亡等客观因素进行综合判断，宋宏霞实施的上述行为系非法剥夺新生婴儿生命的故意杀人行为。

(2) 宋宏霞主观上具备杀人的犯罪故意

首先，宋宏霞与男友未婚先孕后，在征求父母对其与男友缔结婚约的意见时遭到了父母的强烈反对，由于心生畏惧，遂对家人隐瞒了未婚先孕的事实，其后便遭到父母严厉的管束，也与男友断绝了联系。在来津打工期间，其通过说谎和穿肥大的外套等手段对工友隐瞒其已有身孕的事实，甚至其同胞妹妹也一直被蒙在鼓里。从上述情况来看，出于掩饰其自身存在的羞耻心理以及惧怕遭受父母的惩处，宋宏霞通过种种欺骗手段来掩盖其未婚先孕的事实，由此又为后期其将刚分娩婴儿抛弃不顾奠定了心理基础。

其次，从宋宏霞多次稳定一致的供述，并结合其同胞妹妹的证言及其他相关证据的内容来分析，宋宏霞在公寓厕所分娩出活体婴儿后，自身处于极度茫然失措的状态中，先是将婴儿简单包裹后放置在厕所的水泥地上，想找其同胞妹妹商量如何处理。可转念一想，如果妹妹知道此事必定会告知其父母，那么她将难逃被家人严惩的厄运，也会遭村里人耻笑，在家乡将永远抬不起头来，所以很快便打消了找妹妹商量的念头。继而又想一走了之，任凭婴儿自生自灭，但转念又一想，如果放在厕所里，难免会被追查到自己头上，自己在厂里也会因未婚生子而遭耻笑，故而放在厕所里也不妥。最后想到厕所窗外是一片一荒芜之地，很少有人经过此地，故而将婴儿遗弃在此可以做到无人知晓。就在似乎听到了厕所外传来脚步声时的一刹那，宋宏霞横下心头，将厕所的窗户打开，将婴儿抛弃在冰天雪地的窗外荒地上，又迅速将窗户关上。综上可见，宋宏霞主观上已明知将新生婴儿抛弃在荒地不易被人发现，很

---

① 参见张明楷：《论不作为的杀人罪》，载陈兴良主编：《刑事法评论》，第3卷，218页，北京，中国政法大学出版社，1999。

可能造成孩子死亡的结果，且实施了抛弃行为放任该结果的发生，即具备杀人的犯罪故意。

3. 本案应属于故意杀人“情节较轻”的情形之一

故意杀人罪是严重侵犯他人人身权利的犯罪，因此，在法定刑顺序上，是由重到轻排列，而不是由轻到重排列。但故意杀人的情况较为复杂，因此，刑法规定了两种不同情节的法定刑幅度。其中，“情节较轻的”，处三年以上十年以下有期徒刑。那么，何谓“情节较轻”呢？最高人民法院目前虽还没有相关司法解释，但理论和实务界较一致地认为，“情节较轻”一般是指防卫过当致人死亡的；出于义愤杀人的；因受被害人长期迫害而杀人的；溺婴的等情形。[①] 所谓“溺婴”，是指父母杀害自己刚出生的婴儿。本案中宋宏霞的犯罪行为，应属于溺婴行为，可以认定为故意杀人“情节较轻”的情形，故本案对宋宏霞在三年以上十年以下有期徒刑幅度内量刑应该说是适当的。

（天津市滨海新区人民法院　李正文）

43. 张金虎等故意伤害案

（一）首部

1. 判决书字号：江苏省宜兴市人民法院（2009）宜刑初字第303号。

2. 案由：故意伤害案。

3. 诉讼双方

公诉机关：江苏省宜兴市人民检察院，代理检察员：王学涛。

被告人：张金虎，别名“二龙”，男，1986年11月14日出生，汉族，出生地安徽省霍邱县，初中文化，无业。2008年11月22日因本案被刑事拘留，同年12月18日被逮捕。

辩护人：吴斌，江苏太滆律师事务所律师。

被告人：徐远东，绰号“大鸟”，男，1989年4月27日出生，汉族，出生地安徽省霍邱县，初中文化，无业。2008年11月22日因本案被刑事拘留，同年12月18日被逮捕。

辩护人：许一一，江苏阳羡律师事务所律师。

4. 审级：一审。

5. 审判机关和审判组织

审判机关：江苏省宜兴市人民法院。

合议庭组成人员：审判长：王兴鹤；审判员：潘明星、王爱芳。

6. 审结时间：2009年7月1日。

---

① 参见王作富主编：《刑罚分则实务研究》（中），855页，北京，中国方正出版社，2007；周道鸾、张军主编：《刑法罪名精释——对最高人民法院、最高人民检察院关于罪名司法解释的理解与适用》，3版，411页，北京，人民法院出版社，2007；何秉松主编：《刑法教科书》，856页，北京，中国法制出版社，2000。

（二）诉辩主张

1. 公诉机关指控称

2008年11月10日凌晨1时许，被告人张金虎、徐远东在宜兴市丁蜀镇工会门口看到朋友何家辉曾追求的女孩杨慧与张洪在街上一起行走，被告人张金虎即想教训张洪，并叫徐远东去拿工具，并分别纠集了周露露、何家辉、张磊，后被告人张金虎、徐远东等人持砍刀、钢管上去拦住张洪。张洪因害怕即沿马路逃跑，被告人张金虎骑摩托车追赶，被告人徐远东等人持钢管紧追其后。张洪被迫跳入丁山大河中。后张洪溺水死亡。2008年11月22日，被告人张金虎主动到宜兴市公安局投案。公诉机关认为被告人张金虎、徐远东伙同他人持械追打张洪，并迫使其跳入河中，在明知张洪有生命危险的情况下，而不采取任何救助措施，造成张洪溺水死亡，其行为均触犯了《中华人民共和国刑法》第二百三十二条、第二十五条第一款的规定，应以故意杀人罪追究其刑事责任。同时认为在共同犯罪中被告人张金虎是主犯，依照《中华人民共和国刑法》第二十六条第一款、第四款规定，应当按照其参与的全部犯罪处罚；被告人徐远东是从犯，依照《中华人民共和国刑法》第二十七条规定，应当从轻或减轻处罚。被告人张金虎具有自首情节，依照《中华人民共和国刑法》第六十七条之规定，可以从轻或减轻处罚。

2. 被告辩称

被告人张金虎辩称自己的行为不构成故意杀人罪。

其辩护人的辩护意见为：第一，被告人张金虎的行为构成寻衅滋事罪。第二，指控被告人张金虎是主犯，证据不足。第三，被告人张金虎有自首情节，可依法从轻或减轻处罚。

被告人徐远东未作辩解。

其辩护人的辩护意见为：第一，被告人徐远东的行为构成过失致人死亡罪。第二，被告人徐远东是从犯，应当从轻或减轻处罚。

（三）事实和证据

江苏省宜兴市人民法院经公开审理查明：2008年11月10日凌晨1时许，被告人张金虎、徐远东在宜兴市丁蜀镇工会门口看到朋友何家辉曾追求的女孩杨慧与张洪（男，1989年12月出生，贵州省织金县人）在一起说话，被告人张金虎即提出要教训张洪，遂叫被告人徐远东回租房处取来钢管、砍刀等工具，并分别纠集了周露露、何家辉、张磊（三人均另案处理），后被告人张金虎、徐远东等人持砍刀、钢管上去拦住张洪。张洪因害怕乘隙沿马路逃跑，被告人张金虎从路边一朋友处借得一辆摩托车追赶，被告人徐远东等人持钢管紧追其后。被告人张金虎在丁蜀镇大中街赶上并超越了张洪，张洪跑进路边的绿化带后被迫跳入丁山大河中。被告人张金虎看到张洪在河中后，即驾驶摩托车往回走，并将张洪跳入河中的情况告知了随后赶上的徐远东。张金虎、徐远东等人即逃离现场。2008年11月12日下午，张洪的尸体在丁山大河中被发现，张洪系生前入水溺死。2008年11月22日，被告人张金虎主动到宜兴市公安局投案，并如实供述了上述事实。

本案在审理过程中，被害人张洪的亲属向本院提起附带民事诉讼，经本院主持调解，双方达成了调解协议，由被告人张金虎赔偿被害人张洪的亲属人民币63 000元；由被告人徐远东赔偿被害人张洪的亲属人民币 62 000 元，上述款项均已支付，被害人张洪的亲属对两被告人的行为表示谅解，并请求法院对两被告人从轻处罚。

上述事实有下列证据证明：

1. 共同行为人周露露的供述，证明案发当天凌晨其在租房内休息，徐远东叫其跟他出去，并在租房内拿了 3 根钢管、1 把砍刀，后到丁山邮局门口，其和徐远东各拿了 1 根钢管，张金虎拿了 1 把砍刀，将张洪拦住。后张洪逃跑，张金虎就借他朋友的摩托车往前追，其和徐远东拿着钢管也跟着追。张洪就往路边的绿化带跑，后徐远东跑到了前面，之后其看见张洪已在河里面往对岸游过去，张金虎就喊他们逃离了现场。

2. 共同行为人何家辉的供述，证明案发当天凌晨张磊接到张金虎的电话叫其过去，说其追求的女子杨慧与别的男人在一起，他们已经把那个男人拦在那里，之后其和张磊一起拿了钢管跑到丁蜀镇农业银行门口。其在边上责问杨慧，徐远东等人围着张洪。后来张洪突然沿街向东面跑，其看见后对张磊他们说"给我追"，之后徐远东、张磊等人拿着钢管追了出去，张金虎借了朋友的摩托车追的，但其没有去追，后来听张磊说张洪跳河了。

3. 证人杨慧的证言，证明案发当天凌晨男朋友张洪叫其出来吃夜宵，之后其和其侄女闵丽娟来到丁山邮局门口，刚走到农业银行边上看到张金虎、徐远东等人，后看到曾追求她的何家辉拎着自来水管走过来要打张洪，张洪立即往月亮湾旅社方向跑。张金虎、徐远东在后面追，他们都拿着水管，其看到后很害怕，想赶过去被何家辉拦住，过了一两分钟徐远东、张金虎等人和何家辉说张洪跳到月亮湾旅社旁边的河里，后来在河边找张洪一直没有找到。证人闵丽娟的证言也能佐证上述事实。

4. 证人童桂平的证言，证明案发当天凌晨何家辉带着四个安徽老乡将砍刀和自来水管放在其在宜兴市宜城街道富强小区的租房内，后听他们商量一起逃走以及数天后砍刀、自来水管被人先后拿走的事实。

5. 公安机关制作的被告人张金虎、徐远东的辨认笔录，证明案发当天凌晨参与持械追打的人有何家辉、张磊。另外张金虎的辨认笔录，确认丁山邮局斜对面农业银行门口为追打张洪的起点位置，大中街月亮湾旅社斜对面的河道边为张洪跳河的大致地点。

6. 宜兴市公安局制作的现场勘查笔录、现场图、现场摄影照片，证明案发现场丁山大河宽 20 米，大河北岸用黄石砌起的河邦岸，河邦岸北面为绿化带，河边有高 1 米的扶栏墙，水面距扶栏墙顶 3 米。中央楼浴室南面大中街南侧河北岸扶栏墙有一豁口，扶栏墙北面为绿化带。万安步行桥向东 50 米的南岸边有一河埠。

7. 宜兴市公安局对被害人所作的法医检验意见书，证明张洪系生前落水溺死。

8. 宜兴市气象局出具的情况说明，证明案发当日凌晨 1 时的气温为 9.3 摄氏度，凌晨 2 时的气温为 8.9 摄氏度。

9. 书证调解协议、收条，证明在审理中被告人张金虎、徐远东与被害人张洪的亲属就经济赔偿达成协议以及赔偿款均已支付的情况。

（四）判案理由

江苏省宜兴市人民法院经审理认为：被告人张金虎、徐远东伙同他人出于教训被害人的目的而持械追赶欲对其殴打，两被告人主观上具有伤害他人身体的故意，客观上实施了持械追赶他人的行为，并致被害人在逃跑过程中落水溺水身亡，该死亡结果与被告人持械追赶的行为之间具有法律上的因果关系，两被告人的行为均已构成故意伤害罪。公诉机关指控两被告人伙同他人追打被害人，迫其跳河后，明知其有生命危险，而不救助，致其溺水身亡，认为两被告人的行为构成故意杀人罪。而被告人张金虎则辩称自己的行为不构成故意杀人罪。本院认为两被告人在追赶被害人过程中，发现其跳河后，未行救助即离开现场致被害人溺水身亡，两被告人主观上存在伤害被害人的故意，客观上实施了持械追赶的行为，上述行为与被害人死亡后果亦存在法律上的因果关系，两被告人的行为符合故意伤害罪的构成要件，故对指控罪名予以纠正。公诉机关指控两被告人明知被害人有生命危险而不救助，证据尚不够充分。对被告人张金虎提出的自己的行为不构成故意杀人罪的辩解，予以采纳。被告人张金虎辩称自己的行为不构成故意杀人罪及其辩护人提出被告人张金虎构成寻衅滋事罪；被告人徐远东的辩护人提出被告人徐远东构成过失致人死亡罪，本院认为，两被告人的行为均不符合寻衅滋事罪、过失致人死亡罪的构成要件，对两被告人的辩护人提出的上述辩护意见均不予采纳。

在共同犯罪中，被告人张金虎提出犯意，纠集人员，持械追赶被害人，起主要作用，是主犯，应当按照其参与的全部犯罪处罚；被告人徐远东起次要作用，是从犯，应当从轻或减轻处罚。被告人张金虎的辩护人提出认定被告人张金虎是主犯证据不足，本院认为，同案犯徐远东及其共同行为人何家辉的供述均可证明被告人张金虎提出犯意、纠集人员的事实，且其供述也可印证，故认定被告人张金虎是主犯的证据确实充分，对其辩护人的该辩护意见本院不予采纳。被告人张金虎在犯罪后能主动到公安机关投案，归案后能如实供述自己的犯罪事实，是自首，依法可从轻或减轻处罚。对其辩护人提出的与此相同的辩护意见予以采纳。被告人张金虎、徐远东已与被害人亲属达成了民事赔偿协议，并支付了赔偿款，得到了被害人亲属的谅解，均可予以从轻处罚。综合上述情节，本院决定对被告人张金虎、徐远东予以减轻处罚。

（五）定案结论

江苏省宜兴市人民法院依照《中华人民共和国刑法》第二百三十四条、第二十五条第一款、第二十六条第一、四款、第二十七条、第六十七条第一款，作出如下判决：

1. 张金虎犯故意伤害罪，判处有期徒刑八年。
2. 徐远东犯故意伤害罪，判处有期徒刑六年。

（六）解说

本案争议的焦点是被告人张金虎、徐远东的行为是否构成不作为的故意杀人罪。

一种观点认为，被告人张金虎、徐远东看到被害人张洪为躲避追赶被迫跳入河中后却见死不救，构成不作为的故意杀人罪。另一种观点认为不构成故意杀人罪，两被告人的行为构成故意伤害（致人死亡）罪。笔者同意第二种观点。

我国刑法理论通说认为，作为义务大致分为以下几类：法律明文规定的作为义务；职务或者业务要求的作为义务；先行行为引起的作为义务。其中，先行行为产生的作为义务是指行为人因自己的行为导致刑法所保护的某种法益处于危险状态时，行为人负有采取有效措施排除危险或者防止危害结果发生的特定积极义务。本案涉及的问题在于，两被告人违反先行行为引起的义务是否构成不作为的故意杀人罪？对此，笔者认为，如果行为人因先前的行为给他人的生命安全造成危险，而行为人对此具有认识能力，有条件采取措施防止他人死亡结果的发生却放任不管，最终致人死亡，行为人就构成了基于先行行为的不作为故意杀人罪。由此看出，这必须符合两个条件：第一，该先行行为必须具有使他人死亡结果发生的现实危险性，即具有造成他人死亡的确定性和紧迫性。第二，被告人主观上明知他人生命有危险。本案中，两被告人看到被害人跳入河中后，立即逃离现场。被告人当时对被害人是否会游泳并不明知，对被害人是否具有生命危险被告人并无确定的认识，也就是被害人生命是否具有现实危险性具有不确定性，也就不能认定两被告人具有采取积极措施防止他人死亡的作为义务。既然被告人张金虎、徐远东无此作为义务，也就不构成不作为的故意杀人罪。

由此，被告人张金虎、徐远东的行为构成故意伤害（致人死亡）罪。首先，被告人张金虎、徐远东主观上具有伤害的故意。本案中，从两被告人的行为过程、双方人数、作案工具、张金虎等人的作案动机及其实施的行为来分析，两被告人主观上具有伤害被害人的故意。其次，两被告人等人持刀追赶的行为与被害人溺水死亡之间具有刑法意义上的因果关系。刑法上的因果关系是指人的危害社会的行为与危害结果之间存在的引起和被引起的关系。认定刑法上的因果关系目的是确定危害社会的结果是由谁的行为所引起的，从而为追究刑事责任提供客观基础。在具体案件中，当一特定的危害结果发生时，行为人的行为对危害结果是否起了作用，起了多大作用，行为人应承担多大的责任，必须根据行为与结果联系的紧密程度、行为导致危害结果产生的力量大小、犯罪构成对行为与危害结果之间联系的要求程度等因素综合评判。本案中，被告人张金虎、徐远东等人手持砍刀、钢管在深夜的大街上追赶被害人，直接危及被害人张洪的生命和健康，被害人张洪逃避是其自救的本能反应。加上被告人张金虎骑摩托车超越了被害人，与在后面持钢管追赶的被告人徐远东对被害人张洪形成夹击形势，由于现场紧邻河道，被害人的主观选择受到较大限制，被迫选择跳河是在当时特定条件下的正常行为，并最终导致了被害人溺水死亡的结果。应该认定被告人张金虎、徐远东等人持刀追赶的行为与被害人张洪溺水死亡的结果之间存在刑法上的因果关系。同时考虑到被害人张洪溺水死亡的原因属于一果多因，介入了一些被害人个人的因素（是否会游泳、恐惧等），对被告人张金虎、徐远东量刑时可予以考虑。

（江苏省宜兴市人民法院　王兴鹤）

44. 王洋等强奸案

（一）首部

1. 判决书字号

一审判决书：北京市东城区人民法院（2009）东刑初字第62号。

二审判决书：北京市第二中级人民法院（2009）二中少刑抗终字第1081号。

2. 案由：强奸案。

3. 诉讼双方

公诉机关（抗诉机关）：北京市东城区人民检察院，代理检察员：高鹏。

被告人（上诉人）：王洋，男，1985 年 7 月 22 日出生，汉族，出生地黑龙江省兰西县，餐厅员工。2008 年 11 月 27 日因本案被逮捕。

二审辩护人：卓大明，黑龙江嵘斗律师事务所律师。

被告人：金玉宾，男，1988 年 1 月 12 日出生，汉族，出生地河北省怀来县，餐厅员工。2008 年 11 月 27 日因本案被逮捕。

被告人：王雷，男，1991 年 3 月 18 日出生，汉族，出生地黑龙江省五常市，餐厅员工。2008 年 11 月 27 日因本案被逮捕。

一审指定辩护人：冯京荣，北京市华龙律师事务所律师。

4. 审级：二审。

5. 审判机关和审判组织

一审法院：北京市东城区人民法院。

合议庭组成人员：审判长：孙宇红；审判员：高艳红；人民陪审员：赵强。

二审法院：北京市第二中级人民法院。

合议庭组成人员：审判长：刘石；代理审判员：王洪波；代理审判员：史磊。

6. 审结时间

一审审结时间：2009 年 3 月 17 日。

二审审结时间：2009 年 7 月 13 日。

（二）一审情况

1. 一审诉辩主张

（1）公诉机关指控称

被告人王洋伙同王雷、金玉宾于 2008 年 7 月 6 日 22 时许，在本市东城区地坛公园东门外小花园草坪内，采取言语威胁、殴打等手段，强行与被害人杜某某轮流发生性关系。公诉机关针对上述指控提供了相关证据，认为三被告人的行为已构成强奸罪，提请法院依照《中华人民共和国刑法》第二百三十六条第三款第（四）项之规定予以惩处。

（2）被告辩称

三被告人均对公诉机关指控的强奸主要事实及罪名无异议。

被告人王雷的辩护人的辩护意见为：王雷在实施强奸行为时未满 18 周岁，系初犯，能如实供述犯罪事实，认罪态度较好，建议法庭对其从轻或者减轻处罚。

2. 一审事实和证据

因涉及个人隐私，本案为不公开审理。北京市东城区人民法院经审理查明：2008 年 7 月 7 日凌晨，在本市东城区地坛公园东门外小花园草坪内，被告人王洋采取言语威胁、殴打等手段，伙同被告人王雷、金玉宾轮流与被害人杜某某强行发生性关系。

上述事实有下列证据证明：

（1）被害人杜某某的陈述及辨认笔录证明：2008 年 7 月 7 日 1 时 30 分许，我陪王晓苏的父亲在北京市东城区地坛公园东门外北侧花园遛弯，独自去上厕所时被 3 名陌生男子拦住。其中一个人掐住我脖子，强行将我强奸，我趁他穿裤子时逃走，他将我追上，打了我几个嘴巴。这时有两三名保安员走过来，我向保安员求救，那人说我是他媳妇，保安员就离开了。那人将我拽到地坛公园墙边的树林里，强奸我一两个小时。后来他说4点了，就去喊几米外的另外两名男子，那两名男子先后将我强奸。杜某某于2008年10月15日辨认出王洋系强奸自己的男子之一。

(2) 证人董理想（东城保安公司保安员）的证言证明：2008年7月7日1时许，我和同事张雷巡逻到地坛公园东门外羽毛球场南侧时，看见一男一女在互相拉扯，女子想走，男子不让。张雷上前询问，男子说女子是他对象，女子说不认识男子，说她是甘肃的。男子打了女子的脸几下，说“你告诉保安，你是我对象”，旁边的两名男子也说该女子是他们的嫂子，两人经常吵架还互相打。我们看那名女子没喊叫，就离开了。

(3) 证人王晓苏的证言证明：2008年7月7日5时30分，我得知保姆杜某某在地坛公园北门花园内被三名男子殴打并强奸，立即带杜某某向公安机关报案。

(4) 北京市公安局东城分局刑侦支队出具的到案经过证明：经工作，确认王洋、王雷、金玉宾有重大嫌疑，侦查人员于2008年10月28日在东城区双福餐厅内将三人抓获。

(5) 北京市公安局东城分局刑侦支队出具的现场勘验检查笔录、现场平面示意图、提取物证登记表证明案发现场的情况；提取杜某某的内裤一条。

(6) 北京市公安局法医检验鉴定中心于2008年10月31日出具的生物物证鉴定书证明：杜某某内裤上的精斑为金玉宾所留，杜某某体内精斑含有金玉宾、王雷和王洋的等位基因。

(7) 王洋、王雷、金玉宾的供述相互印证，均证明：2007年7月份的一天1时许，王洋、王雷、金玉宾酒后来到地坛公园东门外北侧花园，看见水池边有一名女子坐着。王雷和金玉宾在10米远处等候，王洋走过去，欲与那名女子发生性关系，她不同意。王洋将那名女子搂躺在草地上，与她发生了性关系。因为怕被巡逻的保安发现，王洋穿上衣服，搂着那名女子到树林里，让她把衣服脱了。那名女子突然跑出树林，王洋追上去抓住她的手，有两名保安询问王洋和那名女子是什么关系，王洋说是男女朋友，那名女子说不是，还喊救命，王洋打了她头部和肩部几下，王雷和金玉宾过来证明他们是男女朋友关系，保安就离开了。王洋将那名女子带到树林里，王雷和金玉宾到附近与保安聊天。其间，二人回到树林看到王洋正强奸那名女子。王洋与那名女子发生性关系有1个小时左右，和她往树林外走时碰见王雷、金玉宾。王洋让那名女子把衣服脱了，王雷、金玉宾先后与她发生性关系共15分钟左右。

(8) 公安机关出具的户籍材料证明王洋、金玉宾、王雷的自然情况，其中王雷作案时不满18周岁。

3. 一审判案理由

北京市东城区人民法院经审理认为：被告人王洋、王雷、金玉宾目无国法，结伙采用暴力、胁迫手段，违背妇女意志，轮流强行与之发生性关系，三被告人的行为均已构成强奸罪。其中，王洋起意并实施暴力，在强奸过程中起主要作用，系主犯；王雷、金玉宾积极协助王洋，在强奸过程中起次要作用，系从犯；三人依法均应惩处。辩护人的辩护意见予以采纳。鉴于王洋、王雷、金玉宾到案后能供述同案犯共同犯罪事实，且王雷系从犯、犯罪时尚未成年、认罪态度较好，金玉宾系从犯、认罪态度较好，依法对王洋酌情从轻处罚，对王雷、金玉宾均予以减轻处罚。

4. 一审定案结论

北京市东城区人民法院依照《中华人民共和国刑法》第二百三十六条第三款第（四）

项、第二十五条第一款、第二十六条第一、四款、第二十七条、第十七条第一、三款、第六十一条、第五十五条第一款、第五十六条第一款及最高人民法院《关于处理自首和立功具体应用法律若干问题的解释》第六条，作出如下判决：

（1）王洋犯强奸罪，判处有期徒刑十一年。

（2）金玉宾犯强奸罪，判处有期徒刑八年，剥夺政治权利一年。

（3）王雷犯强奸罪，判处有期徒刑五年。

（三）二审诉辩主张

1. 抗诉机关抗诉称

原判对三人适用最高人民法院《关于处理自首和立功具体应用法律若干问题的解释》第六条，属适用法律不当；王雷、金玉宾从共同犯罪的参与程度、主观故意、具体行为及强奸结果均与王洋处于同等地位，不宜区分主从关系；王洋对强奸事实避重就轻，称被害人系卖淫女，其行为是嫖娼，原判认为王洋认罪态度较好缺乏事实依据。

2. 上诉人诉称

上诉人王洋诉称：被害人自愿与其发生性关系，其行为不构成强奸罪；其对王雷、金玉宾与被害人发生性关系不起任何作用，原判认定其为主犯与事实不符。

其辩护人的辩护意见为：被害人对本案的发生有过错；王洋和王雷、金玉宾之间不存在指挥、服从的关系，王雷、金玉宾对犯罪行为的发生持积极态度，王洋不构成主犯。

（四）二审事实和证据

北京市第二中级人民法院经审理查明：2008 年 7 月 7 日凌晨，上诉人王洋及原审被告人王雷、金玉宾酒后来到北京市东城区地坛公园东门外北侧街边花园水池边，适遇被害人杜某某（女，17 岁，甘肃省人）。王雷、金玉宾遂在旁等候，王洋采用掐脖子等手段，强行与杜某某发生性关系，又将杜带入花园的小树林内。杜某某趁机跑出求救，当花园内巡逻的保安员询问时，王洋谎称杜某某系自己的女友，并殴打杜的头部和身体，王雷、金玉宾亦帮助王洋欺骗保安员。保安员离开后，王洋再次将杜某某带入小树林，并伙同王雷、金玉宾先后将杜轮奸。

认定上述事实的证据，除一审法院在判决书中所列举的证据，另有北京市人民检察院第二分院出庭检察员宣读、出示的北京市公安局东城分局刑侦支队出具的情况说明证明：杜某某指认“双福食街”饭店一服务员像对其实施强奸的三名男子中的一人，侦查人员调取“双福食街”的五名男员工的血样送交鉴定。2008 年 10 月 27 日，经鉴定部门初步认定送交鉴定的王洋、金玉宾、王雷的 DNA 与杜某某被强奸后提取的精斑 DNA 相符。次日，侦查人员将三人抓获归案。

（五）二审判案理由

北京市第二中级人民法院经审理认为：上诉人王洋与原审被告人王雷、金玉宾为满足个人私欲，违背妇女意志，在公共场合采用暴力手段先后强行与少女发生性关系，三人之行为均已构成强奸罪，且系轮奸，依法均应予惩处。鉴于王雷作案时尚未成年，王雷、金玉宾的认罪态度较好，故对金玉宾酌予从轻处罚，对王雷依法减轻处罚。经查，三原审被告人事前虽没有明确的预谋，但在王洋将被害人搂躺在地，又将其带入小树林后，王雷、金玉宾已明知王洋在实施强奸行为。在被害人逃跑并向保安求救时，王雷、金玉宾欺骗保安，使王洋的强奸行为得以继续实施。王洋在小树林继续强奸被害人时，王雷、金玉宾又与保安聊天，为王洋的强奸行为提供便利。在王洋的强奸行为实施完毕后，王雷、金玉宾先后对被害人实施了强奸行为。综合本案情节看，三人对共同犯罪的完成均起主要作用，均应系主犯，故检察机关关于本案不宜区分主从关系的抗诉意见成立，王洋及其辩护人所提王洋不是主犯的上诉理由和辩护意见不能成立。另查，根据检察机关在二审期间调取的证据，在王洋、王雷、金玉宾被抓获前，公安机关已掌握了三人涉嫌强奸的事实，三人到案后的如实供述不属于“揭发”同案犯的共同犯罪事实，因此，检察机关关于“原判对三人适用最高人民法院《关于处理自首和立功具体应用法律若干问题的解释》第六条，属适用法律不当”的抗诉意见成立。但是，原判并未认定三原审被告人有自首或立功情节，故检察机关将三原审被告人“并无自首立功情节”，作为原判适用该解释第六条不当的理由不能成立。关于王洋上诉所提被害人杜某某系自愿与其发生性关系，其行为不构成强奸罪的上诉理由，经查，本案中被害人陈述、证人董理想的证言、三原审被告人的供述均证明被害人杜某某曾跑出树林并向保安员求救，王洋遂对其进行殴打；对于杜某某陈述王洋第一次对其强奸时掐其脖子的情节，王洋虽予以否认，但其与王雷、金玉宾的供述均证明其将被害人搂躺在地上，后搂着被害人进入树林，案发当天的照片显示杜某某脖子上有一条红色印痕。在案证据足以证明王洋违背妇女意志，强行与之发生性关系，故王洋关于其行为不构成强奸罪的上诉理由不能成立。根据现有证据，被害人杜某某对于本案发生没有任何过错，故王洋之辩护人所提被害人具有过错的辩护意见不能成立。另查，原审法院并未认定王洋的认罪态度较好，故检察机关关于“原判认为王洋认罪态度较好缺乏事实依据”的抗诉意见不能成立。

（六）二审定案结论

北京市第二中级人民法院依照《中华人民共和国刑事诉讼法》第一百八十九条第（二）项、《中华人民共和国刑法》第二百三十六条第三款第（四）项、第二十五条第一款、第十七条第一、三款、第五十五条第一款、第五十六条第一款、第六十一条，作出如下判决：

1. 撤销北京市东城区人民法院（2009）东刑初字第62号刑事判决。
2. 王洋犯强奸罪，判处有期徒刑十二年，剥夺政治权利三年。
3. 金玉宾犯强奸罪，判处有期徒刑十年，剥夺政治权利二年。
4. 王雷犯强奸罪，判处有期徒刑六年。

（七）解说

本案系既有上诉又有抗诉的案件，争议的主要焦点是具有轮奸情节的案件中，对于实施奸淫行为且既遂的实行犯能否认定为从犯。

1. 具有轮奸情节的强奸罪构成要件之解析

1979年刑法中，轮奸情节作为强奸罪的从重处罚情节，而现行刑法中，轮奸是对强奸罪加重处罚的法定情形之一。也就是说，轮奸并不是一个独立的罪名，也不是一种特殊的犯罪形态，而是强奸罪的一种法定加重量刑情节。

刑法理论通说认为，轮奸是一种事实，只有是否真实存在的问题，如果真实存在，则意味着存在强奸罪的加重情节，应适用加重的法定刑；如果不存在，则只能适用一般的法定刑。加重处罚情节应是客观的，而不是主观的。

构成具有轮奸情节的强奸罪，必须符合刑法规定的条件：主体上，行为人中至少有两个是年满 14 周岁，具有刑事责任能力的男子；主观上，行为人具有自己实施强奸同一名妇女的故意；客观上，行为人在同一时间段内先后对同一名妇女分别实施奸淫行为，而且至少有二人着手实行了奸淫行为。

轮奸不等同于强奸共同犯罪，两者的区分主要在客观方面，如果仅一人实施奸淫行为，其他人实施了教唆或帮助行为，只能成立一般强奸；如果仅有轮奸故意而未实施奸淫行为，或者一人既遂，其他人尚未着手，也不属于轮奸。

本案中，王洋与金玉宾、王雷事前虽没有明确的强奸预谋，但是，三人均有自己强奸被害人杜某某的故意，并先后实施了奸淫且均既遂，三人之行为构成了具有轮奸情节的强奸罪。

2. 共同实行犯中主从关系的一般原理

我国刑法根据作用与分工相结合的标准，将共同犯罪人分为主犯、从犯、胁从犯和教唆犯。

在共同犯罪中，虽然行为人的地位和作用以及实施的具体行为可能有所不同，但每个具体的行为都是围绕共同的犯罪故意来进行的。在共同故意的支配下，各共同犯罪人的行为结成内在有机联系的行为整体，共同对危害社会的结果起原因力作用。根据这种原因力的大小，将行为人区分为主犯和从犯。

主从犯的概念在我国刑法中有着明确规定：所谓主犯，是指组织、领导犯罪集团进行犯罪活动或者在共同犯罪中起主要作用的行为人；所谓从犯，是指在共同犯罪中起次要或辅助作用的行为人。从犯和正犯的概念不同，正犯在我国刑法理论中称为实行犯，是指实施刑法分则规定的构成要件行为、符合具体犯罪构成要件的行为人，实行犯可能是主犯，也可能是从犯。组织犯与从犯的区分较明显，一般主犯和从犯的区分则是司法实践中的难点问题。一般来说，判断主犯和从犯要从主客观两个方面来判断，对共同犯罪的形成、实施与完成起决定或重要作用的行为人应当属于主犯，反之，则属于从犯。

从主观上看，主犯的作用主要表现在促成共同犯罪故意，并且使之强化，如共同犯罪的起意者或教唆者，犯罪行为的策划者。从客观上看，主犯的作用主要表现在对共同犯罪行为的实施和完成所起的决定和推动作用，包括纠集、指挥共同犯罪的行为人、共同犯罪的积极参加者或主要实行者以及对犯罪结果起决定性作用的行为人。

对共同犯罪的形成、实施与完成均起次要或辅助作用的行为人应当属于从犯。从主观上看，从犯不主动发起共同犯罪故意，其追随着主犯的犯意，对共同犯罪的犯意仅起附和的作用。从客观上看，从犯在共同犯罪行为实施过程中主动性不强，行为强度不大，对犯罪结果的完成所起的作用不大。

因此，认定主从犯要综合主客观两方面的作用来认定，如果在主客观均没有起到主要作用，应认定为从犯。

3. 具有轮奸情节的强奸共同犯罪中主从犯的认定解析

轮奸的故意可以是有预谋的，也可以是临时起意，甚至相互间并无语言明示，但行为人彼此心照不宣。本案中，王洋、金玉宾和王雷并无明确的强奸共谋，但是在王洋将被害人杜某某搂倒在地，后带至小树林内，杜某某跑出小树林求救，金玉宾和王雷帮助欺骗保安，一系列的行为表明三人之间已经形成了轮奸的故意。在王洋实施完奸淫行为后，是否叫另外二人过去已不能判断出王洋之行为是否起主导作用。因为，王雷、金玉宾系具有独立判断和自主能力的行为人，即使王洋实施完强奸行为后叫他们过去，如果他们主观上并无奸淫故意，则不会自己实施奸淫行为，也就是说，王雷、金玉宾先后实施的奸淫行为完全系二人独立意志的体现。

客观上，强奸罪的实行行为是一种典型的复合行为，包括制伏被害人的强制行为和奸淫行为。轮奸与普通的强奸不同，在各被告人与被害人强行发生性关系前的暴力、胁迫、麻醉等强制行为完全符合“共同行为”的特征，但其后分别与被害人发生性关系的行为，则具有独立性、不可替代性。

本案中，制伏被害人的强制行为首先由王洋实施，而且针对被害人的暴力行为也由王洋直接实施，王洋的作用貌似明显大于另外二人。但是，这种强制行为是一种“共同行为”，王雷、金玉宾的作用也不可小觑，在被害人逃跑并向保安求救时，二人明知王洋在实施奸淫行为，却欺骗保安，使王洋的强奸行为得以继续实施；王洋在小树林继续强奸被害人时，二人又与保安聊天，为王洋的强奸行为提供便利。

如前所述，主从犯是根据行为人在共同犯罪的主次作用来区分的，需要明确的是，主犯内部和从犯内部也存在着作用大小之分，主犯并不等于作用最大的行为人，共同犯罪中可能有一个或多个主犯，甚至所有共同犯罪人都是主犯。

由于性侵害行为的人身特定性和生理活动的自然性，行为人分别具有各自独立的犯罪目的以及生理、心理需求，轮奸的严重社会危害性在于多人实施的奸淫行为对被害人的心理和生理危害，要远远大于一人实施的奸淫行为，我国刑法规定对轮奸加重处罚正是基于此考虑。本案的核心问题是，王雷、金玉宾先后实施了奸淫行为，如果王雷、金玉宾均未对被害人实施奸淫行为，则不构成轮奸，对王洋只能在三年到十年有期徒刑的量刑幅度内量刑。应当认为，王雷、金玉宾的行为对共同轮奸行为的实施和完成起着决定性作用。

综上，王雷、金玉宾主动形成了共同犯罪故意，又积极实施了奸淫行为且既遂，在共同轮奸犯罪中起到主要作用，与王洋没有明显的主次之分；同时，考虑到王洋的作用大于王雷、金玉宾，故在具体量刑时，王洋的刑期应当重于金玉宾、王雷的刑期。因此，二审法院支持检察机关的抗诉意见，将王洋、金玉宾、王雷均认定为主犯，并根据三人在共同犯罪中的具体作用，依法予以改判是正确的。

（北京市第二中级人民法院　王洪波）

45. 赵江游等绑架案

(一) 首部

1. 裁判书字号

一审判决书：福建省泉州市丰泽区人民法院（2009）丰刑初字第 319 号。

二审裁定书：福建省泉州市中级人民法院（2009）泉刑终字第1140号。

2. 案由：绑架案。

3. 诉讼双方

公诉机关：福建省泉州市丰泽区人民检察院，检察员：苏雁威。

被告人（上诉人）：赵江游，男，1978年10月10日出生，汉族，出生地重庆市涪陵区，高中文化，无业。2009年3月14日因本案被刑事拘留，同年4月20日被逮捕。

一审辩护人：蔡宏谋、吴建平，福建闽荣律师事务所律师。

二审辩护人：吴沁兰，福建致一律师事务所律师。

被告人（上诉人）：胡勇（绰号“老四”），男，1982年5月1日出生，汉族，出生地贵州省仁怀市，初中文化，工人。2009年3月14日因本案被刑事拘留，同年4月20日被逮捕。

一审辩护人：傅东海、赵淑明，福建闽荣律师事务所律师。

二审辩护人：吴伟鹏，福建致一律师事务所律师。

被告人（上诉人）：罗太照，男，1984年12月7日出生，汉族，出生地贵州省习水县，初中文化，保安。2009年3月14日因本案被刑事拘留，同年4月20日被逮捕。

一审辩护人：杨萍，福建泉中律师事务所律师。

一审辩护人：庄跃平，福建闽荣律师事务所律师。

二审辩护人：苏德谋、卜水龙，福建致一律师事务所律师。

被告人（上诉人）：张宇，男，1982年3月28日出生，汉族，出生地四川省古蔺县，初中文化，服务员。2009年3月14日因本案被刑事拘留，同年4月20日被逮捕。

一审辩护人：黄有明、陈燕云，福建闽荣律师事务所律师。

二审辩护人：苏海军，福建致一律师事务所律师。

4. 审级：二审。

5. 审判机关和审判组织

一审法院：福建省泉州市丰泽区人民法院。

合议庭组成人员：审判长：黄婷；人民陪审员：谢连枝、陈芸生。

二审法院：福建省泉州市中级人民法院。

合议庭组成人员：审判长：吴泰雄；审判员：陈俊鸿；代理审判员：黄卿堆。

6. 审结时间

一审审结时间：2009年9月21日。

二审审结时间：2009年12月18日。

（二）一审诉辩主张

1. 公诉机关指控称

2009年3月13日下午18时许，赵江游及黄跃等人以杨光勇、廖春祥、李建辉未还清赌债15 600元为由，将三被害人控制在丰泽区东海街道江滨路一沙场内，被告人胡勇又纠集了被告人罗太照、张宇赶到该处帮忙看人。后被告人赵江游、胡勇、罗太照、张宇伙同黄跃等人对三被害人拳打脚踢，威逼杨光勇、廖春祥分别写下赌债9 100元、6 500元的欠条后，又强迫三被害人分别写欠赵江游及黄跃、张艳各35 000元的欠条。而后赵江游等人多次打电话威胁三被害人的亲友，要求立即筹款 10.5 万元赎人，否则就不让被害人离开。当晚，赵江游等人在泉州市区新车站等地收到杨光勇、廖春祥的亲友筹到的 5 000 元后，仍继续胁迫三被害人及其亲友筹款赎人。同月 14 日凌晨零时许，公安机关接到廖春祥的亲友报警后，先抓获了被告人赵江游。后在赵的带路下，公安人员解救了三被害人，并将其余三被告人抓获归案。公诉机关认为，被告人赵江游、胡勇、罗太照、张宇以勒索财物为目的，合伙绑架他人，情节较轻，其行为均已触犯《中华人民共和国刑法》第二百三十九条第一款、第二十五条第一款之规定，应当以绑架罪追究其刑事责任。被告人赵江游归案后，协助公安机关抓获其他犯罪嫌疑人，具有立功表现，根据《中华人民共和国刑法》第六十八条第一款的规定，可以从轻或者减轻处罚。

2. 被告辩称

被告人赵江游辩称其行为不构成犯罪。

其辩护人的辩护意见为：赵江游的行为涉嫌犯非法拘禁罪，而非绑架罪。

被告人胡勇、罗太照及其辩护人辩称：他们的行为构成非法拘禁罪，而非绑架罪。

被告人张宇及其辩护人辩称：公诉机关指控不属实，其不知道同案犯在沙场干什么，其行为不构成犯罪。张宇的行为构成非法拘禁罪。

（三）一审事实和证据

福建省泉州市丰泽区人民法院经公开审理查明：2009 年 3 月 13 日 12 时许，丰泽区东海街道浔埔人黄跃（绰号黄亮、阿亮，在逃）召集被害人李建辉到其开设在泉州市丰泽区东海街道后埔社区菜市场附近民房内的赌场赌博。李建辉即约了被害人杨光勇、廖春祥一起到该处赌博，他们以扑克牌为赌博工具，分分合合进行赌博。期间，杨光勇、廖春祥分别向在赌场内放高利贷的被告人赵江游借款人民币 15 000 元、10 000 元参与赌博。当天下午 18 时许，杨光勇、廖春祥分别输掉赌资 9 100 元、6 500 元，并将剩余的钱还给赵江游后欲离开该赌场，黄跃、赵江游以三被害人未还清赌债为由不准他们离开，黄跃命令三被害人到丰泽区东海街道江滨路榕树下海鲜楼旁沙场（下称浔埔沙场）等他们。于是李建辉和杨光勇驾乘租来的汽车，廖春祥驾驶另一辆租来的汽车一起到了浔埔沙场。当晚 20 时许，黄跃、张艳（又名张燕，在逃）伙同被告人赵江游等人来到被告人胡勇受雇管理的浔埔沙场，他们把三被害人带到沙场一房间内，黄跃威胁说先把高利贷还了，三个人今晚总共拿 10 万元，不然就不要离开了。黄跃还指使赵江游、胡勇将三被害人控制住。当晚 22 时 12 分，黄跃发手机短信给胡勇，指示胡勇拉人出去打，胡勇即打电话纠集了被告人罗太照、张宇赶到该处帮忙。胡勇、罗太照、张宇将廖春祥拉出房间拳打脚踢，赵江游、胡勇、罗太照、张宇威逼杨光勇写下借 9 100 元的欠条、廖春祥写下向胡勇借 6 500 元的欠条后，又强迫李建辉、杨光勇、廖春祥分别写欠赵江游及黄跃、张艳各 35 000 元的欠条。而后，四被告人伙同黄跃等人让三被害人打电话给各自的亲人好友，让人拿钱过来放人。李建辉打电话给家人要求筹款 35 000 元赎人；杨光勇打电话给朋友要求筹款 35 000 元赎人；廖春祥打电话给朋友要求筹款 35 000 元赎人。期间，黄跃指使胡勇用机油搅拌三碗沙子，威胁三被害人如果当晚筹不到钱，就要将沙子吃掉。赵江游、胡勇、罗太照、张宇还强迫杨光勇、廖春祥脱掉外套跪在沙堆上淋雨受冻。赵江游持一把匕首威胁被害人，以此胁迫被害人向亲友筹款。当晚，赵江游等人指派三名男子在泉州市新车站大门口，收取廖春祥的朋友筹到的 5 000 元后，仍继续胁迫三被害人及其亲友筹款赎人。

当晚 23 时 40 分，公安机关接到被害人廖春祥的朋友电话报警称廖春祥被人绑架，对方索要钱财。之后公安人员通过电话与被告人赵江游取得联系，公安人员扮做廖春祥的家属，称要交钱赎人，让赵江游到约定地点拿钱。次日凌晨 4 时许，赵江游到约定地点即丰泽区东海街道后埔社区菜市场欲取拿赎金时，被公安人员抓获归案。之后由赵江游带路，公安人员在上述关押被害人的浔埔沙场内抓获被告人胡勇、罗太照、张宇，同时解救了三被害人。

上述事实有下列证据证明：

1. 被害人李建辉（绰号老李）、杨光勇（绰号平头）、廖春祥（绰号光头）的陈述，均证实三被害人因欠赌债 15 600 元被黄跃、赵江游、胡勇等人拘禁在沙场，采用暴力、胁迫手段勒索 10 万余元的过程。

2. 证人李益华的证言，证实 2009 年 3 月 13 日晚，其堂叔李建辉打电话给家里，称他和另外两个欠高利贷的朋友被人控制住，对方要求他们三个一起平摊 10 万元，每人要出 35 000 元，已经写了借条，让家里赶快凑钱过去，不然不让走。家人很担心，就凑了 1 万元，打电话给李建辉时，是一名陌生男子接的，说要 35 000 元，但后来电话联系不上，他就没将钱交给对方。

3. 证人林秋英的证言，证实 2009 年 3 月 13 日晚，她接到朋友廖春祥的电话，称被人扣住了，让她送 35 000 元过来，她说只有 5 000 元。后来她又接到一个陌生人的电话，让她快点送钱，之后她又照对方的电话指示到了泉州市新车站大门口，有三名青年男子让她把钱拿过来，她就将 5 000 元给了这三名男子。

4. 证人孙胜军的证言及其辨认犯罪嫌疑人照片的辨认笔录，证实 2009 年 3 月 13 日晚 21 时许，他看见沙场房间门口有一盆里装着沙子拌机油，房间里有五六名男子，其中有和他同宿舍的胡勇。

5. 辨认作案地点的笔录及照片。

6. 公安人员从被告人胡勇手机上提取的短信，证实黄跃指示被告人胡勇“先拉一个出去打一下”。

7. 提取笔录、扣押清单及工作说明，证实公安人员从四被告人身上提取作案工具手机及现金等物品。

8. 公安机关出具的接受刑事案件登记表、抓获经过等相关工作说明，证实公安人员据被害人廖春祥的朋友报警，经过侦查抓获被告人赵江游，后由赵江游带路抓获被告人胡勇、罗太照、张宇的经过。

9. 四被告人的户籍证明，证人赵大生（被告人赵江游之父）的证言，证实四被告人的身份情况。

10. 在逃人员登记信息表、拘留证，证实本案犯罪嫌疑人黄跃已被公安机关刑事拘留并上网追逃。

11. 公安行政处罚决定书，证实被害人杨光勇、廖春祥因参与赌博被行政处罚。

12. 被告人赵江游、胡勇、罗太照、张宇在侦查阶段所作的供述，对主要犯罪事实供述在案。

（四）一审判案理由

福建省泉州市丰泽区人民法院经审理认为：被告人赵江游、胡勇、罗太照、张宇伙同他人因索取非法债务，扣押、拘禁他人，又向第三人勒索明显超出债务数额的钱财，其行为均已构成绑架罪。由于四被告人的绑架行为事发有因，且未造成被害人较大人身伤害及财产较大损失的后果，属于情节较轻。公诉机关的指控成立。本案三被害人仅欠赵江游赌债15 600元，而四被告人伙同黄跃、张燕等人为索取赌债而扣押、拘禁三被害人，并采取暴力手段威胁三被害人各写下3.5万元的借条，而后实施了向三被害人的家人、朋友勒索钱财共计10.5万元的行为，其勒索钱财的数额已明显超出债务数额。故四被告人的行为同时触犯非法拘禁罪与绑架罪，应择一重罪即绑架罪论处。四被告人的辩护人关于四被告人的行为系构成非法拘禁罪的辩护意见，违背事实与法律，不予采纳。被告人赵江游、胡勇在共同犯罪中起主要作用，是主犯，应当按照其所参与的全部犯罪处罚。被告人罗太照、张宇系受召集参与犯罪，主要负责看守被害人及听从指示，在共同犯罪中起次要作用，系从犯，对该二被告人均给予减轻处罚。被告人赵江游归案后，能协助公安机关抓获同案犯，具有立功表现；赵江游的家属能为其退出赃款，减少被害人家属的经济损失；综上，对赵江游给予从轻处罚。被告人胡勇在共同犯罪中行为积极、目的明确，还召集罗太照、张宇参与犯罪，并为主实施殴打、胁迫等行为，不能认定为从犯，胡勇的辩护人关于其系从犯的辩护意见，与事实和法律不符，不予采纳。被告人罗太照、张宇的辩护人关于该二被告人系从犯的辩护意见，予以采纳。被告人赵江游的辩护人关于其具有立功表现的辩护意见，予以采纳。

（五）一审定案结论

福建省泉州市丰泽区人民法院依照《中华人民共和国刑法》第二百三十九条第一款、第二十五条第一款、第二十六条第一、四款、第二十七条、第六十四条、第六十八条第一款、最高人民法院《关于处理自首和立功具体应用法律若干问题的解释》第五条，作出如下判决：

（1）赵江游犯绑架罪，判处有期徒刑五年，并处罚金人民币10 000元。

（2）胡勇犯绑架罪，判处有期徒刑六年，并处罚金人民币10 000元。

（3）罗太照犯绑架罪，判处有期徒刑四年，并处罚金人民币5 000元。

（4）张宇犯绑架罪，判处有期徒刑四年，并处罚金人民币5 000元。

（5）将扣押在本院的赃款现金人民币5 000元发还给被害人廖春祥。

（6）没收被告人的作案工具手机六部、匕首一把，上缴国库。

（六）二审情况

1. 二审诉辩主张

上诉人赵江游诉称：其并没有讨要超出借款以外的钱，请求改判其行为不构成绑架罪。即使认定其有罪，也应定非法拘禁罪，且不应定主犯。

上诉人胡勇诉称：三被害人与黄跃、赵江游本来就有债务纠纷；其等三人未索取赎金；

其在本案中只起到辅助作用，是从犯。

其辩护人的辩护意见为：胡勇的行为应定非法拘禁罪。

上诉人罗太照诉称：其行为应定非法拘禁罪，其系从犯。

上诉人张宇诉称：其系在不知情的情况下参与犯罪，其行为不构成绑架罪。

其辩护人的辩护意见为：张宇的行为应定非法拘禁罪，且系从犯。

2. 二审事实和证据

福建省泉州市中级人民法院经审理，确认一审法院认定的事实和证据。

3. 二审判案理由

福建省泉州市中级人民法院经审理认为：上诉人赵江游、胡勇、罗太照、张宇伙同他人因索取非法债务，扣押、拘禁他人，又向第三人勒索明显超出债务数额的钱财，其行为均已构成绑架罪。由于四上诉人的绑架行为事发有因，且未造成被害人较大人身伤害及财产较大损失的后果，属于情节较轻。

本案三被害人仅欠赵江游赌债 15 600 元，而四上诉人伙同黄跃、张燕等人为索取赌债而扣押、拘禁三被害人，并采取暴力手段威胁三被害人各写下 3.5 万元的借条，而后实施了向三被害人的家人、朋友勒索钱财共计 10.5 万元的行为，其勒索钱财的数额已明显超出债务数额，依法律规定应以绑架罪论处。故四上诉人及其辩护人关于各上诉人的行为系构成非法拘禁罪的诉辩意见均不予采纳。

原判综合本案绑架罪属情节较轻、四上诉人的主从犯情节、上诉人赵江游具有立功表现及赵的家属能为其退出赃款等量刑情节，对四上诉人分别作出的处罚并无不当。原审定罪准确，量刑适当，审判程序合法。上诉人要求撤销原判或改判的意见均不能成立，不予采纳。

4. 二审定案结论

福建省泉州市中级人民法院依照《中华人民共和国刑事诉讼法》第一百八十九条第（一）项，作出如下裁定：

驳回上诉，维持原判。

（七）解说

1. 索债型非法拘禁罪和绑架罪的区别

本案争议的主要焦点是行为人构成非法拘禁罪还是绑架罪。刑法规定，为索取合法债务或索取高利贷、赌债等法律不予保护的债务，非法扣押、拘禁他人的，也构成非法拘禁罪，常被称为“索债型非法拘禁罪”。绑架罪是指以勒索财物为目的，使用暴力、胁迫或者其他方法绑架他人，或者绑架他人作为人质的行为。二者虽然在行为方式上都表现为剥夺被害人的人身自由，但仍有不同之处：第一，犯罪构成上的区别。一是侵犯的客体不完全相同。索债型非法拘禁罪侵犯的是单一客体，即他人的人身自由；而绑架罪侵犯的则是复杂客体，包括被害人的人身自由和他人的财产权益。二是行为目的不同。索债型非法拘禁罪仅仅是为了追索自己的债务而拘禁被害人，在其主观上并无获取他人财物或其他不法利益的企图或要求；绑架罪则通过对被害人的人身自由进行胁迫，意在勒索他人财物或将其他不法利益占为己有。三是在主观上二者也不尽相同。索债型非法拘禁罪是故意并以剥夺他人人身自由、索取债务为目的；绑架罪则是直接故意并具有勒索财物或获取其他非法利益的目的。所以，索债型非法拘禁罪与绑架罪的根本区别在于拘禁行为是否事出有因，是否为无缘无故的扣押拘禁他人勒索财物。第二，当事人之间关系的区别。索债型非法拘禁罪的被告人与被害人或被要求交付财物的人之间存在实质上的债权债务关系，而绑架罪行为人是为勒索他人的财物，侵犯的对象更宽泛，而非仅仅局限于自己的“债务人”。本案行为人控制被害人后即打电话给被害人家属、朋友要求送钱财，扩大了侵犯的范围。第三，主观恶性和社会危害性程度的区别。索债型非法拘禁罪为的是“索债”，而绑架罪中并不涉及这一“债”的关系，行为人为了攫取更多的财物，往往会采取暴力强度及危害性更大的手段，并常常伴随着伤害人质人身、生命的故意，主观恶性和社会危害性更强。第四，索取财物数额与实际债务的区别。行为人索取的财物数额明显大于实际存在的债务时，索债行为性质就会变化。对行为性质的认定要看超过数额的大小。如果数额太大，则表明此时行为人的主观意图、行为动机已发生了根本性的转化，从最初的、纯粹的追索债务变成了既要追债又想勒索他人财物，已同时触犯索债型非法拘禁罪和绑架罪，应从一重罪处罚，以绑架罪定罪量刑。反之，如果数额相差不大，说明行为人也许只是对债务范围、数目理解、认定上存在误解、异议，其主观方面并无实质性的改变，故仍应认定为索债型非法拘禁罪。本案三被害人合计仅欠赵江游赌债 15 600 元，而四行为人及其同伙向三被害人的家人、朋友勒索钱财共计 10.5 万元，其勒索钱财的数额已明显超出债务数额。如何认定“明显超出”目前尚无规定，笔者认为追收合法或非法债务，明显超出债务部分的数额达到巨大标准，可参照犯罪所在地盗窃数额巨大的标准。

2. 如何认定绑架罪“情节较轻”

《刑法修正案（七）》在绑架罪的刑罚设置上增加了法定减轻情节，对情节较轻的，处五年以上十年以下有期徒刑，并处罚金。目前对“情节较轻”尚无司法解释，笔者认为认定时宜从以下几方面考虑：一是绑架手段。二是绑架后果。绑架罪的后果主要可以从人身损害和财产损害两个方面来考察。三是绑架对象。如以老幼妇孺作为绑架对象或绑架外国使节、国际友人、社会知名人士等特殊身份的人，就显得更为恶劣，社会危害性也就更大。四是绑架故意、目的与动机。五是行为程度。显然，行为人绑架他人后是否进一步勒索财物特别是是否主动释放了被绑架人，对绑架罪的社会危害程度有着重要影响。索债型绑架案件能否认定为“情节较轻”？笔者认为除从以上几方面考虑以外，还应看到它事出有因的一面，即为索取真实债务而绑架他人，索要财物明显超过债务的情形。本案综合考虑，属事发有因，且未造成被害人较大人身伤害及财产较大损失的后果，应认定为绑架“情节较轻”。

（福建省泉州市丰泽区人民法院　黄婷）

46. 韩永山等拐卖儿童案

（一）首部

1. 判决书字号：浙江省宁波市海曙区人民法院（2009）甬海刑初字第 349 号。
2. 案由：拐卖儿童案。
3. 诉讼双方

公诉机关：浙江省宁波市海曙区人民检察院，代理检察员：方春科。

被告人：韩永山，男，1966 年 9 月 2 日出生，汉族，出生地江苏省东海县，小学文化，农民。2009 年 3 月 21 日因本案被刑事拘留，同年 4 月 24 日被取保候审。

辩护人：陈军，浙江之星律师事务所律师。

辩护人：顾猛，浙江维知律师事务所律师。

被告人：葛兆荣，男，1959 年 1 月 4 日出生，汉族，出生地江苏省东海县，高中文化，农民。2009 年 3 月 25 日因本案被刑事拘留，同年 3 月 30 日被取保候审。

辩护人：沈波芳，浙江铭生律师事务所律师。

4. 审级：一审。

5. 审判机关和审判组织

审判机关：浙江省宁波市海曙区人民法院。

合议庭组成人员：审判长：王文斌；人民陪审员：包科惠、潘明珠。

6. 审结时间：2009 年 8 月 21 日。

（二）诉辩主张

1. 公诉机关指控称

2009 年 3 月 16 日 5 时许，被告人韩永山与杨丰收在宁波市海曙区长春路共青桥附近一电话亭处拾得一男婴，并告知老乡葛叶华。后葛叶华将男婴抱去给其亲戚领养，被告人韩永山为此向其索要人民币 14 000 元，但未果。次日中午，得知此事的被告人葛兆荣联系被告人韩永山，并介绍其将该男婴卖予亲戚马静。后被告人葛兆荣为赚取差价，与被告人韩永山谈妥以人民币 28 000 元收买该男婴，而私下欲以人民币 31 000 元将其卖于马静，并与交易双方约好当天下午至被告人葛兆荣处查看男婴。后因马静放弃购买而交易未成。公诉机关对上述指控提供了相关证据，认为被告人韩永山、葛兆荣的行为均已构成拐卖儿童罪，因意志以外的原因而未得逞，系未遂，提请法院依照《中华人民共和国刑法》第二百四十条之规定予以惩处。

2. 被告辩称

被告人韩永山、葛兆荣对起诉指控的犯罪事实没有异议。

被告人韩永山的辩护人的辩护意见为：被告人韩永山认罪态度好，犯罪情节相对较轻，属未遂，请求对被告人韩永山减轻处罚。

被告人葛兆荣的辩护人的辩护意见为：被告人葛兆荣认罪态度好，犯罪情节相对较轻，请求对被告人葛兆荣减轻处罚。

（三）事实和证据

浙江省宁波市海曙区人民法院经公开审理查明：2009 年 3 月 16 日 5 时许，被告人韩永山与杨丰收在本市海曙区长春路共青桥附近一电话亭处拾得一男婴，并告知老乡葛叶华。后葛叶华将男婴抱去给其亲戚领养，被告人韩永山为此向其索要人民币 14 000 元，但未果。次日中午，得知此事的被告人葛兆荣联系被告人韩永山，并介绍其将该男婴卖予亲戚马静。后被告人葛兆荣为赚取差价，与被告人韩永山谈妥以人民币 28 000 元收买该男婴，而私下欲以人民币 31 000 元将其卖于马静，并与交易双方约好当天下午至被告人葛兆荣处查看男婴。后因马静放弃购买而交易未成。

上述事实有下列证据证明：

1. 证人杨丰收、徐静文、葛叶华、赵秋彩、马志勇、徐勤梅、姚大君、马静证言，证实了被告人韩永山、葛兆荣拐卖儿童的时间、地点、经过等事实。

2. 宁波市公安局海曙分局月湖派出所的证明，证实了抓获被告人韩永山、葛兆荣的经过。

3. 有关户籍证明，证实了被告人韩永山、葛兆荣的身份。

4. 被告人韩永山、葛兆荣供述在案。

（四）判案理由

浙江省宁波市海曙区人民法院经审理认为：被告人韩永山、葛兆荣以出卖为目的，共同将捡拾的儿童卖给他人，其行为均已构成拐卖儿童罪，系共同犯罪。公诉机关指控被告人韩永山、葛兆荣的罪名成立。被告人韩永山、葛兆荣因意志以外的原因而使拐卖儿童未能得逞，属未遂，可比照既遂犯减轻处罚。案发后被告人韩永山、葛兆荣均有一定的悔罪表现，均可适用缓刑。三辩护人的辩护意见均与事实及法律规定相符，可予采纳。

（五）定案结论

浙江省宁波市海曙区人民法院依照《中华人民共和国刑法》第二百四十条、第二十三条、第二十五条第一款、第七十二条、第七十三条第二、三款，作出如下判决：

1. 韩永山犯拐卖儿童罪，判处有期徒刑一年，缓刑二年，并处罚金人民币 5 000 元。

2. 葛兆荣犯拐卖儿童罪，判处有期徒刑十个月，缓刑一年六个月，并处罚金人民币 3 000 元。

（六）解说

本案在审理过程中对案件的定性即认定为拐卖儿童罪不存在异议，但对认定是犯罪既遂还是犯罪未遂产生了不同意见。

一种意见认为，该案的行为人已经实施了贩卖的行为，虽然因意志以外的原因未将被害人出卖，但仍应按拐卖儿童罪的既遂定罪处罚。另一种意见认为，该案的行为人虽然已实施了贩卖的行为，但未能实现出卖的目的，应认定为拐卖儿童罪的未遂。

笔者以为本案构成拐卖儿童罪的未遂，原因如下：

1. 区分拐卖儿童罪是行为犯还是结果犯，是厘清本罪既遂与未遂的前提，笔者以为拐卖儿童罪是行为犯。

第一，出卖目的是拐卖儿童罪的主观要件，不是客观方面的行为结果。刑法条文对拐卖儿童罪主观方面要求以出卖为目的，原因有两个：一是揭示本罪的目的犯基本特征；二是主要区别于以收养为目的“拐骗不满十四周岁的未成年人，脱离家庭或者监护人”的行为和以结婚、收养为目的收买被拐卖的妇女、儿童的行为，这两种行为分别被刑法规定为拐骗儿童罪和收买被拐卖的妇女、儿童罪。如果把出卖结果作为拐卖妇女、儿童罪的客观要件，实质上抹杀了主客观要件的原则界限，将犯罪的主观方面与客观方面混为一谈。

第二，我国刑事法律中具体犯罪条文的规定都是以既遂为标准的，《刑法》第二百四十条对拐卖儿童罪客观行为特征的规定也不例外。法条对拐卖儿童罪客观方面分别列举的六种行为，表明立法机关认为任何一种行为对成立犯罪都是充分的，不需要补充其他内容。我们不能擅自超越法律规定，随意附加犯罪构成。由于法条规定有出卖目的，就误以为客观方面必然要求相应的结果，将拐卖儿童罪客观行为的完备形态做狭义理解是不可取的。

第三，拐卖儿童罪是行为犯，与刑法在本罪规定上所体现的立法从严精神是一致的。从法定刑起点比较高（五年以上有期徒刑）、增设附加刑、规定具体加重犯罪情节、重用死刑等方面，我们可以看出，拐卖儿童罪的相关规定体现了严厉惩治该罪的立法精神。以拐骗、绑架、收买、贩卖、接送、中转的行为之一的完成作为拐卖儿童罪的既遂形态，相应缩小了拐卖儿童罪的未遂范围，在一定条件下限制了那些未发生或者未查明出卖结果的案件中行为人“可以比照既遂犯从轻或减轻处罚”量刑情节的使用，同样反映出依法从严打击该类行为的基本精神。

2. 拐卖儿童罪是行为犯，并不意味着本案构成拐卖儿童罪的既遂。

第一，根据刑法的规定，一个完整典型的拐卖儿童犯罪行为由三个阶段组成：手段行为，即拐骗、绑架、收买行为；中间行为，即接送、中转行为；结果行为，即贩卖行为。拐卖妇女、儿童犯罪既遂与未遂的标准应根据不同阶段行为特点来确定。

第二，犯罪分子无论实施了哪个阶段的行为都构成犯罪，但实施不同阶段行为其既遂与未遂标准却不同。实施手段行为的，只要将被害人置于行为人自己控制之下即达到既遂；实施中间行为的，应以行为人将被害人送到指定地点或交给指定人员即已经脱手完成中转、接送为既遂；结果行为应以行为人将被害人贩卖出手，转移给收买人为既遂成立，否则应当认定为未遂。

第三，本案中韩永山、葛兆荣只是积极筹划、商议将被害人卖予马静，并没有实际上将被害人贩卖出手，即被告人的贩卖行为并没有完成，应当认定为未遂。第一种意见认为只要实施了贩卖行为即可构成既遂，显然是将本罪作为举动犯，实际上否定了拐卖儿童罪未完成形态的存在，因而是不妥当的。

（浙江省宁波市海曙区人民法院　王文斌　曾娇艳）

四、侵犯财产罪

47. 卢玉枞等抢劫案

（一）首部

1. 判决书字号

一审判决书：福建省厦门市集美区人民法院（2009）集刑初字第229号。

二审判决书：福建省厦门市中级人民法院（2009）厦刑终字第388号。

2. 案由：抢劫案。

3. 诉讼双方

公诉机关（抗诉机关）：福建省厦门市集美区人民检察院，检察员：李翼。

被告人（被抗诉人）：卢玉枞，男，1979年12月19日出生，汉族，福建省漳浦县人，初中文化，无业。因本案于2009年2月27日被逮捕。

指定辩护人：邱清莲，福建厦祥律师事务所律师。

被告人（被抗诉人）：林春强，男，1984年12月11日出生，汉族，福建省漳浦县人，初中文化，无业。因本案于2009年3月9日被逮捕。

辩护人：林跃辉，福建三和律师事务所律师。

4. 审级：二审。

5. 审判机关和审判组织

一审法院：福建省厦门市集美区人民法院。

合议庭组成人员：审判长：梁毅挺；代理审判员：钟莉；人民陪审员：蔡铮。

二审法院：福建省厦门市中级人民法院。

合议庭组成人员：审判长：唐红宁；代理审判员：王诚、余强。

6. 审结时间

一审审结时间：2009年9月25日。

二审审结时间：2009年12月20日。

（二）一审情况

1. 一审诉辩主张

（1）公诉机关指控称

2009年2月初，被告人卢玉枞、林春强预谋实施飞车抢夺，并商定若无法扯断被害人背包即用所携带的刀具割断后抢走。之后，被告人卢玉枞、林春强携带一把刀具，先后三次由被告人卢玉枞驾驶一部车牌号为“闽E2N808”的雅马哈牌摩托车搭载被告人林春强，由被告人林春强趁路边行人不备，强行夺取财物。被告人卢玉枞、林春强在实施第三起犯罪时，被巡逻人员发现。在被追捕过程中，被告人卢玉枞、林春强丢弃赃物后弃车逃跑。

公诉机关认为，被告人卢玉枞、林春强以非法占有为目的，多次携带凶器并利用行驶的机动车辆，乘人不备，公然夺取他人财物，数额达人民币1 940元，其行为均已构成抢劫罪。二被告人在实施指控的第三起犯罪时，因意志以外的原因而未得逞，系犯罪未遂，依法可以比照既遂犯从轻或者减轻处罚。应依照《中华人民共和国刑法》第二百六十七条、第二百六十三条、第二十五条、第二十三条之规定，提请本院依法予以惩处。

（2）被告辩称

被告人卢玉枞对指控的犯罪事实及罪名均没有异议。

被告人林春强对指控的犯罪事实没有意见，但是对罪名有意见，认为其行为不构成抢劫罪。

被告人林春强的辩护人的辩护意见为：①被告人将刀具藏匿于摩托车座位下的工具箱内，在实施抢夺犯罪时，并没有使用，也不可能使用该刀具，不属于“携带凶器抢夺”的情形，不能以抢劫罪来定罪，而应以抢夺罪定罪。②被告人林春强在犯罪中地位次于被告人卢玉枞，在量刑时应予以区别。

2. 一审事实和证据

福建省厦门市集美区人民法院经公开审理查明：从2009年2月初，被告人卢玉枞、林春强预谋实施飞车抢夺，并商定若无法扯断被害人背包即用所携的刀具割断后抢走。之后，被告人卢玉枞、林春强将一长约10厘米的水果刀放置于摩托车底座的工具箱里，多次由被告人卢玉枞驾驶一部车牌号为“闽E2N808”的雅马哈牌摩托车搭载被告人林春强，由被告人林春强趁路边行人不备，强行夺取财物。具体犯罪事实如下：

（1）2009年2月4日9时许，被告人卢玉枞、林春强在厦门市集美区文滨路福建化工学校路上，趁被害人庄玉华不备，夺走其拎在手上的一个包，包内有现金640元、一部三星牌E208型手机（价值人民币571元）等物。

（2）2009年2月4日20时许，被告人卢玉枞、林春强在厦门市集美区月台路122号门口路上，趁被害人曾笑春不备，夺走其拎在手上的一个塑料袋，袋内有现金人民币200元、一部诺基亚牌手机（型号不详，SIM卡价值人民币45元）等物。

（3）2009年2月6日19时许，被告人卢玉枞、林春强在厦门市集美区杏东路32号杏东公园门口人行道上，趁被害人尤莲足不备，抢走其拎在手上的一个包，包内有现金人民币300元、一部诺基亚牌1112型手提电话（价值人民币184元）、一枚玉石佛像、一个钱包等物。被告人卢玉枞、林春强实施该起犯罪时，被巡逻人员发现。在被追捕过程中，被告人卢玉枞、林春强丢弃赃物后弃车逃跑。巡逻人员从现场起获作案工具摩托车一部及上述赃物，摩托车工具箱内查获刀具一把。案发后，上述赃款、赃物已发还被害人尤莲足。

2009年2月27日，被告人卢玉枞在浙江省宁波市被公安机关抓获归案并予以寄押，后被公安民警带回厦门。2009年3月9日晚，被告人林春强被公安机关抓获，并当场缴获赃物三星牌E208型手机一部。在本案审理过程中，被告人林春强的家属已代为退赔本案涉案的赃款计人民币885元。

上述事实有下列证据证明：

（1）被告人卢玉枞、林春强的供述，证实二人相互商议要抢包并准备了一把刀，将刀放在摩托车座位下的工具箱内，后来具体实施犯罪时都是直接将包抢走，刀都没拿出来。还证实二人分别于2009年2月4日9时许、20时许和同月6日19时许骑摩托车抢行人手包三次，获现金840元、两部手机，第三次作案时被巡逻人员发现，二人丢弃赃物后弃车逃跑。

（2）被害人庄玉华、曾笑春、尤莲足证言，证实他们分别于2009年2月4日9时、20时和2009年2月6日19时左右被人骑摩托车抢夺手包，车上有两男子，后经辨认系本案二被告人。还证实包中所有的款物，已追缴归案。

（3）证人谭学英、杜亚山证言，证实2009年2月6日晚上19点多，两人在路面巡逻，看到两名男子骑一辆女士摩托车，在后座上的男子抢走了一位走路女孩子的挎包。在二人猛追之下，两名男子弃包弃车逃跑。经查，包里有诺基亚手机、钱包、黑色布包各一个。摩托车座位下工具箱中有一把长10厘米的尖刀、工商银行开户填单资料两张及“闽E2N808”摩托车车牌一块。

（4）公安机关出具的抓获经过情况说明、辨认笔录、接收证据清单及发还物品清单，证实二被告人被抓获情况、涉案赃物和作案工具情况。

（5）厦门市价格认证中心厦价认（2008）鉴字387号、295号价格鉴定结论书，证实本案涉案赃物价值。

（6）二被告人的身份情况由公安机关出具的户籍证明予以证实。

3. 一审判案理由

福建省厦门市集美区人民法院经审理认为：被告人卢玉枞、林春强以非法占有为目的，多次驾驶机动车，乘人不备夺取公私财物，数额达人民币1 940元，其行为均已构成抢夺罪。本案属共同犯罪，二被告人的作用相当。公诉机关指控二被告人均系“携带凶器抢夺”，应当以抢劫罪定罪的定性有误。具体理由是，首先，我国刑法之所以将“携带凶器抢夺”的行为规定为依照抢劫罪定罪处罚，其主要的立法精神就是因为携带凶器抢夺的行为具有潜在的威胁性，行为人随时都有可能使用该携带的凶器，对于被害人的人身、财产权利进行侵犯。而在本案中，二被告人在具体实施犯罪时是把刀放在女式摩托车座位下的工具箱里，这就决定了在瞬间即告完成的飞车抢夺犯罪中不可能使用该刀具，因而对被害人也不具有潜在的威胁。其次，虽然二被告人是预谋利用该刀具实施犯罪，但是在具体实施犯罪行为的过程中，从未使用该刀具，且客观上也无法使用该刀具，而是直接实施飞车抢夺行为。因此，本案不属于“携带凶器抢夺”的情形，应认定为抢夺罪，辩护人提出的相关辩护意见理由充分，予以采纳。

辩护人提出的被告人林春强在本案中所起的作用和地位较卢玉枞小，在量刑时应予以区别的辩护意见，理由不充分，不予采纳。具体理由是，二被告共同预谋、策划，在实施犯罪时紧密配合，事后共同分赃，故二被告人作用相当。

被告人卢玉枞、林春强在一年内先后三次驾驶机动车抢夺财物，对二被告人应依法从重处罚；被告人卢玉枞、林春强在实施第三起犯罪时，因意志以外的原因而未得逞，是犯罪未遂，对二被告人依法可以比照既遂犯从轻处罚；二被告人归案后认罪态度较好，且被告人林春强的家属已代为退赔被害人的经济损失，对二被告人均可酌情从轻处罚。

4. 一审定案结论

福建省厦门市集美区人民法院依照《中华人民共和国刑法》第二百六十七条第一款、第二十三条、第二十五条第一款、第六十四条、最高人民法院《关于审理抢夺刑事案件具体应用法律若干问题的解释》第二条第（三）项、最高人民法院《关于审理抢劫、抢夺刑事案件适用法律若干问题的意见》第十一条，作出如下判决：

（1）卢玉枞犯抢夺罪，判处有期徒刑一年二个月，并处罚金人民币1 000元。

（2）林春强犯抢夺罪，判处有期徒刑一年，并处罚金人民币1 000元。

（三）二审诉辩主张

1. 抗诉机关抗诉称

原判认定的事实无误，但适用法律不当，以抢夺罪对二被告人定罪量刑确有错误。具体理由是：（1）适用法律错误。司法解释对"携带凶器抢夺"有明确的规定，最高人民法院《关于审理抢劫案件具体应用法律若干问题的解释》（以下简称《抢劫解释》）第六条对此解释为"行为人随身携带枪支、爆炸物、管制刀具等国家禁止个人携带的器械进行抢夺或者为了实施犯罪而携带其他器械进行抢夺的行为"。本案符合解释规定的第二种情形，即器械本身虽不能反映出违法性，但实施犯罪的意图反映了其"凶器"的本性，即使最终未能使用，也符合刑法规定的"携带凶器抢夺"的特征。原判既认定二被告人携带刀具外出的目的就是实施飞车抢夺的犯罪活动，完全符合《抢劫解释》所界定的第二种情形，即"行为人为了实施犯罪而携带其他器械进行抢夺的行为"，而又认定"二被告人在……瞬间即告完成的飞车抢夺犯罪中不可能使用该刀具，因而对被害人也不具有潜在的威胁"，该论述明显存在逻辑混乱，系错误地对"携带凶器抢夺"作出不符合立法本意的缩小解释。是否使用或客观上能否实际使用不影响罪名的成立。本案几起案件行抢虽均未使用刀具即告得手，但不能排除二被告人携带刀具的行为本身所具有的潜在威胁及社会危害性。由于被告人已实施了暴力的预备行为，其主观目的已决定了该刀具的"凶器"本性，被告人的携带行为已对被害人造成巨大的潜在威胁，其行为的社会危害性与抢劫罪已没有实质区别。本案的刀具完全处于二被告人的控制范围内，属随身携带的范畴，被告人在犯罪过程中随时均能取用，故不存在客观上无法使用的情形。（2）因适用法律不当、定性错误导致罪刑不相适应。二被告人以非法占有为目的，多次携带凶器飞车抢夺，抢得财物价值1 940元，其行为均已触犯《中华人民共和国刑法》第二百六十七条第二款、第二百六十三条第（四）项的规定，构成抢劫罪，应当判处十年以上有期徒刑。第三起犯罪系未遂，对该起可比照既遂犯从轻或减轻处罚，再考虑其他酌定情节，仍应对二被告人在六年至十年六个月有期徒刑幅度内处刑，但原审以抢夺罪定罪，分别判处二被告人有期徒刑一年二个月、一年，明显罪刑不相适应，诉请依法改判。

2. 被抗诉人辩称

被抗诉人卢玉枞和林春强辩称：其行为应定为抢夺罪。

被抗诉人卢玉枞的辩护人的辩护意见为：一审对案件事实认定清楚，适用法律正确，以抢夺罪对被告人定罪量刑准确无误。首先，该案不存在潜在威胁，放在座位底下工具箱里的刀明显不可能随时使用或当场使用，不能认定为"携带凶器"。其次，二被告人虽有预谋，但预谋到实施有一段时间间隔，二被告人也放弃了原犯罪预谋（即放弃使用刀具割包），只是习惯性地将刀扔在摩托车底座下，二被告人已不具有携带刀具进行犯罪的主观犯意，更不具有使用该刀具进行犯罪的客观可能。

被抗诉人林春强的辩护人的辩护意见为：(1) 最高人民法院《关于审理抢劫案件具体应用法律若干问题的解释》和最高人民法院《关于审理抢劫、抢夺刑事案件适用法律若干问题的意见》(以下简称《两抢意见》) 都明确界定“凶器”是随身携带的，所谓随身是指拿在手上、放在衣服里，随时可以控制、使用，随时可以构成潜在或现实威胁，这才符合抢劫罪的构成要件。本案被告人实施犯罪的方式是飞车抢夺，决定其行为瞬间必须完成，亦决定被告人必须瞬间能使用刀具，然而查明的事实是，刀放在工具箱里，这决定被告人必须停车才能拿到刀，不可能瞬间拿到刀，被告人拿刀和实现威胁存在时间差，故被告人的行为不足以认定为随身携带。(2) 即使现有证据足以认定被告人随身携带凶器，但根据《两抢意见》的规定，有证据证明器械不是为了实施犯罪的以抢夺罪论处。本案中，从二被告人预谋内容看，预谋过程虽有利用刀具抢夺的内容，但是预谋与实施存在时间差。二被告人供述一致证实实施时改变了预谋，选择将刀放在工具箱内、实施飞车抢夺，证明了二被告人供述的客观性。从整个过程看，二被告人实施飞车抢夺过程中从未使用或利用刀具，从未以显示等方式威胁被害人，确实不存在使用刀具的情况。从逃跑过程看，被告人未使用刀具，亦未考虑到用刀威胁、抗拒。(3) 法律适用方面，2000 年的《抢劫解释》是初期解释，2005 年的《两抢意见》是后期科学、全面的补充，应适用 2005 年的《两抢意见》，故抗诉意见片面、不客观，请求维持一审判决。

(四) 二审事实和证据

福建省厦门市中级人民法院经审理，确认一审法院认定的事实和证据。

(五) 二审判案理由

福建省厦门市中级人民法院经审理认为：原审被告人卢玉枞、林春强以非法占有为目的，多次携带凶器并利用行驶的机动车辆，乘人不备，公然夺取他人财物，数额达 1 940 元，其行为已构成抢劫罪。系共同犯罪。二原审被告人在共同犯罪中相互配合，作用相当。二原审被告人已着手实施的第三起抢劫犯罪，因意志以外的原因未得逞，系犯罪未遂，对该起可比照既遂犯从轻或减轻处罚。原审被告人林春强的家属代为退赃，积极弥补各被害人经济损失，可对二原审被告人酌情从轻处罚；二原审被告人就主要犯罪事实尚能如实供述，亦可酌情从轻处罚。综上，决定对二原审被告人均予减轻处罚。

关于抗诉机关提出的原判定罪错误的抗诉意见，本院认为：首先，二原审被告人已作出预谋实施飞车抢夺，并商定若无法割断被害人背包即用所携带的刀具割断后抢走，之后，二人将一长约 10 厘米的水果刀放置于摩托车底座的工具箱里，并驾驶该摩托车先后实施三起飞车抢夺的有罪供述，其行为显然符合“为犯罪而准备器械”的情形。其次，关于“携带”的理解，器械处于行为人随手可及或处于其实施犯罪过程中可控范围内，均可认定为“携带的其他器械”，原审判决认定本案的二被告人“客观上无法使用该刀具”系缩小理解了“携带的其他器械”在犯罪过程中的潜在社会危害性；“两抢”犯罪的实施包括准备工具、制造条件、选定目标、夺取财物及携赃逃跑等一系列过程，行为人可以使用刀具的时机，不仅仅在原审判决认定的“飞车夺取财物的一瞬间”，也可能在选定目标时即拿出，或在抢夺过程不顺利、与被害人发生拉扯时拿出（该情形正与二原审被告人预谋内容吻合），还可以在逃跑、窝赃时为抗拒抓捕而拿出使用，正是因为在犯罪过程的各个环节均对相对方人身权存在潜在的威胁，将压放在摩托车座位底下的刀具认定为“携带的器械”，进而可以认定二原审被告人的行为系“携带凶器抢夺”。再次，关于“凶器”的理解，按《两抢意见》的规定，管制物品或为实施犯罪而准备的器械，均系“凶器”；将二原审被告人“为实施犯罪而携带的其他器械”也认定为“凶器”，以有侵犯财产权的主观犯意为前提，推论行为人携带其他器械亦有侵犯人身权的主观犯意，符合罪刑相一致的原则，即使行为人客观上未拿出来使用，也应对其以抢劫罪定罪处罚。最后，《两抢意见》第四条规定，除非“有证据证明该器械确实不是为了实施犯罪准备的”，即“随身携带的器械”不认定为“凶器”，才不以抢劫罪定罪，但本案查明的事实是二原审被告人在预谋后将刀压放在自己驾驶的作案工具摩托车座位底下并带至现场，不足以证明“该器械确实不是为了实施犯罪准备的”，在案没有其他证据的情况下，二被告人又作出了“准备刀具就是为了实施抢包过程中割包”的犯罪预谋供述，只能认定是“为了实施犯罪而携带其他器械进行抢夺的行为”，以“携带凶器抢夺”认定基础事实，以抢劫罪定罪处罚。综上，抗诉机关的抗诉理由成立，予以采纳。二原审被告人及辩护人提出的应以抢夺罪定罪量刑的辩解、辩护意见，于法无据，不予采纳。原判适用法律错误，致定罪及量刑均不当，应予纠正。

（六）二审定案结论

福建省厦门市中级人民法院依照《中华人民共和国刑事诉讼法》第一百八十九条第（二）项、《中华人民共和国刑法》第二百六十三条第（四）项、第二百六十七条第二款、第二十三条、第二十五条第一款、第六十四条及最高人民法院《关于审理抢劫案件具体应用法律若干问题的解释》第六条，作出如下判决：

1. 撤销福建省厦门市集美区人民法院（2009）集刑初字第229号刑事判决。
2. 卢玉枞犯抢劫罪，判处有期徒刑七年，并处罚金人民币1 000元。
3. 林春强犯抢劫罪，判处有期徒刑六年，并处罚金人民币1 000元。

（七）解说

本案争议焦点是“携带凶器抢夺”情形的认定。

司法解释对“携带凶器抢夺”有明确的规定，最高人民法院在法释［2000］35号《抢劫解释》第六条解释为“行为人随身携带枪支、爆炸物、管制刀具等国家禁止个人携带的器械进行抢夺或者为了实施犯罪而携带其他器械进行抢夺的行为”。最高人民法院2005年6月8日印发的《两抢意见》第四条规定：“《抢劫解释》第六条规定，‘携带凶器抢夺’，是指行为人随身携带枪支、爆炸物、管制刀具等国家禁止个人携带的器械进行抢夺或者为了实施犯罪而携带其他器械进行抢夺的行为。行为人随身携带国家禁止个人携带的器械以外的其他器械抢夺，但有证据证明该器械确实不是为了实施犯罪准备的，不以抢劫罪定罪；行为人将随身携带凶器有意加以显示、能为被害人察觉到的，直接适用刑法第二百六十三条的规定定罪处罚；行为人携带凶器抢夺后，在逃跑过程中为窝藏赃物、抗拒抓捕或者毁灭罪证而当场使用暴力或者以暴力相威胁的，适用刑法第二百六十七条第二款的规定定罪处罚。”

本案对于“携带凶器抢夺”（尤其是携带国家禁止个人携带的器械以外的其他器械抢夺）

情形的认定，有两种不同意见。一种意见认为，本案犯罪人卢玉枞、林春强的行为不属于“携带凶器抢夺”的情形。刑法之所以将“携带凶器抢夺”的行为规定为依照抢劫罪定罪处罚，其主要的立法精神就是因为携带凶器抢夺的行为具有潜在的威胁性，行为人随时都有可能使用该携带的凶器，对于被害人的人身、财产权利进行侵犯。而在本案中，首先，二犯罪人在具体实施犯罪时是把刀放在摩托车座位下的工具箱里，这就决定了在瞬间即告完成的飞车抢夺犯罪中不可能使用该刀具，因而对被害人也不具有潜在的威胁；其次，虽然二犯罪人是预谋利用该刀具实施犯罪，但是在具体实施犯罪行为的过程中，从未使用该刀具，且客观上也无法使用该刀具而是直接实施飞车抢夺行为。因此，从主客观相一致原则出发认定本案不属于“携带凶器抢夺”的情形，应认定为抢夺罪。具体理由是：

1. 从《抢劫解释》及《两抢意见》看，“携带凶器抢夺”中的“凶器”包含①枪支、爆炸物、管制刀具和②非管制刀具及其他器械两种情形。而“携带凶器抢夺”构成抢劫罪的条件，亦因凶器种类的不同而有所不同。其中，对于随身携带第①种凶器抢夺的，适用严格责任原则，即不管其携带的具体目的如何，都直接认定为抢劫；而对于随身携带第②种凶器抢夺的，则应贯彻主客观相统一原则，即只有在是为实施犯罪而携带的情况下，才能认定为抢劫。而本案因无证据表明所扣刀具为管制刀具，显然应适用上述司法解释关于第②种凶器的规定。

2. 关于“携带”。从辞典中关于“携带”是指“随身带着，如携带家眷、携带行李；提携，如多承携带”[①] 的解释可见，“携带”在日常生活中的含义是相当宽泛的，但是，涉及本案定性之争的“携带”一词是一个法律用语，其内涵势必有别于日常含义，唯有严谨限定，才能保证法律的正确适用。而从《抢劫解释》及《两抢意见》关于“携带凶器抢夺，是指行为人……为了实施犯罪而携带其他器械进行抢夺的行为”的规定可见，“携带”在这里包含了主客观方面的内容。从主观方面看，携带的是为了在犯罪中使用，而既然是为了在犯罪中使用，那么所携带的器械在客观上就应该是置于行为人在实施犯罪时可随时取用的状态，否则就根本无法达到行为人在犯罪中使用的目的。

3. 结合本案，虽然刀具确实是在预谋犯罪之时，为犯罪而准备的，但从客观情况看，一方面，刀具系放置于摩托车车座内杂物箱里，而犯罪人是坐在摩托车上实施抢夺，如果要使用该刀具，势必要经历下车、开箱、取刀再使用的复杂过程，意即，该刀具并非处于被告人在实施犯罪时可随时取用的状态，不符合“携带凶器抢夺”中凶器的客观状态要求；另一方面，刀具的存放位置以及犯罪人在因抢夺犯罪被抓捕时，仅仅弃车逃跑而无将刀具用于完成抢夺或抗拒抓捕的行为亦显示出，犯罪人在将该刀具放置摩托车中时确无在实施抢夺犯罪时加以利用的主观意图，二犯罪人关于其预谋内容发生变化，以及庭审中关于不准备用刀的供述，与其客观行为表现完全相符，应予采信。故二犯罪人将刀具放置于抢劫时所乘坐的摩托车内的行为，不属于“携带凶器抢夺”，不应认定为抢劫罪。

另一种意见认为，抗诉理由充分，应予采纳，以抢劫罪对行为人定罪量刑。具体理由是：

1. 原审判决事实部分认定预谋的内容是卢玉枞、林春强预谋实施飞车抢夺，并商定若无法割断被害人背包即用所携带的刀具割断后抢走，之后，二人将一长约 10 厘米的水果刀放置于摩托车底座的工具箱里，该部分的认定即可得出“二人系为实施犯罪而携带刀具（器

---

① 《现代汉语词典》，5 版，1507 页，北京，商务印书馆，2005。

械）”的结论，其情形与有关司法解释的规定吻合，而一审判决不认定系“携带凶器抢夺”，显然在事实认定与定性结论上有自相矛盾之处。《刑法》第二百六十七条第二款规定的“携带凶器抢夺”行为定性为抢劫罪，《抢劫解释》第六条明确规定是指“行为人随身携带枪支、爆炸物、管制刀具等国家禁止个人携带的器械进行抢夺或者为了实施犯罪而携带其他器械进行抢夺的行为”，《两抢意见》第四条在重申第六条规定基础上，又进一步明确“有证据证明该器械确实不是为了实施犯罪准备的，不以抢劫罪定罪”。从以上规定可以得出结论：“携带器械进行抢夺，不以抢劫罪定罪”只有一个例外，即有证据证明不是为了实施犯罪而准备的器械。结合本案，犯罪人卢玉枞、林春强在庭前供述、庭审中均供认了预谋抢包、准备刀具的事实，应严格执行有关法律及司法解释规定。

2. 关于“携带”的理解。器械处于行为人随手可及或处于其实施犯罪过程中可控范围内，均可认定为“携带其他器械”的情形，如放在口袋里、包内或存放在旁观望的同案犯身上等情形。原审判决认定本案的犯罪人“客观上无法使用该刀具”系主观臆断，也是缩小理解了犯罪过程中的社会危害性。“两抢”犯罪的实施包括准备工具、制造条件、选定目标、夺取财物及携赃逃跑等一系列过程，行为人可以使用刀具的时机，不仅仅在原审判决认定的“飞车夺取财物的一瞬间”，也可能在选定目标时即拿出，或在抢夺过程不顺利、与被害人发生拉扯时拿出（该情况正与犯罪人预谋内容吻合），还可以在逃跑、窝赃时为抗拒抓捕或毁灭证据而拿出使用。正是因为在犯罪过程的各个环节均对相对方人身权存在潜在的威胁，认定将刀具压放在摩托车座位下亦是“携带器械”的行为，进而认定本案的行为系“携带凶器抢夺”有充分的事实及法律依据。

3. 关于“凶器”的理解。按《两抢意见》，管制物品或为实施犯罪而准备的器械，均系“凶器”。《两抢意见》关于“携带凶器抢夺”的规定具有严格责任、主观归罪的原则，只要行为人是为实施犯罪，具有侵犯财产权的主观犯意（不苛求其犯意明确到抢劫或抢夺），其携带了器械即符合有关司法解释的规定，不论有无实际使用，均应以抢劫罪定罪处刑。之所以苛以重刑，就是因为抢劫犯罪具有极大的社会危害性，侵犯双重客体，司法解释规定的定罪标准也是从一般预防到个别预防两方面均严格限制抢夺犯罪行为人及全面保护被害人，如果行为人携带管制物品或为犯罪而携带其他器械，即具有潜在的人身危险性，即使客观上未拿出来使用，也对其以重罪抢劫罪定罪处罚。按此原则认定才能更准确打击、有效地遏制此类犯罪行为。对于随身携带管制物品认定为“凶器”，不论其有无预谋，即推论行为人有侵犯人身权的主观犯意；对于“为实施犯罪而随身携带的其他器械”也认定为“凶器”，以有侵犯财产权的主观犯意为前提，推论行为人携带其他器械亦有侵犯人身权的主观犯意，符合罪刑相一致的原则。

4.《两抢意见》第四条对“携带凶器抢夺”的行为人客观行为方面有全面规定，实施抢夺犯罪过程中“携带凶器”，行为人就该携带的器械（认定为“凶器”的前提下）有三种情形，第一种是始终未拿出来使用（即以“携带凶器抢夺”，按抢劫罪定罪处罚）；第二种则是亮出或使用，如当场使用凶器或器械，可以直接认定犯意已转化、以抢劫罪论处，对于亮出的情形，第四条对该情形规定是“行为人将随身携带凶器有意加以显示、能为被害人察觉的”，直接适用《刑法》第二百六十三条规定定罪处罚（抢劫罪）；第三种情形是，行为人携带凶器抢夺后，在逃跑过程中为窝藏赃物、抗拒抓捕或者毁灭罪证而当场使用暴力或者以暴力相威胁的，则适用《刑法》第二百六十七条第二款（亦为抢夺罪转化为抢劫罪）的规定定罪处罚。所以只要认定“携带凶器抢夺”的基础事实，无论何种情形出现，均应定性为抢劫罪，而没有例外情况。

笔者支持第二种观点，认为对于此类案件应适用严格责任原则，参照《两抢意见》第四条规定，除非“有证据证明该器械确实不是为了实施犯罪准备的”，即“随身携带的器械”不认定为“凶器”，才不以抢劫罪定罪，至于“有证据”的举证责任，不能简单地归于公诉机关或被告人，双方均可举证。但本案在案没有其他证据的情况下，行为人又作出了“准备刀具就是为了实施抢包过程中割包”的犯罪预谋供述，只能认定是“为了实施犯罪而携带其他器械进行抢夺的行为”，以“携带凶器抢夺”认定基础事实，以抢劫罪定罪处罚。对于有侵财犯罪预谋又准备刀具、携带刀具进行抢夺的行为，即使未亮出使用刀具，不论因何客观原因未使用刀具，均应定性为抢劫罪。

（福建省厦门市中级人民法院　王诚）

48. 王玉卓抢劫案

（一）首部

1. 判决书字号：黑龙江省牡丹江市爱民区人民法院（2009）爱刑初字第109号。

2. 案由：抢劫案。

3. 诉讼双方

公诉机关：黑龙江省牡丹江市爱民区人民检察院，检察员：王娟。

被告人：王玉卓，男，1985年4月27日出生，汉族，黑龙江省嫩江县人，初中文化，无固定职业。因本案于2009年8月6日被逮捕。

辩护人：宋君铭，黑龙江信达律师事务所律师。

4. 审级：一审。

5. 审判机关和审判组织

审判机关：黑龙江省牡丹江市爱民区人民法院。

合议庭组成人员：审判长：张怀松；审判员：姜冰冰、魏东辉。

6. 审结时间：2009年9月25日。

（二）诉辩主张

1. 公诉机关指控称

2009年7月26日17时许，被告人王玉卓窜至牡丹江市爱民区祥伦委林业10号楼，以租房为名，骗取房主刘淑珍信任后，趁被害人刘淑珍不备，用剪刀扎其后背、头部、面部等处，被害人刘淑珍夺下剪刀并跑出门外呼救。群众报警后，将被告人王玉卓当场抓获。公诉机关同时向法庭出示了被告人供述、证人证言、法医鉴定书等证据，指控被告人王玉卓的行为触犯了《中华人民共和国刑法》第二百六十三条第（一）项的规定，应以抢劫罪追究其刑事责任。

2. 被告辩称

被告人王玉卓在庭审中对公诉机关指控的犯罪事实供认不讳。

其辩护人的辩护意见为：（1）对公诉机关指控被告人王玉卓犯抢劫罪没有异议。（2）公诉机关指控被告人系“入户抢劫”证据不足。能够认定被告人系“入户抢劫”的证据只有1份，即被告人王玉卓的供述，而没有其他证据予以佐证。（3）公诉机关指控被告人系“入户抢劫”定性不准。被害人刘淑珍对外出租其家中的床铺。在案发当日，被害人已经答应让被告人王玉卓租住其家中的床铺，即本案被害人刘淑珍家的房屋已转化为承租房，应当属于集体宿舍的性质，故根据法律规定不具备“户”的特征，不应认定为“入户抢劫”。

（三）事实和证据

黑龙江省牡丹江市爱民区人民法院经公开审理查明：2009年2月被告人王玉卓来牡丹江市打工，与其表哥杜某某曾租住位于牡丹江市爱民区祥伦委林业10号楼1单元502室刘淑珍家的床铺，一个多月后搬出该房屋不再承租。2009年7月26日17时许，被告人王玉卓为实施抢劫，窜至被害人刘淑珍的住处，以租房为名，骗取刘淑珍的信任后，趁刘淑珍不备，用其家中的剪刀扎其背后一下。因被害人刘淑珍反抗并呼救，被告人王玉卓继续用剪刀扎被害人，将其头部、面部、胸部扎伤，被害人刘淑珍夺下剪刀并跑出门外呼救。群众报警后，将被告人王玉卓当场抓获。经法医鉴定，刘淑珍全身多发软组织损伤均构成轻微伤。

上述事实有下列证据证明：

1. 被告人王玉卓在公安机关的供述笔录、被害人刘淑珍的陈述笔录，证实了被告人王玉卓在2009年7月26日17时许，窜至刘淑珍家以租房为名，骗取刘淑珍信任后，欲抢劫财物，趁被害人不备，用剪刀扎其背后、头部、面部等处，被害人刘淑珍夺下剪刀并跑出门外呼救的犯罪事实。

2. 证人宋广成、夏殿龙、张晓丹的证言、公安机关抓获、破案经过，均证实了在案发当日，被害人刘淑珍被王玉卓伤害后跑到楼下的麻将厅呼救后，张晓丹立即打电话报警，待公安人员赶到现场后，在刘淑珍家将被告人抓获的经过。

3. 公安机关法医鉴定结论书，证实被害人刘淑珍全身多发软组织损伤均构成轻微伤。

4. 公安机关扣押清单，证实在案发后公安机关已将犯罪工具扣押。

5. 被告人王玉卓的户籍证明，证实被告人的身份及年龄。

6. 证人姜彦军的证言，证实了在2009年5月15日以后，被告人王玉卓已不在“四川风味时尚烧烤店”工作。

7. 公安机关情况说明，证实被告人王玉卓在被抓获时，其身上没有钱款。此外还有公安机关现场勘验检查笔录、被害人伤情照片、作案工具照片、现场照片、证人毕远利的证言等证据在卷佐证。

8. 辩护人宋君铭提供的黑龙江省嫩江县九三农垦公安局跃进派出所证明材料1份，证实了被告人王玉卓没有前科劣迹。

（四）判案理由

黑龙江省牡丹江市爱民区人民法院经审理认为：被告人王玉卓无视国法，采用暴力手段入户抢劫他人财物，其行为已构成抢劫罪，应依法予以惩处。公诉机关指控被告人王玉卓犯抢劫罪成立，本院予以支持。被告人王玉卓持械将一个年过六旬的老人头部、面部、胸部、背部等多处扎伤，并致被害人全身多发软组织损伤均构成轻微伤，犯罪手段残忍、行为性质恶劣，应当酌情从重处罚。被告人王玉卓着手实行犯罪时，由于其意志以外的原因而未得逞，系犯罪未遂，可以比照既遂犯从轻或者减轻处罚。被告人王玉卓在公安机关的供述，所供被告人王玉卓产生抢劫想法的时间、具体作案时间、地点、手段、及犯罪主要情节等与被害人的陈述基本一致，被告人王玉卓当庭对其犯罪事实也基本供认，供述可相互印证，故本案事实清楚，证据充分。故辩护人提出的公诉机关指控被告人系"入户抢劫"证据不足的辩护意见不能成立，本院不予采纳。被害人刘淑珍家中的房间虽然有对外出租的床铺，但被害人留有一间房屋用于其自己生活、居住，并作为其人身权利和财产权利最为依赖、最为重要的庇护场所，是被害人安身立命的地方。故被害人的房屋具备"户"的属性中"供家庭生活、居住所用及与外界相对隔离"的特征，因此应当以"户"对待。故辩护人提出公诉机关指控被告人系"入户抢劫"定性不准的辩护意见不成立，本院不予采纳。

（五）定案结论

黑龙江省牡丹江市爱民区人民法院依照《中华人民共和国刑法》第二百六十三条第（一）项、第五十六条、第五十二条、第五十三条，作出如下判决：

王玉卓犯抢劫罪，判处有期徒刑六年，剥夺政治权利二年，并处罚金人民币2 000元。

（六）解说

本案审理过程中，对犯罪人的行为构成抢劫罪没有异议。本案研究的重点在于被害人刘淑珍的家是否属于刑法意义上的"户"，即犯罪人王玉卓的行为能否认定为"入户抢劫"。

第一种意见认为，犯罪人的行为属于入户抢劫。理由是：最高人民法院《关于审理抢劫案件具体应用法律若干问题的解释》（以下简称《解释》）第一条规定："刑法第二百六十三条第（一）项规定的'入户抢劫'，是指为实施抢劫行为而进入他人生活的与外界相对隔离的住所，包括封闭的院落、牧民的帐篷、渔民作为家庭生活场所的渔船、为生活租用的房屋等进行抢劫的行为。对于入户盗窃，因被发现而当场使用暴力或者以暴力相威胁的行为，应当认定为入户抢劫。"本案中被害人刘淑珍家中有三间房，为经营有两间房内有十余张床铺用于出租，被害人留有一间房作为其自己生活居住用，应视为生活住所。且案发当时犯罪人以抢劫为目的，使用欺骗手段进入室内，应视为入户抢劫。

第二种意见认为，犯罪人的行为不属于入户抢劫。理由是：（1）户，即公民的住宅，是保障公民生活自由和安宁的重要场所。公民的住宅不受侵犯，是一项重要的宪法权利。按照《刑法》第二百六十三条之立法原意，将入户抢劫作为加重处罚的量刑情节，就是为了进一步保护公民的人身和住宅安全，将其与在街道、商场等公开场所进行抢劫区分处理。在《解释》中也强调了户的生活场所属性，而非经营性。(2) 本案中，被害人刘淑珍为经营出租房屋床铺，虽有少量生活用具，但主要是起经营之用，而非日常生活起居的场所，故不能改变该其经营场所属性。综上所述，犯罪人的行为属在经营场所抢劫，不应认定为入户抢劫。

笔者同意第一种意见。笔者认为：对“入户抢劫”的认定，关键问题是对“户”的理解。目前理论上有几种观点：其一，“户”是指公民私人住宅，不包括其他场所。其二，“户”是指固定场所，即以此为家的场所，如私人住宅及学生宿舍等，但不包括宾馆房间及值班宿舍等临时住宅场所。其三，“户”是指人长期或固定生活、起居或者栖息的场所，包括私人住宅以及宾馆房间、固定值班人员的宿舍等场所。其四，“户”是指私人住宅，以及其他供人们生活、学习的建筑物，例如，国家机关、企事业单位、人民团体、社会团体的办共场所、公众生产、生活的封闭性场所。《新华字典》把“户”解释为：(1) 一扇门；(2) 人家；(3) 户口。按该解释，“户”指“人家”，亦指住宅之意。根据最高人民法院《关于审理抢劫、抢夺刑事案件适用法律若干问题的意见》的解释，“入户抢劫”是指为实施抢劫行为而进入他人住宅生活的与外界相对隔离的住所，包括封闭的院落、牧民的帐篷、渔民作为家庭生活场所的渔船、为生活租用的房屋等进行抢劫的行为。笔者认为，对“户”的理解应取严格的规定，但应包括以下几项内容：

1. 公民日常居住的私人家庭生活场所，具有相对固定的特点。主要包括公民的住宅及院落，我们通常居住的住宅就是“户”的典型。当中既包括作为公民财产的住宅，也包括公民租用的住房，公民为生活起居而自行搭建的违章房也应当认为是“户”而给予保护。

2. 公民为便于生活和工作的需要而居住的场所，具有相对流动与变动性的特点。主要包括牧民的帐篷、渔民作为家庭生活场所的渔船、工人搭建的工棚、违章房、简易房等。这类情形，由于公民出于生存和维持生计而居住于该类场所，多数情况下属于迫不得已的弱势群体，法律应该保护他们在自己生活场所栖息的权利。

3. 为便于生产经营，公民（如个体经营户）在其开办的小卖部、手工作坊、厂房、维修店等进行生产经营和生活起居的场所，在公民用于生活起居的期间应属于此列，但在生产经营期间对其进行抢劫则不应视为“入户”抢劫。

依据最高人民法院《关于审理抢劫、抢夺刑事案件适用法律若干问题的意见》规定：认定“入户抢劫”时，应当注意以下几个问题：一是“户”的范围。“户”在这里是指住所，其特征表现为供他人家庭生活和与外界相对隔离两个方面，前者为功能特征，后者为场所特征。一般情况下，集体宿舍、旅店宾馆、临时搭建工棚等不应认定为“户”，但在特定情况下，如果确实具有上述两个特征的，也可以认定为“户”。二是“入户”目的的非法性。进入他人住所须以实施抢劫等犯罪为目的。抢劫行为虽然发生在户内，但犯罪人不以实施抢劫等犯罪为目的进入他人住所，而是在户内临时起意实施抢劫的，不属于“入户抢劫”。

本案中，被害人刘淑珍家共有三个房间，其中两间房屋用于出租给在本市打工的外地男青年，一间房屋用于被害人自己生活、居住。被害人的住处具备“户”的属性中“供家庭生活、居住所用及与外界相对隔离”的特征，因此应当以户对待。另外，在犯罪人的主观故意方面，犯罪人在案发前已身无分文，其到被害人住处之前便产生了抢劫被害人的想法，其以租房为名，来到被害人家骗取被害人的信任，其采用暴力手段伤害被害人，目的就是想要将被害人制伏后抢劫财物。故综合全案，笔者认为，犯罪人王玉卓的犯罪行为应当认定为“入户抢劫”。

（黑龙江省牡丹江市爱民区人民法院　张颖）

49. 周铁成等盗窃案

（一）首部

1. 裁判书字号

一审判决书：江苏省宿迁市宿豫区人民法院（2008）宿豫刑初字第297号。

二审裁定书：江苏省宿迁市中级人民法院（2008）宿中刑二终字第64号。

2. 案由：盗窃案。

3. 诉讼双方

公诉机关：江苏省宿迁市宿豫区人民检察院，检察员：黄立军。

被告人（上诉人）：周铁成，男，1963年7月15日出生，湖北省仙桃市人，汉族，初中文化，农民。因本案于2008年6月17日被刑事拘留，同年7月10日被逮捕。

一审辩护人：朱旭东，江苏宿迁西楚律师事务所律师。

被告人（上诉人）：许银才，男，1962年2月18日出生，湖北省仙桃市人，汉族，高中文化，农民。因犯诈骗罪于2001年4月2日被判处有期徒刑七年，2007年10月1日刑满释放。因本案于2008年6月17日被刑事拘留，同年7月10日被逮捕。

4. 审级：二审。

5. 审判机关和审判组织

一审法院：江苏省宿迁市宿豫区人民法院。

合议庭组成人员：审判长：王晓玲；人民陪审员：张用早、单业清。

二审法院：江苏省宿迁市中级人民法院。

合议庭组成人员：审判长：刘国志；审判员：仲佳、杨海峰。

6. 审结时间

一审审结时间：2008年11月11日。

二审审结时间：2008年12月4日。

（二）一审诉辩主张

1. 公诉机关指控称

2008年3月28日13时许，被告人周铁成、许银才伙同廖铁平（批捕在逃）到受害人王甫水泥制品厂以订制地下光缆水泥标志为由，骗得王甫信任，让其到邮政储蓄所办理原存款账户连体储蓄卡，在办卡时窃取密码并将储蓄卡调包，后到宿迁市南湖路邮政储蓄所将受害人王甫账户上的 52 100 元现金取走。公诉机关认为，被告人周铁成、许银才的行为已触犯《中华人民共和国刑法》第二百六十六条之规定，应以诈骗罪追究其刑事责任。本案系共同犯罪，周铁成在共同犯罪中系主犯，许银才系从犯、累犯。

2. 被告辩称

被告人周铁成、许银才对起诉书指控的犯罪事实均无异议。

被告人周铁成的辩护人的辩护意见为：被告人周铁成实施的犯罪行为都是廖铁平策划、安排的，赃款也是廖铁平分配的，因此周铁成应认定为从犯。另外，被告人周铁成积极退赃 24 000 余元，系初犯、偶犯，请法庭予以从轻处罚。

（三）一审事实和证据

江苏省宿迁市宿豫区人民法院经公开审理查明：2008 年 3 月 28 日 13 时许，被告人周铁成、许银才伙同廖铁平（批捕在逃）到宿迁市宿豫区王官集镇街东被害人王甫水泥制品厂，由被告人周铁成出面，假借商谈订购地下光缆水泥标志事宜，骗得王甫信任，后让王甫到邮政储蓄所办理原存款账户连体储蓄卡，以便将部分定金打在卡上。王甫与周铁成一起到储蓄所办卡时，廖铁平在王甫旁边偷看王甫输入的密码，被告人许银才在储蓄所外望风。储蓄卡办好后，被告人周铁成以抄下卡号便于汇款为名将卡要来，并趁王甫不备，用早已准备好的一张空卡与王甫新办的储蓄卡掉包，后将空卡交给王甫。被告人周铁成、许银才及廖铁平离开王甫后，到宿迁市南湖路邮政储蓄所将被害人王甫账户上的 52 100 元现金取走。案发后被告人周铁成、许银才向被害人王甫退回赃款 28 600 元，其中周铁成退赃 24 000 余元，被告人周铁成退赃 4 000 余元。

另查明，被告人许银才于 2001 年 4 月 2 日因犯诈骗罪被判处有期徒刑七年，2007 年 10 月 1 日刑满释放。

上述事实有下列证据证明：

1. 被告人周铁成、许银才的供述，证明骗取邮政储蓄卡的详细过程以及作案时的分工。

2. 受害人王甫的证言，证明其邮政储蓄卡被骗详细过程以及二被告人的衣着特征以及被告人所留手机号码。

3. 宿迁市公安局宿豫分局的辨认笔录、提取笔录、扣押、发还物品文件清单，证明被告人从邮政储蓄所取款 52 100 元的事实以及被告人手机号码与受害人提供的手机号码一致。

4. 新疆维吾尔自治区石河子市人民法院的刑事判决书证明被告人许银才系累犯。

（四）一审判案理由

江苏省宿迁市宿豫区人民法院经审理认为：被告人周铁成、许银才以非法占有为目的，秘密窃取他人财物，数额较大，其行为均已构成盗窃罪，且系共同犯罪。被告人周铁成在犯罪中起主要作用，系主犯；被告人许银才在犯罪中起次要作用，系从犯，依法应当从轻或减轻处罚。公诉机关指控被告人周铁成、许银才犯罪的事实清楚，证据确实、充分，但指控的罪名欠妥，应予更正。本院认为，诈骗罪与盗窃罪的关键区别在于，受骗人是否基于认识错误“自愿”交付财产，即行为人是采用欺骗手法使财物控制者因受骗而产生给付其财物的意思主动交付财物，还是采取秘密窃取的方式取得财物。在行为人实施欺骗手段暂时占有或控制了财物，但财物控制者没有将财物给付行为人的意思表示，并将财物给付他人的情况下，行为人秘密将财物据为己有的行为构成盗窃罪。辩护人提出被告人周铁成在共同犯罪中系从犯，本院认为，周铁成虽称其受廖铁平安排，但其行为在整个犯罪活动中起主要作用，故对该辩护意见本院不予采纳。被告人许银才曾因犯诈骗罪被判处有期徒刑，在刑罚执行完毕后五年内又犯应当判处有期徒刑以上刑罚之罪，系累犯，依法应当从重处罚。鉴于被告人周铁成自愿认罪，积极退赃，系初犯、偶犯，酌情予以从轻处罚。鉴于被告人许银才自愿认罪，且系从犯，部分退赃，依法予以从轻处罚。

（五）一审定案结论

江苏省宿迁市宿豫区人民法院依照《中华人民共和国刑法》第二百六十四条、第二十五条第一款、第二十六条第一、四款、第二十七条、第六十五条第一款，作出如下判决：

1. 周铁成犯盗窃罪，判处有期徒刑七年，并处罚金人民币 1 万元。

2. 许银才犯盗窃罪，判处有期徒刑七年，并处罚金人民币 1 万元。

（六）二审情况

1. 二审诉辩主张

上诉人周铁成（原审被告人）、许银才（原审被告人）不服一审判决，提起上诉。

2. 二审事实和依据

江苏省宿迁市中级人民法院经审理，确认一审法院认定的事实和证据。

3. 二审判案理由

在二审审理过程中，上诉人周铁成、许银才申请撤回上诉。

江苏省宿迁市中级人民法院经审理认为：原审判决认定上诉人周铁成、许银才犯盗窃罪的事实清楚，证据确实、充分，定性正确，量刑适当，且审判程序合法。

4. 二审定案结论

江苏省宿迁市中级人民法院依照最高人民法院《关于执行〈中华人民共和国刑事诉讼法〉若干问题的解释》第二百三十九条、第二百四十四条，作出如下裁定：

准许上诉人周铁成、许银才撤回上诉。

（七）解说

本案的争议焦点在于犯罪人周铁成、许银才的行为构成诈骗罪还是盗窃罪。盗窃罪与诈骗罪在主观上都以非法占有他人财产为目的，在客观上都侵害了公私财产所有权，所不同的只是客观方面存在的差异，即非法获取财产的方法不同。盗窃罪是采取秘密的方法窃取财产，诈骗罪是采取欺诈的方法取得财产。从犯罪构成要件上看，两者之间差距十分明显，但是在具体案件中，区分起来却不那么容易。如一些案件诈骗和窃取行为相互交织，对这类案件如何定性，在司法实践中处理具体案件时意见经常不一致。本案中犯罪人周铁成、许银才的行为构成盗窃罪，而非诈骗罪，理由有三：

第一，从获取财物的方法上分析。犯罪人采取欺骗手段，趁人不备、偷梁换柱的行为，归根到底是以秘密窃取的方式盗得他人的财物。犯罪人采取欺骗手段，趁受害人不备，将银行卡调包，表面上看是以虚构事实、隐瞒真相的方法骗取财物，其行为构成诈骗罪。但犯罪人虽然采取欺诈手段，但获取银行卡并不是通过欺诈手段获得的，而是趁受害人不备，秘密换取的，因而对其获取财物起决定作用的是秘密窃取手段而不是欺诈手段。

第二，从受害人自我认知上分析。诈骗罪是受害人上当受骗后，在错误认识下，有意识地处分（交付）财产的行为。本案中受害人并不是因陷于错误认识，而“自愿地”处分自己的财物。在本案中，并不是因为受害人陷于错误认识后，有意识地处分该银行卡以及卡中金钱，即将银行卡交给被告人。受害人虽有将银行卡交付周铁成的行为，但只是让其抄下卡号便于以后汇款，并不是让其拿走。犯罪人是在受害人不明知的情况下将银行卡掉包拿走，因而不是受害人有意识处分的结果，而是犯罪人周铁成秘密窃取的结果。

第三，从整个犯罪行为结构、行为方式上分析。盗窃罪与诈骗罪的行为结构和行为方式上的不同，导致受害人处分财产的差异：盗窃罪中受害人在案发当时并不知道财产丢失的事实；而诈骗罪中受害人是“自愿地”交付财物、处分财产。即关键在于受害人有无基于认识错误而积极处分财产。本案中受害人与犯罪人一起到储蓄所办卡后，犯罪人以抄下卡号便于汇款为名将卡要来，并趁其不备，用早已准备好的一张空卡与新办的储蓄卡掉包。虽然犯罪人实施欺骗手段暂时占有或控制了银行卡，但此时受害人并没有将银行卡给付犯罪人的意思表示也不知道卡被掉包的事实。掉包过程中虽然伴随着诈骗行为，但该诈骗行为是为盗窃创造条件，可以视为盗窃的一种手段，该行为不具有受害人在受蒙蔽的情形下自愿地处分财产的特征，故犯罪人的行为构成盗窃罪。

综上，犯罪人以非法占有为目的，采取欺骗手段，趁人不备、偷梁换柱，秘密将他人财物据为己有的行为构成盗窃罪。

（江苏省宿迁市宿豫区人民法院　孟永生　年冬阳）

50. 王仁根盗窃案

（一）首部

1. 判决书字号：江苏省海门市人民法院（2009）门刑初字第322号。

2. 案由：盗窃案。

3. 诉讼双方

公诉机关：江苏省海门市人民检察院，代理检察员：曹瑜、尹天擎。

被告人：王仁根，男，1972年5月8日出生，江苏省响水县人，汉族，小学文化，农民。因本案于2009年4月16日被逮捕。

辩护人：岑家根，江苏万丰律师事务所律师。

4. 审级：一审。

5. 审判机关和审判组织

审判机关：江苏省海门市人民法院。

合议庭组成人员：审判长：袁建新；审判员：茅振宇；人民陪审员：项晓伟。

6. 审结时间：2009年9月9日。

（二）诉辩主张

1. 公诉机关指控称

被告人王仁根于2007年年初，先后两次至海门市海门镇日新村施某某（系被告人王仁根的情人）家，开门入室，窃得施某某埋在室内地下的现金合计人民币9.8万元。被告人王仁根以非法占有为目的，秘密窃取他人财物，数额特别巨大，其行为已触犯《中华人民共和国刑法》第二百六十四条之规定，应当以盗窃罪追究其刑事责任。

2. 被告辩称

被告人王仁根辩称，其行为不属于盗窃。

其辩护人的辩护意见为：（1）被告人的行为属侵占他人埋藏物的行为，应构成侵占罪；（2）被告人与被害人之间存在特殊关系，且被告人系初犯，归案后又能如实供述自己的罪行，社会危害性较小，据此，建议对被告人从轻处罚。

（三）事实和证据

江苏省海门市人民法院经公开审理查明：被告人王仁根与被害人施某某于2004年左右结识后，一直保持着不正当关系。2006年9月，被害人丈夫因车祸而死亡，被害人因此获得了十余万元的赔偿款。2007年年初，在被告人的提议下，被告人与被害人一起将现金人民币9.8万元埋在被害人位于海门市海门镇日新村的北边老屋内。2007年3月间，被告人先后两次至被害人施某某家老屋，用被害人以前给其的钥匙开门入室，将埋在地下的现金窃走，后将钱款主要用于为家庭购买电器等以及其个人做生意和挥霍。同时，被告人还编造谎言向被害人隐瞒其已将钱款窃走的事实。2008年年初，被告人断绝了与被害人的联系。被害人施某某发现钱款不见后，于2008年3月15日向公安机关报警，本案案发。

上述事实有下列证据证明：

1. 被告人王仁根的供述，证实其与被害人间的关系以及其未经被害人同意，将其与被害人一起埋在地下的钱款人民币9.8万元取走，并在事后向被害人隐瞒了将款取走的事实。还能证实其将很少一部分钱款用于为被害人看病，其余钱款用于为家庭购买电器等以及其个人做生意和挥霍的事实。

2. 被害人施某某的陈述，证实其与被告人间的关系以及其和被告人将钱埋在地下后，被告人在其不知情的情况下将钱款偷偷取走，并在其发现埋钱的地方情况异常的时候，编造谎言进行隐瞒，2008年年初以后，其再也找不到被告人的事实。还能证实被告人为其看病用去近万元医药费的事实。

3. 证人季美、宋卫英、张萍等人的证言，证实被告人将窃得的钱款主要用于为家庭购买电器以及其个人做生意和挥霍；被害人在发现钱款被窃后，多次到被告人家中追问被告人去向；被告人为被害人治病花费数千元等的事实。

4. 海门市公安局制作的现场勘验检查笔录、现场图及照片，证实被窃现场的情况。

5. 海门市人民法院生效的民事判决书，证实被害人因丈夫出车祸死亡，获得了十余万元赔偿款的事实。

6. 海门市公安局行政处罚决定书，证实被告人曾因盗窃受行政处罚的事实。

7. 海门市公安局查询存款/汇款通知书，证实被告人将窃得的钱款存入银行的事实。

8. 机动车销售发票，证实被告人用赃款购买摩托车的事实。

9. 海门市公安局调取证据清单，证实公安机关在证人宋卫英处调取了被告人放在该处的为被害人治病所花 5 000 余元医药费发票的事实。

10. 海门市公安局关于本案发破案经过及被告人抓获经过的情况说明，证实公安机关在 2008 年 3 月 15 日接到被害人报警后，对本案立案侦查，后于 2009 年 4 月 2 日将被告人抓获归案的事实。

（四）判案理由

江苏省海门市人民法院经审理认为：被告人王仁根以非法占有为目的，秘密窃取他人财物，数额特别巨大，其行为已构成盗窃罪。公诉机关指控被告人王仁根犯盗窃罪，事实清楚，证据确实、充分，定性准确，应予支持。关于被告人所作的其行为不属于盗窃的辩解及其辩护人所作的被告人的行为属非法占有他人埋藏物的行为，应构成侵占罪的第一点辩护意见，法院认为：（1）被害人与被告人间并不存在钱款的委托保管关系，被告人背着被害人偷偷去挖钱，后又怕事情败露编造谎言进行隐瞒，最后又躲避被害人的行为，都能证实其采取的是一种秘密窃取的手段；（2）被害人将钱款埋在其屋内的地下，并未放弃对钱款的占有，该钱款的性质属于其占有的财物，而非埋藏物。被告人明知是他人占有的财物，而采用秘密手段进行窃取，其行为符合盗窃罪构成要件。据此，法院对上述辩解和辩护意见均不予采纳。辩护人提出的第二点辩护意见，经查属实，法院予以采纳。

（五）定案结论

江苏省海门市人民法院依照《中华人民共和国刑法》第二百六十四条、第六十四条，作出如下判决：

1. 王仁根犯盗窃罪，判处有期徒刑十年，并处罚金人民币 10 万元。

2. 追缴王仁根赃款人民币 98 000 元，发还被害人施某某。

（六）解说

侵占罪和盗窃罪是司法实践中很常见的两类侵犯他人财产权利的犯罪，通常情况下，侵占罪和盗窃罪是比较容易区分的，但是在二者彼此交织的时候，就需要有一个明确的界限对侵占罪和盗窃罪加以区分。这两种罪的区别主要体现在客观方面。首先，两者的行为方式不同。侵占罪的行为方式既可以是秘密的，可以是公开的或半公开的，而且必须是拒不退还或者交出他人财物的，才构成犯罪。而盗窃罪的行为方式通常是秘密的，但不排除公开的或半公开窃取财物的方式。其次，两者的犯罪对象不同。侵占罪的犯罪对象只能是行为人在犯罪前已经占有的他人财物或者埋藏物、遗忘物，而盗窃罪的犯罪对象则只能是行为人在犯罪前并不占有的他人财物。也就是说，侵占罪是不转移占有的犯罪，即行为人侵占的财物是行为人事先合法占有、控制的财物，原财物所有人、占有人已经失去对该财物的控制权，是将“自己占有”转化为“不法占有”。而盗窃罪是转移占有的犯罪，行为人非法占有的财物是行为人事先并不享有所有权、占有权的财物，即将“他人占有”转化为“自己占有”。

这里对“占有”的科学理解，对于合理区分侵占罪和盗窃罪具有十分重要的意义。《刑法》第二百七十条第一款所谓的占有（即代为保管），一般是指行为人经原财物所有人或管理人的委托授权而占有他人财物，虽未经原财物所有人或管理人的委托授权对其财物的善意占有（如无因管理中为了他人的利益对他人财物的占有等）也应包括在内。《刑法》第二百七十条第二款所谓的占有即指行为人未经原财物所有人或管理人的委托授权而自行占有他人之物。因此，刑法意义上的占有应包括有法律根据的占有和无法律根据的占有两种情况在内。此为刑法上“占有”的第一层含义，显然与民法上所说的享有财物占有权情况下的占有有异。

刑法上“占有”的第二层含义是，占有并不仅限于行为人对他人财物的事实上的占有，即不以直接控制着财物为必要，法律上的占有（如占有他人的股票、证券、提单等）也应包括在内。简而言之，占有应是行为人在法律上或事实上对他人之物的控制状态。就侵占罪与盗窃罪的区分而言，如果他人财物在行为人产生非法占有目的之前或之时已经在自己的控制范围之内，行为人将其非法占为己有而拒不退还或交出的，就可以成立侵占罪；反之，如果他人财物在行为人产生非法占有目的之前或之时处于行为人的控制范围之外，行为人采用窃取的手段将之非法占为己有的，就可以成立盗窃罪。

下面针对本案的具体案情，澄清审理过程中的争议问题。

1. 犯罪人王仁根与被害人施某某之间是否存在委托保管关系？

侵占罪的犯罪对象之一就是委托物，即“代为保管的他人财物”。认定是否是委托物的关键是看当事人双方是否存在委托保管关系。委托保管关系发生的原因是多种多样的，如租赁、担保、借用、委任、寄存等，委托保管关系不一定要有成文的合同，事实上存在委托保管关系即可。

庭审中，犯罪人王仁根辩称：被害人施某某曾向其表示，其可自由支配、使用所埋钱款，并将钱款委托其保管。但犯罪人在侦查阶段多次供述其与被害人经济独立，被害人未明确其可动用所埋钱款，该辩解无其他证据印证。经庭审质证并认定：在被害人发现埋钱的地方泥土松动后，犯罪人谎称泥土是老鼠啃的，被害人遂没有查看钱款是否还在。这一反证可以证实被害人并没有将钱款交给犯罪人保管。根据本案的证据来看，王仁根与被害人施某某之间并不存在某种法律或事实上的委托保管关系。因此，本案中的埋藏在被害人家中的钱并不是“保管物”。

2. 被害人埋在自家房子里的钱是否属于埋藏物？

所谓埋藏物，是指埋入地下或者藏于他物之中不易被人发现的，且因时间久远或者其他原因不能查明所有权人的财物。埋藏物在学理上又被称为所有权被中断的物。原所有权人埋藏某物的行为只是保管财物，而不是抛弃财物，只是后来无法查明谁是所有权人，所有权被认为因客观原因而中断。按照我国《民法通则》的规定，能够确定埋藏物的所有权人的，埋藏物归属所有权人；不能确定的，埋藏物归国家所有。必须明确的是，他人有意埋藏于特定地下，且具有占有的意思的财物，属于他人占有的财物，而不是埋藏物。行为人不法取得该财物的，应认定为盗窃。本案就属于这种情况。

（江苏省海门市人民法院　尹振国）

51. 杨海兵等诈骗案

（一）首部

1. 裁判书字号

一审判决书：江苏省南通市崇川区人民法院（2009）崇刑初字第181号。

二审裁定书：江苏省南通市中级人民法院（2009）通中刑二终字第62号。

2. 案由：赌博案。

3. 诉讼双方

公诉机关：江苏省南通市崇川区人民检察院，检察员：范道凯。

被告人（上诉人）：杨海兵，男，1981年6月20日出生，汉族，江苏省滨海县人，中专文化。因本案于2009年3月11日被刑事拘留，同年3月27日被取保候审，同年7月3日被逮捕。

一审辩护人：陈勇，上海亚太长城律师事务所南通分所律师。

被告人（上诉人）：张天羊，男，1979年2月21日出生，汉族，江苏省滨海县人，高中文化。因本案于2009年3月11日被刑事拘留，同年3月27日被取保候审，同年7月3日被逮捕。

被告人：秦海东，男，1975年11月22日出生，汉族，江苏省南通市人，大专文化。因本案于2009年3月11日被刑事拘留，同年3月30日被取保候审，同年7月3日被逮捕。

4. 审级：二审。

5. 审判机关和审判组织

一审法院：江苏省南通市崇川区人民法院。

合议庭组成人员：审判长：曹彬；代理审判员：王风华、周怀洲。

二审法院：江苏省南通市中级人民法院。

合议庭组成人员：审判长：郭庆茂；审判员：陈广宇；代理审判员：何忠林。

6. 审结时间

一审审结时间：2009年7月15日。

二审审结时间：2009年9月2日。

(二) 一审诉辩主张

1. 公诉机关指控称

自 2008 年 10 月至 2009 年 3 月初，被告人杨海兵伙同被告人张天羊、秦海东等人经事先商量后，采用事先买通游戏机房的管理人员的方法，将从上海买回的赌博机作弊芯片偷装至南通市金山游戏机房、风暴游戏机房、轻纺城游戏机房、易酷游戏机房、长桥游戏机房、北濠桥游戏机房的赌博机上，然后安排李恒成、顾爱华、李运东、李运江（均已处理）等人到相应赌博机上按照程序进行赌博，共赢得人民币 182 000 元左右。公诉机关认为，被告人杨海兵、张天羊、秦海东以营利为目的，聚众赌博，赌资数额累计达到 5 万元以上，其行为已构成赌博罪，提请法院依照《中华人民共和国刑法》第三百零三条之规定予以处罚。

2. 被告辩称

被告人杨海兵、张天羊、秦海东在庭审中对起诉书指控的犯罪事实供认不讳，未提出辩解。

被告人杨海兵的辩护人的辩护意见为：被告人杨海兵所得涉案赃款已追缴，且认罪态度较好，有悔罪表现，可酌情从轻处罚，请求法院对其适用缓刑。

(三) 一审事实和证据

江苏省南通市崇川区人民法院经公开审理查明：被告人杨海兵伙同被告人张天羊、秦海东等人经预谋，于 2008 年 10 月至 2009 年 3 月初，至南通市区一些游戏机房，采用事先买通游戏机房的管理人员或通过分散游戏机房管理员注意力的方法，由被告人杨海兵将用来改变赌博机输赢概率的赌博机作弊芯片偷换到南通市游戏机房的赌博机上，然后由被告人杨海兵伙同被告人张天羊、秦海东等人一起或由被告人杨海兵安排李恒成、顾爱华、李运东、李运江（均已处理）等人到相应赌博机上伪装成赌博，实际是利用程序控制赌博机来获取点数，再凭获取的点数向游戏机房业主兑换成现金，骗取钱财。具体分述如下：

1. 被告人杨海兵伙同被告人张天羊、秦海东于 2008 年 11 月，至南通市金山游戏机房，在被告人杨海兵事先偷换过芯片的赌博机上，利用程序控制赌博机来获取点数，再凭获取的点数向游戏机房业主兑换成现金，骗取人民币 3 万元左右。

2. 被告人杨海兵安排李运东、李运江、顾爱华等人于 2009 年春节后，至南通市风暴游戏机房和轻纺城游戏机房，在被告人杨海兵事先偷换过芯片的赌博机上，利用程序控制赌博机来获取点数，再凭获取的点数向游戏机房业主兑换成现金，分别骗取人民币 3 万元左右。

3. 被告人杨海兵于 2009 年 2 月，在被告人秦海东、张天羊的掩护下将作弊芯片偷换至南通市易酷游戏机房的赌博机上，然后安排李运东、李运江等人并伙同被告人张天羊、秦海东一起，在偷换过芯片的赌博机上，利用程序控制赌博机来获取点数，再凭获取的点数向游戏房业主兑换成现金，两天共骗得人民币 6 万元左右。

4. 被告人张天羊、秦海东于 2009 年 2 月，事先踩点后，叫金冲至南通市长桥台球城的赌博机上偷换作弊芯片，然后被告人张天羊、秦海东、金冲等人在偷换过芯片的赌博机上，利用程序控制赌博机来获取点数，再凭获取的点数向游戏房业主兑换成现金，共骗得人民币 1.2 万元左右。

5. 被告人杨海兵于2009年2月底3月初，得知金冲将作弊芯片偷换在南通市濠北路游戏机房的赌博机上后，安排顾爱华、李运江、李恒成到偷换过芯片的赌博机上，利用程序控制赌博机来获取点数，再凭获取的点数向游戏房业主兑换成现金，共骗得人民币4 000元左右。

另查明：2009年3月11日，被告人杨海兵、张天羊被公安机关抓获归案。同日，被告人秦海东经公安机关电话通知后，主动到公安机关投案并如实供述了自己的罪行。案发后，被告人杨海兵退还赃款人民币6万元，被告人张天羊退还赃款人民币3万元，被告人秦海东退出赃款人民币3万元。

上述事实有下列证据证明：

1. 被告人杨海兵、张天羊、秦海东在侦查阶段的供述笔录；

2. 证人李恒成、顾爱华、李运东、李运江、金冲、张志祥的证言和证人葛红兵、李楠、钟瑞庭、张承志的证言及辨认笔录；

3. 视听资料，本案作案工具和赌博作弊芯片照片；

4. 被告人杨海兵、张天羊、秦海东的户籍资料、南通市公安局崇川区分局公安行政处罚决定书；

5. 另有公安机关扣押物品、文件清单、发还物品清单、南通市公安局崇川区分局刑大二区队的发破案经过及被告人秦海东到案情况说明等证据。

（四）一审判案理由

江苏省南通市崇川区人民法院经审理认为：被告人杨海兵、张天羊、秦海东以非法占有为目的，用隐瞒真相的方法，骗取钱财，数额巨大，其行为已构成诈骗罪，且系共同犯罪。在共同犯罪中，三被告人合谋提起犯意，相互分工配合，积极地实施犯罪，在共同犯罪中三被告人均起主要作用，均为主犯。关于公诉机关指控的被告人杨海兵在南通市濠北路游戏机房，即第五笔犯罪事实中的犯罪数额部分与被告人杨海兵的供述有冲突。鉴于杨海兵在侦查阶段供述其该笔的犯罪所得为人民币4 000元左右，和证人顾爱华、李运江、李恒成的证言均能相互印证。而证人葛红兵作为濠北路游戏机房的管理人员，其所作的证言：该游戏机房总共被骗取人民币近20 000元，是指包含了其他人在该店用同样方法实施诈骗，致使该店遭受财产损失的总额。故公诉机关仅以证人葛红兵的证言指控被告人杨海兵该笔犯罪数额为人民币近20 000元的证据不足，应当认定该笔犯罪数额为人民币4 000元左右。公诉机关指控被告人杨海兵、张天羊、秦海东其他的犯罪事实部分，事实清楚，证据确实、充分，本院予以采纳。但认定被告人杨海兵、张天羊、秦海东犯赌博罪的定性不当。赌博罪是指以营利为目的，聚众赌博或者以赌博为业的行为。赌博的输赢结果是取决于偶然因素，这种偶然性对赌博的双方当事人来讲是未知的，具有不确定性。本案中被告人通过偷换作弊芯片、输入程序从而使赌博机的输赢结果对于被告人一方来讲已确定，不再具有偶然性。因此被告人的行为已背离了赌博的特征。被告人控制赌博机的输赢结果，目的是使被告人一方成为必然的赢家，获取点数后骗取现金。因此其主观方面具有非法占有的故意。客观上，被告人采取隐瞒事实真相的方法，在形式上伪装成在赌博机上赌博，其欺诈行为使不明真相的游戏机房业主产生错误认识，在误认为是赌输给被告人的情况下，按正常的赌博机赌博的输赢规则将现金自愿兑换给被告人。本案中的游戏机房业主经营赌博机属于违法行为，被骗取的财物亦不具有合法性，但是其财产的损失是由被告人的诈骗行为所致，游戏机房业主处分财产和被告人的诈骗行为之间具有直接的因果关系。因此被告人的行为侵犯了他人的财产权益。综上，三被告人形似赌博的行为完全符合诈骗罪的构成要件。被告人秦海东的犯罪事实虽被司法机关发觉，但在未被采取强制措施时，其主动向公安机关投案，并如实供述自己的罪行，应当视为自首，可以减轻处罚。被告人杨海兵、张天羊、秦海东归案后及在庭审中均认罪态度较好，且案发后三被告人均主动退还了部分犯罪所得，有一定的悔罪表现，可酌情予以从轻处罚。对于杨海兵的辩护人提出杨海兵所得涉案赃款已追缴，且认罪态度较好，有悔罪表现，可酌情从轻处罚的辩护意见，经查属实，本院予以采纳。对于杨海兵的辩护人提出建议对其适用缓刑的辩护请求，经查：根据被告人杨海兵参与诈骗数额巨大的犯罪事实和情节，依法应当判处三年以上十年以下有期徒刑，并处罚金，不符合适用缓刑的条件，故该辩护请求本院不予采纳。

（五）一审定案结论

江苏省南通市崇川区人民法院依照《中华人民共和国刑法》第二百六十六条、第二十五条第一款、第二十六条第一、四款、第六十七条第一款、第六十四条、最高人民法院《关于处理自首和立功具体应用法律若干问题的解释》第一条、最高人民法院《关于执行〈中华人民共和国刑事诉讼法〉若干问题的解释》第一百七十六条第（二）项，作出如下判决：

1. 杨海兵犯诈骗罪，判处有期徒刑四年，并处罚金人民币 20 000 元。
2. 张天羊犯诈骗罪，判处有期徒刑三年，并处罚金人民币 15 000 元。
3. 秦海东犯诈骗罪，判处有期徒刑二年，并处罚金人民币 15 000 元。
4. 杨海兵、张天羊、秦海东诈骗所得赃款予以追缴，上缴国库。

（六）二审情况

1. 二审诉辩主张

上诉人杨海兵上诉称：原判定性不当，其应构成赌博罪，而非诈骗罪。

上诉人张天羊上诉称：原判认定第三笔诈骗数额错误，其参与诈骗易酷游戏机房只得款人民币 4 万元，并非原判认定的人民币 6 万元。在共同犯罪中，其并不懂作弊芯片的安装技术，所起作用较小，为从犯，应减轻或从轻处罚。

2. 二审事实和证据

江苏省南通市中级人民法院经审理，确认一审法院认定的事实和证据。

3. 二审判案理由

江苏省南通市中级人民法院经审理认为：上诉人杨海兵、张天羊及原审被告人秦海东以非法占有为目的，用隐瞒真相的方法，骗取钱财，数额巨大，其行为已构成诈骗罪，且系共同犯罪。原审判决认定事实清楚，证据确实、充分，定罪正确，量刑恰当，审判程序合法，本院应予支持。对上诉人杨海兵提出本案应定性为赌博罪而不是诈骗罪的上诉理由，经查：上诉人杨海兵、张天羊及原审被告人秦海东采取偷换赌博机芯片、改变程序，完全控制了赌博机的输赢结果，所获取点数以及钱财的结果具有确定性，已完全背离了赌博主要凭借运气和赌技赢取钱财的规则，故该行为不符合赌博罪的特征；而游戏机房业主并没有认识到两上诉人及原审被告人秦海东是采取诈术获取点数，误认为是其玩赌博机技术高超，故被骗交付钱财。两上诉人及原审被告人秦海东的行为，完全符合诈骗罪系基于行为人采用诈术方法，致使被害人陷入错误认识后“自愿”交付钱财的特征。故上诉人杨海兵此点上诉理由不能成立，本院不予采纳。对上诉人张天羊提出原判认定第三笔其诈骗数额只有人民币4万元，并非人民币6万元的上诉理由，经查：上诉人杨海兵在侦查阶段供认其伙同张天羊、秦海东在易酷游戏机房诈骗人民币6万元；上诉人张天羊在侦查阶段对此稳定供述为7万元左右，与易酷游戏机房业主李楠的陈述基本吻合。原公诉机关综合上述证据，就低指控该笔诈骗数额为人民币6万元，对此，上诉人张天羊在原审法庭上并无异议。二审期间，上诉人张天羊诉称该笔诈骗数额为人民币4万元，并无证据佐证，故该上诉理由本院不予采纳。对上诉人张天羊提出的其并不掌握偷换芯片技术，其在共同犯罪中是起次要作用的从犯，应从轻或减轻处罚的上诉理由，经查：上诉人张天羊虽不掌握偷换芯片技术，但其先后联系懂得安装、控制作弊赌博芯片技术的杨海兵、金冲来南通共同作案，表明上诉人张天羊是本案诈骗犯罪犯意的提起者；在犯罪预备阶段，其积极踩点，以选择作案地点；在犯罪实行阶段，其以吸引游戏机房管理员注意力方式掩护他人偷换芯片，并且亲自操控安装了作弊芯片的赌博机，以赢取点数骗取钱财，均证明其在共同作案中起主要作用，故原判认定其为主犯完全正确。综上，上诉人杨海兵、张天羊提出的上诉理由均不成立，本院不予采纳。

4. 二审定案结论

江苏省南通市中级人民法院依照《中华人民共和国刑事诉讼法》第一百八十九条第（一）项，作出如下裁定：

驳回上诉，维持原判。

（七）解说

本案争议的焦点是对行为人采用偷换赌博机作弊芯片后控制赌博机输赢的方法获取钱财如何定罪的问题。对此，控方认为行为人杨海兵伙同张天羊、秦海东以营利为目的，不仅亲自在赌博机上操作，而且安排其他多人在赌博机上操作，非法获取钱财均超过5 000元以上，符合最高人民法院、最高人民检察院《关于办理赌博刑事案件具体应用法律若干问题的解释》第一条第（二）项关于“组织三人以上赌博，赌资数额累计达到五万元以上的”聚众赌博特征，构成赌博罪。而一、二审法院认为三行为人系通过偷装作弊芯片控制赌博游戏机程序赢取点数，使赌博游戏机房业主误认为其是玩赌博游戏机技术高超而交付钱财，符合行为人使用欺骗手段使他人产生错误认识而“自愿”交付钱财的诈骗特征，构成诈骗罪。

在现实生活中，许多不法游戏机房业主违反国家规定，在游戏机上安装赌博芯片引诱玩家上机游戏，使得这种游戏机变成了具有一定赌博特征的赌博机。这种赌博机的特点是在新颖、巧妙、刺激的程序设计中布置陷阱，使得玩家要有高超的技巧才有赢钱的可能，因而颇能吸引那些自认为玩技高超的玩家上机游戏。但受赌博芯片的程序控制，玩家往往输多赢少，致游戏机房业主处于有利地位。对于玩家来说，也知道其中可能存在陷阱，但因偶尔能赢一两次，或者为了赢回已经输掉的钱财，加之输赢的数额不大，还有游戏的刺激等因素，往往越陷越深，似乎符合赌博是就偶然的输赢以财物进行赌事或者博戏的行为特征。由此，赌博机就成为游戏机房业主与玩家之间博取钱财的游戏平台。这是控方认为本案应以赌博罪定罪的基本依据。

应当承认，完全没有骗术的赌博行为是不存在的。这就使得赌博行为中的“骗术”与诈骗行为中的“欺骗”因含义相近而难以区分。笔者认为，尽管在主观方面赌博罪是以营利为目的，而诈骗罪是以非法占有为目的，亦即都有非法牟取他人钱财的目的，使得两罪在这点上有重合之处，但在以下几个方面有区别：(1) 主观故意的内容不同。赌博罪的行为人主要是寄希望于自己的赌技和运气牟取他人的钱财，属于依靠巧技占有。而诈骗罪的行为人则完全寄希望于通过虚假承诺、掩盖真相、无中生有、以假乱真等方法直接骗取他人钱财，属于恶意占有。(2) 对输赢结果是否具有确定性不同。在客观方面，赌博毕竟是射幸行为，是双方在相同的游戏规则中碰运气，依靠偶然事实而侥幸取胜的行为，输赢的结果不具有确定性。若游戏一方的骗术已经掌控全局，即输赢结果已经被其控制，丧失了赌博对输赢结果所具有的不确定性，致使获取财物成为确定性，则不是赌博，而是诈骗。简言之，赌博是“以戏取财”，诈骗则是“以诈取财”。(3) 欺骗的性质不同。赌博中固然伴有一定的骗术，其本质上仍然是为了扩大胜算的概率，如心理战术、故意误导、转移注意力等，偶有作弊行为控制输赢结果的，并不改变整体行为的赌博性质。而诈骗则完全是依靠单纯的欺骗，行为人是通过虚构事实、隐瞒真相的方法使他人陷入错误认识后处分财产而予以占有，因而，欺骗行为只是一种获取财物的手段，并且由于这种手段行为与他人的处分财产的行为之间具有因果关系，性质应属诈骗。(4) 侵犯的客体不同。赌博不仅危害诚实劳动、合法经营的社会秩序，影响正常的生产、工作和生活，而且往往诱发其他犯罪，有很大的社会危害性，应予刑事打击，故赌博罪侵犯的客体是社会管理秩序和社会风尚。因此《刑法》将赌博罪规定在分则第六章妨害社会管理秩序罪中。而诈骗罪纯粹是侵财性犯罪，侵犯的客体是公私财物的所有权，因而刑法将其规定在分则第五章侵犯财产罪中。

从本案行为的过程上看，行为人杨海兵、张天羊、秦海东分工协力，通过秘密的方法在赌博游戏机上安装作弊芯片，然后上机操作，利用程序控制来赢取游戏点数，已经改变了赌博所应有的依靠赌技和运气的偶然事实来决定输赢结果，且对输赢结果具有了确定性。另外，杨海兵、张天羊、秦海东亲自或者安排他人上赌博游戏机赢取游戏点数后所兑换获得的现金数额达到7.6万元左右，并非三行为人等人上赌博游戏机时所用的参赌赌资，控方由此指控本案赌资累计达到5万元以上，构成聚众赌博与事实不符，故本案不构成赌博罪应当成为定论。但其中存在三行为人秘密偷装作弊芯片后从赌博游戏机中获得游戏点数的行为，符合秘密窃取的特征，再加之机器（游戏机）不存在意志不能成为被骗对象的原因，似乎又产生不能以诈骗论而宜以盗窃论的疑问。对此笔者认为，偷装作弊芯片获取游戏点数只是行为人的手段行为，目的行为应为非法占有游戏机房业主的钱财。事实上，行为人杨海兵、张天羊、秦海东正是凭借着该不正当的手段获得了游戏点数后，向游戏机房业主兑换了相应的大额钱款，该兑换行为属于人与人之间的意识交流，体现了双方各自的主观意志，已经不能就此认为是人与机器之间在进行交流。由此说明，杨海兵、张天羊、秦海东偷装游戏机作弊芯片改变游戏机程序以控制输赢结果，总体上应当属于掩盖事实真相的欺骗行为，且该行为与杨海兵、张天羊、秦海东等人操控游戏机所获得的游戏点数之间具有因果关系。而游戏机房业主在同意用现金与行为人杨海兵、张天羊、秦海东所获得的游戏点数进行兑换时，并没有认识或者无法确认杨海兵、张天羊、秦海东等人获取游戏点数是采取掩盖事实真相的方法，误认为是杨海兵、张天羊、秦海东等人玩游戏机技术高超而处分钱财，完全符合行为人采取欺骗手段使他人陷入错误认识而“自愿”处分财产的诈骗特征，故法院将公诉机关指控的罪名由赌博罪改变为诈骗罪是正确的。

（江苏省南通市中级人民法院　郭庆茂）

52. 刘滋晓职务侵占案

（一）首部

1. 判决书字号：广西壮族自治区浦北县人民法院（2009）浦刑初字第 18 号。

2. 案由：职务侵占案。

3. 诉讼双方

公诉机关：广西壮族自治区浦北县人民检察院，代理检察员：梁永志。

被告人：刘滋晓，男，1978 年 10 月 1 日出生，汉族，广西浦北县人，大学文化，现任广西电信有限公司浦北县分公司市场建维部建设维护主办。

辩护人：宁凯，广西港天律师事务所律师。

4. 审级：一审。

5. 审判机关和审判组织

审判机关：广西壮族自治区浦北县人民法院。

合议庭组成人员：审判长：韦浩；审判员：吕耀光、陈梁。

6. 审结时间：2009 年 12 月 13 日。

（二）诉辩主张

1. 公诉机关指控称

2005 年年初，钦州市长途线务局将浦北县城至寨圩二级路线路迁改工程款 10 万元汇入郑宗峰开设的浦北县通信服务中心的账户。在 2005 年上半年的一天，郑宗峰提了现金人民币 68 890 元交给了被告人刘滋晓。被告人收到该款后，除支付给吴朝喜人工费 28 000 元及郑宗峰的电杆款 24 950 元外，将余款 15 940 元据为己有。案发后，被告人刘滋晓已将赃款退清。被告人的行为已触犯《中华人民共和国刑法》第三百八十二条、第三百八十三条第一款第（三）项的规定，构成贪污罪，提请本院依法惩处。

2. 被告辩称

被告人刘滋晓辩称：控方指控的数额有误，还应减除其支付的机械费使用费 3 068.37 元及支付吴朝喜浦泉迁改工程的民工费 2 930 元。

其辩护人的辩护意见为：被告人不具备贪污罪犯罪主体资格，且其占有的 9 942 元不是公款，因此，公诉机关的指控事实不清，建议本院宣告被告人刘滋晓无罪。

（三）事实和证据

广西壮族自治区浦北县人民法院经公开审理查明：2005 年年初，钦州市长途线务局将浦北县城至寨圩二级路线路迁改工程款 10 万元汇入郑宗峰开设的浦北县通信服务中心的账户。在2005年上半年的一天，郑宗峰提了现金人民币68 890元交给了被告人刘滋晓。被告人收到该款后，支付给吴朝喜人工费28 000元及郑宗峰的电杆、拉盘款24 950元，并支付迁改工程所需的机械使用费3 068.37元，后于2005年做泉水至小江镇的线路迁移工程时，支付吴朝喜的人工费2 930元。而后，将余款9 941.63元据为己有。案发后，被告人刘滋晓已将赃款退清。

上述事实有下列证据证明：

1. 被告人刘滋晓的身份证明，证实被告人的出生、住址等事实。

2. 广西壮族自治区电信有限公司钦州市分公司证明，证实刘滋晓于2002年12月至2006年11月被聘为线路主办（兼工程设计、预决算管理），其个人档案身份是干部，但目前其分公司的员工没有工人干部之分。

3. 暂扣押款专用票据（桂ONO 0065521），证实刘滋晓退款15 940元至浦北县人民检察院。

4. 钦州市地方税务局通用发票2张［（04）NO 0004566、0004567］，证实经郑宗峰核实是其以收款人覃进的名义于2004年12月31日到小江镇越洲地税分局开的发票，浦北至寨圩线路改迁款共10万元；税收通用完税证，证实该改迁款10万元的缴税款4 840元。

5. 工行资金汇划（贷方）补充凭证、工行客户存款对账单，证实浦北县通信服务中心收到钦州长途线务局通过工行汇入的10万元。

6. 浦寨二级路线路迁改结算审定表资料共22页，经刘滋晓辨认这些表是其制的，证实本工程总造价108 489.72元（人工费40 872.92元，机械使用费3 068.37元；材料费64 548.43元），其中应付通信电杆厂材料费24 953元。

7. 证人郑宗峰的证言，证实其于2004年12月31日，以收款人覃进的名义到小江镇越洲地税分局开钦州市地方税务局通用发票2张［（04）NO 0004566、0004567］，浦北至寨圩线路改迁款共10万元，并缴纳改迁款10万元的税款4 840元，后支付6万多元给刘滋晓支付工程款。其于2003年至2006年9月开办过浦北县通信制杆厂。

8. 证人吴朝喜的证言，证实其于2004年至2005年间带领民工做浦寨、浦泉迁改工程时，收到刘滋晓支付的浦寨工程民工费28 000元、浦泉工程民工费2 930元。迁改工程所需的机械使用费是刘滋晓支付，所需电杆、拉盘由其到郑宗峰的制杆厂领取。

9. 证人梁恩干的证言，证实浦寨迁改工程所需的10万元已支付给浦北县电信分公司。

10. 被告人刘滋晓供述：在2005年上半年的一天，其收到郑宗峰交给的迁改工程款人民币68 890元。收到该款后，其支付给吴朝喜人工费28 000元及郑宗峰的电杆、拉盘款24 950元，并支付迁改工程所需的机械使用费3 068.37元，后于2005年做泉水至小江镇的线路迁改工程时，支付吴朝喜的人工费2 930元。而后，将余款9 941.63元据为己有。

（四）判案理由

广西壮族自治区浦北县人民法院经审理认为：被告人刘滋晓利用其职务上的便利，将本单位的迁改款人民币9 941.63元非法占为己有，数额较大，其行为已触犯了《中华人民共和国刑法》第二百七十一条第一款的规定，构成职务侵占罪。公诉机关对被告人罪名的指控有误。在案证据证实被告人刘滋晓是中国电信股份有限公司的子公司广西壮族自治区电信有限公司浦北县分公司的员工，作案期间在该分公司维护安装部任线路主办，没有证据证实被告人受到国有投资主体的委派行使对国有资产的监管职权，其从事的仅是线路维护的技术服务工作，不具有贪污罪的国家工作人员的主体资格，不符贪污罪的构成要件，不应以贪污罪追究其刑事责任。但被告人利用了其担任该分公司维护安装部线路主办的职务上的便利，非法占有本单位的财产人民币 9 941.63 元，符合最高人民检察院、公安部《关于经济犯罪案件追诉标准的规定》第七十五条“公司、企业或者其他单位的人员，利用职务上的便利，将本单位财物非法占为己有，数额在五千元至一万元以上的，应予追诉”的规定，应以职务侵占罪追究其刑事责任。

（五）定案结论

广西壮族自治区浦北县人民法院依照《中华人民共和国刑法》第二百七十一条第一款、第三十七条、第六十一条、《中华人民共和国刑事诉讼法》第一百六十二条第（一）项及最高人民法院《关于执行〈中华人民共和国刑事诉讼法〉若干问题的解释》第一百七十六条第（二）项，作出如下判决：

刘滋晓犯职务侵占罪，免予刑事处罚。

（六）解说

本案的争议焦点是犯罪人刘滋晓利用职务上的便利，将本单位的迁改款人民币 9 941.63 元非法占为己有，是构成贪污罪还是构成职务侵占罪。

所谓职务侵占罪，是指公司、企业或者其他单位的人员利用职务上的便利，将本单位财物占为己有，数额较大的行为，主体为公司、企业或者其他单位的人员，客体为公私财产所有权，在客观方面表现为利用职务上的便利，将本单位财物占为己有，数额较大的行为。

“利用职务上的便利”是构成职务侵占罪的必要条件。这里的“职务上的便利”，是指本人的职权范围内，或者因执行职务而产生的主管、经手、管理单位财物的便利条件。主管财物，主要是指领导人员在职务上具有对单位财物的购置、调配、流向等决定权。经手财物，是指因执行职务而具有领取、使用、支配单位财物等权利。因而，只要因行为人的职务关系而主管、经手、管理单位财物，都能为侵占单位财产提供便利条件。另外本罪中“侵占”的手段，刑法和相关司法解释均未作明确规定。侵占的手段包括多种，如利用职务之便窃取财物；以涂改账目、伪造单据等方法骗取财物；因执行职务而经手财物，应上交的不上交，加以侵占；等等。

本案中，犯罪人刘滋晓是中国电信股份有限公司的子公司广西壮族自治区电信有限公司浦北县分公司的员工，作案期间在该分公司维护安装部任线路主办，没有证据证实被告人受到国有投资主体的委派行使对国有资产的监管职权，其从事的仅是线路维护的技术服务工作，不具有贪污罪的国家工作人员的主体资格，根据最高人民法院《关于在国有资本控股、参股的股份有限公司中从事管理工作的人员利用职务便利非法占有本公司财物如何定罪问题的批复》的规定，“在国有资本控股、参股的股份有限公司中从事管理工作的人员，除受国家机关、国有公司、企业、事业单位委派从事公务的以外，不属于国家工作人员。对其利用职务上的便利，将本单位财物非法占为己有，数额较大的，应当依照刑法第二百七十一条第一款的规定，以职务侵占罪定罪处罚”。故犯罪人刘滋晓利用其职务上的便利，将本单位的迁改款人民币 9 941.63 元非法占为已有，数额较大，其行为已触犯了《刑法》第二百七十一条第一款的规定，构成职务侵占罪。

（广西壮族自治区浦北县人民法院　吕耀光）

53. 李连厚挪用资金案

(一) 首部

1. 裁判书字号

一审判决书：北京市通州区人民法院（2009）通刑初字第 13 号。

二审裁定书：北京市第二中级人民法院（2009）二中刑终字第 1145 号。

2. 案由：挪用资金案。

3. 诉讼双方

公诉机关：北京市通州区人民检察院，代理检察员：王姝。

被告人（上诉人）：李连厚，男，1952 年 9 月 6 日出生，汉族，北京市人，大专文化，原系北京市通州区宋庄镇邢各庄村党支部书记。因本案于 2008 年 7 月 25 日被逮捕。

一、二审辩护人：王立伟，北京谢金龙律师事务所律师。

4. 审级：二审。

5. 审判机关和审判组织

一审法院：北京市通州区人民法院。

合议庭组成人员：审判长：李中华；人民陪审员：张振环、朱瑞林。

二审法院：北京市第二中级人民法院。

合议庭组成人员：审判长：杨子良；代理审判员：杨海澄、邱波。

6. 审结时间

一审审结时间：2009 年 3 月 16 日。

二审审结时间：2009 年 12 月 18 日。

(二) 一审诉辩主张

1. 公诉机关指控称

2003 年 9 月 8 日，时任通州区宋庄镇邢各庄村党支部书记的被告人李连厚，个人决定将该村集体资金人民币 15 万元借给马长国。后马长国未能如期归还，李连厚遂分别于 2004 年 6 月 15 日归还 10 万元、2004 年 7 月 27 日归还 5 万元。北京市通州区人民检察院提供了证人证言、被告人供述和书证等证据，认为被告人李连厚身为村委会工作人员，利用职务上的便利，挪用本单位资金归他人使用，数额较大，超过三个月未还，其行为触犯了《中华人民共和国刑法》第二百七十二条第一款之规定，构成挪用资金罪，提请法院依法惩处。

2. 被告辩称

被告人李连厚辩称：出借集体资金15万元是邢各庄村党支部开会商量后决定的，借给通州区建筑集团公司第四工程处用于购买钢材，并非借给马长国个人。

其辩护人的辩护意见为：公诉机关提供的证据不足以证实涉案资金是出借给马长国个人使用，且出借资金不是被告人李连厚个人决定的，被告人李连厚没有挪用资金的主观故意，其行为不构成挪用资金罪。

（三）一审事实和证据

北京市通州区人民法院经公开审理查明：2003年9月8日，时任通州区宋庄镇邢各庄村党支部书记的被告人李连厚擅自将该村集体资金人民币15万元借给马长国，后马长国未能如期归还，李连厚遂分别于2004年6月15日归还人民币10万元、2004年7月27日归还人民币5万元。

上述事实有下列证据证明：

1. 证人马长国的证言证实：2003年，其从通州区建筑集团公司第四工程处承包了潭州商城工程，曾经帮第四工程处垫钱购进一批钢材，钱是找到邢各庄村的李连厚借的15万元，李连厚知道其是干个体工程的，同意借钱后让其找会计拿钱；其到邢各庄村会计处领了1张15万元的支票，存入其个人账户，分两次提取现金，支付了钢材款，后来丁长林同意由第四工程处还这笔借款。

2. 证人吴仲元（原通州区宋庄镇邢各庄村出纳）的证言证实：2003年9月8日，其在村委会财务室上班时，李连厚找到其说马长国来借15万元，让他开了1张15万元的转账支票给了马长国，马长国打完借条后把支票拿走了，转账支票上的收款单位不是其填写的；2004年，李连厚拿来3张支票把钱还上了，还完钱后把马长国打的借条拿走了。

3. 证人尚春和（原通州区宋庄镇邢各庄村党支部副书记）的证言证实：其于2004年担任邢各庄村党支部书记时才知道马长国向邢各庄村借款15万元的事，随后让李连厚去找马长国要钱，邢各庄村党支部在马长国借钱时没有开会研究过，其当时不知道此事。

4. 证人康玉平、康玉树、杨晓方（原通州区宋庄镇邢各庄村党支部委员、村部支书）的证言证实：李连厚曾向他们提过马长国借钱的事，但村里没有开会专门研究过此事。

5. 证人郭德柱（通州区宋庄镇邢各庄村构件厂厂长）的证言证实：马长国通过其认识的李连厚。2002年或2003年的夏天，马长国让其带他找李连厚，借15万元买材料用，李连厚同意并让马长国找吴仲元拿的支票。借钱时马长国没有说是以个人名义借钱，还是以单位名义借钱。

6. 证人丁长林（原北京市通州区建筑集团公司第四工程处处长）的证言证实：2003年，马长国在通州区建筑集团公司第四工程处潭州商城工程包清工，没有为第四工程处购买过钢材，马长国与第四工程处没有任何人事上的关系，他是个体户；其本人或第四工程处没有向邢各庄村借过钱，也未委托过马长国向李连厚借钱；2003年至2004年的一天，马长国对其说他找邢各庄村李连厚借了15万元，无法还上，请求其替他还钱，第四工程处当时欠马长国人工费几十万元，其就答应替马长国还李连厚15万元，以顶第四工程处欠马长国的人工费，先给了李连厚5万元，2004年11月8日，李连厚又找第四工程处要钱，其按李连厚的要求打了欠条，内容为欠邢各庄装订厂 10 万元，这个欠条上的 10 万元后来又还了 4 万元，还剩 6 万元未还。

7. 证人周平（北京市通州区建筑集团公司第四工程处主任）的证言证实：2003 年，马长国承包了通州区建筑集团公司第四工程处潭州商城工程，开始他想大包，找工人、进材料都由他自已负责，到八九月份，改为包清工；经查阅第四工程处财务账目，账目上没有第四工程处向邢各庄村或李连厚借款 15 万元的记录；2008 年 6 月，李连厚、马长国找到其让其出具证明，其看到第四工程处处长丁长林给邢各庄装订厂打的欠条后，在未查阅财务账目的情况下，便出具了第四工程处 2003 年 10 月向邢各庄借款用于购买建筑材料的证明。

8. 李连厚在宋庄镇纪委的供述：2003 年的一天，马长国在郭德柱的带领下找到其借钱，村里没有开会研究过马长国借钱的事，但他们（村干部）都知道借钱的事，马长国拿走 1 张支票，并打 1 个借条。马长国当时承包了通州区建筑集团公司第四工程处在密云县的建筑工程。后来其从李海山、苏爱军、王泽永处借款将 15 万元替马长国还给了村里。

9. 中国农业银行 08198124 号转账支票、支票存根、全国农村信用合作社活期存款 0287 号存款凭条、074 号、0056 号取款凭条证实：2003 年 9 月 8 日，北京市通州区宋庄镇邢各庄村经济合作社出具金额为 15 万元的转账支票 1 张，收款人为个体户马长国，用途为借款；15 万元转账支票被存入个体户马长国的账户，同年 9 月 11 日、12 日分别以现金的形式取走 8 万元、7 万元。

10. 中国农业银行进账单、对账单证实：2003 年 9 月 9 日，邢各庄村经济合作社的银行账户转支 15 万元，2004 年 6 月 15 日，存入金额为 5 万元的转账支票 2 张，同年 7 月 27 日，存入金额为 5 万元的转账支票 1 张。

11. 北京市通州区宋庄镇农村财务服务中心出具的邢各庄村现金分类账、银行存款分类账证实：出借 15 万元在邢各庄村正式账目上没有记载。

12. 北京市通州区宋庄镇邢各庄村民委员会出具的银行存款日记账（2004 年）证实：2003 年 9 月 8 日，该村借给马长国 15 万元，2004 年 6 月 15 日收到还款 10 万元，同年 7 月 27 日收到还款 5 万元。

13. 通建集团第四工程处密云工地人工费（工资表）、北京市通州区建筑集团公司第四工程处支出凭单、支票存根、欠条、记账凭证证实：马长国向通州区建筑集团公司第四工程处提供了其应从该处领取 15 万元人工费的详细工资表；通州区建筑集团公司第四工程处以支付人工费的名义于 2004 年 9 月 6 日、2005 年 8 月 22 日、2006 年 1 月 24 日分别给付李连厚 5 万元、2 万元、2 万元，尚有 6 万元未付给李连厚；2004 年 11 月 8 日，通州区建筑集团公司第四工程处曾出具欠邢各庄装订厂 10 万元的欠条。

14. 中共北京市通州区委办公室关于转发区委组织部关于《通州区村级组织规范化管理工作实施细则（试行）》的通知证实：2002 年 1 月 4 日，中共北京市通州区委办公室下发文件，要求重大投资、大额财产购置或拍卖、大额费用支出要首先经两委联席会研究，再由村民会议或村民代表会议讨论决定，日常财务开支数额较大的，须经村财务管理领导小组集体研究后方可支出。

15. 中共北京市通州区宋庄镇委员会组织部证明材料：被告人李连厚系宋庄镇补贴干部，1997 年 3 月被镇党委任命为邢各庄村党支部书记，1998 年 4 月选任为邢各庄村党支部书记，2004 年 4 月选任邢各庄村党支部委员，2007 年 8 月选任邢各庄村党支部委员，9 月选任邢各庄村村委会主任。

16. 公安机关出具的户籍证明材料证实：被告人李连厚的出生日期、住址等自然情况，此人无犯罪前科。

（四）一审判案理由

北京市通州区人民法院经审理认为：根据在案证据可以认定借款人是个体户马长国，马长国向李连厚借款，李连厚表示同意后将村里借款给马长国的事告诉了多数村党支部、村委会成员，多数村党支部、村委会成员没有表示反对。但根据《通州区村级组织规范化管理工作实施细则（试行）》的规定，大额费用支出要首先经两委联席会研究，再由村民会议或村民代表会议讨论决定，日常财务开支数额较大的，须经村财务管理领导小组集体研究后方可支出。李连厚出借15万元未召集村党支部、村委会全体成员正式召开两委联席会讨论研究，未交由村民会议或村民代表会议讨论决定，属于个人擅自决定，不属于集体决定。被告人李连厚身为村党支部书记，利用职务上的便利，挪用本单位资金出借给他人使用，数额较大，超过三个月未还，其行为构成挪用资金罪，应依法予以惩处。鉴于被告人李连厚在案发前将涉案资金全部归还，对其依法可从轻处罚并适用缓刑。

（五）一审定案结论

北京市通州区人民法院依照《中华人民共和国刑法》第二百七十二条第一款、第七十二条第一款、第七十三条第二、三款，作出如下判决：

李连厚犯挪用资金罪，判处有期徒刑一年，缓刑二年。

（六）二审情况

1. 二审诉辩主张

上诉人李连厚诉称：涉案15万元是借给通建集团公司，马长国只是集团四处的工作人员，借出15万元是邢各庄村委会集体的决定，其行为不构成犯罪。

其辩护人的辩护意见为：一审判决对借款人是通州区建筑集团公司还是马长国，15万元的资金出借是否经过集体讨论决定的认定，不符合无罪推定和疑罪从无的原则；即使对李连厚定罪，考虑社会危害性和应受惩罚性，也可以对李连厚免予刑事处罚。

2. 二审事实和证据

北京市第二中级人民法院经审理，确认一审法院认定的事实和证据。

3. 二审判案理由

北京市第二中级人民法院经审理认为：上诉人（原审被告人）李连厚身为村党支部书记，利用担任该职务的便利，擅自决定将本村集体的资金出借给个人使用，数额较大，超过三个月未还，其行为构成挪用资金罪，依法应予以惩处。鉴于其在案发前将涉案资金全部归还，对其依法可从轻处罚并适用缓刑。对于李连厚所提涉案15万元是借给通建集团公司，马长国只是集团四处的工作人员，借出15万元是邢各庄村委会集体的决定，其行为不构成犯罪的上诉理由，以及辩护人所提一审判决对借款人是通州区建筑集团公司还是马长国，15万元的资金出借是否经过集体讨论决定的认定，不符合无罪推定和疑罪从无的原则；即使对李连厚定罪，考虑社会危害性和应受惩罚性，也可以对李连厚免予刑事处罚的辩护意见，经查，在案书证证明涉案15万元存入马长国的个人账户后被以现金形式提出，通州区建筑集团公司第四工程处账目上没有该处向邢各庄村或李连厚借款15万元的记录。证人丁长林的证言证明，马长国与第四工程处没有任何人事上的关系，是个体户，丁长林或第四工程处没有向邢各庄村借过钱，也未委托过马长国向李连厚借钱。借款当时在场人郭德柱的证言证明，借钱时马长国没有说是以个人名义还是以单位名义借钱，故现有证据足以认定涉案15万元并非借给通建集团公司使用，而是借给马长国个人使用。虽然李连厚将村集体资金借给马长国一事告诉过部分村党支部、村委会成员，部分村党支部、村委会成员没有表示反对，但根据2002年1月公布的《通州区村级组织规范化管理工作实施细则（试行）》的规定，大额费用支出要首先经两委联席会研究，再由村民会议或村民代表会议讨论决定，日常财务开支数额较大的，须经村财务管理领导小组集体研究后方可支出。借出人民币15万元属于村集体的大额费用支出，李连厚未召集村党支部、村委会全体成员正式召开两委联席会讨论研究，未交由村民会议或村民代表会议讨论决定，即决定将所在村集体的人民币15万元借给马长国，属于个人擅自决定，不属于集体决定。本案李连厚的行为不属于情节轻微，考虑其行为的社会危害性和应受惩罚性，依法可对其从轻处罚，但不能免予刑事处罚。故以上上诉理由及辩护意见均不能成立，不予采纳。一审法院根据李连厚犯罪的事实、犯罪的性质、情节和对于社会的危害程度所作的判决，定罪和适用法律正确，量刑适当，审判程序合法，应予维持。

4. 二审定案结论

北京市第二中级人民法院依照《中华人民共和国刑事诉讼法》第一百八十九条第（一）项，作出如下裁定：

驳回上诉，维持原判。

（七）解说

本案中，对于行为人李连厚是否属于国家工作人员，控辩各方未进行争论，一、二审裁判文书均持否定立场，且未详细阐述未认定为国家工作人员的理由。表面上看，该问题似乎不属于审理过程中的复杂法律适用问题。但事实上，一、二审法院对该问题均进行了重点研究，故在此有必要对该问题作深入研讨。

经查，李连厚原系北京市通州区宋庄镇补贴干部，正科待遇，1997年3月被镇党委任命为邢各庄村党支部书记、经济合作社社长。1998年4月选任为邢各庄村党支部书记，2004年4月选任邢各庄村党支部委员，2007年8月选任邢各庄村党支部委员，9月选任邢各庄村村委会主任。2003年9月8日，时任通州区宋庄镇邢各庄村党支部书记的李连厚擅自将该村集体资金人民币15万元借给马长国，后马长国未能如期归还。李连厚遂分别于2004年6月15日归还人民币10万元、2004年7月27日归还人民币5万元。

根据《刑法》第九十三条及全国人大常委会2002年12月28日公布的《关于〈中华人民共和国刑法〉第九章渎职罪主体适用问题的解释》的规定，国家工作人员包括四类：(1) 国家机关中从事公务的人员，在依照法律、法规规定行使国家行政管理职权的组织中从事公务的人员，或者在受国家机关委托代表国家机关行使职权的组织中从事公务的人员，或者虽未列入国家机关人员编制但在国家机关中从事公务的人员，在代表国家机关行使职权时，可视为国家机关工作人员；(2) 国有公司、企业、事业单位、人民团体中从事公务的人员；(3) 国家机关、国有公司、企业、事业单位委派到非国有公司、企业、事业单位、社会团体从事公务的人员；(4) 其他依照法律从事公务的人员。

结合以上案情，李连厚 2003 年 9 月作案前后为北京市通州区宋庄镇邢各庄村党支部书记，村党支部属于村基层组织，李连厚担任村党支部书记，属村基层组织人员。据此，李连厚显然不属于上述第一、第二类国家工作人员。故判断李连厚是否属于国家工作人员，接下来只需要深入分析李连厚是否属于上述第三、第四类国家工作人员。

关于李连厚是否属于国家机关、国有公司、企业、事业单位委派到非国有公司、企业、事业单位、社会团体从事公务的人员，从字面上看，李连厚显然不属于。因为村党支部委员会是中国共产党在行政村内成立的基层组织。根据《中华人民共和国村民委员会组织法》第二条及《中国共产党章程》第三十二条的规定，村支部委员会领导本地区工作，支持和保证村民委员会充分行使职权，而村民委员会是村民自我管理、自我教育、自我服务的基层群众性自治组织，目前在法律上未明确归属于非国有公司、企业、事业单位。显然村党支部委员会既非国家机关、国有公司、企业、事业单位，亦不能归入非国有公司、企业、事业单位、社会团体，作为村党支部书记的李连厚由此亦不属于国家机关、国有公司、企业、事业单位委派到非国有公司、企业、事业单位、社会团体从事公务的人员。

根据本案具体情况进行具体分析，亦不能得出李连厚属于国家机关、国有公司、企业、事业单位委派到非国有公司、企业、事业单位、社会团体从事公务的人员的结论。李连厚于 1997 年 3 月被镇党委任命为邢各庄村党支部书记、经济合作社社长；1998 年 4 月选任为邢各庄村党支部书记，一直任职到 2004 年 4 月，期间于 2003 年 9 月作案。另外，李连厚系北京市通州区宋庄镇补贴干部，自 1997 年 3 月在村支部委员会工作以来，一直在镇政府领取类似工资的经济补贴。以上情况中，即使李连厚于 1997 年被镇党委任命为村支部书记时可以视同为受委派到非国有单位中的人员，且其于 1998 年 4 月被选任为村党支部书记时，一定程度上与此前被镇党委任命为同村党支部书记有关，在其于 1998 年 4 月被选任为村党支部书记以至 2003 年 9 月作案时，亦明显不能认定为受镇党委委派。至于李连厚作案前后一直在镇政府领取类似工资的经济补贴，实际类似于国家机关公务员退休后自行应聘到私营公司中兼职，同时享受退休待遇的情况，故不能作为认定其受镇党委或镇政府委派的依据。

关于李连厚是否属于其他依照法律从事公务的人员，根据全国人大常委会 2000 年 4 月 29 日公布的《关于〈中华人民共和国刑法〉第九十三条第二款的解释》，"村民委员会等村基层组织人员协助人民政府从事下列行政管理工作，属于刑法第九十三条第二款规定的'其他依照法律从事公务的人员'：(一) 救灾、抢险、防汛、优抚、扶贫、移民、救济款物的管理；(二) 社会捐助公益事业款物的管理；(三) 国有土地的经营和管理；(四) 土地征用补偿费用的管理；(五) 代征、代缴税款；(六) 有关计划生育、户籍、征兵工作；(七) 协助人民政府从事的其他行政管理工作"。本案中，李连厚作案时所利用的职务便利并非协助人民政府从事上述行政管理工作的职务便利，故其依法不能认定为"其他依照法律从事公务的人员"。

综合以上分析，李连厚于 2003 年 9 月间利用担任村党支部书记的职务便利，挪用村集体的资金归个人使用时的身份，不属于国家工作人员，一、二审法院支持公诉机关关于李连厚作案时身份属于非国家工作人员的指控，是正确的。

（北京市第二中级人民法院　杨子良）

54. 毛秀萍等敲诈勒索案

(一) 首部

1. 判决书字号：江苏省南通市崇川区人民法院（2009）崇刑初字第28号。

2. 案由：敲诈勒索案。

3. 诉讼双方

公诉机关：江苏省南通市崇川区人民检察院，检察员：王联仪。

被告人：毛秀萍，女，1973年10月25日出生，汉族，江苏省南通市人，初中文化程度，经营个体洗车场。因本案于2008年9月19日被逮捕。

辩护人：陆磊，江苏南通泰临律师事务所律师。

被告人：史正海，男，1978年6月17日出生，汉族，江苏省连云港市人，小学文化程度，无业。因本案于2008年9月19日被逮捕。

辩护人：周平，江苏扬州安宜律师事务所律师。

被告人：汤以林，男，1971年1月24日出生，汉族，江苏省连云港市人，小学文化程度，无业。因本案于2008年9月19日被逮捕。

被告人：成国德，男，1971年2月25日出生，汉族，江苏省如皋市人，高中文化程度，无业。因本案于2008年10月10日被逮捕。

4. 审级：一审。

5. 审判机关和审判组织

审判机关：江苏省南通市崇川区人民法院。

合议庭组成人员：审判长：杨福荣；审判员：张培贤；人民陪审员：韩进冲。

6. 审结时间：2009年4月13日。

(二) 诉辩主张

1. 公诉机关指控称

2008年6月21日17时许，被告人毛秀萍、沈云红（另案处理）与被害人许秀妹、胡建琴在青年路新村25幢301室以打牌的方式进行赌博时，被告人毛秀萍称许秀妹“打夹子”，将许秀妹、胡建琴放在台面上的赌资全部收到自己袋子里，要求许秀妹、胡建琴赔钱解决，不让其离开，并打电话给其男友史正海叫其回家。史正海通知了汤以林、史正雨（另案处理），沈云红亦打电话通知了其丈夫成国德。被告人毛秀萍看见被害人胡建琴想打电话，打了胡建琴一个耳光。后被告人汤以林、史正雨接到史正海电话后赶到毛秀萍家中，毛秀萍打了许秀妹几个耳光迫使许秀妹承认是“打夹子”。被告人成国德带“小平头”赶至毛秀萍家中，对许秀妹、胡建琴说“打夹子是要罚款的”，毛秀萍提出让许秀妹、胡建琴赔款1万元了结此事，许、胡不肯，毛秀萍便上前抽了许秀妹几个耳光，史正海也以毛巾抽打等动作和“不给钱，晚上就带去苏州”等语言对被害人进行威吓，胡建琴无奈当场给付 5 000 元现金给被告人毛秀萍，后又在被告人成国德、汤以林的看管下，去银行取款 5 000 元给付后才得以脱身。许秀妹称没有钱，被告人毛秀萍、史正海便叫许秀妹在一张写有“今借到毛秀萍现金一万元整”的借条上签字后才让其离开。事后毛秀萍将赃款瓜分，其中毛秀萍和沈云红各得款 3 500 元，汤以林得款 700 元，成国德得款 500 元。公诉机关认为：被告人毛秀萍、史正海、汤以林、成国德以非法占有为目的，使用暴力和胁迫的方法劫取他人财物，数额巨大，其行为均已构成抢劫罪，且系共同犯罪，被告人毛秀萍系主犯，被告人史正海、汤以林、成国德系从犯。被告人毛秀萍、史正海向公安机关提供重要线索并协助公安机关抓获犯罪嫌疑人，可视为立功，可以从轻或者减轻处罚。被告人汤以林在公安机关对其了解情况时，如实供述自己的犯罪事实，可视为自首，依法可以从轻处罚。提请法院依法分别判处。

2. 被告辩称

被告人毛秀萍、史正海、汤以林、成国德在庭审中，对起诉书所指控的犯罪事实均不持异议，均未作辩解。但被告人毛秀萍、史正海均辩解其不构成抢劫罪，构成敲诈勒索罪。

被告人毛秀萍的辩护人的辩护意见为：(1) 被告人毛秀萍的行为不构成抢劫罪，应构成敲诈勒索罪。(2) 被告人毛秀萍有立功表现。

被告人史正海的辩护人的辩护意见为：(1) 被告人史正海的行为不构成抢劫罪，应构成敲诈勒索罪。(2) 被告人史正海系初犯、偶犯，鉴于其犯罪后能如实供述自己的犯罪事实，认罪态度较好，且具有立功表现，建议法庭对其从轻处罚。

（三）事实和证据

江苏省南通市崇川区人民法院经公开审理查明：2008 年 6 月 21 日 17 时许，被告人毛秀萍和沈云红（另案处理）与被害人许秀妹、胡建琴在本市青年路新村 25 幢 301 室以打长牌的方式进行赌博时，被告人毛秀萍称许秀妹“打夹子”打了被害人许秀妹几个耳光，并将被害人许秀妹、胡建琴放在台面上的赌资全部收到自己袋子里，还要求被害人许秀妹、胡建琴赔钱解决。被告人毛秀萍堵了门不让被害人许秀妹、胡建琴离开，并打电话将此事通知了其男友史正海，并叫其回家。被告人史正海随后电话通知了被告人汤以林及史正雨（另案处理）赶到其家中，沈云红亦打电话将此事通知了其丈夫成国德。后被告人毛秀萍看到被害人胡建琴想打电话，便打了胡建琴一个耳光。后被告人汤以林及史正雨接到被告人史正海的电话后赶到被告人毛秀萍家中，被告人毛秀萍又打了许秀妹几个耳光迫使许秀妹承认是“打夹子”。被告人成国德带“小平头”（另案处理）赶至毛秀萍家中，对被害人许秀妹、胡建琴说“打夹子是要罚款的”，毛秀萍提出让许秀妹、胡建琴每人赔款 1 万元了结此事，许、胡两人不肯，被告人毛秀萍便上前又抽了许秀妹几个耳光。被告人史正海也以毛巾抽打许秀妹，并说：“不给钱，晚上就带去苏州”等对被害人许秀妹、胡建琴进行威吓，被害人胡建琴害怕无奈同意给钱，并当场给付人民币 5 000 元交给毛秀萍，后又在被告人成国德、汤以林的看管下，到本市供电局门口的工商银行自动柜员机取款人民币 5 000 元给付以后才得以脱身。被害人许秀妹称没有钱，被告人毛秀萍、史正海便叫许秀妹写借条，被害人许秀妹说不会写字，被告人汤以林便写了一张“今借到毛秀萍现金一万元整”的借条，被害人许秀妹被迫在这张借条上签字后才得以离开。事后被告人毛秀萍将赃款瓜分，其中毛秀萍得款人民币 3 500 元，沈云红得款人民币 2 500 元，被告人汤以林得款人民币 700 元，被告人成国德得款人民币 500 元。

另查被告人毛秀萍、史正海于 2008 年 8 月 11 日 22 时 26 分打电话给南通市公安局 110 指挥中心，举报网上逃犯何琪住在南通市剧场村 1 组 92 号，后公安机关往南通市剧场村 1 组 92 号将网上逃犯何琪抓获归案。

2008 年 8 月 12 日，被告人汤以林到公安机关了解被告人史正海被抓的原因，公安机关向其了解情况时，其如实供述自己参与作案的犯罪事实。

另案处理的被告人沈云红于 2009 年 3 月 19 日退赔给被害人胡建琴人民币 1 万元。

上述事实有下列证据证明：

1. 公诉人举证的被害人许秀妹、胡建琴的陈述，证实被告人殴打她们，并强迫给钱的犯罪事实；

2. 被害人许秀妹签名的字条，被害人胡建琴在工商银行取款凭条等书证，辨认笔录及辨认照片，南通市公安局崇川分局扣押物品清单及处理物品清单，证实被害人向被告人交钱的事实；

3. 110 指挥中心电话报警接处警记录，南通市公安局崇川区分局刑大五区队的发破案经过及归案证明和情况说明等证据，证实被告人毛秀萍、史正海的立功表现；

4. 被告人毛秀萍、史正海、汤以林、成国德亦有供述记录在卷，证实毛秀萍等殴打并强迫收取被害人钱财的事实。

（四）判案理由

江苏省南通市崇川区人民法院经审理认为：被告人毛秀萍、史正海、汤以林、成国德以非法占有为目的，采用要挟、胁迫的方法强行索取公民财产，数额巨大，其行为均已构成敲诈勒索罪，且系共同犯罪，其中 1 万元未实际获得，可作为犯罪情节酌情从轻处罚。在共同犯罪中，被告人毛秀萍起主要作用，系主犯，被告人史正海、汤以林、成国德在共同犯罪中起次要作用，系从犯，依法应当减轻处罚。被告人毛秀萍、史正海在被抓获前，向公安机关提供重要线索抓获犯罪嫌疑人，有立功表现，依法可以从轻或者减轻处罚。被告人汤以林到公安机关了解情况，公安机关向其了解情况时能如实供述自己的犯罪事实，可视为自首，依法可以从轻处罚。庭审中，被告人毛秀萍、史正海、汤以林、成国德自愿认罪，认罪态度较好，可酌情从轻处罚。公诉机关指控被告人毛秀萍、史正海、汤以林、成国德犯罪事实清楚，证据确实、充分，提请依法判处的理由成立，予以采纳。但公诉机关认定被告人毛秀萍、史正海、汤以林、成国德犯抢劫罪的定性不当，予以纠正。(1) 从本案起因看，是因被告人毛秀萍和沈云红与被害人许秀妹、胡建琴进行赌博时，毛秀萍以许秀妹、胡建琴“打夹子”为由，被告人毛秀萍打了被害人许秀妹几个耳光，并将桌子上的赌资全部收到袋子里后，又要求被害人许秀妹、胡建琴每人赔 1 万元钱解决，被告人史正海以毛巾抽打等动作和语言威胁“不给钱，晚上就带去苏州”对被害人许秀妹、胡建琴进行威吓。且被告人毛秀萍与许秀妹彼此熟识。而抢劫罪一般系针对陌生人，不讲事由，直接采用暴力劫财，与本案被告人的行为存在区别。(2) 从各被告人的主观故意看，主要是基于敲诈的故意，而非抢劫的故意。如被告人对被害人说：“打夹子是要罚款的”，被害人许秀妹称没有钱，被告人并未搜身。(3) 从各被告人实施威胁的客观行为看，被告人毛秀萍采用抽打许秀妹耳光，被告人史正海以毛巾抽打动作和语言威胁。也就是说，被告人毛秀萍、史正海实施了轻微的暴力行为，且对被害人胡建琴未实施暴力行为，并非针对被害人不拿钱，就要实施杀害、伤害等侵害人身权利的暴力行为。(4) 从威胁的效果和威胁实现的时间上看，抢劫罪中使用的威胁手段，是为了使被害人当场受到精神强制，使其丧失反抗意志，除将财产当场交付外，没有考虑和选择的余地，否则生命健康即遭受侵犯；而敲诈勒索罪，使用暴力威胁手段，是为了使被害人产生恐惧感和压力，但是并没有达到致被害人不能反抗的地步，被害人在决定是否交付财物上尚有可考虑和选择的余地。本案中当被告人要求被害人写借条时被害人亦同意选择写借条，被告人也并未当场对被害人搜身。所以被告人毛秀萍、史正海伙同他人以非法占有为目的，对特定对象使用轻微暴力、威胁索要钱财的行为，符合敲诈勒索罪的构成要件。故对被告人毛秀萍、史正海的辩解及其两辩护人的该点辩护意见，予以采纳。对被告人毛秀萍的辩护人提出被告人毛秀萍有立功表现的辩护意见，及被告人史正海的辩护人提出被告人史正海系初犯、偶犯，鉴于其犯罪后能如实供述自己的犯罪事实，认罪态度较好，且具有立功表现，建议法庭对其从轻处罚的辩护意见，经查属实，亦予以采纳。

(五) 定案结论

江苏省南通市崇川区人民法院依照《中华人民共和国刑法》第二百七十四条、第二十五条第一款、第二十六条第一、四款、第二十七条、第六十七条第一款、第六十八条第一款，作出如下判决：

1. 毛秀萍犯敲诈勒索罪，判处有期徒刑一年九个月。
2. 成国德犯敲诈勒索罪，判处有期徒刑一年三个月。
3. 史正海犯敲诈勒索罪，判处有期徒刑一年。
4. 汤以林犯敲诈勒索罪，判处有期徒刑一年。

(六) 解说

笔者认为，本案究竟是构成敲诈勒索罪、抢劫罪还是应以两罪并罚，首先应当厘清两个问题。

1. 未当场取得财物是否是敲诈勒索罪和抢劫罪的区分标准

抢劫罪必须是当场夺取财物或使被害人交付财物，其非法取得财物的时间是当场，而敲诈勒索罪取得财物的时间可以是当场，但更多的是在要挟、胁迫被害人的一段时间后。因此，虽然抢劫罪和敲诈勒索罪都可能当场取得财物，但未当场而是一段时间后取得财物的，应当认定为敲诈勒索罪而非抢劫罪。但也有学者提出，对“当场”的理解不能过于绝对，如果行为人当场实施了足以抑制对方反抗的暴力，令对方事后交付财物，也应认定为抢劫罪。笔者认为，是否当场取得财物，在一般情形下可以作为区分敲诈勒索罪和抢劫罪的标准，但不能适用于特殊情况。在行为人当场实施暴力，已抑制被害人反抗的情况下，被害人对是否交付财物并无选择的余地，其即使事后交付财物，也不符合敲诈勒索罪的特征，以抢劫罪论处更为适宜。抢劫罪较敲诈勒索罪社会危害性更大，抢劫罪的法定最低刑是有期徒刑三年，而敲诈勒索罪只有在数额巨大的情况下，才能判处有期徒刑三年以上，在行为人实施足以抑制被害人反抗迫使对方事后交付财物的情况下，此种行为无论是从被害人所受到的身体和精神伤害，还是从其行为的现实危害性来讲，都远远大于敲诈勒索行为，如果仍然拘泥于未当场获取财物而以敲诈勒索罪论处，显然不符合刑法的罪刑相适应原则。

2. 当场实施暴力获取钱财行为如何区分敲诈勒索罪和抢劫罪

对当场实施暴力或以暴力相威胁获取钱财行为应构成敲诈勒索罪还是抢劫罪，理论界和实务界存在一定争议。一种观点认为，只要行为人当场实施了殴打等暴力行为，并当场获取财物，就应当认定为抢劫罪而非敲诈勒索罪。另一种观点则认为，在行为人当场实施暴力行为，并当场取得财物，但其暴力不足以达到抑制他人反抗的程度的，不应以抢劫罪论处，而应认定为敲诈勒索罪。笔者赞同后一种观点，抢劫罪中的暴力是以抑制他人反抗为目的，而敲诈勒索罪中的暴力则是以对被害人精神施压，促使被害人权衡后交付财物，两者的暴力程度有所不同，对实施轻微暴力并当场取得财物的行为，宜认定为敲诈勒索罪。行为人实施暴力的程度不同，对被害人产生的人身威胁和精神压力的程度也不同，在实施严重暴力行为，对被害人的人身安全造成严重威胁，使被害人不想、不敢、不能反抗的情形下，行为人当然应构成抢劫罪。而在对被害人实施诸如打耳光等轻微暴力的情况下，被害人一般仍有考虑和选择的余地，交付财物并非唯一选择，此时仍然以抢劫罪论处，有打击过重之嫌，也有悖于刑法的谦抑原则。

通过对上述两个问题的探究，再综合本案犯罪人当场实施暴力的行为，我们认为被告人的行为符合敲诈勒索罪的特征，理由如下：

首先，依非法取得财物时间的不同，不能得出犯罪人构成抢劫罪一罪或抢劫罪和敲诈勒索罪两罪的结论。本案中，虽然两个被害人交付财物的时间不同，被害人胡建琴当场交付财物，被害人许秀妹被迫在借条上签字，犯罪人可能在将来一段时间后取得财物，但不能仅因非法取得财物时间的不同，而认为犯罪人迫使被害人胡建琴交付财物的行为构成抢劫罪，迫使被害人许秀妹在债务凭证上签字的行为构成敲诈勒索罪。同时，犯罪人对被害人实施的犯罪行为基本上是一致的，在同一犯意支配下，实施的相同或相似行为，仅因交付财物的时间不同而导致构成不同犯罪，似有客观归罪之嫌。

其次，依当场实施暴力的程度，可以判断犯罪人应构成敲诈勒索罪。从犯罪人实施暴力行为的对象来看，仅对被害人许秀妹当场实施了暴力，对被害人胡建琴未实施暴力；从实施暴力行为的手段来看，仅有犯罪人毛秀萍打被害人许秀妹耳光的轻微暴力行为，并未实施针对被害人不拿钱，就要实施杀害、伤害等严重危及公民生命健康的暴力行为；从实施暴力行为的效果来看，并没有达到致被害人不能反抗的地步，被害人在决定是否交付财物上尚有可考虑和选择的余地，被害人许秀妹称身上没有钱而未当场交付财物，犯罪人也未对其采取搜身等行为。因此，犯罪人当场针对部分被害人实施的轻微暴力行为，其暴力未达到使被害人当场受到精神强制，使其丧失反抗意志的程度，其目的仅是对被害人进一步施加精神压力，促使其交付财物。

综上所述，本案犯罪人的行为应当构成敲诈勒索罪，法院认定事实清楚，适用法律正确。

（江苏省南通市崇川区人民法院　王凤华）

五、妨害社会管理秩序罪

55. 徐玉龙等寻衅滋事案

(一) 首部

1. 判决书字号：云南省晋宁县人民法院（2009）晋刑初字第 74 号。
2. 案由：寻衅滋事案。
3. 诉讼双方

公诉机关：云南省晋宁县人民检察院，检察员：唐颢。

被告人：徐玉龙，男，1986 年 3 月 26 日出生，汉族，云南省晋宁县人，初中文化，居民，住云南省晋宁县晋城镇。因本案于 2008 年 12 月 1 日被逮捕。

辩护人：季国光，云南事通律师事务所律师。

被告人：施仲杰，男，1987 年 4 月 7 日出生，汉族，云南省晋宁县人，初中文化，农民，住云南省晋宁县晋城镇。因本案于 2008 年 12 月 1 日被逮捕。

辩护人：马玲芬，云南晋航律师事务所律师。

被告人：赵志刚，男，1986 年 11 月 11 日出生，汉族，云南省晋宁县人，初中文化，农民，住云南省晋宁县晋城镇。因本案于 2008 年 12 月 1 日被逮捕。

辩护人：赵春宏，云南晋航律师事务所律师。

被告人：李鹏，男，1988 年 5 月 12 日出生，汉族，云南省晋宁县人，初中文化，农民，住云南省晋宁县晋城镇。因本案于 2008 年 12 月 1 日被逮捕。

被告人：罗锐，男，1987 年 11 月 8 日出生，汉族，云南省晋宁县人，初中文化，农民，住云南省晋宁县六街乡。因本案于 2008 年 12 月 1 日被逮捕。

被告人：孙雁斌，男，1987 年 5 月 7 日出生，汉族，云南省晋宁县人，初中文化，农民，住云南省晋宁县晋城镇。因本案于 2008 年 12 月 1 日被逮捕。

4. 审级：一审。
5. 审判机关和审判组织

审判机关：云南省晋宁县人民法院。

合议庭组成人员：审判长：杨树勋；审判员：熊薇；代理审判员：王园斌。

6. 审结时间：2009 年 4 月 28 日。

（二）诉辩主张

1. 公诉机关指控称

2008年10月29日21时许，被告人徐玉龙、施仲杰、赵志刚、李鹏、罗锐、孙雁斌在晋宁县晋城镇映象KTV的五号包房，无故用啤酒瓶殴打在包房内唱歌的赵加宽、吕国、展稳三人，并威胁三人跪在地上，对三人进行殴打。后六被告人又到四号包房与潘红明、周红坤等人喝酒。到当晚22时许被告人徐玉龙和周红坤在KTV的停车场上发生吵打，被告人赵志刚欲上前帮忙时，潘红明从微型车上拿出一把刀先后将被告人赵志刚、徐玉龙、施仲杰砍伤，被告人赵志刚、徐玉龙、施仲杰、李鹏就上前殴打潘红明。此时，到现场的民警出声欲制止双方的打斗，并夺下潘红明的刀，但双方仍在打斗，民警鸣枪两声并强行将双方分开后被告人徐玉龙还上前踢打潘红明。经鉴定，赵加宽、吕国、赵志刚的伤情为轻微伤；徐玉龙、施仲杰、潘红明、周红坤的伤情为轻伤。六被告人的行为构成寻衅滋事罪，其中被告人徐玉龙、施仲杰有自首情节，请求依法追究六被告人的刑事责任。

2. 被告辩称

被告人徐玉龙对公诉机关的指控无异议。

其辩护人的辩护意见为：被告人进入五号包房系进错房间，且吕国、赵加宽的伤情仅是轻微伤，后果不十分严重；被告人徐玉龙在停车场与潘红明、周红坤之间的打斗不构成寻衅滋事罪；被告人有自首情节，且系初犯、偶犯，请求从轻判处。

被告人施仲杰对公诉机关的指控无异议。

其辩护人的辩护意见为：赵加宽、吕国的伤情均是轻微伤，后果并不严重；在停车场打架一事中，被告人系正当防卫，不构成寻衅滋事罪；被告人有自首情节，且系初犯、偶犯，请求对被告人判处缓刑。

被告人赵志刚对公诉机关的指控无异议，但认为自己具有自首情节。

被告人李鹏对公诉机关的指控无异议。

其辩护人的辩护意见为：被告人有自首情节；在停车场中的打斗，被告人不构成寻衅滋事罪；本案系被告人徐玉龙所引发，被告人李鹏在本案中属于从犯且系初犯、偶犯，认罪态度好，请求从轻处罚。

被告人罗锐对公诉机关的指控无异议。

被告人孙雁斌对公诉机关的指控认为自己没有参与殴打赵加宽等人。

（三）事实和证据

云南省晋宁县人民法院经公开审理查明：2008年10月29日21时许，被告人徐玉龙、施仲杰、赵志刚、李鹏、罗锐、孙雁斌酒后与张永贵、施仲文到晋宁县晋城镇映象KTV玩。到KTV后，被告人徐玉龙等几被告人推开五号包房的门，被告人徐玉龙对在包房内正在点歌的赵加宽说："按什么按"，随后打了赵加宽两巴掌。之后六被告人先后用茶几上的啤酒瓶将赵加宽、吕国、展稳三人的头部砸伤并要求三人跪在地上，对三人拳打脚踢。经张永贵、施仲文劝解后，六被告人停手走出五号包房。经鉴定，赵加宽、吕国的伤情为轻微伤。

六被告人从五号包房出来后，被告人施仲杰在KTV门口遇到潘红明，潘红明邀约被告人施仲杰到四号包房玩，于是被告人徐玉龙、赵志刚、李鹏、罗锐、孙雁斌及张永贵、施仲文先后来到四号包房与潘红明、周红坤等人喝酒、聊天。期间，被告人徐玉龙与周红坤发生争吵，经他人劝解后几人继续在包房内玩。到当晚22时许，六被告人与潘红明、周红坤兄弟离开四号包房来到KTV的停车场，被告人徐玉龙与周红坤因口角再次发生争吵，继而发生打斗，被告人赵志刚、李鹏欲上前帮忙，潘红明见状从其停在停车场内的一辆牌号为云A79093的白色微型车上拿出一把刀先后将徐玉龙肩部、赵志刚背部、施仲杰脸部砍伤。被告人徐玉龙、施仲杰、赵志刚、李鹏一起围打潘红明，被告人施仲杰还用地上的石头砸打潘红明。此时，赶到现场调查赵加宽等人被打一事的晋宁县晋城派出所民警王林、曹彦林制止、劝拉双方并夺下潘红明的刀，被告人徐玉龙、施仲杰、赵志刚不听民警及巡防队员的劝拉，又先后冲上前对潘红明拳打脚踢。民警王林、曹彦林见场面无法控制，遂各自向天鸣枪一响，但被告人徐玉龙仍然对潘红明进行踢打直至晋宁县晋城派出所其他民警赶到现场制止才停手。经鉴定，赵志刚的伤情为轻微伤；徐玉龙、施仲杰、潘红明、周红坤的伤情为轻伤。

被告人徐玉龙、施仲杰、赵志刚、李鹏殴打他人作案二起；被告人罗锐、孙雁斌殴打他人作案一起。

上述事实有下列证据证明：

1. 接报警、立案材料，证明本案的接警及立案情况。

2. 被告人徐玉龙、施仲杰、赵志刚、李鹏、罗锐的供述，证明2008年10月29日晚五被告人酒后到KTV玩并在KTV内和停车场与他人发生争吵及打斗的事实。

3. 被告人孙彦斌供述，证明2008年10月29日晚其与徐玉龙等酒后到KTV玩，徐玉龙等在包房内殴打几个外地人，后来又在停车场与他人发生争吵及打斗的事实。

4. 被害人赵加宽、展稳、吕国的陈述，证明2008年10月29日晚几人在KTV玩被他人殴打的事实。

5. 被害人周红坤、潘红明的陈述，证明2008年10月29日晚二人在停车场被徐玉龙等殴打的事实。

6. 证人张耀武、张永贵、施仲文、杜艳华、孙萍、郑丽芬、殷丽、方丽涛、晏静、倪天柱、周永、杨玉华、郑永华的证言，证明2008年10月29日晚在KTV及停车场有人打斗的事实。

7. 鉴定结论，证明被害人和几被告人的伤情。

8. 现场勘验检查笔录及照片，证明事发地点的情况。

9. 辨认笔录，证明对几被告人及被害人的辨认情况。

10. 现场指认笔录及照片，证明几被告人对事发现场进行指认情况。

11. 抓获经过，证明几被告人到案情况。

12. 户口证明，证明几被告人的身份。

(四）判案理由

云南省晋宁县人民法院经审理认为：六被告人酒后无故进入他人包房，用啤酒瓶砸打他人，并要求他人跪在地上对他人进行随意殴打，情节恶劣，六被告人的行为已构成寻衅滋事罪，公诉机关对六被告人在五号包房随意殴打他人构成寻衅滋事罪的指控事实清楚，证据确实、充分，指控罪名成立，予以支持。被告人徐玉龙在KTV内与他人发生争吵，后因口角在停车场发生打斗，系事出有因；被告人施仲杰、赵志刚、李鹏出于哥们义气，伙同徐玉龙一起殴打他人，甚至在民警到来后，仍不听劝阻，挣脱民警的控制去殴打他人，致他人轻伤。虽然被告人徐玉龙、施仲杰、赵志刚、李鹏的行为带有一定的流氓气息，但本案是互殴事件，四被告人主观上具有伤害他人身体的故意，客观上也实施了伤害他人身体健康的行为，四被告人的行为侵犯的是他人的身体健康权，根据主客观一致的原则，四被告人的行为又构成故意伤害罪。公诉机关对四被告人在停车场上殴打他人构成寻衅滋事罪的指控，罪名不当，应予纠正。被告人徐玉龙、施仲杰虽然具备自动投案的条件，到案后也在侦查机关基本如实供述了其本人及同案犯的罪行，但在庭审中又翻供，不如实交代同案犯的罪行，依法不属于如实供述，公诉机关关于二被告人具有自首情节的公诉意见不成立，不予支持。被告人赵志刚、李鹏虽然也具备自动投案的条件，但二被告人同样没有在庭审中如实供述同案犯的行为，依法不能认定为自首，二被告人及被告人李鹏的辩护人关于二被告人具有自首情节的辩解不成立，不予支持。关于被告人施仲杰、赵志刚认为自己是在上前去制止被告人徐玉龙与周红坤的打斗时，被潘红明砍伤后才还手殴打潘红明，系正当防卫的辩解，本院认为，正当防卫是指为了使国家、公共利益、本人或他人的人身、财产和其他权利免受正在进行的不法侵害，而采取的制止不法侵害的行为，本案中被告人施仲杰、赵志刚虽然先被潘红明砍伤，但随即就伙同被告人徐玉龙、李鹏一起围打潘红明，甚至在民警已经制止的情况下，仍然挣脱民警控制，继续殴打潘红明，二被告人具有伤害他人身体的主观故意，并实施了伤害他人身体健康的行为，二被告人的行为不具有正当防卫的性质，其辩解不成立。对于被告人李鹏的辩护人关于被告人李鹏系从犯的辩解，本院认为，本案属于共同犯罪，被告人李鹏伙同他人积极实施了伤害被害人的行为，与其他几被告人所起的作用相当，本案不宜划分主从犯，其辩解不成立。对于被告人孙雁斌关于自己没有参与殴打赵加宽等人的辩解，本院认为，同案犯徐玉龙、罗锐的供述，证人张永贵的证言以及被害人吕国、展稳等的证言能够相互印证，均证实了被告人孙雁斌对受害人进行了殴打，故被告人的辩解不能成立。

（五）定案结论

云南省晋宁县人民法院依照《中华人民共和国刑法》第二百九十三条、第二百三十四条第一款、第四十五条、第四十七条、第六十九条第一款、第六十一条，作出如下判决：

1. 徐玉龙犯寻衅滋事罪，判处有期徒刑四年；犯故意伤害罪，判处有期徒刑一年，数罪并罚，决定执行有期徒刑四年零六个月。

2. 施仲杰犯寻衅滋事罪，判处有期徒刑四年；犯故意伤害罪，判处有期徒刑一年，数罪并罚，决定执行有期徒刑四年零六个月。

3. 赵志刚犯寻衅滋事罪，判处有期徒刑四年；犯故意伤害罪，判处有期徒刑一年，数罪并罚，决定执行有期徒刑四年零六个月。

4. 李鹏犯寻衅滋事罪，判处有期徒刑四年；犯故意伤害罪，判处有期徒刑一年，数罪并罚，决定执行有期徒刑四年零六个月。

5. 罗锐犯寻衅滋事罪，判处有期徒刑四年。

6. 孙雁斌犯寻衅滋事罪，判处有期徒刑四年。

（六）解说

本案在处理时曾存在以下争议：一是几被告人在停车场殴打潘红明等的行为是构成寻衅滋事罪还是故意伤害罪；二是在法院认定的犯罪事实与公诉机关的指控事实基本一致的情况下，上述行为若构成故意伤害罪（轻伤），法院能否直接变更公诉机关指控的罪名作出有罪判决。

首先，对于几被告人在停车场殴打潘红明的行为是构成寻衅滋事罪还是故意伤害罪的问题，关键是要看几被告人所侵犯的客体及主观方面。

寻衅滋事罪侵犯的客体是公共秩序。所谓公共秩序包括公共场所秩序和生活中人们应当遵守的共同准则。该罪侵犯的一般并不是特定的人身、人格或公私财产，而主要是指向公共秩序、向整个社会挑战，蔑视社会主义道德和法制。其侵犯的对象相对处于比较弱势的地位。在主观上只能由故意构成，即公然藐视国家法纪和社会公德。动机是通过寻衅滋事活动，追求精神刺激，填补精神上的空虚。

故意伤害罪侵犯的是他人的身体权。这里的人是特定的人，有因果关系的人。犯罪的主观方面为故意。即行为人明知自己的行为会造成损害他人身体健康的结果，而希望或放任这种结果的发生。

对比上述犯罪构成要件，结合本案来看，被告人徐玉龙等在 KTV 内与他人发生争吵，后因口角在停车场发生打斗，甚至在民警到来后，仍不听劝阻，挣脱民警的控制殴打被害人，致被害人轻伤。几被告人作案时间短，且仅伤害特定的被害人，没有涉及过往群众；双方打斗是在 KTV 的停车场，没有造成公共秩序紊乱、阻碍交通或伤及无辜。虽然被告人徐玉龙、施仲杰、赵志刚、李鹏的行为带有一定的流氓气息，但双方属于互殴，没有任何一方是处于特别弱势的地位。可见，几被告人主观上具有伤害他人身体的故意，客观上也实施了伤害他人身体健康的行为，侵犯的客体不是公共秩序，而是特定的被害人的身体健康权。几被告人的行为更符合故意伤害罪的犯罪构成要件。故根据主客观一致的原则，四被告人的这一行为应构成故意伤害罪。

其次，本案法院认定的犯罪事实与公诉机关的指控事实基本一致，若几被告人在停车场殴打他人的行为构成故意伤害罪（轻伤），而公诉机关公诉的罪名是寻衅滋事罪，故意伤害致人轻伤案件一般属于自诉案件，此种情况下，法院能否直接变更公诉机关指控罪名作出有罪判决？对法院能否变更公诉罪名作出有罪判决的问题，最高人民法院《关于执行〈中华人民共和国刑事诉讼法〉若干问题的解释》第一百七十六条第（二）项规定："起诉指控的事实清楚，证据确实、充分，指控的罪名与人民法院审理认定的罪名不一致的，应当作出有罪判决"。换言之，现行的法律和司法解释已明确要求法院在这种情况下，必须作出有罪判决。根据该规定，人民法院在起诉指控的犯罪事实清楚，证据确实、充分的基础上，可以作出与指控罪名不一致的判决，包括增加、减少或者变更罪名。可见，法院可以直接变更公诉机关的指控罪名作出有罪判决。本案中公诉机关对于几被告人在停车场殴打他人的行为，认为构成寻衅滋事罪，法院认定为故意伤害罪，只是变更了罪名，而不是增加了罪名。而且，故意伤害罪的最高刑是三年有期徒刑，而寻衅滋事罪的最高刑是五年有期徒刑，变更为故意伤害罪，这种变更的结果更有利于被告人，而且由于起诉指控的事实与法院审理认定的事实是基本一致的，这对被告人的辩护权并无实质性的影响。法院只是不能逾越起诉的范围而对未起诉的人或事实进行审判。对故意伤害致人轻伤案件一般是属于自诉案件，现因公诉机关认为是寻衅滋事罪而提起公诉，法院是否可以径行作出有罪判决的问题？刑事诉讼法规定自诉案件包括以下三种案件：一是告诉才处理的案件，二是被害人有证据证明的轻微刑事案件，三是被害人有证据证明对被告人侵犯自己人身、财产权利的行为应当依法追究刑事责任，而公安机关或者人民检察院不予追究被告人刑事责任的案件。第一种告诉才处理的案件有侮辱、诽谤案、暴力干涉婚姻自由案、虐待案、侵占案。第二种是人民检察院没有提起公诉，被害人有证据证明的轻微刑事案件，包括故意伤害案（轻伤）、非法侵入住宅案、侵犯通信自由案、重婚案、遗弃案、生产、销售伪劣商品案、侵犯知识产权案、其他案件。第三种是被害人有证据证明对被告人侵犯自己人身、财产权利的行为应当依法追究刑事责任，而公安机关或者人民检察院已经作出不予追究的书面决定的案件。可见，故意伤害案属于第二种案件，此类案件并没有排除公诉机关的公诉权。所以，此种情况下，法院是有权径行作出有罪判决的。况且，法院如果不变更公诉机关指控的罪名作出有罪判决，除非出现新的事实和证据或者公诉机关撤诉，否则根据“一事不再理”原则，公诉机关不可以就此行为再进行公诉，自诉人也不可以提起自诉，这样就不能有效地打击犯罪。

（云南省晋宁县人民法院　熊薇）

56. 朱正碧利用邪教组织破坏法律实施案

（一）首部

1. 判决书字号：云南省彝良县人民法院（2009）彝刑初字第61号。
2. 案由：利用邪教组织破坏法律实施案。
3. 诉讼双方

公诉机关：云南省彝良县人民检察院，检察员：包龙华；代理检察员：吴压。

被告人：朱正碧，女，汉族，出生于1946年5月7日，云南省彝良县人，住彝良县角奎镇。因本案于2009年3月17日被逮捕。

辩护人：唐光全，云南苍峰律师事务所律师。

4. 审级：一审。
5. 审判机关和审判组织

审判机关：云南省彝良县人民法院。

合议庭组成人员：审判长：吴世奎；审判员：刘高云、侯宇。

6. 审结时间：2009年5月22日。

（二）诉辩主张

1. 公诉机关指控称

被告人朱正碧于1998年开始练习“法轮功”，1999年我国政府取缔“法轮功”邪教组织后，其仍然坚持练习至今。2005年至2007年，被告人朱正碧在彝良县范围内以“三退”能保命、保全家安全等谣言劝说其认识的人“退出共产党”、“退出共青团”、“退出少先队”，据朱正碧本人记录的被其劝说过“三退”的人员名单上记载，其在2005年至2007年间，共劝说阎德娥、聂兴琼等多人“退党”、“退团”、“退少”；被告人朱正碧除了劝人“三退”以外，于2008年9月开始在彝良县范围内以学习“法轮功”能治病、能保平安等谣言劝说他人学习“法轮功”并四处散发“法轮功”邪教组织资料，至2009年2月15日，其共向田应容、林登照、王忠碧、宋怀芳、韩国春、范泽英、陈衍莲、田玲等二十余人散发过“法轮功”邪教组织资料。2009年2月15日，被告人朱正碧在彝良县民族中学向田玲散发“法轮功”邪教组织资料，被公安机关抓获。

2. 被告辩称

被告人朱正碧及其辩护人对公诉机关的指控事实及罪名均未持异议。

庭审中被告人朱正碧的辩护人提出：被告人朱正碧的行为确已构成犯罪，但鉴于其在审理中尚能如实供述其犯罪事实，认罪态度较好，具有酌定的从轻情节，且在政府的教育下，尚能对自己的罪行进行认真反省，能接受政府的教育，悬崖勒马，回头是岸，确有悔改表现，加之被告人朱正碧确属一个受蒙骗、被利用的“法轮功”小卒，因此，建议对被告人朱正碧从轻或减轻处罚并适用缓刑。

（三）事实和证据

云南省彝良县人民法院经公开审理查明：被告人朱正碧于1998年开始练习“法轮功”，1999年我国政府取缔“法轮功”邪教组织后，其仍然坚持练习至捕前。2005年至2007年期间，被告人朱正碧在彝良县范围内以“三退”能保命、保全家安全等谣言多次劝说其认识的人“退出共产党”、“退出共青团”、“退出少先队”；被告人朱正碧除了多次劝人“三退”以外，还于2008年9月开始在彝良县范围内以学习“法轮功”能治病、能保平安等谣言劝说他人学习“法轮功”并四处散发“法轮功”邪教组织资料，至2009年2月15日，其共向田应容、林登照、王忠碧、宋怀芳、韩国春、范泽英、陈衍莲、田玲等二十余人散发过“法轮功”邪教组织资料，其中，书刊等47册（本）、光盘（碟）10张、传单及报纸7份、护身符或护身卡片11张。2009年2月15日，被告人朱正碧在彝良县民族中学向该校教师田玲散发“法轮功”邪教组织资料被发现后，被公安机关抓获。

上述事实有下列证据证明：

1. 报案笔录。
2. 被告人供述。
3. 刑事照片。
4. 扣押物品清单。
5. 书证。
6. 鉴定结论。
7. 有关证人的证言材料等相关证据。

（四）判案理由

云南省彝良县人民法院经审理认为：公诉机关指控被告人朱正碧利用法轮功邪教组织破坏法律实施，危害社会秩序的犯罪事实清楚，证据来源合法，证明内容客观真实，且与案件事实相关联，具有证明力，证据确实、充分，本院予以确认。被告人朱正碧从1998年至捕前坚持练习法轮功，其间还先后多次劝说他人“退出共产党”、“退出共青团”、“退出少先队”，并向多人散发“法轮功”邪教组织资料，其行为已触犯刑律，构成利用邪教组织破坏法律实施罪，依法应追究其刑事责任，鉴于其在审理中尚能如实供述其犯罪事实，认罪态度较好，且在其被采取强制措施后已认识到自己的错误，并愿意悔过自新，重新做人，因此，对其宣告缓刑不致再危害社会，故依法对其从轻处罚，并宣告缓刑。被告人朱正碧的辩护人在庭审中提出：被告人朱正碧在审理中尚能如实供述其犯罪事实，认罪态度较好，在政府的教育下，尚能对自己的罪行进行认真反省，确有悔改表现的辩护意见及建议对被告人朱正碧适用缓刑的意见和建议成立，本院予以支持和采纳。

（五）定案结论

云南省彝良县人民法院依照《中华人民共和国刑法》第三百条第一款、第七十二条、第七十三条，作出如下判决：

朱正碧犯利用邪教组织破坏法律实施罪，判处有期徒刑三年，缓刑四年。

（六）解说

利用邪教组织破坏法律实施罪，是指利用邪教组织破坏国家法律、行政法规实施的行为，其侵犯的客体是社会管理制度，客观方面表现为行为人利用邪教组织破坏法律、行政法规的实施，严重扰乱社会管理秩序，造成社会正常生活秩序的混乱。犯罪的主体为一般主体，即只要是年满16周岁以上，具备刑事责任能力的自然人，都可以构成本罪主体。本罪在犯罪主观方面表现为故意，即行为人明知自己的行为是利用邪教组织破坏法律、行政法规的实施，扰乱社会管理秩序，造成社会正常生活秩序的混乱，而故意为之，并追求这种结果发生。本罪在量刑方面，刑法明确规定：（1）处三年以上七年以下有期徒刑；（2）情节特别严重的处七年以上有期徒刑；（3）利用邪教组织奸淫妇女、诈骗财物的，分别以强奸罪、诈骗罪定罪处罚。

所谓邪教组织，是指冒用宗教、气功或者其他名义建立、神化首要分子，利用制造、散布迷信邪说等手段蛊惑、蒙骗他人，发展、控制成员，危害社会的非法组织。“法轮功”就是我国政府于1999年定性为邪教组织并明令取缔的非法组织。

本案被告人朱正碧于1998年开始练习“法轮功”，1999年我国政府取缔“法轮功”邪教组织后，其仍然坚持练习至2009年2月15日被公安机关抓获前。其间还在彝良县范围内以“三退”（“退出共产党”、“退出共青团”、“退出少先队”）能保命治病、保全家安全等谣言多次劝说其认识的人退党、退团、退队，学习“法轮功”，并向二十余人散发“法轮功”邪教组织资料。按照我国刑法的相关规定，结合两高1999年10月9日《关于办理组织和利用邪教组织犯罪案件具体应用法律若干问题的解释》中“抗拒有关部门取缔或者已经被有关部门取缔，又恢复或者另行建立邪教组织，或者继续进行邪教活动的”，以利用邪教组织破坏法律实施罪论处的规定，显然，被告人朱正碧在我国政府于1999年将“法轮功”定性为邪教组织并明令取缔后，其仍冥顽不化、铤而走险，继续痴迷练习“法轮功”，并劝相识之人学习“法轮功”，散发“法轮功”邪教组织资料，继续从事邪教活动达十年之久的行为，确已触犯刑律，构成了利用邪教组织破坏法律实施罪。鉴于被告人朱正碧已年逾花甲奔古稀，且能如实供述犯罪事实，认罪态度好，愿意悔过认罪，重新做人，对其从轻处罚，宣告缓刑，不致再危害社会，是慎重妥当的，充分体现了罪刑相适应的刑事立法原则。

（云南省彝良县人民法院　王清云）

57. 张炳伸等开设赌场案

（一）首部

1. 判决书字号：广西壮族自治区南宁市青秀区人民法院（2009）青刑初字第343号。

2. 案由：开设赌场案。

3. 诉讼双方

公诉机关：广西壮族自治区南宁市青秀区人民检察院，代理检察员：蓝仁钟。

被告人：张炳伸，男，1969年3月25日出生，壮族，小学文化，无业，户籍地：南宁市良庆区。2008年10月18日因本案被捕。

被告人：黄海光，男，1966年2月11日出生，壮族，高中文化，南宁市肥皂厂工人，户籍地：南宁市西乡塘区。2008年10月18日因本案被捕。

被告人：李丽娟，女，1967年11月6日出生，汉族，文盲，无业，户籍地：南宁市青秀区。2008年10月18日因本案被捕。

辩护人：蒙元路，崇泰律师事务所律师。

被告人：李军，男，1980年10月17日出生，汉族，初中文化，无业，户籍地：博白县东平镇。2008年10月18日因本案被捕。

辩护人：艾员妃，锦康律师事务所律师。

被告人：卢振德，男，1974年4月7日出生，汉族，高中文化，无业，住南宁市江南区。2008年10月18日因本案被捕。

辩护人：韦泓安，明峻律师事务所律师。

被告人：陈幼玲，女，1975年2月21日出生，汉族，小学文化，无业，户籍地：宾阳县甘棠镇。2008年10月18日因本案被捕。

被告人：龙俊锋，男，1973年7月5日出生，汉族，初中文化，无业，户籍地：贵港市港北区。2008年10月18日因本案被捕。

被告人：李阳旭，男，1972年11月10日出生，汉族，高中文化，无业，户籍地：南宁市青秀区。2008 年 10 月 18 日因本案被捕，同年 12 月 11 日被取保候审，2009 年 7 月 16 日被继续采取取保候审。

4. 审级：一审。

5. 审判机关和审判组织

审判机关：广西壮族自治区南宁市青秀区人民法院。

合议庭组成人员：审判长：黎宁刚；人民陪审员：周少清、陆丽娜。

6. 审结时间：2009 年 8 月 13 日。

（二）诉辩主张

1. 公诉机关指控称

2008 年 7 月至 9 月期间，被告人张炳伸、黄海光、李丽娟、李军、卢振德伙同他人租用南宁市中山路民族街南门菜市的一间直管公房一楼开设赌场，提供赌具，聚众赌博并从中“抽水”营利。在此期间，上述五被告人先雇用了被告人陈幼玲、龙俊锋、李阳旭作为赌场员工，为赌场发牌、洗牌、“抽水”或望风。张炳伸、黄海光、李丽娟、李军、卢振德召集韦起国、林超、黄文喜、李家沛等人到赌场以赌麻将筒子的方式赌博，每次抽取赌注的 5%作为赌场的红利。张炳伸、黄海光、李丽娟、李军、卢振德按 4%至 12%不等的比例进行分成。

2008 年 9 月 8 日，南宁市公安局青秀分局出警查处该赌场，当场抓获赌徒 82 人，缴获赌资人民币 50 345 元。

2. 被告辩称

被告人张炳伸对公诉机关指控的犯罪事实无异议。

被告人黄海光对公诉机关指控的犯罪事实无异议。

被告人李丽娟对公诉机关指控的犯罪事实无异议。

其辩护人的辩护意见为：李丽娟在公安机关第一次问话时即交代了自己的行为，属于自首；其在赌场股东股份中占的比例最小，没有组织、操控赌场，起次要作用，是从犯，归案后认罪态度较好，请求对其从轻处罚。

被告人李军对公诉机关指控的犯罪事实无异议。

其辩护人的辩护意见为：李军是从犯，没有开设、经营、管理赌场，作用较小，应以赌博罪来认定，其认罪态度较好，是初犯，请求对其从轻处罚。

被告人卢振德对公诉机关指控的犯罪事实无异议。

其辩护人的辩护意见为：卢振德股东分红比例较小，作用不大，应是从犯，其是他人开设赌场后加入进去的；归案后认罪态度较好，是初犯，建议法院对其予以从轻处罚。

被告人陈幼玲对公诉机关指控的犯罪事实无异议。

被告人龙俊锋对公诉机关指控的犯罪事实无异议。

被告人李阳旭对公诉机关指控的犯罪事实无异议。

（三）事实和证据

广西壮族自治区南宁市青秀区人民法院经公开审理查明：2008 年 7 月至 9 月期间，被告人张炳伸、黄海光、李丽娟、李军、卢振德伙同他人租用南宁市中山路民族街南门菜市的一间直管公房一楼开设赌场，提供赌具，聚众赌博并从中“抽水”营利。在此期间，赌场先雇用了被告人陈幼玲、龙俊锋、李阳旭作为赌场员工，为赌场发牌、洗牌、“抽水”、望风。张炳伸、黄海光、李丽娟、李军、卢振德召集韦起国、林超、黄文喜、李家沛等人到赌场以赌麻将筒子的方式赌博，每次抽取赌注的5%作为赌场的红利。张炳伸、黄海光、李丽娟、李军、卢振德按4%至10%不等的比例进行分成。2008年9月8日，南宁市公安局青秀分局出警查处该赌场，当场抓获八被告人及参赌人员70人，缴获赌资人民币50 345元。

上述事实有下列证据证明：

1. 受理刑事案件登记表、立案决定书，证明了群众向公安机关报案及公安机关立案的事实。

2. 证人曹建国、韦起国、黄文喜、林超、李家沛、李建男的证言，证明了南门菜市赌场的存在及他们到赌场参与赌博的事实。

3. 现场指认照片、现场图，证明了张炳伸、黄海光、李丽娟、李军、卢振德、陈幼玲、龙俊锋指认案发现场及赌场内的赌博工具、赌资的事实。

4. 辨认笔录、照片，证明了张炳伸、黄海光、李丽娟、卢振德、李军、陈幼玲、龙俊锋从照片中相互辨认指认了对方的事实。

5. 扣押物品清单，证明了公安机关扣押了赌博工具及赌资的事实。

6. 户籍证明，证明了八被告人案发时已达到负完全刑事责任年龄的事实。

7. 抓获经过，证明了八被告人于2008年9月8日被抓获的事实。

8. 被告人张炳伸、黄海光、李丽娟、李军、卢振德、陈幼玲、龙俊锋、李阳旭的供述，亦与上述证据相互印证。

（四）判案理由

广西壮族自治区南宁市青秀区人民法院经审理认为：被告人张炳伸、黄海光、李丽娟、李军、卢振德开设赌场进行赌博犯罪活动；被告人陈幼玲、龙俊锋、李阳旭明知他人开设赌场而提供直接帮助，其八人的行为构成了开设赌场罪，张炳伸、黄海光、李丽娟、李军、卢振德作为赌场的股东，是开设赌场的主犯；陈幼玲、龙俊锋、李阳旭是从犯，应当从轻处罚。公诉机关指控八被告人犯开设赌场罪罪名成立。公安机关在接到群众举报后查处赌场，抓获了被告人李丽娟，其已是犯罪嫌疑人，并非主动投案人员，其在公安机关第一次问话时交代了自己作为赌场股东的行为，属于认罪态度较好，不能认定为自首，辩护人提出李丽娟属于主动投案自首的意见与事实不符，本院不予采纳。作为赌场的股东，实际上均起到组织操控赌场的作用，均是开设赌场的主犯，辩护人提出李丽娟起次要作用，是从犯的意见，本院不予采纳；李丽娟归案后认罪态度较好，可酌情从轻处罚，辩护人提出其有酌定从轻情节的辩护意见予以采纳。同理，被告人李军、卢振德在赌场赌注抽取的赌场红利中得到分成，亦为赌场的股东，辩护人提出李军、卢振德是开设赌场的从犯，李军的辩护人提出应以赌博罪认定李军犯罪行为的辩护意见，及李军、卢振德的辩护人提出两人是从犯的辩护意见，本院不予采纳；李军、卢振德归案后认罪态度较好，李军交纳罚金，两人均可酌情从轻处罚，两人的辩护人提出二被告人有酌定从轻情节的辩护意见予以采纳。被告人张炳伸、黄海光、陈幼玲、龙俊锋、李阳旭归案后认罪态度较好，均可酌情从轻处罚。李阳旭在开设赌场犯罪活动中只起到看门望风的作用，犯罪情节轻微，可免予刑事处罚。

（五）定案结论

广西壮族自治区南宁市青秀区人民法院依照《中华人民共和国刑法》第三百零三条第二款、第二十五条第一款、第二十六条第一、四款、第二十七条、第三十七条、第五十二条、第五十三条，作出如下判决：

1. 张炳伸犯开设赌场罪，判处有期徒刑一年二个月，并处罚金人民币 3 000 元。
2. 黄海光犯开设赌场罪，判处有期徒刑一年二个月，并处罚金人民币 3 000 元。
3. 李丽娟犯开设赌场罪，判处有期徒刑一年一个月，并处罚金人民币 2 000 元。
4. 李军犯开设赌场罪，判处有期徒刑一年一个月，并处罚金人民币 2 000 元。
5. 卢振德犯开设赌场罪，判处有期徒刑一年一个月，并处罚金人民币 2 000 元。
6. 陈幼玲犯开设赌场罪，判处有期徒刑一年，并处罚金人民币 1 000 元。
7. 龙俊锋犯开设赌场罪，判处有期徒刑一年，并处罚金人民币 1 000 元。
8. 李阳旭犯开设赌场罪，免予刑事处罚。

（六）解说

为了适应新形势下对赌博犯罪的打击预防，2006 年 6 月 29 日《中华人民共和国刑法修正案（六）》由第十届全国人民代表大会常务委员会第二十二次会议予以通过，并自公布之日起施行。其第十八条将《刑法》第三百零三条修改为：“以营利为目的，聚众赌博或者以赌博为业的，处三年以下有期徒刑、拘役或者管制，并处罚金。开设赌场的，处三年以下有期徒刑、拘役或者管制，并处罚金；情节严重的，处三年以上十年以下有期徒刑，并处罚金。”

该条将开设赌场罪从《刑法》第三百零三条中剥离出来独立形成一个罪名。从 2007 年 11 月 6 日起，最高人民法院、最高人民检察院《关于执行〈中华人民共和国刑法〉确定罪名的补充规定（三）》开始施行。根据这一司法解释，司法实践中新增了“开设赌场罪”的罪名。

1997 年《刑法》第三百零三条规定：以营利为目的，聚众赌博、开设赌场或者以赌博为业的，处三年以下有期徒刑、拘役或者管制，并处罚金。该条规定的赌博罪表示为三种客观方面：一是聚众赌博，二是开设赌场，三是以赌博为业的，每次赌博行为本身不构成独立的赌博罪，刑法将反复实施的赌博行为类型化为一个犯罪构成，即赌博罪指以营利为目的，聚众赌博、开设赌场或者以赌博为业的行为。本罪为行为犯，采用的是单一罪名。不同于大陆法系国家如日本、韩国采用的类罪名或系列罪名，我国把三种行为统一于赌博罪中。但是近年来赌博犯罪活动日益猖獗，涉案金额越来越大，危害日渐严重，尤其是开设赌场的犯罪分子，往往能通过赌博犯罪活动获取巨大的经济利益，有的从形式上已转化为巨大的合法财产，甚至有的涉黑、涉恶犯罪集团就是通过这种途径完成资金上的原始积累。原有的刑罚设置和执法司法的乏力，使得刑法的修订成为必然。综合各种因素，结合我国的刑事立法传统和立法法的规定，我国立法机关采用立法修正案的方式对赌博罪予以修改，将开设赌场单独成罪。

根据 2006 年 6 月 29 日公布的《刑法修正案（六）》，开设赌场罪，指为赌博提供场所设定赌博方式，提供赌具、筹码、资金等组织赌博的行为。开设赌场罪具有组织犯罪的特征。鉴于此，对开设赌场罪的处罚应高于赌博罪，最高刑期从三年提高到十年。

开设赌场罪从原来的赌博罪分离出来，成为一个独立的罪名后，由于司法解释并没有对开设赌场罪的犯罪构成要件作出明确的规定，因而在司法实践中，在区分聚众赌博与开设赌场上不易把握。而在该两罪名的区别认定上，关键就在于对"赌场"的认定。首先，开设赌场罪中所谓的"赌场"，除了网络虚拟空间以外，必须是一个物理性的封闭场所。当然，按照日常生活用语规则，露天进行赌博也可以称为"赌场"。其次，在具有物理性的封闭场所的前提下，要考察这一场所作为赌博所用场所是否具有固定性以及持续时间的长短等因素。从场所的固定性来看，如果是典型的状况下，如农村中的赌博，今天在张三家赌几天，明天在李四家赌几天，那么，张三或李四提供居所为他人赌博所用，就不能认为是开设赌场，但是，开设赌场的行为人出于逃避抓捕的目的往往会变动赌场的地点，特别是当赌场不是设在营业性的棋牌室或其他营业性场所时应认定为赌场。从该场所作为赌博场所的持续性来看，事实上又很难确立一个具体的时间标准，而且由于被查获时间早晚的因素，这个"持续时间长短"具有偶然性，因而还需进一步分析。所以，判断是否是"赌场"，重点应该是看场所的社会影响，看这个场所是否为一定范围的人所知悉，更确切地说，看这个场所是否能独立地发挥吸引他人前来赌博的客观效应。

由于聚众赌博的行为人在赌博活动中要发挥组织吸引作用，开设赌场的行为人在赌博活动中也要发挥组织吸引作用，因而区分两者需要考察两者发挥组织吸引作用的方式。聚众赌博中，行为人要实施专门的"聚众"行为，往往需要行为人每次分别地招引他人赌博，如通过打电话通知等方式。而开设赌场中，只要行为人开设了场子，这个场子在一定范围为人所知悉，那么，场子就可以自动起到吸引他人前来赌博的客观效果，而不需要被告人在此之外进行特别的广告、组织和吸引。

简而言之，区别开设赌场罪和聚众赌博罪，可以确立以下关键性的判断标准，即看吸引赌博的作用是"场所"发挥的还是行为人发挥的，如果是场所发挥聚众效应，则可以定开设赌场罪。

（广西壮族自治区南宁市青秀区人民法院　唐妤）

58. 贺传洪等掩饰隐瞒犯罪所得案

（一）首部

1. 判决书字号

一审判决书：云南省昆明市东川区人民法院（2009）东刑初字第54号。

二审判决书：云南省昆明市中级人民法院（2009）昆刑抗字第13号。

2. 案由：掩饰隐瞒犯罪所得案。

3. 诉讼双方

公诉机关（抗诉机关）：云南省昆明市东川区人民检察院，检察员：李春跃。

被告人：贺传洪，又名贺老六，男，1980 年 8 月 8 日出生，汉族，小学文化程度，昆明市东川区人，东川区拖布卡镇新街村农民。2006 年 7 月 28 日因盗窃罪被判处有期徒刑一年，2006 年 11 月 3 日刑满释放。

被告人：马兴平，男，1977 年 4 月 29 日出生，汉族，小学文化程度，昆明市东川区人，东川区拖布卡镇西瓜地村农民。2008 年 12 月 9 日因本案被逮捕。

被告人：王兴高，男，1968 年 6 月 6 日出生，汉族，小学文化程度，昆明市东川区人，东川区拖布卡镇西瓜地村农民。2008 年 12 月 9 日因本案被逮捕。

被告人：王顺忠，男，1969 年 4 月 3 日出生，汉族，初中文化程度，昆明市东川区人，东川区拖布卡镇树桔村农民。2006 年 7 月 28 日因盗窃罪被判处有期徒刑一年，2006 年 10 月 19 日刑满释放。2008 年 12 月 9 日因本案被逮捕。

4. 审级：二审。

5. 审判机关和审判组织

一审法院：云南省昆明市东川区人民法院。

合议庭组成人员：审判长：秦芳；审判员：马东骏、郭铁。

二审法院：云南省昆明市中级人民法院。

合议庭组成人员：审判长：晏晖；审判员：邹林；代理审判员：李军。

6. 审结时间

一审审结时间：2009 年 4 月 23 日。

二审审结时间：2009 年 10 月 22 日（经云南省高级人民法院批准依法延长审限）。

（二）一审情况

1. 一审诉辩主张

（1）公诉机关指控称

2008 年 11 月 1 日晚 23 时许，被告人王兴高、马兴平二人到舍块乡落雪一坑萝卜地，将莫文军放牧于野外的一头价值 6 500 元的黄牛盗走。二人将牛用自带的绳索拉至附近用电话联系被告人贺传洪，以 2 000 元的价格卖给贺传洪，贺开车将牛拉到拖布卡镇家中。2008 年 11 月 6 日晚 22 时许，被告人王兴高、马兴平、王顺忠三人到舍块乡落雪一坑萝卜地，将明朝云放牧于野外的 6 头价值 25 000 元的黄牛盗走。三人将牛赶到附近用电话联系被告人贺传洪，将其中四头牛以 3 400 元的价格卖给贺传洪，贺开车将牛拉到外地卖掉。2009 年 9 月 8 日晚，被告人马兴平伙同邓老二（已判刑）盗窃拖布卡镇奚家平村朱有红家的黄牛一头，价值 1 600 元。盗后，将黄牛卖给本镇西瓜地村农民王兴荣。2000 年 11 月 6 日晚，被告人马兴平再次伙同邓老二盗窃拖布卡镇奚家平村贺相普家的骡子一匹，价值 1 600 元。被告人王兴高、马兴平、王顺忠以非法占有为目的，盗窃他人财物，数额巨大，其中，王顺忠刑满释放不满五年内再犯应当判处有期徒刑以上刑罚之罪，系累犯，依法认定为情节严重，三被告人的行为已触犯《中华人民共和国刑法》第二百六十四条之规定，构成盗窃罪；被告人贺传洪明知是犯罪所得的赃物而予以收购，其行为已触犯《中华人民共和国刑法》第三百一十二条之规定，构成掩饰隐瞒犯罪所得罪，且刑满释放不满五年内再犯应当判处有期徒刑以上刑罚之罪，系累犯，应当从重处罚。

（2）被告辩称

被告人王兴高、马兴平、王顺忠对公诉机关指控事实当庭供认属实。

被告人贺传洪辩称：其不知道牛是偷来的，牛是其出钱买的，其行为不构成犯罪。

2. 一审事实和证据

昆明市东川区人民法院经公开审理查明：2008 年 11 月 1 日 23 时许，被告人王兴高、马兴平到落雪一坑萝卜地，将莫文军放牧于野外的价值 6 500 元的黄牛盗走后卖给被告人贺传洪，案发后已将牛归还失主。2008 年 11 月 6 日 22 时许，被告人王兴高、马兴平、王顺忠到落雪一坑萝卜地，将明朝云放牧于野外的价值 25 000 元的六头黄牛盗走，后将其中四头牛卖给被告人贺传洪，贺雇车将牛拉到外地销赃。被告人贺传洪赔偿明朝云 10 000 元人民币。2000 年 9 月 8 日、11 月 6 日晚，被告人马兴平伙同邓顺友（又名邓老二，已判刑）先后将拖布卡镇奚家平村朱友红家价值 1 600 元的黄牛一头、贺相普家价值 1 600 元的骡子一匹盗走，案发后黄牛及骡子均已追缴归还失主。

上述事实有下列证据证明：

（1）户籍证明，接受刑事案件登记表、抓获经过、立案决定书、拘留证、逮捕证，证实：被告人王兴高、马兴平、王顺忠、贺传洪的自然身份情况、抓获情况及被采取强制措施情况，公安机关接受报案及立案情况。

（2）东川区人民法院（2006）东刑初字第 76 号刑事判决书、（2001）东刑初字第 24 号刑事判决书、电话清单、扣押物品清单、发还物品清单，证实：2006 年 7 月 28 日被告人王顺忠、贺传洪因犯盗窃罪被东川区人民法院分别判处有期徒刑一年，并处罚金 2 000 元，被告人王顺忠刑期自 2005 年 10 月 20 日起至 2006 年 10 月 19 日止，被告人贺传洪刑期自 2005 年 11 月 4 日起至 2006 年 11 月 3 日止；被告人电话通话情况；东川区人民法院生效判决书确定被告人马兴平与邓顺友（邓老二）共同盗窃朱有红家黄牛及贺相普家骡子，邓顺友已于 2001 年 3 月 22 日被东川区人民法院以盗窃罪被判处有期徒刑一年，并处罚金 2 000 元；被盗的黄牛从沈东琼处扣押后已发还被害人莫文军。

（3）保证书、申请、收据，证实：被告人贺传洪案发后的态度；明朝云之子明兴东领取被告人贺传洪的赔偿款 10 000 元。

（4）被害人莫文军、明朝云的报案材料，昆东价鉴［2008］151 号、152 号东川区涉案财物价格鉴证结论书及鉴定结论通知书，证人高兴万、杨仲金、沈东琼的证言，提取笔录，证实：被害人莫文军、明朝云向公安机关报称黄牛被盗；莫文军家的黄牛经鉴定价值 6 500 元；明朝云家的黄牛经鉴定价值 25 000 元；价格鉴证结论书已告知被害人莫文军、明朝云及被告人王兴高。

（5）贺相海、朱友红的报案材料，辨认笔录，提取笔录，估价笔录，证人王兴忠、王文开、王兴芬、朱友红、贺相普、邓顺友的证言，领条，证实：朱友红家的黄牛一头、贺相普家的骡子一匹被盗；黄牛和骡子已分别归还朱友红和贺相普；黄牛和骡子经当地村民估价均为 1 600 元。

（6）被告人王兴高、马兴平、王顺忠、贺传洪的供述及辩解，证实：四被告人在公安机关供述的事实与起诉书指控的事实一致。

3. 一审判案理由

昆明市东川区人民法院经审理认为：被告人王兴高、马兴平，王顺忠以非法占有为目的，秘密窃取他人财物，数额巨大，行为均已构成盗窃罪。被告人贺传洪明知是犯罪所得的赃物而予以收购，其行为已构成掩饰隐瞒犯罪所得罪。公诉机关指控罪名成立，予以确认。被告人马兴平参与盗窃4次，价值34 700元；被告人王兴高参与盗窃2次，价值31 500元；王顺忠参与盗窃1次，价值25 000元。被告人王兴高、马兴平、王顺忠在共同犯罪中作用相当，不应区分主从，以一般共同犯罪论处，各自承担相应的罪责。被告人王顺忠、贺传洪2006年7月28日因犯盗窃罪被东川区人民法院判处有期徒刑一年，在刑罚执行完毕后，五年以内又犯罪，属累犯，依法应当从重处罚。被告人王兴高、马兴平均供述在向被告人贺传洪出售黄牛时明确告知其是盗窃所得，且被告人贺传洪以明显低于市场价的价格购买了黄牛，故被告人贺传洪辩称不知道被告人王兴高、马兴平、王顺忠出售的黄牛是盗窃所得，其行为不构成犯罪的意见不予采纳。鉴于被害人莫文军，朱友红的黄牛及贺相普的骡子已追缴归还被害人，且被告人贺传洪已赔偿了被害人明朝云经济损失10 000元，可对几被告人酌情从轻处罚。

4. 一审定案结论

昆明市东川区人民法院依照《中华人民共和国刑法》第二百六十四条、第三百一十二条、第二十五条、第六十五条，作出如下判决：

（1）马兴平犯盗窃罪，判处有期徒刑四年，并处罚金人民币5 000元；

（2）王兴高犯盗窃罪，判处有期徒刑三年零六个月，并处罚金人民币4 800元；

（3）王顺忠犯盗窃罪，判处有期徒刑三年零六个月，并处罚金人民币4 000元；

（4）贺传洪犯掩饰隐瞒犯罪所得罪，判处管制二年，并处罚金人民币2 000元。

（三）二审诉辩主张

昆明市东川区人民检察院抗诉称：一审判决认定被告人贺传洪属累犯，但未依照《中华人民共和国刑法》第六十五条的规定对被告人量刑，因此量刑不当。

在二审审理过程中，出庭支持抗诉的昆明市人民检察院检察员提出：一审法院认定被告人贺传洪系累犯，属适用法律错误，原审被告人贺传洪配合公安机关抓获同案被告人马兴平，有立功情节，依法可以从轻处罚。建议二审法院依法改判。

（四）二审事实和证据

云南省昆明市中级人民法院经审理，确认一审法院认定的事实和证据。

（五）二审判案理由

云南省昆明市中级人民法院经审理认为：原审被告人王兴高、马兴平、王顺忠以非法占有为目的，秘密窃取他人财物，数额巨大，其行为均已构成盗窃罪，依法应予惩处。原审被告人贺传洪明知是犯罪所得的赃物而予以收购，其行为已构成掩饰隐瞒犯罪所得罪，依法应予惩处。鉴于本案被盗的黄牛、骡子已追缴并发还失主，另原审被告人贺传洪在案发后已赔偿了受害人（失主）明朝云的经济损失人民币10 000元，减小了失主的经济损失，且归案后能如实供述自己的全部犯罪事实，认罪态度较好，并配合公安机关抓获同案被告人马兴平，有立功情节，依法可以从轻处罚。综上，根据原审被告人贺传洪犯罪的全面情况及具有法定从轻处罚情节等因素，对其判处刑罚应充分体现刑法罪刑相适应的原则和宽严相济的刑事政策。故原审判决认定被告人贺传洪系累犯，属适用法律错误，依法予以纠正；昆明市人民检察院所提抗诉意见于法有据，予以支持。

（六）二审定案结论

云南省昆明市中级人民法院依照《中华人民共和国刑事诉讼法》第一百八十九条第（一）、（二）项、《中华人民共和国刑法》第二百六十四条、第三百一十二条、第二十五条、第六十五条、第六十八条、第三十八条、第四十一条，作出如下判决：

1. 维持云南省昆明市东川区人民法院（2009）东刑初字第54号刑事判决第一项、第二项、第三项；

2. 撤销云南省昆明市东川区人民法院（2009）东刑初字第54号刑事判决第四项；

3. 贺传洪犯掩饰隐瞒犯罪所得罪，判处管制一年零六个月，并处罚金人民币1 500元。

（七）解说

实践中，被告人有犯罪前科的案件极为常见。审理这类案件时，经常需要考虑后罪成立的情况下被告人是否构成累犯，以及最终如何对被告人判处适当的刑罚。这一看似简单的过程需要考虑的事实和法律因素较多，如何遵循科学严密的思维逻辑，避免经验主义裁判方式导致的错误，保证最终裁判结果的公正合理，换言之，如何确定正确的审判思路，就显得尤为重要。本案中二审法院的判决为审理此类案件提供了非常有价值的参考思路，对今后此类案件的审理具有指导意义。

1. 二审法院裁判思路的简要分析

结合本案来看，二审法院的判决可以分为三个阶段，并体现为逐步评价的审判过程：

第一步，原审法院认定。在本案中，原审被告人贺传洪明知是犯罪所得的赃物而予以收购，其行为已构成掩饰隐瞒犯罪所得罪，依法应予惩处。但是，鉴于本案被盗的黄牛、骡子已追缴并发还失主，原审被告人贺传洪在案发后已赔偿了受害人（失主）明朝云的经济损失人民币10 000元，减小了失主的经济损失，且归案后能如实供述自己的全部犯罪事实，认罪态度较好，并配合公安机关抓获同案被告人马兴平，有立功情节，依法可以从轻处罚。这一阶段，是对被告人后罪的行为进行独立评价，确定了被告人犯掩饰、隐瞒犯罪所得、犯罪所得收益罪及初步刑罚幅度——依法可以从轻处罚。

第二步，依据第一阶段对被告人从轻处罚的初步量刑判断，准确理解刑法关于累犯的规定，指明一审法院判决存在的问题。从《刑法》第六十五条之规定可知，一般累犯成立必须具备三个条件：（1）主观条件，即前后两罪都必须是故意（但不能都是危害国家安全罪）。（2）刑度条件，即前后两罪都应当判处有期徒刑以上刑罚。前罪虽被判处有期徒刑以上刑罚，但后罪只应当判处拘役、管制或者单处附加刑的，不成立一般累犯。（3）时间条件，即后罪须发生在前罪的刑罚执行完毕或者赦免后5年以内。因此，原审判决认定被告人贺传洪系累犯，同时又以掩饰隐瞒犯罪所得罪判处被告人贺传洪管制二年，违背了累犯构成要件中前罪及后罪都必须是有期徒刑以上刑罚的基本要件。

第三步，综合全案来看，被告人犯有掩饰隐瞒犯罪所得、犯罪所得收益罪，独立评价应判处管制刑；不构成累犯，故不适用累犯从重处罚且不适用缓刑的原则，对被告人的处罚以第一阶段的初步判定为基础，适当考虑其再犯的情节，并依照刑法罪刑相适应的原则和宽严相济的刑事政策，最终对原审被告人贺传洪以掩饰隐瞒犯罪所得罪判处管制一年零六个月，并处罚金 1 500 元。

2. 审理被告人有犯罪前科案件的基本思路

对于一审刑事法官来说，累犯成立的基本条件应当是常识性问题。一审判决中出现的错误表明，对有犯罪前科的被告人，当其后行为被认定为犯罪的时候，前罪、后罪以及相互之间的关系及对最终判决结果的影响都需要进行审慎考察。根据二审法院的审判思路，结合此类案件的一般情况，我们可以把被告人有犯罪前科案件的审理思路总结为三个相互独立又互有联系的阶段，按照先后顺序，分别进行独立评价、关联评价、综合评价，逐步完成刑法评价。

第一阶段独立评价，即仅就后罪的行为进行独立评价，在准确定性的基础上完成初步的量刑评估。具体而言，就是指依照相关刑法规定对于后罪所涉行为是否构成犯罪、构成何种犯罪予以确定，并根据《刑法》第六十一条“对于犯罪分子决定刑罚的时候，应当根据犯罪的事实、犯罪的性质、情节和对于社会的危害程度，依照本法的有关规定判处”之规定，确定对被告人的后罪行为，应当单处附加刑，还是判处管制、拘役，或者有期徒刑、无期徒刑乃至死刑。所谓独立，是指此阶段评价的对象仅仅是被告人此罪的行为以及与此罪行为紧密联系的相关情节，如犯罪性质、造成的后果、被告人的认罪态度、悔罪表现、是否有自首、立功表现等等，对于其前科行为不予涉及。所谓初步量刑评估，是指此阶段只需要确定被告人应当判处刑种，如果应当判处的是管制、拘役、有期徒刑，则具体刑期不予涉及。

第二阶段关联评价，即在第一阶段独立评价的基础上，如果后罪构成故意犯罪，并且初步判定应当判处有期徒刑或者无期徒刑、死刑，那么与前罪相联系并严格依照刑法关于累犯的规定，考察被告人是否构成累犯。要紧紧抓住一般累犯成立的三个条件：前罪和后罪都是故意犯罪；被告人因前罪被判处有期徒刑以上刑罚，后罪应当判处有期徒刑以上刑罚；后罪须发生在前罪的刑罚执行完毕或者赦免后五年以内。特别需要注意的是，所谓“应当判处有期徒刑以上刑罚”，并不是指法定刑中包含“有期徒刑”的量刑规定，而是指根据犯罪事实与刑法规定，应当判处有期徒刑以上刑罚。具体而言，就是第一阶段的独立评价认为应当判处有期徒刑以上刑罚。如果前罪、后罪都符合上述条件，则在此阶段认定被告人构成累犯；如果前罪、后罪中有任何一项不符合上述条件，则直接排除被告人构成累犯的可能。

第三阶段综合评价，即综合被告人犯罪（包括前罪和后罪）的所有相关情节，在第一步独立评价的基础上，决定被告人的最终宣告刑。如果被告人构成累犯，那么依照累犯的处罚原则，对被告人在独立评价阶段确定的刑种范围内从重处罚。如果被告人不构成累犯，那么对于被告人的前罪相关情节仅仅作为再犯等酌定量刑情节予以考虑即可。因为此阶段以独立评价、关联评价为基础，所以对被告人的最终刑罚不能与第一步的独立评价和第二阶段的关联评价确定的结论相矛盾。

这三个阶段，第一阶段对被告人的后行为进行独立的定性、定量分析，第二阶段对被告人是否构成累犯进行定性分析，第三阶段综合全案情况对被告人的最终刑罚进行定量分析以确定其宣告刑。三个阶段各有任务，不可混淆、颠倒，是一个逐步推进的过程。这样，既避免了对被告人行为进行重复评价的危险，也避免了前后矛盾的错误。

二审判决宣判后，原审被告人认罪服法，抗诉机关亦未提出任何异议。本案中二审法院公正合法的判决为司法实践中被告人有犯罪前科案件的审理提供了一个清晰明确的审判思路和评价模式，具有普遍的借鉴意义。

（云南省昆明市中级人民法院　晏晖）

59. 刘孟胜等非法捕捞水产品案

（一）首部

1. 判决书字号：江苏省无锡市滨湖区人民法院（2009）锡滨刑初字第459号。

2. 案由：非法捕捞水产品案。

3. 诉讼双方

公诉机关：江苏省无锡市滨湖区人民检察院，检察员：曾祥。

被告人：刘孟胜，男，1978年12月21日出生，汉族，安徽省阜南县人，文盲，农民，住安徽省阜南县王家坝镇。2009年9月4日因本案被逮捕。

辩护人：叶钧，江苏三诚律师事务所律师。

被告人：汪秀林，男，1976年3月10日出生，汉族，安徽省霍邱县人，文盲，农民，住安徽省霍邱县高塘镇。2009年9月4日因本案被逮捕。

辩护人：殷晓钢，江苏太湖律师事务所律师。

被告人：刘明全，男，1977年12月19日出生，汉族，河南省淮滨县人，文盲，农民，住河南省淮滨县。2009年9月4日因本案被逮捕。

辩护人：李忠，江苏李忠律师事务所律师。

辩护人：钱锋，江苏无锡金匮律师事务所律师。

被告人：刘孟平，男，1983年6月10日出生，汉族，安徽省阜南县人，文盲，农民，住安徽省阜南县王家坝镇。2009年7月30日因本案被取保候审。

4. 审级：一审。

5. 审判机关和审判组织

审判机关：江苏省无锡市滨湖区人民法院。

合议庭组成人员：审判长：丁炯；人民陪审员：赵月珠、马丽娟。

6. 审结时间：2010年12月18日。

（二）诉辩主张

1. 公诉机关指控称

2009年7月28日晚7时许，在本市雪浪街道石塘社区西张巷12-1号，被告人刘孟胜提出到蠡湖偷鱼，汪秀林、刘明全、刘孟平等三人均表示同意。当晚10时许，被告人刘孟胜驾驶一辆金踏牌电瓶三轮车和汪秀林两人载着2条小木船和4条丝网，被告人刘明全驾驶摩托车载刘孟平先后从暂住地出发到达蠡湖宝界桥南堍蠡湖西侧。随即4人将小木船抬入湖中，由被告人刘孟胜、汪秀林两人各带2条丝网，各划1条小木船下水，沿着宝界桥西侧湖面，由南向北放置丝网进行非法捕鱼，由在岸边等候的刘明全、刘孟平一起将鱼和网拉上岸，并将鱼装载至金踏牌电瓶三轮车车厢内，后于29日凌晨1时许，在返回租住地途中被当场抓获，缴获非法捕捞的鲢鱼计 378 千克，价值人民币 5 670 元。其行为触犯《中华人民共和国刑法》第三百四十条之规定，均构成非法捕捞水产品罪。

2. 被告辩称

被告人刘孟胜、汪秀林、刘明全、刘孟平对指控均无异议。

辩护人的辩护意见为：被告人刘孟胜、汪秀林、刘明全系初犯，归案后认罪、悔罪，并努力弥补犯罪造成的损失，请求予以从轻处罚。

（三）事实和证据

江苏省无锡市滨湖区人民法院经公开审理查明：2006 年 5 月，无锡市人民政府对辖区内的蠡湖水域实施生态修复工程，放养鲢鳙鱼等水生动物，并对蠡湖水域实施常年禁渔。无锡市人民政府于 2008 年 4 月 3 日颁布《无锡市蠡湖惠山风景区管理办法》，规定在风景区水域内不得捕捞鱼虾等水生动物。蠡湖景区管理处在湖边醒目处设置了相关的禁示牌。

2009 年 7 月初，被告人刘孟胜、刘明全、汪秀林共同出资置办了 2 条小木船、4 条丝网和电瓶三轮车。2009 年 7 月 28 日 22 时许，被告人刘孟胜提议并与被告人汪秀林、刘明全、刘孟平合谋到常年禁渔的本市蠡湖水域非法捕鱼。后被告人刘孟胜、汪秀林驾驶电瓶三轮车，携带小木船、丝网等捕鱼工具，被告人刘明全驾驶摩托车载乘被告人刘孟平，至本市滨湖区宝界桥西侧蠡湖南岸。四被告人将小木船放入蠡湖后，被告人刘明全、刘孟平在岸边望风，被告人刘孟胜、汪秀林乘坐小木船，在蠡湖水面将上述 4 条丝网放入湖中进行捕鱼作业。次日凌晨 1 时许，被告人刘孟胜、汪秀林、刘明全、刘孟平实施收网，捕得鲢鱼共计 378 千克，价值人民币 5 670 元。随后被告人刘孟胜、汪秀林、刘明全、刘孟平将鱼装载上电瓶三轮车内返回暂住地途中被抓获，当场缴获上述 378 千克鲢鱼。

案发后，上述鲢鱼已由公安机关移交无锡市渔政监督支队处理。

上述事实有下列证据证明：

1. 被告人刘孟胜供述、被告人汪秀林供述、被告人刘明全供述、被告人刘孟平供述，证实结伙非法捕捞水产品的犯罪事实。

2. 证人夏炳良（无锡市滨湖区渔政管理站职工）证言证实蠡湖内所养的鱼都是农林局委托滨湖区渔政管理站放养的。2004 年左右，市政府开始禁止在蠡湖内捕鱼，蠡湖水域范围是由滨湖区渔政站定期放养鱼并管理至今，滨湖渔政管理站定期每年春季在蠡湖内放养上万尾鱼苗，用于净化蠡湖水质，改善水环境。

3. 无锡市市价格认证中心出具的价格鉴定结论证实赃物的价值。

4. 无锡市公安局水上分局制作的现场勘验、检查笔录证实案发现场情况；扣押物品清单及赃物照片证实非法捕捞的水产品鱼类的情况；小木船、丝网等工具照片，证实被告人刘孟胜、汪秀林、刘明全、刘孟平结伙非法捕捞水产品所使用的工具情况。

5. 称重记录说明、证据登记保存清单，证实被缴获的鲢鱼共计 378 千克，其中最小的鲢鱼有 5 千克以上，最大的鲢鱼有 10 千克左右，此外缴获的水产品中还有白鱼、鳊鱼各 1 条，因体型较小，未计入上述鲢鱼的重量之中。

6. 无锡市蠡湖惠山风景区管理办法、无锡市发展和改革委员会关于五里湖保水渔业技术研究与示范项目建议书的批复以及无锡市农林局出具的情况说明，证实蠡湖水域实施常年禁渔的事实。

（四）判案理由

江苏省无锡市滨湖区人民法院经审理认为：被告人刘孟胜、汪秀林、刘明全、刘孟平违反保护水产资源法规，在禁渔区捕捞水产品，情节严重，其行为均已构成非法捕捞水产品罪。无锡市滨湖区人民检察院指控被告人刘孟胜、汪秀林、刘明全、刘孟平犯非法捕捞水产品罪的事实清楚、证据充分，指控的罪名正确，予以采纳。被告人刘孟胜、汪秀林、刘明全、刘孟平在庭审中均自愿认罪，悔罪表现较好，予以从轻处罚。

（五）定案结论

江苏省无锡市滨湖区人民法院依照《中华人民共和国刑法》第三百四十条、第二十五条第一款、第七十二条、第七十三条第二款、第三款，作出如下判决：

1. 刘孟胜犯非法捕捞水产品罪，判处有期徒刑六个月。
2. 汪秀林犯非法捕捞水产品罪，判处有期徒刑六个月。
3. 刘明全犯非法捕捞水产品罪，判处有期徒刑六个月。
4. 刘孟平犯非法捕捞水产品罪，判处有期徒刑六个月，缓刑一年。

（六）解说

本案在审理过程中对被告人刘孟胜、汪秀林、刘明全、刘孟平偷捕用于修复生态的鱼类的行为构成何罪存在分歧，有两种不同意见：

第一种意见认为，被告人刘孟胜等人的行为构成非法捕捞水产品罪。其理由是：在常年禁渔的蠡湖水域内实施非法捕捞作业，违反了保护水产资源法规，应当以非法捕捞水产品罪定罪。

第二种意见认为，被告人刘孟胜等人的行为构成盗窃罪。其理由是：非法捕捞水产品罪是指是违反保护水产资源法规，在禁渔区、禁渔期或者使用禁用的工具、方法捕捞水产品。这里的禁渔区，是指对某些重要鱼、虾、贝类的产卵场、越冬场和幼体索饵划定的一定区域，在此区域内禁止或者限制渔业作业。禁渔期，是指根据某些鱼类产卵或者成长的时间而规定的禁止或者限制渔业作业的一定期限。禁用的工具，是指禁止使用的超过国家关于不同捕捞对其所分别规定的最小网眼尺寸的网具和其他禁止使用的破坏水产资源的捕捞方法。禁用的方法，是指采用爆炸、放电、放毒等使水产品正常生长、繁殖受到损害的破坏性方法。由此可见，非法捕捞水产品罪侵犯的对象是渔业资源范围内自然生长的水产品，是指自然野生的水产品，不包括人工养殖的水产品。本案中的蠡湖水域并非是渔业生产和渔业作业的区域，被告人刘孟胜等人所捕捞的鱼类也并非自然野生的，而是人工放养的。因此，本案定性为盗窃罪更为妥当。

笔者同意第一种意见，理由是：我国《刑法》第三百四十条规定的非法捕捞水产品罪，是归属于妨害社会管理秩序罪中破坏环境资源保护罪的类罪名。说明非法捕捞水产品罪的立法宗旨在于保护环境、保护自然资源。而本案中，被告人刘孟胜等人所捕捞的鱼类，恰恰是为了修复自然的生态环境而特意放养的“环保鱼”，其侵犯的是公益环境资源，而非普通的公私财产。被告人刘孟胜等人的行为符合非法捕捞水产品罪的特征。

非法捕捞水产品罪侵犯的客体是国家对水产资源的保护制度和管理秩序。水产资源不仅包括具有经济价值的水生动物和水生植物，还应当包括水生动植物赖以生存的水域环境。

1. 本罪中水产资源的认定

笔者认为，本罪的犯罪对象应为各种水产资源。主要是指渔业资源环境，但不仅仅包括渔业资源环境，还包括世界自然遗产区域内和国家风景名胜区内的水域环境等自然水域资源。因为渔业资源仅指从事捕捞或研制水生动植物的生产事业。将本罪的对象界定为渔业资源环境，则过于狭隘和笼统，不能反映本罪的实质特征。

2. 本罪中水产品的认定

所谓水产品，一般是指我国水域中出产的动物、藻类等的统称。主要是指具有一定经济价值的水生动物和水生植物。包括各种鱼类、虾蟹类、贝类、海藻类、淡水食用水生植物类以及其他龟鳖、乌贼、海参等。笔者认为，本罪对象仅指自然生长繁殖的水产品，或称野生的水产品，人工养殖的水产品不在本罪对象之例。因为，水产品作为一种天然的水产资源，其所有权归国家享有。而经过人工增殖和再利用的水产品，已经丧失其天然的属性，如在水库、渔场、鱼塘、养鱼池等处饲养的水产品，其性质已属于一种公私财产，行为人非法捕捞的，一般不构成本罪。

另外，本罪对象指向的水产品不包括珍贵水生动植物。因为珍贵水生动物已经归入非法捕杀珍贵、濒危野生动物罪的犯罪对象之中，不再属于本罪的对象。

（江苏省无锡市滨湖区人民法院　丁炯）

60. 智李梅等贩卖、窝藏、转移毒品案

（一）首部

1. 判决书字号：江苏省无锡市崇安区人民法院（2009）崇刑初字第161号。

2. 案由：贩卖、窝藏、转移毒品案。

3. 诉讼双方

公诉机关：江苏省无锡市崇安区人民检察院，检察员：吕锋。

被告人：智李梅，女，1977年1月17日出生，无业。因本案于2008年12月10日被逮捕。

辩护人：田宁，江苏崇安律师事务所律师。

被告人：蒋国峰，男，1978年3月11日出生，无业。1995年5月和1999年9月曾因犯盗窃罪分别被判处有期徒刑四年六个月和有期徒刑三年。因本案于2008年12月10日被逮捕。

辩护人：陶永生，江苏崇安律师事务所律师。

4. 审级：一审。

5. 审判机关和审判组织

审判机关：江苏省无锡市崇安区人民法院。

合议庭组成人员：审判长：胡健蕾；审判员：朱建平；人民陪审员：陈红旗。

6. 审结时间：2009 年 8 月 14 日。

(二) 诉辩主张

1. 公诉机关指控称

被告人智李梅、蒋国峰犯贩卖毒品罪。

2. 被告辩称

被告人智李梅未提出辩解意见。

其辩护人的辩护意见为：被查获的毒品含量较低，社会危害性较小，且被告人智李梅认罪态度较好。

被告人蒋国峰辩称：其取走毒品的目的是减轻被告人智李梅的罪责。

其辩护人的辩护意见为：被告人蒋国峰与被告人智李梅主观上对于被查获的毒品无共同故意，不构成共同犯罪。被告人蒋国峰只是想为被告人智李梅减轻罪责，故不应构成贩卖毒品罪，而应构成窝藏、转移毒品罪。

(三) 事实和证据

江苏省无锡市崇安区人民法院经公开审理查明：被告人智李梅与被告人蒋国峰系夫妻关系，但因关系不洽分居生活。被告人智李梅及其子女住在无锡市区的家中，被告人蒋国峰住在江阴家中，双方平时不常来往。

2008 年 10 月至 11 月间，被告人智李梅先后五次单独向黄震贩卖海洛因计 3.05 克。被告人蒋国锋得知后，征得被告人智李梅同意，从智李梅处取得海洛因并向苗松贩卖两次计 1.4 克；此外还单独向苗松贩卖海洛因两次计 2 克。

2008 年 11 月 5 日晚，公安机关在无锡市风雷立交附近将被告人智李梅抓获，查获海洛因 0.4 克。同月 8 日上午，被告人蒋国峰知道该消息后，遂到被告人智李梅的住处将智李梅存放的四包粉末（同月 4 日智李梅单独到上海购买）取出离开。后因交通违章，被告人蒋国峰在无锡市通江大道被民警拦下检查，四包粉末被查获。经鉴定，其中 88.5 克黄色粉末状物中含有海洛因成分，含量为 0.04%。

综上，被告人智李梅贩卖海洛因 93.35 克；被告人蒋国峰贩卖海洛因 3.4 克，窝藏、转移海洛因 88.5 克。

上述事实有下列证据证明：

1. 被告人智李梅、蒋国峰的供述笔录，证实二人单独或共同贩卖毒品以及蒋国峰窝藏、转移毒品的情况。

2. 证人黄震、苗松的证词笔录，证实二人分别从智李梅、蒋国锋处购买毒品的情况。

3. 公安机关的搜查笔录、扣押清单、收缴毒品专用收据、毒品照片和理化检验报告、人体尿液毒品检测报告单，证实涉案毒品的数量、种类、纯度等事实。

（四）判案理由

江苏省无锡市崇安区人民法院经审理认为：被告人智李梅单独或伙同被告人蒋国峰贩卖毒品海洛因，其行为均已构成贩卖毒品罪。被告人蒋国峰为犯罪分子窝藏、转移毒品海洛因，情节严重，其行为已构成窝藏、转移毒品罪，应当数罪并罚。公诉机关指控被告人智李梅、蒋国峰向他人贩卖海洛因的犯罪事实清楚，证据确实、充分，但将从蒋国峰处查获的88.5克海洛因指控为其贩卖毒品的数量不当。被告人蒋国峰在得知智李梅被抓后，为不让智李梅藏于家中的毒品被查获，将毒品转移于他处隐藏的行为，应当以窝藏、转移毒品罪追究刑事责任。鉴于被告人智李梅属于以贩养吸，且认罪态度较好，决定对其从轻处罚；被告人蒋国峰被抓获后，主动交代了公安机关尚未掌握的贩卖毒品行为，对其贩卖毒品罪以自首论，决定减轻处罚。被告人智李梅、蒋国峰及其辩护人的辩解、辩护意见予以采纳。

（五）定案结论

江苏省无锡市崇安区人民法院依照《中华人民共和国刑法》第三百四十七条第二款第（一）项、第四款、第三百四十九条第一款、第二十五条第一款、第六十九条、第六十七条第二款、第五十六条第一款、最高人民法院《关于审理毒品案件定罪量刑标准有关问题的解释》第三条第（四）项，作出如下判决：

1. 智李梅犯贩卖毒品罪，判处有期徒刑十五年，剥夺政治权利五年，并处没收个人财产人民币3万元。

2. 蒋国峰犯贩卖毒品罪，判处有期徒刑二年，并处罚金人民币2 000元；犯窝藏、转移毒品罪，判处有期徒刑四年，决定执行有期徒刑五年六个月，并处罚金人民币2 000元。

（六）解说

对于以贩养吸的被告人，按照最高人民法院《全国法院审理毒品犯罪案件工作座谈会纪要》（即“南宁会议纪要”）和《全国部分法院审理毒品犯罪案件工作座谈会纪要》（即“大连会议纪要”），其被查获的毒品数量应认定为其犯罪的数量。因此，本案公诉机关根据上述会议纪要精神将88.5克海洛因计入被告人智李梅的贩卖毒品数量是没有争议的，同时基于这样的逻辑：以贩养吸的贩毒人员查获的毒品尚且要认定为其贩卖毒品的数量，而本身不吸毒却贩毒的人员，查获的毒品更应认定为其贩卖毒品的数量，将被告人蒋国锋取走88.5克海洛因的行为也定性为贩卖毒品罪。

虽然会议纪要精神带有普遍适用性，但就本案而言，被告人蒋国峰取走88.5克海洛因的行为具有特殊性，不应认定为贩卖毒品罪，而应构成窝藏、转移毒品罪。具体理由如下：

首先，从定案证据分析，公诉机关作为指控理由的毒品查获数量计入贩卖数量的原则规定属于一种客观推定。本案适用该推定的前提应当是，被告人蒋国峰无法说明被查获毒品的来源，无法证明自己不是为了贩卖而持有。但现有证据已能证明被告人蒋国峰持有该批毒品的原因，即该毒品系被告人智李梅为贩卖而单独购进，蒋国峰是在智李梅被抓获后至智李梅住处取得的，所以被告人蒋国峰所持有的该批毒品的来源和所有权是清楚的。而被告人蒋国峰被抓获后的交代也坚称，其取走毒品的直接目的或是扔掉或是隐藏，最终目的都是为减轻妻子智李梅的罪责，从未承认过是准备供自己用于日后贩卖。在此情况下，公诉机关适用该推定原则显然是不合适的。

其次，从刑法理论分析，现有证据不能证明被告人智李梅和被告人蒋国峰事先对被查获的88.5克海洛因有通谋，主观上无共同故意，因此不能以共同犯罪为由追究其相应的刑事责任。而两被告人也并非毒品买卖的上下家关系，若均要以既遂对同一批毒品承担刑事责任，这在法理上说不通；但若认定为未遂，又与目前毒品犯罪中既遂未遂通说相悖。被告人蒋国峰转移被告人智李梅所购毒品的行为，直接目的是逃避公安机关对智李梅住处的搜查，另找安全的地方隐匿、窝藏，这是十分明显的。当然也不排除被告人蒋国峰准备跟以前一样从中拿出毒品来进行贩卖，但准备贩卖的目的却不是一目了然的。公诉机关根据“南宁会议纪要”和“大连会议纪要”精神，通过“举轻以明重”的方法，从“以贩养吸”的情形来推定不吸毒的蒋国峰转移毒品的目的是贩卖。但问题是，同一宗毒品同时推定为夫妻两人的贩卖数量，而两人对该宗毒品又无合意，这并不符合常理。“南宁会议纪要”、“大连会议纪要”作出这样的规定，目的当然是严厉打击毒品犯罪，因此纪要中的一些处理方法与传统刑法理论是不相符的，譬如毒品犯罪的既遂、查获毒品认定为贩卖数量等。但当按照纪要规定，推定查获的毒品数量计入贩卖数量，从而导致与常理相冲突时，就应该回归到传统理论，使之协调起来。所以，既然现有证据证明，被告人蒋国峰主观上最明显的目的是窝藏、转移妻子智李梅的毒品，那么其行为自然应当构成窝藏、转移毒品罪，而不是如公诉机关所指控的，根据推断出的被告人主观意图来认定犯罪的性质。

再次，从量刑合理分析，定罪的目的是量刑，当定性有争议时，应选择有利于合理量刑的定性。本案中，查获的海洛因数量达88.5克，认定与否关涉两个刑档，刑差较大。而该批海洛因的含量又极低，仅为0.04%。虽然按照《刑法》第三百五十七条规定，走私、贩卖、运输、制造、非法持有毒品犯罪的数量计算，不以纯度折算，但不可否认，不同纯度毒品之间的社会危害性是存在程度差异的。另外，两被告人实际贩卖的毒品数量很少，只是查获的数量较多。司法实践中，实际贩卖的毒品与被及时查获而尚未流入社会的毒品之间的社会危害性也不一致的。这些因素均应当在量刑中予以考虑并体现出来。

最后，从裁判效果分析，审判实践是一项既讲究法律科学又注重社会效果的活动，要求法官在刚性的法律规定和弹性的社会事实之间选择一个合理的平衡点来作出裁判。因此，当对某一行为定性有争议时，应当尽可能选择有利于减少社会对抗、维护社会稳定的定性。如果作为社会细胞的家庭不稳定，那么构建和谐社会也就无从谈起。从本案的实际情况来看，两被告人为夫妻，有一个三岁的孩子，父母均已年老，从扶养老人和教育子女角度出发，为保持家庭的完整，也不宜让夫妻两人都服过长的刑期。

综上，法院根据本案的特殊情况，将被告人蒋国峰在被告人智李梅被抓获后，对于被告人智李梅拥有的毒品海洛因私自处置的行为认定为窝藏、转移毒品罪，符合罪责刑相适应的原则，有利于实现法律效果和社会效果的有机统一。

（江苏省无锡市中级人民法院　韩锋
江苏省无锡市崇安区人民法院　胡健蕾）

61. 刘金榜非法持有毒品案

(一) 首部

1. 判决书字号：云南省昆明市中级人民法院（2009）昆刑三初字第607号。

2. 案由：非法持有毒品案。

3. 诉讼双方

公诉机关：云南省昆明市人民检察院，检察员：邓水云。

被告人：刘金榜，男，1975年11月17日出生，汉族，初中文化，农民，住贵州省纳雍县。因本案于2009年5月9日被逮捕。

辩护人：邵芳、温钦友，云南华汇律师事务所律师。

4. 审级：一审。

5. 审判机关和审判组织

审判机关：云南省昆明市中级人民法院。

合议庭组成人员：审判长：贾慧群；审判员：刘成宇；代理审判员：王蓓。

6. 审结时间：2009年12月8日（经云南省高级人民法院批准依法延长审限）。

(二) 诉辩主张

1. 公诉机关指控称

2009年4月1日，被告人刘金榜在其租住的本市中苜蓿村3-146号1-2号房间被公安民警抓获，当场从该房间一塑料袋内缴获其用来贩卖的毒品海洛因净重244.1克。

昆明市人民检察院根据其指控事实和指控证据，认为被告人刘金榜的行为已触犯《中华人民共和国刑法》第三百四十七条第二款第（一）项之规定，构成贩卖毒品罪，应依法予以惩处。

2. 被告辩称

被告人刘金榜辩称：公诉机关指控的不是事实，查获的毒品是用于自己吸食，没有贩卖毒品。

其辩护人的辩护意见为：（1）公诉机关指控的罪名与指控的事实不符，在被告人刘金榜租住的中苜蓿村3-146号1-2号房间内查获的244.1克海洛因处于静止状态下，没有进入流通环节，公诉机关没有任何证据证明该毒品是用于贩卖。（2）被告人供述贩卖毒品的事实不清，指控的证据不足；本案仅有被告人的有罪供述，而买方因证据不足予以释放，因买与卖是不可分割的，则整个贩卖毒品的证据就不足。（3）被告人是一名长期吸毒者，持有一定数量的毒品不是用于贩卖，仅构成非法持有毒品罪，在量刑时建议法庭从轻处罚。（4）被告人是初犯、偶犯，认罪态度好，建议法庭对其从宽处理。

（三）事实和证据

云南省昆明市中级人民法院经公开审理查明：2009 年 4 月 1 日，被告人刘金榜在昆明市官渡区中苜蓿村内被公安民警抓获，随后从其租住的中苜蓿村 3－146 号 1－2 号房间的一塑料袋内查获毒品海洛因净重 244.1 克。

上述事实有下列证据证明：

1. 昆明市公安局五华分局马村派出所民警陈某某、田某出具的抓获经过材料证实：2009 年 4 月 1 日 21 时左右，民警在昆明市官渡区中苜蓿村内抓获了涉嫌贩卖毒品的嫌疑人刘金榜，并在其租住的官渡区中苜蓿村的出租房内查获了大量毒品海洛因可疑物，民警遂将其带回派出所审查。

2. 公安机关刑事科学技术鉴定结论证实：从被告人刘金榜租住的昆明市中苜蓿村一出租房内查获的毒品可疑物经鉴定是毒品海洛因。被告人刘金榜对鉴定结论无异议。

3. 搜查笔录证实：2009 年 4 月 1 日 21 时许，民警抓获嫌疑人刘金榜后，对其租住的位于昆明市官渡区中苜蓿村 3－146 号 1－2 号房间进行搜查，从房间内一个靠墙摆放的塑料袋内查获一袋用白色塑料袋包装的毒品海洛因可疑物及人民币现金 26 900 元。

4. 证人李加洪（中苜蓿村 3－146 号 1－2 号房间房东）辨认笔录及证言证实，被告人刘金榜租住该房间。

5. 毒品物证照片、被告人指认毒品照片、现场指认笔录、毒品入库清单、毒品现场称量记录证实，被告人刘金榜非法持有的海洛因净重 244.1 克。

6. 被告人刘金榜在公安机关供述证实：2009 年 4 月 1 日 21 时许，我刚回到中苜蓿村我租住的一楼出租房，这时就有几名警察把我抓住并对我租住的出租房进行了搜查，警察在我的出租房内查获了一袋海洛因（白色粉末），当时这袋海洛因我放在出租房的一个墙角，用一个白色的塑料袋装着，海洛因净重 244.1 克，这些海洛因是我向一个老人买的，是用于自己吸食，我每天的吸食量很大。之前在公安机关交代贩卖毒品不是事实，是在毒瘾发作的状态下交代的，意识不清楚。

（四）判案理由

云南省昆明市中级人民法院经审理认为：被告人刘金榜无视国家法律，非法持有毒品海洛因，其行为已触犯国家刑律，构成非法持有毒品罪，应依法予以惩处。公诉机关指控被告人刘金榜犯贩卖毒品罪，指控罪名不当，本院予以更正。被告人刘金榜应对其非法持有的毒品海洛因承担相应的刑事责任。被告人刘金榜及其辩护人提出犯非法持有毒品罪的辩解及辩护观点成立，本院予以采纳。

（五）定案结论

云南省中级人民法院依照《中华人民共和国刑法》第三百四十八条、第六十四条、第四十七条，作出如下判决：

1. 刘金榜犯非法持有毒品罪，判处有期徒刑十年，并处罚金人民币 10 000 元。

2. 缴获的毒品海洛因净重 244.1 克予以没收。

（六）解说

被告人刘金榜的行为是构成贩卖毒品罪还是构成非法持有毒品罪是本案的焦点问题。

非法持有毒品罪是指明知是毒品而无合法理由持有且达到一定数量的行为，是毒品犯罪中一种较为特殊的犯罪形式。由于多种原因，此罪名在适用时易与其他毒品犯罪相混淆。实践中经常出现这样的现象：相同情节的毒品犯罪案件由不同的司法机关受理，有的可能定性为非法持有毒品罪，有的却可能定性为贩卖、运输毒品等其他犯罪，并由此带来处理上的有罪和无罪、重罚和轻罚的差别，一定程度上影响了司法的准确性和权威性。因此，我们认为深入探讨非法持有毒品罪以及与其他毒品犯罪的区别，消除案同罚不同的司法尴尬，是很有必要的。

1. 非法持有毒品罪的立法目的

禁毒立法始于鸦片泛滥的近代。起初，世界各国的立法侧重于打击走私、贩卖、运输毒品等毒品犯罪行为，在相当一段时期内，并未明确非法持有毒品为刑事犯罪。例如，我国 1979 年刑法就没有设立非法持有毒品罪，而只规定了制造、贩卖、运输毒品罪。这并非是立法机关当时未意识到非法持有毒品行为的危害性，认为不需要对此行为进行惩处，而是考虑到此行为往往是走私、贩卖、运输、制造等毒品犯罪行为的前提或后续环节，不具有独立性，可以被走私、贩卖、运输、制造毒品等行为所吸纳，没有必要将此单独规定为犯罪。随着社会的发展，毒品犯罪已成为危害人类社会的国际一大公害，而犯罪分子为了逃避法律的制裁，作案手段变得愈来愈隐蔽，证明犯罪也愈加困难。于是实践中经常出现虽然从犯罪分子手中查获了大宗毒品，但是却找不到证据证明犯罪分子利用该大宗毒品进行的是什么犯罪，或者将进行什么犯罪的现象。这种情况下，犯罪分子就可能因法律的疏漏而逃脱了制裁。因此，将单独的非法持有毒品行为犯罪化的意义就凸现了出来。

1988 年 12 月 20 日联合国制定的《禁止非法贩运麻醉药品和精神药物公约》明确将非法持有（占有）毒品行为规定为犯罪，并要求各缔约国确定为其国内法中的刑事犯罪。次年我国加入该公约，1990 年 12 月 28 日全国人大常委会通过的《关于禁毒的决定》首次在我国将非法持有毒品行为规定为犯罪，1997 年全面修订刑法时，将该罪名纳入刑法典。我们认为，上述公约和法律反映了国际组织和国内立法机构这样一种理念：没有法律依据，非法涉及毒品的行为都是违法犯罪行为，都应当受到法律制裁，不能在立法上给法网留下疏漏之处。设立非法持有毒品罪，为对那些客观上非法持有了一定数量的毒品，但是却因没有证据证明行为人利用该毒品实施了或者将要实施其他犯罪的行为予以刑事归责提供了法律依据。从这个角度看，非法持有毒品罪是一个补漏性的罪名，即当非法持有一定数量毒品的行为未能被走私、贩卖、运输、制造毒品等行为所吸纳时，适用该罪名。同时从毒品犯罪的法律体系看，非法持有毒品罪又是一个保底性的罪名，即只要客观上存在非法持有一定数量毒品的行为，即使持有的动机和目的是模糊不定的或者是难以求证的，都构成犯罪并受到相应的制裁。禁毒的法网因此更加严密。

2. 非法持有毒品罪的构成及与相关毒品犯罪的区别

贩卖、运输毒品是毒品犯罪中最为常见的犯罪形式，也是与非法持有毒品最相关联且易相混淆的罪名，准确区分三种行为方式，实践中有着十分重要的意义。要做到这一点，还得从犯罪构成上着手。

（1）三罪的犯罪客体相同。均为国家对毒品的管理制度和人的身体健康。

（2）犯罪主体不完全相同。三者均为一般主体，但刑事责任年龄的要求不同，构成非法持有毒品罪和运输毒品罪的必须年满 16 周岁，而构成贩卖毒品罪的则为 14 周岁。

（3）主观方面：三罪均为故意犯罪，但故意的内容不同。明知是毒品而故意犯罪是三罪的共同点，如果不明知是毒品则不构成犯罪。三罪故意的内容不同体现在，贩卖、运输毒品的目的明确，即将毒品贩卖给他人从中牟利或为了扩散毒品而将毒品进行运输。没有这种明确的目的不构成贩卖、运输毒品罪。而非法持有毒品的动机、目的却多种多样，没有限定，既可能是为了吸食、治病，也可能是为了贩卖、运输等等，只是后一种目的不能被证明而已，不影响该罪名的成立，只作为量刑情节考虑。这是三罪的重要区别，即：在不能证明具有贩卖、运输等其他毒品犯罪的故意内容的情形下，认定为非法持有。

（4）客观方面：非法持有毒品罪有非法持有毒品的行为，贩卖、运输毒品罪一般也有非法持有毒品的行为，这是三罪易于混淆的一个重要原因。所谓持有，是指行为人对毒品事实上的支配和管领，主要表现为静态持有如在固定场所存储等和动态持有如随身携带等。它不要求行为人对所持有的毒品具有所有权，也不要求行为人将毒品握在手中或放在身上。同时，持有是一种持续行为，时间的长短不影响持有的成立，只作为量刑的情节考虑，但如果时间过短，不足以说明行为人事实上支配和管领毒品时，则不能认定是持有。非法持有毒品是非法持有毒品罪在客观方面的唯一行为特征，而贩卖、运输毒品罪客观方面除了这一特征外，还必须有贩卖或为了贩卖而购进、运输毒品的行为特征，这也是三罪的重要区别。此外，非法持有毒品罪还有数量规范，即非法持有的毒品必须达到法定的最低数量才构成犯罪，而贩卖、运输毒品罪均无数量规范，无论数量多少均构成犯罪。

3. 非法持有毒品罪的认定

如何认定非法持有毒品罪，最高人民法院 1994 年《关于适用〈全国人民代表大会常务委员会关于禁毒的决定〉的若干问题的解释》（以下简称《解释》）和 2000 年最高人民法院《全国法院审理毒品犯罪案件工作座谈会纪要》（以下简称《纪要》）作了原则性的说明。《解释》规定：根据已查获的证据，不能认定非法持有较大数量毒品是为了进行走私、贩卖、运输或者窝藏毒品犯罪的，才构成非法持有毒品罪。如果有证据证明非法持有毒品是为了进行走私、贩卖、运输或者窝藏毒品犯罪的，则应定走私、贩卖、运输或者窝藏毒品罪。《纪要》规定：非法持有毒品达到《刑法》第三百四十八条规定的构成犯罪的数量标准，没有证据证明实施了走私、贩卖、运输、制造毒品等犯罪行为的，以非法持有毒品罪定罪。以上两个司法解释的要点在于：第一，如果有证据证明非法持有毒品已经实施了走私、贩卖、运输、制造等犯罪行为，按相应的罪名定罪；第二，如果尚未或没有证据证明实施了其他犯罪行为，即仅有非法持有毒品的行为，此时应分析行为人的主观目的，如果有证据证明非法持有毒品的主观目的是进行走私、贩卖、运输、窝藏等毒品犯罪，按相应的罪名定罪，如果没有或者不能查证有其他毒品犯罪目的，定非法持有毒品罪。此外，如果正在实施走私、贩卖、运输等犯罪行为，则当然按相应的罪名定罪。

掌握了上述原则之后，非法持有毒品罪的认定问题主要就是证据的分析、事实的认定问题。由于毒品犯罪案件普遍具有证据少、证据收集不到位、翻供现象多等特点，实践中如何分析证据、认定事实也是很有难度的。我们认为，与其他类型的案件一样，毒品犯罪案件尽管有其自身的特点，但仍要坚持刑事诉讼法所规定的基本原则。一是要坚持按证据裁判，对任何事实、任何罪名的认定都要以证据为基础，不能在没有证据的情况下进行纯粹的推论。二是要坚持证明标准，做到“犯罪事实清楚，证据确实、充分”，证据尚未达到确实、充分的程度时不能认定，不能以案件情况特殊为由，随意降低证明标准。例如：李某某购入 120 克海洛因后在酒店被抓获。李先供购毒的目的是想贩卖给其朋友彭某某，后供是用于自己吸食。侦查机关收集了李购毒前与彭某某多次手机通话的详单，但未找到彭某某。司法人员对于此案的定性有分歧，一种意见认为，李购入毒品的数量明显超出了其吸食所需，贩卖的可能性极大，并且李供过是想贩卖给彭，有李、彭二人的通话详单证实，应定性为贩卖毒品罪。另一种意见认为，证明李贩卖毒品的证据不足，应定性为非法持有毒品罪。笔者赞同后一种意见，理由是：李某某购入毒品用于贩卖的可能性确实很大，但这种可能性要成为判决书认定的事实则要有证据证明，不能推论。李虽曾供过是想贩卖给彭并有其与彭的通话详单，但由于彭未证实，而通话详单并不能佐证二人一定是贩卖毒品的上下线关系或彭某某是毒品吸食者，故不能认定是贩毒，只能定性为非法持有毒品罪。不妨设想一下，本案如果定性为贩卖毒品罪，假若以后彭某某到案，其如承认李确实是想贩毒给他，则李罚当其罪，其如不承认李贩毒给他，则就办了一桩错案。同时，在究竟是贩卖毒品罪还是非法持有毒品罪存疑时，根据“重罪与轻罪存疑，选择轻罪”，以非法持有毒品罪定性是符合现代刑事司法理念的。

结合本案的事实，被告人刘金榜系吸毒人员，且其前期供述要去卖毒品给李某某，后李某某被检察院以证据不足不起诉释放，其在看守所后期至法庭上就翻供称，毒品是自己用来吸食的。我们认为本案无论被告供述其贩卖还是持有，从证据的角度来看，公诉机关用没有指控贩卖的 100 克的证据来指控家里查获的 244.1 克是贩卖证据是不足的。如果指控贩卖 100 克，那么家里查获我们可以推定是贩卖。现没有指控定贩卖，买家李某某证据不足被释放。故我们本案不能以贩卖毒品罪来认定，应该定非法持有毒品罪为妥。

本案的审理不仅符合我国罪刑法定和罪刑相适应等刑法原则，同样也为司法实践中相类似案件的审判提供了准确的定性分析方法，对如何明晰贩卖毒品与非法持有的犯罪行为具有很强的指导意义。

（云南省昆明市中级人民法院　贾慧群）

62. 冯宗进非法种植毒品原植物案

（一）首部

1. 裁判书字号

一审判决书：福建省南平市光泽县人民法院（2009）光刑初字第 123 号。

二审裁定书：福建省南平市中级人民法院（2010）南刑终字第 173 号。

2. 案由：非法种植毒品原植物案。

3. 诉讼双方

公诉机关：福建省南平市光泽县人民检察院，检察员：蔡宇。

被告人（上诉人）：冯宗进，男，1974年10月14日出生于福建省宁德市，汉族，宁德市人，小学文化，农民，住宁德市蕉城区。因本案于2009年5月5日被逮捕。

辩护人：王洪清，福建杉城律师事务所律师。

4. 审级：二审。

5. 审判机关和审判组织

一审法院：福建省南平市光泽县人民法院。

合议庭组成人员：审判长：黄跃平；审判员：何澄林；人民陪审员：乐金克。

二审法院：福建省南平市中级人民法院。

合议庭组成人员：审判长：黄建英；审判员：刘少峰、罗仁清。

6. 审结时间

一审审结时间：2009年10月13日。

二审审结时间：2009年11月30日。

（二）一审诉辩主张

1. 公诉机关指控称

2008年9月，被告人冯宗进与冯久建（另案处理）携带罂粟种子一起到光泽县坪溪农场一偏僻的山垅里种植，同年11月底至12月初被他人发现并报案。已经回宁德的被告人冯宗进得知事情败露后，遂打电话给其在光泽县的亲戚冯元族，请冯元族代为铲除，冯元族便带人到种植地进行了部分铲除。后经光泽县公安局三次勘查并清点，冯宗进与冯久建共种植罂粟6 161株。对于上述事实，公诉机关向本院提供了主要证据复印件及照片。

公诉机关认为，被告人冯宗进伙同他人非法种植罂粟数量大，其行为已触犯了《中华人民共和国刑法》第三百五十一条第二款的规定，提请法院依法判处。

2. 被告辩称

被告人冯宗进对于自己非法种植罂粟的行为不持异议，但认为事发后已经叫冯元族铲除。

其辩护人的辩护意见为：被告人冯宗进不法种植罂粟的行为构成犯罪，但事发后电话叫冯元族铲除，其主观上已中止了社会危害的发生。公安机关对铲除后的现场进行了勘查，发现又长出了罂粟苗，这不是被告人的主观意愿，况且公安机关清点的数量上存在问题。因此，应当依法对被告人予以免除处罚。

（三）一审事实和证据

光泽县人民法院经公开审理查明：2008年9月间，被告人冯宗进与冯久建（另案处理）经密谋后，二人携带罂粟种子到光泽县坪溪农场，一边务工，一边在该农场梁山寺与磨菇寺附近一偏僻的山垅田里种植罂粟，面积达1.8亩。同年11月29日，被告人冯宗进等人种植的罂粟长出部分幼苗后被他人发现，被告人冯宗进与冯久建便返回宁德家乡，此后被告人冯宗进打电话给在光泽县坪溪农场做工的妹夫冯元族，请其代为铲除罂粟苗，冯元族于12月初的一个晚上带了四人一起到种植罂粟的田地里对已生长出的罂粟幼苗进行铲除，并对种植的土地进行耕耘。但 2008 年 12 月 22 日、2009 年 3 月 10 日和 3 月 11 日经光泽县公安局对种植罂粟的田地进行三次勘查并清点，后该田地先后又长出罂粟幼苗共计 6 161 株（2008 年 12 月 22 日 1 034 株、2009 年 3 月 11 日 1 167 株、同年 3 月 12 日 3 960 株），直至 4 月 12 日在农艺师的指导下，才由光泽县坪溪农场职工将上述罂粟苗彻底清除。

上述事实有下列证据证明：

1. 证人冯元族的证言笔录，证实 2008 年 9 月间，被告人冯宗进与冯久建在光泽县坪溪农场务工，期间，在农场梁山寺与磨菇寺附近一偏僻的山垅田里种植罂粟，并对罂粟进行浇灌、施肥。同年 11 月底，长出罂粟青苗后被他人发现，被告人冯宗进与冯久建便返回宁德，后打电话委托其铲除。2008 年 12 月初的一天晚上，其带了四名工人一起上山对已生长出的罂粟幼苗进行铲除，并对种植的土地进行了耕耘。因不放心，第二天又到山上看了一遍的事实。

2. 证人瞿恒镜、雷世国的证言笔录，证实被告人冯宗进与冯久建种植罂粟长出青苗被他人发现后，冯元族找其向光泽县坪溪农场领导说情未果的事实。

3. 证人李家顺、李家番、冯庆新、李仙赐的证言笔录，证实 2008 年 12 月初的一天晚上，冯元族召集其四人带上柴刀、锄头、电筒等工具与冯一起到山上铲除罂粟苗的事实经过。

4. 福建农林大学园林学院的鉴定材料，证实被告人冯宗进种植的是罂粟。

5. 现场照片，证实被告人冯宗进种植罂粟的现场情况。

6. 现场勘查笔录，证实被告人冯宗进种植的罂粟现场生长出罂粟苗合计 6 161 株的事实。

7. 光泽县坪溪农场出具的情况汇报、证明材料，证实光泽县坪溪农场配合公安机关对被告人种植的罂粟苗进行清点、铲除的事实经过。

8. 被告人的户籍证明，证实被告人冯宗进为 1974 年 10 月 14 日出生于福建省宁德市，为完全行为能力人。

（四）一审判案理由

光泽县人民法院经审理认为：被告人冯宗进违反国家法规，在未取得合法种植罂粟手续的情况下，非法种植 1 034 株罂粟，因此，其行为已构成非法种植毒品原植物罪，公诉机关指控的罪名成立，应依法追究其刑事责任。被告人冯宗进在种植罂粟长出幼苗被他人发现后便自动进行了铲除，虽然铲除后又长出罂粟幼苗与被告人非法种植罂粟有直接关系，但犯罪数量应认定为被告人自动铲除时罂粟苗的数量，即 1 034 株，由于被告人自动铲除后，未经强制铲除，其自动铲除后复长出的数量不应计算为被告人冯宗进的犯罪数量，因此，公诉机关指控被告人冯宗进种植罂粟 6 161 株不当。被告人冯宗进虽然在罂粟长出后自动进行了铲除，但铲除后又复长了 5 000 余株，仍具有较大的社会危害性。因此，被告人冯宗进的行为不符合《中华人民共和国刑法》第三百五十一条第三款“非法种植罂粟或者其他毒品原植物，在收获前自动铲除的，可以免除处罚”的规定。被告人冯宗进的辩解和辩护人提出被告人冯宗进已自动铲除，在主观上已中止了社会危害的发生的辩解、辩护意见不能成立，本院不予采纳。本院视该案情节，酌情予以减轻处罚。

（五）一审定案结论

光泽县人民法院依照《中华人民共和国刑法》第三百五十一条第一款、第二十五条第一款、第五十二条、第五十三条，作出如下判决：

冯宗进犯非法种植毒品原植物罪，判处有期徒刑一年。

（六）二审情况

1. 二审诉辩主张

上诉人冯宗进上诉称：其在罂粟苗刚长出时就叫人全部自动铲除，应符合“在收获前自动铲除的，可以免除处罚”的法律规定，原判量刑畸重。

2. 二审事实和证据

南平市中级人民法院经审理，确认一审法院认定的事实和证据。

3. 二审判案理由

南平市中级人民法院经审理认为：上诉人（原审被告人）冯宗进为牟取非法利益而违反国家对毒品原植物的管制规定，非法种植罂粟数量较大，其行为已构成非法种植毒品原植物罪。对上诉人冯宗进提出的上诉理由，经查，上诉人冯宗进及其同案人冯久建利用到光泽县坪溪农场务工之机，选择该农场生态公益林区一偏僻山垅非法开荒种植罂粟面积达 1.8 亩，事发后，为逃避追究返回原籍，后委托他人代为铲除，在他人代为铲除过程中，未全部彻底铲除，而是对已生长出的罂粟幼苗进行铲除，仅从之后罂粟苗复长的数量远远超过初次铲除的数量，即可反映出代为铲除的客观情况，因此，上诉人应承担未全部彻底铲除罂粟苗的法律后果，原审根据本案的性质、后果、社会危害性等情节，就低认定罂粟苗数量对上诉人科处的刑罚，并无不当。故对上诉人冯宗进提出的上诉理由，本院不予采纳。

4. 二审定案结论

南平市中级人民法院依照《中华人民共和国刑事诉讼法》第一百八十九条第（一）项，作出如下裁定：

驳回上诉，维持原判。

（七）解说

本案在讨论中，对于被告人冯宗进伙同他人以牟取非法利益为目的，违反国家法规，在未取得合法种植罂粟手续的情况下，非法种植罂粟，其行为已构成非法种植毒品原植物罪观点一致，但对如何认定本案种植罂粟的数量以及量刑存在分歧。

第一种意见认为，本案不宜认定被告人的犯罪株数。理由是，2008 年 12 月初，被告人冯宗进就电话委托他人对已生长出的罂粟幼苗进行铲除，后因气候、土壤以及缺乏科学的铲除方法等因素，该田地里先后又长出罂粟幼苗 5 127 株，直至 4 月 12 日在农艺师的指导下，才由光泽县坪溪农场职工将上述罂粟苗彻底清除，完全出于被告人的意志之外。因此，本案既不能定 1 034 株，也不能以 5 127 株来认定，应当依照《中华人民共和国刑法》第三百五十一条第三款“非法种植罂粟或者其他毒品原植物，在收获前自动铲除的，可以免除处罚”，对被告人予以判处免除处罚。

第二种意见认为，被告人冯宗进在种植罂粟出苗后，被他人发现，便委托他人于2008年12月初对第一次长出的罂粟全部进行了自动铲除，经公安机关勘查并清点自动铲除的数量为1 034株。此后的2009年3月11日和12日先后发现又长出了5 127株。因此，本案只能认定在第一次铲除的数量1 034株，后期长出的不应计算在量刑的数量中。理由是，我国刑法并未规定自动铲除的不构成犯罪，故本案应以第一次铲除的数量1 034株作为量刑依据，而以后公安机关发现又长出的5 127株，司法机关有责任依法责令被告人铲除剩余的幼苗，只有在被告人抗拒铲除的情形下，才能就又长出的数量对被告人进行认罪科刑。公安机关发现又长出罂粟苗后未通知被告人铲除，长出罂粟苗虽然与被告人非法种植罂粟有直接关系，但被告人铲除后主观上已经自动放弃以种植罂粟牟取非法利益念头，再以罂粟获取利益的主观意识已经不存在。《中华人民共和国刑法》第三百五十一条第三款里的“自动铲除”既包括自己动手铲除，也包括在执法机关说服教育后铲除。被告人冯宗进种植毒品原植物的行为违反国家法规，应当认定被告人非法种植1 034株罂粟，依照《中华人民共和国刑法》第三百五十一条第一款判处有期徒刑一年。

第三种意见认为，本案应当认定数量为6 161株。被告人冯宗进在种植罂粟出苗后，被他人发现，自己潜逃，只是委托他人对长出的罂粟进行铲除，并不是他自己组织人员或者亲自到场监督他人有效铲除，其主观上有放任的间接故意的犯意，因此2009年3月11日和12日先后发现又长出了5 127株应计算在量刑的数量中。《中华人民共和国刑法》第三百五十一条第三款的“自动铲除”是指自己动手铲除，或者在执法机关说服教育后自己动手铲除，而并非是他人代为铲除。被告人冯宗进电话叫他人代为铲除的行为，显然不符合《中华人民共和国刑法》第三百五十一条第三款中规定的“在收获前自动铲除”的规定。非法种植毒品原植物的社会危害性与其他犯罪的社会危害性不同，本案的社会危害性就在于被告人并未彻底断绝罂粟继续危害社会。由于被告人未彻底铲除，对被告人冯宗进来说是中止了牟取利益的犯意，但如果本案中复长出的罂粟未被公安机关发现，到收获时必然会被他人获取牟利，并使其流入人们生活中，因此不能单纯看待本案未造成后果，更不能把司法机关组织人员及时铲除未造成危害后果，而从轻处罚被告人。故被告人冯宗进对铲除后又长出的数量应当承担刑事责任，并依照《中华人民共和国刑法》第三百五十一条第二款判处有期徒刑五年。

笔者同意上述第二种观点。

（福建省光泽县人民法院　黄跃平）

63. 成宾等组织卖淫、协助组织卖淫、容留卖淫案

（一）首部

1. 判决书字号：天津市西青区人民法院（2009）青刑初字第322号。

2. 案由：组织卖淫、协助组织卖淫和容留卖淫案。

3. 诉讼双方

公诉机关：天津市西青区人民检察院，代理检察员：代永亮。

被告人：成宾，曾用名成龙、张军，男，1988 年 1 月 3 日出生于吉林省，朝鲜族，初中文化，农民，住吉林省辉南县辉南镇。因本案于 2009 年 5 月 14 日被逮捕。

辩护人：田苗苗，天津行通律师事务所律师。

被告人：金允峰，绰号咪咪，男，1986 年 7 月 21 日出生于吉林省，朝鲜族，初中文化，农民，住吉林省辉南县辉南镇。因本案于 2009 年 5 月 14 日被逮捕。

被告人：宋学猛，男，1981 年 11 月 19 日出生于吉林省，汉族，初中文化，农民，住吉林省辉南县朝阳镇。因本案于 2009 年 5 月 14 日被逮捕。

被告人：胥瑞，男，1960 年 6 月 28 日出生于吉林省，汉族，初中文化，农民，住吉林省梅河口市牛心顶镇。因本案于 2009 年 3 月 30 日被刑事拘留，同年 4 月 27 日被逮捕。

辩护人：甄军涛，天津元泽律师事务所律师。

4. 审级：一审。

5. 审判机关和审判组织

审判机关：天津市西青区人民法院。

合议庭组成人员：审判长：刘洪利；人民陪审员：翁长来、韩恩玲。

6. 审结时间：2009 年 8 月 25 日。

（二）诉辩主张

1. 公诉机关指控称

2009 年 3 月份，被告人成宾组织杭某某、樊某并伙同被告人金允峰、宋学猛采取胁迫的手段强迫郭某某、李某某四名女子在天津市西青区津淄公路边的“休闲吧”足疗店进行卖淫，并由被告人金允峰、宋学猛负责对杭某某等人每天的接送和看管。2009 年 3 月 29 日 23 时许，被告人胥瑞在其经营的“休闲吧”足疗店内，容留郭某某、李某某、杭某某、李某、马某某、张某某进行卖淫嫖娼，被告人胥瑞被民警当场抓获。被告人成宾、金允峰、宋学猛先后被抓获归案。

检察机关提供了相应的证据，指控被告人胥瑞犯容留卖淫罪，被告人成宾、金允峰、宋学猛犯组织卖淫罪，请求依照《中华人民共和国刑法》第三百五十八条、第三百五十九条之规定进行处罚。

2. 被告辩称

庭审中，被告人胥瑞、成宾、金允峰、宋学猛均未辩解。

被告人胥瑞的辩护人提出被告人胥瑞系初犯且认罪态度较好等辩护意见。

被告人成宾的辩护人提出被告人成宾系从犯且自首的辩护意见。

（三）事实和证据

本案因涉及隐私，为不公开开庭审理。天津市西青区人民法院经审理查明：2009 年 1 月间，被告人成宾先后找到卖淫女杭某某、樊某在天津市西青区津淄公路边的“休闲吧”足疗店内进行卖淫嫖娼活动，并从中谋利。被告人成宾后又同被告人金允峰、宋学猛商议寻找女孩卖淫从中渔利。2009 年 3 月间，被告人成宾、金允峰、宋学猛使用诱骗、强迫之手段，迫使女孩郭某某、李某某在“休闲吧”足疗店内卖淫。期间，被告人金允峰、宋学猛负责对杭某某、郭某某等四名女子的接送和看管。

2009 年 3 月 29 日 23 时许，郭某某、李某某、杭某某向嫖客李某、马某某、张某某进行卖淫嫖娼活动，而在“休闲吧”足疗店负责管理的被告人胥瑞明知郭某某等人在“休闲吧”内卖淫，仍予以容留。公安民警在安全检查时，将被告人胥瑞、郭某某、李某某等人当场抓获。2009 年 4 月 11 日，被告人金允峰被抓获；2009 年 4 月 24 日，被告人成宾被抓获；2009 年 4 月 25 日，被告人宋学猛被抓获。

上述事实有下列证据证明：

1. 证人杭某某、樊某证言，证实被告人成宾找其在“休闲吧”足疗店内卖淫，同时证实被告人金允峰、宋学猛对自己接送、看管的事实。

2. 证人郭某某、张某某证言，证实被告人成宾、金允峰、宋学猛诱骗、强迫自己在“休闲吧”内卖淫，同时证实被告人金允峰、宋学猛对自己接送、看管的事实。

3. 证人杭某某、李某某、郭某某的辨认笔录，指认被告人金允峰、宋学猛就是看管自己卖淫的人。

4. 证人李某、马某某、张某某证言，证实通过“休闲吧”的男老板在“休闲吧”内嫖娼的经过。

5. 现场勘查笔录及照片，证实案发现场情况。

6. 公安行政处罚决定书，证实杭某某、郭某某、李某某等人被行政处罚的事实。

7. 被告人成宾等人的供述，证实成宾等组织卖淫、协助组织卖淫和容留卖淫的事实。

（四）判案理由

天津市西青区人民法院经审理认为：被告人成宾为图私利，采取招募、强迫等手段，控制多人进行卖淫活动，其行为已构成组织卖淫罪；被告人金允峰、宋学猛明知被告人成宾组织他人卖淫，仍积极参与并予以协助，其行为已构成协助组织卖淫罪；被告人胥瑞明知杭某某等人在其店内卖淫，仍予以容留，其行为已构成容留卖淫罪。公诉机关指控被告人成宾、胥瑞的罪名成立；但指控被告人金允峰、宋学猛的罪名欠妥。被告人成宾、金允峰、宋学猛、胥瑞能够如实供述自己的犯罪事实，具有酌定从轻处罚之情节。被告人成宾案发后没有主动投案，故被告人成宾的辩护人的辩护意见，本院不予采纳；被告人胥瑞的辩护人的辩护意见，本院予以采纳。

（五）定案结论

天津市西青区人民法院依照《中华人民共和国刑法》第三百五十八条第一、三款、第三百五十九条第一款、第二十五条第一款、第二十六条第一、四款、第二十七条、第六十四条，作出如下判决：

1. 成宾犯组织卖淫罪，判处有期徒刑六年，并处罚金 1 000 元。

2. 金允峰犯协助组织卖淫罪，判处有期徒刑四年，并处罚金 1 000 元。

3. 宋学猛犯协助组织卖淫罪，判处有期徒刑四年，并处罚金 1 000 元。

4. 胥瑞犯容留卖淫罪，判处有期徒刑二年，并处罚金 1 000 元。

5. 案缴汽车一辆发还成美兰，案缴练习本、笔记本、刀具等物品予以没收。

（六）解说

本案存在一个特殊的情况，被告人成宾操纵的四个卖淫女中，郭某某、李某某是被强迫的，杭某某、樊某是自愿的。

按照一般的法学理论，被告人成宾实施了“强迫”与“组织”两种性质完全不同的行为，对应着强迫行为和组织行为分别定强迫卖淫罪和组织卖淫罪，然后数罪并罚。强迫卖淫罪没有人数限制，而组织卖淫罪需要达到多人（三人以上）。由于被组织者只有杭某某、樊某两人，因而被告人不构成组织卖淫罪，最终只构成强迫卖淫罪。

此种定罪方式有一定理论依据。我国刑法分则对犯罪的分类主要是依据罪质来划分的，而罪质主要取决于犯罪侵害的客体情况。组织卖淫罪侵害的客体是社会管理秩序，它严重扰乱了国家对文化娱乐市场正常的管理秩序，败坏了社会风气。而强迫卖淫罪与此不同，首先，该罪侵犯了被强迫妇女的人身自由和性的权利，直接侵害了她们的人格尊严。对于被强迫妇女而言，她们一开始就是被强奸的对象。与强奸不同的是，强迫卖淫罪对被害妇女实施暴力、胁迫的是一些人，而实施奸淫的是另外一些人，即买淫人。当然，强迫卖淫者也可能实施奸淫行为，这时构成该罪规定的重罪情形。从这个意义上讲，强迫卖淫罪与强奸罪更为接近，是强奸的“变种”，而且，它比强奸罪对社会管理秩序的破坏更加直接和严重，社会危害性也远大于组织卖淫罪。

但是，刑事审判最根本的依据应该是现存有效的刑事法律。1997 年《刑法》在第三百五十八条同一条款规定了组织卖淫罪和强迫卖淫罪。而且根据相关法律规定及司法解释，“组织”行为包括“强迫”。全国人大常委会 1991 年 9 月 4 日通过的《关于严禁卖淫嫖娼的决定》（已失效）第一条第一款规定了组织卖淫罪。1992 年 12 月 11 日“两高”《关于执行〈全国人民代表大会常务委员会关于严禁卖淫嫖娼的决定〉的若干问题的解答》第二条作出了相关解释：“组织他人卖淫罪，是指以招募、雇佣、强迫、引诱、容留等手段，控制多人从事卖淫的行为。”“在组织他人卖淫的犯罪活动中，对被组织卖淫的人有强迫、引诱、容留、介绍卖淫行为的，应当作为组织他人卖淫罪的量刑情节予以考虑，不实行数罪并罚。如果这些行为是对被组织者以外的其他人实施的，仍应当分别定罪，实行数罪并罚。”所以，该案被告人成宾应定组织卖淫罪。

从上述分析可以看出，现行刑法将这两个危害性大不相同的罪名规定于同一法条有点违背常规，而这一立法现象是由两个方面的原因决定的。一是以前的立法过程和立法技术所决定。从立法的演变来看，主要以卖淫为行为对象的犯罪是逐步被全国人大常委会 1991 年 9 月 4 日通过的《关于严禁卖淫嫖娼的决定》加以系统梳理，并在后来的人大 1997 年刑法立法中直接予以移植，未予更改，造成新刑法出现了既没有深入探究不同犯罪的罪质差异，也没有正确处理刑法典与单行刑事法律的关系的局面。二是立法及司法观念所决定。公权力比私权利更受立法者的重视，特别是当初规定这类犯罪时，立法更关注社会治安形势，更重视打击新兴犯罪活动，于是就出现了把与卖淫密切相关的一些犯罪规定到一起的思维定式。这样，在 1979 年刑法中规定在强奸罪之后的强迫卖淫罪，在 1997 年刑法中与组织卖淫罪列到同一节和同一条文中。私法益让位给了公法益。

按照《刑法》总则第二十四条的规定，被告人金允峰、宋学猛是组织卖淫共同犯罪中的从犯，或者说是帮助犯，他们与被告人成宾是共同犯罪中的分工协作关系，同样要定组织卖淫罪，只是量刑上与组织者有区别。但是，由于刑法单独对协助卖淫罪进行了规定，其在犯罪构成要件上便自成一体，与组织卖淫罪有区别了。从构成要件看，在客观方面两罪存在明显的差异：组织行为的对象是卖淫者，卖淫者进行的卖淫活动是由组织者直接指挥、管理、指派的，组织行为与卖淫行为间的关系是直接的，卖淫行为服从于组织行为，卖淫行为对组织行为具有依赖性；而协助组织他人卖淫罪是指帮助组织者组织他人卖淫的行为，一般表现为看门、管账，或充当打手、保镖等。既然是协助组织，说明协助的对象是组织者而非卖淫者，协助者对卖淫者的卖淫行为无直接指挥、管理或指派，协助行为与卖淫行为间无直接关系，卖淫行为对于协助行为不存在服从或依赖的可能性。

所以，被告人金允峰、宋学猛应该定协助卖淫罪。

同于组织卖淫罪和协助组织卖淫罪的关系，被告人胥瑞被判犯容留卖淫罪的道理亦然。

（天津市西青区人民法院　管收年）

六、贪污贿赂罪

64. 左派一贪污案

(一) 首部

1. 判决书字号：北京铁路运输法院（2009）京铁刑初字第 39 号。

2. 案由：贪污案。

3. 诉讼双方

公诉机关：北京铁路运输检察院，检察员：佟亚森、学崇绪、王文利。

被告人：左派一，男，1962 年 11 月 23 日出生，汉族，出生地河北省邯郸市，大学文化，原系北京市瑞而威机电产品开发有限责任公司（以下简称瑞而威公司）经理、总经理。因本案于 2008 年 1 月 29 日被刑事拘留，同年 2 月 2 日被逮捕，同年 5 月 27 日被取保候审。

辩护人：孙爱文，北京市易行律师事务所律师。

4. 审级：一审。

5. 审判机关和审判组织

审判机关：北京铁路运输法院。

合议庭组成人员：审判长：曾智湄；审判员：周浩；代理审判员：王丹。

6. 审结时间：2009 年 10 月 23 日。

(二) 诉辩主张

1. 公诉机关指控称

2003 年期间，瑞而威公司向山西大同湖东电力机务段销售了一批修理铁路电力机车的设备和工具。2003 年 12 月 10 日，被告人左派一利用担任瑞而威公司经理的职务便利，将该笔业务货款人民币 540 014.80 元截留到其个人控股经营的北京市益铁科技有限责任公司（以下简称益铁公司）。上述设备、工具业务已记入瑞而威公司库存商品账，并分别于 2005 年 2 月和 2006 年 3 月予以平账。赃款已收缴并发还。

2003 年 1 月 23 日，被告人左派一利用担任北京市瑞而威公司经理的职务便利，从该公司辅助账户中开出一张 27 万元人民币的转账支票转入北京音像公司，用以偿还其个人债务。瑞而威公司辅助账户于 2004 年 4 月 14 日清户。

2005 年 4 月 21 日，被告人左派一利用担任瑞而威公司总经理的职务便利，将瑞而威公司用公款购买的1辆“金杯”牌汽车以35 000元人民币的价格卖给冯俊祥，并将卖车款35 000元人民币侵吞。赃款已收缴并发还。

综上所述，被告人左派一贪污公款3次，价值共计人民币845 000余元。公诉机关认为，被告人左派一身为国家工作人员，利用职务之便，采取截留、侵吞的手段，贪污公款，其行为触犯了《中华人民共和国刑法》第三百八十二条第一款、第三百八十三条第一款第（一）项、第二款的规定，应当以贪污罪追究刑事责任，提请法院依法判处。

2. 被告辩称

被告人左派一辩称：一是其不具备贪污罪的主体身份。二是瑞而威公司由其承包经营，其连年完成承包任务，剩余利润其有权支配，不存在贪污的问题。三是起诉书的全部指控均不是事实。540 014.80元人民币货款并非瑞而威公司的销售收入，而是益铁公司的销售收入；转入北京音像公司的27万元人民币是其私人财产，偿还的债务是其为瑞而威公司经营而借的债务；“金杯”牌汽车是其用私人资金购买，后来转让给冯俊祥开办的北京中铁丰实科技开发有限公司，但转让时其并未收取价款，而是用该车直接折抵了瑞而威公司拖欠冯俊祥的工资、奖金等费用。四是检察机关办案人员在本案中伪造证据。公诉机关提交的证据相互间有矛盾，并且部分系伪证，不能证明其贪污。

其辩护人的辩护意见为：（1）左派一不具有贪污罪的主观故意和主体身份。瑞而威公司由左派一承包经营，该公司完成承包任务后，剩余收入不属于贪污罪中的公共财产。公诉机关指控左派一犯贪污罪适用法律错误。（2）起诉书的全部指控均不是事实。540 014.80元人民币货款并非瑞而威公司的销售收入，而是益铁公司的销售收入；转入北京音像公司的27万元人民币是左派一的私人合法财产，而且被用于瑞而威公司的经营；“金杯”牌汽车系左派一用自己的资金购买，转让给冯俊祥时，左派一并未收取价款。（3）侦查机关收集证据的程序违法。公诉机关提供的多名证人经辩护人申请未出庭质证，相关证言不能采信。本案证据间存在矛盾，部分证据不具有客观真实性，不足以证明指控事实。综上，公诉机关指控左派一犯贪污罪不能成立，建议法庭依法宣判被告人左派一无罪。

（三）事实和证据

北京铁路运输法院经公开审理查明：1996年至2007年间，被告人左派一受国有公司北京铁路工业总公司委派，先后担任瑞而威公司经理、总经理职务。在此期间，左派一利用职务便利，先后两次将本单位财产非法占有。

2003年，瑞而威公司向原北京铁路局大同铁路分局湖东电力机务段（以下简称湖东电力机务段）销售了扳手、断线钳、剥线钳、雕刻机等多项工具设备，湖东电力机务段通过大同物资供应段陆续向瑞而威公司支付货款。当湖东电力机务段准备支付最后一笔金额为人民币540 014.80元的货款时，左派一先后给了瑞而威公司员工张建惠5张益铁公司的发票及益铁公司的银行账号，让张建惠提供给湖东电力机务段，要求湖东电力机务段通过大同物资供应段将货款汇入益铁公司的银行账号。张建惠如实将发票、银行账号提供给湖东电力机务段。湖东电力机务段工作人员将发票和银行账号送交大同物资供应段。2003年12月，大同物资供应段按照左派一通过张建惠提供的单据将540 014.80元人民币销售货款汇入益铁公司账号。左派一遂将该款占有。2005年2月及2006年3月，左派一指示瑞而威公司会计，将瑞而威公司为向湖东电力机务段供货业务建立的库存商品账，经商品销售成本转入本年利润，予以平账。

2002年8月16日，被告人左派一向广州的朋友刘进栓借款30万元人民币，随即将收到的上述款项以个人名义借给胡兰河。胡兰河将该款用于个人经营。2003年年初，刘进栓向北京音像公司购买电视连续剧光盘制品的发行使用权，需要支付订金，遂要求左派一以代替自己支付订金的方式偿还债务。2003年1月23日，左派一从瑞而威公司账户中开出一张27万元人民币的支票，付给北京音像公司，用以偿还个人债务。该账户于2004年4月14日清户。

综上所述，被告人左派一贪污本单位财产两次，共计人民币810 014.80元。左派一归案后，其亲属为其退赔了人民币575 014.80元，上述退赔款已由检察机关发还北京铁路工业总公司。

上述事实有下列证据证明：

1. 北京铁路工业总公司、瑞而威公司经济性质和被告人左派一主体身份的证据。

（1）北京铁路工业总公司企业法人营业执照，证明北京铁路工业总公司系全民所有制企业。

（2）北京市丰台审计事务所出具的开业登记验资报告书、开业验资说明、北京市工商行政管理局公司设立登记审核表、企业变更登记申请表、瑞而威公司企业法人营业执照、章程、股东会决议、转股协议，证明1995年瑞而威公司成立时，注册资金为30万元人民币，其中北京铁路工业总公司出资25万元人民币，北京铁道工程机电技术研究所出资5万元人民币，2004年12月，北京铁道工程机电技术研究所将其出资转让给左派一。

（3）北京铁路分局丰台西电力机务段命令、北京铁路工业总公司聘任命令、北京铁路局辅业资产管理中心通知、北京京铁投资管理中心通知、干部任免审批表，证明1994年左派一调入北京铁路工业总公司工作，1996年至2007年间左派一受北京铁路工业总公司委派担任瑞而威公司经理、总经理。

（4）证人马文波（原北京铁路工业总公司总经理）证言，证明左派一任瑞而威公司经理是北京铁路工业总公司委派。

2. 被告人左派一贪污瑞而威公司540 014.80元人民币销售货款的证据。

（1）证人张建惠在检察机关侦查期间和出庭时的证言，证明2003年瑞而威公司向湖东电力机务段出售了多项工具设备，张建惠等人负责采购、送货。湖东电力机务段陆续支付了货款。该段准备支付最后一笔金额为540 014.80元人民币的货款时，计划员吴宪通过口述和传真方式给瑞而威公司开列了2张单据，要求瑞而威公司按照单据提供发票。张建惠将单据转交左派一。左派一先后给了张建惠益铁公司的5张发票和益铁公司的银行账号，告诉张建惠让湖东电力机务段将货款结到益铁公司账上，并说“益铁是咱哥们儿的公司，这笔业务利大点儿，截点儿利”。张建惠遂将发票和账号提供给湖东电力机务段。

（2）证人吴宪（湖东电力机务段材料科计划员）证言，证明2003年湖东电力机务段向瑞而威公司购买过多项工具设备，并陆续向瑞而威公司支付了货款。湖东电力机务段在准备支付最后一笔金额为540 014.80元人民币的货款时，吴宪通过口述和传真方式给瑞而威公司开列了2张单据，要求瑞而威公司按照单据提供发票。后张建惠向湖东电力机务段提供了5张益铁公司的发票。吴宪认为益铁公司系瑞而威公司的下属企业，便将发票转交大同物资供应段。2003年12月，湖东电力机务段通过大同物资供应段将上述540 014.80元人民币的货款汇给了益铁公司。

（3）证人康健（原湖东电力机务段材料科科长）证言，证明2003年湖东电力机务段向瑞而威公司购买过多项工具设备，并陆续向瑞而威公司支付了货款。湖东电力机务段在准备支付最后一笔金额为540 014.80元人民币的货款时，张建惠向湖东电力机务段提供了5张益铁公司的发票。康健认为益铁公司系瑞而威公司的下属企业，向益铁公司付款就是向瑞而威公司付款。2003年12月，湖东电力机务段通过大同物资供应段将540 014.80元人民币的货款汇给了益铁公司。

（4）吴宪给瑞而威公司开列的2张单据复印件、益铁公司开具的5张发票，证明湖东电力机务段在准备向瑞而威公司支付540 014.80元人民币的货款时，左派一依照吴宪开列的单据从益铁公司开具了发票，通过张建惠提供给湖东电力机务段。

（5）被告人左派一在检察机关侦查期间的供述和亲笔供词，证明2003年瑞而威公司向湖东电力机务段出售了多项工具设备。左派一委派张建惠去联系结款事宜。为个人占有货款，左派一给了张建惠5张益铁公司的发票和益铁公司的银行账号，并告诉张建惠货款要汇入该账号。当年12月，湖东电力机务段通过大同物资供应段将540 014.80元人民币货款汇入益铁公司银行账号。此后，该笔款项一直在左派一控股的益铁公司账上。2005年和2006年，左派一指示瑞而威公司会计，将瑞而威公司为向湖东电力机务段供货业务建立的库存商品账予以平账。

（6）中国工商银行电汇凭证、益铁公司在招商银行的分户账页，证明2003年12月，大同物资供应段将540 014.80元人民币汇入益铁公司在招商银行的账户。

（7）证人危翔（原湖东电力机务段副段长、总工程师）证言，证明左派一曾与危翔联系，希望由瑞而威公司向湖东电力机务段出售一些物资材料。危翔将此事交湖东电力机务段材料科科长康健办理。2003年，康健向危翔说起过瑞而威公司向湖东电力机务段供货以及结款的情况。

（8）瑞而威公司报价单，证明瑞而威公司向湖东电力机务段销售工具设备时的报价情况。

（9）证人冯俊祥、曹俊（原瑞而威公司员工）证言，证明2003年瑞而威公司向湖东电力机务段出售过工具，由冯俊祥、曹俊等人负责采购、送货。

（10）证人张永利（湖东电力机务段材料科管库员）证言，证明2003年张永利接收过瑞而威公司送到湖东电力机务段的工具。

（11）吴宪、张永利开具的收条，证明2003年二人陆续收到瑞而威公司向湖东电力机务段销售的扳手、断线钳、剥线钳等工具。

（12）大同物资供应段收料单、湖东电力机务段发（领）料单，证明湖东电力机务段将从瑞而威公司购进的工具设备，与大同物资供应段履行了领料、收料手续。

（13）证人李金霞（原瑞而威公司会计）证言，证明从2002年年底开始，瑞而威公司为向湖东电力机务段供货，由张建惠等人进行采购。采购回的工具设备，由李金霞在瑞而威公司库存材料明细账上建立了三个科目："湖东工具"、"线号机配件"、"谢氏德生五金工具"；2005年2月，左派一指示李金霞将金额为19 500元人民币的"线号机配件"列入销售成本。

（14）证人刘金香（原瑞而威公司会计）证言，证明2006年3月，左派一告诉刘金香，库存商品中的"湖东工具"、"线号机配件"、"谢氏德生五金工具"已经销售，指示刘金香将上述商品列入销售成本。

（15）瑞而威公司财务账目及相关付款凭证、转账凭证、支票、发票，北京市人民检察院出具的（2008）京检技会字第（9）号司法会计检验报告、（2009）京检技会字第（32）号司法会计检验报告补充意见和北京市人民检察院检察技术处出具的补充说明，证明2002年12月至2004年12月间，瑞而威公司陆续购买了“湖东工具”、“线号机配件”、“谢氏德生五金工具”三类商品，上述业务记入该公司库存商品账中并分别于2005年2月和2006年3月经商品销售成本转入本年利润，即记入公司成本。

（16）证人朱景瑞（益铁公司股东和法定代表人）、朱丽君（左派一之妻）证言，证明益铁公司的日常经营管理均由左派一负责，其他股东从未领取过分红。

（17）益铁公司企业法人营业执照、章程、北京瑞文成联合会计师事务所出具的财产转移审计报告说明，证明益铁公司系左派一个人控股的私营有限责任公司。

3. 被告人左派一贪污瑞而威公司27万元人民币公款，用于偿还个人债务的证据。

（1）证人刘进栓（广州福鑫文化传播有限公司经理）证言，证明2002年左派一给在广州的刘进栓打电话借款，刘进栓汇给左派一30万元人民币。2003年年初，刘进栓向北京音像公司购买电视连续剧光盘的发行使用权，需要付订金，便要求左派一为其交付订金27万元人民币，作为还款。后左派一将27万元人民币付给了北京音像公司。

（2）证人胡兰河证言，证明2002年8月16日，左派一将30万元人民币存入胡兰河的交通银行卡，该款是胡兰河向左派一个人所借，用于胡兰河的个人经营。

（3）左派一在交通银行的个人账户分户账页、交通银行太平洋卡取现单、存款单、证明2002年8月16日，从交通银行广州分行汇入左派一的银行卡30万元人民币，该款于当日被左派一转存入胡兰河的银行卡。

（4）被告人左派一在检察机关侦查期间的供述，证明2002年8月16日，左派一以个人名义向刘进栓借款30万元人民币。当天，左派一将上述款项转存入胡兰河的银行卡，该款被胡兰河用于经营。2003年1月23日，左派一从瑞而威公司在中国工商银行的账户中开出一张27万元人民币的支票，付给北京音像公司，以偿还向刘进栓的借款。

（5）证人李金霞证言，证明2003年1月23日，左派一从瑞而威公司在中国工商银行的账户中拿走一张27万元人民币的支票，并告诉李金霞是“进料”用款，此后左派一一直未将相应的发票交给李金霞。

（6）证人张学朝（北京音像公司总经理）证言，证明2003年1月，北京音像公司收到27万元人民币，该款是广州福鑫文化传播有限公司刘进栓购买电视连续剧光盘发行使用权所付的订金，但实际付款单位为瑞而威公司。

（7）瑞而威公司在中国工商银行0200004719200055702账户的存款对账单、中国工商银行转账支票、信汇凭证、缴回空白重要凭证清单、李金霞手写记录，证明2003年1月23日，从该账户中开出1张27万元人民币的支票，收款单位为北京音像公司。2004年4月14日，该账户清户。

（8）北京音像公司与广州福鑫文化传播有限公司签订的合同书、北京音像公司出具的证明、北京音像公司财务账目、银行收款凭证、进账单、存款对账单，证明2003年1月，广州福鑫文化传播有限公司向北京音像公司购买电视连续剧VCD光盘制品的发行使用权，双方签订了合同。同月，北京音像公司收到人民币27万元，该款项是广州福鑫文化传播有限公司刘进栓支付的订金，但实际付款单位为瑞而威公司。

（9）北京铁路局北京科学技术研究所出具的银行付款凭证，中化国际招标有限公司出具的记账凭证、信汇凭证、付款通知单，大秦铁路股份有限公司物资供应段出具的备用金申请单，北京铁路局财务处机关财务科出具的请示报告，瑞而威公司出具的收据，北京铁路局丰台机务段出具的银行付款凭证、买卖合同、发票、收料单及相关转账支票、银行存款对账单、进账单，证明瑞而威公司在中国工商银行的0200004719200055702账户是公款账户，存入的款项是上级单位向瑞而威公司的拨款和瑞而威公司的经营业务款。

（10）证人赵立平在检察机关侦查期间和出庭时的证言，证明赵立平介绍左派一与胡兰河认识的过程。

4. 被告人左派一归案过程及退赔情况的证据。

（1）北京铁路运输检察院反贪污贿赂局出具的侦查经过，证明2008年1月14日，该局接到匿名举报，反映左派一曾将瑞而威公司540 014.80元人民币的销售货款截留到益铁公司。反贪污贿赂局通过侦查掌握相关证据后，于2008年1月29日将左派一刑事拘留。在侦查过程中，反贪污贿赂局又发现左派一曾将瑞而威公司在中国工商银行账户中的27万元人民币支出，用于偿还个人债务。

（2）北京铁路运输检察院扣押和返还物品、文件清单、缴款单，证明左派一归案后，其亲属为其退赔了人民币575 014.80元，上述退赔款已由检察机关发还北京铁路工业总公司。

（四）判案理由

北京铁路运输法院经审理认为：被告人左派一身为国有公司委派到瑞而威公司从事公务的人员，利用职务上的便利，将本单位财物非法占为己有，其行为应当依照《中华人民共和国刑法》关于贪污罪的规定定罪处罚。北京铁路运输检察院指控被告人左派一贪污瑞而威公司540 014.80元人民币销售货款以及贪污瑞而威公司27万元人民币公款用于偿还个人债务的事实清楚，证据确实、充分，罪名成立。北京铁路运输检察院指控被告人左派一将瑞而威公司的“金杯”牌汽车出售、并将卖车款侵吞，被告人左派一及其辩护人提出辩解、辩护意见，称该项指控不能成立。经开庭审理，本院认为该项指控事实不清、证据不足，故不予认定。对于左派一及其辩护人的其他辩解、辩护意见，经查无事实和法律依据，本院均不予采纳，理由如下：一是根据审理查明的事实和证据，左派一具备贪污罪的主体身份且在侵吞瑞而威公司财产的过程中主观故意明显。在案干部任免审批表、聘任命令等书证和马文波证言，足以证明被告人左派一系国有公司北京铁路工业总公司委派到瑞而威公司从事公务的人员。左派一自称其基于承包关系对瑞而威公司完成承包任务后的剩余利润有权自行支配，无证据支持，不能予以认定。二是根据证人张建惠、康健、吴宪的证言和吴宪开具的单据、瑞而威公司财务账目等书证，结合被告人左派一在检察机关侦查期间的供述，足以证明2003年12月湖东电力机务段通过大同物资供应段汇入益铁公司银行账号的540 014.80元人民币实为瑞而威公司的正常销售货款，与益铁公司的经营业务无关。三是根据证人胡兰河、刘进栓的证言，结合被告人左派一在检察机关侦查期间的供述，足以证明2002年8月16日左派一从刘进栓处借出又转借给胡兰河的30万元人民币系个人之间的借款，与瑞而威公司经营无关；根据买卖合同、请示报告、支票、付款凭证等书证，足以证明瑞而威公司在中国工商银行的0200004719200055702账户是公款账户，存入款项是上级单位向瑞而威公司的拨款和瑞而威公司的经营业务款。2003年1月23日左派一用于偿还个人债务的27万元人民币即出自上述款项，并非左派一的私人财产。四是经审查公诉机关就起诉书的第一、二项指控提交的证据，均属依照法定程序以合法手段取得，真实有效，并不存在违法取证和制造伪证的情况。部分证人虽经辩护人申请未出庭作证，但其证言已由公诉机关提供并当庭质证，符合法律规定，具有证明力。就起诉书的第一、二项指控，公诉机关提交的证据彼此能够相互印证，足以证明案件的事实。被告人左派一归案后，其亲属为其退赔了部分赃款，本院对其酌情从轻处罚。未退赔的赃款，本院责令被告人左派一继续予以退赔。左派一此前被羁押的期间，予以折抵刑期。

（五）定案结论

北京铁路运输法院依照《中华人民共和国刑法》第二百七十一条、第三百八十二条第一款、第三百八十三条第一款第（一）项、第二款、第九十三条、第六十四条、第六十一条，作出如下判决：

1. 左派一犯贪污罪，判处有期徒刑十一年。
2. 责令左派一退赔违法所得人民币 23.5 万元，发还北京铁路工业总公司。

（六）解说

本案的争议点主要有两个：

1. 如何认定贪污罪的主体身份？

在本案中，能否认定左派一具备贪污罪的主体身份，需综合分析瑞而威公司的性质、左派一在该公司任职的形式、左的人事关系、左的薪资福利所属状况等多方面因素，而不能单纯地根据某一方面而论。

在案营业执照等证据显示，1995 年瑞而威公司成立时，全民所有制单位北京铁路工业总公司出资 25 万元人民币，集体所有制单位北京铁道工程机电技术研究所出资 5 万元人民币。1997 年，北京铁道工程机电技术研究所经济性质变更为股份制（合作）。2004 年 12 月，北京铁路工业总公司为激励下属公司发展，经北京铁道工程机电技术研究所同意，由北京铁道工程机电技术研究所将其股权转让给左派一。根据上述情况，瑞而威公司不是国有全资公司，而是国有控股公司。

在案干部任免审批表显示，左派一从 1996 年至 2007 年一直担任瑞而威公司经理、总经理。但公诉机关只提交了 2004 年、2005 年北京铁路工业总公司对左派一任职、2007 年对左派一解聘的命令和通知，未能提供其他年度的任职令。

在案提级、加薪通知等证据显示，1995 年至 2007 年间，左派一的人事关系一直在北京铁路工业总公司，北京铁路工业总公司不断为其提级、加薪，并曾委派其出国交流。

原北京铁路工业总公司总经理马文波证言证实：左派一到瑞而威公司任职，必须要经北京铁路工业总公司党委会研究、总经理办公会批准、人事科下令，命令应该是马文波本人签字。

2003 年《全国法院审理经济犯罪案件工作座谈会纪要》中指出："国有公司委派到非国有公司从事公务的人员"的"委派"，形式多种多样，如任命、指派、提名、批准等。只要是接受国有公司委派，代表国有公司在非国有公司从事组织、领导、监督、管理等工作，都可以认定为是从事公务的人员。而上述人员一般会在非国有公司担任一定的职务，如总经理等，虽然在形式上可能是依照公司章程选举，但实质上符合受委派从事公务的情形。

笔者认为，虽然公诉机关未能提供案发时间北京铁路工业总公司对左派一的任职令，但仍应认定案发时左派一是受北京铁路工业总公司委派担任瑞而威公司经理。理由是，北京铁路工业总公司一直是瑞而威公司的控股股东，左派一又一直是北京铁路工业总公司的员工。如果没有北京铁路工业总公司行使相应的人事决定权，左派一不可能担任瑞而威公司经理。马文波的证言和2004年、2005年、2007年任命、解聘命令、通知，均印证了这一点。

综上，被告人左派一系国有公司北京铁路工业总公司委派到其他单位从事公务的人员，具备贪污罪的主体身份。

2. 本案可否直接适用《刑法》第三百八十二条第一款?

由于瑞而威公司并非国有全资公司，只是国有控股公司，左派一非法占有瑞而威公司财产的行为能否直接适用《刑法》第三百八十二条第一款？从以往的审判实践看，对同类案件，有两种不同认识和做法。第一种：国有控股公司的财产即可认定为国有财产，直接适用《刑法》第三百八十二条第一款认定贪污罪的成立。第二种：国有控股公司的财产不能认定为国有财产。《刑法》第三百八十二条第一款是贪污罪的一般规定，《刑法》第二百七十一条第二款则属于贪污罪的特殊规定。根据特殊规定优于一般规定的刑法适用原则，适用后者认定贪污罪的成立。

笔者认为，第二种认识和做法更为符合刑法原理，本案应适用《刑法》第二百七十一条。

（北京铁路运输法院　周浩）

65. 刘玉鸿贪污案

（一）首部

1. 裁判书字号

一审判决书：北京市西城区人民法院（2009）西刑初字第151号。

二审裁定书：北京市第一中级人民法院（2009）一中刑终字第3322号。

2. 案由：贪污案。

3. 诉讼双方

公诉机关：北京市西城区人民检察院，检察员：任立新。

被告人（上诉人）：刘玉鸿，女，1954年9月22日出生，汉族，出生地北京市，中专文化，原系北京市西城区房屋土地经营管理中心什刹海管理所开发组组长。

一审辩护人：张瑛、王佳宁，北京市长安律师事务所律师。

二审辩护人：陈雅楠，北京市北回归线律师事务所律师。

4. 审级：二审。

5. 审判机关和审判组织

一审法院：北京市西城区人民法院。

合议庭组成人员：审判长：徐丽文；人民陪审员：方远近、王学增。

二审法院：北京市第一中级人民法院。

合议庭组成人员：审判长：宋之愉；审判员：关芳、江伟。

6. 审结时间

一审审结时间：2009 年 9 月 17 日。

二审审结时间：2009 年 12 月 10 日。

（二）一审诉辩主张

1. 公诉机关指控称

被告人刘玉鸿于 2006 年 8 月间，利用担任北京市西城区房屋土地经营管理中心什刹海管理所开发组组长的职务便利伙同张吉春、王振池（均另案处理）等人，将该所公款 57.2 万元分掉，其中刘玉鸿分得赃款人民币 15 万元。公诉机关认为，被告人刘玉鸿身为国家工作人员，利用职务上的便利侵吞公款，其行为触犯了《中华人民共和国刑法》第三百八十二条、第三百八十三条第一款第（一）项之规定，应当以贪污罪追究其刑事责任。

2. 被告辩称

被告人刘玉鸿辩称其领取的是奖金，不构成贪污。

其辩护人的辩护意见为：第一，现有证据不能证明刘玉鸿具有贪污的主观故意。第二，现有证据不能证明刘玉鸿实施了贪污的行为。综上，本案指控事实不能成立，请求法院判决被告人刘玉鸿无罪。

（三）一审事实和证据

北京市西城区人民法院经公开审理查明：被告人刘玉鸿于 2006 年 8 月间，利用担任北京市西城区房屋土地经营管理中心什刹海管理所开发组组长的职务便利，伙同张吉春、王振池（均另案处理）等人，将本单位取得的本市西城区德胜胡同甲 8 号的部分拆迁补偿款人民币 50 余万元伙分，被告人刘玉鸿分得赃款人民币 15 万元。

上述事实有下列证据证明：

1. 张吉春供述，证明德胜胡同甲 8 号是张立东的房子，没有产权证是临时建筑，2005 年左右他把房子交给所里，想申请成为直管公房，后经所务会研究决定由王振池负责，让开发组办理产权手续。手续还没有办下来，2006 年市政管委北二环路绿地拆迁，所里让开发组办理拆迁的事情，原则是拆迁的过程中，所里和张立东按房子面积一人一半的补偿，如何向拆迁部门要的补偿自己不清楚，是开发组具体谈的，拆迁款应该交给所里财务的事实。

2. 王振池供述，证明德胜胡同甲 8 号是临时建筑，听张吉春说是张立东出钱买的并交给管理所使用，因为所里能办营业执照。2006 年 9、10 月份，西城区北二环整治拆除工程涉及德胜胡同甲 8 号，张吉春和张立东谈好房子的拆迁费由管理所和张立东一人一半，让自己签四个房屋租赁协议，自己让开发组的刘玉鸿操作这件事情。开发组一共做了四份租赁协议，拆迁公司据此支付了拆迁补偿款。四份协议就是为了多得拆迁补偿款，实际上是假的。补偿后实际取得 300 多万元，刘玉鸿提出这笔补偿款给得比较多，能否作为创收，按 20% 的比例发奖金，经和张吉春商量，张吉春同意分。2006 年 9 月的一天，三人在张吉春办公室商量钱怎么分。后张吉春通知博湘发钱，一共分了50多万元，自己拿了14万元，这笔钱是以创收发奖金的名义发的，所里和上级单位都不知道，德胜胡同甲8号是闲置公房，不属于开发范围，拆迁款应无条件上交所里的事实。

3. 证人博湘证言，证明有些直管公房是闲置的空房，为了能给所里多拿一些拆迁补偿款就需要找一些人来做承租人签拆迁协议，所里有些职工的亲属为了拿到购买经济适用房的指标充当承租人，拆迁存折就是以这些人作为空房的承租人签拆迁协议后，拆迁办发的拆迁补偿款。2006年8月，开发组刘玉鸿交给自己一个叫王岩峰的拆迁存折，里面有372.2万元，说是她从拆迁办多要的拆迁款，她和张吉春、王振池说好了，他们也同意了，让按20%进行提成奖分给她、张吉春、王振池和自己。自己拿了12.2万元，给张吉春和刘玉鸿各存了15万元的事实。

4. 证人许建国证言，证明其和刘玉鸿是什刹海管理所开发组的同事，刘玉鸿是开发组组长，二人共同投资买过一套位于月坛体育场北门对面的房子，买房时，其于2007年1月26日从刘玉鸿给的存折中取出15万元存入卖房人指定账户的事实。

5. 证人张曾培证言，证明其为房管所所务会做会议记录，2005年12月5日关于西城区德胜胡同甲8号的会议，主要内容是说甲8号房主是张立东，想将房子作价卖给什刹海管理所，会上讨论说要购买这处房产，所里先出20万元到30万元，看会不会拆迁再决定付多少钱给张立东。这件事情应该由负责开发的王振池副所长来执行，由刘玉鸿负责的开发组运作的事实。

6. 证人王岩峰证言，证明其父母和房管所的许建国说让他帮忙找个经济适用房的指标，2006年夏天，许建国打电话让到德外那边的拆迁办公室签一份拆迁协议，协议内容不清楚，也没有领拆迁款，没有实际承租德胜胡同甲8号，签协议是为了拿经济适用房指标的事实。

7. 证人赵光烨证言，证明没有在德胜胡同甲8号经商或居住过，但见过用自己的名字签的一份拆迁补偿协议，这是由于想买经济适用房，就找了什刹海房管所副所长王振池，王振池给了一份德胜胡同甲8号的拆迁协议，名字不是自己签的，也没有领取过拆迁补偿款的事实。

8. 交接清单、北京市西城区城市规划管理局违法建设工程临时使用通知书、房屋转让协议、工商业用房租赁合同、北京市西城区房屋土地经营管理中心出具的说明等，证明西城区德胜胡同甲8号移交给房管所管理，但未经原北京市西城区房屋土地管理局批准，不符合接管程序。什刹海房管所为该房屋制作了四份租赁协议的情况。

9. 北京市西城区房屋土地经营管理中心出具的说明，证明什刹海房管所与王岩峰、佟金、杨延男、赵光烨签订的德胜胡同甲8号房屋《工商业用房租赁合同》未报中心备案。

10. 拆迁材料、存款凭条、转账凭条、北京市住宅房屋拆迁货币补偿协议等，证明根据西城区德胜胡同甲8号的拆迁补偿协议；北京市西城区市政管委向王岩峰账户存入拆迁补偿款3 772 000元，后博湘提取该账户中款项至余额为零的事实。

11. 账目材料，证明博湘为刘玉鸿存入15万元及刘玉鸿取出15万元存入与许建国共同买房的账户中的事实。

12. 事业单位法人证书、干部履历表，证明被告人刘玉鸿主体身份。

13. 抓获经过，证明被告人刘玉鸿到案的情况。

（四）一审判案理由

北京市西城区人民法院经审理认为：被告人刘玉鸿身为国家工作人员，利用职务上的便利，侵吞公款的行为，已构成贪污罪，依法应予以惩处。北京市西城区人民检察院指控被告人刘玉鸿犯贪污罪成立。被告人刘玉鸿的辩解及其辩护人提出的辩护意见，经查，被告人刘玉鸿主观上具有非法占有公款的目的，客观上实施了以领取奖金为名义占有、支配此款的行为，符合贪污罪的构成要件，故该辩解及辩护意见理由不足，本院不予采纳。鉴于被告人刘玉鸿退还全部赃款，可酌情从轻处罚。

（五）一审定案结论

北京市西城区人民法院依照《中华人民共和国刑法》第三百八十二条第一款、第三百八十三条第一款第（一）项、第二十五条第一款及第六十四条，作出如下判决：

1. 刘玉鸿犯贪污罪，判处有期徒刑十年。

2. 随案移送的赃款人民币 15 万元发还北京市西城区房屋土地经营管理中心什刹海管理所。

（六）二审情况

1. 二审诉辩主张

上诉人（原审被告人）刘玉鸿诉称：其为单位返聘人员；其未将王岩峰的存折交给财务，其对财务分发的 15 万元的钱款性质不明知；对一审判决认定分 50 万元的情况不知道；原判对其量刑过重。

其辩护人的辩护意见为：本案没有证据证实刘玉鸿明知所领钱款未入账，刘玉鸿领取的为奖金，其未与张吉春、王振池等人共同贪污公款；刘玉鸿没有贪污的故意，其领取的奖金有合法依据；刘玉鸿不具有实施职务之便，其为单位返聘人员，没有贪污的客观行为。

2. 二审事实和证据

北京市第一中级人民法院经审理，确认一审法院认定的事实和证据。

3. 二审判案理由

北京市第一中级人民法院经审理认为：上诉人刘玉鸿身为国家工作人员，利用职务上的便利，侵吞公款，其行为已构成贪污罪，依法应予惩处。一审法院鉴于被告人刘玉鸿退还了全部赃款，已对其酌情从轻处罚。刘玉鸿所提原判量刑过重，请求再予以从轻处罚的上诉理由，无法律依据。一审法院根据刘玉鸿犯罪的事实，犯罪的性质、情节和对于社会的危害程度所作的判决，定罪准确，量刑适当，审判程序合法，依法应予维持。

4. 二审定案结论

北京市第一中级人民法院依照《中华人民共和国刑事诉讼法》第一百八十九条第（一）项，作出如下裁定：

驳回上诉，维持原判。

（七）解说

在本案的定性上存在两种意见：一是公诉机关指控刘玉鸿身为国家工作人员，利用职务便利，侵吞公款的行为构成贪污罪。二是刘玉鸿及其辩护人认为领取的钱款为奖金，没有利用职务之便实施贪污的客观行为，而且刘玉鸿为单位返聘人员，也不具有贪污犯罪的主体资格。如何正确为本案定性，主要需厘清以下问题：

1. 关于返聘人员是否符合贪污罪的主体要件的问题

刑法明确规定，贪污罪的主体是特殊主体，即必须是国家工作人员。所谓国家工作人员，主要包括以下三种人员：第一，在国家机关中从事公务的人员，也就是人们所称的“公务员”；第二，国有公司、企业、事业单位、人民团体中从事公务的人员；第三，国家机关、国有公司、企业、事业单位委派到非国有公司、企业、事业单位、社会团体从事公务的人员；第四，其他依照法律从事公务的人员。不难看出国家工作人员应当具有两个特征：一是在特定条件下行使国家管理职能；二是依照法律规定从事公务。

本案中，刘玉鸿所在的北京市西城区房屋土地经营管理中心什刹海管理所，系属国有事业单位，其中的工作人员应属于国有事业单位中从事公务的人员，虽然刘玉鸿是退休后被返聘人员，但是她在返聘后仍然依照法律从事公务，担任西城区房屋土地经营管理中心什刹海管理所开发组组长，仍旧属于国家工作人员范畴。因此，不能因为刘玉鸿是返聘人员就否定其符合贪污犯罪的主体资格。

2. 关于以发奖金的形式获取单位钱财是否属于利用职务之便进行贪污的问题

贪污罪的客观方面表现为利用职务上的便利，侵吞、窃取、骗取或者以其他手段占有公共财物的行为。所谓利用职务上的便利，是指行为人利用其职责范围内主管、经手、管理公共财产的职权所形成的便利条件，假借执行职务的形式，非法占有公共财物，而不是因为工作关系或主体身份所带来的某些便利条件。行为人如果利用职务上主管、经手、管理公共财物的便利，而攫取公共财物的，就可以构成贪污罪。所谓侵吞财物，是指行为人将自己管理或经手的公共财物非法转归自己或他人所有的行为。概括起来侵吞的方法主要有三种：一是将自己管理或经手的公共财物加以隐匿、扣留，应上交的不上交，应支付的不支付，应入账的不入账。二是将自己管理、使用或者经手的公共财物非法转卖或擅自赠送他人。三是将追缴的赃款赃物或罚没款物私自用掉或非法据为私有。

在本案中，刘玉鸿利用其担任北京市西城区房屋土地经营管理中心什刹海管理所开发组组长的职务便利，伙同张吉春、王振池等人，通过伪造四份房屋租赁协议的方式，获得了拆迁公司支付给刘玉鸿单位的拆迁补偿款。此拆迁款虽是刘玉鸿等伪造租赁协议所得，但是仍然属于应上交单位的公款，而且钱款必然由刘玉鸿等伪造人所经手管理。因此，刘玉鸿的行为完全符合贪污罪所规定的“利用职务上的便利”的要求。另外，刘玉鸿的侵吞行为主要体现在其得到自己经手的拆迁补偿款后，并没有全部上交单位，而是觉得这笔钱款比较多，遂和张吉春、王振池商量，变相以奖金的形式把拆迁款中的一部分加以扣留，据为己有，涉案金额达 50 多万元。这 50 多万元本应上交单位，而刘玉鸿等人却不上交入账，自己提议决定以奖金的形式变为自己所有，这种行为完全符合“侵吞”的特征。所以，刘玉鸿的行为属于利用职务上的便利，侵吞公款的贪污行为。

综上，在本案的认定上，刘玉鸿身为国家工作人员，利用职务上的便利，侵吞公款，构成贪污罪。

（北京市西城区人民法院　徐丽文）

66. 王友庆被控挪用公款宣告无罪案

（一）首部

1. 裁判书字号

一审判决书：四川省成都市中级人民法院（2008）成刑初字第282号。

二审裁定书：四川省高级人民法院（2009）川刑终字第377号。

重审判决书：四川省成都市中级人民法院（2009）成刑初字第223号。

2. 案由：挪用公款案。

3. 诉讼双方

公诉机关：四川省成都市人民检察院，代理检察员：秦永春。

被告人（上诉人）：王友庆，女，1959年9月24日出生，汉族，出生地四川省成都市，大专文化，原系成都市火车南站加工贸易开发区管理办公室综合处处长。2008年2月29日因本案被刑事拘留，同年3月14日被逮捕。

辩护人：安显聪，四川大凡律师事务所律师。

4. 审级：重审。

5. 审判机关和审判组织

一审法院：四川省成都市中级人民法院。

合议庭组成人员：审判长：赖前顺；代理审判员：李万洪、罗成花。

二审法院：四川省高级人民法院。

合议庭组成人员：审判长：陈虹；代理审判员：何丛、何映江。

重审法院：四川省成都市中级人民法院。

合议庭组成人员：审判长：徐尔旻；代理审判员：伍晓峰；人民陪审员：金竹青。

6. 审结时间

一审审结时间：2009年2月24日。

二审审结时间：2009年5月21日。

重审审结时间：2009年12月17日。

（二）一审情况

1. 一审诉辩主张

（1）公诉机关指控称

1998年2月至2007年4月，被告人王友庆任成都市火车南站加工贸易开发区管理办公室（以下简称火南办）综合处处长期间，负责经手、保管本单位账外资金。2006年2月10日，被告人王友庆利用职务之便，挪用本单位公款20万元以其子林晓龙之名购买商品房一套，该款直到2008年1月9日才归还。2007年8月，被告人王友庆利用职务之便，挪用本单位公款20万元，其中92 540.28元购买了基金，余款转至其子林晓龙的个人银行账户，用于交学费和家庭装修。被告人王友庆的行为已构成挪用公款罪，应依法处刑。

（2）被告辩称

被告人王友庆辩称：2006年2月，自己挪用原火南办小金库资金20万元用于个人购买住房属实，但2008年1月向成都市商务综合服务中心上交该笔款项时已主动向单位领导作了说明，属自首。2007年4月，火南办撤销合并到成都市商务综合服务中心之前，火南办小金库资金另23万余元已经用完，所指控2007年8月挪用公款20万余元不实。

其辩护人的辩护意见为：原火南办领导安排被告人王友庆保管单位小金库资金，并不入单位账户，火南办也未设立小金库专户，只要被告人保证单位随用随支即尽到了保管义务。被告人建行账户属于个人账户，公私款混存，其个人银行账户上的存款数额一直未低于单位小金库资金数额，不能以王友庆从其个人某一银行账户上取款用于个人开支就认定为挪用公款。公诉机关所指控的罪名不能成立。

2. 一审事实和证据

四川省成都市中级人民法院经公开审理查明：火南办系自收自支的国有事业单位，主要职责是负责成都市火车南站加工贸易开发区征地、拆迁、建设和管理及引进国内外资金、项目等工作。2005年9月，火南办与四川神柱建设工程公司（以下简称神柱公司）签订了借款合同。2006年1月24日，神柱公司用现金支付火南办的利息20万元，火南办主任刁荣贵与该办副主任余红决定该20万元不记入单位财务账，作为单位小金库资金，用于解决职工的福利待遇，并安排时任火南办综合处处长的被告人王友庆个人保管，单位若开支须经刁荣贵审批。当天，王友庆将该20万元存入其在中国建设银行的个人活期账户（账号为381158990130055329）。2006年2月10日，王友庆为其子林晓龙支付所购“和睦新天地”住房款，从该账户存款345 794.71元中转款31.4万元至房地产开发商户名为浦萍的银行账户，2008年1月9日，被告人王友庆根据刁荣贵的安排，将自己存有20万元的中国农业银行卡一张交给成都市商务综合服务中心，并支付利息4 000元。

2006年3月至4月，火南办下属的成都市南新经济开发有限公司（以下简称南新公司）副总经理宋勇林，从四川东杨实业有限公司（以下简称东杨公司）陆续收取其退回的都江堰市虹口镇“山水邻居”项目围墙修建款23万余元，经刁荣贵安排不记入单位财务账，作为小金库资金交由被告人王友庆保管。王友庆将该笔款陆续存入其个人的银行账户后，根据单位领导的安排又陆续支取用于单位职工的奖金福利等开支，至2007年年初该款已全部用完。

上述事实有下列证据证明：

（1）成都市编制委员会（1992）177号文件证明：火南办系自收自支的国有事业单位，职责是承担成都市火车南站加工贸易开发区的征地、拆迁、建设和管理以及负责引进国内外资金、项目等工作。

（2）成都市商业贸易委员会（1998）6号文件证明：自1998年2月，王友庆任火南办综合处处长。

（3）火南办出具的书面情况说明证明：2005年9月左右，火南办与神柱公司签订借款协议，神柱公司应付火南办利息60万元，其中20万元神柱公司以现金方式付给火南办，未进入单位正规账户。

（4）王友庆在中国建设银行的活期账户存款明细账（账号3811589980130055329）及存款凭条、转款凭条证明：2006年1月24日，王友庆在该账户存入现金20万元。2006年2月10日，王友庆从该账户存款余额345 794.71元中转款31.4万元至浦萍的建行账户（账号3818029980100063660）。

（5）浦萍活期存款明细账证明：2006年2月10日，浦萍的中国建设银行账户收到转款31.4万元。

（6）商品房购买合同、收据证明：2006年1月21日，林晓龙购买四川省西部实业有限公司“和睦新天地”的商品房一套，价款为460 638元。当天，林晓龙支付房款5万元，2006年2月10日又支付房款410 638元。

（7）成都市商务综合服务中心出具的书面情况说明证明：2008年1月9日，王友庆将其存有20万元的中国农业银行储蓄卡一张交给成都市商务综合服务中心，并支付利息4 000元。

（8）中国农业银行取款凭条证明：2006年3月10日，郭守敬从其中国农业银行的存款账户取款20万元，当天，王友庆在中国农业银行开户并存入20万元。

（9）刁荣贵证言：从1994年起火南办就有小金库，小金库资金主要用于单位职工的福利和奖金，一直由王友庆保管，但开支须经他批准。2006年年初，火南办收取神柱公司20万元借款利息以及东杨公司退回的围墙修建款23万余元，都作为小金库资金交给了王友庆。2007年5月，火南办合并到成都市商务综合服务中心。次年年初，王友庆在他安排下将小金库资金剩余的20万元交给成都市商务综合服务中心。王友庆告诉过他，单位小金库的钱是以其个人名义存在建设银行营门口支行，单位只有这一个小金库。

（10）余红证言：2006年年初火南办从神柱公司收取的20万元利息是他和刁荣贵共同决定不入单位财务账，作为小金库资金，用于解决职工的福利和奖金，由王友庆个人负责保管。

（11）刘远程证言、领条证明：2006年1月，他从神柱公司领取20万元支付火南办的借款利息，王友庆将款存入建行。

（12）杨林证言：2004年，东杨公司承包火南办的南新公司开发的虹口“山水领居”项目的围墙修建，当时收到了火南办工程款25万余元，由于东杨公司资质证明不全一直未修成。2006年3月左右，东杨公司扣除税费后将余款23万余元陆续退给南新公司。

（13）宋勇林证言：东杨公司所退火南办下属企业南新公司“山水邻居”项目围墙修建款23万余元交由王友庆保管，后来全部用于了火南办和南新公司职工的福利和发奖金。

（14）浦萍证言：2006年2月，她时任“和睦新天地”销售经理。当时公司还没有使用POS机，大额现金存取不方便，为方便客户，她把自己的个人账户用来接转售房款。2006年2月10日，王友庆为林晓龙购买该楼盘商品房，王友庆转款31.4万元到她建设银行个人储蓄账户。

（15）何迪证言：2006年3月，她与郭守敬以30多万元购买王友庆夫妇在交大智能二期的一套住房，该月10日，她们一起从农业银行取了20万元支付给王友庆。

（16）成都市人民检察院反贪局出具情况说明证明：成都市监察局、审计局、国土局于2007年在核查火南办与谊兴公司涉嫌骗取土地出让金过程中发现王友庆挪用火南办小金库资金。

（17）解群证言证明：2008年1月9日，王友庆将由其保管的原火南办20万元公款交回成都市商务综合服务中心。

3. 二审判案理由

四川省成都市中级人民法院经审理认为：被告人王友庆身为国有事业单位的工作人员，

利用职务之便，擅自将自己保管的本单位小金库资金中的 168 205.29 元挪归个人使用，超过三个月未归还，其行为已构成挪用公款罪。王友库保管的火南办围墙修建款 23 万余元至 2007 年 4 月已全部用于单位职工发奖金和福利，故对该笔指控不能成立。鉴于王友庆在案发前已归还本金并支付利息，认罪态度好，确有悔罪表现，对其可从轻处罚。

4. 一审定案结论

四川省成都市中级人民法院依照《中华人民共和国刑法》第三百八十四条第一款，作出如下判决：

王友庆犯挪用公款罪，判处有期徒刑五年。

（三）二审情况

1. 二审诉辩主张

上诉人（原审被告人）王友庆诉称：王友庆在建设银行的个人账户并非单位指定的小金库专用账户，王友庆为小金库保管资金只要保证能按单位需要支付资金，即尽到保管义务，原判认定其犯挪用公款罪错误；王友庆具有自首情节。

2. 二审判案理由

四川省高级人民法院经审理认为，原判认定王友庆犯挪用公款罪的事实不清，证据不足，应发回重新审判。

3. 二审定案结论

四川省高级人民法院依照《中华人民共和国刑事诉讼法》第一百八十九条第（三）项，作出如下裁定：

（1）撤销四川省成都市中级人民法院（2008）成刑初字第 282 号刑事判决。

（2）发回四川省成都市中级人民法院重新审判。

（四）重审诉辩主张

被告人王友庆的答辩与其辩护人的辩护意见与一审时相同。

（五）重审事实和证据

四川省成都市中级人民法院经公开审理查明：火南办系自收自支的国有事业单位，配备事业编制 50 人，主要职责是承担成都市火车南站加工贸易开发区征地、拆迁、建设和管理工作，并负责引进国内外资金、项目等工作。被告人王友庆于 1998 年 2 月 20 日被成都市商业贸易委员会任命为火南办综合处处长，负责单位财务工作。2005 年 9 月，火南办与神柱公司签订借款协议，按该协议，神柱公司应给付火南办利息 60 万元。2006 年 1 月 24 日，神柱公司用现金支付火南办利息 20 万元，火南办主任刁荣贵与该办副主任余红决定，将该 20 万元不记入单位财务账，作为单位小金库资金，用于解决本单位职工的福利待遇，并安排被告人王友庆个人保管，若单位需要开支须经刁荣贵审批。被告人王友庆根据单位领导的安排，将该 20 万元于 2006 年 1 月 24 日存入其个人在中国建设银行的活期存款账户（账号为 381158990130055329）。至 2006 年 2 月 10 日，该账户上包括被告人王友庆个人存款在内的余额为 345 794.71 元。2006 年 2 月 10 日，被告人王友庆从该账户内转款 31.4 万元至户名为浦萍的银行账户，用于支付其子林晓龙购买“和睦新天地”住宅的购房款。2006 年 3 月 10 日，王友庆将其自有住房一套出售后，将收取的房款中的 20 万元存入其中国农业银行的个人存款账户。2008 年 1 月 9 日，被告人王庆根据刁荣贵的安排，将自己在中国农业银行存有 20 万元的存折和利息 4 000 元一并交给成都市商务综合服务中心，同时向该中心领导说明了曾经临时运用过此款购买商品房。

另查明，2006 年 3 月至 4 月，火南办下属的南新公司副总经理宋勇林，从东杨公司陆续收取该公司退回的都江堰市虹口镇“山水邻居”项目围墙修建款 23 万余元，经火南办主任刁荣贵安排不记入单位财务账，作为小金库资金交由被告人王友庆保管，被告人王友庆将该笔款项陆续存入其个人的建设银行账户内（账号为 381158990130055329），之后，根据单位领导的安排，又陆续取出用于单位职工的奖金福利等开支，至 2007 年年初，该 23 万余元已全部用完。

上述事实有一审判决所列证据予以证明，四川省成都市中级人民法院经重新审理，依法予以确认。

（六）重审判案理由

四川省成都市中级人民法院经审理认为：被告人王友庆于 2006 年 2 月 10 日挪用火南办小金库公款 16.8 万元用于购房，直到 2008 年 1 月 9 日才将其存有 20 万元的农业银行存折和利息 4 000 元交给成都市商务综合服务中心属实。但因不能认定王友庆个人建行账户为单位的小金库专用账户，王友庆在挪用公款一个月后在其个人农行账户内又存入 20 万元并一直保持相应数额可视为在三个月内已归还所挪用款项。加之无证据证实其挪用公款购房具有营利性质或从事非法活动，故所指控该笔挪用行为不构成犯罪。关于指控被告人王友庆于 2007 年 8 月挪用火南办小金库回收的围墙修建款 20 万元购买基金及转款给其子林晓龙的事实，因证据证明火南办该笔小金库资金 23 万余元至 2007 年 8 月已全部用于单位开支不能成立。

（七）重审定案结论

四川省成都市中级人民法院依照《中华人民共和国刑事诉讼法》第一百六十二条第（三）项，作出如下判决：

被告人王友庆无罪。

（八）解说

本案历经一审、二审和重审，就被告人主体身份、款项的性质以及指控其挪用围墙修建款的事实不能成立等案件事实，在相关证据没有根本变化的情况下，从以挪用公款罪判处王友庆有期徒刑五年到宣告无罪，差异悬殊。其关键在于对王友庆于 2006 年 2 月 10 日挪用火南办小金库公款 16.8 万元用于购房，直到 2008 年 1 月 9 日才归还的行为性质如何界定。

有罪观点认为，王友庆负责保管单位小金库资金，其将款存在她所有的建设银行 381158990130055329 个人账户内，该账户就应认定为单位小金库账户。王友庆身为国有事业单位的工作人员，利用职务之便，挪用168 205.29元归个人使用，超过三个月未归还，其行为已构成挪用公款罪。

无罪观点认为，火南办小金库设立之初未要求设立专用账户保管小金库资金，王友庆在建设银行的个人账户系其私人账户，因存在公款、私款混存的现象，现有证据不能证明该账户是火南办小金库专用账户。那么，王友庆在挪用公款一个月后在其个人农行账户内又存入20万元并一直保持相应数额，保证了单位随用随支，可视为其在三个月内已归还所挪用款项。加之无证据证实其挪用公款购房具有营利性质或从事非法活动，故该行为不构成犯罪。

根据《中华人民共和国刑法》第三百八十四条之规定，挪用公款罪是指国家机关工作人员利用职务上的便利，挪用公款归个人使用，进行非法活动的，或者挪用公款数额较大、进行营利活动的，或者挪用公款数额较大、超过三个月未还的行为。根据本案现有证据，王友庆挪用公款购房显然不属于从事非法活动，亦不能证明其购房是进行营利活动，那么要认定其犯挪用公款罪只有挪用公款数额较大、超过三个月未还的情况。在该情况下，就有必要对"挪用"和"归还"作出准确界定。"挪用"是指将公款挪作个人使用，即挪作私用，挪用行为改变了公款的公有属性，使公款脱离了国家的监管和控制。"归还"是指将挪作私用了的公款交还给原所有单位，使其重新恢复到受国家监管和控制的状态。本案中，火南办小金库的钱属于公款，王友庆将该款挪作私用购房构成挪用，这两项判断均受肯定。争议的焦点在于归还时间的认定，这涉及对王友庆在挪用公款一个月后在其个人农行账户内又存入20万元的行为如何定性，即其是否构成归还。有罪观点认为这20万元要存入挪用的建行购户才构成归还。无罪观点认为在无充分证据证明建行账户是火南办小金库专用账户的情况下，其挪用一个月后在农行账户上存入20万元并一直保持该数额，应视为归还。本案中，认定王友庆建行账户是火南办小金库账户缺乏证据支撑，即有罪观点的大前提错误，进而结论错误。另外，从本案来看，王友庆与火南办之间虽然是一种职务上的保管关系，但在单位明确要求小金库资金不入单位账户，未明确保管方式的情况下，王友庆可自主决定保管方式——放办公室、放家中或存银行，只要其能够保证火南办随用随支即尽到保管责任。事实上，王友庆于2008年1月按单位领导指示上交小金库款项时，其将存有20万元的农业银行卡交给单位，并支付利息。可见，王友庆主观方面也没有把建行账户视为火南办小金库专用账户，而是灵活保管小金库款项，确保火南办随用随支即可。

综上，王友庆无罪。

（四川省高级人民法院　何映江）

67. 丁健受贿、挪用公款、非法经营同类营业案

（一）首部

1. 裁判书字号

一审判决书：济南铁路运输法院（2009）济刑初字第5号。

二审裁定书：济南铁路运输中级法院（2009）济刑终字第 2 号。

2. 案由：受贿、挪用公款、非法经营同类营业案。

3. 诉讼双方

公诉机关：济南铁路运输检察院，副检察长：邵砚涛；代理检察员：李颖、徐研。

被告人（上诉人）：丁健，男，1956 年 5 月 23 日出生，汉族，出生地山东省龙口市，硕士研究生文化，原系中铁集装箱运输有限责任公司副总经济师、中铁国际多式联运有限责任公司总经理兼中铁集装箱运输有限责任公司济南分公司总经理。2007 年 12 月 24 日因本案被逮捕。

一、二审辩护人：钱奇，北京市京华律师事务所律师。

一审辩护人：谢望原，北京市地石律师事务所律师。

4. 审级：二审。

5. 审判机关和审判组织

一审法院：济南铁路运输法院。

合议庭组成人员：审判长：王焕鑫；审判员：于梅、张滨。

二审法院：济南铁路运输中级法院。

合议庭组成人员：审判长：杜鹏程；审判员：朱红、王小鲁。

6. 审结时间

一审审结时间：2009 年 5 月 15 日。

二审审结时间：2009 年 7 月 24 日。

（二）一审诉辩主张

1. 公诉机关指控称

被告人丁健担任济南铁路局客货营销处处长、中铁集装箱运输有限责任公司济南分公司总经理、济南铁路局货运营销处处长兼集装箱运输中心总经理、山东中铁集装箱运输有限公司（济铁集装箱公司）总经理期间，利用其负责全局的货运管理、集装箱运输协调等职务上的便利，先后四次收取他人贿赂 74.8 万元；个人决定，挪用公款 582.27 万元供山东中铁物流有限责任公司（以下简称中铁物流公司）使用，用于经营活动，谋取个人利益；非法经营与其所任职公司同类的营业，获取非法利益 2 348.85 万元。

上述事实，有物证、书证、证人证言为据，公诉机关认为，被告人丁健利用职务之便，收受贿赂、挪用公款、非法经营与其所任职公司同类的营业，其行为已触犯《中华人民共和国刑法》第三百八十五条第一款、第三百八十六条、第三百八十三条第一款第（一）项、第三百八十四条第一款、第一百六十五条之规定，应当以受贿、挪用公款、非法经营同类营业罪追究其刑事责任。

2. 被告辩称

被告人丁健及其辩护人对指控其受贿的基本事实不持异议，但辩称：一是收受丰通公司的分红 2.98 万元，没有其签字。二是部分定性不当，干股分红依据有关司法解释的规定，受让的 5 万元是受贿数额，收受红利 18.08 万元，应属于受贿孳息。三是除第一笔挪用公款的事实在钱被汇走后林薇对其讲过外，其余事实均不知道。四是其未参股济南丰润达公司，个人未从中铁物流公司获取利益。2005 年 2 月 25 日，山东中铁集装箱运输有限公司已不是国有公司，两公司经营内容不同，不构成非法经营同类营业罪。

（三）一审事实和证据

济南铁路运输法院经公开审理查明：

1. 2000年7月，原青岛市经济委员会交通处处长崔明琳（已判刑），出资注册成立了丰通公司，又于2001年6月以青岛市经委下属公司的名义同青岛铁路分局和青岛中远国际货运有限公司共同出资成立海铁集装箱运输代理有限公司（以下简称海铁公司），其中，丰通公司占有20%的股份。崔明琳利用丁健担任济南铁路局货运营销处处长兼集装箱运输中心总经理，能够在货物运输上为海铁公司提供协调和帮助的便利，在丁健没有实际出资和参与管理、经营的情况下，为了使丰通公司获取更大的经济利益，于2002年通过虚假手段将丁健的亲属武爱卿（丁健提供武爱卿身份证），变更为丰通公司（占10%股份）的挂名股东，使其能从该公司参与利润分红。自2003年到2005年，丁健先后三次从崔明琳处以武爱卿的名义领取丰通公司的利润分红共计18.08万元，被告人丁健均以“武爱卿”的名字予以签收。

上述事实有下列证据证明：

（1）证人崔明琳的证言证实，丰通公司是私人企业，铁路装、卸车、集装箱运输等需要路局货运处丁健的协调帮助，为了和他搞好关系，才分给他这些钱。共分给他四次钱，丁健以武爱卿的名义签收。

（2）证人王建华、周兆敏证言证实，丰通公司成立的经过、股东都没有投资、股东变更及分红情况。

（3）丰通公司、海铁公司工商注册登记资料、股权转让协议、变更登记、海铁公司董事会决议、丰通公司历年分红、凭证、领款单等书证证实，两公司注册成立情况；2002年丰通公司股东之一周允芝将5万元的股份无偿转让给武爱卿，各股东没有出资而领取分红。

2. 被告人丁健在2004年7月至2005年9月，担任中铁集装箱运输有限责任公司济南分公司总经理期间，利用职务上的便利，在运输困难、竞争激烈的情况下，将其公司4列集装箱运输车租赁给海铁公司发运铁矿石。海铁公司孙新明为感谢丁健帮助海铁公司及时发运铁矿石，先后为丁健提取好处费人民币30.66万元。被告人丁健将其中的11万元交给他人，用于处理某些费用，其余19.66万元被丁健非法据为己有。

上述事实有下列证据证明：

（1）证人孙新明证言证实，由于管内车皮、集装箱运输车难以申办，孙新明通过丁健租赁中铁集装箱运输有限责任公司济南分公司的集装箱运输车，为了感谢丁健曾给了他30万元左右的好处费。

（2）证人巩乃一、肖健证言证实，丁健总共给其11万元，全部因公支出，该款使用均有明确的去向。

（3）证人吴世贵、单连萍证言、海铁公司的银行存款日记账、明细账、付款凭证、转账凭证证实，孙新明提出再弄点费用来处理各种关系，共提出现金224.43万元后支付给孙新明款项的情况。

（4）山东省人民检察院济南铁路运输分院鲁检济铁分技鉴［2007］4、11、12号司法会计检验报告证实，海铁公司给金岭铁矿、华阳钢厂等发运铁矿石等合计306 800吨。

3. 1996年下半年，青岛港下属的集装箱公司在济南市正觉寺小区购买了一套商品房作为其公司驻济办事处用房，后该房闲置。2001年期间，丁健为了孩子上学方便，搬进该房借住。2002年，丁健提出购买这套房产，由于丁健为青岛港做了很多有益的工作，使青岛港及时疏通货物运输，并开行“五定”班列、为货主争取运价下浮降低费用，使青岛港的效益提高，因此，青岛港对丁健心存感激，想无偿转让该房，丁健不同意。后由丁健委托济南新永基房地产评估交易有限公司对该房产进行了评估，评估该房总值为25.8万元，双方以26万元的价格达成协议，并于2005年8月27日办理了《房屋产权证》，将该房转到丁健妻子王辉的名下。2006年3月，青岛港集团公司对集装箱公司进行清产核资时发现该套房产仍挂在账上，为平账，该公司重新委托青岛天华资产评估有限责任公司对该房评估，评估值为45.26万元。同年4月10日，朱广太代表青岛港集团公司与王辉签订《房屋转让合同》，转让价格为人民币46万元。由于房价产生变化，其差价20万元经青岛港集团有关领导安排，用该集团公司的港建费予以支付。余款26万元仍由丁健按原约定的价格交纳，并于同年12月31日交清。2007年纪委找丁健谈话后，丁健安排其妻补交20万元购房款。

案发后，经山东三鑫房地产评估咨询有限公司鉴定，该套房产在2003年2月18日的市场价值为人民币46.08万元，丁健所支付该套房产的金额与市场价之间差额部分为人民币20.08万元。

上述事实有下列证据证明：

（1）证人朱广太、李满清、田广文、史秀琴证言证实，青岛港集装箱公司将闲置的办事处用房借给丁健居住。丁健为青岛港及时疏通货物运输，开行“五定”班列、实行一口价清算优惠政策、为增强港口竞争力提供过很多帮助，因此公司同意将房产低价卖给丁健。因拖延一段时间，朱广太、史秀琴通过财务处理了评估差价20万元，并用港建费垫付。

（2）证人朱广太证言、《青岛—郑州、西安集装箱五定班列运行线承包协议》证实，丁健与中远国际货运有限公司签订协议，对青岛中货等在运价下浮方面实行优惠政策。

（3）证人孙新明证言证实，青岛港集装箱公司朱广太与丁健关系最为密切，丁健能够帮助青岛港完成疏港任务。

（4）证人张健、汪立新证言、购房相关凭证证实，青岛港集装箱公司所购济南市正觉寺小区2层东户购房及装修费用共计57.15万元。2005年4月，由青岛港集装箱公司申请将其名下该房产变更为王辉名下。

（5）山东三鑫房地产评估咨询有限公司《关于对济南市历下区正觉寺小区39号楼1-201室房地产价值的评估报告》证实，2008年6月2日对该房产估价时点2003年2月18日的公开市场价值为人民币46.08万元。

4. 2004年5月，由被告人丁健决定，在青岛租赁太平湾宾馆位于八大关太平角一路11号别墅楼，作为山东济铁集装箱公司青岛分公司办公、接待用房，在江苏连云港海铁公司董事长孙新明等人的协调、联系下，双方签订年租金26万元房屋租赁合同。2004年6月，孙新明从租赁费中套出10万元现金，将其中的3万元作为租赁好处费给丁健，其余分送给其他相关人员。

上述事实有下列证据证明：

（1）证人孙新明、崔明琳证言证实，由孙新明从中铁集装箱运输有限责任公司济南分公司支付的租金中套取了10万元钱，分给丁健3万元回扣。

（2）证人贾洪胜证言、青岛港鑫经贸发展有限公司记账凭证证实，帮助孙新明套取10万元现金的经过。

（3）证人李效孟证言、电汇26万租金的凭证、中铁集装箱运输有限责任公司济南分公司与太平湾宾馆租房协议证实，租房情况及租金每年 26 万元。

5. 被告人丁健利用担任山东济铁集装箱公司总经理的职务便利，于 2004 年 4 月 27 日、5 月 9 日，将山东济铁集装箱公司的公款 200 万元分两次（每次 100 万元）汇至江苏连云港海铁公司，为中铁物流公司代理的连云港至阿拉山口过境集装箱班列运输业务代垫运费，至 2004 年 9 月将该款收回。

上述事实有下列证据证明：

（1）证人林薇的证言证实，在 2004 年 4 月、5 月，中铁物流公司在连云港做过境集装箱运输代理，资金不足，缺口有 200 万元左右，急需资金垫付运费。其当时任分公司财务经理兼任中铁物流公司的会计，就向总经理丁健提出可否用山东济铁集装箱公司的钱垫付中铁物流公司过境箱业务的运费，丁健同意后，林薇让财务把款打过去的。

（2）证人刘权、言慧敏证言证实，两笔班列运费，是由山东济铁集装箱公司付到连云港海铁公司的，收到 200 万元后，就冲减了中铁物流公司应支付的班列运费。

（3）证人李红霞的证言证实，应徐凤芸的要求，以其名义担任济南丰润达公司的法人代表，其没有出资，亦没有参与过该公司的经营活动。

（4）山东济铁集装箱公司、连云港海铁公司的会计凭证证实，2004 年 4 月 23 日、5 月 9 日山东济铁集装箱公司分两次汇款各 100 万元为中铁物流公司垫付运费，2004 年 9 月收回该款。

（5）济南丰润达公司、山东中铁物流公司工商登记资料证实，公司成立、法定代表人等情况。

（6）被告人丁健在侦查期间曾供述，虽然这些事情是林薇具体去办的，但她只是个财务人员，不能自己做主动用资金，这 200 万元是林薇请示我后，我同意给中铁物流公司垫付的。

6. 2003 年 2 月至 2004 年 1 月，被告人丁健任济南铁路局货运营销处处长兼集装箱运输中心总经理，同时兼任山东济铁集装箱公司总经理，1996 年 10 月至 2003 年 10 月兼任中铁国际货运代理有限责任公司（以下简称中铁国际货代公司）山东分公司负责人。2004 年 2 月，济南铁路局集装箱运输中心改制为中铁集装箱运输有限责任公司济南分公司，丁健担任总经理，仍兼任济铁集装箱公司总经理；2005 年 8 月，山东济铁集装箱公司变更名称为山东中铁集装箱运输有限公司，丁健兼任董事长。

山东济铁集装箱公司于 1996 年 8 月 28 日经山东省济南市工商行政管理局核准注册成立，注册资本为人民币 130 万元，该公司股东及出资额分别为：济南铁路局集装箱运输中心 100 万元，济南、青岛、徐州铁路分局集装箱运输中心各 10 万元。经营范围包括：集装箱、零担货物运输、运输代理及咨询服务、集装箱租赁等。山东济铁集装箱公司成立后，以及变更为山东中铁集装箱运输有限公司期间，一直由济南铁路局集装箱运输中心及中铁集装箱运输有限责任公司济南分公司管理。公司的业务人员相继在济南、青岛等地开展国内集装箱运输代理业务，并开发了连云港、青岛到阿拉山口的过境箱运输代理业务，通过中铁国际货代公司山东分公司操作，期间曾有公司员工建议丁健为山东济铁集装箱公司申办国际货代资质，丁健未同意办理。

2003 年年初，被告人丁健“发起”成立山东中铁物流有限责任公司，丁健联系中铁国际货代公司总经理王庆余出资参股，同年 2 月 11 日，丁健安排中铁国际货代公司山东分公司以“上缴利润”的名义汇到中铁国际货代公司 40 万元，由中铁国际货代公司（出资 40 万元，占总股本的20%）作为参股山东中铁物流公司的资金汇回济南；同时，丁健又联络、安排其亲属参股的济南丰润达公司（出资70万元，占总股本的35%）以及珠海市吉泰物流有限公司（出资70万元，占总股本的35%）、山东陆桥货运代理有限公司（出资20万元，占总股本的10%）共同出资200万元成立了山东中铁物流公司。该公司经营范围初期为：许可范围内的联运业务、运输代理、物流服务、信息咨询等；同年6月变更为：承办陆运进出口货物国际运输代理业务，包括揽货、托运、订舱、集装箱拼装拆箱等，承办许可范围内的运输代理、物流服务、信息咨询等。丁健任中铁物流公司董事长、总经理；2005年9月，变更为曾滨任董事长、总经理。

被告人丁健在任山东济铁集装箱公司总经理期间，利用职务之便，在由山东济铁集装箱公司人员办理的情况下，以中铁物流公司的名义签订代理合同，使中铁物流公司获取了巨额经济利润。经鉴定、检验，自2003年2月中铁物流公司成立至2005年2月底，中铁物流公司经营获利2 949 090.79元；以隐瞒收入、虚列成本等方式，隐匿公司利润3 011 027.82元。

上述事实有下列证据证明：

（1）山东济铁集装箱公司工商登记档案材料证实，该公司成立时间及注册资本、经营范围等，总经理为丁健。

（2）山东中铁物流公司工商登记资料证实，该公司成立时间及注册资本及经营范围情况，丁健任董事长、总经理。

（3）中铁国际货代公司《关于中铁国际货运代理有限责任公司山东分公司改制为合资子公司（有限责任公司）的决议》、《中铁国际货运代理有限责任公司山东物流公司（待批）股东筹备会议纪要》证实，中铁国际货代公司参股山东中铁物流公司的起因；银行收款凭证等证实，各公司投资资金到山东中铁物流公司的情况。

（4）济南铁路局运输处《关于集装箱“五定”班列开行情况的说明》证实，某些集装箱最初由中远集团代理，后逐渐由多家公司代理，最近几年转为山东中铁物流公司代理。

（5）济南局济货电（2003）487号明传电报、济南铁路局货运管理处货管运价电[2004]61号《关于转发中铁集装箱公司〈关于2004年集装箱运价下浮有关事项的通知〉的通知》证实，山东中铁物流公司包租的班列，运费分别下浮10%、11%、15%。

（6）证人李尔涛、赵强、王庆余证言证实，济南丰润达公司是丁健介绍并由丁健代表，参股是考虑丁健的身份，中铁物流公司经营上不让插手，其没有参与过山东中铁物流公司的经营管理及出资参股的情况。

（7）证人林薇证言证实，丁健将郑州班列等收益稳定的业务交中铁物流公司经营，为黄岛至郑州班列唯一运价下浮指定发货人，并安排虚列费用手段为该公司隐藏利润1 000余万元等。

（8）山东省人民检察院济南铁路运输分院鲁检济铁分技鉴[2009]1号司法会计鉴定证实，经检验和论证，中铁物流公司成立起至2005年2月底经营累计获利2 949 090.79元；至2007年12月底经营累计获利数额9 766 702.80元。

（9）山东省人民检察院济南铁路运输分院鲁检济铁分技鉴[2008]2号司法会计检验报告及说明证实，中铁物流公司会计凭证复印件中，至2005年2月底凭证金额合计3 011 027.82元。

（10）山东济铁集装箱公司工商登记资料证实，该公司2005年2月25日进行了股权转让和增资，其中，中铁集装箱运输有限公司108万元，占51.33%，山东中铁物流公司102.4万元，占48.67%。2005年8月，变更董事长为丁健，总经理为刘银然。

(11) 济南铁路分局济铁分货管发［2004］269号、青岛铁路分局青铁货发［2004］330号、徐州铁路分局徐铁货发［2004］188号关于股权转让的请示、济南铁路局济铁财发［2005］35号《关于同意转让山东济铁集装箱公司有关股权的批复》及2005年2月25日签订的转让协议证实股权转让情况。

(四) 一审判案理由

济南铁路运输法院经审理认为：被告人丁健身为国有公司、企业中从事公务的人员，利用职务便利，为他人谋取利益，收受他人贿赂，共计人民币60.82万元，其行为已触犯刑律，构成受贿罪；被告人丁健利用职务便利，个人决定将公款供其他单位使用，谋取个人利益，挪用公款人民币200万元，情节严重，其行为已触犯刑律，构成挪用公款罪；被告人丁健身为国有公司的总经理，利用职务便利，非法经营与其所任职公司同类的营业，获取非法利益计人民币596.01万元，数额巨大，其行为已触犯刑律，构成非法经营同类营业罪。

(五) 一审定案结论

济南铁路运输法院依照《中华人民共和国刑法》第九十三条、第三百八十五条第一款、第三百八十六条、第三百八十三条第一款第（一）项、第三百八十四条第一款、第一百六十五条、第六十四条，作出如下判决：

1. 丁健犯受贿罪，判处有期徒刑十一年，并处没收财产人民币30万元；犯挪用公款罪，判处有期徒刑五年；犯非法经营同类营业罪，判处有期徒刑三年，并处罚金人民币596.01万元；决定执行有期徒刑十四年，并处没收财产人民币30万元，并处罚金人民币596.01万元。

2. 扣押在检察机关的受贿赃款人民币60.82万元、非法经营同类营业赃款人民币596.01万元予以追缴，上缴国库。

(六) 二审情况

1. 二审诉辩主张

上诉人丁健诉称：(1) 受贿罪部分事实认定不清、具有自首情节、量刑过重，接受青岛丰通物流有限公司所送干股、购买房屋均不应当是受贿犯罪。(2) 挪用公款罪部分事实和法律依据不充分，其事先不知情，没有谋取个人利益。(3) 非法经营同类营业罪部分事实不清、证据不足，山东济铁集装箱公司与山东中铁物流公司经营范围根本不同，个人没有获取非法利益，不应追究其刑事责任。

2. 二审事实和证据

济南铁路运输中级法院经审理，确认一审法院认定的事实和证据。

3. 二审判案理由

济南铁路运输中级法院经审理认为：丁健身为国有公司、企业中从事公务的人员，利用职务便利，为他人谋取利益，收受贿赂共计人民币60.82万元，构成受贿罪，应依法惩处；丁健利用职务便利，个人决定将200万元公款挪出供其他单位使用，谋取个人利益，情节严重，构成挪用公款罪；丁健身为国有公司的总经理，利用职务便利，非法经营与其所任职公司同类的营业，获取非法利益，构成非法经营同类营业罪，应依法惩处。

4. 二审定案结论

济南铁路运输中级法院依照《中华人民共和国刑事诉讼法》第一百八十九条第（一）项，作出如下裁定：

驳回上诉，维持原判。

（七）解说

本案为分析如何认定非法经营同类营业罪提供了很好的素材，尤其要注意以下几点：

第一，非法经营同类营业的犯罪主体为国有公司、企业的经理、董事，对国有公司、企业的性质应如何把握？本案中，2005 年 1 月，济南铁路分局、青岛铁路分局、徐州铁路分局经过济南铁路局批准，分别与中铁物流公司签订股权转让协议，2005 年 2 月 25 日，济南市工商管理机关核准变更，中铁物流公司占有股份 48.67%。一般认为，国家参股、含有其他经济成分的公司、企业，无论国有资产所占比例有多高，都存在非国有经济成分，不是真正意义上的国有公司、企业。因此，对公诉机关指控丁健 2005 年 2 月 25 日后构成非法经营同类营业罪，法院不予支持。

第二，如何理解及认定“同类营业”？在司法实践中，行为人自己或者为他人经营的公司、企业的经营范围与其任职国有公司、企业的经营范围可能完全相同，也可能部分交叉。我们认为，只要兼营的公司经营范围与国有公司、企业的经营范围相互有包容、交叉，就可以认定为经营“同类营业”。本案中，丁健所任职的山东济铁集装箱公司的注册经营范围包括集装箱运输代理及集装箱租赁等，并利用自己所任职公司的人力、物力、资金、信息来源、客户渠道为山东中铁物流有限责任公司抢占市场；其发起成立的山东中铁物流有限责任公司注册经营范围，为许可范围内的联运业务、运输代理、物流服务等；2003 年 6 月变更为陆运进出口货物国际运输代理业务，亦承办许可范围内的运输代理、物流服务等。两公司经营范围在国内集装箱运输代理、物流服务等方面有所交叉，据此可以认定丁健经营了“同类营业”。

第三，如何认定非法经营同类营业获取的非法利益？本罪以获取数额巨大的非法利益为成立要件，所以，如何理解“非法利益”关系到本罪成立与否。本罪中的非法利益不包括非财产性利益。虽然刑法没有对本罪中的非法利益的性质作出明确的规定，但从最高人民检察院、公安部《关于经济犯罪案件追诉标准规定》要求所获非法利益必须达到 10 万元以上才能构成本罪看，本罪中的非法利益显然不包括非财产性利益。因此，本罪中的非法利益，仅指财产性利益。另外，关于非法利益是指董事、经理的个人所得，还是自营、他营公司、企业的非法获利，容易产生分歧。本罪中的非法利益应该是对本罪客体侵害程度的数量表现。但在有些情况下，个人所得数额并不能全面反映非法经营同类营业行为的社会危害性，特别是一些国有公司、企业的董事、经理出于友情、亲情为他人经营，并不收取任何报酬，以个人所得为标准，不仅难以全面反映非法经营同类营业行为的社会危害性，而且为行为人规避本罪的处罚提供了方便之门。采取非法获利说，虽然非法获利数额在一般情况下能全面反映非法经营同类营业行为的社会危害性，而且以非法获利为标准，行为人很难规避刑事制裁；但是，在为他人经营的场合，他营公司、企业高薪聘请国有公司、企业的董事、经理为其经营，由于各种主客观因素所致，该公司、企业并未获利，甚至亏损、破产，而被聘任的董事、经理却因高薪私囊鼓胀，如果单纯将他营公司、企业的非法获利视为本罪中的非法利益，则有可能放纵犯罪。因此在实践中，一般采取非法所得与非法获利结合说。本案中，丁健出于某种考虑，个人并未从中铁物流公司提取非法所得，中铁物流公司获取的巨额经济利润均以挂账、虚列成本等方式列账，但在中铁物流公司获利近600万元的情况下，丁健个人是否获利并不影响非法经营同类营业罪的认定。

第四，认定非法经营同类营业数额的主要证据应当是会计检验还是鉴定？在诉讼过程中检法机关亦有不同的认识。根据刑事诉讼法关于证据的分类，会计检验报告不能视为定案依据的司法鉴定使用。起诉书的指控犯罪没有能够证明犯罪数额的司法会计鉴定，检察机关仅提供了检验报告。在检察机关指控犯罪却未能有效行使举证义务的情况下，对符合非法经营同类营业罪要件特征的部分（2005年2月前），由一审法院委托技术部门进行了司法会计鉴定，确定了犯罪数额，最终一审法院据此作出了判决。关于非法经营同类营业罪刑罚适用时，特别是定罪数额的界定，如“数额巨大”、“数额特别巨大”的标准，刑法没有规定。最高人民检察院、公安部《关于经济犯罪案件追诉标准规定》，获利10万元的为“数额巨大”，对“数额特别巨大”没有规定，有待司法解释予以明确规定。本案从稳妥起见，以“数额巨大”来认定。

（济南铁路运输法院　王焕鑫　于梅）

68. 陈珠等挪用公款案

（一）首部

1. 裁判书字号

一审判决书：广西壮族自治区钦州市钦南区人民法院（2008）钦南刑初字第364号。

二审裁定书：广西壮族自治区钦州市中级人民法院（2009）钦刑二终字第22号。

2. 案由：挪用公款案。

3. 诉讼双方

公诉机关：广西壮族自治区钦州市钦南区人民检察院，检察员：郭鼎建。

被告人（上诉人）：陈珠，女，1979年11月5日出生，汉族，出生地广西壮族自治区钦州市，大学文化，原系钦南区久隆镇政府妇联主席、团委副书记，兼任久隆镇政府民政办出纳。2008年9月26日因本案被取保候审。

一、二审辩护人：冯永富、李泓沅，海岸律师事务所律师。

被告人（上诉人）：赵崇梅，女，1978年8月26日出生，汉族，出生地广西壮族自治区钦州市，中专文化，原系钦州市中油燃气有限公司库区出纳。2008年9月26日因本案被取保候审。

一审辩护人：杨强廷，海岸律师事务所律师。

二审辩护人：苏靖文、梁以基，海岸律师事务所律师。

4. 审级：二审。

5. 审判机关和审判组织

一审法院：广西壮族自治区钦州市钦南区人民法院。

合议庭组成人员：审判长：刘丽蓉；人民陪审员：杨洪举、许群昌。

二审法院：广西壮族自治区钦州市中级人民法院。

合议庭组成人员：审判长：宋彪；审判员：邓乃仟、秦平生。

6. 审结时间

一审审结时间：2008 年 12 月 19 日。

二审审结时间：2009 年 6 月 5 日。

（二）一审诉辩主张

1. 公诉机关指控称

被告人陈珠在任钦南区久隆镇政府民政办出纳期间，于 2008 年 6 月至 8 月间，在被告人赵崇梅的多次指使下，隐瞒单位的领导和同事，通过信用社存款的方式，先后六次从她保管的民政专项资金中挪用了 235 000 元给被告人赵崇梅作为生意上的周转资金使用，并先后收取赵崇梅给付的利息共计 1 600 元。在立案前，二被告人已将挪用的所有款项全部归还钦南区久隆镇政府民政办。公诉机关认为被告人陈珠、赵崇梅的行为已触犯了《中华人民共和国刑法》第三百八十四条第一款，应以挪用公款罪追究其刑事责任。

2. 被告辩称

被告人陈珠对公诉机关的指控有异议，承认她数次挪用公款合计 235 000 元借给赵崇梅是事实，赵崇梅还款时多付了 1 600 元也是事实，但不是付利息。她借款给赵崇梅没有受到赵崇梅的指使，她本人与赵崇梅是表姐妹关系，平时感情很好，她借款给赵崇梅是为了帮助赵崇梅填补财务账目应付检查，不是用于做生意，她也没有问赵崇梅要利息。

其辩护人李泓沅的辩护意见为：对公诉机关指控被告人陈珠构成挪用公款罪的罪名有异议。第一，公诉机关将被告人每次挪用公款的数额累计起来确定为犯罪数额，不符合法律规定。被告人每次挪用公款后都能够及时还款，至立案时其挪用的数额为零，没有犯罪事实的存在。第二，被告人陈珠主观上没有要求赵崇梅给付利息，也没有约定利息的计算标准，因此，赵崇梅还款时用自己工资多付的 1 600 元，是出于感激的心理，不能认定为利息，只能算是好处费，而且这些钱被告人陈珠一直留在账户上没有取出来使用，所以被告人陈珠主观上没有营利的目的，客观上也没有实施营利的行为。

其辩护人冯永富的辩护意见为：公诉机关指控被告人陈珠犯挪用公款罪，事实不清，证据不足。第一，公诉机关只提供了转账 235 000 元的凭据，而没有提供出赵崇梅多付 1 600 元的依据。第二，公诉机关没有提供证据证实被告人陈珠知道赵崇梅挪用公款用于营利。被告人陈珠六次挪用公款的时间加起来是 41 天，还没有达到 3 个月，不符合构成挪用公款罪的法定要件。第三，二被告人事先没有共谋，不构成共犯。

被告人赵崇梅对公诉机关指控挪用公款的事实没有异议，但提出她不知道这是否构成犯罪。她问陈珠借款不是为了做生意，而是为了在单位平账应付财务检查，陈珠也是为了帮她才借款给她的，两人并没有约定支付利息。她每次在还款时为了感谢陈珠，就往账户上多打了一些钱。

其辩护人杨强廷的辩护意见为：对公诉机关指控被告人赵崇梅犯挪用公款罪有异议。第一，被告人赵崇梅借款是为了平账，并不是为了做生意营利，而陈珠也是为了亲情才将公款借给赵崇梅的，双方事先没有约定支付利息。第二，二被告人不属于共犯。因此，公诉机关指控的犯罪事实和罪名不成立。

（三）一审事实和证据

广西壮族自治区钦州市钦南区人民法院经公开审理查明：被告人陈珠与被告人赵崇梅是表姐妹关系。2008 年 6 月，被告人赵崇梅因个人承包燃气门市部需要保证资金以及需要填补其炒股亏空的公司财务账目，便问被告人陈珠是否可以借一些款给她周转，并承诺要支付一些利息给陈，但没有约定利息的具体支付方式。被告人陈珠时任钦南区久隆镇政府民政办出纳，手上保管有民政专项资金，在被告人赵崇梅几次提出要求借款使用的情况下，为了帮助被告人赵崇梅渡过难关，被告人陈珠便同意借款。2008 年 6 月至 8 月间，在被告人赵崇梅的多次要求下，被告人陈珠隐瞒了单位的领导和同事，通过信用社存款的方式，先后六次从她保管的民政专项资金中挪用了 235 000 元借给被告人赵崇梅用于经营资金周转。被告人赵崇梅在还款时，总共多支付了 1 600 元利息到被告人陈珠指定还款的“陈积本”账户上（陈积本是陈珠的父亲）。

案发前，二被告人已将挪用的 235 000 元公款全部归还给了钦南区久隆镇政府民政办。但被告人陈珠直至案发时都没有将她擅自把公款借给赵崇梅使用并多收了 1 600 元利息的事实报告给单位的领导和同事。立案前，二被告人如实向检察机关交代了本案的犯罪事实。为此，钦南区人民检察院反贪局于 2008 年 8 月 20 日对陈珠涉嫌挪用公款一案立案侦查，2008 年 9 月 22 日以涉嫌共同犯罪为由决定对赵崇梅挪用公款一案补充立案侦查。案发后，被告人陈珠向检察机关退出了非法所收取的 1 600 元利息。

上述事实有下列证据证明：

1. 立案决定书。证实钦南区人民检察院于 2008 年 8 月 20 日对陈珠挪用公款一案立案侦查；2008 年 9 月 22 日以赵崇梅涉嫌共同犯罪决定补充立案侦查。

2. 陈珠的任职证明材料。证实陈珠是钦南区久隆镇政府干部，于 2006 年 5 月至 2008 年 8 月任久隆镇政府民政办出纳。

3. 取款凭条。证实陈珠使用其父亲陈积本的农村信用社存折（账号 806501101011589）存入公款后，分别于 2008 年 6 月 19 日取款 70 000 元、2008 年 6 月 24 日取款 25 000 元、2008 年 7 月 3 日取款 40 000 元、2008 年 7 月 18 日取款 30 000 元、2008 年 7 月 22 日取款 30 000 元，2008 年 8 月 1 日从久隆民政办的农村信用社账户 806501204000273 中取款 40 000 元，以上六次合计取款人民币 235 000 元，每次所取出款项均借给了赵崇梅使用。

4. 存款凭条。证实赵崇梅分别于 2008 年 6 月 21 日存入 70 500 元、2008 年 7 月 5 日存入 10 000 元、2008 年 7 月 6 日存入 35 000 元、2008 年 7 月 7 日存入 20 400 元、2008 年 7 月 23 日存入 30 000 元、2008 年 8 月 4 日存入 30 500 元、2008 年 8 月 18 日存入 40 200 元（合计 236 600 元）还款给陈珠，除了偿还借款本金 235 000 元之外，四次总共多付了 1 600 元给

陈珠。

5. 司法会计鉴定书。证实经过司法会计鉴定，确认2008年6月19日至8月18日陈珠手上保管的公款现金余额为：2008年6月19日75 492.64元、6月21日73 659.64元、6月24日63 907.64元、7月3日81 678.94元、7月5日108 320.74元、7月6日103 251.74元、7月7日103 251.74元、7月18日77 481.74元、7月22日79 783.74元、7月23日79 183.74元、8月1日76 662.24元、8月4日90 614.24元、8月18日57 394.24元。从而证实陈珠在公诉机关指控其实施挪用公款犯罪的时间段里，手上确实保管有公款。

6. 被告人陈珠的询问笔录、供述笔录及自述材料。

2008年8月19日，被告人陈珠向检察机关递交自述材料，反映：2008年6月的某天，她与表姐赵崇梅聚会时，赵说最近其公司最近经常检查账务，赵问她是否可以借一些现金，并说可适当给她二三百元。在赵先后三次提出借款要求并保证及时还款的要求下，她答应将手上保管的民政办的公款借给赵。6月18日借款70 000元，6月21日赵还款70 500元，她打电话问过赵，赵说多出来的500元由公家解决。此后又陆续借过几次公款给赵。最后一笔借款4万元，是在检察院打电话找她了解有关情况时，她打电话催赵还款的，当时赵多还了200元。当天为了了解赵是否还款到账户的情况，她还从账户上取了2 000元现金。

2008年8月19日的询问笔录：证实她将自己保管的民政办公款借给表姐赵崇梅使用，她目的只是想帮赵应付财务检查。2008年6月19日，赵找她借款应付检查并说一两天就归还。而之前的一个星期赵曾经向她提起过借钱的事并说要给她几百元利息，当时她没有答应，担心赵的钱在财务检查时间被扣，那么她就完了，但赵一再向她保证不会出事并及时还款，后经赵几次追问，她就答应了借款。她借款给赵的款项来源，都是从久隆民政办账户里取出了存入“陈积本”（陈珠父亲）的账户，然后再借给赵的，“陈积本”账户里的每一笔款项都是民政专户的低保金、救灾救济等专项资金剩余的款项。第一次借款70 000元，赵还款时多付了500元，说由公家解决，她认为如果不是私人给的，收下这500元也不是什么大不了的事情。她记得一共借过四次钱给赵合计14万元，赵一共支付了700元利息给她。

2008年8月27日的讯问笔录：证实她表姐赵崇梅从一开始就知道借的是她单位的公款，赵是中油燃气公司的出纳，每次借款都是说为了应付上级检查，双方借款也没有写过任何手续。除了所借的公款外，双方之间没有任何债权债务。她可能在借款次数等方面记得不是很清楚。

2008年9月16日的讯问笔录：证实根据笔记本记录及银行流水账回忆，她从2008年6月至8月，前后共借了235 000元民政办公款给赵崇梅使用，赵还款时总共多付了1 600元利息。事先，赵对她说过借款要给利息的，但是没有说清楚具体金额，由赵随便给，赵给多少她就要多少。赵所借的235 000元已经全部归还了。

7. 被告人赵崇梅的供述笔录及自述材料。

2008年8月19日、8月27日、9月22日被告人赵崇梅向检察机关递交自述材料，反映：她于2008年6月通过电话向陈珠借款7万元并提到会有少许利息作报酬，还款时多汇了500元作为报酬。她对陈说是因工作需要核资，但事实上是想作为个人承包燃气门店的流动资金、填补其个人炒股挪用公司亏空的货款以应付查账。她六次总共向陈珠借款235 000元，先后支付了陈珠1 600元利息。每一次借款她都知道向陈珠所借的是公款，但是每一次都能够在短期内及时还款。目前她与陈珠之间没有任何债务关系。

2008年8月18日的调查笔录：证实陈珠是她的表妹，两人关系相当好。她问陈珠借过三次款用于“过账”（即当时她计划和南宁老板合作承包燃气门市部，每次洽谈时都要向合作方证实自己的资金实力，所以她就想叫陈珠将钱转过来好让她账户上的余额大一些，等合作方看过之后再转还陈珠），借款时承诺及时还款并支付一些利息报酬。现已经全部还清了借款给陈珠。第一次是在 2008 年 6 月，她向陈珠借款 7 万元，还款时多付了 500 元利息；第二次借款 3 万元，还款时没有付利息；第三次借款 4 万元，还款时多付了 200 元利息。

2008 年 9 月 4 日的询问笔录：证实她于 2008 年 6 月至 8 月共向陈珠借公款 235 000 元用于“过账”（填补炒股亏空单位的公款），支付公司货款，等自己手上有了公款就还给陈珠，还款时合计多支付了 1 600 元利息给陈珠。借款前她与陈珠讲过要给利息报酬的，但是没有讲清楚支付利息的具体金额。陈珠向她说所借的钱都是公款并要求她尽快偿还。检察机关向她出示了合计金额人民币 236 600 元、上面有“赵崇梅”签名的 7 张银行转账业务凭证单据，经她辨认，确认这些单据上“赵崇梅”签名是她本人的笔迹，是她存款还给陈珠的银行转账凭证。

2008 年 8 月 27 日的询问笔录：证实她炒股票挪用了公司的钱，分别三次向陈珠借款 7 万元、3 万元、4 万元用于资金周转，一共给了 700 元利息给陈珠。她在借款前知道陈珠借给她的是单位的公款，她承诺要给陈珠一些利息作为报酬，但是没有说到具体的数额。

2008 年 8 月 19 日的询问笔录：证实她于 2008 年六七月份时向表妹陈珠分别借了 7 万元、3 万元、4 万元三次公款，用于她单位财务账目“过余额”以应付检查以及存入个人账户作为备用金以便与其他私人老板谈生意时有个依据，还款时她多付了 700 元利息给陈珠。在她取钱还款存折上开户名为“李智祥”的账户是她公司承包前使用的，在公司承包后也通过该账户来办理公司事务。她向陈珠借款前提到过给一些利息，但具体没有说给多少，陈珠也说给多少都没有关系。

2008 年 9 月 22 日的讯问笔录：证实 2008 年 6 月至 8 月，她分六次向陈珠借款 23 5000 元用于填补她炒股亏空单位的公款，并支付了利息 1 600 元给陈珠。所借款已经全部归还。从第一次借款时起，她就知道所借的是陈珠单位的公款，当时想到借几天就归还的，没有意识到要负法律责任。以前所讲的如有出入，以这次所讲为准。

8. 暂扣押款专用票据。证实陈珠于 2008 年 9 月 26 日向检察机关退款 1 600 元。

9. 户籍证明。证实二被告人具有刑事责任能力。

（四）一审判案理由

广西壮族自治区钦州市钦南区人民法院经审理认为：被告人陈珠身为国家工作人员，在被告人赵崇梅向其提出借款用于经营资金周转并表示要支付一定利息的情况下，利用其担任久隆镇政府民政办出纳的职务之便，先后六次从其手上保管的民政专项资金中挪用了235 000元借给被告人赵崇梅使用，数额巨大，并实际收取了被告人赵崇梅多支付的 1 600 元利息；而被告人赵崇梅为了使自己在经营中有资金周转，明知道被告人陈珠手上保管的款项是民政办的公款，仍多次要求被告人陈珠借款给其使用，且在还款时合计多支付了 1 600 元利息。因此，本案中确有挪用公款进行营利的事实存在。二被告人的行为特征完全符合挪用公款罪的构成要件，依法均触犯了刑律，应以挪用公款罪追究二被告人的刑事责任。公诉机关指控二被告人犯挪用公款罪的罪名依法成立。二被告人挪用公款用于营利，数额巨大，属于“情节严重”的法定情形之一，应在五年以上有期徒刑的法定刑幅度内量刑处罚。

在共同犯罪当中，二被告人均起主要和积极的作用，均是主犯，应按照其所参与的全部犯罪处罚。二被告人在案发前已将挪用的235 000元公款归还给久隆民政办，案发后被告人陈珠又向检察机关退出其非法获取的1 600元利息，根据最高人民法院《关于审理挪用公款案件具体应用法律若干问题的解释》第二条第一款第（二）项的规定，可以从轻处罚。二被告人在检察机关立案前，分别如实交代了本案的犯罪事实，属于自首，依法可以从轻或者减轻处罚。二被告人在庭审中如实交代了其挪用公款用于营利的基本事实和过程，虽然二被告人及其辩护人针对二被告人的行为性质提出了辩解，但是，根据有关司法解释的规定，二被告人的行为不属翻供行为，不影响其自首情节的成立。

二被告人及其辩护人提出的辩护意见，均与事实和证据不符，法院均依法不予采纳。经查，在借款前，被告人赵崇梅明确知道所借的款项是属于被告人陈珠单位的公款，仍三番五次地要求被告人陈珠借款给她用于经营资金周转，并承诺要支付一些利息，而被告人陈珠为了帮助被告人赵崇梅渡过难关，在明知道被告人赵崇梅借款用于经营资金周转并承诺要支付一些利息的情况下，答应出借公款；在借款后，被告人赵崇梅也将所借款项实际用于经营资金周转；在还款时，被告人赵崇梅实际总共多支付了利息1 600元到被告人陈珠提供的“陈积本”账户上，而被告人陈珠也实际上收到并控制了这1 600元利息，直至案发时，被告人陈珠都没有将她擅自把公款借给赵崇梅使用并收取了1 600元利息的事实向单位领导和同事报告。二被告人的自述、陈述、供述与银行的转账凭据、司法鉴定书，也相互印证了被告人陈珠先后六次从她保管的民政专项资金中挪用了235 000元给被告人赵崇梅作为经营周转资金使用并先收取了1 600元利息的事实。虽然二被告人每一次挪用公款不超过三个月时间就全部归还，但是，被告人陈珠挪用公款的目的是让被告人赵崇梅用于经营资金周转，属于营利活动。根据最高人民法院《关于审理挪用公款案件具体应用法律若干问题的解释》第二条第一款第（二）项的规定，“挪用公款数额较大，归个人进行营利活动的，构成挪用公款罪，不受挪用时间和是否归还的限制”。因此，本案不受挪用时间和是否归还的限制，二被告人依法应构成挪用公款罪。被告人陈珠多次挪用公款借给被告人赵崇梅作经营资金周转使用并收取利息，因此，公诉机关将被告人陈珠每次挪用公款的数额累计起来确定为犯罪数额是符合法律规定的。

综上所述，考虑到二被告人在案发前已经全部归还了所挪用的公款，没有影响到公款的使用，且具有自首的情节，根据二被告人犯罪的事实、性质、情节以及社会危害性、悔罪表现，对二被告人适用缓刑确实不致再危害社会，因此，法院决定对二被告人减轻处罚并适用缓刑。

（五）一审定案结论

广西壮族自治区钦州市钦南区人民法院依照《中华人民共和国刑法》第三百八十四条第一款、第二十五条第一款、第二十六条第一、四款、第六十一条、第六十三条第一款、第六十七条第一款、第七十二条、第七十三条第二、三款，作出如下判决：

1. 陈珠犯挪用公款罪，判处有期徒刑三年，缓刑四年。

2. 赵崇梅犯挪用公款罪，判处有期徒刑三年，缓刑四年。

（六）二审情况

1. 二审诉辩主张

上诉人陈珠诉称：第一，陈珠将公款借给赵崇梅是为了用于其单位的平账，应付上级检查，赵崇梅实际上没有将其所借的公款用于单位的任何经营项目，虽然赵崇梅的供述为了承包燃气门市部而借用公款，但是一面之词，没有承包合同等证据证实，仅以赵崇梅的供述认定其将所借的公款用于承包单位燃气门市部的经营是不成立的。第二，陈珠得到1 600元，并不是陈珠借款给赵崇梅时约定的利息，是事后赵崇梅退还借款时随意多付给的感谢费或好处费，属受贿问题，不属于营利。因此，以此认定陈珠挪用公款给他人使用进行营利活动，没有依据，并且挪用时间不足三个月，尚属违法违纪问题，没有造成单位损失和影响单位使用，不应构成挪用公款罪。第三，陈珠前后挪用六次公款给赵崇梅，每一次挪用的时间三天至十多天不等，但使用人赵崇梅每次都完全归还，至案发前已全部归还单位，并不存在挪用公款数额巨大不退还的问题。一审累计计算认定属挪用数额巨大不退还的情节不当。综上所述，陈珠挪用公款不是用于营利活动，虽然挪用数额达到法定标准，但未超过三个月，不应构成挪用公款罪，请求二审法院改判陈珠无罪。

上诉人赵崇梅诉称：第一，赵崇梅没有承包过中油燃气公司的门市部，不存在借款用于承包门市部保证金的问题，一审仅凭赵崇梅的供述，没有查实是否存在承包合同的事实，而认定赵崇梅向陈珠借的公款用于承包单位的门市部没有事实依据。第二，由于赵崇梅炒股动用了中油燃气公司的款项，造成公司账面资金短缺，为了应付公司的检查，在没有向陈珠说明真相的情况下，赵崇梅向陈珠借款用于平账，并很快就退还陈珠，并没有把所借的款用于公司经营活动。赵崇梅向陈珠借款时并没有约定利息，而是还款后，出于感谢多付了1 600元感谢费，并不是所谓的利息，因此，赵崇梅并没有将陈珠挪用的公款进行营利性活动，只是一般的使用，挪用的时间只有41天，未达到三个月，不应构成犯罪，请求二审法院改判赵崇梅无罪。

2. 二审事实和证据

广西壮族自治区钦州市中级人民法院经审理，确认一审法院认定的事实和证据。

3. 二审判案理由

广西壮族自治区钦州市中级人民法院经审理认为：上诉人赵崇梅用其所在企业的资金进行个人炒股，造成本单位资金短缺，为了平衡账目，隐瞒其用本公司的资金进行个人炒股的事实真相，明知上诉人陈珠手上保管的款项是久隆镇政府民政办的公款，仍多次要求上诉人陈珠借款给其使用，填补其动用公款炒股造成的资金短缺，且在还款时按约定支付了1 600元利息；上诉人陈珠身为国家工作人员，利用其管理单位公款职务之便，明知赵崇梅向她借公款是用于平衡本公司账目，是为赵崇梅所在企业在经营资金上提供方便，仍然擅自多次将公款挪用给赵崇梅进行营利活动，并按双方事前的约定将赵崇梅还款时多付的1 600元占为己有，其行为均已触犯《中华人民共和国刑法》第三百八十四条第一款的规定，构成挪用公款罪，且挪用公款数额巨大，应依法惩处。在共同犯罪中，上诉人陈珠、赵崇梅都起主要作用，均是主犯，应按照其所参与的全部犯罪处罚；二上诉人在案发前已将挪用的235 000元公款归还给钦南区久隆镇政府民政办，案发后上诉人陈珠又向检察机关退出其非法获取的1 600元利息，根据最高人民法院《关于审理挪用公款案件具体应用法律若干问题的解释》第二条第一款第（二）项的规定，可以从轻处罚；二上诉人在检察机关立案前，分别如实交代了犯罪事实，属于自首，依法可以从轻或者减轻处罚。原判根据二上诉人的犯罪事实、犯罪的性质、犯罪的情节以及对社会的危害程度，依法所作的判决并无不当。原判认定事实和适用法律正确，量刑适当。

4. 二审定案结论

广西壮族自治区钦州市中级人民法院依照《中华人民共和国刑事诉讼法》第一百八十九条第（一）项，作出如下裁定：

驳回上诉，维持原判。

（七）解说

在本案的审理过程中，控辩双方争议的焦点主要是陈珠、赵崇梅挪用公款用于其他公司平账是一般挪用公款行为还是挪用公款进行营利性活动的行为？

在这个问题上，争议较激烈，第一种意见认为：陈珠、赵崇梅挪用公款用于公司平账不算是挪用公款进行营利活动，只算是一般的挪用，虽然挪用数额巨大，但挪用时间未超过三个月，不构成挪用公款罪；第二种意见认为：本案陈珠、赵崇梅挪用公款用于其他公司平账的行为属于挪用公款进行营利活动的行为，应构成挪用公款罪。笔者赞同第二种意见，理由如下：

首先，赵崇梅先用单位的资金炒股不能及时收回，为了用外单位的资金平衡账目，隐瞒事实真相，名为借用公款为其单位平衡账目，实为填补其动用公款进行营利活动的性质，赵崇梅的此行为明显符合挪用公款进行营利活动的性质。

其次，陈珠的行为也是属于挪用公款进行营利活动的行为。虽然陈珠不知道赵崇梅借公款是为了填补其动用公款炒股造成的资金短缺，但陈珠是出于帮助赵崇梅因管理单位资金需要平账的目的而出借公款，是为其他单位在资金运作使用上提供方便，利用资金平账的行为，实质上也是企业的经营手段，至于款项转到该企业账户后，是否实际用于经营项目，不影响挪用公款进行营利活动的性质。退一步讲，即使认定挪用公款用于其他单位平账的行为不属于挪用公款进行营利活动，陈珠的挪用公款行为也属于挪用公款进行营利性活动，因为陈珠、赵崇梅事先就已约定借公款会给陈珠一定的利息，实质上，陈珠也获得了赵崇梅支付给她的1 600元利息，虽然最高人民法院《关于审理挪用公款案件具体应用法律若干问题的解释》第二条中没有将此类情形加以明确规定，但此条仅仅是对营利活动的不完全列举，并没有穷尽《刑法》第三百八十四条中的“营利活动”。挪用公款借给他人（企业）使用并收取利息的行为，符合该条的有关规定，属于挪用公款进行营利活动。因此，陈珠挪用公款给他人单位在经营上使用并从中获利，显然符合挪用公款进行营利的性质。

最后，本案赵崇梅指使陈珠挪用公款进行营利活动，应认定为共同犯罪。

（广西壮族自治区钦州市中级人民法院　黄煜）

69. 张振清私分国有资产案

（一）首部

1. 裁判书字号

一审判决书：北京市崇文区人民法院（2009）崇刑初字第63号。

二审裁定书：北京市第二中级人民法院（2009）二中刑终字第1274号。

2. 案由：私分国有资产案。

3. 诉讼双方

公诉机关：北京市崇文区人民检察院，检察员：钟瑶。

被告人（上诉人）：张振清，男，1947年12月30日出生，汉族，出生地辽宁省营口市，大学文化，原系北京市崇文区财贸干部学校副校长。2008年5月27日因本案被取保候审。

一、二审辩护人：周雷、纪建明，北京市重光律师事务所律师。

4. 审级：二审。

5. 审判机关和审判组织

一审法院：北京市崇文区人民法院。

合议庭组成人员：审判长：马晓宇；审判员：黄艳淼；人民陪审员：严性慈。

二审法院：北京市第二中级人民法院。

合议庭组成人员：审判长：杨子良；代理审判员：郑敏、蔡宁。

6. 审结时间

一审审结时间：2009年4月13日。

二审审结时间：2009年12月17日。

（二）一审诉辩主张

1. 公诉机关指控称

1997年12月至2004年9月，被告人张振清在担任北京市崇文区财贸干部学校（以下简称财贸干校）副校长期间，违反国家规定设置财务账外账，并先后截留学校巨额办学收入存入账外账户内，累计金额达人民币275万余元。期间，被告人张振清利用其主持学校全面工作，并具体主管财务工作的职务之便，以调动教职工积极性、兑现奖励为名，违反工资福利制度，从本应列入学校正式账目并上缴财政的账外资金中列支各种名目的奖金及劳务费，进行集体私分，从1999年2月至2004年3月，累计私分金额达人民币95万余元。公诉机关对上述指控提供有如下证据：到案经过，证人证言及相关书证等。公诉机关认为被告人张振清之行为触犯了《中华人民共和国刑法》第三百九十六条之规定，已构成私分国有资产罪，提请法院依法惩处。

2. 被告辩称

被告人张振清辩称：用于发放兑现奖励的资金是基于财政补助不足情况下的学校自主创收，而不是国家拨款，因此不属于国有资产。财贸干校有权自主决定兑现奖励，不是私分国有资产。

其辩护人周雷的辩护意见为：发放兑现奖等是为执行教学改革制度，张振清没有私分国有资产的故意；其资金来源属于自主创收，并非国有资产；财贸干校执行办学激励制度取得显著成果，没有社会危害性。

其辩护人纪建明的辩护意见为："小金库"亦有专人负责记账，账外资金落实了财贸干校的绩效分配制，属于办学行为，没有社会危害性。

（三）一审事实和证据

北京市崇文区人民法院经公开审理查明：1997 年 12 月至 2004 年 9 月，被告人张振清在担任财贸干校法定代表人、副校长期间，违反国家规定设置财务账外账，并陆续将本应列入该校正式账目的办学收入予以截留，累计金额达人民币 275 万余元。期间，财贸干校以调动教职工积极性、兑现奖励等为名，违反国家规定，从上述账外资金中列支各种名目的奖金及劳务费，进行集体私分，从 1999 年 2 月至 2004 年 3 月，累计私分金额达人民币 95 万余元。

上述事实有下列证据证明：

1. 证人证言

（1）证人李菊英的证言，证实其在崇文区财贸干校任办公室主任兼会计。1996 年张振清任常务副校长之后曾对其讲，因为财政控制得比较严格，为了调动大家的工作积极性，想建立一个新的分配制度，让其设立小金库，这样发钱可以方便一点。1997 年和 1998 年其按照张振清的要求，分别以培训部及张振清个人的名义开设了账户。到 2001 年，只保留了以张振清个人名义开设的存折。张振清提出用培训收入作为小金库的资金，因为这方面的收入财政对其单位无法控制，张振清在各个场合跟财务人员和班主任还有在全校开会的时候都说过，如果学生不报销、不要求开正式发票，就给开三联复写收据，所以学校的小金库可以说是公开的秘密，但只有张振清和财务人员知道小金库具体有多少钱，存入小金库的数额一共是 2 753 839.20 元。财贸干校是全额拨款的国有事业单位，在正式账外私设小金库是不合法的。学校因培训和学历教育获得的收入都属于学校收入，每一分钱都应上缴学校正式财务账统一管理、核算。财贸干校在 1998 年左右搞了一个兑现奖的制度，兑现奖金的来源就是小金库的钱，这个兑现奖制度的方案是校务会讨论决定的，而每年每个部门按照什么比例发放都是张振清告诉其，其再根据比例及各部门完成任务的情况计算出应发放的奖金数额。兑现奖的比例是张振清定的，兑现奖的发放都是"背靠背"的，领导不让互相打听数额，彼此都不知道领了多少钱。

（2）证人姜爱莉的证言，证实崇文区财贸干校是 1980 年 10 月 6 日成立的，是全额拨款的事业单位，其曾兼任财贸干校的出纳。张振清上任后，财贸干校的财务管理方面是张振清说了算，叫做"校长一支笔"，所有支出、报销都需经过他的签字同意。其任出纳后负责保管一个以张振清的名字开设的存折，在这之前也听李菊英说过张振清让设立小金库的事情。学校有小金库的事情张振清没有在公开场合说过，不过下面的人基本都知道这事，可以说是公开的秘密，2004 年审计发现小金库后，张振清在会上说这个小金库不是为了自己设的。

小金库的资金来源都是培训费、学历教育的收入，在对方不要求开财政局的正式发票的时候，就给对方开从商店买的三联复写收据，然后将这部分收入入到小金库中。这个小金库是私设的账外账，是不合法的，财贸干校是国有事业单位，学校收入的每一分钱都是国家的。1998年开始实行的年终奖金就是从小金库中列支的，奖金的数额最后都是张振清定的，并且是“背靠背”下发的。

（3）证人麻名运的证言，证实其曾任财贸干校办公室主任。1997年张振清任副校长后，财务管理方面由他决定。张振清让其和李菊英在学校正式账户外另开一个账户，虽然没有直接说过单设账户的目的，但是其知道这么做就是为了把培训收入不记入学校财务正式账，这样花钱方便，而且还可以不交这部分收入的税款。这个账户不合法，财贸干校是全额拨款的事业单位，学校的收入应纳入正式账，统一管理、核算。财贸干校在1998年年初搞了一个兑现奖的制度，就是在1998年年底进行年终考核，李菊英根据各部门考核的情况计算出兑现奖的数额，最后还要把数额报到张振清那里，由他最终决定。兑现奖的事情应该是在校务会上讨论通过的。

（4）证人张立国的证言，证实财贸干校是1980年10月成立的，原隶属于区商委，是全额拨款的事业单位，其在财贸干校任副校长。其了解财政拨款包括基本工资、奖金等，还有一些专项开支。财贸干校的收入主要来源于财政拨款、培训和学历教育收入。按照财务管理规定，学校的收入应交财务统一核算、管理，支出都应该从财务账中列支，统一支出。2004年在对财贸干校的财务审计之前，其对账外账的事情就知道一点，因为张振清在平时的话语中流露出学校有小金库，但具体用途不清楚。2005年看了审计报告，才知道小金库资金还用在了学校平时的一些开支以及给职工发放年终兑现奖等方面了。1997年年底或者1998年年初的时候，张振清在班子会上提出一个年终绩效考核并发放兑现奖的制度，提议在年初根据具体情况给各部门制定任务指标，年底进行考核，根据完成任务的情况发放兑现奖金，当时是张振清、刘永振和其在一起说的，之后在校务会上讨论通过并开始实行。1998年年底进行了第一次考核，并在1999年年初发放了第一笔兑现奖金。

（5）证人刘永振的证言，证实其在崇文区财贸干校任副校长至今。财贸干校是1980年成立的，是全额拨款的事业单位。财政每年年初对学校做一个预算，针对职工基本工资、奖金、专项开支，按照人头拨款，专项开支由学校向区财政报预算后核定拨付，其他费用由学校自筹来弥补。财贸干校的收入主要来源于财政拨款和办学收入，办学收入又包括各类培训和学历教育两方面收入。按照财务管理规定，学校所有收入都应交财务统一核算、管理，收入的每一分钱都应属于国家；财贸干校的支出都应该从财务列支，统一支出。在1998年年初，因为学校职工对于收入方面有些不满，张振清在校长办公扩大会上提出要想提高收入，就要多办班多创收，并提出一个绩效考核的想法，提议在年初给各部门制定任务指标，到年底进行考核，然后根据完成任务的情况发放兑现奖金。在1999年发放第一笔兑现奖金后，从张振清话语中其感觉到学校可能设立了小金库，但张振清没说过具体情况。李菊英在不同场合也曾几次在话语中流露过学校有小金库的事，并且说设立小金库不合适。2003年下半年，学校做内部审计时发现确实存在小金库。到2004年审计局对学校进行审计的过程中发现了小金库，张振清后来在班子会上说小金库的事情不是财贸干校一家单位存在，意思就是小金库的事情不是问题。除了发放财政给的工资以及学校发的职务津贴、监考费、值班费、课时费等以外，财贸干校还发放兑现奖金，兑现奖先由各部门根据具体情况把数额报到财务，财务核算后报各部门主管领导审批，最后再由张振清签字同意后才能发放，副校长的数额是张振清直接决定。

(6) 证人刘敏茹的证言，证实其于1999年年底调入财贸干校工作，现任校长。财贸干校是全额拨款的事业单位，但财政只满足职工基本工资、部分奖金和专项开支，其他开支要靠干校自筹。财贸干校的收入主要来源于财政拨款和办学收入，办学收入又包括各类培训和学历教育两方面收入。按照财务管理规定，学校所有收入都应交财务账统一核算、管理。2002年其从李菊英处听说干校设有账外账，张振清也说过一些和账外账有关的话，其感觉几位副校长和办公室的职员都知道账外账的事，只是大家都没明说。其在财贸干校工作，每月除了领取财政给的工资以及学校发的职务津贴、监考费等以外，还领取过兑现奖金，兑现奖是根据年终各部门完成任务的情况发放的，奖励的幅度、比例、数额是张振清决定的。

(7) 证人金雪红的证言，证实其在财贸干校任出纳员期间曾和会计李菊英一起去北京市城市合作银行沙子口支行，以“张振清”的名义开设过个人活期储蓄存折。学校给全体员工发放兑现奖是从1999年1月开始的。

2. 物证、书证

(1) 公安机关出具的到案经过，证实被告人张振清归案的情况。

(2) 事业单位法人证书、崇文区事业单位经费来源及资产证明、北京市社会力量办学管理办法、北京市社会力量办学申请批准通知书，证实财贸干校是由北京市崇文区商务局举办的全额拨款的事业单位。

(3) 财贸干校会议记录及该校出具的证明，证实在财贸干校召开的校务会上讨论有关兑现奖分配的情况。财贸干校于1998年年初给各部门制定了收入、支出任务指标，年终进行考核，然后根据完成任务情况，按照一定的比例进行奖励兑现。1999年年初开始发放年终兑现奖，至2003年9月结束。

(4) 财贸干校出具的证明以及银行对账单、户名为张振清的存折复印件，证实财贸干校于1997年至2004年9月间设立账外账的情况。

(5) 北京市崇文区财政局出具的证明，证实财贸干校属于全额拨款的事业单位，财政对该单位实行的是“核定收入、核定支出、核定补助”的预算管理原则。其各项收入应全部纳入单位预算，统一核算，统一管理。

(6) 北京市崇文区审计局出具的审计结果报告、相关说明及崇文区财贸干校的付款凭证、劳务费发放表、支出证明、支出凭单，证实张振清在担任崇文区财贸干校副校长期间，所设置账外账的收支情况以及崇文区财贸干校员工领取兑现奖及其他名目的奖励、劳务费的情况。

(7) 中国共产党崇文区委组织部证明、干部履历表、任免审批表、被告人张振清的户籍材料，证实其身份。

(四) 一审判案理由

北京市崇文区人民法院经审理认为：崇文区财贸干校系全额拨款的国有事业单位，其全部收入均应纳入财政账户统一管理、核算。被告人张振清在任该校法定代表人、副校长的职务期间违反规定设置账外账，截留部分收入，并以兑现奖励等名义进行集体私分，其作为直接负责的主管人员已构成私分国有资产罪，应依法予以惩处。北京市崇文区人民检察院起诉书指控的事实清楚，举证确实、充分，指控的罪名成立。关于被告人张振清及其辩护人提出涉案资金属于学校自主创收而非国有资产一节，本院认为，涉案资金是财贸干校利用学校这一国有事业单位职能所收取的培训费、学历教育收入等应纳入财政账户管理的收入，其来源利用了财贸干校的名义、场所、人员、设备、资金等条件，系事业单位按照国家规定运用国有资产组织收入形成的资产，其性质属于国有资产。关于被告人张振清及其辩护人提出财贸干校发放兑现奖等是为执行教学改革制度，财贸干校执行办学激励制度取得显著成果，没有社会危害性一节，本院认为，单位内的改革亦应依法进行，不得违反国家规定，财贸干校私设账户截留公款并集体私分虽在一定时段内对提升单位效益或有促进，但严重助长了不正之风，使国有资产遭受较大损失，侵犯了国有财产的所有权。据此，被告人张振清及其辩护人的意见均不能成立。鉴于本案犯罪情节较轻微，不需要判处刑罚，对被告人张振清可免予刑事处罚。

（五）一审定案结论

北京市崇文区人民法院依照《中华人民共和国刑法》第三百九十六条第一款、第三十七条、第六十四条，作出如下判决：

1. 张振清犯私分国有资产罪，免予刑事处罚。
2. 追缴非法所得予以没收。

（六）二审情况

1. 二审诉辩主张

上诉人（原审被告人）张振清诉称：张振清的行为不符合私分国有资产罪的构成要件，其在本案中不存在私分国有资产的动机，设置账外账是为了适应财贸干校当时改革发展的需要，符合当时的客观情况，财贸干校发放奖金和补贴行为方式与私分国有资产罪客观方面私分的特征也有本质的区别；涉案资金属于财贸干校可以自主支配的自有资金，不属于国有资产；张振清的行为不具有刑法意义上的危害性，反而促进了学校的发展和国有资产的增加，故一审判决适用法律错误，对张振清的行为定性不当，请求改判张振清无罪。

2. 二审事实和证据

北京市第二中级人民法院经审理，确认一审法院认定的事实和证据。

3. 二审判案理由

北京市第二中级人民法院经审理认为：对于张振清及其辩护人所提张振清的行为不符合私分国有资产罪的构成要件，其在本案中不存在私分国有资产的动机，设置账外账是为了适应财贸干校当时改革发展的需要，符合当时的客观情况，财贸干校发放奖金和补贴行为方式与私分国有资产罪客观方面私分的特征也有本质的区别；涉案资金属于财贸干校可以自主支配的自有资金，不属于国有资产；张振清的行为不具有刑法意义上的危害性，反而促进了学校的发展和国有资产的增加，故一审判决适用法律错误，对张振清的行为定性不当，请求改判张振清无罪的上诉理由和辩护意见，经查，原国家国有资产管理局、财政部1995年发布的《行政事业单位国有资产管理办法》第二条规定，行政事业资产是指由行政事业单位占有、使用的、在法律上确认为国家所有、能以货币计量的各种经济资源的总和。包括国家拨给行政事业单位的资产，行政事业单位按照国家政策规定运用国有资产组织收入形成的资产，以及接受捐赠和其他经法律确认为国家所有的资产。行政事业资产的表现形式为：流动资产、长期投资、固定资产、无形资产和其他资产。财政部2006年发布的《事业单位国有资产管理暂行办法》（财政部令第36号）第三条规定，事业单位国有资产包括国家拨给事业单位的资产，事业单位按照国家规定运用国有资产组织收入形成的资产，以及接受捐赠和其他经法律确认为国家所有的资产，其表现形式为流动资产、固定资产、无形资产和对外投资等。本案中被集体私分的钱款是全额拨款的国有事业单位崇文区财贸干部学校收取的培训费、学历收费等收入，其来源利用了崇文区财贸干部学校的名义、场所、人员、设备、资金等条件，系事业单位按照国家规定运用国有资产组织收入形成的资产，故属于国有资产。上诉人张振清身为国有事业单位的负责人，指使下属人员违反国家规定，采取截留本单位收入存入账外账并从中支取钱款的方式，将国有资产集体私分给个人，显见其具有私分国有资产的动机和故意，且本案私分国有资产的数额为人民币90余万元，远远超过私分数额较大的人民币10万元的立案标准，造成国有资产的损失较大，其行为符合私分国有资产罪的主客观构成要件，具有社会危害性，已构成私分国有资产罪。至于张振清设置账外账是为了适应财贸干校当时改革发展的需要，客观上促进了学校的发展和国有资产的增加等情节，仅可作为认定其犯罪情节轻微的依据，不能否定其行为的犯罪性质。故以上上诉理由及辩护意见均不能成立，本院不予采纳。

上诉人张振清在担任国有事业单位北京市崇文区财贸干部学校法定代表人、副校长期间，违反国家规定，指使下属人员以单位名义将本单位截留于账外的部分收入，以兑现奖励等名目集体私分给个人，数额较大，其行为已构成私分国有资产罪，依法对其应按单位直接负责的主管人员予以惩处。鉴于本案犯罪情节轻微，不需要判处刑罚，对张振清可免予刑事处罚。一审法院根据张振清犯罪的事实、犯罪的性质、情节和对于社会的危害程度所作的判决，定罪和适用法律正确，免予刑事处罚适当，判令追缴非法所得予以没收亦无不妥，审判程序合法，应予维持。

4. 二审定案结论

北京市第二中级人民法院依照《中华人民共和国刑事诉讼法》第一百八十九条第（一）项，作出如下裁定：

驳回上诉，维持原判。

（七）解说

在本案审理过程中，一审法院将案件定性为私分国有资产，二审法院对该案作出了维持的裁定。根据一、二审情况，案件的焦点集中在私分国有资产罪的构成要件之一“违反国家规定”。根据我国刑法的规定，是否违反国家规定成为正确认定本案是否构罪的关键。

根据我国《刑法》第三百九十六条的规定，私分国有资产是指国家机关、国有公司、企业、事业单位、人民团体，违反国家规定，以单位名义将国有资产集体私分给个人，数额较大的行为。

成立私分国有资产罪要求被指控的行为违反国家规定。1989年11月14日国务院《关于清理检查“小金库”的通知》指出：“所有机关、团体、企业和事业单位，除了党费、团费、工会会费、稿费提成和职工互助金等项目外，凡侵占、截留国家和单位的收入，化大公为小公、化公为私，未在本单位财务会计部门列收列支、私存私放的各项资金，均属‘小金库’，都要进行清理和检查。这次清理、检查，主要是1988年和1989年列入‘小金库’的各项收支，以及历年滚存的‘小金库’结余。自本通知发布之日起，‘小金库’的各项资金一律停止支付，违者要从严处理。”“对不认真自查而被上级派出的检查组查出的各项‘小金库’资金，凡已经支用的，不分资金用途，全部由单位用自有资金补足，上交财政；余额部分，全部没收，上交财政，并处以罚款。性质严重、情节恶劣的，还要追究单位领导和财会负责人的责任。在自查和被查中，如发现有贪污等触犯刑律行为的，应移交司法机关依法惩处。”

1995年5月4日国务院办公厅《转发财政部、审计署、中国人民银行关于清理检查“小金库”意见的通知》（国内发［1995］29号）指出，凡重点清查出的资金，除调账补交各税或全额上交财政外，还要按照1992年年底“小金库”资金滚存余额和1993年以来“小金库”资金发生数之和处以一至二倍的罚款。对私设“小金库”情节严重且不主动自清自查的，除按上述规定处理外，还应追究单位领导人和其他有关人员的责任，构成犯罪的移交司法机关处理。

1999年10月25日审计署办公厅《关于“小金库”有关问题的批复》指出，根据国务院《关于违反财政法规处罚的暂行规定》第二条第二款“对于违反财政法规的行为，违反财政法规截留、挪用、侵占、浪费国家资金的款项，除有关法规另有处罚规定者外，依照本规定予以处罚、处理”的规定，因对“小金库”问题的处理、处罚，国办发［1995］29号和财监字［1995］29号文件已有专门的规定，所以，除按上述两个文件规定进行处理、处罚外，不再依据国务院《关于违反财政法规处罚的暂行规定》对有关单位或个人进行经济处罚。

1992年11月2日《社会文教事业全额预算管理单位财务管理暂行办法》（［92］财文字第745号）第二十条规定：（1）事业单位的各项支出要按批准的预算和规定的经费开支范围、标准执行，建立健全各项支出管理制度，严格审批手续，不得以领代报、以拨代支。（2）事业单位发给职工的各种奖金、津贴、补贴，职工的各种福利待遇，应按国家有关规定执行，不得自行规定。

1987年6月16日公布的国务院《关于违反财政法规处罚的暂行规定》（2005年2月1日被《财政违法行为处罚处分条例》取代）第二条规定，对于违反财政法规的行为，违反财政法规截留、挪用、侵占、浪费国家资金的款项，除有关法规另有处罚规定者外，依照本规定予以处罚、处理。第五条规定，对违反财政法规款额，无论数字大小，都应当区别情况作如下处理：（1）没收非法所得；（2）收缴应当上交的收入；（3）追还被侵占、挪用的资金；（4）冲转有关的账目。

根据以上国务院《关于清理检查“小金库”的通知》中的“对不认真自查而被上级派出的检查组查出的各项‘小金库’资金，凡已经支用的，不分资金用途，全部由单位用自有资金补足，上交财政；余额部分，全部没收，上交财政，并处以罚款。性质严重、情节恶劣的，还要追究单位领导和财会负责人的责任。在自查和被查中，如发现有贪污等触犯刑律行为的，应移交司法机关依法惩处”的规定，国务院《关于违反财政法规处罚的暂行规定》第五条“对违反财政法规款额，无论数字大小，都应当区别情况作如下处理：（1）没收非法所得；（2）收缴应当上交的收入”的规定，以及其他相关的规定，私设小金库的行为违反国家规定，用小金库中的钱款发放奖金等福利亦违反国家规定。

本案中，张振清利用单位私设小金库中的钱款为职工发放奖金等福利，该行为违反了国务院《关于清理检查“小金库”的通知》及国务院《关于违反财政法规处罚的暂行规定》第五条等国家规定。因此，一、二审法院将该案认定为私分国有资产罪是正确的。

（北京市第二中级人民法院　陈丹　杨子良）

七、渎职罪

70. 许宗强滥用职权案

（一）首部

1. 裁判书字号

一审判决书：福建省长乐市人民法院（2009）长刑初字第208号。

二审裁定书：福建省福州市中级人民法院（2009）榕刑终字第1033号。

2. 案由：滥用职权案。

3. 诉讼双方

公诉机关：福建省长乐市人民检察院，检察员：高锦强、王国清。

被告人（上诉人）：许宗强，男，1964年7月15日出生，汉族，文化程度大专，原任福建省长乐市公安局城关派出所航华社区责任民警。因本案于2009年2月25日被逮捕。

辩护人：于宁杰、柯松江，福建天泽广业律师事务所律师。

4. 审级：二审。

5. 审判机关和审判组织

一审法院：福建省长乐市人民法院。

合议庭组成人员：审判长：陈艳芳；审判员：卓文贵；人民陪审员：陈耀。

二审法院：福建省福州市中级人民法院。

合议庭组成人员：审判长：戴永忠；代理审判员：林敏、林欢。

6. 审结时间

一审审结时间：2009年10月16日。

二审审结时间：2009年11月24日。

（二）一审诉辩主张

1. 公诉机关指控称

被告人许宗强于2008年6月间在一次例行检查中，发现其责任区内的长乐吴航拉丁酒吧（以下简称拉丁酒吧）未取得消防的批准文件先行开业，且存在诸多的安全隐患。被告人许宗强在稍作例行询问，并提供手机号码给该酒吧业主郑明来后即离开，未作任何处理。不久，被告人许宗强接受郑明来电话要求拜访，在其单位附近的路边与其见面，并收受了郑明来送上的信封袋，内装百元面值的人民币 2 000 元。此后，被告人许宗强多次到该酒吧消费免单。2009 年元旦前夕的一天，被告人许宗强因担心该酒吧被查处，电话通报郑明来，透露当晚公安机关检查行动的讯息。2009 年 1 月 31 日深夜，该酒吧在营业中因消费者燃放的烟花引燃酒吧顶棚的易燃材料发生火灾，造成 15 人死亡、24 人受伤，还直接造成财产损失 346 500 元。2009 年 2 月 1 日凌晨，被告人许宗强在办公室伪造 8 份拉丁酒吧“检查记录”和 2 份“责令限期整改（重大）治安隐患通知书”，企图逃避罪责。长乐市人民检察院认为，被告人许宗强身为责任区民警，在开展责任区治安管理工作中，明知拉丁酒吧未领取《消防安全检查意见书》擅自开业，存在安全隐患，既不严格依照公安部颁发的《公安派出所执法执勤工作规范》第三十六条第（四）项的规定，及时提出警告和整改意见，并记录在案，督促整改；也不依照该《工作规范》第七十八条第（七）项的规定，列出隐患内容，通知有关部门并报告上级公安机关，却因收受贿赂，向监管对象通风报信，让其逃避处罚，使本应被依法取缔的拉丁酒吧长时间非法经营，以致发生重大火灾事故。案发后，被告人许宗强竟然伪造材料，试图掩盖罪责。被告人许宗强的行为已触犯了《中华人民共和国刑法》第三百九十七条的规定，且情节特别严重，应当以滥用职权罪追究其刑事责任。提请法院依法判处。

2. 被告辩称

被告人许宗强辩称：他发现拉丁酒吧没有消防许可文件后，有通知业主到消防部门办理相关审批手续，也有将该情况向分管副所长报告，故起诉书指控其未作任何处理不是事实；他打电话向郑明来通报当晚有检查是要求业主在场以便于处理；8 份“检查记录”不是他伪造，而是他对原来检查根据回忆登记上去的；2 份“责令限期整改（重大）治安隐患通知书”也不是他伪造，他有向业主提出警告。

其辩护人的辩护意见为：（1）拉丁酒吧依法属于消防重点单位，属于消防部门管辖范围，公安派出所及被告人许宗强对其没有法定的消防监管职责，拉丁酒吧非法开业并持续经营与许宗强的职责没有法律上的关联。（2）被告人许宗强在本案中已经全面履行了段警的相关职责，起诉书指控被告人许宗强“未作任何处理”严重背离事实。火灾的实际发生与许宗强的行为之间没有法律上的因果关系。（3）被告人许宗强收受郑明来 2 000 元及免单消费的事实与被指控的滥用职权罪无关。（4）被告人许宗强事先电话通知拉丁酒吧消防监督检查的行为是认真履行职务的行为，不能认定为“通风报信”更不应认定为犯罪行为。（5）对被告人许宗强的行为判决不公，将直接形成鼓励违法越权行政、判决互相矛盾的司法困局，破坏司法公信力。希望对被告人许宗强作出无罪判决。

（三）一审事实和证据

福建省长乐市人民法院经公开审理查明：2008 年 6 月间，被告人许宗强在一次例行检查中发现其责任区内的拉丁酒吧未取得消防的批准文件先行开业，且存在诸多的安全隐患。被告人许宗强在稍作例行询问，通知郑明来进行报备后即离开，未作其他处理。不久，被告人许宗强在其单位附近的路边收受郑明来贿送的人民币 2 000 元。此后，被告人许宗强还多次到拉丁酒吧消费免单。2008 年年底大检查中，被告人许宗强因担心拉丁酒吧被查处，电话通报郑明来，透露当晚公安机关检查行动的讯息。2009 年 1 月 31 日深夜，拉丁酒吧在营业中因消费者燃放的烟花引燃顶棚的易燃材料发生火灾，造成 15 人死亡、24 人受伤，还直接造成财产损失 346 500 元。2009 年 2 月 1 日凌晨，被告人许宗强在办公室伪造 8 份“拉丁酒吧检查记录”和2份“责令限期整改（重大）治安隐患通知书”，企图逃避罪责。案发后，被告人许宗强退出赃款人民币2 000元。

上述事实有下列证据证明：

1. 证人郑明来证言；
2. 证人李俊坚证言及辨认照片；
3. 证人高国雄证言及辨认笔录；
4. 证人郑荣证言；
5. 证人陈建辉证言；
6. 证人林宜强证言；
7. 责令限期整改（重大）治安隐患通知书2份、检查记录存根8份；
8. 现场勘验检查工作记录及现场照片；
9. 法医学检验鉴定书15份；
10. 入院治疗记录；
11. 法医学人体活体检验鉴定书；
12. 价格鉴定结论书；
13. 福建省公安消防总队火灾原因认定书；
14. 通话详单；
15. 个体工商户营业执照；
16. 行政暂时扣留（或冻结）财物收据；
17. 长乐市公安局出具的个人基本情况表及长乐市公安局城关派出所证明；
18. 抓获经过；
19. 户籍证明；
20. 被告人许宗强供述、自述材料及辨认笔录。

（四）一审判案理由

福建省长乐市人民法院经审理认为：证人郑明来证实他送钱给许宗强后，城关派出所就再没到拉丁酒吧检查，证人李俊坚、高国雄均证实未看到许宗强到拉丁酒吧检查，证人郑荣证实他从没有和许宗强一起到拉丁酒吧检查，更没有在对拉丁酒吧检查的记录上签字，上述证人证言与被告人许宗强在侦查阶段的供述能相互印证，并有公诉机关提供的8份检查记录存根佐证，被告人许宗强庭审中关于8份“检查记录”不是其伪造的辩解不成立，不予采纳。证人林宜强证实许宗强未向他报告或请示要向拉丁酒吧发出责令限期整改（重大）治安隐患通知书，而在“1.31”火灾发生后他才在许宗强给的责令限期整改（重大）治安隐患通知书存根联批准栏上签字，该证言与被告人许宗强在侦查阶段的供述能相互印证，并有公诉机关提供的2份“责令限期整改（重大）治安隐患通知书”佐证，被告人许宗强庭审中关于两份“责令限期整改（重大）治安隐患通知书”不是其伪造的辩解亦不成立，不予采纳。

拉丁酒吧是以营利为目的，向公众开放，具有娱乐功能的餐饮场所，不仅符合国务院《娱乐场所管理条例》第二条所称的娱乐场所的特征，而且也属于公安部《公共娱乐场所消防安全管理规定》第二条第（三）项所指的公共娱乐场所，故公安机关应按照娱乐场所的相关规定对拉丁酒吧进行监管。根据公安部《公安派出所执法执勤工作规范》规定，责任区工作由责任区民警专职担任，责任区工作包括安全防范、治安管理等，开展安全防范工作应当做到对安全防范工作进行检查，及时发现和消除安全隐患等，开展责任区治安管理工作应当做到开展经常性的安全检查，对治安秩序混乱和存在安全隐患的，及时提出警告和整改意见，并记录在案，督促整改等。被告人许宗强身为拉丁酒吧所在航华社区的责任民警，在2008年6月底到拉丁酒吧检查时，就已发现该酒吧未取得《消防安全检查意见书》擅自开业，存在安全隐患，既不依照《公安派出所执法执勤工作规范》第三十六条第（四）项的规定及时提出警告和整改意见，并记录在案，督促整改，也不依照《公安派出所执法执勤工作规范》第七十八条第（七）项的规定列出隐患内容，通知有关部门并报告上级公安机关，却因收受贿赂向监管对象通风报信，使本应被取缔的拉丁酒吧长时间非法经营，以致发生重大火灾，其行为已构成滥用职权罪，且情节特别严重。辩护人于宁杰、柯松江关于被告人许宗强已全面履行了段警的相关职责及希望对被告人许宗强作出无罪判决的辩护意见不成立，本院不予采纳。

（五）一审定案结论

福建省长乐市人民法院依照《中华人民共和国刑法》第三百九十七条第一款、第六十四条，作出如下判决：

1. 许宗强犯滥用职权罪，判处有期徒刑三年。

2. 许宗强退出的赃款人民币2 000元予以没收，由扣押机关长乐市人民检察院上缴国库。

（六）二审情况

1. 二审诉辩主张

上诉人许宗强诉称：(1) 一审判决认定公安派出所对长乐拉丁酒吧有消防监管职责实属错误，拉丁酒吧属于消防重点单位，属于消防部门管辖范围，公安派出所及许宗强对其没有法定的消防监管职责。(2) 一审判决对上诉人许宗强收受财物后向监管对象通风报信的认定，严重背离事实和法规规定。(3) 一审判决对许宗强履行职责的大量证据不做任何认定，反而毫无根据地认定许宗强未提出整改意见，督促整改并报告上级机关，违背事实。(4) 本案危害结果的发生与许宗强的职权行为不存在因果关系。请求依法撤销原判，并改判上诉人许宗强无罪。

2. 二审事实和证据

福建省福州市中级人民法院经审理，确认一审法院认定的事实和证据。

3. 二审判案理由

福建省福州市中级人民法院经审理认为：上诉人许宗强身为长乐市公安局城关派出所航华社区责任民警，明知拉丁酒吧系娱乐场所，并于2008年6月底到拉丁酒吧检查时，就已发现该酒吧未取得《消防安全检查意见书》擅自开业，存在安全隐患，上诉人许宗强不依照《公安派出所执法执勤工作规范》的规定履行职责，却因收受贿赂向监管对象通风报信，使本应被取缔的拉丁酒吧长时间非法经营，以致发生重大火灾，其行为已构成滥用职权罪，且情节特别严重。上诉人及其辩护人关于本案危害结果的发生与许宗强的职权行为不存在因果关系的理由与事实不符，不予采纳。原判认定事实清楚，证据确实、充分、定罪准确，量刑适当，审判程序合法。

4. 二审定案结论

福建省福州市中级人民法院依照《中华人民共和国刑事诉讼法》第一百八十九条第（一）项，作出如下裁定：

驳回上诉，维持原判。

（七）解说

1. 被告人许宗强的行为与本案危害结果的发生是否存在因果关系？

第一，被告人许宗强是否已全面履行其段警的相关职责？根据《公安派出所执法执勤工作规范》的规定，社区责任民警有开展经常性的安全检查，对治安秩序混乱和存在的安全隐患及时提出警告和整改意见，并记录在案，督促整改等职责。本案中，被告人许宗强2008年6月底到拉丁酒吧检查时，就已发现该酒吧存在安全隐患，既不依照《公安派出所执法执勤工作规范》的规定及时提出警告和整改意见，并记录在案，督促整改，也不依照《公安派出所执法执勤工作规范》的规定列出隐患内容，通知有关部门并报告上级公安机关，显然没有依职责履行职务。

第二，被告人许宗强不履行职责的行为与拉丁酒吧火灾这一危害结果之间是否存在法律上的因果关系？根据福建省公安消防总队的认定，拉丁酒吧是因营业中消费者燃放的烟花引燃顶棚的易燃材料发生火灾的，从查明的事实可以看出，被告人许宗强身为拉丁酒吧所在社区的责任民警，其如果严格地依法履行自己的职责，那么存在安全隐患的拉丁酒吧就不可能继续营业，自然也就不可能存在消费者在酒吧内燃放烟花的危险行为，拉丁酒吧火灾的发生是多种因素共同导致，而被告人许宗强不依法履责的行为则是导致火灾发生的其中一个重要原因。

2. 被告人许宗强不依法履行职责的行为构成的究竟是玩忽职守罪还是滥用职权罪？

本案审理中对被告人许宗强的行为构成犯罪一、二审法院均无异议，但审理中对被告人许宗强的行为应如何定性存在争议，第一种观点认为，被告人许宗强的行为构成玩忽职守罪；第二种观点认为，被告人许宗强的行为构成滥用职权罪。

从犯罪的四个构成要件看，玩忽职守罪和滥用职权罪在主体和客体方面均是一致的，其二者区别一在于客观表现方面，玩忽职守罪在客观上表现为：一是不履行职务型，即行为人应该履行且能够履行，但不履行；二是不正确履行职务型，即行为人应该且能够履行职务，但不严肃认真地对待其职务，以致错误地履行了职责。滥用职权罪在客观上则表现为：一是不认真运用权力型，即在履行职务的过程中，未尽到注意义务，在其职务范围内随便、随意或者马虎地行使权力；二是过度运用权力型，即在履行职务的过程中，超越职务范围去行使权力，或者在职务范围内超越权力运用的前提、条件、程序、内容等要求而行使权力。其二者区别二在于主观方面，玩忽职守罪只能是过失，即行为人因为疏忽大意而没有预见，或者已经预见而轻信能够避免。滥用职权罪一般由过失构成，但也不排除间接故意的存在。对于滥用职权罪的主观方面，刑法理论界有三种不同的观点，即“过失说”、“故意说”、“过失、间接故意并存说”，笔者赞同“过失、间接故意并存说”，也就是行为人滥用职权是故意的，但对造成的危害结果则是过失的。

第一种观点认为被告人许宗强的行为构成玩忽职守罪，其理由是：被告人许宗强身为长乐市公安局责任区民警，根据《公安派出所执法执勤工作规范》的相关规定，负有对辖区内的娱乐场所进行检查、督促整改以及上报上级公安机关的职责，被告人许宗强明知拉丁酒吧存在消防安全隐患却不履行其职责，其客观方面属于玩忽职守罪中的不履行职务型。滥用职权罪是以作为的方式实施犯罪行为，如果没有作为的方式，就不存在“滥用”之嫌，而玩忽职守罪构成犯罪的主要形式是不作为，本案被告人许宗强之所以构成犯罪，主要则是因其不作为，使本应被取缔的拉丁酒吧持续营业，故应属于玩忽职守罪。同时被告人许宗强在主观方面对本案危害结果的发生亦属过失。因此，被告人许宗强的行为符合玩忽职守罪的犯罪构成要件，应认定为玩忽职守罪。

第二种观点认为被告人许宗强的行为构成滥用职权罪，其理由是：滥用职权不仅表现为超越法律赋予的职权，擅自处理其无权决定处理的事项，还表现为在行使职权时，以权谋私，不正确履行自己的职责，致使公共财产、国家和人民利益遭受重大损失的行为。许宗强身为拉丁酒吧所在社区的责任民警，在检查中已发现拉丁酒吧存在安全隐患，不依照《公安派出所执法执勤工作规范》的规定履行职责，甚至因收受贿赂而向监管对象通风报信，使本应被取缔的拉丁酒吧长时间非法经营，以致发生重大火灾，其行为符合滥用职权罪以权谋私，不正确履行职责的客观表现形式。同时被告人许宗强在对拉丁酒吧监管的过程中因收受贿赂滥用自己的职权，其在主观上已并非单纯的过失，故应认定构成滥用职权罪。

本案一、二审法院均采纳上述第二种观点。

（福建省长乐市人民法院　陈艳芳）

71. 朱春德玩忽职守案

（一）首部

1. 判决书字号：广西壮族自治区宾阳县人民法院（2009）宾刑初字第285号。

2. 案由：玩忽职守案。

3. 诉讼双方

公诉机关：广西壮族自治区宾阳县人民检察院，代理检察员：廖彬玲。

被告人：朱春德，男，1988年1月18日出生，汉族，初中文化，2009年2月19日起任宾阳县公安局武陵派出所辅警，家住宾阳县武陵镇。因本案于2009年4月27日被取保候审。

辩护人：卓文彦，桂星律师事务所律师。

4. 审级：一审。

5. 审判机关和审判组织

审判机关：广西壮族自治区宾阳县人民法院。

合议庭组成人员：审判长：黄集德；审判员：黄忠臣；人民陪审员：陈玲。

6. 审结时间：2009 年 11 月 7 日。

（二）诉辩主张

1. 公诉机关指控称

2009 年 3 月 3 日 23 时许，宾阳县公安局武陵派出所接到县局“110”的指令：出警处置发生在武陵镇“群豪服装店”门前的打架案件。接警后，该所副所长黄祥浪带领人员到案发现场进行处置并将打架双方刘洪源和蒙春林带回所内接受调查。回到所内后，发现刘洪源的左小腿受伤，该所副所长带人将其送到武陵卫生院包扎。包扎完毕后，继续将其带回派出所盘问。因刘洪源已醉酒不能接受盘问，黄祥浪便派龙以叶及被告人朱春德两人轮流看守。次日凌晨 5 时许至早上 8 时许，被告人朱春德负责看守期间，发现刘洪源多次要水喝，情绪烦躁，不断地喘气，用矿泉水往自己的头上淋，并将头用力往木沙发后背撞，被告人朱春德便将刘洪源扶至值班室门口的楼梯口处的木沙发上，在扶起刘洪源时，被告人朱春德发现刘洪源原坐的沙发靠背上沾有血迹，而被告人朱春德对此情况未向副所长汇报，也未采取其他措施。至次日上午 8 时 40 分许，该派出所所长发现刘洪源脸色苍白，便对其进行人工急救并送往武陵卫生院抢救，刘洪源在送往医院途中死亡，经法医鉴定，刘洪源系被他人用锐器刺伤左背至第 10、11 肋间动、静脉断裂致大出血、失血性休克而死亡。公诉机关提供的证据有证人证言、书证、鉴定结论、被告人供述等，认为被告人朱春德身为国家工作人员，在履行职务过程中，严重不负责任，不正确履行职责，致使人民利益遭受重大损失，其行为已触犯《中华人民共和国刑法》第三百九十七条的规定，应当以玩忽职守罪追究其刑事责任。提请法院依法判处。

2. 被告辩称

被告人朱春德辩称：其已经履行了自己的职责，因此是无罪的。

其辩护人的辩护意见为：(1) 被告人朱春德不具有玩忽职守罪的犯罪主体资格；(2) 宾阳县公安局武陵派出所出具的“辅警职责”不属于法律、法规或或者规章，因此无证实辅警职责的证据，指控朱春德的行为构成玩忽职守罪无法律依据；(3) 被告人朱春德只是一般工作失误，没有违反职责义务，已经严格履行了看守职责；(4) 刘洪源的死系蒙春林的故意伤害行为及刘自身过错造成，与朱春德的一般工作失误没有因果关系。均无证据向法庭提供。

（三）事实和证据

宾阳县人民法院经公开审理查明：2009 年 3 月 3 日 23 时许，宾阳县公安局武陵派出所接到县局“110”的指令：出警处置发生在武陵镇“群豪服装店”门前的打架案件。接警后，武陵派出所副所长黄祥浪带领辅警龙以叶、郑嘉华赶到案发现场进行处置，将打架双方刘洪源和蒙春林带回所内接受调查。回到所内后，发现刘洪源的左小腿受伤，该所副所长黄祥浪带人将刘洪源送到武陵卫生院进行包扎。包扎完毕后，继续将刘洪源带回派出所进行盘问。因刘洪源醉酒致盘问无法进行，黄祥浪便指派龙以叶及被告人朱春德两人轮流看守刘洪源。首先是龙以叶看守，被告人朱春德自次日凌晨 5 时许开始接着看守刘洪源，在被告人朱春德负责看守期间，发现刘洪源有多次问要水喝、情绪烦躁、不断地喘气、用矿泉水往自己的头上淋、将头往木沙发后背撞的异常行为，被告人朱春德便将刘洪源扶至值班室门口的楼梯口处的木沙发上。在扶起刘洪源时，被告人朱春德发现刘洪源原坐过的沙发靠背上沾有血迹，而被告人朱春德对发现的上述情况未向值班所领导汇报，也未采取其他措施。上午 8 时 40 分许，该派出所所长发现刘洪源脸色苍白等异常表现后，将刘洪源送往武陵卫生院抢救，刘洪源在送往医院途中死亡。经法医鉴定，刘洪源系被他人用锐器刺伤左背第 10、11 肋间动、静脉断裂致大出血、失血性休克而死亡。

上述事实有下列证据证明：

1. 宾阳县人民检察院于 2009 年 3 月 24 日出具的宾检反渎立［2009］01 号立案决定书，证实本案的立案事实。

2. 宾阳县公安局出具的被告人朱春德的户籍证明，证实：被告人朱春德出生于 1988 年 1 月 18 日，具备完全刑事责任能力。

3. 宾阳县公安局武陵派出所证明，证实该所于 2009 年 2 月 19 日聘用朱春德为辅警及朱春德领取工资的情况。

4. 宾阳县武陵卫生院出具的刘洪源的门诊病历，证实：2009 年 3 月 4 日 9 时，医生对刘洪源进行检测时：血压测不到，呼之不应，无呼吸、无心跳，心电图检查直线，诊断为：患者已死亡。

5. 宾阳县公安局于 2009 年 3 月 11 日出具的宾公刑技法鉴字［2009］5 号关于刘洪源尸体的法医学检验鉴定书，证实刘洪源的死亡原因为被他人用锐器刺伤左背致第 10、11 肋间动、静脉断裂致大出血、失血性休克而死亡。

6. 广西壮族自治区公安厅出具的桂公（刑）鉴（理化）字［2009］0133 号物证检验报告，证实刘洪源心血检出乙醇，含量为 12mg/100ml。

7. 证人龙以叶、郑嘉华（武陵派出所协警员）的证言，证实当晚副所长黄祥浪安排被告人朱春德看守刘洪源的事实。

8. 证人黎鹰（宾阳县公安局武陵派出所所长）的证言：2009 年 3 月 4 日上午其到所里上班时见到刘洪源躺在楼梯脚下的地板上，后看见刘洪源脸色大变，便对刘洪源进行抢救的事实。

9. 证人龙以周（武陵镇卫生院外科医师）的证言，证实如果死者刘洪源能得到及时抢救，是可能救活的事实。

10. 证人白显桃（武陵卫生院医生）的证言，证实其对刘洪源进行包扎的经过。

11. 证人叶常锋的证言，证实其受刘启忠的委托送衣服到医院给刘启忠的儿子刘洪源更换的事实。

12. 证人陈振环的证言，证实 3 月 4 日早上，其见到武陵派出所所长黎鹰与一名协警员在一楼楼梯口处抢救一个人的事实。

13. 证人黄君武、罗峰（武陵卫生院医生）的证言，证实 2009 年 3 月 4 日上午 8 时 50 分左右，武陵派出所用警务车送病人刘洪源到医院抢救室，经检查，该病人已死亡的事实。

14. 证人叶玉佳（武陵派出所食堂工人）的证言，证实在 3 月 4 日早上其去上班时，看到朱春德在看守一个人，并且打扫卫生的时候，看到那个人坐过的木沙发的椅背有血迹、楼梯处也有血迹的事实。

15. 证人刘坚的证言，证实在 3 月 3 日晚 11 点钟左右，看到蒙春林与“草上飞”（刘洪源）在一起打架后就报警，后派出所的人过来将该两人带回派出所的事实。

16. 证人黄祥浪证言，证实当晚因刘洪源处于醉酒状态无法接受盘问，至凌晨两点，其安排龙以叶、朱春德二人轮流看守刘洪源，龙以叶负责从凌晨两点看守至凌晨五点钟，凌晨五点钟后由朱春德负责看守，后其到休息室睡觉。在其休息期间，龙以叶、朱春德没有向我汇报过什么情况的事实。

17. 被告人朱春德的供述：其系宾阳县公安局武陵派出所辅警，其在武陵派出所主要负责以下工作：有人报案时协助民警出警、晚上在武陵派出所协助民警值班。工资是由派出所的民警丁振军发给。2009 年 3 月 4 日其负责从凌晨 5 点起看守刘洪源。其负责看守期间发现刘洪源不断地喘气、用矿泉水往自己的头上淋、用头往木沙发后背撞。7 时 40 分左右，其把刘洪源扶到值班室门口的楼梯口处，发现木沙发靠背上有血迹。

庭上，被告人朱春德供称，曾在公安民警的带领下，参与查处赌博案件的行动。

18. 照片，证实了刘洪源与蒙春林打架的现场、刘洪源死亡在派出所的现场情况及刘洪源的尸体解剖过程。

（四）判案理由

宾阳县人民法院经审理认为：被告人朱春德身为宾阳县公安局武陵派出所的辅警队员，在履行民警交予的看守职责过程中，发现有异常情况而不向当班民警汇报，也不采取任何抢救措施，严重不负责任，致使人民利益遭受重大损失，其行为构成玩忽职守罪。公诉机关指控的罪名成立。对于被告人及其辩护人的辩护和辩解意见，本院认为：（1）关于犯罪主体及其职责问题：被告人朱春德属宾阳县公安局辅警身份，事实上其亦协助公安民警履行了打击赌博违法活动的行动，根据 2002 年 12 月 28 日九届全国人大常委会第三十一次会议通过的《关于〈中华人民共和国刑法〉第九章渎职罪主体适用问题的解释》的规定，被告人朱春德应属于“未列入国家机关人员编制但在国家机关中从事公务的人员”，视为国家机关工作人员，具备渎职犯罪的主体资格，其看守刘洪源的行为自然属职责行为。（2）关于被告人朱春德是否有严重不负责任的问题：被告人朱春德在受指派看守刘洪源期间，明知刘洪源有“不断地喘气、用矿泉水往自己的头上淋、用头往木沙发后背撞”的异常情况，且发现刘洪源坐过的木沙发靠背上有血迹，却未向值班领导报告，亦未采取任何措施，应认定被告人朱春德具有严重不负责任的事实。（3）关于刘洪源的死亡与被告人朱春德等人的失职行为有无因果关系的问题：从证人龙以周的证言及法医鉴定可知，刘洪源系失血性休克死亡，如果发现并抢救及时，刘洪源是可以救活的，因此不能否定被告人朱春德等人的失职行为与刘洪源的死之间存在因果关系。综上所述，被告人朱春德及其辩护人的辩解意见没有事实和法律依据，本院不予采信。但根据被告人朱春德在本案中的特殊身份、所处地位及在本案中起的作用，可认定为犯罪情节轻微、不需要判处刑罚的情形。

（五）定案结论

宾阳县人民法院依照《中华人民共和国刑法》第三百九十七条第一款、第三十七条，作出如下判决：

朱春德犯玩忽职守罪，免予刑事处罚。

（六）解说

本案被告人朱春德属宾阳县公安局武陵派出所辅警。辅警队伍是一支由公安机关直接指挥和管理的队伍，主要用于社会联防巡逻，功能与配备介于保安与正规警察之间，其被赋予基本的执法权，如可在巡逻中盘问有关嫌疑人，可检查市民的身份证等。目前辅警队员在公安机关占有一定数量，特别是基层派出所配备比率更大，有的甚至达到全所警力的三分之二。不可否认，辅警的配备对于缓解一线警力不足、节约行政成本、打击犯罪、改善社会治安状况起到积极作用，但至今没有明确的法律、法规、规章甚至规范性文件对他们的职责作出统一的规定，各地公安机关在使用辅警过程中甚至把一些如讯问犯罪嫌疑人、对特定场所进行管理等人民警察的职责交由辅警行使，多数辅警由于没有经过专业培训，在专业知识、执法水平、个人素质以及责任心方面无法与人民警察相比，这样就往往导致玩忽职守、滥用职权的渎职案件发生，致使国家执法机关的形象受到损害，人民群众的生命财产受到侵害，这是一个不容忽视的问题。具体到本案，在刘洪源出现大声喘气、用冷水浇头、用头撞沙发、发现沙发靠背有血迹等异常情况时，只要朱春德稍具常识或更具责任心，采取正确的抢救措施、及时报告值班领导，刘洪源的死亡就可能避免。对辅警队员进行基本专业培训已经成为一个亟须解决的问题。

本案控辩双方分歧最大之处在于被告人朱春德是否具备“国家机关工作人员”资格即能否构成玩忽职守罪的犯罪主体。根据2002年12月28日九届全国人大常委会第三十一次会议通过的《关于〈中华人民共和国刑法〉第九章渎职罪主体适用问题的解释》的规定，在依照法律、法规规定行使国家行政管理职权的组织中从事公务的人员，或者在受国家机关委托代表国家机关行使职权的组织中从事公务的人员，或者虽未列入国家机关人员编制但在国家机关中从事公务的人员，在代表国家机关行使职权时，有渎职行为，构成犯罪的，依照刑法关于渎职罪的规定追究刑事责任。本案被告人朱春德属宾阳县公安局武陵派出所聘用制辅警，参与了查处赌博违法行为、看守被采取继续盘问行政强制措施人员等公务活动，尽管武陵派出所没有与其签订劳动聘用合同，但其对外以武陵派出所执法人员的名义履行职责，武陵派出所是国家机关，只要在国家机关中从事公务、有渎职行为构成犯罪的，均应以渎职罪追究刑事责任。因此，合议庭认定被告人朱春德属于“虽未列入国家机关人员编制但在国家机关中从事公务的人员”，具备渎职犯罪主体是正确的。

（广西壮族自治区宾阳县人民法院　黄集德）

72. 丁春生环境监管失职案

（一）首部

1. 判决书字号：江苏省镇江经济开发区人民法院（2009）镇经刑初字第104号。

2. 案由：环境监管失职案。

3. 诉讼双方

公诉机关：江苏省镇江经济开发区人民检察院，检察员：朱莉莉。

被告人：丁春生，男，1957 年 2 月 22 日出生，镇江市固体有害废物管理中心主任，住镇江市丹徒新区。因本案于 2009 年 7 月 29 日被刑事拘留，同年 8 月 11 日被逮捕。

辩护人：朱义顺，江苏南昆仑律师事务所律师。

4. 审级：一审。

5. 审判机关和审判组织

审判机关：江苏省镇江经济开发区人民法院。

合议庭组成人员：审判长：吴强；人民陪审员：束德华、夏咏华。

6. 审结时间：2009 年 12 月 29 日。

（二）诉辩主张

1. 公诉机关指控称

2006 年 6 月以来，被告人丁春生担任镇江市固体有害废物管理中心（以下简称固废中心）主任，负有行使固体废物的环境管理和监督检查、固体废物处置环境违法行为的查处、执行行政代处置和转移联单制度等职责。2007 年 1 月 26 日，丁春生查得江苏钛白集团有限公司（以下简称钛白集团，另案处理）将危险废物酸渣（经监测 pH＝1.08）和一般工业固体废物硫酸钙委托无经营许可证的镇江市丹徒区开源物资有限公司（以下简称开源公司）装卸、运输后非法倾倒在镇江新区大港镇甸上村仲家组一废弃的采石宕口（以下简称宕口）。丁春生不仅没有督促钛白集团执行镇江市环境保护局镇环［2007］41 号文件，反而擅自允许该集团将硫酸钙倾倒在宕口。2007 年 3 月 22 日，丁春生又查得开源公司将酸渣（经监测 pH＝<2）和硫酸钙倾倒在宕口，2007 年 4 月 23 日市环保局对钛白集团下达了镇环限改字［2007］5 号《环境违法行为限期改正通知书》，丁春生对整改治理情况不仅不认真验收，反而继续允许钛白集团往宕口倾倒硫酸钙，同时对危险废物酸渣的产生量、处置量、处理去向等疏于检查。并固废中心违规收取开源公司“处置费”56 000 元人民币。至 2009 年 6 月 9 日前，钛白集团至少向宕口非法倾倒酸渣千余吨，硫酸钙 10 万余吨。2007 年 4 月、11 月，被告人丁春生在先后两次查得镇江高鹏药业有限公司（以下简称高鹏公司，另案处理）往宕口非法倾倒危险废物工业水杨酸残渣（经监测含苯系物）后，没有按照危险废物监督管理工作的要求正确履行职责，对企业危险废物的产生量、处置量、处理去向等疏于检查，导致不能发现企业非法倾倒危险废物的情况。2008 年 10 月至 2009 年 3 月，高鹏公司向宕口非法倾倒废酸水（经监测 pH＝0.26，含有大量苯系物和有机物）300 余吨。另镇江新区福盛化工有限公司（以下简称福盛化工）仅 2009 年 4 月至 5 月就向宕口非法倾倒危险废物酸焦油 40 余吨。

2007 年 6 月至 2009 年春节前，被告人丁春生在接到 12369 电话举报系统转来的有人往宕口非法倾倒化工垃圾的指令以及数次到宕口查看过程中，先后发现宕口被非法倾倒黑色焦油、黑色废液、白色发绿的固体废物等，且数量不断增多。但未按职责要求进行报告，未采取应急措施控制污染，未现场拍照、未取样送检化验、未排查非法倾倒单位、未从源头上控制和制止非法倾倒现象的屡屡发生，导致企业非法倾倒行为长期持续，致使宕口的污染物不断累积，至 2009 年 6 月 9 日，宕口有固废量约为 15 000 吨，经监测水样 pH 值达到 0.25，呈强酸性，水体中含有的挥发酚、四氯化碳、苯、甲苯等有机物超标严重，造成了重大环境污染事故。镇江新区管理委员会为消除污染现已花费 120 余万元人民币。根据江苏省环境科学研究院、江苏省环科院环境科技有限责任公司提出的固废处置工作方案，经镇江市价格认证中心估价，宕口环境污染处置费为 2 484 万元人民币。

2007 年 2 月至 2009 年 1 月，被告人丁春生利用担任固废中心主任的职务便利，在负责全市固体废物管理工作中为钛白集团、镇江新宇固废处置有限公司、金东纸业有限公司、镇江优利德（江苏）化工有限公司、丹徒区开源物资有限公司谋取利益，先后 14 次非法收受上述单位财物共计人民币 17 500 元。

2. 被告辩称

被告人丁春生对起诉书指控其犯环境监管失职罪、受贿罪的定性没有异议。其辩称：2007 年市环保局出台的 41 号文件，是由其起草、后市环保局下达的文件，系其查处并督促企业进行整改的结果，但在当时的条件下实际执行比较困难。且其从未书面或口头同意钛白集团、高鹏公司等单位非法向宕口倾倒废物。市固废中心只协助 12369 电话举报的查处，新区分局是具体查处和答复工作的负责单位。固废中心只是监管部门之一，两千多万元的损失由其一人承担不公平，其只能承担监管失职范围内相应的法律责任，请求对其适用缓刑。

其辩护人的辩护意见为：（1）被告人系固废中心的主任，有监管协调的责任，具体查处执行事宜应该属于环保局直属单位，被告人在环境监管中已起到一定的监管作用。（2）发现有违法行为后，被告人及时向局领导进行了报告并起草文件、进一步查处、要求违规单位限期整改，尽到了自己监管职责，不属于工作严重失职。造成环境严重污染，责任是多方面的，不能归责于被告人一人，故被告人在环境监管失职犯罪中犯罪情节显著轻微，建议对其免予刑事处罚。（3）被告人在司法机关主动供述受贿的事实，是自首，且受贿的大部分都是购物卡，是在几年春节前收的，系单位用于感情投资的礼金，应属于正常人情往来，即使构成犯罪，也应该根据其收受贿赂的时间、数额、情节、认罪态度从轻或者免除处罚。综上所述，请求对被告人免予刑事处罚。

（三）事实和证据

镇江经济开发区人民法院经公开审理查明：

1. 有关环境监管失职事实

2006 年 6 月以来，被告人丁春生担任固废中心主任，对全市固体废物处置、环境违法行为，负有行使固体废物的环境管理和监督检查、执行行政代处置和转移联单制度等职责。2007 年 1 月 26 日，丁春生查得钛白集团将危险废物酸渣（经监测 pH＝1.08）和一般工业固体废物硫酸钙，委托无经营许可证的开源公司装卸、运输，后非法倾倒在宕口。钛白集团没有严格执行镇江市环境保护局镇环［2007］41 号《关于下达我市首批 12 家企业一般性工业固废须进入工业固废填埋场进行填埋任务的通知》的文件规定，丁春生在发现上述行为后，没有认真对该企业已倾倒在宕口的酸渣进行清理，也未履行跟踪监督检查职责，而是默认、放任该企业继续将硫酸钙倾倒在宕口，对倾倒危险废物酸渣的隐患一直未予以消除。2007 年 3 月 22 日，丁春生又查得开源公司将钛白集团的酸渣（经监测 pH＜2）和硫酸钙倾倒在宕口，2007 年 4 月 23 日市环保局对钛白集团下达了镇环限改字［2007］5 号《环境违法行为限期改正通知书》后，丁春生在发现上述行为后，对该企业整改治理情况没有认真验收，没有经常监督检查，没有收集和建立进行固体废物的环境管理的相关资料与档案，对危险废物酸渣的产生量、处置量、处理去向均不能查处到位，由于监督缺位致使钛白集团委托开源公司长期将酸渣非法倾倒在宕口。2007 年 12 月至 2008 年 9 月，由于固废中心违规收取开源公司“处置费”人民币 56 000 元，致使该公司长期向宕口非法倾倒酸渣千余吨，硫酸钙 10 万余吨。

2007 年 4 月、11 月，丁春生在先后两次查得高鹏公司往宕口非法倾倒危险废物工业水杨酸残渣（经监测含苯系物）后，没有按照危险废物监督管理工作的要求正确履行职责，对该企业危险废物的产生量、处置量、处理去向等疏于查处，该企业从 2008 年 10 月至 2009 年 3 月向宕口非法倾倒废酸水（经监测 pH＝0.26，含有大量苯系物和有机物）300 余吨。福盛化工亦于 2009 年 4 月至 5 月向宕口非法倾倒危险废物酸焦油 40 余吨。

另查明，2007 年 6 月至 2009 年春节前，丁春生在接到 12369 电话举报系统转来的有人往宕口非法倾倒化工垃圾的指令以及数次到宕口查看过程中，先后发现宕口存在非法倾倒的黑色焦油、黑色废液、白色发绿的固体废物，且数量不断增多。丁春生在发现宕口环境受到污染越来越严重后，未按职责要求进行报告，未采取应急措施控制污染，未能全部做到现场拍照、未取样送检化验、未排查非法倾倒单位、未从源头上控制和制止非法倾倒行为，导致多家企业非法倾倒行为长期持续，致使宕口的污染物不断累积。至 2009 年 6 月 9 日，宕口有害固废量约为 10 余万吨，经监测水样 pH＝达到 0.25，呈强酸性，水体中含有的挥发酚、四氯化碳、苯、甲苯等有机物超标严重，造成了重大环境污染事故并被央视媒体曝光。

被告人丁春生的上述渎职行为致使宕口环境被严重污染，造成了恶劣的社会影响，给国家和人民群众的利益造成了重大损失，镇江新区管理委员会为消除污染已花费 120 余万元人民币。根据江苏省环境科学研究院、江苏省环科院环境科技有限责任公司提出的固废处置工作方案，经镇江市价格认证中心估价，宕口环境污染处置费为 2 484 万元人民币。

2. 有关受贿事实

2007 年 2 月至 2009 年 1 月，被告人丁春生利用担任固废物中心主任的职务便利，在负责全市固体废物管理工作中为钛白集团、镇江新宇固废处置有限公司、金东纸业有限公司、镇江优利德（江苏）化工有限公司、开源公司谋取利益，先后 14 次非法收受上述单位财物共计人民币 175 000 元。

另查明，被告人丁春生因涉嫌环境监管失职罪在被司法机关讯问过程中，如实交代了司法机关尚未掌握的受贿事实并主动退出了全部受贿赃款。

上述事实有下列证据证明：

（1）被告人丁春生的户籍证明、干部任免审批表、全员聘用合同书、任命文件。

（2）镇江市机构编制委员会《关于同意成立镇江市固体有害废物管理中心的批复》文件。

（3）镇江市环境保护局《关于印发市环境保护局直属事业单位职责的通知》文件、丁春生执法证复印件、固废中心文件。

（4）证人招玉常（固废中心驾驶员）、隋海鹄（固废中心工作人员）、郁长生（镇江市环境保护局调研员）、顾晓明（固废中心副主任）、张宝林（原镇江市环境保护局新区分局监察大队大队长）、证人潘海鸥（开源公司经理）、倪远（钛白集团综合管理部经理）、证人庄义凯（钛白集团副总经理）的证言及镇江市环境保护局镇环［2007］41 号《关于下达我市首批 12 家企业一般性工业固废须进入工业固废填埋场进行填埋任务的通知》、镇江市环境监察支队调查记录、2007 年 3 月 26 日镇江市环境监测中心站编号为 43004《监测报告》、镇江市环境保护局镇环限改字［2007］5 号限期整改通知书、镇江市环境监察支队调查记录。

（5）证人杨俊荣（镇江新宇固体废物处置有限公司副总经理兼市场部经理）的证言及镇江新宇固体废物处置有限公司一般工业固废填埋场报告、项目申报。

（6）开源公司工作人员潘富喜的证言。

（7）钛白集团《化纤造纸钛白粉替代进口技术改造项目环境影响报告书》、《固体废物处置月报表》、钛白集团与开源公司协议。

（8）大港孩溪村仲家组组长仲红林及证人赵阿顺、徐建明的证言。

（9）高鹏公司董事长田启洪及其工作人员贡云林、王建明、蔡建伟证言和福盛化工副总经理胡军生及证人傅兆林、孙志标的证言及高鹏公司、福盛化工的《建设项目环境影响报告表》。

（10）固废中心对高鹏公司立案处罚材料、镇环监［2007］第 43014 号《监测报告》、2007 年 12 月 12 日，高鹏公司向仲家宕口偷倒危险废物的照片以及镇环限改字［2007］8 号限期整改通知书。

（11）证人王国平、胡秋云、徐红梅（镇江新区大港甸上村村民）的证言。

（12）镇江市环境监测中心站出具镇环监［2009］第 40078 号《监测报告》、镇江市环境保护局新区分局关于仲家宕口倾倒固废污染清除实施意见的文件；治污费用说明；仲家宕口石灰消解工程《工程总价包干合同》；江苏省环境科学研究院、江苏省环科院环境科技有限责任公司 2009 年 7 月 30 日出具的《镇江新区仲家宕口固废污染事故固废处置工程方案》。

（13）视听资料、中央电视台《经济与法》栏目 2009 年 6 月 9 日播放甸上村仲家宕口污染状况的视听资料制作说明。

（14）镇江市价格认证中心出具《扣押、追缴、没收物品估价鉴定结论书》的鉴定结论。

（15）镇江市环境保护局文件、调查记录、固废处置协议、危险废物交换、转移申请报、扣押物品清单等物证、书证。

（16）证人庄义凯、倪远、刘媛、章洁、史俊毅等人的证言。

（17）被告人丁春生的供述与辩解。

（四）判案理由

镇江经济开发区人民法院经审理认为：被告人丁春生系受国家机关委托代表国家机关行使环境保护监督管理职权的组织中从事公务的人员，在履行职务过程中，对全市固体废物处置、环境违法行为查处、环境管理和监督检查等职责，严重不负责任，导致多家化工企业长期偷排、危排，造成重大环境污染事故，致使公私财产遭受重大损失，其行为已构成环境监管失职罪，被告人归案后，认罪态度较好，并具有悔罪表现，可酌情从轻处罚并可适用缓刑。被告人丁春生身为国家工作人员，利用职务上的便利，非法收受被监管单位财物，其行为已构成受贿罪。其因环境监管失职在被调查期间，主动并如实供述司法机关尚未掌握的受贿事实，对受贿犯罪应当以自首论处，其犯罪情节一般，且归案后有悔罪表现，可以免予刑事处罚。

(五) 定案结论

镇江经济开发区人民法院依照《中华人民共和国刑法》第四百零八条、第九十三条、第三百八十五条第一款、第三百八十六条、第三百八十三条第一款第(三)项、第二款、第三百四十三条第一款、第六十七条、第七十二条第一款、第七十三条第二、三款、第六十四条,作出如下判决:

1. 丁春生犯环境监管失职罪,判处有期徒刑一年,缓刑一年。

2. 扣押于镇江经济开发区人民检察院的违法所得 17 500 元,予以追缴。

(六) 解说

本案造成的后果极其严重,不仅影响了当地居民的健康及农作物的成长,而且政府必须为治理环境污染付出巨大的代价,系在镇江地区范围内有重大影响的案件,也是环境监管单位负责人因严重监管失职造成重大环境污染事故而承担刑事责任的第一人,也是刑法中规定的该类型犯罪条款的首次适用,社会影响极其恶劣。就被告人丁春生行为是否符合环境监管失职罪的构成要件,有以下几点需要说明:

1. 关于主体

根据镇江市机构编制委员会《关于同意成立镇江市固体有害废物管理中心的批复》文件要求,镇江市固体有害废物管理中心是隶属镇江市环境保护局的全民事业单位,主要负责全市固体有害废物的调查、登记、处理,组织研究固体有害废物的再利用技术、开展防治固体有害废物的宣传教育的实施。根据镇江市环境保护局《关于印发市环境保护局直属事业单位职责的通知》文件精神,被告人丁春生的工作职责为:(1) 开展固体废物的环境管理和监督检查;负责危险废物处置的全过程环境管理和监督,负责对固废处置环境违法行为的查处;(2) 执行行政代处置和转移联单制度;(3) 负责固体废物污染事故的调查和有关的举报、信访核查工作;(4) 参与全市固体危险废物申报登记及核查工作等职责。故根据《刑法》第九十三条有关国家工作人员范围的条款之规定,被告人丁春生作为固废中心主任,系在受国家机关委托代表国家机关行使环境保护监督管理职权的组织中从事公务的人员,其符合环境监管失职罪的主体资格。

2. 关于主观方面

被告人丁春生虽辩解环保局根据其报告下发过相关整改通知,其已经尽到监管职责,未进行查处是客观原因造成,主观上并非"严重不负责任"。一般而言,渎职罪的主观方面表现为过失和间接故意两种。过失是指行为人因其疏忽大意而未发现属于其监管职责范围内的事故,间接故意是指行为人明知存在属于其监管职责范围内的事故,但仍放任不管,听之任之,疏于履行职责。但本案中被告人丁春生一系列行为来看,其对环境监管职责存在严重的"放任不管"的间接故意。首先,在环保局发布镇环[2007] 41 号文件和对钛白集团下发镇环限改字[2007] 5 号文后,其在明知固废处置应进行无害化处理及钛白集团存在污染环境行为的情况下,仍未督促整改企业对已倾倒在宕口的酸渣进行清理,未对整治情况认真验收,疏于检查企业危险废物酸渣的产生量、处置量、处理去向等,导致该企业长期将酸渣非法倾倒在宕口,严重污染环境。甚至还搞权钱交易,收受钱财、违规收费。其次,在其先后两次查得高鹏公司非法倾倒危险废物后，未正确履行职责，对企业危险废物的产生量、处置量、处理去向等疏于检查，导致不能发现企业非法倾倒危险废物的情况。再次，2007 年 6 月至 2009 年春节前，其在接到 12369 电话举报系统转来的指令以及并在数次到宕口查看过程中，发现被非法倾倒黑色焦油、黑色废液、白色发绿的固体废物等，且数量不断增多。但其未按职责要求进行报告，未采取应急措施控制污染，未现场拍照、未取样送检化验、未排查非法倾倒单位、未从源头上控制和制止非法倾倒现象的屡屡发生，导致企业非法倾倒行为长期持续，致使宕口的污染物不断累积。故被告人丁春生是属于在明知企业存在连续的非法倾倒工业废物的污染环境的行为的情况下，仍未按照其职责要求，采取相应的措施予以督促、检查、控制污染的扩大等，导致污染的结果日益严重，符合环境监管失职罪“严重不负责任”的主观要件。

3. 关于因果关系

被告人丁春生辩解认为，其所在的固废中心只是监管部门之一，两千多万元的损失由其一人承担不公平。诚然，对地区环境负有监管职责的部门并非一个，人员也并非被告人丁春生一人，可能不是某一个部门、某个人未尽监管职责，而是多方面的原因导致了重大环境污染，法理上属于“多因一果”。但只要明确被告人丁春生严重不负责任的行为与损害后果之间存在直接的因果关系，就应当追究其刑事责任，而鉴于其他可能性的因素的存在，可以在量刑上予以适当考虑。综上，本案被告人丁春生的行为符合环境监管失职罪的构成要件，应当依法追究其刑事责任。本案的启示：环境是生存和发展所依赖的基础，发展经济不能以牺牲环境、牺牲百姓健康为代价，环境监管职责不是泛泛而谈，严重不负责任行为甚至会触犯刑法，而只有每一个职能部门切实担负起环境监管的职责，才能保障我国的社会主义建设全面协调可持续发展。

（江苏省镇江市中级人民法院　李丹）

73. 谭文钧帮助犯罪分子逃避处罚案

（一）首部

1. 裁判书字号

一审判决书：广东省鹤山市人民法院（2008）鹤法刑初字第 249 号。

二审裁定书：广东省江门市中级人民法院（2009）江中法刑二终字第 26 号。

2. 案由：帮助犯罪分子逃避处罚案。

3. 诉讼双方

公诉权关：广东省鹤山市人民检察院，检察员：李伟新；代理检察员：宋杰。

被告人（上诉人）：谭文钧，男，1964 年 12 月 27 日出生，汉族，原江门市看守所教导员。因本案于 2007 年 12 月 21 日被羁押，2008 年 1 月 4 日被逮捕。

辩护人：王波、王宇，广州金鹏律师事务所律师。

4. 审级：二审。

5. 审判机关和审判组织

一审法院：广东省鹤山市人民法院。

合议庭组成人员：审判长：温少卿；审判员：李文雄；代理审判员：何建通。

二审法院：广东省江门市中级人民法院。

合议庭组成人员：审判长：张锋；审判员：张英军；代理审判员：黄孝发。

6. 审结时间

一审审结时间：2008年12月12日。

二审审结时间：2009年3月18日。

（二）一审诉辩主张

1. 公诉机关指控称

被告人谭文钧于2007年4月至同年11月在任江门市看守所教导员并负责深挖犯罪工作期间，在明知该所在押人员梁某宏、李某利、裴某泉、徐某栋四人不具备立功条件的情况下，违反关于立功表现的法律规定，滥用职权，指示该所管教徐某辉、赖某锋等人为不符合报请立功条件的上述在押人员出具失实的立功材料呈送广东省江门市中级人民法院，严重扰乱了司法秩序，妨碍了审判活动的正常开展，造成恶劣的社会影响。被告人的行为已触犯了《中华人民共和国刑法》第三百九十七条第一款的规定，应以滥用职权罪追究其刑事责任。公诉机关向法庭出示和宣读了被告人的身份证明材料、证人证言及相关书证材料等证据。

2. 被告辩称

被告人谭文钧辩称：否认公诉机关所指控犯罪事实和罪名，认为其为梁某宏等上述四名在押人员出具立功材料只是存在程序不规范、把关不严等问题，其行为不构成滥用职权罪。

其辩护人的辩护意见为：（1）被告人谭文钧的行为没有致使公共财产、国家和人民利益遭受重大损失，其行为不构成滥用职权罪；（2）公诉机关指控被告人谭文钧构成滥用职权罪的证据不足，被告人谭文钧仅是根据上述四名在押人员的贴靠行为向相关单位报送《建议函》，只是在出具立功材料过程中存在程序不规范的情况；（3）被告人谭文钧即使构成滥用职权罪，因其犯罪情节轻微，在量刑时也可以免予刑事处罚。

（三）一审事实和证据

广东省鹤山市人民法院经公开审理查明：被告人谭文钧于2007年4月至同年11月期间，在明知该所在押犯罪嫌疑人梁某宏、李某利、裴某泉、徐某栋四人不具备立功条件的情况下，为帮助上述四人减轻或从轻处罚，利用自己担任江门市看守所教导员并实际负责该所深挖犯罪工作的特殊条件，违反关于立功表现的法律规定，授意该所管教赖某锋、徐某辉等人先后为不符合报请立功条件的上述犯罪嫌疑人出具失实的立功材料呈送广东省江门市中级人民法院。其中因梁某宏处于上诉期间，广东省江门市中级人民法院将江门市看守所报送的梁某宏的立功材料转给广东省高级人民法院，广东省高级人民法院在二审判决书中认定梁某宏具有立功表现，减刑一年；其他立功材料没有被法院采纳。

上述事实有下列证据证明：

1. 被告人谭文钧的供述，证实按照深挖犯罪工作的一贯操作流程，应先将检举材料转递办案单位，查证属实符合立功的规定后，方能起草有关意见函给审判机关反映被告人有立功表现，但因其工作好大喜功，在没有向办案单位核实梁某宏、李某利、裴某泉、徐某栋四人检举情况是否属实的情况下，即要求看守所管教赖某锋、徐某辉等人将检举人修改、将时间倒签等方式为犯罪嫌疑人制作立功材料报送到法院。

2. 证人赖某锋、徐某辉的证言，证实梁某宏、李某利、裴某泉、徐某栋等人没有提供实质性的检举材料，或者提供的材料很简单，在没有得到办案单位关于检举是否查证属实的回复的情况下，谭文钧要求其制作相应的立功材料，将时间倒签，或者将检举人修改，然后将相应的立功材料报送到广东省江门市中级人民法院。

3. 证人梁某宏、李某利、裴某泉、徐某栋的证言，证实他们因涉嫌犯罪被羁押在江门市看守所，为争取立功就配合管教的工作，但没有向管教提供检举他人等实质性的立功材料。

4. 证人邓某伟、易某明、颜某雨、马某波、陈某敢、林某波、陈某宜、谭某伟、吴某伟等人的证言，证实办案单位没有收到梁某宏、李某利、裴某泉、徐某栋的检举材料，或者收到检举材料后发现材料不能提供实质性的破案线索，梁某宏、李某利、裴某泉、徐某栋的行为不构成立功，但他们应谭文钧的要求代表办案单位出具了感谢看守所协助破案的函。

5. 江门市看守所提供给广东省江门市中级人民法院关于梁某宏、李某利、裴某泉、徐某栋立功的材料，包括《关于建议对在押人员从轻处罚的函》、《关于在押人员在关押期间协助破案的函》、《收到转递函回执》、梁某宏、李某利、裴某泉、徐某栋的讯问笔录等，证实看守所曾向法院出具材料，认定梁某宏、李某利、裴某泉、徐某栋有立功表现，并要求法院从轻处罚。

6. 粤高法刑二终字第10号广东省高级人民法院刑事判决书复印件一份。证实广东省高级人民法院认定上诉人梁某宏在二审期间提供线索协助公安机关抓获了其他被告人，有立功表现，减刑一年。

7. 江门市看守所的转递函存根，证实该所没有转递过梁某宏、李某利、裴某泉、徐某栋检举他人犯罪的材料给办案单位。

（四）一审判案理由

广东省鹤山市人民法院经审理认为：

1. 关于被告人谭文钧及其辩护人均辩解被告人谭文钧的行为不构成滥用职权罪及辩护人辩称被告人谭文钧的行为没有致使公共财产、国家和人民利益遭受重大损失，即使犯罪也属于犯罪情节轻微、可以免予刑事处罚的意见，经查，被告人谭文钧身为人民警察，负有查禁犯罪活动的职责，在多年的刑侦工作中，对立功的法律构成条件和情况较熟悉，在任江门市看守所教导员一职时，为帮助犯罪分子逃避处罚，在明知梁某宏、李某利、裴某泉、徐某栋不符合报请立功条件的情况下，仍利用其分管江门市看守所深挖犯罪工作的特殊身份条件，指示江门市看守所管教赖某锋为梁某宏，徐某辉为李某利、裴某泉、徐某栋采取改写回执、倒签日期的手法，为上述四人在事后补做失实的立功材料，其主观上具有帮助犯罪分子逃避处罚的故意，客观上被告人谭文钧也故意实施了帮助上述四犯罪嫌疑人逃避法律处罚提供便利的行为，其行为已构成帮助犯罪分子逃避处罚罪，辩护人辩称被告人谭文钧不构成滥用职权罪的意见可以采纳。另按照法律规定，只要具有查禁犯罪活动职责的国家机关工作人员实施了上述行为，不论犯罪分子是否成功逃避处罚，也不论情节是否严重，都构成本罪。辩护人辩称谭文钧所造成的危害较小，不构成犯罪，即使犯罪也属于犯罪情节轻微、可以免予刑事处罚的意见，因被告人谭文钧已明知是失实的立功材料，仍多人多次审批后报送，主观恶性较大，不适宜对其免予刑事处罚。

2. 对于被告人谭文钧及其辩护人均辩解否认谭文钧指示徐某辉、赖某锋在为梁某宏、李某利、裴某泉、徐某栋报请立功存在倒签日期，犯滥用职权罪证据不足的意见，经查明，根据本案多名证人的证言，能一致证明被告人谭文钧在为梁某宏、李某利、裴某泉、徐某栋报请立功时，知道上述四人并不符合立功条件，为上述四人制作的立功材料均存在程序不合法、材料制作时间存在倒签等问题，但仍指示该所管教赖某锋、徐某辉将相关材料做得详细些、具体些，当赖、徐二人将上述四人的立功材料送交被告人谭文钧审阅时，被告人谭文钧明知制作讯问笔录真正时间的情况下，审阅后仍同意将文件转递审判机关，表明被告人谭文钧是许可赖某锋、徐某辉二人倒签日期的行为的，对赖某锋、徐某辉正确领会其要将材料做得“具体些、详细些”的指示是认同的，故被告人谭文钧的辩解及其辩护律师的辩护意见没有事实和法律依据，均不予采纳。

综上所述，法院认为，被告人谭文钧身为监管犯罪嫌疑人的看守所干警，负有查禁犯罪活动的职责，却无视国家法律，利用职务便利，为帮助犯罪嫌疑人逃避处罚出具失实的立功材料，其行为已构成帮助犯罪分子逃避处罚罪。公诉机关指控被告人的犯罪事实清楚，证据确实、充分，唯指控被告人构成滥用职权罪适用法律不当。根据被告人谭文钧的犯罪行为和手段，应以帮助犯罪分子逃避处罚罪对被告人谭文钧定罪量刑适宜。

（五）一审定案结论

广东省鹤山市人民法院依照《中华人民共和国刑法》第四百一十七条，作出如下判决：谭文钧犯帮助犯罪分子逃避处罚罪，判处有期徒刑一年。

（六）二审情况

1. 二审诉辩主张

上诉人谭文钧上诉称：虽然上诉人向法院出具的关于四人有立功表现的证明和建议有少许夸大成分，但只是上诉人对四人行为性质在法律认识上的偏差，并没有弄虚作假，没有徇私的非法目的；且上诉人的行为没有放纵犯罪，也没有严重损害司法权威，更没有致使公共财产、国家和人民利益遭受重大损失，属于情节显著轻微，不认为是犯罪的情形。因此其行为不构成犯罪。

2. 二审事实和证据

广东省江门市中级人民法院经审理，确认一审法院认定的事实和证据。

3. 二审判案理由

广东省江门市中级人民法院经审理认为：上诉人谭文钧身为监管犯罪嫌疑人的看守所干警，负有查禁犯罪活动的职责，却利用职务便利，为犯罪嫌疑人出具失实的立功材料，其行为已构成帮助犯罪分子逃避处罚罪，应依法惩处。上诉人所提上诉理由，经查，上诉人实施了弄虚作假、夸大事实给犯罪嫌疑人伪造立功材料的行为，干扰了人民法院正常的审判活动；上诉人从事公安工作多年，应当明知其行为可能导致嫌疑人被轻判的后果；上诉人多次实施给犯罪嫌疑人报假立功的行为，直接导致对一名犯罪嫌疑人轻判，严重损害了国家司法机关的声誉，具有较大的社会危害性，不属于情节显著轻微的情形，故其上诉理由均不能成立。原审判决认定事实清楚，证据确实、充分，定罪准确，量刑适当，审判程序合法。

4. 二审定案结论

广东省江门市中级人民法院依照《中华人民共和国刑事诉讼法》第一百八十九条第（一）项，作出如下裁定：

驳回上诉，维持原判。

（七）解说

看守所工作人员为关押的被告人出具虚假的立功材料，该如何定性，存在以下几种不同意见：

第一种观点认为，立功情节是刑事诉讼中对案件有重要关系的情节，看守所工作人员出具虚假的立功材料，故意作虚假证明，根据《刑法》第三百零五条的规定，构成伪证罪。

第二种观点认为，看守所工作人员是司法工作人员，其出具虚假的立功材料是对明知是有罪的人而故意包庇不使他受追诉，根据《刑法》第三百九十九条的规定，构成徇私枉法罪。

第三种观点认为，看守所工作人员出具虚假的立功材料，是帮助当事人伪造证据，根据《刑法》第三百零七条的规定，构成帮助伪造证据罪。

第四种观点认为，看守所工作人员作为国家机关的工作人员，出具虚假的立功证明是一种滥用职权的行为，该行为导致法院错判，致使国家和人民利益遭受重大损失，根据《刑法》第三百九十七条的规定，构成滥用职权罪。这也是一审公诉机关所持的观点。

第五种观点认为，根据《刑法》第四百一十七条的规定，看守所工作人员出具虚假的立功材料，构成帮助犯罪分子逃避处罚罪。

法院判决采纳了第五种观点，理由如下：

首先，本案不构成伪证罪。根据《刑法》第三百零五条的规定，伪证罪是指在刑事诉讼中，证人、鉴定人、记录人、翻译人对与案件有重要关系的情节，故意作虚假证明、鉴定、记录、翻译，意图陷害他人或隐匿罪证的行为，由于看守所工作人员为被告人出具假立功材料主观上并不是"意图陷害他人或隐匿罪证"，而是意图使犯罪嫌疑人被认定为有立功情节，因此也不构成伪证罪。

其次，本案不构成徇私枉法罪。根据《刑法》第三九十九条的规定，构成本罪，必须是"对明知是有罪的人而故意包庇不使他受追诉"，不受追诉的须是犯罪事实和犯罪情节。但在本案中，看守所工作人员出具虚假材料的对象不是犯罪事实或犯罪情节本身，其行为不是"包庇"行为，也不是使被告人的全部或部分犯罪事实和情节"不受追诉"，只是希望法院判处较轻的刑罚，因而不符合徇私枉法罪的客观要件。

再次，本案不构成帮助伪造证据罪。根据《刑法》第三百零七条的规定，行为人构成该罪应该具有"帮助当事人"实施毁灭、伪造证据的行为，即前提是当事人实施毁灭、伪造证据的行为。但本案当事人没有伪造证据取得立功的主观故意。既然"被帮助"的当事人没有伪造证据的意思，行为人去实施伪造证据的行为，就不能成为“帮助”的行为，看守所工作人员实际上直接实施了伪造证据的行为，而不是帮助行为，所以不构成本罪。

本案应定帮助犯罪分子逃避处罚罪。《刑法》第四百一十七条规定：“有查禁犯罪活动职责的国家机关工作人员，向犯罪分子通风报信、提供便利，帮助犯罪分子逃避处罚的，处三年以下有期徒刑或者拘役；情节严重的，处三年以上十年以下有期徒刑。”最高人民检察院《关于人民检察院直接受理立案侦查案件立案标准的规定（试行）》规定：“帮助犯罪分子逃避处罚罪是指有查禁犯罪活动职责的司法及公安、国家安全、海关、税务等国家机关的工作人员向犯罪分子通风报信、提供便利，帮助犯罪分子逃避处罚的行为。涉嫌下列情形之一的，应予立案：……3. 为使犯罪分子逃避处罚，向犯罪分子及其亲属泄露案情，帮助、指示其隐匿、毁灭、伪造证据及串供、翻供的；……”对照上述规定，本案符合该罪的构罪要件：(1) 从主体上看，看守所工作人员属于“有查禁犯罪活动职责的国家机关工作人员”；(2) 根据法律规定，立功可以从轻或减轻处罚，重大立功可以减轻或者免除处罚。因此，从主观上看，看守所工作人员出具虚假立功证明具有“帮助犯罪分子逃避处罚”的主观故意。(3) 从客观上看，看守所工作人员出具虚假立功材料的行为属于利用职务上的便利实施的“伪造证据”的行为。

同时，本案被告人也触犯《刑法》第三百九十七条的规定，构成滥用职权罪，是滥用职权罪和帮助犯罪分子逃避处罚罪的法条竞合。由于《刑法》第三百九十七条明确规定“本法另有规定的，依照规定”，因而本案应定帮助犯罪分子逃避处罚罪。

（广东省江门市中级人民法院　张永雄）

刑事诉讼法案例

74. 杨小进故意伤害案
（刑事和解）

（一）首部

1. 判决书字号

一审判决书：青海省海东地区中级人民法院（2009）东刑初字第21号。

二审判决书：青海省高级人民法院（2009）青刑终字第66号。

2. 案由：故意伤害案。

3. 诉讼双方

公诉机关：青海省人民检察院海东地区分院，检察员：韩海红、李雪梅。

附带民事诉讼原告人（上诉人）：祁兰英，女，1970年11月30日出生于青海省乐都县，蒙古族，住该县共和乡拉日村，农民。系被害人拉有祥之妻。

附带民事诉讼原告人（上诉人）：李满桂，女，1939年1月2日出生于青海省乐都县，土族，住该县共和乡拉日村，农民。系被害人拉有祥之母。

诉讼代理人：鲁卧领，恩泽律师事务所律师。

附带民事诉讼原告人（上诉人）：拉存慧，女，2000年5月13日出生于青海省乐都县，藏族，住该县共和乡拉日村，学生。系被害人拉有祥之女。

法定代理人：祁兰英，拉存慧之母。

附带民事诉讼原告人（上诉人）：拉雪莲，女，2007年4月10日出生于青海省乐都县，藏族，住该县共和乡拉日村。系被害人拉有祥之女。

法定代理人：祁兰英，系拉雪莲之母。

被告人（上诉人）：杨小进，男，1969年3月16日出生于青海省乐都县，藏族，初中文化，住该县共和乡拉日村，农民。2008年12月18日因本案被刑事拘留，同年12月24日被逮捕。

4. 审级：二审。

5. 审判机关和审判组织

一审法院：青海省海东地区中级人民法院。

合议庭组成人员：审判长：谭青；审判员：凌文远、汪茹。

二审法院：青海省高级人民法院。

合议庭组成人员：审判长：陈振辉；审判员：祁国庆；代理审判员：韩英俊。

6. 审结时间

一审审结时间：2009年8月3日。

二审审结时间：2009年12月1日。

（二）一审情况

1. 一审诉辩主张

（1）公诉机关指控称

2008 年 11 月 11 日 19 时许，被告人杨小进与被害人拉有祥等人在本村村民拉存珍家玩牌喝酒。至 12 日凌晨零时 30 分许，已经醉酒的杨小进与拉有祥一起到本村村民拉有宝小卖部买酒，拉有祥让杨小进买两瓶白酒，杨小进以已经喝醉、赶紧回家为由拒绝买酒并转身出了小卖部，拉有祥便自己买了一瓶啤酒随后也离开了小卖部，出门时嘴里叫骂，啤酒瓶也摔碎在地上。拉有祥用拳将杨小进嘴唇打烂流血，杨小进即用拳脚将拉有祥打倒在小卖部旁公路边的水沟中，随后回到家里并告诉家人拉有祥在水沟里，杨小进的父亲即到现场看了情况，回家后又打电话通知了拉有祥的母亲李满桂，并叫起已经睡觉的杨小进一起至现场将拉有祥从水沟中抬出放在公路边。后经村保健员拉有宝检查，发现拉有祥已死亡。2008 年 12 月 18 日，被告人杨小进在其家中被抓获。经青海省公安厅、青海省人民检察院、海东地区公安局、乐都县公安局法医共同鉴定：死者拉有祥系头面部受钝器作用致脑挫裂伤、脑干挫裂伤，脑水肿死亡。

（2）附带民事诉讼原告诉称

附带民事诉讼原告人祁兰英、李满桂、拉存慧、拉雪莲提出，请求人民法院判令杨小进赔偿拉有祥的丧葬费 15 491.50 元；死亡赔偿金 61 220 元；李满桂赡养费 9 916.67 元、拉存慧抚养费 26 775 元、祁兰英扶养费 59 500 元、拉雪莲抚养费 47 600 元；交通费、误工费 1 800 元，共计 222 303.17 元。

（3）被告辩称

被告人杨小进辩称：其没有伤害的故意，应以过失致人死亡罪处罚。

2. 一审事实和证据

青海省海东地区中级人民法院经公开审理查明：被告人杨小进与被害人拉有祥系同村村民，平时关系较好。2008 年 11 月 11 日 19 时许，被告人杨小进与被害人拉有祥等人在本村村民拉存珍家玩牌喝酒。至 12 日凌晨零时 30 分许，已经醉酒的杨小进与拉有祥一起到本村村民拉有宝小卖部买酒，拉有祥让杨小进买两瓶白酒，杨小进以已经喝醉、赶紧回家为由拒绝买酒并转身出了小卖部，拉有祥便自己买了一瓶啤酒随后也离开了小卖部，出门时嘴里叫骂，啤酒瓶也摔碎在地上。拉有祥用拳将杨小进嘴唇打烂流血，杨小进即用拳脚将拉有祥打倒在小卖部旁公路边的水沟中，随后回到家里并告诉家人拉有祥在水沟里，杨小进的父亲即到现场看了情况，回家后又打电话通知了拉有祥的母亲李满桂，并叫起已经睡觉的杨小进一起至现场将拉有祥从水沟中抬出放在公路边。后经村保健员拉有宝检查，发现拉有祥已死亡。2008 年 12 月 18 日，被告人杨小进在其家中被抓获。经青海省公安厅、青海省人民检察院、海东地区公安局、乐都县公安局法医共同鉴定：死者拉有祥系头面部受钝器作用致脑挫裂伤、脑干挫裂伤，脑水肿死亡。

上述事实有下列证据证明：

（1）乐都县公安局接受刑事案件登记表及被告人到案经过证明：2008 年 11 月 12 日 2 时 31 分，乐都县公安局刑警大队接到该县共和乡拉日村村民拉成秀报案称，2008 年 11 月 12 日 2 时 31 分，发现其侄子拉有祥在本村拉有宝小卖部附近死亡。2008 年 12 月 18 日，乐都县公安局民警在被告人杨小进家中将其抓获。

（2）证人拉成秀证实，2008年11月12日2时许，我侄儿拉有祥的母亲李满桂哭着来到我家说拉有祥在拉有宝的小卖部门口死了，我到现场后发现拉有祥脸上有一个包，不知是什么原因。我就用电话报了案。

（3）证人赵洪英证实，我丈夫杨小进与拉有祥平时关系很好，经常在一起喝酒。2008年11月11日19时许，杨小进吃完晚饭从家里出去。12日凌晨零时许，杨小进喝醉酒后回到家中，上嘴皮上流着血，对我说他和拉有祥栽到水沟里了，现拉有祥还在水沟里并让我去查看一下，后我公公杨华有查看回来给拉有祥的母亲打了个电话，叫上杨小进去拉拉有祥，听杨华有说拉有祥死了。

（4）证人杨华有证实，儿子杨小进与拉有祥关系很好，没有矛盾。2008年11月12日凌晨零时许，我儿媳妇赵洪英对我说拉有祥在水沟里窝着，让我去看看，我便出门去查看，走到本村拉有宝家小卖部对面时，见拉有祥头朝南、脚朝北、面朝东侧卧在公路东边的水沟里，我喊了几声拉有祥，拉有祥没有声音，我将拉有祥往水沟沿上拉没拉动，便回到家中给拉有祥的母亲李满桂打电话告诉她，随后叫上杨小进将拉有祥从水沟里抬出来，头朝南、脚朝北放在公路边。李满桂来后，叫来本村保健员拉有宝查看后说拉有祥已死亡，并听拉有宝说，在此之前杨小进和拉有祥酒后到其小卖部买过酒，后杨小进先走了，拉有祥买了一瓶啤酒出门后把啤酒瓶打烂了。后村里人把拉有祥的尸体掉了个头，头朝北、脚朝南仰放在公路边。

（5）证人李满桂证实，我家与杨华有家未发生过矛盾。2008年11月12日凌晨1时许，杨华有给我打来电话说拉有祥酒喝醉了躺在拉有宝家小卖部门口，我去后见杨小进和其父亲杨华有蹲在拉有祥的身边，我走到拉有祥跟前用手摸了一下，拉有祥的肚皮还热着，用手摸了一下头部，发现右前额有一个大包，我便让杨小进去叫村保健员拉有宝，拉有宝来后检查了一下说，人已经死了。

（6）证人拉有宝证实，2008年11月12日凌晨零时30分许，本村的拉有祥和杨小进酒后到我家的小卖部里买酒，拉有祥让杨小进买两瓶白酒，杨小进说“你再喝不下，买啥酒，赶紧回家去”，说完杨小进转身出了小卖部，拉有祥自己买了一瓶啤酒后也走出了小卖部，刚出门拉有祥嘴里说，我在一瓶啤酒上吗。随后听见啤酒瓶掉在地上被打碎的声音。约过了30分钟，拉有祥的母亲和杨小进的父亲来叫我，拉有祥的母亲说拉有祥躺在水沟里没动弹着，让我查看一下，我用手电照着走出小卖部后，见拉有祥在我家小卖部对面公路边上的水沟沿上躺着，我检查后发现拉有祥已经死亡，并见拉有祥额头上有个疙瘩流出了血。

（7）证人祁花儿证实，2008年11月12日凌晨，我听到哭声出门查看，见拉有宝小卖部南面站着拉有宝、杨华有和李满桂，李满桂哭着说拉有祥死了。距该具尸体以北290cm处的东侧排水沟内有多处点状血迹（已提取，编号5）。

（8）证人拉存珍、拉存善、拉正福证实，2008年11月11日19时许，拉存善、拉正福、杨小进、拉有祥四人在拉存珍家中玩牌喝酒，12日零时许，杨小进和拉有祥出去买酒再未回来，拉存善、拉正福还证实，平时大家关系比较好，喝酒时未发生矛盾。

（9）现场勘查笔录、现场平面示意图及现场照片证实，现场位于乐都县共和乡拉日村村民拉有宝家小卖部门前的公路上，小卖部门前为一段土路，土路与公路西侧排水沟处有一简易小桥。距小卖部正东方310cm处的土路上有多片破碎的啤酒瓶碎片，小桥以南、距小桥南沿110cm处的西侧水沟内有破碎的啤酒瓶瓶口、瓶底碎片。距小桥南沿60cm，距公路西侧外沿110cm处有一点状血迹（已提取，编号1），距该点血迹东南方向330cm、距公路东沿 240cm 处有一点状血迹（已提取，编号 2），距此点血迹东南方向 240cm，距公路东沿 110cm 处有 12×20cm 点状血迹（已提取，编号 3），据该处血迹以西 110cm、距路东沿 280cm 处有一点状血迹（已提取，编号 4）。距公路东沿 60cm、距小桥南沿以南 810cm 处有一具男尸，尸体头北脚南、呈仰卧状，上身着蓝色西服，下身着蓝裤布鞋，面部有外伤。距该具尸体以北 290cm 处的东侧排水沟内有多处点状血迹（已提取，编号 5）。

(10) 青海省公安厅出具的 2009 年 1 月 21 日的刑事科学技术鉴定及尸体检验照片证明：死者拉有祥尸长 163cm，右眼窝青紫肿胀，右眉弓外上缘 2×0.6cm 表皮擦伤，右腋下有斜形长 8cm 的表皮擦伤，左上腹边缘下 7×3cm 片状表皮擦伤。右肘关节外侧有 1×1cm 表皮擦伤。解剖检验，右侧颞顶部帽状腱膜下出血，右侧眼眶皮下出血达骨膜。左侧胸部第七肋肋骨与肋软骨交界处有面积约 2.5×2cm 出血点，左侧五、六、七、八肋肋骨与肋软骨交界处外端骨折，第八肋骨折断端有出血。分析说明，尸体检验见右侧眼窝皮下出血、右眉弓外上缘表皮擦伤、右侧颞顶部帽状腱膜下出血，组织病理学检验见脑挫裂伤、脑干挫裂伤、脑水肿，死者的死亡主要原因系钝器作用于头面部致脑挫裂伤、脑干挫裂伤、脑水肿死亡；左上腹部边缘下片状表皮擦伤，左侧五、六、七、八肋肋骨与肋软骨交界处外端骨折，胰腺的灶状出血对其死亡有促进作用；根据损伤的部位、形态学特征和程度分析死者右眼的损伤为他人用钝器（如拳）打击所致，左上腹部肋缘下片状表皮擦伤，左侧五、六、七、八肋肋骨为他人钝器打击所致，右侧颞顶部帽状腱膜下出血为他人用钝器打击或头部撞击于钝器（如地）均可以形成；组织病理学检验其他脏器虽检出其他疾病，但均不是致死性疾病，为此可排除疾病致死。结论，死者拉有祥系头面部受钝器作用致脑挫裂伤、脑干挫裂伤、脑水肿死亡。

(11) 青海省公安厅出具的 2008 年 11 月 27 日的刑事科学技术鉴定书证明：送检的现场提取血迹 1、4 是杨小进所留的可能＞99.99%；送检的现场提取血迹 3 不排除是杨小进所留的可能；送检的现场提取血迹 2、5 未作出 DNA 分型。

(12) 青海省公安厅出具的 2009 年 1 月 13 日的刑事科学技术鉴定书证明：从所送检的拉有祥胃内容物中检出乙醇，含量为 1.61mg/g。

(13) 中国残疾人联合会于 1997 年 11 月 19 日颁发的残疾人证证明：祁兰英肢体一级残疾。

(14) 被告人杨小进供称，2008 年 11 月 11 日 19 时许，我与拉存善、拉正福、拉有祥在本村拉存珍家肉铺里打牌凑钱买酒喝，我们四人将近喝了四瓶白酒，都喝醉了，我和拉有祥又到本村拉有宝家的小卖部里去买酒，拉有祥让我买酒要继续喝，拉有宝见我俩已经喝醉便劝我们不要再买酒喝了，我再未买酒转身出了小卖部门，拉有祥自己买了一瓶啤酒嘴里骂着“我就值这一瓶酒吗?”跟出来，后不知什么原因拉有祥把刚买上的啤酒摔到地上打碎了，拉有祥过来后用拳在我上嘴唇处打了一拳，流血了，我便用左拳朝拉有祥面部或头部打了一拳，拉有祥往后退了两步，我又用左脚朝拉有祥腹部踏了一脚，当时就把拉有祥踏翻栽倒在水泥路东面的水沟里，然后我转身回家了。回家后我害怕拉有祥出事，便告诉我妻子赵洪英说拉有祥酒后栽到水沟里了，让她去看一下，而后我就睡觉了，以后的事情记不清了。对拉有祥系头面部受钝器作用致脑挫裂伤、脑干挫裂伤、脑水肿死亡的鉴定结论没有异议。

3. 一审判案理由

青海省海东地区中级人民法院经审理认为：被告人杨小进酒后故意伤害他人身体，致人死亡，其行为已构成故意伤害罪，应予惩处。鉴于被告人杨小进与被害人拉有祥系同村村民，平时关系较好，两家素无矛盾及事后让其妻前去查看被害人，并与其父将被害人从水沟里抬到沟沿上，叫来村保健员查看拉有祥的伤情，其主观恶性较轻等情节，可对其酌情从轻处罚。

另查明，附带民事诉讼原告人祁兰英系肢体一级残疾；附带民事诉讼原告人李满桂共有一子（被害人拉有祥）二女。拉有祥的丧葬费 15 491.50 元；请求判令被告人杨小进赔偿被害人拉有祥的死亡赔偿金 53 676 元的诉讼请求，属精神损害赔偿范畴，非直接经济损失，对此不予支持；李满桂赡养费 2 479.17 元、拉存慧抚养费 9 090.28 元、祁兰英扶养费 28 427.78 元、拉雪莲抚养费 19 502.78 元；交通费、误工费共计 1 000 元。

4. 一审定案结论

青海省海东地区中级人民法院依照《中华人民共和国刑法》第二百三十四条第二款、第五十六条第一款、第五十五条第一款、第三十六条第一款和《中华人民共和国民法通则》第一百一十九条及最高人民法院《关于审理人身损害赔偿案件适用法律若干问题的解释》第二十七条、第二十八条，作出如下判决：

（1）杨小进犯故意伤害罪，判处有期徒刑十二年，剥夺政治权利二年。

（2）杨小进赔偿附带民事诉讼原告人祁兰英、李满桂、拉存慧、拉雪莲要求赔偿的被害人拉有祥的丧葬费 15 491.50 元和被害人拉有祥生前扶养人李满桂赡养费 2 479.17 元、祁兰英扶养费 28 427.78 元、拉存慧抚养费 9 090.28 元、拉雪莲抚养费 19 502.78 元、交通费、误工费 1 000 元，合计 75 991.51 元。

（三）二审诉辩主张

上诉人杨小进诉称：原判定性错误，其没有伤害的故意，应以过失致人死亡罪处罚；其犯罪情节较轻，原判量刑过重。

附带民事原告人祁兰英、李满桂、拉存慧、拉雪莲诉称：请求判令人民法院判令杨小进赔偿拉有祥的丧葬费 15 491.50 元；死亡赔偿金 61 220 元；李满桂赡养费 9 916.67 元、拉存慧抚养费 26 775 元、祁兰英扶养费 59 500 元、拉雪莲抚养费 47 600 元；交通费、误工费 1 800 元，共计 222 303.17 元。

（四）二审事实和证据

青海省高级人民法院经审理，确认一审法院认定的事实和证据。

（五）二审判案理由

青海省高级人民法院经审理认为：杨小进上诉提出，原判定性错误，没有伤害的故意，应以过失致人死亡罪处罚；犯罪情节较轻，原判量刑过重。经查，刑事科学技术鉴定书证实，被害人拉有祥右侧眼窝皮下出血、右眉弓外上缘表皮擦伤、右侧颞顶部帽状腱膜下出血及左上腹部边缘下片状表皮擦伤，左侧五、六、七、八肋肋骨与肋软骨交界处外端骨折，上述损伤均系钝器打击所形成。拉有祥死亡的主要原因系钝器作用于头面部致脑挫裂伤、脑干挫裂伤、脑水肿死亡，左上腹部边缘下片状表皮擦伤，左侧五、六、七、八肋肋骨与肋软骨交界处外端骨折，胰腺的灶状出血对其死亡有促进作用；组织病理学检验其他脏器虽检出其他疾病，但均不是致死性疾病，为此可排除疾病致死。上诉人杨小进拳打脚踢被害人，主观上具有故意伤害他人的故意，客观上实施了拳打脚踢的伤害行为，并造成被害人拉有祥死亡，其行为符合故意伤害罪的构成要件。杨小进提出原判定性错误的上诉理由与事实不符，不予采纳。

关于上诉人祁兰英、李满桂、拉存慧、拉雪莲请求判令杨小进赔偿拉有祥丧葬费15 491.50元；死亡赔偿金 61 220 元；李满桂赡养费 9 916.67 元、拉存慧抚养费 26 775 元、祁兰英扶养费 59 500 元、拉雪莲抚养费 47 600 元；赔偿交通费、误工费 1 800 元，共计222 303.17 元的上诉理由，经调解，上诉人杨小进亲属自愿代为赔偿8万元整，上诉人祁兰英、李满桂接受赔偿，对上诉人杨小进犯故意伤害罪的行为表示谅解，并提交了要求对杨小进从轻判处的申请书。

（六）二审定案结论

青海省高级人民法院依照《中华人民共和国刑法》第六十三条、《中华人民共和国刑事诉讼法》第一百八十九条第（二）项和最高人民法院《关于执行〈中华人民共和国刑事诉讼法〉若干问题的解释》第二百六十八条第（二）项，作出如下判决：

1. 维持青海省海东地区中级人民法院（2009）东刑初字第 21 号刑事附带民事判决第一项中对杨小进的定性部分。

2. 撤销青海省海东地区中级人民法院（2009）东刑初字第 21 号刑事附带民事判决第一项中对杨小进的量刑部分及第二项对杨小进赔偿祁兰英、李满桂、拉存慧、拉雪莲各项经济损失及费用，合计 75 991. 51 元的民事赔偿部分。

3. 杨小进犯故意伤害罪，判处有期徒刑五年。

（七）解说

刑事案件如何贯彻落实宽严相济刑事政策中从“宽”的政策要求，是长期以来困扰刑事法官的一项难题，本案的处理无疑提供了一个新的思路。就本案而言上诉人杨小进故意伤害致人死亡的事实清楚，但如简单地就案办案，难免使被害人一家陷入生活困难，因此，根据本案件特殊情况，针对可能引发闹访的案件，及时采用各种司法手段进行调解，消除矛盾隐患，保障当事人的合法权益，促进社会和谐。避免因民事部分没有得到妥善处理而影响量刑、出现上访、闹访等，对于青海省这个多民族省份尤为重要，也存在更大的难度，有些案件涉及不同村庄、不同部落之间的历史积怨，矛盾纠纷复杂，社会影响大，激烈程度往往难以预料和控制。在刑事审判工作中，我们长期高度重视附带民事调解工作，在做好刑事部分审判工作的同时，不断加大民事调解力度，利用民事调解赔偿化解社会矛盾，尽量减少被害方的经济损失，为最终裁判做铺垫，将刑事案件的审理与构建和谐社会有机地结合起来，减少社会对立面。为了化解矛盾，平息纠纷，真正做到案结事了，审理案件过程中，注意了解附带民事诉讼原告人及被告人的家庭状况、心理状态及经济条件等背景，积极探索附带民事调解新途径，切实解决双方当事人的实际困难，进一步提高附带民事调解质量和效率。本案祁兰英等人的上诉理由有的超出刑事附带民事诉讼范围，依照法律规定无法支持其诉求。但由于上诉人杨小进犯罪行为造成被害人拉有祥死亡的严重后果，导致被害人拉有祥无双下肢的妻子祁兰英失去生活的依靠，还要抚养两个未成年子女。法院根据上诉人杨小进的犯罪手段、以往的一贯表现，与被害人拉有祥生前的关系、犯罪的动机、杨小进的家庭经济情况，矛盾又无激化的可能性等等，及时调整司法手段，适时采用调解手段。

在本案中上诉人杨小进无劣迹前科，与被害人拉有祥系同村村民，与被害人生前邻里关系和睦，无矛盾。只因两人酒后发生矛盾，上诉人杨小进仅是对被害人拉有祥打了一拳、踢了一脚，实施伤害犯罪的情节、手段一般。上诉人杨小进与被害人拉有祥家庭经济条件都很困难，拉有祥的妻子本案附带民事诉讼原告人（上诉人）祁兰英无双下肢，两个孩子尚未成年，婆婆年迈，被害人被害后生活困难，确实需要经济赔偿。因杨小进的家庭经济也较为困难，附带民事部分的赔偿款无法执行。在二审期间，经做民事调解工作上诉人父亲表示愿意赔偿，但只有向他人借款，最多可赔偿8万元。因一审对杨小进量刑十二年，杨小进的父亲现已七十余岁，杨小进的亲属根本没有还款能力，无人愿意借款，故无法借款，也无力赔偿。如对杨小进处刑三五年，杨小进出狱后可以偿还，这样可以借到钱，赔偿被害人的损失。祁兰英等人向二审法院表示如果杨小进亲属赔偿8万元，可以谅解，并提交了请求从轻处罚杨小进的申请书，并表示不会上访申诉。此案经调解，杨小进亲属自愿代为赔偿8万元整，祁兰英、李满桂接受赔偿，对杨小进犯故意伤害罪的行为表示谅解，并提交了要求对杨小进从轻判处的申请书。

二审法院经审理认为，杨小进故意伤害他人身体，致人死亡，其行为构成故意伤害罪。原审判决认定事实清楚，证据确实、充分，定性正确，唯量刑不当。鉴于本案发生在农村，上诉人杨小进无劣迹前科，与被害人生前邻里关系和睦，只因酒后发生纠纷引发了本案，实施伤害犯罪的情节、手段一般，犯罪主观恶性和社会危害性相对较小。且杨小进亲属愿意代为赔偿经济损失，取得被害方谅解。原判在法定刑以上量刑过重，应予改判。经审判委员会讨论决定，依照《中华人民共和国刑法》第六十三条的规定，以故意伤害罪，判处有期徒刑五年。综上，青海省高级人民法院根据不同刑附民案件的情况结合上诉人的犯罪手段、以往的一贯表现、犯罪动机、家庭经济情况等等，及时调整司法手段，适时采用调解手段，化解矛盾，平息纠纷，妥善处理附带民事诉讼，真正做到案结事了。

（青海省高级人民法院　陈振辉）

75. 刘克俭被诉伪造公司印章裁定准许撤诉案（自诉）

（一）首部

1. 裁定书字号：北京市石景山区人民法院（2009）石刑初字第180号。

2. 案由：伪造公司印章案。

3. 诉讼双方

自诉人：北京京城水神防水工程有限公司，注册地北京市石景山区上庄（城建防水分公司院内）。

法定代表人：张东军，职务：董事长。

诉讼代理人：蔡大伟，北京市景春律师事务所律师。

被告人：刘克俭，男，1949 年 12 月 5 日出生，回族，住北京市宣武区大宝吉港。

4. 审级：一审。

5. 审判机关和审判组织

审判机关：北京市石景山区人民法院。

独任审判员：吕志杰。

6. 审结时间：2009 年 5 月 18 日。

（二）诉辩主张

1. 自诉人诉称

自诉人北京京城水神防水工程有限公司（以下简称京城防水公司）原系北京城建国际建设有限公司下属公司。2005 年 8 月，自诉人从北京城建国际建设有限公司承接了鼎立家园防水项目工程。该工程于 2007 年 7 月完工。因双方系上下级关系，因此未签订书面合同。在该工程进行中，被告人刘克俭伪造自诉人单位印章，同北京城建国际建设有限公司就鼎立家园项目又签订了合同，并把原来已完工的工程一并涵盖进该合同。2007 年 11 月，因刘克俭拖欠该工程农民工资，农民工将自诉人诉到法院，自诉人才知道此事。自诉人京城防水公司委托专业机构对合同上加盖的自诉人单位公章进行鉴定，鉴定结论为此公章系伪造。

自诉人认为被告人刘克俭伪造公司印章并公然用其进行经济活动，对自诉人今后的经营活动造成了巨大隐患，向公安机关报案，但公安机关并未按法律规定办理，故起诉至法院，要求以伪造公司印章罪追究被告人刘克俭的刑事责任。

2. 被告辩称

被告人刘克俭就自诉人指控其伪造公司印章的事实未予表态。

（三）事实和证据

北京市石景山区人民法院经公开审理查明：自诉人北京京城水神防水工程有限公司向本院提交了企业法人营业执照、合同书、相关民事判决书、司法鉴定书等证据，上述证据证实了刘克俭使用伪造的印章与其他单位签订合同的事实。

在诉讼过程中，经本院主持调解，自诉人北京京城水神防水工程有限公司与被告人刘克俭自愿达成调解协议，自诉人北京京城水神防水工程有限公司自愿向本院申请撤回对刘克俭的指控。

（四）裁判理由

北京市石景山区人民法院经审理认为：自诉人北京京城水神防水工程有限公司的撤诉申请符合相关法律规定。

（五）定案结论

北京市石景山区人民法院依照《中华人民共和国刑事诉讼法》第一百七十二条、最高人民法院《关于执行〈中华人民共和国刑事诉讼法〉若干问题的解释》第一百九十八条，作出如下裁定：

准许自诉人北京京城水神防水工程有限公司对被告人刘克俭撤诉。

（六）解说

就本案是否属于人民法院直接受理的自诉案件，在审理过程中产生了分歧：

第一种意见是：根据《中华人民共和国刑事诉讼法》第一百七十条和最高人民法院《关于执行〈中华人民共和国刑事诉讼法〉若干问题的解释》第一条的规定，被害人可以对以下三类案件提起自诉：

1. 告诉才处理的案件，即由被害人或其法定代理人提出告诉人民法院才予直接受理的案件。包括侮辱、诽谤案（《刑法》第二百四十六条规定的，但是严重危害社会秩序和国家利益的除外）、暴力干涉婚姻自由案（《刑法》第二百五十七条第一款规定的）、虐待案（《刑法》第二百六十条第一款规定的）、侵占案（《刑法》第二百七十条规定的）。上述案件中由于与被害人切身利益相关，《刑事诉讼法》赋予被害人提起诉讼的权利，如果被害人放弃追诉权，司法机关不能主动追究。所以，上述案件，只能由被害人向人民法院提起自诉。

2. 有证据证明的轻微刑事案件，即案件性质、情节、危害轻微，被害人有证据证明的案件。包括故意伤害案（《刑法》第二百三十四条第一款规定的）、非法侵入住宅案（《刑法》第二百四十五条规定的）、侵犯通讯自由案（《刑法》第二百五十二条规定的）、重婚案（《刑法》第二百五十八条规定的）、遗弃案（《刑法》第二百六十一条规定的）、生产、销售伪劣商品案、侵犯知识产权案（上述两类中，严重危害社会秩序和国家利益的除外）、属于《刑法》第四章、第五章规定的对被告人可能判处三年有期徒刑以下刑罚的案件。这类案件是可以通过自诉程序处理的公诉案件，从理论上说，对这类案件同时被害人可以提起自诉、国家追诉机关亦可以提起公诉。在被害人选择自诉的情况下，应当尊重被害人的自诉权。应当注意的是被害人在自身收集不到证据的情况下，也可以直接向公安机关控告，公安机关不能因这类案件可以提起自诉而拒绝受理。

3. 被害人有证据证明对被告人侵犯自己人身、财产权利的行为，应当依法追究刑事责任，而公安机关或人民检察院不予追究刑事责任的案件。这一规定赋予被害人对自己有一定证据证明的侵犯自己人身、财产权利的，人民检察院与公安机关又不予追究的行为以自诉权，有利于改变被害人告状无门的状况，保障被害人合法权益。此类案件实际由公诉案件转化而来，称为公诉转自诉案件。此类案件提起自诉，应当提供公安机关或人民检察院已经作出的对某案不予追究的书面决定，如不予立案、不起诉决定书等等。

基于上述相关规定，持上述观点的人认为公诉转自诉案件应严格限定在侵犯公民人身权利、财产权利类犯罪的范畴，而本案自诉人北京京城水神防水工程有限公司起诉被告人刘克俭犯伪造公司印章罪属妨害社会管理秩序类罪范畴。刑诉法并未将此类犯罪规定在可以提起自诉或由公诉转为自诉案件的范畴。因此，此类伪造公司印章罪的案件不属自诉案件，不应由人民法院直接立案。

第二种意见是：

1. 自诉人北京京城水神防水工程有限公司向法院提交的证据，能够证实被告人刘克俭伪造了自诉人的印章，且用于经济活动，对自诉人正常的经营活动造成了损害。现自诉人不仅有被告人刘克俭侵犯自诉人权利的证据，也有公安机关不予立案的通知，符合立案条件的人民法院应予立案。

2. 自诉案件具有性质相对轻微、情节相对简单的特点，根据《刑事诉讼法》第一百七十条的规定，自诉案件不仅仅限于告诉才处理的案件和轻微刑事案件，对公安机关或者人民检察院不予追究被告人刑事责任的案件，赋予被害人起诉权，不仅有利于改变被害人状告无门的现状，也能保障被害人的合法权益。

基于上述思路，在明确自诉人北京京城水神防水工程有限公司指控被告人刘克俭伪造公司印章案，不属人民法院直接受理的自诉案件的前提下，也考虑到自诉人确实存在状告无门的现实问题。假使开庭审判，审判庭也难以作出裁决。在“人民法官为人民”主题思想的指导下，同时考虑自诉案件的特点，审判庭确定了调解解决纠纷的方案。在将双方当事人传唤到法庭后，首先向被告人出示了自诉人向法庭提交的证据，使被告人通过证据不仅认识到其存在伪造公司印章的行为，同时其行为也给自诉人北京京城水神防水工程有限公司的正常经营活动及经济利益造成影响。继而法官向自诉人北京京城水神防水工程有限公司、被告人刘克俭明确阐释了相关法律规定，倡导双方以和谐的理念为解决纠纷落脚点。最终，自诉人北京京城水神防水工程有限公司在了解到被告人刘克俭并未对外大量使用其公司印章，并同意补偿其经济损失后，双方矛盾化解，自诉人北京京城水神防水工程有限公司主动向法院提出了撤诉申请。法院以裁定准予自诉人撤回自诉。

这样的一起自诉案件，不仅考察了法官对自诉案件相关规定掌握的程度，同时在司法为民的大背景下，在审判工作中考虑人民满意不满意，对一个刑事法官能动司法提出了考验。本案法官对案件的处理，虽然站在法律规定的角度，干了“不该干的事”，但是，站在人民群众的立场，通过法官的努力，化解了矛盾，解决了纠纷。案件的效果是应该得到肯定的。

在刑事追诉权问题上，现代国家一般采取双轨制，即在赋予特定国家机关对多数犯罪享有追诉权的基础上，赋予公民享有对某些特定犯罪的追诉权。在我国，检察机关是法定追诉机关，享有对多数刑事犯罪的追诉权，但是对某些刑事犯罪，个人依法享有追诉权。显然，自诉人的诉权只针对特定的案件即人民法院直接受理的刑事案件。依刑诉法相关规定，公诉转自诉案件应严格限定在侵犯公民人身权利、财产权利类犯罪的范畴，而本案自诉人北京京城水神防水工程有限公司起诉被告人刘克俭犯伪造公司印章罪属妨害社会管理秩序类罪范畴。刑诉法并未将此类犯罪规定在可以提起自诉或由公诉转为自诉案件的范畴。因此，此类伪造公司印章罪的案件不属自诉案件，不应由人民法院直接立案。

（北京市石景山区人民法院　郭秋香）

76. 许实义贩卖、运输毒品案
（证据）

（一）首部

1. 裁判书字号

一审判决书：广东省潮州市中级人民法院（2009）潮中法刑一初字第16号。

二审裁定书：广东省高级人民法院（2009）粤高法刑一终字第332号。

2. 案由：贩卖、运输毒品案。

3. 诉讼双方

公诉机关：广东省潮州市人民检察院，检察员：李彤。

被告人（上诉人）：许实义，男，1955年6月3日出生。2004年2月24日因犯贩卖毒品罪被判处有期徒刑三年，2006年3月30日刑满释放。2008年10月28日因本案被逮捕。

辩护人：曾宪荣，广东新新洋律师事务所律师。

4. 审级：二审。

5. 审判机关和审判组织

一审法院：广东省潮州市中级人民法院。

合议庭组成人员：审判长：江瑾；代理审判员：郭旭平、余丹平。

二审法院：广东省高级人民法院。

合议庭组成人员：审判长：罗桦；代理审判员：谢远航、龚格致。

6. 审结时间

一审审结时间：2009年6月26日。

二审审结时间：2009年10月27日。

（二）一审诉辩主张

1. 公诉机关指控称

（1）2008年6月上旬的一天晚上7时左右，被告人许实义在潮州市区昌黎路文化公园后围墙中段厕所旁将8克毒品海洛因贩卖给吸毒人员刘建平（已判刑）、邱岳荣，获得赃款人民币2 400元。

（2）2008年6月的一天晚上8时多，被告人许实义在潮州市区昌黎路文化公园后围墙中段厕所旁将8克毒品海洛因贩卖给吸毒人员刘建平、邱岳荣，获得赃款人民币2 400元。

（3）2008年9月25日上午9时多，潮州市公安局湘桥区分局根据掌握的情况，在安黄公路黄金塘附近路段截获被告人许实义，并当场在许实义驾驶的粤U4S758摩托车护架内缴获红双喜牌香烟一条，内藏毒品海洛因共509.8克。

综上所述，被告人许实义贩卖毒品作案3宗，共计毒品海洛因525.8克，其中运输毒品海洛因 509.8 克。

公诉机关认为，被告人许实义的行为应当以贩卖、运输毒品罪追究其刑事责任。被告人许实义是累犯，适用《中华人民共和国刑法》第六十五条之规定，应当从重处罚，请依法予以惩处。

2. 被告辩称

被告人许实义辩称：(1) 其没有贩卖毒品海洛因给刘建平、邱岳荣。(2) 被查扣的红双喜牌香烟一条是其在潮安县铁铺镇捡到的，当时其不知里面装的是毒品海洛因，其没有运输毒品海洛因。

其辩护人的辩护意见为：(1) 起诉书指控的第一、二宗作案只有吸毒人员刘建平、邱岳荣的指证，事实不清，证据不足，指控不能成立。(2) 被告人许实义虽然捡到红双喜牌香烟一条，但因该香烟在被查获之前，许实义并不知道香烟盒内藏有毒品海洛因，因此不能认定许实义的行为构成运输毒品罪。

(三) 一审事实和证据

广东省潮州市中级人民法院经公开审理查明：

1. 2008 年 6 月上旬的一天晚上 7 时左右，被告人许实义在潮州市湘桥区昌黎路文化公园后围墙中段厕所旁将 8 克毒品海洛因贩卖给吸毒人员刘建平（已判刑）、邱岳荣，获得赃款人民币 2 400 元。

上述事实有下列证据证明：

(1) 证人刘建平证言：2008 年 6 月上旬的一晚 7 时左右，其事先与许实义电话联系后，与邱岳荣一起赶到潮州市湘桥区昌黎路文化公园后围墙中段厕所旁，花 2 400 元向许实义购买了 8 克毒品海洛因。辨认笔录证实刘建平经辨认照片，指认贩卖海洛因给他的许实义及与他一同向许实义购买毒品海洛因的邱岳荣。辨认笔录证实经带路辨认后，刘建平认出潮州市区昌黎路文化公园后围墙中段厕所边就是其与邱岳荣向许实义购毒的地点。

(2) 证人邱岳荣证言：2008 年 6 月上旬的一晚 7 时左右，刘建平与许实义电话联系后，带其一起赶到潮州市区昌黎路文化公园后围墙中段厕所边，花 2 400 元向许实义购买了 8 克毒品海洛因。辨认笔录证实邱岳荣经辨认照片后，指认出许实义和刘建平。辨认笔录证实经带路辨认后，邱岳荣认出潮州市区昌黎路文化公园后围墙中段厕所边就是其与刘建平向许实义购毒的地点。

(3) 证人周建雄证言：2007 年年初，其经人介绍认识许实义，并有与他联系。2008 年 5、6 月，许实义用 13727936197 的手机号。2008 年 7、8 月，许实义用 13671449100 的手机号。辨认笔录证实经相片辨认后，周建雄认出许实义。

(4) 手机通话记录证实：刘建平的手机与许实义的手机在 2008 年 6 月份曾多次进行通话。

(5) 行政处罚决定书证实邱岳荣因吸毒被处罚款 200 元；刑事判决书证实刘建平因贩卖毒品罪被判刑的情况。

2. 2008 年 6 月的一天晚上 8 时多，被告人许实义在潮州市区昌黎路文化公园后围墙中段厕所旁将 8 克毒品海洛因贩卖给吸毒人员刘建平、邱岳荣，获得赃款人民币 2 400 元。

上述事实有下列证据证明：

（1）证人刘建平证言：2008年6月的一晚8时多，其事先与许实义电话联系后，与邱岳荣一起赶到潮州市湘桥区昌黎路文化公园后围墙中段厕所旁，花2 400元向许实义购买了8克毒品海洛因。

（2）证人邱岳荣证言：2008年6月的一晚8时多，刘建平与许实义电话联系后，带其一起赶到潮州市区昌黎路文化公园后围墙中段厕所边，花2 400元向许实义购买了8克毒品海洛因。

（3）手机通话记录证实：刘建平的手机与许实义的手机在2008年6月份曾多次进行通话。

3. 2008年9月25日上午9时多，潮州市公安局湘桥区分局根据掌握的情况，在潮州市安黄公路黄金塘附近路段截获被告人许实义，并当场在许实义驾驶的粤U4S758摩托车护架内缴获红双喜牌香烟一条，内藏毒品海洛因共509.8克。

综上所述，被告人许实义贩卖、运输毒品作案3宗共计毒品海洛因525.8克，其中运输毒品海洛因509.8克。

上述事实有下列证据证明：

（1）证人陈路花证言：2008年9月25日上午9时多，其看见路政的工作人员和另外几名男子正在安黄公路上拦路过的汽车。当一五十多岁的男子驾驶一摩托车驶至宏兴药房前面时，突然有另外两辆摩托车和几名便衣警察跑步向那男子靠近，迅速将他从摩托车上拉下来并制伏。警察将那男子制伏后，当着那男子的面在他所驾驶的摩托车的前面护架的铁筒中拿出一件蓝色雨衣和一个黑色塑料袋。警察打开黑色塑料袋，里面是几包红双喜牌香烟和几包芙蓉王牌香烟。警察拆开那些红双喜牌香烟和芙蓉王牌香烟，其看见里面装的不是香烟，而是一些用透明塑料袋包装的白色块状物品。随后，警察将那男子和那些物品均带走了。辨认笔录证实经相片辨认后，陈路花认出许实义就是当时被公安人员抓获的人。

（2）证人刘松华证言：2008年9月25日上午9时多，其发现有路政工作人员在安黄公路上拦车。突然，在宏兴药店前公路旁有便衣警察将一骑摩托车的男子抓住，并当场在该男子开的摩托车的护架上搜出一条红双喜牌香烟。公安当场拆开该条香烟，从里面的香烟盒内搜出用塑料透明封口袋装成的一小包一小包的白色物品。随后，公安人员将那男子和查获的物品带上车后离开。辨认笔录证实经相片辨认后，刘松华认出许实义就是当时被公安人员抓获的人。

（3）证人许坤钰证言：2008年9月25日上午9时多，其得知便衣民警在安黄公路拦车的目的是要抓犯罪嫌疑人，遂与同事刘庆浩上前指挥交通。事后其听围观的群众说民警在堵路的汽车后面抓获一开摩托车的男子，并从那男子的随身物品中查获一些白色块状物品。

（4）证人刘庆浩证言：2008年9月25日上午9时多，其在安黄公路协助民警拦车。约10分钟后，民警在该路段抓获一名开摩托车往市区方向的男子，并将他带走。

（5）证人杨某梅证言：2008年9月24日晚睡觉时，许实义说他次日有事，让其不要跟他说话以免打扰他。

（6）搜查笔录和扣押物品清单证实：2008年9月25日上午，民警在抓获许实义后，在其驾驶的粤U4S758摩托车的左侧护架铁筒内查获一条红双喜牌香烟，该条香烟内有六盒红双喜牌香烟和四盒芙蓉王牌香烟。在这些香烟盒内查获51小包白色块状和粉末状疑似物品，在许实义身上查获一手机；相片拍摄了从摩托车护架中查获毒品海洛因的情况。

(7) 刑事化验检验报告证实：①从许实义处缴获的白色块状物品 20 小包，净重 201.3 克，检出海洛因成分，含量为 31.8%；②从许实义处缴获的白色块状物品 30 小包，净重 307.3 克，检出海洛因成分，含量为 14.4%；③从许实义处缴获的白色粉末一小包，净重 1.2 克，检出海洛因成分。

(8) 被告人许实义的户籍材料证实了其身份情况；刑事判决书和释放证明证实：被告人许实义于 2004 年 2 月 24 日因犯贩卖毒品罪被潮州市湘桥区人民法院判处有期徒刑三年，2006 年 3 月 30 日刑满释放。

(9) 被告人许实义供述：2008 年 9 月 25 日上午 8 时左右，其开粤 U4S758 红色太子摩托车从潮州载一客人到汕头澄海区东陇车站附近。随后，其单人开摩托车沿安黄公路回潮州市区。当车驶至安黄公路铁铺镇八角楼附近路段时，其看见路上有一包用黑色薄膜袋装的物品。其捡起后发现是一条红双喜牌香烟，就将那条香烟放入摩托车护架左侧装雨衣的铁筒内后，继续往市区行驶。

当车驶至安黄公路黄金塘路段时，有民警将其拦停，然后对其摩托车进行搜查，在摩托车的护架左侧的铁筒内查获那条红双喜牌香烟。民警还在那条香烟的烟盒里查到用封口袋装着的白色块状的和粉末状的毒品海洛因。当时毒品是用六个红双喜牌香烟盒和四个芙蓉王牌香烟盒装着，然后装在一条红双喜牌香烟盒里，一共有 51 小包毒品。

(四) 一审判案理由

广东省潮州市中级人民法院经审理认为：被告人许实义无视国家法律，贩卖、运输毒品海洛因数量大，其行为已构成贩卖、运输毒品罪。被告人许实义前因犯贩卖毒品罪被判处有期徒刑以上刑罚，在刑罚执行完毕后五年内又故意再犯应当判处有期徒刑以上刑罚之罪，是累犯，应当从重处罚。公诉机关指控被告人许实义所犯罪名成立，予以支持。

(五) 一审定案结论

广东省潮州市中级人民法院依照《中华人民共和国刑法》第三百四十七条第二款第(一)项、第四十八条第一款、第六十五条、第三百五十六条、第五十七条第一款、第五十九条、第六十四条，作出如下判决：

1. 许实义犯贩卖、运输毒品罪，判处死刑，缓期二年执行，剥夺政治权利终身，并处没收个人全部财产。

2. 随案移送的黑色 CECT 手机 1 部、人民币 50 元、红色东毅摩托车 1 辆予以没收，上缴国库。

(六) 二审情况

1. 二审诉辩主张

上诉人许实义诉称：原判仅根据与其有利害的证人刘建平的证言及与刘建平的证言不一致的邱岳荣的证言作为认定其贩卖毒品的事实属证据不足。查获的 509.8 克毒品系其捡来的，其对此不知情，故其行为并不构成运输毒品罪。

2. 二审事实和证据

广东省高级人民法院经审理，确认一审法院认定的事实和证据。

3. 二审判案理由

广东省高级人民法院经审理认为：上诉人许实义非法贩卖、运输毒品海洛因数量大，其行为已构成贩卖、运输毒品罪。被告人许实义是累犯且是毒品再犯，应当从重处罚。对许实义上诉所提意见，经查，证人刘建平、邱岳荣均证实他们曾向许实义购买过毒品海洛因，手机通话记录清单印证了该二人的证言，足以认定许实义贩卖毒品海洛因给刘建平、邱岳荣的事实。许实义采用高度隐蔽的方式运输物品，并从中查获毒品，许实义对此不能作出合理解释。何况，被查获的香烟并非是外包装完好无缺的香烟，而是一条一端薄膜外包装已被拆封的旧烟盒，故即使真如许实义所言是他捡来的，按常理他也应该看一看烟盒的内容物。而且，该烟盒内藏有毒品海洛因 509.8 克，相当于 1 市斤重，这个重量显然不是一条双喜牌香烟的重量，对自称曾开过十年烟酒铺的许实义而言，按常理也应当知道该烟盒内所装的物品不是香烟。结合此前许实义长期贩卖毒品给吸毒人员的事实，应认定其明知是毒品仍然运输，其行为已构成运输毒品罪。综上，许实义的行为已构成贩卖、运输毒品罪。

原审判决认定事实清楚，证据确实、充分，定罪准确，量刑适当，审判程序合法。

4. 二审定案结论

广东省高级人民法院依照《中华人民共和国刑事诉讼法》第一百八十九条第（一）项，作出如下裁定：

驳回上诉，维持原判。

（七）解说

被告人采用高度隐蔽的方式运输物品，其对该物品的来源既不能作出合理解释，也没有提出证据证明确属被蒙骗，应推定其明知所运输的物品是毒品，认定其行为已构成运输毒品罪。

本案是一宗“零口供”案件，被告人许实义归案后一直否认其有贩卖毒品海洛因，否认其明知被查获的香烟盒里装有毒品。对于贩卖毒品部分，由于有两名吸毒人员的稳定指证及手机通话记录等相关证据佐证，因而认定依据是充分的。但对于如何认定许实义明知其所运输的物品系毒品这一情节，在认定上存在一定的难度。

运输毒品罪属于直接故意犯罪，要求行为人主观上必须明知是毒品而运输，否则不构成本罪。实践中，犯罪嫌疑人为逃避罪责，到案后以其主观上不知道所运输的物品是毒品而进行辩解，拒不认罪。如何综合在案证据分析判断被告人主观上是否明知，就成了摆在广大刑事审判人员面前的一道难题。为解决这一难题，最高人民法院、最高人民检察院、公安部 2007 年联合下发的《办理毒品犯罪案件适用法律若干问题的意见》第二条第（六）项和最高人民法院 2008 年 12 月印发的《全国部分法院审理毒品犯罪案件工作座谈会纪要》第十条列举了十种可以推定被告人主观明知的具体情况：（1）执法人员在口岸、机场、车站、港口和其他检查站点检查时，要求行为人申报为他人携带的物品和其他疑似毒品物，并告知其法律责任，而行为人未如实申报，在其携带的物品中查获毒品的；（2）以伪报、藏匿、伪装等蒙蔽手段，逃避海关、边防等检查，在其携带、运输、邮寄的物品中查获毒品的；（3）执法人员检查时，有逃跑、丢弃携带物品或者逃避、抗拒检查等行为，在其携带或者丢弃的物品中查获毒品的；（4）体内或者贴身隐秘处藏匿毒品的；（5）为获取不同寻常的高额、不等值报酬为他人携带、运输物品，从中查获毒品的；（6）采用高度隐蔽的方式携带、运输物品，从中查获毒品的；（7）采用高度隐蔽的方式交接物品，明显违背合法物品惯常交接方式，从中查获毒品的；（8）行程路线故意绕开检查站点，在其携带、运输的物品中查获毒品的；（9）以虚假身份或者地址办理托运手续，在其托运的物品中查获毒品的；（10）有其他证据足以认定行为人应当知道的。具有上列情形之一，被告人不能作出合理解释的，可以认定其“明知”是毒品，但有证据证明确属被蒙骗的除外。上述规定对办案实践中常见的事实推定进行了总结归纳，降低了证明的难度，具有较强的操作性，对于严厉打击毒品犯罪具有非常重要的意义。司法实践中，应根据被告人实施毒品犯罪行为的过程、方式、毒品被查获时的情形等证据，结合被告人的年龄、阅历、智力、前科等情况，进行综合分析判断，做到不枉不纵。

从本案看，虽然被告人许实义归案后一直否认其明知被查获的香烟中所装的物品是毒品，本案也缺乏目击证人、同案犯等其他证据来认定许实义明知所运输的物品是毒品。但是，由于在案证据显示许实义是以高度隐蔽的方式运输毒品，且其对此不能作出合理的解释，因而应推定其明知所运输的物品是毒品，认定其行为已构成运输毒品罪，理由如下：

1. 从归案情况看，案发前公安机关通过侦查已获悉被告人许实义将于案发当天上午进行毒品交易，遂对其进行布控，并在将许实义抓获后，当场从其所驾驶的摩托车护架内缴获内藏毒品的红双喜香烟盒一条。需要指出的是，公安机关在设伏前考虑到抓捕现场系省道，车流量大、车速快，因此为了麻痹犯罪嫌疑人，并防止出现犯罪嫌疑人弃车逃窜等意外，遂同时联系交通部门以查货车为由设置路障，提高抓捕成功率。

2. 从包装看，涉案的509.8克毒品海洛因均被分装在51个透明小袋中，然后被装入10个香烟盒中，再装入整条香烟盒中。该香烟盒也并非是一条外包装完好无缺的香烟，而是一条一端薄膜外包装已被拆封的旧烟盒。从放置位置看，该条装有毒品的香烟盒是以黑色塑料袋包裹后放置于摩托车护架铁筒中，然后再以雨衣覆盖之。综上，从毒品的分装、包装方式以及放置位置分析，可以认定许实义系采用高度隐蔽的方式运输物品。

3. 在案证据显示被告人许实义经常更换手机号码。众所周知，频繁更换手机号码是毒贩的惯用伎俩。对于更换手机号码的问题，许实义的多次供述并不一致，如许实义原在侦查阶段供述称其之所以换号码，是因为其与人吵架，不想人找到他。但对与谁吵架，许实义又不答。案至庭审阶段，许实义供述称其之所以经常更换手机号码，是因为其职业是开摩托车载客，平时有些“烂仔”常叫他载但又不还钱，所以其只好经常更换手机号码以让对方找不到他。但许实义的这一辩解显然不合常理，因为作为一个靠开摩托车载客为生的人来说，出于载熟客及扩大、巩固客源的考虑，他一般应以保持固定的手机号码为原则，以经常更换手机号码为例外，更不用说无缘无故经常更换手机号码了。此外，对于许实义频繁更换手机号码的另一种原因，证人周建雄给出了另外一个说法：周建雄证实其曾问许实义为何换手机号，许说他关系太杂，不想人找他。综上可见，许实义对其经常更换手机号码一节无法给出合理的解释，其经常更换手机号码的行为更符合毒贩的特征。

4. 被告人的家庭经济情况与其家庭收入明显不成正比。在案证据证实，被告人许实义家拥有价值近十万元的小汽车一辆、摩托车两辆，还有等离子电视、空调、冰箱等高档电器一批，案发前不久刚刚购置了新房子并装修入住。而据被告人许实义供述，其刑满释放后以开摩托车载客为生，其妻子也证实许实义平时在开摩托车载客，其本人有空就在家做点手工，每月有二三百元收入；女儿许芬在私人电器厂打工，每月六百多元。综合上述证据分析可知，许实义家庭所拥有的财产与其以开摩托车载客为业、其妻女月收入仅有几百元的家庭收入情况是不相符的。

5. 被告人许实义的辩解不能成立：(1) 被告人许实义归案后在第一份笔录中辩解称其是没事去澄海玩，在返回潮州的路上捡到该条香烟的（该条香烟中所藏的毒品按市价每克300元计算高达15.3万元），但其后又辩解称其是载一客人到澄海后在返回的路上捡到该条香烟的，但这均属于许实义的一面之词，缺乏其他证据印证。(2) 相片显示被查获的香烟当时并非是外包装完好无缺的香烟，而是一条一端薄膜外包装已被拆封的旧烟盒，故即使如许实义所言真的是捡到的，按常理他也应该看一看烟盒的内容物。(3) 据调查，一条香烟（10包）的正常重量是5两4钱或5两5钱，而被缴获烟盒内藏有毒品海洛因509.8克，相当于1市斤多，这个重量显然不是一条正常的香烟的重量。对此，作为自称曾开过十年烟酒铺的许实义而言，按常理他也应当知道该烟盒内所装的物品绝非是香烟。

6. 本案没有证据证明许实义是被蒙骗的。

综上，鉴于被告人许实义采用高度隐蔽的方式运输物品，其对该物品的来源既不能作出合理解释，也没有提出证据证明确属被蒙骗，因此可以认定许实义应当知道其所运输的香烟盒藏有毒品，具有运输毒品的主观故意和客观行为，其行为已构成运输毒品罪。

（广东省潮州市中级人民法院　江瑾　郭旭平）

77. 李良友徇私枉法案
（“零口供”定罪）

（一）首部

1. 判决书字号

一审判决书：福建省晋江市人民法院（2009）晋刑初字第644号。

二审判决书：福建省泉州市中级人民法院（2009）泉刑终字第689号。

2. 案由：徇私枉法案。

3. 诉讼双方

公诉机关：福建省晋江市人民检察院，检察员：余冬阳、陈建安。

被告人（上诉人）：李良友，男，1973年5月3日出生于福建省晋江市，汉族，大学文化，原系福建省晋江市公安局罗山派出所副所长。因本案于2009年1月13日被刑事拘留，同年1月21日被逮捕。

辩护人：李小明、胡成平，福建佳汇律师事务所律师。

4. 审级：二审。

5. 审判机关和审判组织

一审法院：福建省晋江市人民法院。

合议庭组成人员：审判长：黄婷婷；审判员：林萍、施经营。

二审法院：福建省泉州市中级人民法院。

合议庭组成人员：审判长：柯志同；审判员：陈希进、陈志煌。

6. 审结时间

一审审结时间：2009 年 5 月 26 日。

二审审结时间：2009 年 12 月 11 日。

（二）一审情况

1. 一审诉辩主张

（1）公诉机关指控称

被告人李良友身为晋江市公安局罗山派出所副所长，采取隐瞒事实、违背法律的手段，故意使罪重的人受到较轻的追诉，其行为构成徇私枉法罪；其中在实施第二起犯罪时，由于意志以外的原因而未能得逞，属犯罪未遂，可以比照既遂犯从轻或者减轻处罚。

（2）被告辩称

被告人李良友的辩护人提出指控被告人李良友实施犯罪行为的证据不足，又不具备徇私枉法罪的犯罪构成要件，请求宣告无罪，具体如下：

第一，第一起事实的证据不足，理由如下：①只有证人丁金清证明被告人李良友在接到泉州市看守所转来的许良志举报范华权的材料之前，已掌握范华权涉嫌非法运输枪支弹药罪被通缉及藏匿地点等信息，而打印成纸条让其转交给许良志，没有其他证据印证，属孤证；②证人丁金清有可能基于巨大的利益而作不实证言，其传给许良志的线索有可能是从他处获得，所以其证言的可信度低；③被告人李良友接到泉州市看守所转来的举报材料后组织人员抓获范华权，出具抓获说明，是依法履职行为，并无违法或不当之处。

第二，第二起事实的证据亦是不足，理由如下：①认定该起事实只有证人杨必勇的证言，没有其他证据印证，是孤证；而证人杨必勇的证言存在明显违背事实常理和自相矛盾之处，可信度低；②证人丁金清的证言是孤证，可信度低，虽可证实被告人李良友在许良志举报前已获悉杨必勇准备举报张彪贩毒并将张彪引到晋江市进行抓捕的信息，但不足以证明被告人李良友将杨必勇的情况打印成纸条并附上杨必勇的照片提供给丁金清；③被告人李良友的供述不仅能自圆其说，而且与现有的有效证据没有矛盾，且部分供述还能得到其他证据的印证，可信度高。

第三，被告人李良友不具备徇私枉法罪的犯罪构成要件，理由如下：①主体上，被告人李良友并非许良志受贿案中从事侦查、检察、审判工作的司法工作人员；②客观方面，被告人李良友既没有为许良志隐瞒犯罪事实，也没有为许良志隐匿或者伪造证据。

2. 一审事实和证据

晋江市人民法院经公开审理查明：2008 年 3 月，时任晋江市公安局罗山派出所副所长的被告人李良友，为了让因涉嫌受贿罪而正被追究刑事责任的许良志能得到减轻处罚，将其掌握的涉嫌非法运输枪支弹药罪的在逃犯范华权的藏匿地点等信息打印成纸条，经丁金清交给许良志的一审辩护人李爱河（另案处理），再由李爱河利用会见许良志之机将该信息传递给许良志，并授意许良志向泉州市看守所举报将线索转交罗山派出所李副所长处理。3月18日，许良志向泉州市看守所举报该线索。3月21日，泉州市看守所民警经许良志授意将相关材料移交罗山派出所交给被告人李良友。被告人李良友即私自组织人员抓获范华权。3月23日，被告人李良友以罗山派出所的名义出具“根据许良志的举报抓获通缉犯范华权”的说明，致使泉州市中级人民法院认定许良志具有立功情节予以减轻处罚。

2008年8月，被告人李良友为了使许良志在二审期间能再次得到减轻处罚，在得知杨必勇（已被审查起诉）能提供张彪贩毒线索后，指使杨必勇化名“杨波”谎称许良志的朋友，并将杨必勇提供的线索打印成纸条附上杨必勇的照片，经丁金清交给许良志的二审辩护人陈细鹏，再由陈细鹏利用会见许良志之机将该信息传递给许良志，并授意许良志举报。8月20日，许良志向泉州市看守所举报该线索。泉州市看守所将相关材料移送晋江市公安局禁毒大队。杨必勇遂化名“杨波”以许良志朋友的身份向晋江市公安局禁毒大队提供张彪贩毒的线索。9月9日，杨必勇将纯度仅为7.6%的338克海洛因交给张彪（已被审查起诉），并同张彪一起到晋江市青阳街道东方巴黎酒店918号房和禁毒大队人员乔装的买主交易时被当场抓获。

上述事实有下列证据证明：

（1）证人丁金清证言，证实2008年2月底或3月初的一天，其对李良友说许良志是其好友，因受贿被抓可能判十年，其没办法帮助他，心情比较不好。李良友听后就说由他操作帮许良志搞一条检举别人犯罪的线索，就可以减刑。过了几天，李良友给其一个信封里面是一张打印相关材料的纸条，没有说具体内容，让其把纸条拿给许良志的律师交给许良志，再叫许良志按纸条上的内容举报，并吩咐要把纸条拿回来。其记得纸条的内容是要许良志向罗山派出所举报一重庆人贩运枪支弹药躲在什么地方。当天，其和许良志的老婆到李爱河办公室把李良友交给其的纸条转交给李爱河，对李说这是一起贩运枪支弹药的线索，叫李将纸条转交给许良志，让许良志按纸条上的内容举报，并特别叮嘱李爱河要叫许良志举报给罗山派出所李副所长。其拿纸条给李爱河时没有其他人在场，许良志的老婆在办公室外等。后来，这张纸条是许良志的老婆交还给其的，其将纸条撕了没有还给李良友。其不知道许良志的老婆是否知道纸条的内容。这纸条有传给许良志进行举报。李良友也抓到逃犯。

2008年8月初的一天，其对李良友说你上次提供的检举犯罪的线索在一审被认定立功，许良志被判处有期徒刑七年还是太长，等出来时许良志都老了。李良友就说那上诉，在二审再帮许良志搞一条检举犯罪的线索看能不能再减两年。其就说那你就去搞，李良友说再搞一条检举犯罪的线索要10万元。过了一两天，李良友拿一个信封给其说这是一条检举贩毒案件的线索，叫其拿给许良志的上诉律师。当天，其将信封交给陈细鹏，对他说这是一条贩毒案件的线索，让他拿给许良志举报。陈同意。其记得这张条子是检举做白粉的，做白粉的人叫杨波，电话号码尾数是“2727”。陈将这条子送给许良志，许良志也是按这条子的内容检举的。后来，其找陈把条子要回来还给李良友。9月中旬，其打电话给李良友问事情怎样了，他回话见面再说就挂了。李良友来找其，对其说这事不成功了，不要再打电话给他了，就当做不认识了。

（2）证人李爱河证言，证实黄淑晟和另外一个其想不起来的人拿了揭发一名叫范华权外地人贩卖枪支藏匿在晋江某洗浴中心的打印纸条，让其尽快把条子传给许良志，叫许良志赶快举报，还特别交代要许良志把立功线索交给一个派出所，现在记不起来是哪个派出所。黄淑晟和那个人让其不要问线索来源，反正线索是真的。于是，其马上赶到泉州市看守所把条子的内容念给许良志听，许边听边记在纸上。过后，其把纸条交给黄淑晟带回去。

（3）证人许良志证言，证实2008年3月份的一天，律师李爱河到泉州市看守所会见其时，拿出一张纸上面打印相关内容，但李没有把那张纸给其看，要其记住有个重庆人叫范华权的，因贩卖枪支、弹药被通缉，现居住在新华都（青阳与罗山交界处）边的一家名叫地中海的洗浴中心内，以及该人的特征；说这些情况是陈埭岸刀的丁金清提供给他的，目的是要让其举报。其遂向泉州市看守所举报。其不认识两位来向其做举报笔录的罗山派出所民警。

2008年8月中旬的一天，陈细鹏告诉其说有一个朋友（其知道仍是丁金清）提供一条线索，线索的内容是一个安徽人叫杨波，联系电话为13799552727，杨波有个老乡叫张彪经常在青阳帝豪酒店附近贩毒，又拿出一张用电脑打印的彩色照片给其看，说这就是杨波的彩照。陈细鹏告诉其这些情况时手上拿着一张纸，上面打印很多内容。会见后，其向看守所举报该贩毒线索。大概9月10日，陈细鹏来会见其说举报的那个人不叫杨波。

（4）证人黄淑晟证言，证实在许良志一审期间，其找过李爱河几次；其中有一次是和丁金清一起去，丁金清和李爱河在办公室里讲话，其在外面等，他们说什么其不清楚；还有一次，丁金清打电话对其说若是有去李爱河那里，就把李爱河那边的一张纸条带回给他。其刚好在李爱河办公室，李就拿了一张纸条给其。其接过后没有看内容就把它收起来交给丁金清，从纸条的背面可以看出字是打印的。

（5）证人张军（罗山派出所民警）证言，证实其参加工作以来没到过泉州市看守所，也没有到晋江市公安局开过到泉州市看守所的介绍信。李良友也没有邀其到泉州市看守所。

（6）证人危绍灵（罗山派出所民警）证言，证实2008年3月23日，其没有和李良友到罗山缺塘抓过人。经辨认范华权的抓获说明，上面危绍灵三个字是其签的，但其不知道李良友抓获范华权的事情。李良友拿给其签，其没注意看就签了。

（7）证人黄小明（罗山派出所民警）证言，证实其没有印象于2008年3月23日和李良友到缺塘抓捕过在逃犯范华权，查看其工作日记这天并没有抓捕在逃犯这件事。抓获范华权的说明上“黄小明”的签名不是其本人签的。其没有到泉州市看守所提审过。李良友给许良志做的举报笔录中“黄小明”是其签的，平时李良友经常拿他做好的笔录给其签名。

（8）证人侯国猛（罗山派出所所长）证言，证实其所目前对举报材料没有统一登记，正常情况下都是由内勤统一接收，由内勤交给所长安排民警办理，所长不在时就交给教导员或者分管领导安排。其不知道其所接到关于范华权非法运输枪支弹药的举报材料这件事，直至2008年5月12日教导员打电话对其讲，检察院的工作人员拿了一份抓获说明，是其所抓获许良志举报的一个叫范华权的在逃犯，李良友对其讲他确实抓了一个叫范华权的在逃犯，才知道抓获在逃犯范华权这件事，也到这时才知道范华权是许良志举报的。其所开具抓获说明原来不需要所长批准，只要副所长签就可盖印。其不知道李良友到泉州市看守所提审许良志。

（9）证人颜向阳（罗山派出所教导员）证言，证实其所目前对举报材料没有统一登记，正常情况下都是由内勤统一接收，由内勤交给所长安排民警办理，所长不在时就交给教导员或者分管领导安排。2008年4月初，其才知道抓了一个在逃犯叫范华权，其本以为是李良友跟踪抓到的，直至5月12日检察院的工作人员拿范华权的抓获说明来其所里要加盖局里的公章时，才知范华权是许良志举报的。其不知道李良友到泉州市看守所提审许良志。其所原来开具抓获说明不需要领导批，只要副所长签就可盖印。

（10）证人曾文（泉州市看守所民警）证言，证实其和管教民警董泗海给许良志做举报笔录，许良志举报重庆市公安机关通缉的非法运输枪支、弹药的范华权，在晋江市罗山派出所的辖区内打工；许良志还讲罗山派出所副所长他比较熟悉，他所指的副所长是谁其记不清了。所以做完笔录后，其将举报信、笔录复印件和送达回证一并交给董泗海，由董泗海交给晋江市公安局罗山派出所，但没有叫董泗海将材料转给副所长。其不知道具体怎么送，要问董泗海。

（11）证人董泗海（泉州市看守所民警）证言，证实其和曾文给许良志做举报笔录，许良志举报一个叫范华权的人在晋江罗山地中海卫浴打工，曾非法运输枪支、弹药。做完笔录后，曾文将举报材料及送达回证交给其送给罗山派出所。因在询问许良志时，许良志有说罗山派出所有个副所长比较熟悉，其想如果这样的话罗山派出所办理的速度会比较快，所以其第二天就打电话给许良志的姐姐，问罗山派出所有没有比较熟悉的人，许良志要举报犯罪线索。许良志姐姐说罗山派出所有个副所长她比较熟悉，叫她丈夫带其到罗山派出所。许良志的姐夫把罗山派出所副所长李良友的电话告诉其，其就打电话给李良友说许良志有举报一个非法运输枪支弹药的犯罪线索。后许良志姐夫就带其到罗山派出所，李良友副所长拿走举报材料，并在送达回证上签名。

（12）证人蔡见长证言，证实其系许良志的姐夫。董泗海打其妻子的电话，说许良志举报一条线索，要送给罗山派出所的李副所长，要其带他去罗山派出所。其就带董到罗山派出所，董将许良志的举报材料交给李副所长。其及其妻子均不认识李副所长，其不知道董泗海为什么要将材料送给李副所长。其记不清是否打听李副所长的电话号码。后来听说李副所长叫李良友。

（13）证人范华权证言，证实在晋江市打工期间，其没有告诉他人自己非法运输枪支的事。前年，其一暂住在晋江市缺塘村就拿自己的身份证和相片到缺塘村派出所办暂住证，在缺塘村暂住两三年。其不清楚晋江市公安局如何知道其行踪。2008 年 3 月 21 日傍晚，罗山派出所的人到晋江市缺塘村其暂住处把其抓走。

（14）证人杨必勇证言，证实其想卖线索给别人立功赚钱就发短信给律师，说其有立功线索，要不要合作。一段时间后，陈海山与其联系，后来陈海山打其电话讲晋江有个派出所副所长需要一个立功的对象，并发了一条短信“李所长，13906998000”给其。过了七八天，李副所长打电话要其到晋江面谈。其到晋江后，李副所长就让张德南来接其到青阳精武会所。李副所长和其商量要操作一个南安的贩毒会判死刑的假重大立功，要 300 克以上的毒品；其讲起码要 10 万元。其接触李副所长几次才知道他叫李良友，是晋江市公安局罗山派出所的副所长。2008 年 8 月 3、4 日，李良友打电话让其第二天晚上到晋江与他见面。见面后，李良友说南安那个家庭经济不好，又没有门路，就不帮他操作了；晋江陈埭镇党委书记许良志因受贿被抓，一审被判有期徒刑七年，他想在二审期间搞个重大立功，要其找条贩毒 300 克以上的线索，并且要掌握被举报人的真实姓名。其想到张彪正想贩毒赚些钱，就把这情况告诉李良友，李良友核对张彪的身份。李良友把许良志的身份和任职情况告诉其，让其记熟。他还说许良志在陈埭镇任职期间，其还在服刑，不可能认识其，所以其的真实姓名不能用，他就帮其在芜湖找了一个户籍没有相片的身份，让其化名叫杨波，并要其今后以杨波的身份出现，其就按他的要求把杨波的基本情况背熟。李良友说其和许良志在 2006 年就认识，所以其真实手机号码是 2008 年刑满释放后才购买的不能用，就用张德南的手机 13799552727，其实这手机其没拿过。当时，李良友还拿了一部 82128302 的小灵通给其，让其以后用这部电话与他的小灵通 82128303 单线联系，不能再拨打他那部 13906998000 的手机。又过了三四天，李良友打电话约其到精武会所见面，给其看许良志的照片，把许良志的基本情况及受贿罪的情况写在纸上给其看，让其抄回记熟，又将许良志在看守所写的举报信给其看，叫其背下来。举报信的内容大意是：许良志被关押在×幢×号，经教育决心要举报一条重大犯罪线索，协助公安机关破案，争取立功，其在陈埭工作时认识一个安徽人叫杨波，他知道他一个老乡张彪经常在帝豪酒店贩卖海洛因，数量可能有几百克，公安只要找到杨波即可找到张彪，并写上杨波电话是13799552727。李良友带其到陈埭镇了解许良志的基本情况如住宿、办公、交往的一些朋友，将其提供的线索整理一下，又将其照了相，送给许良志看。

8月28日，其以“杨波”的身份冒充许良志的朋友与晋江市公安局禁毒大队的民警面谈举报张彪贩毒的情况。9月4日，其到禁毒大队做笔录。9月8日，其和张彪按其与禁毒大队的约定带着毒品样品来到晋江市青阳东方巴黎酒店与侦查员乔装的买主见面，商谈交易毒品的数量、价格等。9月9日下午，其和张彪按约带着450克海洛因到晋江市青阳东方巴黎酒店918号房与侦查员乔装的买主交易时被当场抓获。被抓后，其有发条信息告诉李良友其被抓，叫他想办法来救其，他回短信说收到，请放心，删除信息。

9月12、13日早上，许友茶对其说，不要乱讲话，小张他们在外面帮你跑了。第二天上午，许友茶说李良友叫他来找其，要顶住，不要乱讲话、乱改口供（因为其第一次交代没有提及李良友），判不了死刑，外面在给你跑，说你在这里请律师和其他费用，李良友会出；他又要走其哥哥和女朋友的电话号码，他要给他们寄钱。其曾告诉其女朋友曾亚兰要和晋江市一个所长操作立功的事，事后有10万元，但没说具体情况。

（15）证人陈细鹏证言，证实丁金清从一个信封里拿出一张已经打印好的半截纸条给其看，说这是准备给许良志二审立功的线索，要求其拿给许良志看向司法机关检举。纸条上写着：张彪常在帝豪酒店等娱乐场所贩毒，线人杨波的体貌特征、手机号码。其就把这张纸条给许良志看，告诉他这是丁金清托其带进来的，并嘱咐他要记住纸条上的电话号码。其带回纸条还给丁金清。许良志按照其提供的纸条上的内容向公安机关检举。9月中旬，丁金清告诉其许良志检举贩毒案的事情搞砸了。

（16）证人许友茶证言，证实2008年9月中旬的一天，李良友打其电话，说他有一个耳目叫杨必勇因贩毒被抓，要其帮他查一查是否关押在晋江市看守所，如有，要其去照看一下。过了三四天的一天上午，其对杨必勇讲你要遵守监规，不要跟人打架，不要以为你是老江湖了，该怎样就怎样，外面有人会帮你的，有空其再来跟你谈。当天中午下班后，其打李良友的电话，说已查到杨必勇且过去看了他。当晚6点许，李良友来找其，说杨必勇以前是他的耳目，这次因贩毒被抓，是跟一起检举立功案件有关联，具体的事其不要知道得太多，让其有空再过去找杨必勇了解一下案情，同时他还要其告诉杨必勇该说的说，不该说的不要乱说。第二天上午，其找杨必勇谈话，杨必勇讲他在公安机关交代的贩毒经过，他和李良友互发短信的情况；其意识到李良友已牵涉贩毒案件，就阻止杨必勇说话。杨必勇要其通知他家人说他关在看守所，告诉他女朋友的电话，其拒绝，后他给其他兄弟的电话。当晚6时许，李良友找其问情况，其告诉他杨必勇已经把案情都告诉公安，并说出和他联系的事情。李良友说他知道，并问其杨必勇是否提到其他事情，其说没有并问怎么回事。李良友说其没必要知道太多，其还将杨必勇兄弟的电话给李良友。

（17）证人曾亚兰证言，证实杨必勇是其男朋友。2008年5月份，杨必勇说他准备帮犯人做立功减刑。8月份，杨说联系了晋江市一个所长要一起操作减刑的事情，晋江市一个被判得很重的想减刑，给10万元报酬。8、9月份，杨经常往返晋江和厦门之间，并在8月份一次回来时带来一部小灵通，号码为82128302，说是那个所长给他用于单线联系的，不能让其他人知道。9月8日，杨很晚才从晋江市回来，说他明天到晋江拿3万元操作减刑的报酬，另7万元要到9月底人家才会打入他的银行账号。可第二天，杨到晋江后就没回来。大概9月14日，杨必勇的大哥杨必松打电话问其杨必勇出了什么事，还说晋江一个姓王的朋友打电话告诉他杨必勇在晋江被抓。于是，其就拨打晋江这个电话号码，但没人接听，后发短信给他说其是杨必勇的老婆，有什么事和其联系。当晚，这个电话号码的人回电说他姓黄，是杨必勇作融资的朋友，杨必勇被抓了，他作为朋友要帮杨必勇请律师，并叫杨必勇大哥从老家坐飞机到厦门和其一起到晋江，这些费用都由他支付。9月16日晚，这个姓黄的又打电话给其，说明天晋江公安会来找其，要搜其家，叫其搬家，并且问其杨必勇身上一部小灵通有没有在家，如果有在就扔掉。这个姓黄的还问其家里有没有杨必勇的材料，其说没有，只有融资的一点资料。他说关于融资的资料可以留下来，其他材料叫其都扔掉。9月17日上午，晋江市公安局的人就到厦门来找其了。第二天，这个姓黄的又打电话给其，问晋江公安下来问其什么事，拿去什么东西。

（18）证人张德南证言，证实杨波是李良友的朋友或线人。2008年8月1日，李良友叫其帮他去接一个叫小杨的朋友，杨波后来住在兴龙宾馆。杨登记时，其才知道他真名叫杨必勇。手机“13799552727”都是其在使用，但8月份，杨波说他的手机是厦门的，怕晋江的朋友拨打不方便和自己漫游费太贵，叫其帮他转接一下。8月底，晋江禁毒大队打其电话要找杨波，其叫他打杨波的厦门手机。其在精武会所有见到李良友来找杨波两次。

（19）证人陈海山证言，证实2008年6、7月，其接到一个在厦门的姓杨的发来的短信，短信说姓杨的有重大案件线索可以提供，所以其在今年7月份左右就将这个姓杨的介绍给李良友，并把李良友的电话用短信发给这个姓杨的。其是想把这个姓杨的介绍给李良友当线人。

（20）证人陈俊民证言，证实2008年8月初的一天晚上，张德南带杨必勇来精武会所住下。期间，李良友来会所找过杨必勇一次。8月底左右，张德南又带杨必勇到会所住下，李良友有来会所找过姓杨的一次。

（21）证人张彪证言，证实2008年9月8日，其和杨必勇到晋江市东方巴黎酒店和买主见面，商谈交易毒品的数量、价格等。9月9日下午，其和杨必勇按约带着450克海洛因到晋江青阳东方巴黎酒店918号房与买主交易时被当场抓获。

（22）毒品实物上缴收据及海洛因照片、刑事科学技术检验报告，证明公安机关从杨必勇、张彪处查获的海洛因338克，纯度为7.6%。

（23）刑事判决书、刑事裁定书，证明法院判决认定许良志检举他人非法运输枪支、弹药等犯罪事实，有立功表现，予以减轻处罚，判处有期徒刑七年。

（24）许良志的举报笔录、自书检举材料，证明许良志检举范华权犯罪后被通缉等情况（该起举报笔录的记录人是李良友），张彪贩毒，其朋友杨波可以协助抓捕的线索。

（25）送达回证，证明2008年3月21日，李良友签收泉州市看守所转交的许良志举报范华权的材料。

（26）介绍信，证实李良友到泉州市看守所提审许良志，材料体现的是李良友和张军到泉州市看守所提审。

（27）罗山派出所值班登记表，证明2008年3月21日，该所未体现收到许良志的举报的材料。

（28）范华权强制措施材料、晋江市看守所提审证、移交证明、在逃人员登记撤销表，证明范华权被抓获情况。

（29）罗山派出所出具的抓获说明，证明罗山派出所出具说明：2008年3月20日至21日其所接到泉州市看守所的犯罪嫌疑人许良志检举称：有一名重庆市丰都县的男子涉嫌非法运输枪支、弹药案是网上通缉犯，该逃犯作案后藏匿在晋江市青阳街道与罗山街道交界处新华都超市旁边一家地中海卫浴店里。3月23日晚上，其所民警李良友、黄小明根据许良志的举报在地中海卫浴店门口抓获范华权。范华权暂住晋江市罗山街道缺塘社区的出租房，在晋江市青阳街道和罗山街道交界处新华都超市旁地中海卫浴店当业务员。抓获民警签名为李良友、危绍灵、黄小明。

（30）泉州市看守所出具给泉州市检察院关于许良志举报通缉犯范华权的情况说明。

（31）杨必勇的举报笔录，证实杨必勇化名"杨波"配合许良志举报张彪贩毒的线索。

（32）扣押物品清单及其照片，证明公安机关从杨必勇处扣押号码为"82128302"、"15980963860"的手机各一部等物。

（33）通讯记录，证明如下：李良友和丁金清、杨必勇，陈海山和杨必勇的通话或者短信联系记录；"82128302"和"82128303"自2008年9月1日至9月8日止有25次通话记录，其中与"82128302"联系的电话绝大部分是"82128303"；李良友手机号码为13906998000和杨必勇手机号码为15980963860自2008年7月17日至9月9日17时58分44秒止有32次通话或者短信联系记录，其中最后一次为短信联系，可印证杨必勇被抓获后发短信联系李良友的事实。

（34）晋江市禁毒大队受案登记表、抓获报告及相关说明，证明晋江市禁毒大队接到泉州市看守所移交的许良志举报贩毒线索后开展初查，拨打举报信提及的13799552727电话，对方称是杨波的朋友，并告知杨波电话为15980963860。经联系，杨波反映张彪贩毒情况并表示配合。9月9日，在杨波配合下，该大队在晋江市青阳东方巴黎酒店918号房抓获贩毒嫌疑人张彪，缴获毒品338克。经审讯，杨波交代其真实姓名为杨必勇，受金钱驱使于2008年7月开始伙同他人经营假立功减刑证明，并一手组织策划张彪贩毒案件。

（35）罪犯档案资料、户籍证明，证明杨必勇的身份及前科情况，被冒名"杨波"的基本情况。

（36）户籍证明、任职证明，证明被告人李良友的身份及任职情况。

（37）工作说明，证明李爱河因涉嫌犯介绍贿赂罪被逮捕；杨必勇、张彪贩毒案已由检察机关审查起诉。

（38）破案报告，证明本案的侦破过程。

3. 一审判案理由

晋江市人民法院经审理认为：（1）犯罪事实的认定。被告人李良友否认指控的第一起事实，其辩护人提出该起事实的证据不足。经查，证人丁金清证实被告人李良友将其已掌握的一贩卖枪支、弹药的重庆人藏匿地点的线索打印成纸条交给其，其通过李爱河转交给许良志举报以立功减刑；其与黄淑晟一起到李爱河办公室，由其独自一人将纸条交李爱河转交给许良志举报，并特别叮嘱李爱河要叫许良志举报给罗山派出所李副所长，黄淑晟在办公室外等候；后来，黄淑晟将纸条送还给其；证人李爱河证实黄淑晟和另一人（已记不起来是否为丁金清）送来的检举范华权贩卖枪支等线索（打印的纸条），让其赶紧转交许良志举报，还特别交代要许良志将线索交给一个派出所（已记不清是哪个派出所），其按交代行事；过后，其将纸条交给黄淑晟带回去；证人许良志证实李爱河会见其时，拿出一张纸上面打印相关内容，要其记住有个重庆人叫范华权的，因贩卖枪支、弹药被通缉、藏匿地点以及该人的特征；说这些情况是陈埭岸刀的丁金清提供给他的，目的是要让其举报；其不认识两位来向其做举报笔录的罗山派出所民警；证人黄淑晟证实有一次，其和丁金清一起去找李爱河，丁金清和李爱河在办公室里说话，其在外面等，他们说什么其不清楚；过后，丁金清让其把李爱河那边的一张纸条带回给他；李爱河就拿了一张纸条给其，其接过后没有看内容就把它收起来交给丁金清，从纸条的背面可以看出字是打印的；证人曾文、董泗海、蔡见长综合证实许良志让泉州市看守所民警将举报线索转交罗山派出所李副所长处理；证人范华权、侯国猛、颜向阳、张军、危绍灵、黄小明证言、书证抓获范华权的说明、介绍信、送达回证等材料，综合证实被告人李良友私自组织人员抓捕了范华权；证人范华权还证实 2007 年其暂住罗山街道缺塘有办理暂住证，印证被告人李良友事先掌握范华权的相关信息。综上，证人丁金清的证言不仅得到证人李爱河、许良志的印证，还得到证人黄淑晟、范华权及相关书证的印证，并非孤证，可信度高，具有真实性、关联性和合法性，可作为定案依据。上述证据能环环相扣，形成完整的证据体系，足以证实指控的第一起事实，故被告人及其辩护人的辩解与事实不符，不予采纳。

被告人李良友否认指控的第二起事实，其辩护人提出该起事实的证据不足。经查，证人丁金清、杨必勇的证言，不仅得到证人许良志、陈细鹏、曾亚兰、许友茶、张德南、陈海山、陈俊民的印证，还得到通话记录等书证的印证，所以该两名证人的证言并非孤证，可信度高，具有真实性、关联性和合法性，可作为定案依据。上述证据能环环相扣，形成完整的证据体系，足以证实指控的第二起事实，故被告人及其辩护人的辩解与事实不符，不予采纳。

（2）行为的定性。被告人李良友身为公安民警，为徇私情，采取隐瞒事实、违反法律的手段，使罪重之人受到减轻处罚，侵犯国家司法机关的正常活动，其行为已构成徇私枉法罪。公诉机关指控的罪名成立。辩护人提出被告人李良友的行为不构成徇私枉法罪，应宣告无罪的意见，与事实相悖，于法无据，不予采纳。

4. 一审定案结论

晋江市人民法院依照《中华人民共和国刑法》第三百九十九条第一款，作出如下判决：

李良友犯徇私枉法罪，判处有期徒刑三年。

（三）二审诉辩主张

上诉人李良友诉称：原判认定的事实错误，证据不足，应宣告其无罪。

第一，原判认定的第一起事实不能成立，理由如下：①没有证据证明范华权在 2007 年有办暂住证，其未经手办理范华权暂住证，在接到泉州市看守所转来的许良志举报材料之前并不知道其人，所以其事先知道范华权是在逃犯和藏匿地点等信息是不成立的；②证人丁金清的证言是孤证，是基于巨大的利益而作不实证言；③许良志要求泉州市看守所将相关材料交到罗山派出所给上诉人处理并无不当。

第二，原判认定的第二起事实的证据不足，事实不能成立，理由如下：①证人杨必勇的证言是孤证，且该证言存在明显违背事实和自相矛盾之处，可信度低；②证人丁金清的证言是孤证。

第三，上诉人的行为不构成徇私枉法罪，理由如下：①主体上，上诉人并不是许良志案的侦查、检察、审判人员，不符合徇私枉法罪的主体要件；②客观上，上诉人没有为许良志隐瞒犯罪事实，也没有为许良志隐匿或者伪造证据。

其辩护人提出相同的辩护意见，并提出上诉人具有立功表现，建议大幅度从轻处罚。

公诉机关诉称：原判认定上诉人李良友犯徇私枉法罪是正确的。

（四）二审事实和证据

泉州市中级人民法院经审理，确认一审法院认定的事实和证据，另查明上诉人李良友举报他人盗窃的线索，协助公安机关抓获犯罪嫌疑人徐液彬。

认定上诉人李良友协助公安机关抓获犯罪嫌疑人徐液彬有下列证据证明：惠安县公安局的调查报告，举报材料，看守所犯罪线索转递函，张坂派出所情况反馈，上诉人李良友的讯问笔录，证人苏剑龙、徐液彬、郭昆林、庄河山证言，拘留证、逮捕证、刑事判决书。

（五）二审判案理由

泉州市中级人民法院经审理认为：证人丁金清、李爱河、陈细鹏、许良志、黄淑晟、范华权、杨必勇、曾亚兰、许友茶、张德南、陈海山、陈俊民等人的证言及相关书证可相互印证，足以证实上诉人李良友身为履行查处犯罪、保护公民合法权益职责的公安民警，明知许良志因涉嫌犯受贿罪而正被追究刑事责任，为让许良志得到减轻处罚，利用职务上的便利，徇私将在逃犯范华权的藏匿地点等信息通过丁金清、李爱河等人传递给许良志举报，并私自抓捕范华权，导致许良志因被认定有立功表现而被减轻处罚，后又指使杨必勇伪造贩毒案件，并将该贩毒信息通过丁金清、陈细鹏等人传递给许良志举报，企图再次减轻许良志的刑罚，所以一审认定的事实清楚，证据确实、充分，上诉人李良友及其辩护人提出事实不成立、证据不足的意见，不予采纳。

上诉人李良友身为公安民警，为徇私情，采取隐瞒事实、违反法律的手段，使罪重之人受到减轻处罚，侵犯国家司法机关的正常活动，其已构成徇私枉法罪。一审的定罪、适用法律正确，审判程序合法。上诉人李良友及其辩护人提出上诉人无罪的意见，于法无据，不予采纳。鉴于上诉人李良友归案后协助公安机关抓捕其他犯罪嫌疑人，有立功表现，予以从轻处罚。

（六）二审定案结论

泉州市中级人民法院依照《中华人民共和国刑事诉讼法》第一百八十九条第（一）、（二）项、《中华人民共和国刑法》第三百九十九条第一款、第六十八条第一款、最高人民法院《关于处理自首和立功具体应用法律若干问题的解释》第五条，作出如下判决：

1. 撤销福建省晋江市人民法院（2009）晋刑初字第644号刑事判决。

2. 李良友犯徇私枉法罪，判处有期徒刑二年十个月。

（七）解说

1. 对于“零口供”的案件，如何运用证据认定犯罪事实？

“零口供”即被告人自归案后始终拒不供认犯罪事实，这类案件在刑事审判中的数量不少，该如何处理？《刑事诉讼法》第四十六条规定：“对一切案件的判处都要重证据，重调查研究，不轻信口供。只有被告人供述，没有其他证据的，不能认定被告人有罪和处以刑罚；没有被告人供述，证据充分确实的，可以认定被告人有罪和处以刑罚。”第一百六十二条第（一）项规定：“案件事实清楚，证据确实、充分，依据法律认定被告人有罪的，应当作出有罪判决”，所以，只要犯罪事实清楚，证据确实、充分，即使被告人不认罪，仍可定罪处罚。所谓“证据确实、充分”，是对作为定案依据的证据在质和量上总的要求，有四层含义：（1）据以定案的每个证据均已查证属实，即真实性；（2）每个证据必须和待查证的犯罪事实之间存在客观联系，特别是属于犯罪构成要件的事实均有相应的证据加以证明，即关联性，具有证明力；（3）各个证据之间以及案件事实之间的矛盾都可以得到合理的解释；（4）综合认证的结论具有唯一性，即现有证据总体上已足以对所要证明的犯罪事实得出确实无疑的结论，排除其他一切可能性而得出唯一结论。刑事审判实践中，判断证据是否达到这一证明标准，一般要从以下几个方面进行审查：一是审查证据的合法性，即证据必须是合法取得才具有证据资格，才能作为案件事实的认定依据；二是审查证据的证明力，即证据对案件事实有无证明作用以及证明程度如何；三是对“充分”的把握，不仅强调孤证不能定案，而且要求全案证据对于待证事实要达到“充分”的程度，以及证据之间能够相互印证，构成完整的证据体系，得出唯一的证明结论；“充分”的要求不仅在数量上，更重要的是证据的实质证明力要足以证明犯罪事实。

就本案来说，虽然被告人李良友对犯罪事实均予以否认，直接证据只有一个或两个，但直接证据和间接证据经查证属实，具有真实性，与本案待查证的犯罪事实之间具有关联性；为侦查机关依法取得的，具有合法性；直接证据与间接证据能相互印证，能够形成完整的证据体系，足以证实被告人李良友徇私枉法的事实，做到证据确实、充分。具体如下：

（1）第一起事实的认定。虽然只有证人丁金清直接证实被告人李良友提供在逃犯范华权藏匿线索给许良志举报，但该直接证据证实线索来源是被告人李良友提供的，有间接证据予以印证。在逃犯即证人范华权证实其曾在罗山街道办理暂住证，而被告人李良友正是罗山派出所的副所长，有可能知道该信息；而在许良志不认识被告人李良友的情况下，证人曾文、董泗海、蔡见长、李爱河证言综合证实许良志要求泉州市看守所将举报线索转交罗山派出所李副所长，而结合书证抓获经过说明民警黄小明、危绍灵参与抓捕，但证人黄小明、危绍灵却证实其两人均未参与抓捕范华权，其所领导即证人侯国猛、颜向阳亦不知被告人李良友抓捕范华权，综上可推定该线索是被告人李良友提供无疑。该线索的传递过程也得到证人李爱河、许良志、黄淑晟的印证。所以，上述证据并非孤证，具有真实性、合法性和关联性，能环环相扣，形成完整的证据体系，足以证实该起事实。

（2）第二起事实的认定。首先，被告人李良友指使杨必勇以许良志朋友的身份配合公安机关查处贩毒案，不仅有证人杨必勇证实，而且证人杨必勇的证言也得到证人曾亚兰、张德南、陈海山、陈俊民的印证，并且还有书证被告人李良友与杨必勇的手机通讯记录为证。其次，被告人李良友将线索传递给许良志，得到证人许良志、丁金清、陈细鹏的印证。所以，上述证据并非孤证，具有真实性、合法性和关联性，能环环相扣，形成完整的证据体系，足以证实该起事实。

2. 本案行为的定性。

对此，存在四种不同的意见：

第一种意见认为，要具体问题具体分析。在第一起案件中，被告人李良友的行为构成徇私枉法罪。首先，该行为符合“妨害作证罪”的构成要件，理由如下：一是客体上侵犯了国家司法机关正常的诉讼活动；二是客观方面表现为在诉讼过程中，指使他人作伪证并亲自作伪证；三是主体及主观方面均符合该罪的构成要件。其次，该行为亦符合“徇私枉法罪”的构成要件，理由如下：一是客体上侵犯了国家司法机关的正常活动；二是客观方面表现为采取隐瞒事实、违反法律的手段，故意使罪重的人受到较轻的追诉；三是主观上是直接故意；四是主体上，被告人李良友是许良志受贿案中检举其他犯罪嫌疑人线索的侦查人员。被告人李良友的行为同时构成妨害作证罪和徇私枉法罪，属想象竞合犯，应择一重罪处罚，按徇私枉法罪定罪处罚。

在第二起案件中，被告人李良友的行为构成妨害作证罪，具体理由如下：一是客体上侵犯了国家司法机关的正常诉讼活动；二是客观方面表现为在诉讼过程中，为了使许良志得到减轻处罚，以贿买手段指使杨必勇作伪证谎称其是许良志的朋友知道一条重大贩毒线索能协助侦破，通过丁金清、陈细鹏指使许良志作伪证；三是犯罪主体为一般主体；四是主观上为故意，为了使许良志得到减轻处罚。

第二种意见认为，被告人李良友的行为构成妨害作证罪，理由如下：一是客体上侵犯了国家司法机关正常的诉讼活动；二是客观方面表现为在诉讼过程中，以贿买等手段指使他人作伪证；三是主体上为一般主体；四是主观上为直接故意。

第三种意见认为，被告人李良友的行为构成帮助伪造证据罪，理由如下：一是客体上侵犯了国家司法机关正常的诉讼活动；二是客观方面表现为帮助当事人伪造立功的证据，即与当事人共同伪造立功的证据；三是主体上为一般主体；四是主观上为直接故意。

第四种意见认为，被告人李良友的行为构成徇私枉法罪。理由如下：一是客体上侵犯了国家司法机关的正常活动；二是客观方面表现为采取隐瞒事实、违反法律的手段，故意使罪重的人受到较轻的追诉；三是主观上是直接故意；四是主体上，被告人李良友是许良志受贿案中检举其他犯罪嫌疑人线索的侦查人员。

最终，一、二审法院采纳了第四种意见，认定被告人李良友的行为构成徇私枉法罪，具体理由如下：

一是客体上侵犯了国家司法机关的正常活动。被告人李良友的行为不仅违背了起码的司法职业道德，而且故意违背事实和法律，使罪重之人得到减轻处罚，破坏了国家司法机关的威信和正常活动，损害了法律的严肃性。

二是客观方面表现为违背事实和法律，利用职务上的便利，在侦查过程中采取隐瞒事实、违反法律的手段，使罪重之人得到减轻处罚。在第一起案件中，其本来就掌握在逃犯藏匿的线索，却知情不报，不依法及时地实施抓捕，而是通过中间人违法地传递给被告人许良志，使本不是许良志所掌握的线索成为被告人许良志举报的线索，后又私自组织人员抓捕了在逃犯，致使许良志的举报构成立功，得以减轻处罚。在第二起案件中，虽然最后未得逞，但其性质更恶劣，被告人李良友指使杨必勇制造贩毒案件，杨必勇从而唆使张彪贩卖三百多克海洛因，意图使张彪受到十五年有期徒刑或者无期徒刑的重刑，意图使罪重之人再次得到减轻处罚。上述犯罪线索都是被告人李良友利用职务上的便利获得的，为许良志伪造立功也是利用职务上的便利实施的，所以符合徇私枉法罪的客观要件。而妨害作证罪和帮助伪造证据罪均不要求“利用职务之便”，且“立功”都是被告人李良友一手制造出来的，不是简单的帮助伪造证据而已，所以该行为不构成妨害作证罪和帮助伪造证据罪。

三是主体上身为公安民警，虽然不是许良志受贿犯罪事实的侦查人员，但其在第一起案件中，是许良志检举其他犯罪嫌疑人线索的侦查人员；在第二起案件中，其利用职务上的便利为杨必勇配合许良志提供贩毒线索提供帮助：指使杨必勇冒用具有户籍资料无照片的他人身份、指使杨必勇找条贩毒300克以上的线索等。

四是主观上是直接故意，被告人李良友从事公安工作多年，应当知道其实施的行为是违背事实和法律的，且丁金清说许良志可能被判十年，心情很不好，被告人李良友听后就提出由他操作，“搞一条检举别人犯罪的线索，就可以减刑”，所以其亦明知自己行为是违背事实和法律的，仍希望枉法结果的发生。其动机是帮丁金清，为徇私、徇情。

（福建省晋江市人民法院　施经营）

78. 王东伟等盗窃案
（鉴定结论）

（一）首部

1. 裁判书字号

一审判决书：广州铁路运输法院（2009）广铁刑初字第128号。

二审裁定书：广州铁路运输中级法院（2009）广铁中法刑终字第28号。

2. 案由：盗窃案。

3. 诉讼双方

公诉机关：广州铁路运输检察院，检察员：贺辉群。

被告人（上诉人）：王东伟，男，1971年6月27日出生于广东省韶关市，汉族，初中文作，无业，住广东省韶关市浈江区。因本案于2009年4月13日被逮捕。

被告人：刘洪长，绰号“阿红”、“阿洪”，男，1974年5月7日出生于广东省翁源县，汉族，初中文化，农民，住广东省翁源县龙仙镇。因本案于2009年4月13日被逮捕。

被告人：王强，男，1990年5月10日出生于广东省翁源县，汉族，初中文化，无业，住广东省翁源县龙仙镇。因本案于2009年4月13日被逮捕。

4. 审级：二审。

5. 审判机关和审判组织

一审法院：广州铁路运输法院。

合议庭组成人员：审判长：安立；审判员：黄征；代理审判员：闵天挺。

二审法院：广州铁路运输中级法院。

合议庭组成人员：审判长：丁玮；审判员：姚湘伟、吴云。

6. 审结时间

一审审结时间：2009 年 9 月 14 日。

二审审结时间：2009 年 11 月 4 日。

（二）一审情况

1. 一审诉辩主张

（1）公诉机关指控称

2009 年 2 月 26 日 17 时许，被告人王东伟伙同刘洪长从 D846 次列车 4 号车厢 61 座上方的行李架上盗窃胡某某手提包 1 个（价值人民币 1 500 元），内有“IBM”牌 X61 型手提电脑 1 部、“多普达”牌 820 型手机 1 部。后在广州市花都区以人民币 4 100 元的价格销赃。2009 年 3 月 2 日 16 时许，被告人王东伟在 D793 次列车 4 号车厢盗得旅客施某某双肩包中的“康柏”牌电脑 1 部（价值人民币 2 780 元），并在其包中填进“娃哈哈”牌 AD 钙奶等。2009 年 3 月 7 日 9 时许，被告人王东伟伙同其儿子王强在 D788 次列车 6 号车厢 46 座上方的行李架盗得朱某某双肩包 1 个，内有“IBM”牌 T41 型手提电脑 1 部、移动硬盘 1 个、无线网卡 1 张、U 盘 1 个和修眉刀等物（以上物品共计价值人民币 5 860 元）。

综上，被告人王东伟盗窃 3 次，价值人民币 14 240 元，被告人王强和刘洪长分别盗窃 1 次，价值人民币分别为 5 860 元和5 600元。

公诉机关认为，被告人王东伟盗窃数额巨大，王强、刘洪长盗窃数额较大，其行为均触犯《中华人民共和国刑法》第二百六十四条之规定，应当以盗窃罪追究刑事责任，并指出被告人王东伟是主犯，被告人刘洪长、王强是从犯。

（2）被告辩称

被告人王东伟辩称：其没有参与 2009 年 2 月 26 日和 3 月 2 日的盗窃。

2. 一审事实和证据

广州铁路运输法院经公开审理查明：（1）2009 年 2 月 26 日 17 时许，被告人王东伟伙同刘洪长在深圳火车站登上 D846 次列车寻找目标、伺机盗窃。在该次列车 4 号车厢，被告人王东伟决定以失主胡某某放在行李架上的“JEEP”牌手提包为盗窃目标，并让刘洪长坐在附近望风，其在失主后方座位坐下伺机实施盗窃。其后，被告人王东伟趁失主不备，采用掉包的手段，用其随身携带的道具电脑包将失主的手提包调换盗走。当日晚上，二被告人将盗得的手提包内的“IBM”牌 X61 型手提电脑在广州市花都区以人民币 4 100 元的价格销赃。经鉴定，“JEEP”牌手提包价值人民币 1 500 元。

（2）2009 年 3 月 2 日 16 时许，被告人王东伟在 D793 次列车 4 号车厢，用往失主包中填进“娃哈哈”AD 钙奶的方式掩饰其盗窃，盗得失主施某某的“康柏”牌电脑 1 部。经鉴定，该手提电脑价值人民币 2 780 元。

（3）2009 年 3 月 7 日 9 时许，被告人王东伟伙同王强在 D788 次列车 6 号车厢 46 座上方的行李架盗得失主朱某某双肩包 1 个，内有“IBM”牌 T41 型手提电脑 1 部、移动硬盘 1 个、无线网卡 1 张、U 盘 1 个和修眉刀等物。经鉴定，以上物品共计价值人民币 5 860 元。

综上，被告人王东伟盗窃3次，价值人民币14 240元，被告人王强和刘洪长分别与王东伟共同盗窃各1次，价值人民币分别为5 860元和5 600元。

上述事实有下列证据证明：

（1）失主胡某某的陈述，证实2009年2月26日17时，其在深圳开往广州东的D846次列车4号车厢61号座位乘车，并将随身携带的"JEEP"牌黑色皮制手提包放在座位上方的行李架上，包内有"IBM"牌X61型手提电脑1部、"多普达"牌820型手机1部等。列车到站后，其发现自己放置在行李架上的包已被调换为1个黑色布质的电脑包，该包内有杂志1本、用透明胶带捆绑的"娃哈哈"牌AD钙奶2盒，其遂向公安机关报案。

（2）被告人刘洪长的供述，证实2009年2月26日，其和王东伟共同前往广州火车站，准备在广州至深圳的旅客列车上实施盗窃。王东伟事先准备了实施掉包盗窃所用的道具包（包内放置了用作伪装的"娃哈哈"牌AD钙奶），其支付了去火车站的出租车费用、火车票的费用。在去深圳的列车上没有找到作案目标，其二人遂购买了深圳至广州东的列车车票，准备在回广州的列车上实施盗窃。上车后约17时许，其二人在车厢上行走寻找作案目标，王东伟看见失主在行李架上放了1个黑色皮质的手提包，就示意其在附近坐下，二人伺机实施盗窃。当列车行至东莞站停靠时，王东伟动手将该包盗走，二人一起从东莞站下车，并乘长途汽车从东莞返回广州。其二人盗得的手提包是黑色皮质"JEEP"牌的，内有黑色"IBM"牌电脑1部、"多普达"牌手机1部等物。当日20时许，其联系了在广州市花都区的销赃人"湖南"，商定了人民币4 100元的价格，其后，其和王东伟、王强、魏叶婷一同乘出租车前往花都，在花都区的旺金角酒店，其二人将所盗电脑卖出，得款4 100元，其中100元为"湖南"支付给其二人去花都的出租车费用，4 000元为电脑的销赃款，当时王强及其女友均在场。销赃后，其二人各分得人民币2 000元，"多普达"手机1部由王东伟使用，"JEEP"牌手提包由其使用。

（3）深圳铁路公安处深铁公刑物证鉴字（2009）2号物证鉴定书，证实从失主胡某某被盗电脑包内"娃哈哈"牌AD钙奶外包装提取的指纹一枚，经与刘洪长十指指纹样本比对，与刘洪长右手拇指指纹样本为同一人所留。

（4）广州市天河区价格认证中心穗天价认鉴（2009）0566号刑事涉案物价格鉴定结论书，证实"JEEP"牌手提包价值人民币1 500元。

（5）被告人王强的供述，证实2009年2月26日，其父亲王东伟和刘洪长出去盗窃作案，当日20时许二人回到家中，其看见刘洪长提了1个黑色的电脑包，包内有1台黑色的"IBM"牌电脑、1台旧的"多普达"牌手机，当时其女友魏叶婷也在场。当日22时许，其中王东伟、刘洪长、魏叶婷一同乘车去了花都，在花都区的旺金角酒店开了1间三人房，在房内王东伟和刘洪长将"IBM"牌电脑以人民币4 000元卖给了收赃人。那台"多普达"牌手机先是放在其家中，该手机的去向其没有注意。

（6）证人魏叶婷写的证言，证实其是被告人王强的女友，2009年2月26日傍晚的时候，王强的父亲王东伟和刘洪长从外面拿回1台笔记本电脑和1台手机，两个人就在家中商量卖掉这台笔记本电脑的事情，刘洪长说要把电脑拿去花都卖掉，就打了电话跟买家联系。大约23时，其和王强、王东伟、刘洪长一起打出租车到花都的旺金角酒店。刘洪长在酒店前台开了房间，后来了一名中年男子。进房间后，其看见王东伟、刘洪长和那个中年男子在交易电脑，中年男子付了4 100元买下了电脑，王东伟和刘洪长随后将该4 100元平分。

（7）失主胡某某对2009年2月26日其在D846次列车上失窃的“JEEP”牌手提包的照片辨认无误。

（8）失主施某某的陈述，证实2009年3月2日16时许，其乘坐广州东至深圳的D793次列车前往深圳，上车后其坐在4号车厢并将装有电脑及钱包的背包放在座位上方的行李架上，随后就睡着了。列车到达深圳后，其取下背包出站乘坐汽车，在乘汽车买票时发现背包内的“康柏”牌手提电脑不见了，电脑被换成用广州日报包住的10支“娃哈哈”牌AD钙奶饮料。其遂向深圳车站派出所报案。

（9）深圳铁路公安处深铁公刑物证鉴字（2009）1号物证鉴定书，证实从失主施某某被盗电脑包内“娃哈哈”牌AD钙奶外包装上的胶带粘胶面上提取的指纹一枚，经与王东伟十指指纹样本比对，与王东伟左手食指指纹样本相应部位细节特征的种类、形态、位置、距离及相互关系均相符，为同一人所留。

（10）被告人王强的供述，证实2009年3月2日中午，其父王东伟让其一起去盗窃，其说太晚了不想去，王东伟就独自去了。傍晚约19时，王东伟拿了1台“康柏”牌笔记本电脑回家，颜色为灰蓝色，说是在广州到深圳的火车上偷的，当晚王东伟就将该电脑卖掉了。

（11）失主施某某出具的增值税普通发票复印件，证实其被盗的电脑为2007年9月19日购买，为“HP”牌GX900PA型笔记本电脑。

（12）深圳铁路公安处出具的情况说明，证实经向失主施某某了解，其被盗电脑为灰黑的“钢琴漆”颜色，上有一张8cm×5cm的两人合照；施某某出具的发票复印件上电脑品牌为“HP”牌，经向销售单位了解，因“康柏”电脑公司被“HP”电脑公司合并，故发票上品名写的是“HP”牌笔记本电脑。

（13）广州市天河区价格认证中心穗天价认鉴（2009）0917号刑事涉案物价格鉴定结论书，证实“康柏”牌GX900PA型笔记本电脑价值人民币2 780元。

（14）失主朱某某的陈述，证实2009年3月7日上午9时许，其从深圳火车站乘坐D788次列车前往广州东站，其上车后坐在6号车厢46号座位，并将随身携带的双肩背包放在了座位上方的行李架上。开车后不久其就睡着了，车到广州东站后，其发现放在行李架的背包不见了。

（15）被告人王强的供述，证实2009年3月7日6时许，其和王东伟从家中出发前往广州东站，准备在广州至深圳的列车上共同实施盗窃，为了掩饰盗窃，其携带了一个黑色拉杆箱，王东伟携带了一个黑色电脑包。其二人上车后即寻找作案目标，由于在列车列往深圳的途中没有找到作案的目标，到深圳后，王东伟讲仍然坐该趟列车返回广州。随后，在该列车返回广州东的途中，其在2号车厢、王东伟在6、7号车厢寻机作案。列车过樟木头后，王东伟打电话说他已经下车了，偷到了1台笔记本电脑，其就继续乘火车到了广州。当晚，公安人员在其家中将其二人抓获并查获了所盗赃物。

（16）被告人王东伟的供述，证实2009年3月7日7时，其乘坐广州东至深圳的列车前往深圳，到深圳后约半小时，其又乘坐深圳至广州东的列车返回广州。列车开出后，其看见1名旅客将1个黑色双肩背包放在行李架上后睡着了，遂在列车到达樟木头车站后，乘该旅客熟睡将该背包盗走。其所盗“GEMAUTE”牌黑色布质双肩背包内，有“IBM”牌黑色电脑1部（附充电器）、“爱国者”牌移动硬盘1个、“SSK”牌移动硬盘1个、无线鼠标1个、无线网卡1个、“SEGON”牌U盘2个、“索尼”牌充电器1个、“博朗”牌电动修眉刀1个。当晚，公安人员到其家中搜出了以上物品并将其抓获。

(17) 证人魏叶婷的证言，证实其男友王强、王强之父王东伟是以在火车上盗窃为业的，2009年3月7日，其听王强讲当日王强和王东伟一同去火车上盗窃，偷回了1台笔记本电脑，这台电脑当晚被公安机关从王东伟家中搜出。王强和王东伟盗窃通常都携带道具电脑包，包内放有AD钙奶。

(18) 广州市天河区价格认证中心穗天价认鉴（赃）(2009) 0392、0393号刑事涉案物价格鉴定结论书，证实“GEMAUTE”牌黑色布质双肩背包，内有“IBM”牌黑色电脑1部（附充电器)、“爱国者”牌移动硬盘1个、“SSK”牌移动硬盘1个、无线鼠标1个、无线网卡1个、“SEGON”牌U盘2个、“索尼”牌充电器1个、“博朗”牌电动修眉刀1个，共计价值人民币5 860元。

(19) 失主朱某某对失窃背包及包内物品辨认无误。

3. 一审判案理由

广州铁路运输法院经审理认为：被告人王东伟、刘洪长、王强的行为均构成盗窃罪，在王东伟与王强的共同犯罪中，王东伟系主犯，王强系从犯。

4. 一审定案结论

广州铁路运输法院依照《中华人民共和国刑法》第二百六十四条、第二十五条第一款、第二十六条第一、四款、第二十七条、第六十四条、第五十三条、最高人民法院、最高人民检察院、公安部《关于铁路运输过程中盗窃数额认定标准问题的规定》第（一）、（二）项、最高人民法院《关于适用财产刑若干问题的规定》第二条第一款，作出如下判决：

(1) 王东伟犯盗窃罪，判处有期徒刑三年六个月，并处罚金人民币2万元。

(2) 刘洪长犯盗窃罪，判处有期徒刑一年，并处罚金人民币1万元。

(3) 王强犯盗窃罪，判处有期徒刑八个月，并处罚金人民币1万元。

(三) 二审诉辩主张

上诉人王东伟诉称：其没有参与2009年2月26日和3月2日的盗窃，有证人可以证明3月2日其不在作案现场，请求法院对指纹重新鉴定并提取该两次盗窃案发现场的监控录像。

(四) 二审事实和证据

广州铁路运输中级法院经审理查明，一审判决据以定案的指纹鉴定结论存在以下问题：

1. 关于王东伟涉嫌参与2009年3月2日盗窃的指纹鉴定结论。从现有证据看，没有调取检材附着物—“娃哈哈”AD钙奶及外包装的清单或提取笔录，该检材指纹的来源不明。王东伟上诉亦提出，3月2日其在韶关市翁源县城，有证人证明其不在作案现场，更不可能有其指纹，请求对指纹重新鉴定。

2. 关于刘洪长涉嫌参与2009年2月26日盗窃的指纹鉴定结论。从现有证据看，没有调取检材附着物——“娃哈哈”AD钙奶及外包装的清单或提取笔录，该检材指纹的来源不明。另外，该鉴定书记载开始检验时间是2009年3月16日，落款时间是3月17日，而刘洪长2009年3月26日才被抓获归案，鉴定所依据的刘洪长的十指指纹样本来源不明。

3. 根据现有证据，2 月 26 日用于掉包的包内“娃哈哈”AD 钙奶为 8 支，3 月 2 日失主包内替换手提电脑的“娃哈哈”AD 钙奶为 10 支。但两份指纹鉴定书中的检材照片，肉眼无法分辨出存在何种不同。

（五）二审判案理由

广州铁路运输中级法院经审理认为：由于一审判决据以定案的指纹鉴定结论存在严重瑕疵，王东伟又坚决否认其参与了 2 月 26 日和 3 月 2 日的盗窃，并提供了新的证人证明其 3 月 2 日不在作案现场，而王强的供述、魏叶婷的证言均属间接证据。故一审判决认定王东伟、刘洪长参与 2 月 26 日盗窃、王东伟参与 3 月 2 日盗窃的事实不清，证据不足。

（六）二审定案结论

广州铁路运输中级法院依照《中华人民共和国刑事诉讼法》第一百八十九条第（三）项，作出如下裁定：

1. 撤销广州铁路运输法院（2009）广铁法刑初字第 128 号刑事判决。
2. 发回广州铁路运输法院重新审判。

（七）解说

本案中的关键证据为公安机关提供的被告人王东伟、刘洪长的指纹鉴定结论。鉴定结论属于刑事证据学中证据的七个种类之一，所谓鉴定结论指受公安机关指派或聘请的鉴定人，对案件的专门性问题进行鉴定后作出的书面结论。鉴定结论是鉴定人对专门性问题从科学技术角度提出的分析判断意见，而不是对直接感知或传闻的案件事实的客观陈述，所以，它不同于证人证言，证人也不能同时兼作鉴定人。鉴定结论是鉴定人从科学的角度提出的分析判断意见，而且鉴定人必须与案件事实和当事人没有利害关系，所以鉴定结论的客观性比较强，是上升到理性认识的结论意见，是建立在科学研究基础上的刑事证据。鉴定结论对于揭露案件中专门性问题，是必备的证明手段，对于鉴别其他证据的真伪，提示物证、书证的证明作用，都是其他证据无法取代的。在司法实践中，鉴定结论为证实犯罪和查找犯罪嫌疑起到十分重要的作用，而在无犯罪嫌疑人供述和相关证人证言的案件的认定中，鉴定结论则起到了决定性的作用。当然，鉴定结论也存在一定的缺陷，即鉴定人作出鉴定结论的材料必须真实可靠，也就是说，公安机关提供给其指派或聘请的鉴定人员的用于鉴定的证据材料，必须是客观的、真实的、全面的、能反映案件实际情况的。鉴定结论有效性因此受到公安机关提供材料的真实性的限制。

本案中，一审法院认定王东伟、刘洪长参与了 2 月 26 日的盗窃，王东伟参与了 3 月 2 日的盗窃。但从现有的证据看，除了王强的供述、魏叶婷的证言等间接证据，能证实王东伟、刘洪长参与盗窃的关键证据就是该两人的指纹鉴定结论。经二审审查，在王东伟否认参与上述两次盗窃的情况下，王东伟、刘洪长的指纹鉴定结论均因没有调取检材附着物——“娃哈哈”牌 AD 钙奶及外包装的清单或提取笔录，该检材指纹的来源不明而存在严重瑕疵，导致认定该两次盗窃事实不清，证据不足。

综上，对于鉴定结论的审查应当注意以下几点：(1) 形式审查，即审查鉴定结论是否为书面形式，是否有鉴定人员的签名，鉴定人员是否具有鉴定资格；(2) 实质审查，鉴定的内容是否为专业性内容，鉴定结论是否符合鉴定要求、鉴定人员与本案是否存在第三方关系等；(3) 提供的用于鉴定的证据是否真实、充分，这也是认定鉴定结论有效的必要前提。对此，具体要审查鉴定材料的来源是否合法；鉴定材料的发现、提取、处理、固定方法是否符合科学要求；鉴定材料提取的部位是否准确，在储存、运送过程中有无遭到损坏；鉴定材料有无变形、伪装；鉴定材料的性状、数量、质量是否符合要求。如果鉴定材料在来源真实、数量充足、具有可比性这三个条件中缺少任何一个，我们都可以怀疑鉴定结论的科学性、正确性。因此，对于主要依据鉴定结论认定的案件，不能轻信，更不能迷信，要更加仔细地从检材提取、送检时间、结论表述、鉴定人员等细节方面做好审查，确保关键证据的真实、可靠。

（广州铁路运输中级法院　吴云）

79. 何杰强走私弹药案
（电子证据）

（一）首部

1. 裁判书字号

一审判决书：江苏省淮安市中级人民法院（2008）刑二初字第1号。

二审裁定书：江苏省高级人民法院（2009）苏刑二终字第16号。

2. 案由：走私弹药案。

3. 诉讼双方

公诉机关：江苏省淮安市人民检察院，检察员：杨国梁。

被告人（上诉人）：何杰强（英文名 HO，Kit Keung Dennie），男，1955年12月28日出生，中华人民共和国香港特别行政区公民，香港特别行政区退休警察。因本案于2007年9月20日被逮捕。

辩护人：孙东强，江苏南通泰临律师事务所律师。

辩护人：郁丰，江苏南京普德律师事务所律师。

4. 审级：二审。

5. 审判机关和审判组织

一审法院：江苏省淮安市人民法院。

合议庭组成人员：审判长：张强；审判员：王海龙；人民陪审员：谷文友。

二审法院；江苏省高级人民法院。

合议庭组成人员：审判长：毕晓红；代理审判员：陈晓钟、金劲松。

6. 审结时间

一审审结时间：2008年12月17日（因被告人、辩护人要求重新鉴定，检察院申请补充侦查，本案经五次延期审理)。

二审审结时间：2009年11月16日。

(二)一审诉辩主张

1. 公诉机关指控称

2007年5月至7月，被告人何杰强采用铝箔纸包装、伪报物品品名、伪报寄件人姓名、地址和电话等方法，先后三次通过EMS国际快件途径，从香港将974发气枪子弹、67枚弹头、63枚弹壳、5发空包弹、3小包火药等物品邮寄给居住在淮安市的汪垚(另案处理)。2007年8月19日，被告人何杰强随身携带7发猎枪子弹进境时，在深圳罗湖口岸被现场查获。其行为已构成走私弹药罪。

2. 被告辩称

被告人何杰强辩称：(1)地址为KKho633@yahoo.com.HK的电子邮箱是麦少全与之共用，麦少全在"轻兵器论坛"上的名字也叫"Dennie"。其没有和网名为"tt _ 33"的人进行过网上交流，也不认识王信波，从未寄过东西给王信波。(2)香港警方提取的郭立春、吴友铭的证言，由于香港警方没有告之证人此证言可能用于刑事证据，因而不能作为证据使用。(3)侦查机关在没有得到其同意的情况下，勘查其电子邮箱内容并作为证据使用，取证违法，该证据不应作为证据使用。(4)笔迹鉴定结论属于主观性判断标准，且没有同时提取其他香港人的笔迹，而是仅就其一个人的笔迹进行鉴定，鉴定结论不具有科学性和唯一性。(5)入境时携带7发猎枪子弹是事实，但不知道是真子弹，一直认为是模拟子弹，因此不具有走私弹药的故意。

其辩护人的辩护意见为：(1)指控何杰强三次邮寄弹药的证据不足；(2)KKho633@yahoo.com.HK的电子邮箱系何杰强与麦少全共有，有可能是麦少全用何的电子邮箱与汪垚联系并邮寄弹药；(3)笔迹鉴定结论检材来源单一，没有考虑非汉字书写习惯的趋同性；(4)认定三次邮寄子弹及弹头、弹壳的数量，只有物证和汪垚的证言，证据不足；(5)最高人民法院《关于非法制造、买卖、运输枪支、弹药、爆炸物等刑事案件具体应用法律若干问题的解释》中将子弹分军用子弹、气枪铅弹和非军用子弹，而最高人民法院《关于审理走私刑事案件具体应用法律若干问题的解释》中将子弹分为军用子弹和非军用子弹，本案公诉机关指控的974发气枪子弹，鉴定结论没有明确为非军用子弹，该子弹数额应从指控数额中予以扣除。

(三)一审事实和证据

江苏省淮安市中级人民法院经公开审理查明：被告人何杰强与淮安市居民汪垚(另案处理)通过"轻兵器论坛"网站建立网络联系后，被告人何杰强将自己注册的用户名为KKho633@yahoo.com.HK的电子邮箱地址告诉汪垚，汪垚用自己注册的用户名为tt_33@sohu.com、weizi19810128@163.com的电子邮箱与被告人何杰强的电子邮箱互发电子邮件联络，双方进行有关武器和弹药方面的交流和研究。在交流过程中，被告人何杰强表示可以寄一些子弹实物样品，汪垚同意并将同事王信波的通信地址告诉被告人何杰强。为逃避海关监管和检查，被告人何杰强将弹药用铝箔纸包装，在邮寄面单上伪报物品品名、伪报寄件人姓名、地址和电话。先后三次通过 EMS 国际快件途径，从香港将 906 发气枪铅弹，67 枚军用子弹弹头、55 枚军用子弹弹壳、3 发空包弹、3 小包火药等物品邮寄给汪垚。

经枪弹鉴定，906 发气枪铅弹能正常使用，属特殊形式的非军用子弹；67 枚弹头、55 枚弹壳属军用子弹弹头、弹壳，55 枚弹壳底火完好，只要装填适量发射药，即可与送检弹头组装成能使用的 55 发军用子弹；3 发空包弹属非军用子弹，能正常使用；3 小包火药属制式发射药，能正常使用；7 发猎枪子弹属非军用子弹，能正常使用。

案发后，侦查机关淮安海关缉私分局从汪垚处扣押了涉案的弹药；从何杰强处扣押涉案的 7 发猎枪子弹。

上述事实有下列证据证明：

第一组证据：

（1）证人汪垚证言，证明自己对枪弹比较感兴趣，通过“轻兵器论坛”网站认识一个叫“Dennie”的网友，该网友给了他一个 KKho633@yahoo. com. HK 的电子邮箱地址，后其用自己注册的名为 tt_33@sohu. com、weizi19810128@163. com 的电子邮箱与“Dennie”互发电子邮件进行联系。“Dennie”在电子邮件中说他叫何杰强，英文名“Dennie”，还说他在香港射击界很有名并寄过近十张射击时的照片。在电子邮件中其称对方为强哥、D 哥，多次向“Dennie”请教射击技术等方面的问题。

（2）被告人何杰强供述：其名叫何杰强，英文名叫“Dennie”，一个射击爱好者，经常参加射击运动，有两个电子邮箱，大概是在 2004 年 7 月开通的，一个电子邮箱名为 KKho633@netvigtor. com，另一电子邮箱名为 KKho633@yahoo. com. HK，上过三四次“轻兵器论坛”，用户名“Dennie”。此次进境随身携带有 7 发霰弹枪子弹，知道中国大陆禁止武器弹药进境。

（3）证人黄绮媚证言（系被告人何杰强之妻）证明，何杰强 2006 年退休之前从事警察职业，平常很喜欢射击运动，经常参加一些射击运动，买了一些枪和子弹放在家里。家里大约在 1999 年买电脑，何杰强经常在网上看看文章，也经常到论坛上跟网友谈论问题。

（4）夏天明、周鹏（本案侦查人员）当庭证言证明，在最初问何杰强时问其是否认识网名为“tt_33”的人，何杰强供认识，讲是“轻兵器论坛”网站的版主，由于当时深圳海关要求尽快将何带走，时间紧迫未能形成笔录。

（5）电子证据，淮安市公安局信息网络安全监察处出具的公（网监）勘［2007］011 号电子物件勘查记录、远程勘验工作记录，证明汪垚的户名为 weizi19810128@163. com、KKho633@sohu. com 的电子邮箱与户名为 KKho633@yahoo. com. HK 的电子邮箱有多次互相发送电子邮件的记录。汪垚与何杰强在电子邮件中主要交流枪弹方面的内容，其中何杰强 KKho633@yahoo. com. HK 电子邮箱发出的电子邮件中涉及大量香港警用方面的枪弹及人员资料，汪垚在电子邮件中称对方为强哥、D 哥，并问及何杰强所发送的靶场射击的照片中戴的是耳塞还是耳机，怎么有线拖出来，如何校正射击的精度等内容，何杰强电子邮件中告诉他在镜桥前圆套和枪瞄之间垫上胶纸或胶布等东西，并发过“Ruger”卡宾枪上垫胶纸的照片。

（6）物证照片，侦查机关从户名为 KKho633@yahoo. com. HK 的电子邮箱发给汪垚的电子邮件中提取何杰强在靶场射击的照片，照片中人系何杰强本人，右耳上戴有耳塞并有一小截线拖在外面。

（7）物证照片，香港警方从被告人何杰强家中提取的枪弹照片，证明被告人何杰强家中有“Ruger”卡宾枪，并在枪的镜桥前圆套和枪瞄之间发现所垫胶纸。

（8）香港警务处协查反馈函证明，何杰强有两个电邮通信地址，一个为雅虎（香港）地址 KKho633@yahoo.com.HK；另一个为电讯盈科 hkk633@netvigator.com。

以上证据证实，被告人何杰强与汪垚系通过互联网相识，并通过用户名为 KKho633@yahoo.com.HK 的电子邮箱与汪垚的用户名为 tt_33@sohu.com、weizi19810128@163.com 的电子邮箱多次互发电子邮件进行联系，主要交流有关枪弹方面的内容，双方讨论的内容得到物证的印证，并且何杰强发送了自己的照片给汪垚，经确认系何杰强本人。

第二组证据：

（1）证人汪垚证言，证明在与何杰强网上交流过程中，何杰强说可以寄一些子弹样品，其同意并把单位同事王信波的地址给了他，后何杰强先后三次通过特快专递向其邮寄弹药，第一次寄了 11 袋气枪弹；第二次寄了弹壳 27 枚、弹头 29 枚；第三次寄了弹头 38 枚、弹壳 36 枚、空包弹 5 发、气枪铅弹 129 发和 3 小包火药。每次寄过来里面都用塑料小袋包装，每袋都有编号并标明子弹的型号或产地，在其询问为何采用铝箔纸包装时，何杰强称是为了防止被 X 光检查。

（2）证人王信波证言，证明受汪垚之托，代汪垚收过两次香港来的快件，第一次寄件人姓名是李国华，第二次是方汉生。

（3）物证子弹及扣押物品清单，证明经汪垚辨认，淮安海关缉私分局从汪垚处扣押了被告人何杰强第一次邮寄气枪子弹 817 发，第二次邮寄 29 枚弹头、27 枚弹壳，第三次邮寄 38 枚弹头、36 枚弹壳、5 发空包弹、129 发气枪子弹、3 小包火药。

（4）物证 7 发猎枪子弹，扣押物品清单，以及何杰强在深圳罗湖边检站被查获时的录像资料，证明在何杰强入境时，7 发猎枪子弹系从其身上查获。

（5）物证，从淮安市邮政局提取的 EMS 国际特快专递面单三份，经证人汪垚辨认，三份 EMS 国际特快系被告人何杰强用于邮寄弹药的快件面单，其中邮件编码为 EE693243278HK 的邮寄时间为“2007 年 5 月 7 日”，寄件人为“李国华”、寄件地址为“香港北角有福道 6 楼 103 室”，收件人为“王信波”，内载物品详情及数量为“机器零件样本、冷钢丝、图纸、目录”等；邮件编码为 EE693243595HK 的邮寄时间为“2007 年 6 月 25 日”，寄件人为“方汉生”，寄件地址为“香港北角电照街 36 号 5B 座”，收件人为“王信波”，内载物品详情及数量为“机器零件样本、钢锣线、丝母”等，邮件编码为 EE693243600HK 的邮寄时间为“2007 年 7 月 17 日”，寄件人为“李安国”，寄件地址为“香港北角电照街 36 号 6A 座”，收件人为“王信波”，内载物品详情及数量为“机器零件样本、钢螺丝、尖牙母”等。证明被告人何杰强为逃避海关监管，先后三次以铝箔纸包装、伪报物品品名、伪报寄件人姓名、地址和电话的方法邮寄弹药。

（6）香港警务处协查反馈函，证明在 2007 年 5 月 7 日、2007 年 6 月 25 日及 2007 年 7 月 17 日投寄的三个有问题之特快专递邮件均系由油塘邮政局寄出，何杰强居住于该邮政局附近。并附有邮件编号为“EE693243278HK”、“EE693243595HK”、“EE693243600HK”的国际特快专递详情单，与淮安海关缉私分局从淮安市邮政局提取的三份国际特快专递详情单一致。

（7）物证，从汪垚处提取的 52 份塑料包装袋，经证人汪垚辨认，52 份塑料包装袋系被告人何杰强用于包装弹药的塑料包装袋，标签上标有“1 号至 9 号”的编号，写有“英国蝎子”、“英国 Stopion sting 中空”、“英国 TIGER 尖头”、“美国 Winchesten 尖头”、“美国

Daisy 半平头”、“德国 NSK 尖弹”、“英国高速曳光”、“英国 Dynamic 气步长弹”、“英国 Pnometew 高速”、“英国 pasagon27 荧光”、“加拿大仿制英胶皮弹”、“德国 NSK”、“美国 Winchesten 尖弹”、“英国 Eley 比赛弹”、“港警现役制式 038 左轮弹”、“FN 步枪旦 7.62MM 发射药”、“7.92 发射药”、“反劫机弹（粉头）”、“LAPUA7.62MM 步枪弹火药”、“LAPUA′9MM1 个抛光 2 个原色”等字样。

（8）物证，从汪垚家中提取的铝箔纸，经证人汪垚辨认，铝箔纸系被告人何杰强为了逃避海关检查，防范 X 光检查而对弹药进行包装。

（9）物证照片，香港警方从被告人何杰强家中搜查到名为“Remington”、“Fiocchi”、“Rwsigeco”等霰弹及包装盒。

（10）电子证据，淮安市公安局信息网络安全监察处出具的淮公（网监）勘［2007］011 号电子物件勘查记录、远程勘验工作记录，证明在汪垚以用户名为 weizi19810128@163.com、tt_33@sohu.com 的电子邮箱与用户名为 KKho633@yahoo.com.HK 的电子邮箱互发电子邮件中，在 KKho633@yahoo.com.HK 电子邮箱发送的 2007 年 6 月 25 日、7 月 17 日电子邮件中提到“东西已经在今天 6 月 25 日从香港寄出了，您收到后告诉我”；“更重要的消息，就是我在今天 7 月 17 日把东西寄出给您了，里面有些资料是跟这篇文章有关的、相信你最迟会在这星期五收到，你收到后请通知我”，在 weizi19810128@163.com、tt_33@sohu.com 发的电子邮件中谈到，“包裹拆开……里面是个小仓库”，“这个铝箔是烧烤用的吧，本地超市还没见过这东西”，“包裹上星期一收到，是我办公室的同事代收的，打开一看……以前从来还没见过这么多国外弹壳”等内容，与实际邮寄时间相吻合。

（11）鉴定结论：江苏省公安厅苏公刑文字［2007］46 号文件检验鉴定书、淮安市人民检察院淮检技鉴［2007］18 号文件检验鉴定书、淮检技鉴［2008］4 号文件检验鉴定书、中华人民共和国公安部物证鉴定［2008］3698 号物证鉴定书，证明送检的邮件编码为 EE693243595HK、EE693243600HK、EE693243278HK 的国际特快面单上“寄件人”、“收件人”、“内载物品详情及数量”栏中字迹、贴有标签的 52 张塑料包装袋标签上的字迹为何杰强书写。

上述证据证实，2007 年 5 月至 7 月，被告人何杰强为逃避海关监管和检查，采用铝箔纸包装、伪报物品品名、伪报寄件人姓名、地址和电话等方法，先后三次通过 EMS 国际快件途径，从香港将 906 发气枪子弹、67 枚弹头、55 枚弹壳、3 发空包弹、3 小包火药等物品邮寄给汪垚，2007 年 8 月 19 日，被告人何杰强随身携带 7 发猎枪子弹入境被查获。

第三组证据：

（1）鉴定结论：江苏省公安厅苏公刑痕字［2007］12 号枪弹鉴定书及鉴定说明，证明送检的 5 发空包弹属非军用子弹，有 3 发能正常使用；67 枚弹头、63 枚弹壳均为军用枪弹的弹头和弹壳，有 8 枚弹壳底火已击发或缺失，无法正常组装并使用，55 枚弹壳底火完好，只要装填适量发射药，即可与送检弹头组装成能使用的 55 发军用子弹；906 发气枪弹属特殊形式的非军用子弹，能正常使用。

（2）鉴定结论：江苏省公安厅苏公刑痕字［2007］15 号枪弹鉴定书，证明送检的 7 发子弹均系国外制式 12 号猎枪弹，属非军用子弹，能正常使用。

上述证据证实，被告人何杰强三次邮寄的 906 发气枪子弹、3 发空包弹、7 发猎枪子弹属非军用子弹，67 枚弹头、55 枚弹壳为军用子弹弹头、弹壳，3 小袋发射药属制式发射药，均能正常使用。

第四组证据：

(1) 证人黄绮媚证言（系被告人何杰强之妻），证明其不知道何杰强认不认识一个叫麦少全的人，没听说也没见过这个人。

(2) 由香港警务处调查的郭立春（香港精英射击会、前英军手枪会秘书）、吴友铭（香港精英射击会、前英军手枪会前会长）证言，二人均证明从未听说过名叫“麦少全”的枪友。

(3) 香港警务处人事登记处证明，根据何杰强提供的“麦少全，香港人，40 岁左右”的情况，进行相关核查后，没有发现香港特别行政区有年龄在 35 到 50 周岁名叫“麦少全”的记录。

上述证据证实，被告人何杰强所辩解的麦少全其人，在香港特别行政区无记录。

第五组证据：身份证、港澳居民来往内地通行证。

证明被告人真实姓名为何杰强，英文名 HO，Kit Keung Dennie。

(四) 一审判案理由

江苏省淮安市中级人民法院经审理认为：被告人何杰强违反海关法规，逃避海关监管，非法邮寄、携带弹药入境，其行为构成走私弹药罪。主要理由如下：

1. 通过对间接证据的分析和审查，可以认定走私弹药犯罪系被告人何杰强所为。

(1) 被告人何杰强通过电子邮箱与大陆居民汪垚进行枪弹知识方面的交流，并联系邮寄弹药的具体事宜，相关电子数据记载内容，与其他证据互为印证，是认定本案的基础证据。

(2) 笔迹鉴定结论证明，邮寄弹药包裹和包内装枪弹标签上的字迹，系被告人何杰强书写。

对于被告人及辩护人所提，鉴定结论不具有科学性和唯一性的辩解及辩护意见。经审查，首先，鉴定结论是《中华人民共和国刑事诉讼法》所规定的法定证据形式之一，笔迹鉴定作为鉴定结论的一种，依据的是书写人在写法、运笔、起收笔形态、搭配、笔顺等方面的细节特征，反映书写人的书写习惯，与书写人是中国大陆人还是中国香港人没有关联性，居住地点的不同，不影响书写人的书写习惯；其次，本案送检的检材和样本中不仅有繁体汉字，还有简体汉字、英文和阿拉伯数字，鉴定结论既考虑到了汉字书写习惯，也考虑到了英文和阿拉伯数字的书写习惯，不存在遗漏问题；再次，受委托的鉴定机构均具备刑事证据鉴定资质。对委托鉴定的检材，鉴定机构均认为检材字迹书写流畅、运笔自然，字迹特征反映明显，具备鉴定条件，在庭审中出庭接受询问的鉴定人也表明现有检材符合鉴定的要求。同时，本案在鉴定过程中，先后委托数家鉴定机构，包括国家级权威鉴定机构进行了笔迹鉴定，结论均为何杰强所书写，鉴定结论一致，确保了鉴定结论的正确性。

(3) 被告人的辩解得到合理排除。

在庭审中，被告人何杰强提出地址为 KKho633@yahoo. com. HK 的电子邮箱是名叫麦少全的一个朋友用其身份资料申请的，电子邮箱开通后不久，就借给麦少全与之共用，麦系香港人，40 岁左右，麦在“轻兵器论坛”上的名字也叫“Dennie”，其与麦少全在 1993 年左右在枪会认识，与汪垚联系和交流的是麦少全而非自己，以此辩解走私弹药行为系麦少全所为。经查，被告人的上述辩解不能成立。

首先，香港警务处人事登记处证明，根据何杰强提供的情况，进行相关核查后，没有发现香港特别行政区有年龄在35到50周岁名叫“麦少全”的记录。

其次，香港警务处调查的郭立春（香港精英射击会、前英军手枪会秘书）、吴友铭（香港精英射击会、前英军手枪会前会长）证言，二人均证明从未听说过名叫“麦少全”的枪友，且证人郭立春、吴友铭在证言中证明“其自愿录取中文口供，以证人身份协助调查一宗无牌藏有枪械及弹药案”，并明确说明“本人获告知本人由警务处处长根据香港法例第232章警队条例而保存的刑事记录，有可能在其后的刑事诉讼中向辩方披露”，据此，被告人何杰强所提该证据因未向证人告知权利而不能作为证据采信的辩解亦不能成立。

综上，本案被告人何杰强虽没有供述自己的犯罪行为，但通过其他间接证据能够形成证据锁链，认定走私弹药系被告人何杰强所为。

2. 气枪铅弹应认定为非军用子弹，构成走私弹药罪的犯罪对象。

本案系走私弹药犯罪，应适用最高人民法院《关于审理走私刑事案件具体应用法律若干问题的解释》的相关规定，而该解释明确将走私弹药犯罪中的子弹划分为军用子弹和非军用子弹。本案鉴定结论及鉴定说明证实，气枪弹属于特殊形式的非军用子弹，是非军用子弹的一种，因此认定本案906发气枪子弹为非军用子弹并适用最高人民法院《关于审理走私刑事案件具体应用法律若干问题的解释》有充分的法律依据。此外，根据最高人民法院《关于审理非法制造、买卖、运输枪支、弹药、爆炸物等刑事案件具体应用法律若干问题的解释》第三条规定，非法制造、买卖、运输、邮寄、储存军用子弹10发以上、气枪铅弹500发以上或者其他非军用子弹100发以上的，构成非法制造、买卖、运输、邮寄、储存枪支、弹药、爆炸物罪。该规定明确气枪铅弹系非军用子弹，只不过定罪的数量要求与其他非军用子弹不同。综上，应认定906发气枪子弹为非军用子弹。

（五）一审定案结论

江苏省淮安市中级人民法院依照《中华人民共和国刑法》第一百五十一条第一款、第六十四条、最高人民法院《关于审理走私刑事案件具体应用法律若干问题的解释》第一条第一款第（一）项、第二款第（二）项、最高人民法院《关于审理走私刑事案件具体应用法律若干问题的解释（二）》第三条第二款，作出如下判决：

1. 何杰强犯走私弹药罪，判处有期徒刑七年，并处罚金人民币3 000元。

2. 何杰强走私的906发气枪铅弹、67枚军用弹头、55枚军用弹壳；3发空包弹、7发猎枪子弹和3小包火药，予以没收。

（六）二审情况

1. 二审诉辩主张

上诉人何杰强上诉称：（1）何杰强的邮箱系和朋友麦少全共用，现有证据仅能证实汪垚通过电邮与何杰强的电邮联系，并收到过邮寄的子弹，但一审判决认定弹药系何杰强邮寄的证据仅有汪垚的证言予以证实，系孤证，属证据不足；（2）一审判决认定何杰强走私弹药的数量仅有汪垚的证言证实，而汪垚本身亦有收藏弹药的情况，且又是与本案有利害关系的涉案人员，扣押在案弹药来源不唯一以及汪垚基于利害关系而客观存在的证言易变性，决定了一审判决认定何杰强走私弹药数量的证据不充分。

此外，对一审判决据以定案的笔迹鉴定和相关证人证言等证据有异议：(1) 绝大多数香港人存在相同的书写习惯，仅将上诉人的笔迹作为唯一检材进行笔迹鉴定不科学，结论不具有唯一性；(2) 香港警方提取证人郭立春、吴友铭证言之前没有告知将用于刑事证据的用途，该证据不能作为指控其犯罪的证据使用。

其辩护人的辩护意见为：(1)《鉴定说明》不是法定的证据形式，一审判决将《鉴定说明》作为证据使用并据此将气枪铅弹列入非军用子弹，没有法律依据；(2) 最高人民法院《关于审理非法制造、买卖、运输枪支、弹药、爆炸物等刑事案件具体应用法律若干问题的解释》将子弹分为军用子弹、气枪铅弹和非军用子弹，一审判决依据最高人民法院《关于审理走私刑事案件具体应用法律若干问题的解释》将气枪弹认定为非军用子弹属性质认定错误；(3) 基于案件情况，建议二审改判何杰强无罪或对其从轻适用缓刑。

2. 二审事实和证据

江苏省高级人民法院经审理，确认一审法院认定的事实和证据。

3. 二审判案理由

江苏省高级人民法院经审理认为，上诉人何杰强违反海关法规，逃避海关监管、非法向境内邮寄、携带弹药，其行为构成走私弹药罪。原审判决认定的事实清楚，证据确实、充分，定罪准确，量刑适当，审判程序合法，应予维持。

4. 二审定案结论

江苏省高级人民法院依照《中华人民共和国刑事诉讼法》第一百八十九条第（一）项，作出如下裁定：

驳回上诉，维持原判。

（七）解说

1. 电子证据在本案中的使用

随着网络技术的发展和进步，犯罪分子利用网络电子科技作为犯罪手段逐步成为一种新的趋势。依靠计算机软硬件和其他计算机交易记录的存储于磁性介质之中的数字信息成为刑事诉讼中一种新的证据表现形式，理论上被称为电子证据。在我国刑事诉讼法中，电子证据还没有正式作为法定的证据种类被规定，因其主要是一些电磁记录物，产生于信息传输的过程中，无直接实物的表现形式，多是依附在磁盘、光盘等物质中，易被修改、删除、捏造和复制，而且通过网络监察查到的电脑终端，即 IP 地址，依据其确定的嫌疑人与认定真正的犯罪行为实施者之间存在差距。电子证据的这种不稳定性和间接性不仅造成了取证的困难，也带来了证据采信中的困惑。本案中被告人何杰强与汪垚系通过网络结识，使用各自的电子邮箱进行交流，但双方未曾谋面。而被告人又提出地址为 KKho633@yahoo. com. HK 的电子邮箱是其与麦少全共用，其没有和网名为“tt _ 33”的人进行过网上交流。在本案中，如何将虚拟的电子邮箱与实体存在的被告人联系起来，是最为关键的问题。可以预见，类似的案件将在今后的审判工作中不断涌现。在面对电子证据的情况下，我们应坚持证据锁链的逐节把握，坚持虚拟与现实的相互印证。

(1) 对于何杰强就电子证据合法性所提出的辩解，经查，根据我国《宪法》第四十条的规定，公安机关因追查刑事犯罪的需要，有权对何杰强的电子邮箱进行检查，不需征得被检查人的同意或认可；同时，《刑事诉讼法》第一百一十四条也明确规定："在勘验、搜查中发现的可用以证明犯罪嫌疑人有罪或者无罪的各种物品和文件，应当扣押"。此外，最高人民法院、最高人民检察院、海关总署《关于办理走私刑事案件适用法律若干问题的意见》中亦明确规定："走私犯罪侦查机关对于能够证明走私犯罪案件真实情况的电子邮件、电子合同、电子账册、单位内部的电子信息资料等电子数据应当作为刑事证据予以收集、保全"。综上，本案侦查机关依法勘查所取得的电子证据，应作为刑事证据使用，电子证据的提取和使用，符合我国刑事诉讼法关于证据合法性的要求。

（2）对户名为 KKho633@yahoo. com. HK 电子邮箱何杰强予以认可，被告人何杰强供述，其英文名为"Dennie"，有两个电子邮箱，一个电子邮箱名为 hkk633@netvigator. com，另一电子邮箱名为 KKho633@yahoo. com. HK。该节事实还得到香港警务处协查反馈函的证实。

（3）本案的电子证据，系公安机关信息网络安全监察处通过汪垚的户名为 weizi19810128@163. com、tt_33@sohu. com 的电子邮箱与户名为 KKho633@yahoo. com. HK 的电子邮箱电子物件勘查、远程勘验获得，双方有过多次互相发送电子邮件的记录。电子邮箱所发内容通过网络传输，具有唯一性，能够排除系其他电子邮箱所发内容，而户名为 KKho633@yahoo. com. HK 电子邮箱系用被告人何杰强真实身份资料申请注册。

（4）根据汪垚证言证明，通过"轻兵器论坛"网站认识名叫"Dennie"的网友，该网友给了他一个户名为 KKho633@yahoo. com. HK 的电子邮箱地址，后用自己注册的用户名为 tt_33@sohu. com、weizi19810128@163. com 的电子邮箱与"Dennie"互发电子邮件进行联系，在互发电子邮件中得知对方叫何杰强，英文名叫"Dennie"，何还在电子邮件中发过自己在靶场射击时的照片，上述信息与何杰强的基本情况相符；值得注意的是，这些信息均是在何杰强归案前司法机关与汪垚均不了解弹药邮寄人确切身份情况下的客观记载，案发后，上述信息的真实性得到印证。

（5）电子邮件中所记载的与案件无关的其他内容，均与被告人何杰强有关，如：从 KKho633@yahoo. com. HK 电子邮箱中发到汪垚电子邮箱中何杰强在靶场射击时的照片系何杰强本人；在汪垚与何杰强互发的电子邮件内容中，汪垚问及对方如何调整用枪精确度的问题时，对方提到在镜桥前圆套和枪瞄之间垫上胶纸或胶布等东西，并发过"Ruger"卡宾枪上垫胶纸的照片，与香港警方从何杰强家中扣押的何杰强持有的同品名"Ruger"卡宾枪上垫胶纸细节一致；从汪垚处提取的 KKho633@yahoo. com. HK 电子邮箱发出的电子邮件中很多涉及香港警察专用枪弹知识及警察人员资料，与何杰强退休之前在香港从事警察的职业特点相符。双方互发的电子邮件中对邮寄弹药的情况有过约定，由汪垚告知邮寄地址和人名（王信波），汪垚收到弹药后，亦有相应的回复，与实际邮寄弹药的时间、邮寄地址和接收人相吻合。

综合上述证据，能够证实被告人何杰强通过户名为 KKho633@yahoo. com. HK 的电子邮箱与汪垚户名为 tt _ 33@sohu. com、weizi19810128@163. com 的电子邮箱进行枪弹知识的交流，以及通过电子邮件双方约定走私弹药的行为。

2. 气枪子弹认定为非军用子弹的具体理由

（1）有充分的法理依据。从气枪铅弹的自身性能上看，是依靠压缩气体为动力的子弹，鉴定结论表述为特殊的非军用子弹，是非军用子弹的一种；从实际危害来看，气枪铅弹与以火药为动力发射的其他非军用子弹相比，由于没有底火、发射药等动力装置，其射程较短，相对于其他非军用子弹杀伤力较小，但气枪铅弹仍然符合子弹的性能要求，不能因此而得出不是非军用子弹的结论，故认定本案906发气枪子弹为非军用子弹有充分的科学依据。

（2）有充分的法律依据。根据最高人民法院《关于审理走私刑事案件具体应用法律若干问题的解释》第一条规定，“走私军用子弹十发以上不满五十发的”、“非军用子弹一百发以上不满五百发的”属于走私弹药罪“情节较轻”，处三年以上七年以下有期徒刑，走私“军用子弹五十发以上不满一百发的”或走私“非军用子弹五百发以上不满一千发的”，处七年以上有期徒刑。该解释将子弹分为军用子弹和非军用子弹两类；最高人民法院《关于审理非法制造、买卖、运输枪支、弹药、爆炸物等刑事案件具体应用法律若干问题的解释》第一条规定，“非法制造、买卖、运输、邮寄、储存军用子弹十发以上、气枪铅弹五百发以上或者其他非军用子弹一百发以上的”，构成非法制造、买卖、运输、邮寄、储存枪支、弹药、爆炸物罪。从条文对“军用子弹、气枪铅弹或者其他非军用子弹”表述也可以看出，解释将气枪铅弹与其他非军用子弹并列，即司法解释亦认为两者是同类物，只是由于气枪铅弹自身的特性导致定罪的数量要求与其他非军用子弹有所不同。

（3）本案的法律适用具有充足的依据。由于本案系走私弹药犯罪，应当适用最高人民法院于2000年9月26日颁布的《关于审理走私刑事案件具体应用法律若干问题的解释》，该解释沿用了最高人民法院于1995年9月20日颁布的《关于办理非法制造、买卖、运输非军用枪支、弹药刑事案件适用法律问题的解释》中关于“军用”和“非军用”的提法，而没有将非军用子弹的种类作进一步的区分和列举。而最高人民法院于2001年5月15日颁布的《关于审理非法制造、买卖、运输枪支、弹药、爆炸物等刑事案件具体应用法律若干问题的解释》中，将气枪铅弹从其他非军用子弹中分离出来，并与其他非军用子弹并列，通过司法解释进一步明确了应将气枪铅弹作为一种特殊形式的非军用子弹对待，从法律依据上解决了气枪铅弹能够成为走私弹药罪犯罪对象的问题。

（江苏省淮安市中级人民法院　张强　王海龙　冯旭）

80. 张海仁等诈骗案
（间接证据的审查认定）

（一）首部

1. 判决书字号

一审判决书：浙江省绍兴市越城区人民法院（2009）绍越刑初字第505号。

二审判决书：浙江省绍兴市中级人民法院（2009）浙绍刑终字第245号。

2. 案由：诈骗案。

3. 诉讼双方

一审公诉机关：浙江省绍兴市越城区人民检察院，检察员：胡建伟。

二审检察机关：浙江省绍兴市人民检察院，检察员：范小云。

被告人（上诉人）：张海仁，男，1971 年 12 月 1 日出生，汉族，福建省宁化县人，初中文化，农民，住福建省宁化县。因本案于 2009 年 4 月 10 日被刑事拘留，同年 5 月 16 日被逮捕。

一审、二审辩护人：申铁旗，浙江乾盛律师事务所律师。

一审辩护人：倪晓钢，浙江中圣律师事务所律师。

被告人（上诉人）：曹县辉，男，1982 年 4 月 18 日出生，汉族，福建省宁化县人，初中文化，农民，住福建省宁化县。因本案于 2009 年 4 月 28 日被刑事拘留，同年 5 月 16 日被逮捕。

一审辩护人：竺旦颖、金华，浙江乾盛律师事务所律师。

二审辩护人：竺旦颖，浙江乾盛律师事务所律师。

4. 审级：二审。

5. 审判机关和审判组织

一审法院：浙江省绍兴市越城区人民法院。

合议庭组成人员：审判长：沈岗；审判员：傅莹莹；人民陪审员：骆国发。

二审法院：浙江省绍兴市中级人民法院。

合议庭组成人员：审判长：张凯；审判员：戴东海；代理审判员：姚一鸣。

6. 审结时间

一审审结时间：2009 年 9 月 16 日。

二审审结时间：2009 年 12 月 3 日。

（二）一审情况

1. 一审诉辩主张

（1）公诉机关指控称

2009 年 2 月底至 4 月 9 日期间，被告人张海仁、曹县辉伙同傅金华（另案处理）经事先合谋，在绍兴市越城区东湖镇西庄废旧金属市场绍兴富利废品回收店内，采用被告人张海仁假扮老板负责结账收款，被告人曹县辉负责开车运废铁，傅金华假扮押运员负责记送货单并伪造、掉包送货单等手段向被害人李水根行骗。二被告人于同年 2 月底至 3 月 13 日骗取人民币 17 358 元，于同年 3 月 14 日至 22 日骗取人民币 14 392 元，于同年 3 月 23 日至 29 日骗取人民币 49 780 元。二被告人于同年 3 月 30 日至 4 月 9 日共虚构货物价值人民币 204 294 元，4 月 9 日被告人张海仁前去结账时被群众扭送至公安机关而未得逞。2009 年 4 月 28 日，被告人曹县辉在福建省三明市被民警抓获。案发后赃款未被追回。公诉机关认为，被告人张海仁、曹县辉的行为均已构成诈骗罪，数额特别巨大且系共同犯罪。其中第四次诈骗犯罪系未遂，被告人曹县辉系从犯。提请法院依法判处。

（2）被告辩称

被告人张海仁辩称：前两次诈骗所得均为七八千元，第三次骗得 15 000 元，第四次用于进货的钱就有 24 万多元。

其辩护人的辩护意见为：公诉机关指控被告人张海仁诈骗所得数额证据不足，应根据张海仁当庭供述的数额进行认定。

被告人曹县辉辩称：其在 2009 年 3 月 29 日结账后才知道是在诈骗，之前没有共同犯罪的故意。

其辩护人的辩护意见为：被告人曹县辉未参与前三次诈骗，在参与的第四次诈骗中系从犯。

2. 一审事实和证据

绍兴市越城区人民法院经公开审理查明：（1）2009 年 2 月底，被告人张海仁、曹县辉伙同傅金华（另案处理）经事先合谋以向废旧金属回收店出售废铁后掉包送货单虚增货物量的方法实施诈骗，并商定由被告人张海仁假扮老板负责结账收款，被告人曹县辉负责开车运废铁，傅金华假扮押运员负责记送货单并伪造、掉包送货单。后被告人张海仁、曹县辉及傅金华即按上述分工，于 2009 年 2 月底至 3 月 29 日间，先后向位于绍兴市越城区东湖镇西庄废旧金属市场内被害人李水根经营的绍兴富利废品回收公司运送出售废铁冲片，由被告人张海仁先后于 3 月 13 日、3 月 22 日、3 月 29 日持伪造并已掉包的送货单与被害人李水根结账实施诈骗，分别骗得人民币 17 358 元、14 392 元、49 780 元，合计人民币 81 530 元。

（2）2009 年 3 月 31 日至 4 月 9 日，被告人张海仁、曹县辉伙同傅金华又先后向绍兴富利废品回收公司运送废铁冲片 12 车，计 46.41 吨，收购价人民币 90 234 元。在傅金华将送货单掉包后，被告人张海仁于 4 月 9 日持伪造的送货单前往绍兴富利废品回收公司与被害人李水根进行结算，其虚构后废铁冲片计 152.01 吨，货款合计人民币 294 520 元，其诈骗金额为人民币 204 286 元，因被被害人李水根发现扭送至绍兴市公安局越城区分局东湖派出所而未能得逞。

2009 年 4 月 28 日 15 时许，被告人曹县辉在福建省三明市被民警抓获。

上述事实有下列证据证明：

（1）被害人李水根陈述，证实被告人张海仁先后于 3 月 13 日、3 月 22 日、3 月 29 日到其公司结过三次账，金额分别为 112 358 元、126 751 元、206 520 元，其与其公司的验货员赵燕波核算过，这其中有 24 至 26 车是虚构的，以平均每车 3 吨，每吨平均 2 000 元计算，3 次共被骗 16 万元左右。之后，其发觉被告人张海仁结账越来越频繁，数字也越来越大，其感觉有问题，就叫赵燕波留意一下，自己也记一本账。4 月 7 日下午，赵燕波告诉其张海仁等人放在其公司里的 4 本送货单全都被掉包了。4 月 9 日上午，被告人张海仁又到其公司来结账，其就把张海仁扭送到了东湖派出所。从 2009 年 2 月至 4 月案发为止，其收购的废铁冲片共 324 吨，是全部卖给杭州钢铁厂的，3 至 4 月份共计卖给杭钢 12 批次，张海仁卖给其店里的占到总数一半，有 160 余吨。因为与张海仁卖同样这种废铁冲片的还有另一伙福建人，其时间、数量、车数、频率都与张海仁一伙差不多。

（2）证人赵燕波证言及辨认笔录，证实被告人曹县辉、傅金华基本每天都来送货，偶尔一两天不来送，每天上午一车下午一车，最多一天两车，有时候一天只有一车，每车数量也比较平均，有 3 吨多一点。第三次结账之后，其老板李水根发觉结款太频繁，而且数字太大，就叫其注意留心，这样其自己开始记一本账目，结果在 4 月 7 日，其发现 4 本送货单都已经被调包了，里面虚构了很多车数。4 月 9 日，他们又拉来一车货，张海仁就来结货款了，李水根就先与张海仁结算了货款，之后就把张海仁扭送到派出所去了。经其仔细盘查，第一次 3 月 13 日来结款共计 112 358 元，共 17 车，其中有 3 至 4 车是虚构的，以平均每车 3 吨，每吨平均 2 000 元计算，被骗货款 2 万元左右；第二次从 3 月 14 日起，至 3 月 22 日来结账，共 126 751 元，共 20 车，其中有 6 至 7 车是虚构的，被骗货款 4 万元左右；第三次从 3 月 23 日起，至 3 月 29 日来结账，共 206 520 元，共 30 车，其中有 15 车是虚构的，被骗货款10万元左右；这样三次共被骗16万元左右。第四次是从3月30日起到4月9日止，张海仁来结账，共35车，货款金额294 520元，这次实际只有12车，实际货款应为90 234元。证人赵燕波证言同时证实，除张海仁等三人外，另有两个福建人也在2009年2月底开始卖一样的废铁冲片给其公司，车数、数量都差不多。其公司总共收购的废铁冲片是324吨，两伙人平均分，张海仁一伙卖给其公司的废铁冲片就是160吨左右。

（3）证人罗海强证言及辨认笔录，证实从2月底一直到4月上旬，其卖给张海仁的废铁冲片价格平均至少是2 000元一吨，拉到绍兴的废铁冲片至少有84吨左右。

（4）结账单、收条及第四次结算时已被调换的伪造的送货单，证实被告人张海仁先后四次与被害人李水根结账，金额分别为112 358元、126 751元、206 520元、294 520元。

（5）由证人赵燕波在练习簿中记录的2009年3月29日之后被告人曹县辉与傅金华实际送货情况明细账，证实3月31日至4月9日间被告人曹县辉与傅金华实际送货12车，价值90 234元。

（6）辨认笔录及赃物照片，证实案发后公安人员从张海仁处查获了剩余的废铁冲片。

（7）由被害人李水根向公安机关提供的新世纪（废钢）收购结算单、杭钢物资供应分公司证明及化验计量清单，证实被害人李水根于2009年3月至4月间向杭州钢铁厂出售废铁冲片共计324.39吨。

（8）绍兴市公安局越城区、福建省三明市公安局三元分局出具的抓获经过证明，证实被告人张海仁、曹县辉被公安机关抓获归案。

（9）被告人张海仁在侦查阶段的多次供述，证实第一次其等人投入人民币95 000元，后从被害人处结款人民币112 358元，诈骗获利人民币17 358元；第二次其等人将第一次结得的货款全部用于进货，后从被害人处结款人民币126 750元，诈骗获利人民币14 392元；第三次其等人又将第二次结得的货款并另外再每人投入1万元（即增加投入3万元）全部用于进货，又从被害人处结款人民币206 530元，诈骗获利人民币49 780元。三次诈骗得款人民币81 530元。第四次其与被害人结完账后就被抓住了。

（10）被告人曹县辉在侦查阶段的多次供述，证实2009年2月，其与被告人张海仁及“小傅”事先商定以虚构增加送货单数量的方式行骗，骗得的钱均分，风险共担。张海仁先后三次到收购店结算货款约40万元，张海仁第四次去结账时被抓了。

3. 一审判案理由

绍兴市越城区人民法院经审理认为：对于前三次诈骗所得数额，被害人李水根陈述及证人赵燕波证言中所述被骗16万元左右系二人估算，无书面证据相印证，故根据张海仁所供数额81 530元予以认定。被告人张海仁、曹县辉以非法占有为目的，合伙采用虚构事实等方法，骗取他人钱财，数额特别巨大，其行为均已构成诈骗罪，且系共同犯罪。被告人曹县辉事先参与合谋，并积极实施诈骗行为，不宜认定为从犯。被告人张海仁、曹县辉在着手实施第四次诈骗犯罪时，由于其意志以外的原因而未能得逞，系犯罪未遂，对被告人张海仁、曹县辉的该节犯罪可依法比照既遂犯减轻处罚。被告人张海仁、曹县辉在庭审中对其犯罪事实的交代避重就轻，可酌情从重处罚；被告人张海仁、曹县辉系初犯，且其诈骗所得赃款数额低于其实施第四次诈骗时运送至被害人公司的废铁冲片的收购价，二者可以抵冲，对被告人张海仁、曹县辉可酌情从轻处罚。被告人张海仁、曹县辉请求从轻处罚，以及二人的辩护人分别提出对其减轻处罚的意见，予以采纳。

4. 一审定案结论

绍兴市越城区人民法院依照《中华人民共和国刑法》第二百六十六条、第二十五条第一款、第二十三条，作出如下判决：

(1) 张海仁犯诈骗罪，判处有期徒刑九年，并处罚金人民币 1 万元。

(2) 曹县辉犯诈骗罪，判处有期徒刑九年，并处罚金人民币 1 万元。

(三) 二审诉辩主张

上诉人张海仁诉称：张海仁诈骗数额远未达到原判认定的 28 万余元，其中第四次企图诈骗的金额只有 5 万余元，请求二审法院查明事实。

上诉人曹县辉诉称：对于前三次诈骗，曹县辉并不知情，在第四次诈骗中，曹县辉处于从犯地位，请求二审法院依法改判。

浙江省绍兴市人民检察院认为，原审认定的基本事实清楚，但诈骗数额认定不当，应从有利于被告人的角度就低认定，建议二审法院查明事实后予以改判。

(四) 二审事实和证据

绍兴市中级人民法院经公开审理查明：确认原判认定第一至三节诈骗既遂 81 530 元的事实，对于第四节诈骗事实，诈骗金额应认定为诈骗未遂 87 990 元。同时确认了一审法院认定的证据。

(五) 二审判案理由

绍兴市中级人民法院经审理认为：关于上诉人张海仁及其辩护人提出，张海仁诈骗数额远未达到原判认定的 28 万余元，其中第四次企图诈骗的金额只有 5 万余元的意见。经查，张海仁四次诈骗具体结账数额不仅有张海仁的供述，而且有结账单及收条等证据予以证明，显示四次分别结账 112 358 元、126 751 元、206 530 元、294 520 元，可以认定。但张海仁等人为实施诈骗投入的金额，由于同案犯傅金华未归案且无法获得前三次送货的原始凭证，故依据原公诉机关指控及上诉人张海仁在侦查阶段的供述数额，认定前三次诈骗金额 81 530 元且为犯罪既遂。对于被告人第四次诈骗投入金额，虽然证人赵燕波在练习簿中记录的 2009 年 3 月 29 日之后被告人曹县辉与傅金华实际送货情况明细账，证实 2009 年 3 月 31 日至案发，共收到货物 12 车，共计 46.41 吨，收购价人民币 90 234 元，但该份证据未能得到其他原始凭证的印证，且证人赵燕波在练习簿中记录的送货明细账反映的 3 月 31 日至 4 月 9 日这 10 天每天都运货过来，其中 6 天每天只运一车的情况，也不能与自己证言称“他们基本上是天天拉，一般是每天两车”的内容相印证，故不予采信。而 (1) 证人赵燕波“他们基本上是天天拉，一般是每天两车”的证言，能够与上诉人曹县辉“每天都在运，平均每天至少运两车”的供述相印证；(2) 考虑到证人赵燕波证言反映的“他们每车数量倒是比较平均”的实际情况，按照证人赵燕波练习簿中记录的送货情况对每车货收购价进行估值，依据上述曹县辉供述且得到证人赵燕波印证的送货车数进行估值，实际送货价值较为接近上诉人张海仁供述的第四次进货 20 余万元的情况；(3) 上诉人张海仁供述其前三次诈骗得款均未进行分赃，且该情况也能够从上诉人曹县辉的供述中得到印证。考虑到前三次诈骗均是收到货款后连本带利再次进货的实际情况，因此，第四次诈骗投入金额以第三次收到货款进行认定也较为客观，故对上诉人张海仁称第四次投入金额 24 万余元，也不予采纳：(4) 根据本案收购废品利润较薄、收购站规模一般等实际情形，考虑到若第四次诈骗金额超过本金数倍且虚构废品数量高达百余吨占实际收购站收购数量比例较大，较不符合常理，也不符合一般人的作案心理。综上所述，本案诈骗金额应认定，前三次诈骗既遂 81 530 元，第四次诈骗未遂 87 990 元。

上诉人（原审被告人）张海仁、曹县辉以非法占有为目的，合伙采用虚构事实等方法，骗取他人钱财，数额巨大，其行为均已构成诈骗罪，且系共同犯罪。被告人曹县辉提出其没有与被告人张海仁等人共同犯罪的辩解意见，及其辩护人提出被告人曹县辉未参与前三次诈骗的辩护意见，与事实不符，不予采纳。被告人曹县辉事先参与共同商量分工，约定共同均分赃款，并积极实施诈骗行为，在本案中并非起次要或辅助作用，不宜认定为从犯，被告人曹县辉及其辩护人提出曹县辉系从犯的意见，不予采纳。被告人张海仁、曹县辉在着手实施第四次诈骗犯罪时，由于其意志以外的原因而未能得逞，系犯罪未遂，对被告人张海仁、曹县辉的该节犯罪可依法比照既遂犯减轻处罚。被告人张海仁、曹县辉系初犯，且其实施第四次诈骗时运送至被害人公司的废铁冲片可以抵冲其之前诈骗所得赃款，对被告人张海仁、曹县辉可酌情从轻处罚。被告人张海仁、曹县辉及其二人的辩护人提出请求从轻处罚的意见，予以采纳。

（六）二审定案结论

绍兴市中级人民法院依照《中华人民共和国刑事诉讼法》第一百八十九条第（三）项、《中华人民共和国刑法》第二百六十六条、第二十五条第一款、第二十三条，作出如下判决：

1. 撤销浙江省绍兴市越城区人民法院（2009）绍越刑初字第 505 号刑事判决。
2. 张海仁犯诈骗罪，判处有期徒刑五年，并处罚金人民币 1 万元。
3. 曹县辉犯诈骗罪，判处有期徒刑五年，并处罚金人民币 1 万元。

（七）解说

对于只有部分被告人归案的共同犯罪案件，往往因为一些直接实施犯罪行为的同案参与人尚未归案，或者与共同犯罪相关的一些直接证据无法收集，导致已归案被告人在共同犯罪中的罪责，如致人伤亡案件中各被告人的具体行为、侵财类案件中赃物的具体数量等，只能通过收集在案的间接证据予以认定。法庭如何在已有的间接证据基础上，通过科学、合理的证据采信规则，对各种间接证据进行综合审查、对比、鉴别和分析，使认定的案件事实和情节尽可能接近案件的客观事实，对于合理确定被告人的刑罚，提高被告人服判息诉的实际效果，具有非常重要的现实意义。

本案中，公诉机关提供的证据已足以认定被告人张海仁、曹县辉实施的四节诈骗罪行，法庭应予作出有罪判决，但因直接实施送货单掉包行为的同案被告人傅金华尚未归案，且原始送货单证也未收集到案，导致可证明第四节诈骗中被告人实际送货数量的直接证据缺乏，只能依靠收集在案的被害人陈述、证人证言、书证、被告人供述等间接证据认定实际送货数量，继而计算出诈骗金额，故第四节犯罪诈骗金额的认定成为本案判决的主要问题。二审过程中，合议庭通过排查矛盾、综合分析、情理推断三个步骤，对于与待证事实相关的证人证言、书证、被告人供述等间接证据进行审查判断，准确认定了第四节犯罪中的诈骗金额，并相应作出了量刑的调整，取得了较好的效果。

1. 审核内容，排查矛盾，确定每个间接证据的真实性和可靠性。由于间接证据不能独立地证明待证事实，而只能证明待证事实的某种情况，必须与其他证据结合起来，构成一个证据体系，才能共同证明待证事实。如果间接证据本身不真实、不可靠，当然不可能作出正确的结论，所以需要对每个间接证据进行仔细查证，审核内容，排查矛盾，以确定每个证据的真实性和可靠性。审核可主要从三个方面进行：

一是审查证据来源是否合法，证据材料是否是合法机关通过合法途径收集的。本案中，被害人李水根的陈述是其将被告人扭送至派出所进行控告时所作，证人赵燕波的证言以及书证赵燕波的练习簿、被告人张海仁、曹县辉的供述，均系公安机关依法收集，故证据来源均合法，可作为证据使用。

二是审查证据内容是否可靠。对于被害人陈述、证人证言等言词证据，要注意审查证据内容的形成过程，即被害人、证人所陈述的内容是他直接感知的，还是听别人说的，或者是自己想象、推测的，以确定证据内容的可靠性。本案中，证人赵燕波陈述道：4 月 7 日他们送货过来，其在记账时才发现送货单都被掉包了，里面虚构了很多车数；4 月 9 日张海仁被扭送到派出所后，其仔细盘查，从 3 月 30 日至 4 月 9 日，张海仁送货共计 12 车，实际货款应为 90 234 元；其公司总共收购废铁片 324 吨，与福建一伙人平分，张海仁一伙卖给其公司的废铁片就是 160 吨左右。从其陈述的内容可以看出，证人系在案发前三天才发现送货单被掉包的事实，实际被骗的金额系其事后盘查，并结合与另一伙送货人的比较，主观推算出来的，而非按照原始送货记录计算出来的，则其陈述的内容具有较大的主观性，对于认定实际送货量并不可靠，是否符合案件的客观事实还需要结合其他证据加以认定。

三是审查证据内容是否一致，排除证据间的矛盾。审查时既要注意同一证据前后内容是否一致，有无矛盾，也要注意查明该证据与其他证据是否一致，有无矛盾。对于被告人送货的数量和频率，证人赵燕波陈述道：他们基本每天都来送货，偶尔一两天不来，每天上午一车下午一车。而关于第四节诈骗的送货金额，证人赵燕波陈述道：从 3 月 30 日起到 4 月 9 日止，根据其练习簿上的记录，实际送货只有 12 车。分析其前后陈述的内容，3 月 30 日至 4 月 9 日共计 11 天，却只送货 12 车，明显与其先前陈述的基本每天两车的内容不一致。将证人赵燕波的证言与被告人曹县辉的供述相比较，被告人曹县辉系司机，其供述“每天都在运，平均每天至少运输两车”。按照曹县辉供述的运货频率计算，3 月 30 日至 4 月 9 日应该有 22 车左右，则其供述的内容与证人赵燕波陈述的 11 天 12 车的内容也相矛盾。证人赵燕波的证言自身前后相互矛盾，又与被告人曹县辉的供述相矛盾，则其证言的真实性或其证言的真实部分，还需结合其他证据进一步查证。

2. 联系对比，综合分析，确定证据之间的关联性。对各项证据逐一审查判断属实和排除证据间的矛盾，尚不能证明待证事实，还需要把各个证据联系起来，综合分析研究，审查各证据之间是否能相互衔接、相互协调一致，存在有机联系。只有各间接证据相互一致地指向待证事实，才能作出定案的结论，否则还需要进一步收集证据，不能作出证明的结论。本案中，与待证的第四节犯罪诈骗金额相关的证据主要有证人赵燕波的证言、书证赵燕波的练习簿、被告人张海仁、曹县辉的供述。其中，证人赵燕波的证言在内容上前后有矛盾，且与被告人张海仁、曹县辉的供述相矛盾，故各项证据的真实性尚难于确定，也无法独立地证明待证事实，还需查证各证据之间是否具有相关联、相一致的情形。本案中各证据之间就第四节诈骗中实际送货数量出现相一致的情形有两种：一是证人赵燕波陈述的“张海仁送货共计

12 车，实际货款应为 90 234 元”的内容，与书证赵燕波的记账簿记录的送货量相一致，原判基于此认定被告人张海仁、曹县辉在第四节犯罪中共运送废铁冲片 12 车，价值 90 234 元，实际诈骗金额为 204 286 元。二是证人赵燕波陈述的“他们基本上是天天拉，一般每天两车”的内容，与上诉人曹县辉“每天都在运，平均每天至少运两车”的供述相一致；而上诉人张海仁、曹县辉还供述道：前三次诈骗得款均未进行分赃，第三次诈骗收到货款后连本带利再次进货以实施第四次诈骗。照此供述，第三次诈骗收到的货款 206 530 元可进货 100 余吨，卖给被害人时基本每车 3 吨多，则可计算出实际运送给被害人 20 至 30 车货物，该数量与证人赵燕波、上诉人曹县辉所陈述的“每天两车”的频率相符合，证人赵燕波的证言与上诉人张海仁、曹县辉的供述对于“一天二车”的送货频率和送货数量能相互印证，具有一致性。

3. 结合案情，情理推断，分析研究认定事实的合理性。所谓合理性，就是所认定的事实符合事物的通常规律，符合案件的总体情况。有些案件表面看上去，事实清楚，证据充分，纵横比较，相互一致，似乎没有矛盾了。但是，就全案事实和证据仔细推敲，却与情理不符，同生活逻辑相矛盾，此时就应对该事实予以否定。本案中，经过对证据的真实性、关联性进行审核，出现了两种均有两项以上证据一致指向的情形：一种是只运送了 12 车，成本价 90 234 元，诈骗金额 204 286 元；第二种是运送了二十余车，成本价 206 530 元，诈骗金额 87 990 元。哪种情形更为接近案件的客观情况，还需结合全案案情进行情理推断，考察哪种情形更符合全案案情，符合被告人的作案逻辑。本案案情主要有以下特点：一是诈骗对象为规模一般的废品收购店，废品收购业务利润较薄；二是作案手段为在实际数量的基础上虚增一定数量的货物，骗取虚增货物的价款；三是作案形式为接连四次连续作案。基于上述三个特点，因废品收购业务利润较薄，收购店对货物总数量、总价款较为敏感，被告人为了能保持持续作案，诈骗得手，通常虚构的数量不会大大超过实际运送的货物数量，否则容易引起被害人的警觉而导致案发，这在被告人先前实施的三次诈骗中能得到充分体现，前三次诈骗被告人虚构的货物价款占实际发生货物价款的比例分别为 18%、13%、31%，说明被告人也意识到了如果虚构的数量过高则诈骗难以得逞。按此情形，被告人为了第四次诈骗得逞，也不会虚构远高于实际货物的数量和金额。如果按照上述第一种情形认定，被告人虚构的金额是实际发生金额的 2.3 倍，远高于前三次虚构金额占实际发生金额的比例，此种情形下诈骗手段非常容易引起被害人警觉，不利于诈骗行为人求财目的的实现。而在第二种情形下，被告人虚构的金额只占实际发生金额的 42%，该比例与前三次诈骗比例相差不大，不仅符合被告人先前的诈骗手段，也符合此类案件行为人只骗取虚增部分货款、而且要保持隐蔽以便于持续作案的心理。因此，第二种情形相对于第一种情形明显更具有合理性，更符合案件的总体情况和行为人的作案心理，更接近于案件的客观真实。

最后，回顾一审判决对第四节诈骗金额的认定，在证据采信上有两点不合理之处：一是在分析对比证据时，只看到了证人赵燕波的证言与书证赵燕波的练习簿之间对于送货 12 车具有一致性，但忽略了该两项证据的来源具有同一性，证人赵燕波所陈述的收到货物的实际数量，实际是其案发后根据其练习簿记录的送货情况明细账计算得出，故证人赵燕波的证言与书证赵燕波的练习簿只能看作是具有同一证明对象的一组证据，而不能看作是两项证据相互印证。实际上本案对于送货 12 车的内容，只有来源于证人赵燕波所作的陈述和其在练习簿上的记录予以证实，没有得到其他证据、特别是来源于被告人一方的证据的印证，无法形成多个证据协调一致的证据锁链，未达到证据充分的刑事诉讼证明标准，故对于送货 12 车的事实应不予认定。二是在认定送货 12 车的事实时，没有将该节事实放入全案进行情理推断，分析考察所认定事实是否合情合理。被告人如果实际只运送了12车货物，却虚构了近30车货物，虚构的货物量数倍于实际货物量，非常容易引起被害人警觉，不仅与被告人前三次的作案手段明显不同，而且也与被告人继续诈骗钱财的目的不相符合，故对于实际仅运送12车货物的事实也应不予认定。由于间接证据只能证明案件事实的某种情况，不能独立地证明案件主要事实，需要各证据间形成证据体系、证据锁链才能共同证明待证事实，而办案中间接证据数量较多、来源复杂、真假并存，所以在通过间接证据认定事实时，非常有必要将所认定的事实放入全案中进行情理推断，分析研究全案事实与所认定的部分事实之间是否符合情理。如果所认定的部分事实与全案特点不一致、与情理不符或同逻辑规律相矛盾时，需要更加慎重、仔细推敲，不能草率处理、马虎认定。

（浙江省绍兴市中级人民法院　余洪）

81. 贾向海被控挪用资金宣告无罪案（证据）

（一）首部

1. 判决书字号：云南省昆明市盘龙区人民法院（2008）盘刑一初字第435号。
2. 案由：挪用资金案。
3. 诉讼双方

公诉机关：云南省昆明市盘龙区人民检察院，代理检察员：罗弟菊。

被告人：贾向海，男，1955年10月20日出生于云南省昆明市，汉族，大学文化，原系云南白药集团天汇吉力门业有限公司、云南吉力门业有限公司总经理，云南新力经贸有限公司法定代表人兼总经理。因本案于2005年4月25日被刑事拘留，同年6月13日被逮捕，同年8月4日被取保候审，2006年8月3日解除取保候审，2008年10月31日被逮捕。

辩护人：王惠明，北京市贝郎律师事务所律师。

辩护人：米强，云南友云律师事务所律师。

4. 审级：一审。
5. 审判机关和审判组织

审判机关：云南省昆明市盘龙区人民法院。

合议庭组成人员：审判长：李文华；审判员：马斌斌、张萍。

6. 审结时间：2009年1月16日。

（二）诉辩主张

1. 公诉机关指控称

2003年6月至12月间，被告人贾向海利用其担任云南吉力门业有限公司（以下简称云南吉力公司）总经理的职务便利，私自将云南吉力公司货款人民币 78.32 万元挪至云南新力经贸有限公司（以下简称云南新力公司）账上予以使用。被告人贾向海的行为已触犯《中华人民共和国刑法》第二百七十二条之规定，应当以挪用资金罪追究其刑事责任。

2. 被告辩称

被告人贾向海辩称：公诉机关的指控不属实。2001 年 5 月，云南新力公司与官房置业公司（以下简称官房公司）签订了福源小区的车库门销售合同（含安装），该合同包括 3、4、5、6 组团的全部车库门的销售及安装。云南新力公司从未转让、变更和中止过该合同。由于当时云南新力公司与云南吉力公司有紧密的合作关系，云南吉力公司参与了 5、6 组团的车库门安装、验收并代云南新力公司做了结算，但云南吉力公司只能享有安装劳务费，不能拥有全部 5、6 组团的销售收入货款。云南吉力公司在福源小区的劳务工作，已经得到了应有的报酬，云南吉力公司代云南新力公司向官房公司收取了 16 万元销售货款。这包括了安装 131 套车库门的劳务费及支付新力公司向天汇吉力门业有限公司订购的车库门门板费用。

其辩护人的辩护意见为：从犯罪构成分析被告人贾向海的行为不构成犯罪；本案所涉及的纠纷仅仅是一起普通的经济纠纷案件，不应该受刑法的调整；本案公安机关在侦查阶段有明显的诱导证人的违法行为，检察机关在审查起诉阶段审查期限明显是超期违法，且没有合理、合法的解释。公诉人当庭故意出示无效的证据即已经被撤销的昆明中院的判决书、隐瞒事实真相。因此，公诉机关指控贾向海犯挪用资金罪事实不清，证据不足。请法庭给予公正判处。

（三）事实和证据

昆明市盘龙区人民法院经公开审理查明：云南白药集团天汇科技发展有限公司，法定代表人为戚太云；云南新力公司，法定代表人为贾向海。二公司于 2001 年 6 月 13 日共同成立云南白药集团天汇吉力门业有限公司（以下简称云南天汇吉力公司），戚太云任董事长，聘用贾向海为董事、总经理。该公司又于 2001 年 11 月 30 日与美国 GOI 公司合资成立云南吉力门业有限公司（以下简称云南吉力公司），法定代表人戚太云，由贾向海任公司总经理。2001 年 5 月 21 日云南新力公司与官房公司签订了一份由云南新力公司为福源小区安装 3、4、5、6 组团车库门的安装合同，包括门体、配件及驱动系统、配套停电开启装置，电动开启的还包括遥控器两只。合同签订后，云南新力公司安装了 3、4 组团的车库门，结算后扣除 26 900 元的工程质保金后，官房公司将货款支付给了云南新力公司。5、6 组团的车库门由云南吉力公司用云南天汇吉力公司生产的门板、云南新力公司提供的电机、配件及驱动系统、配套停电开启装置进行安装，共计 131 套。云南吉力公司与官房公司结算后，官房公司将 5、6 组团的安装费、门板费共计 160 000 元，支付给了云南吉力公司。剩余 78.32 万元认为与云南吉力公司无关，故尚未支付。2002 年 8 月 3 日云南新力公司、云南吉力公司共同起诉官房公司，要求赔偿货款 78.32 万元、质保金 26 900 元。法院审理后，判处由官房公司赔偿给云南吉力公司 78.32 万元，赔偿云南新力公司 26 900 元。判决宣判后，在上诉期间云南新力公司、云南吉力公司、官房公司于 2003 年 6 月 6 日签订了一份《还款协议》，该协议除约定了还款时间外，还约定赔款可以分别支付，也可以统一支付给云南新力公司、云南吉力公司中的任何一家。之后云南新力公司开具发票收取了 78.32 万元。

上述事实有下列证据证明：

1. 云南白药集团天汇科技发展有限公司、云南新力经贸有限公司、云南白药集团天汇吉力门业有限公司、云南吉力门业公司设立的时间、公司章程、公章管理登记本、营业执照，证实几个公司之间的关系。

2.《安装合同》一份，证实 2001 年 5 月 21 日云南新力公司与官房公司签订了一份由云南新力公司为福源小区安装 3、4、5、6 组团车库门的安装合同，包括门体、配件及驱动系统、配套停电开启装置，电动开启的还包括遥控器两只。

3. 进口材料凭证、单据（含海关单据），证实云南新力公司购买电机、遥控器、配件等用于供给福源小区的车库门安装。

4. 购、售车库门凭证、单据，证实云南新力公司购买车库门等用于供给福源小区的车库门安装。

5. 安装福源小区工程劳务费凭证、单据，证实云南新力公司除提供货物外，提供了劳务。

6. 证人官如松、徐晓玲、吴丽芸、荀怀雯的证言（均系云南吉力公司的财务人员），证实福源小区工程系云南新力公司与官房公司签订的合同，所收的货款有四五十万元收在云南新力公司账上，有 16 万元收在云南吉力公司账上。云南新力公司、天汇吉力公司、云南吉力公司在实际经营中不分彼此，但云南吉力公司成立后，天汇吉力公司停止对外业务，由云南吉力公司对外承接业务。

7. 证人张跃辉、柯景玲、魏吉栋、邵文龙、刘永祥、许文超、张俊、周滨、朱涛证言（均为福源小区车库门安装工程的生产、销售、安装人员），证实福源小区工程合同由新力公司签订，一期由新力公司履行，二期由天汇吉力公司履行，天汇吉力公司业务转入云南吉力公司。

8. 证人蔡秀娟、李黎、杨体良、李顺、缪秀芝证言（为官房公司员工），证实福源小区工程合同由新力公司与官房公司签订；3、4 组团由刘永祥和许文超负责安装，由新力公司验收并结算；5、6 组团由云南吉力公司提供安装及结算，仍由刘永祥负责。

9. 云南吉力公司关于福源小区工程情况的说明及工资表，信笺一张，天汇吉力公司与云南吉力公司出具关于福源小区车库门安装情况的补充说明，云南省工商业销售统一发票，盘龙区人民法院民事判决书、昆明市中级人民法院民事裁定书、云南新力公司和云南吉力公司与官房公司签订的三方《还款协议》，证实本案的 78.32 万元的流转发生在三个法人之间，以及云南新力公司、云南吉力公司、云南天汇吉力公司之间的债权债务关系。

（四）判案理由

昆明市盘龙区人民法院经审理认为：本案控辩双方争议的焦点为：（1）被告人贾向海的行为是否构成犯罪；（2）由云南省人民检察院检察技术处所做的司法会计鉴定报告鉴定结论是否能作为定案的主要证据；（3）云南新力公司的合同权利是否转到了云南吉力公司的名下，78.32 万元是否属于云南吉力公司所有。

对于上述有争议的问题，综合控辩双方的意见及本案证据评判认定如下：

1. 被告人贾向海的行为不构成犯罪。

（1）从犯罪主体来分析：庭审中公诉人出示的 2002 年 12 月 12 日《董事会会议记录》、

《董事会决议（一）》、《董事会决议（四）》、随案移交的盖章登记本等证据，证实2002年12月12日云南天汇吉力公司已经召开会议，戚太云作为云南天汇吉力公司董事长和云南吉力公司董事长宣布罢免了贾向海的董事、总经理职务，并且第二天向全体职工进行公布，之后，云南吉力公司及董事会多次重申确认自2002年12月12日起被告人贾向海已经不是云南吉力公司的董事和总经理，且自该日起不再发放被告人的工资、不得报销任何费用。同时委派和任命了新的云南吉力公司董事和总经理履行职务。至于云南吉力公司之后一直未召开董事会，这并不能证明贾向海实际上就一直是总经理及董事。因此被告人贾向海不能成为本案挪用资金罪的主体，他在云南新力公司向官房公司收取款项时已经不是云南吉力公司的总经理和董事了，其作为云南新力公司的法定代理人，开具云南新力公司的销售发票，将款项收到云南新力公司，其收款行为代表云南新力公司。指控贾向海在2003年仍是云南吉力公司的总经理，并利用这个职务的便利的说法是不能成立的。

（2）从犯罪的主观方面来看，无论是被告人贾向海自己的当庭陈述还是公诉机关出示的证据，都证实了其主观方面认为该笔资金的所有权应该属于云南新力公司，并且直接开具云南新力公司销售发票将款项从官房公司收到云南新力公司账上。这种行为从主观上应是将78.32万元的所有权收归云南新力公司，而非对所有权的占有。

（3）从犯罪的客观方面来讲，被告人贾向海也没有利用职务上的便利，挪用云南吉力公司的款项归个人使用的行为，即贾向海是以云南新力公司法定代表人的身份开具云南新力公司的发票向官房公司收取的款项，该款项直接进入云南新力公司的账户，而该公司是由四个自然人股东投资的有限责任公司，而非贾向海的私人企业。款项进入云南新力公司的账上，其所有权就归属于云南新力公司，云南新力公司的收款行为不能认定为贾向海的个人行为，也不能将云南新力公司的正常用款行为认定为归个人使用。

（4）从犯罪对象来讲：

1）云南新力公司与官房公司于2001年5月21日签订了《福源小区3、4、5、6组团的车库门安装合同书》，该合同从法律关系来讲，属于买卖合同法律关系，合同至今未进行过变更，也未进行过合同权利义务的转让，这是客观事实，作为买卖合同中出卖人的权利是收取合同价款。具体到本案，既然合同的卖方是云南新力公司，合同履行完毕后合同的所有权利都应当属于云南新力公司，合同中的货款当然属于云南新力公司所有，这是合同法所赋予卖方的权利，也是合同中卖方的权利。至于门体是谁具体供应的，安装是谁负责的，这并不能成为取得合同权利的依据。本案中，产生争议的是福源小区5、6组团的货款，5、6组团的车库门由云南吉力公司用云南天汇吉力公司生产的门板、云南新力公司提供的电机、配件及驱动系统、配套停电开启装置进行安装，共计131套。云南吉力公司与官房公司结算后，官房公司已将5、6组团的安装费、门板费共计160 000元，支付给了云南吉力公司。而其他的包括电动机、五金配件等产品全部是使用云南新力公司库存的商品安装的，从这个意义上来说，云南吉力公司无权取得其余销售货款。

2）由于云南吉力公司没有131套吉力电动机、五金配件和遥控器用于福源小区5、6组团电动车库门的安装，但又有安装了131套吉力电动机、五金配件机及遥控器的客观事实，只能说明一个问题，这些商品来源于云南新力公司的库存。这也就印证了贾向海及多位证人所讲的，云南吉力公司没有库存，所以不能开具发票，也就不能去向官房公司收款的事实。

3）几个公司强调的另一个问题是2001年4月17日云南新力公司与云南白药集团天汇

经贸有限公司签订的《投资协议》，该协议仅代表双方合作意向，且已被云南省高级人民法院的生效判决书所否定，也不具有证据的效力。本案涉及的云南新力公司、云南天汇吉力公司、云南吉力公司分别是独立的法人公司，各有各的账，而且云南吉力公司除法律规定的账外，还设有普账，用于三家公司没有发票业务和现金的处理，云南新力公司的账上既有该公司的款项，也有云南天汇吉力公司、云南吉力公司的款项，正所谓你中有我，我中有你，三方至今未能理清相互之间的债权债务关系，正如三方会计所陈述的，开哪一家的发票款项进入哪一家，而且对应收款也不挂账，等开出发票收回款项后才做账，本案中的应收货款合同及履行产生于三方分账之前，而收款又在分账之后，从财务上无法区分开来。因此在三方之间的款项往来并未结算清楚，本案中的78.32万元货款归属在三方存在争议的情况下，就认定贾向海挪用资金显然不妥。

2. 由云南省人民检察院检察技术处所做的司法会计鉴定报告不能作为定案的主要证据，理由如下：

（1）程序方面，根据《司法鉴定程序通则（试行）》（已于2007年10月1日废止，但本案中所用鉴定结论作出时间在此之前，故法院之分析仍用旧法条）第二十一条，“同一司法鉴定事项应由两名以上司法鉴定人进行”，但该鉴定只有一名鉴定人签字，表明鉴定人仅有一名。又据《司法鉴定程序通则（试行）》第二十二条：“司法鉴定结论应当由本机构内具有本专业高级技术职务任职资格的司法鉴定人复核。”但该鉴定复核人未出示该资格证书。

（2）鉴定人在向法庭陈述时首先讲到一个会计的基本原则即有收入必有成本，收入与成本相匹配，这也是司法会计鉴定中需要遵守的基本准则。但司法会计鉴定报告并没有对云南新力公司、云南吉力公司的成本进行鉴定，因为检材中云南新力公司没有库存，就认定78.32万元不属于云南新力公司所有，而属于云南吉力公司所有，因此该鉴定显然违反了会计的基本原则。

（3）鉴定人明确表示，78.32万元的福源小区5、6组团车库门尾款归属于云南吉力公司的结论的唯一依据就是盘龙区人民法院的判决。而相关证据证实该案宣判后在上诉期间，当事人之间已达成庭外调解协议后撤回上诉。所以该案最终是庭外调解的结果，而不是法院意志的结果。该判决不能作为认定78.32万元货款所有权归属的直接证据。

（4）鉴定报告中所依据的检材资料仅有云南新力公司2003年、2004年的电脑财务账，而本案中涉及的福源小区的买卖合同在2002年6月前已经验收完毕并办理了结算手续。辩护人当庭出示的新力公司2001年、2002年的财务凭证、账册等资料，鉴定人当庭表示未见过，鉴定所依据的材料不完整。

3. 公诉机关出示的证据，并不能证明云南新力公司的合同权利是否转到了云南吉力门业公司的名下，同时也不能证明78.32万元属于云南吉力公司。辩护人当庭提交的第七组至第十四组证据，客观上反映了云南新力公司为履行福源小区合同而从国外、国内购进车库门板、电机、五金配件等原材料的情况以及云南新力公司对于福源小区销售合同履行情况的财务记录情况。

综上，由于被告人贾向海的行为不符合挪用资金罪的犯罪构成要件、本案指控证据司法鉴定报告存在重大瑕疵，且三个法人之间在经济交往过程中，是否存在债权债务关系还有待用相关的民事法律予以处理及确认，故公诉机关指控被告人贾向海犯挪用资金罪的事实和罪名不成立，本院不予确认。被告人贾向海自行辩称及辩护人所提的辩护意见与事实相符，本院予以采纳。

（五）定案结论

昆明市盘龙区人民法院依照《中华人民共和国刑事诉讼法》第一百六十二条第（三）项，作出如下判决：

被告人贾向海无罪。

（六）解说

全面分析庭审的证据材料可以看出该案经历4年，被告人贾向海2005年4月25日被刑事拘留，2005年6月13日被逮捕，2005年8月4日被取保候审，2006年8月3日解除取保候审，2008年10月31日（实际是10月27日）被再次逮捕，最终被推上刑事被告席。

昆明市盘龙区人民法院作出的被告人贾向海无罪的判决是正确的。该案的审理具有下列特点：

第一，充分展示了控辩双方的证据及意见。

本案控辩双方出示的证据较多，数量近乎对等，但观点截然相反。判决书对全案中陈述、举证、质证、辩论阶段双方的表述无遗漏，完整展示了各方发表的意见，体现了法官客观、中立的审判立场。

第二，判决书论证说理充分。

本案把“以事实为根据，以法律为准绳”的原则贯穿判决书全文，充分体现出刑事判决的坦诚、理性、说服力。

诉讼对判决的要求是不仅要公开判决，更要公开判决的理由。这样司法公正才能以人们看得见的方式向社会展示。该判决书采取了与控辩双方对话交流、给予必要回应的方式，从犯罪构成的四个要件结合本案证据所能认定的事实逐一分析，从程序和实体两个方面对证据的证明力、所能确认的事实、所适用的法律的理由，充分认证断理，脉络清楚，清楚地看到判决的形成结果，具有说服力，展示了司法公正的审判形象。

判决书没有回避证据所能证明的与案件有关联性的所有事实，对控辩双方所主张的事实进行了严密的论证、体现了说理的充分性，用论证说理的方式制作出的司法判决，保证了观点即便不同的人也不会认为法官在本案中对有关证据和法律条款能够按照自己的主观意志随心所欲地对案件事实和法律依据妄加解释。

第三，对经济犯罪中的关键证据——司法会计鉴定报告从程序和实体内容上给予严格的考量。

对刑事诉讼证据的要求高于对民事诉讼证据的要求，是由于刑法的目的之一是避免惩罚无辜者，因为惩治无辜者的道德成本大于放纵罪犯的成本，所以对犯罪行为的证据的证明力有达到毋庸置疑的质量要求。作为证据，司法会计鉴定报告是属于非法律知识领域的另一知识范畴，但往往又是罪与非罪的关键证据，该案的审判法官从鉴定程序、有收入必有成本的会计原则、当事人协商与法院意志的区别及鉴定依据的财务资料是否具有完整性四个方面评价和考核鉴定报告，保证了对该证据进行甄别的准确性。

第四，对案件的当前性质界定准确。

应当承认，在目前某些当事人中存在自恃社会资源以图利用刑事手段来达到制裁民事纠纷中对方当事人的目的的现象，在刑事审判中正确区分刑事犯罪与民事纠纷两种不同性质的矛盾成为构筑社会和谐、稳定的必然要求，判决书在对该案评判认定的最后一段，不仅确认了贾向海不构成挪用资金罪，而且引而不发地指出“且三个法人之间在经济交往过程中，是否存在债权债务关系还有待用相关的民事法律予以处理及确认”，在揭示本案当事人解决纠纷的正确途径的同时，也折射出刑事法官的社会责任感。

该案的审判充分保护了控辩双方各自诉讼权利的行使，所以判决书对核心证据能有翔实阐述；能从多个方面对本案的争议问题进行深入分析和论证，形成判决结论的轨迹十分清晰。该判决书的成果是建立在审判程序公正的基础上，取得了良好的社会效果。

（云南省昆明市盘龙区人民法院　李文华）

82. 于超哉等组织卖淫案
（证据）

（一）首部

1. 裁判书字号

一审判决书：新疆维吾尔自治区乌鲁木齐市水磨沟区人民法院（2009）水少刑初字第70号。

二审裁定书：新疆维吾尔自治区乌鲁木齐市中级人民法院（2010）乌中少刑终字第4号。

2. 案由：组织卖淫案。

3. 诉讼双方

公诉机关：新疆维吾尔自治区乌鲁木齐市水磨沟区人民检察院，代理检察员：李毅。

被告人（上诉人）：于超哉，曾用名于超，男，1989年3月6日出生于甘肃省酒泉市，汉族，初中肄业，无固定职业，在本市无固定住址。2005年6月8日因犯抢劫罪被判处有期徒刑三年，缓刑四年，并处罚金1 000元。2006年1月3日因犯盗窃罪被判处有期徒刑六个月，并处罚金500元，撤销缓刑，数罪并罚决定执行有期徒刑三年，并处罚金500元，2007年11月30日刑满释放。因本案于2008年12月12日被刑事拘留，2009年1月16日被逮捕。

辩护人：周源仁，乌鲁木齐天朋法律事务所法律工作者。

被告人（上诉人）：王文，男，1983年6月10日出生于安徽省临泉县，汉族，小学文化程度，无固定职业，捕前租住乌鲁木齐市犁铧街出租房。因本案于2008年12月12日被刑事拘留，2009年1月16日被逮捕。

被告人：张海东，男，1985年5月7日出生于甘肃省酒泉市，汉族，高中文化，无固定职业，在本市无固定住址。因本案于2008年12月12日被刑事拘留，2009年1月16日被逮捕。

被告人：马海荣，曾用名马小冉，男，1991年7月29日出生于甘肃省酒泉市，汉族，初中文化，无固定职业，在本市无固定住址。因本案于2008年12月12日被刑事拘留，

2009 年 1 月 16 日被逮捕。

4. 审级：二审。

5. 审判机关和审判组织

一审法院：新疆维吾尔自治区乌鲁木齐市水磨沟区人民法院。

合议庭组成人员：审判长：王新刚；代理审判员：张雪莉；人民陪审员：史丁文。

二审法院：新疆维吾尔自治区乌鲁木齐市中级人民法院。

合议庭组成人员：审判长：董慧；代理审判员：邓颖、陈琛。

6. 审结时间

一审审结时间：2009 年 12 月 14 日。

二审审结时间：2010 年 2 月 7 日。

（二）一审情况

1. 一审诉辩主张

（1）公诉机关指控称

2008 年 11 月至 12 月，被告人于超哉、张海东、马海荣伙同张文、姚国轩、陆渊（均另案处理）等人经预谋，将被害人闫某某、闫某（其时不满 14 周岁）以及王某某、茹某、倪某某、贾某某等多名女子带至本市西虹东路华顺宾馆，采取引诱、胁迫、暴力等手段，通过被告人王文联系卖淫场所、开车接送，于超哉、张海东等人跟车护送、结账，让闫某某、王某某、茹某、倪某某等人在本市海大酒店、富丽华酒店、乌鲁木齐大厦、孔雀大厦等地多次卖淫牟利。另查明，被告人于超哉、张海东以及任其缘、姚国轩等人（另案处理），在控制被害人闫某某过程中，采取胁迫手段由任其缘强行与被害人闫某某发生性关系。被告人于超哉、张海东无视国家法律，组织他人卖淫的过程中强迫不满 14 周岁的幼女卖淫，并在强奸后迫使被害人闫某某卖淫，其行为触犯了《中华人民共和国刑法》第三百五十八条第一款第（四）项的规定，事实清楚，证据确实、充分，应当以组织卖淫罪追究其刑事责任，应处以十年以上有期徒刑，并处罚金或没收财产。被告人王文、马海荣无视国家法律，组织他人卖淫，其行为触犯了《中华人民共和国刑法》第三百五十八条的规定，事实清楚，证据确实、充分，应当以组织卖淫罪追究其刑事责任，应处五年以上十年以下有期徒刑，并处罚金。被告人于超哉曾因盗窃罪被判处有期徒刑，在执行完毕以后五年以内再犯应当判处有期徒刑以上刑罚之罪，系累犯，适用《中华人民共和国刑法》第六十五条第一款的规定。四被告人系共同犯罪，适用《中华人民共和国刑法》第二十五条第一款的规定。被告人马海荣犯罪时尚未成年，适用《中华人民共和国刑法》第十七条第一、三款的规定，应当从轻或者减轻处罚。

（2）被告辩称

被告人于超哉辩称：我没有强迫被害人卖淫，她们是自愿的，我也不知道强奸后迫使卖淫，我只知道任其缘与闫某某发生了性关系。

其辩护人的辩护意见为：对起诉书指控被告人于超哉强迫不满 14 周岁幼女卖淫和强奸闫某某迫使其卖淫的事实有异议，认为：第一，被害人闫某自己供述未与客人发生性关系，也不是被告人于超哉让闫某卖淫赚钱的，所以不构成强迫不满 14 周岁幼女卖淫；第二，关于强奸后强迫卖淫，被告人于超哉、张海东当庭否认强奸闫某某的事实，任其缘未被抓获，仅有闫某某一人的陈述没有其他证据辅助证明，不能认定。

被告人张海东对起诉书指控犯组织卖淫罪罪名无异议，但辩称，我没有控制被害人，也不知道强奸这件事。

被告人王文、马海荣对起诉书指控的犯罪事实和罪名均无异议。

2. 一审事实和证据

新疆维吾尔自治区乌鲁木齐市水磨沟区人民法院因涉及个人隐私，依法对本案进行不公开审理查明：被告人于超哉、张海东曾在新疆鄯善县带女孩卖淫，后回甘肃酒泉。2008年11月被告人于超哉联系被告人张海东带茹某、王某某来到乌鲁木齐市住在西虹东路华顺宾馆466室和566室，准备卖淫。任其缘给被告人于超哉打电话，得知被告人于超哉带女孩在乌鲁木齐市卖淫，遂与姚国轩、陆渊（均在逃）将被害人闫某某从甘肃酒泉诱骗离开家，并强行带到乌鲁木齐市华顺宾馆。被告人于超哉又通过QQ聊天让被告人马海荣再找几个小姐带来乌鲁木齐市卖淫。随后，被告人马海荣与张文（在逃），倪某某、贾某某诱骗被害人闫某离开学校，从甘肃酒泉强行带到乌鲁木齐市华顺宾馆。被告人于超哉采取用刀威胁、殴打陆渊、用开水烫王某某的暴力、胁迫手段，迫使闫某某、闫某卖淫，以玩耍、买好东西等方式引诱贾某某、倪某某卖淫。通过被告人于超哉联系被告人王文，由被告人王文负责联系卖淫场所，开车接送，被告人于超哉派被告人张海东、马海荣等人跟车护送、结账，强迫被告人闫某某、闫某，组织、引诱王某某、茹某、倪某某、贾某某在本市海大酒店、富丽华酒店、乌鲁木齐大厦、孔雀大厦等地卖淫牟利。同时查明，被告人于超哉与任其缘、姚国轩等人将被害人闫某某带到乌鲁木齐市西虹东路华顺宾馆后，2008年11月25日，在引诱、劝说被害人闫某某卖淫被拒绝的情况下，被告人于超哉等人以要用皮带打、开水烫的胁迫手段，由任其缘强行与被害人闫某某发生了性关系，随后即安排闫某某在酒店卖淫。

上述事实有下列证据证明：

（1）被害人闫某关于案发过程的报案材料及陈述。

（2）被害人闫某某陈述。

（3）被告人于超哉在公安机关所作的供述。

（4）被告人王文在公安机关所作的供述。

（5）被告人张海东在公安机关所作的供述。

（6）被告人马海荣在公安机关所作的供述。

（7）陆渊、姚国轩、张文关于案发过程的陈述。

（8）证人贾某某、王某某、倪某某、茹某陈述。

（9）辨认笔录。

（10）在逃人员登记表，证实陆渊、姚国轩、张文在逃。

（11）被害人闫某身份证明。

（12）被告人于超哉、王文、张海东、马海荣的身份证明。

（13）甘肃省酒泉市肃州区人民法院（2005）肃刑初字第135号判决书、（2006）肃法刑初字第27号刑事判决书及释放证明。

3. 一审判案理由

新疆维吾尔自治区乌鲁木齐市水磨沟区人民法院经审理认为：被告人于超哉在强奸后迫使被害人闫某某卖淫，被告人王文、张海东、马海荣组织他人卖淫，其行为均构成组织卖淫罪。本案被告人于超哉、张海东与被害人闫某在乌鲁木齐市见面认识，与被害人闫某同来的被告人马海荣之前也不认识闫某，从现有证据看，被告人于超哉、张海东既未询问过闫某的年龄，闫某也未主动告诉过两被告人或其他人自己的年龄，两被告人并不明知闫某不满 14 周岁，因此，认定两被告人构成强迫不满 14 周岁幼女卖淫情节缺乏犯罪构成主观要件，公诉机关认定被告人于超哉、张海东构成组织卖淫罪强迫不满 14 周岁幼女卖淫情节证据不足。公诉机关指控被告人张海东有强奸后迫使他人卖淫的情节，因仅有被害人闫某某的陈述，无其他证据印证，不予支持。被告人于超哉、王文、张海东、马海荣组织他人卖淫，被害人中五人是未成年人，仅一人成年，其行为严重侵害了未成年人性的权利和身体健康，情节恶劣，应予严惩。被告人于超哉在犯罪过程中，具体负责组织、管理、指挥他人卖淫，并收取、支配卖淫所得，被告人王文负责联系卖淫地点，接送他人卖淫，并分得卖淫所得，二被告人在共同犯罪过程中起主要作用，是主犯。被告人张海东、马海荣在组织卖淫过程中负责看管被害人并在被告人于超哉、王文之间传递卖淫所得，两被告人在共同犯罪过程中起次要作用，是从犯。被告人于超哉曾因犯抢劫罪、盗窃罪被判处有期徒刑以上刑罚，刑罚执行完毕后，在五年以内再犯应当判处有期徒刑以上刑罚之罪，是累犯，依法应当从重处罚。被告人马海荣犯罪时不满 18 周岁，依法应当从轻或者减轻处罚。被告人张海东、马海荣是从犯，依法应当从轻或者减轻处罚。

4. 一审定案结论

新疆维吾尔自治区乌鲁木齐市水磨沟区人民法院依照《中华人民共和国刑法》第三百五十八条第一款、第三百五十八条第一款第（四）项、第十七条第一、三款、第二十五条第一款、第二十六条、第二十七条、第五十四条、第五十五条、第五十六条、第六十五条第一款，作出如下判决：

（1）于超哉犯组织卖淫罪，判处有期徒刑十二年，剥夺政治权利二年，并处罚金人民币 5 000 元。

（2）王文犯组织卖淫罪，判处有期徒刑七年，并处罚金人民币 4 000 元。

（3）张海东犯组织卖淫罪，判处有期徒刑五年，并处罚金人民币 3 000 元。

（4）马海荣犯组织卖淫罪，判处有期徒刑二年，并处罚金人民币 1 000 元。

（三）二审诉辩主张

上诉人于超哉上诉称：（1）我没有打闫某某，也没有指使他人强奸闫某某，我与闫某某根本不认识，她是任其缘带来卖淫的，公安机关在对我取口供时存在刑讯逼供。（2）我没有用开水烫王某某，其他证实此事的同案犯，均不在现场。综上请二审查明事实，对我从轻处罚。

其辩护人的辩护意见为：原审认定于超哉强奸后迫使她人卖淫的事实缺乏证据证实，被害人闫某某陈述强奸当时有六个人在场，其中有于超哉、任其缘、陆渊、张海东、姚国轩，但在对陆渊、姚国轩、张海东的讯问中，均没有与之印证的口供。闫某某本人的两次口供中有多数细节也有矛盾。原审认定于超哉的这一加重情节不当，请二审法院予以改判。

上诉人王文上诉称：我只是安排卖淫的地点，不构成组织卖淫罪，只构成介绍卖淫罪，请二审法院予以改判。

（四）二审事实和证据

新疆维吾尔自治区乌鲁木齐市中级人民法院经审理查明：2008 年 11 月上诉人于超哉伙

同原审被告人张海东组织茹某、王某某自甘肃酒泉市到乌鲁木齐市从事卖淫活动。四人住在本市西虹东路华顺宾馆（以下称华顺宾馆）466、566号房间，任其缘（在逃）得知此事后，遂与姚国轩、陆渊（均在逃）将被害人闫某某从甘肃酒泉诱骗离家，并强行带到乌鲁木齐市华顺宾馆。上诉人于超哉又通过网络与原审被告人马海荣联系，并让其再找几个女孩带来乌鲁木齐市从事卖淫活动。随后，原审被告人马海荣与张文（在逃）、倪某某（另案处理）、贾某某（另案处理）诱骗被害人闫某离开学校，自甘肃省酒泉市强行带到乌鲁木齐市华顺宾馆。上诉人于超哉采取用刀威胁、殴打陆渊、用开水烫王某某等手段，迫使被害人闫某某、闫某从事卖淫活动，引诱贾某某、倪某某从事卖淫活动。上诉人于超哉联系上诉人王文，由上诉人王文负责联系卖淫场所，开车接送、上诉人于超哉指使原审被告人张海东、马海荣等人跟车、结账，强迫被害人闫某某、闫某，组织、引诱王某某、茹某、倪某某、贾某某分别在本市海大酒店、富丽华酒店、乌鲁木齐大厦、孔雀大厦等场所从事卖淫活动。

证明上述事实的证据与一审法院认定的证据相同。

（五）二审判案理由

新疆维吾尔自治区乌鲁木齐市中级人民法院经审理认为：上诉人于超哉、王文伙同原审被告人张海东、马海荣以牟利为目的，组织、强迫他人从事卖淫活动，其行为已构成组织卖淫罪。上诉人于超哉是犯意的提出者，并积极组织安排其他被告人的犯罪行为，上诉人王文提供、联系卖淫场所，二上诉人对卖淫所得进行分赃，在共同犯罪中起主要作用，是主犯。上诉人于超哉在刑罚执行完毕后五年之内又犯应当判处有期徒刑以上罪刑，是累犯，应从重处罚。原审被告人张海东、马海荣在共同犯罪中起次要作用，是从犯，应从轻处罚。原审被告人马海荣犯罪时未满18周岁，应减轻处罚。原审对四被告人定罪准确，对上诉人王文、原审被告人张海东、马海荣的量刑适当，但原审法院认定上诉人于超哉存在以强奸手段迫使他人卖淫的加重情节并处十年以上有期徒刑刑罚不当，应予以纠正。

（六）二审定案结论

新疆维吾尔自治区乌鲁木齐市中级人民法院依照《中华人民共和国刑事诉讼法》第一百八十九条第（三）项、《中华人民共和国刑法》第三百五十八条第一款、第十七条第一、三款、第二十五条第一款、第二十六条、第二十七条、第五十五条、第六十五条第一款，作出如下判决：

1. 维持乌鲁木齐市水磨沟区人民法院（2009）水少刑初字第70号刑事判决书第一项中对于超哉的定罪及附加刑部分、第二、三、四项，即于超哉犯组织卖淫罪，剥夺政治权利二年，并处罚金人民币5 000元；王文犯组织卖淫罪，判处有期徒刑七年，并处罚金人民币4 000元；张海东犯组织卖淫罪，判处有期徒刑五年，并处罚金人民币3 000元；马海荣犯组织卖淫罪，判处有期徒刑二年，并处罚金人民币1 000元。

2. 撤销乌鲁木齐市水磨沟区人民法院（2009）水少刑初字第70号刑事判决书第一项中对上诉人于超哉的量刑主刑部分，即判处于超哉有期徒刑十二年。

3. 判处于超哉有期徒刑十年。

（七）解说

本案争议焦点是仅有被害人在公安机关陈述，而被告人在侦查阶段虽有过一次供述，但在审判阶段就此供述的真实性提出异议，且无其他相关证据予以证实的情况下，法院是否能够认定被告人在侦查阶段所供述的犯罪事实。

我国《刑事诉讼法》第四十六条规定："对一切案件的判处都要重证据，重调查研究，不轻信口供。只有被告人供述，没有其他证据的，不能认定被告人有罪和处以刑罚；没有被告人供述，证据充分确实的，可以认定被告人有罪和处以刑罚。"本案上诉人于超哉及其辩护人提出，没有迫使他人强奸被害人闫某某，不应认定上诉人于超哉存在强奸后迫使他人卖淫这一加重情节。经二审法院审理查明，原审认定上诉人于超哉指使任其缘强奸被害人闫某某的证据，仅为被害人闫某某的两次陈述及上诉人于超哉在检察机关第二次退回补充侦查时的一次口供。上诉时上诉人于超哉对其在公安机关的口供的真实性提出异议，同时法院仅就被害人闫某某的陈述分析发现，其所陈述的强奸现场有上诉人于超哉、原审被告人张东海及陆渊、任其缘、姚国轩、被害人闫某某六人在场，期间五人对其使用了暴力，上诉人于超哉指使任其缘对其实施了强奸行为，则上述在场的五人对此犯罪行为应共同承担刑事责任。而在公安机关的讯问中，陆渊、姚国轩均对此情节无供述，原审被告人张海东在公安机关、一审庭审中仅认可任其缘与闫某某发生了性关系，对强奸行为无供述，故二审法院认为，原审以强奸迫使他人卖淫为加重情节，对上诉人于超哉处十年以上有期徒刑刑罚不当，不能仅仅依据被害人的陈述，而无其他相关证据的补强下就认定于超哉具有强奸迫使他人卖淫的加重情形。这也符合我国《刑事诉讼法》关于证据认定及"疑罪从无"的刑罚精神。因此，对上诉人于超哉及其辩护人提出不应认定上诉人于超哉强奸迫使她人卖淫的犯罪行为的上诉请求及辩护意见，应予采纳。

（新疆维吾尔自治区乌鲁木齐市中级人民法院　陈琛　周晓栋）

83. 范芳运输毒品案
（证据）

（一）首部

1. 判决书字号：昆明铁路运输中级法院（2009）昆铁中刑初字第110号。

2. 案由：运输毒品案。

3. 诉讼双方

公诉机关：云南省人民检察院昆明铁路运输分院，检察员：李惠芝；代理检察员：李志宏。

被告人：范芳，女，1972年2月12日出生于安徽省临泉县，汉族，文盲，农民，住临泉县。2007年5月19日因本案被刑事拘留，同年7月7日因怀孕被取保候审，期满后在逃。2008年12月15日被抓捕归案，2009年1月15日被逮捕。

辩护人：钱万寿，云南行动律师事务所律师。

辩护人：薛昆余，云南鼎兴律师事务所律师。

4. 审级：一审。

5. 审判机关和审判组织

审判机关：昆明铁路运输中级法院。

合议庭组成人员：审判长：周晓良；审判员：李宴；代理审判员：邓以维。

6. 审结时间：2009年5月25日。

（二）诉辩主张

1. 公诉机关指控称

2007年5月16日，在昆明至广州运行的列车上，公安机关查获了被告人范芳藏带的毒品粗制吗啡941克。针对指控的犯罪事实，公诉机关提供了相关的证人证言、物证、书证、鉴定结论、被告人范芳的供述及辩解等证据材料予以证实。据此，公诉机关认为，被告人范芳的以上行为，犯罪事实清楚，证据确实、充分，已触犯《中华人民共和国刑法》第三百四十七条第二款第（一）项之规定，构成运输毒品罪，诉请法院依法判处。

2. 被告辩称

被告人范芳辩称在公安机关查获前其不知道所睡的枕头套内及枕头下的白色女式包内均藏有毒品，其无罪。

其辩护人的辩护意见为：本案没有确切证据证明本案的毒品是被告人范芳的或者范芳有运输毒品的行为，请求法庭本着疑罪从无的原则，不靠推测认定毒品是范芳运输的，对被告人范芳作出公正合理的判决。公诉机关指控被告人范芳犯运输毒品罪的证据不充分，本案没有形成完整的证据链，不能得出唯一、排他的结论，请求法庭对被告人范芳依法作出证据不足的无罪判决。

（三）事实和证据

昆明铁路运输中级法院经公开审理查明：2007年5月16日18时40分，昆明至广州的K366次旅客列车运行在兴义至百色区间，列车乘警在对列车8号车厢进行安全检查时，当场从被告人范芳所睡的3号上铺的枕头套内及枕头下的一白色女式提包内查获毒品粗制吗啡6坨，共计净重941克。

上述事实有下列证据证明：

1. 昆明铁路公安处乘警支队广昆四组乘警长陈某和乘警李某分别出具的“抓获范芳经过”的证言材料、提取笔录、称量毒品记录、昆明铁路公安处乘警支队出具的“工作情况”材料、证人黄某某、张某出具的证言、昆明至广州的K366次旅客列车车票、刑事照片，证实了被告人范芳于2007年5月16日在运行的昆明至广州的K366次列车上接受安全检查时，被列车乘警从其所睡的3号上铺的枕头套内和枕头下的一白色女式提包内分别查获藏匿的疑似毒品物2坨、4坨，经称量，净重分别为313克、628克的事实。

2. 昆明铁路公安处（2007）公刑技字第487号刑事科学技术鉴定书、昆铁公昆刑鉴通字（2007）514号鉴定结论通知书，证实了被告人范芳所藏带的疑似毒品物经检验，确系毒品粗制吗啡，公安机关已依法将上述鉴定结论告知了被告人范芳的事实。

3. 安徽省蚌埠市公安局延安派出所出具的“抓获经过”材料、在逃人员登记信息表、临泉县公安局庙岔派出所出具的“证明”、昆明铁路公安处昆明乘警支队客车刑侦大队出具的“抓捕工作情况”材料，证实了被告人范芳于2007年7月7日因怀孕被取保候审，期满后在逃，2008年12月15日公安机关通过网上追逃，将其抓捕归案的事实。

4. 临泉县公安局庙岔派出所出具的“户籍证明”、被告人范芳的身份证（复印件），证实了本案发生时被告人范芳已达到负完全刑事责任年龄的事实。

5. 被告人范芳的供述和辩解，其供认了列车乘警从其所睡卧铺的枕头内和枕头下的白色女式包内查出毒品的事实。

（四）判案理由

昆明铁路运输中级法院经审理认为：被告人范芳无视国家禁毒法律，明知是毒品，仍非法藏带粗制吗啡941克欲从昆明运往广州的行为，已触犯了国家法律，构成运输毒品罪。公诉机关对被告人范芳犯运输毒品罪的指控，事实清楚，证据充分，法院予以支持。关于被告人范芳提出的其被抓获前不知道所睡的枕头套内及枕头下的白色女式提包内藏有毒品，其无罪的辩解及辩护人提出的本案应按疑罪从无原则和公诉机关指控证据不足，应对被告人范芳宣告无罪的辩护意见，综合全案证据并结合案发时被告人范芳的年龄、社会阅历、认知能力和藏匿毒品的方式、位置以及被告人范芳曾作过的发现女式白包内藏的“东西”想占有的供述、被告人范芳从上车到被抓获躺在该铺位上近七小时等情况分析，被告人范芳的辩解不符合常理，且其对从其卧具内和白色女式提包内查出毒品不能作出合理解释，故被告人范芳主观上应当明知所睡的枕头套内及枕头下女式白提包内藏有毒品，其辩解及辩护人的辩护意见不能成立，法院不予采信。

（五）定案结论

昆明铁路运输中级法院依照《中华人民共和国刑法》第三百四十七条第二款第（一）项、第六十一条、第五十九条、第六十四条、最高人民法院《关于审理毒品案件定罪量刑标准有关问题的解释》第一条第（四）项和最高人民法院《关于适用财产刑若干问题的规定》第一条，作出如下判决：

1. 范芳犯运输毒品罪，判处有期徒刑十五年，并处没收财产人民币5万元。

2. 查获的毒品粗制吗啡941克，予以没收。

（六）解说

本案的涉案毒品是从被告人范芳所睡的3号上铺的枕头套内及枕头下的一白色女式提包内查获的。被告人范芳始终拒不承认此毒品系其藏带的。被告人范芳的同行情人范希臣，始终没有作过有罪供述，被告人范芳对此毒品未指向自己，亦未指向范希臣。公安机关通过对涉案毒品包装物检验，也未检出范希臣、范芳的手印。公安机关以涉案证据不足，对范希臣采取取保受审。从被告人范芳先后两次被抓（现行抓获时范芳因怀孕被取保候审，期满后在逃，后被抓获），在侦查阶段共作过 14 次供述。其中有 4 次供述（第 2、3、4、5 次供述）被告人范芳承认上厕所回来后，其发现枕头下有个白色女式包，打开包拿出来看过包内有用女式丝袜包裹的东西，其想占点便宜要这些东西而没有声张。被告人范芳其余的 10 次供述（从公安机关告知范芳刑事科学技术鉴定结论起），其均交代其在被抓之前没有看到枕头下有这个包，也不知道枕头里有其他东西，是公安检查出来后其才知道。

运行的列车上，卧铺相对来说是个人的私密空间，其他人是不得随意侵入的。被告人范芳乘坐的是上铺，因上下不方便，一般不会有人涉足。被告人范芳庭审中称，上车时卧具是整齐地摆放在床铺靠过道处，其上床后将摆放在被子上的枕头移动放到靠窗处，打开被子躺下，卧具未发现异常情况。中途其曾下床上过一次卫生间，回来后亦未发现卧具异常。本案查获的毒品藏在两处：一处是在被告人范芳所睡的枕头套内，系连体的 2 坨。从侦查二卷刑事照片来看，这 2 坨毒品形状呈椭圆形，比鸡蛋大得多。另一处是在被告人范芳所睡的枕头下的床单下的一白色女式提包内，有 4 坨呈圆柱状的毒品。被告人范芳从上车到被抓获均躺在床上。列车是中午 11 时 50 分从昆明站发车，被告人范芳是当天 18 时 40 分被查获的，被告人范芳有近七小时时间躺在卧铺上。被告人范芳在卧铺狭小的空间枕着枕头睡觉，没有察觉枕头内有异物和枕头下的床单有很明显的突兀，是很不符合常理的。且在公安机关未告知鉴定结论此前，被告人范芳曾有过 4 次承认发现卧具里藏有“东西”想占有的供述。综上，被告人范芳对从其卧具里及白色女包内查出毒品不能作出合理解释，可以推定认定被告人范芳主观“明知”所使用的枕头套内和白色女式提包内藏有毒品，认定其有罪，对其定罪处罚。

（昆明铁路运输中级法院　李宴）

84. 谢耀辉等运输、贩卖毒品案
（证据）

（一）首部

1. 判决书字号：广州铁路运输法院（2009）广铁法刑初字第 192 号。

2. 案由：运输、贩卖毒品案。

3. 诉讼双方

公诉机关：广州铁路运输检察院，检察员：贺辉群。

被告人：谢耀辉（曾用名谢振辉，绰号“阿辉”），男，1978 年 9 月 16 日出生于广东省电白县，汉族，文化程度高中，无业。2002 年 9 月 28 日因犯抢劫罪被判处有期徒刑八年，2007 年 9 月 10 日减刑释放。因本案于 2009 年 5 月 19 日被逮捕。

被告人：杨志武（绰号“小黑”），男，1983 年 9 月 18 日出生于湖南省新邵县，汉族，文化程度初中，无业。2005 年 12 月 9 日因犯盗窃罪被判处有期徒刑一年，2006 年 2 月 28 日因病保外就医，暂予监外执行，2006 年 9 月 9 日刑满释放。因本案于 2009 年 5 月 19 日被逮捕。

辩护人：胡维新，广东安国律师事务所律师。

被告人：杨月波（绰号“阿波”、“波仔”），男，1983 年 3 月 23 日出生于湖南省新邵县，汉族，文化程度初中，无业。因本案于 2009 年 5 月 19 日被逮捕。

辩护人：邓晓东，湖南楚信律师事务所律师。

4. 审级：一审。

5. 审判机关和审判组织

审判机关：广州铁路运输法院。

合议庭组成人员：审判长：黄征；审判员：江洁；代理审判员：郭嘉。

6. 审结时间：2009 年 11 月 11 日（经广东省高级人民法院批准依法延长审理期限）。

（二）诉辩主张

1. 公诉机关指控称

2009 年 4 月 6 日，被告人杨志武伙同被告人杨月波在深圳市龙岗区百合酒店 1126 房以人民币 12 400 元向被告人谢耀辉贩卖毒品“冰毒”（晶体）约 40 克。4 月 11 日 14 时 45 分许，谢耀辉持当日广州东至长沙的 T14 次火车票经广州东火车站四楼候车室进站乘车时，值勤民警从其身上查获 3 包白色晶体、5 包红色药丸、1 包红色膏状物。在谢耀辉的协助下，公安机关于 2009 年 4 月 12 日零时许在深圳市龙岗区时代明珠酒店将被告人杨志武、杨月波抓获归案，并当场从杨志武的轿车内查获 3 包红色药丸、1 包白色晶体和 1 包混合物；随后又从杨志武租住的深圳市龙岗区“我爱我家”龙沁阁 6D 房内查获 1 包褐色枝状物和 1 包白色粉末状物。经鉴定：被告人谢耀辉携带的白色晶体状物共净重 69.3 克，含甲基苯丙胺成分（其中包括杨志武、杨月波贩卖给谢耀辉的毒品 15.46 克）；红色颗粒状物共净重 43.98 克、红色膏状物净重 2 克，均含甲基苯丙胺、咖啡因成分。从被告人杨志武处查获的白色晶体状物净重 0.14 克，含甲基苯丙胺成分；红色颗粒状物共净重 9.15 克，含甲基苯丙胺、咖啡因成分；白色粉末状物净重 812 克，含咖啡因成分；褐色枝状物净重 497 克，含可待因、蒂巴因成分；杂色颗粒状物净重 0.39 克，含甲基苯丙胺、咖啡因成分；深红色粉末状物共净重 967 克，未检出常见毒品。

2. 被告辩称

被告人谢耀辉辩称从其包内和住处查获的毒品是用于自己吸食。

被告人杨志武和杨月波均辩称其贩卖给谢耀辉的毒品呈黄色粉末状，公安机关从被告人谢耀辉处查获的 15.46 克白色晶状毒品不是其贩卖给谢耀辉的毒品。

被告人谢耀辉和杨志武的辩护人的辩护意见为：公诉机关指控被告人杨志武贩卖“冰毒”40 克给谢耀辉仅有三名被告人的口供，没有实物证据，并且杨志武、杨月波对毒品的形态、颜色的描述与谢耀辉的描述有出入，因此，不能认定被告人杨志武的行为构成贩卖毒品罪。从杨志武包内和家里查获的毒品应定性为非法持有毒品罪；被告人杨志武有立功表现，应予以减轻处罚；被告人杨志武的认罪态度良好，应予以从轻处罚。

被告人杨月波的辩护人的辩护意见为：被告人杨月波贩卖“冰毒”40克给谢耀辉仅有三名被告人的口供，没有实物证据，并且杨志武、杨月波对毒品的形态、颜色的描述与谢耀辉的描述有出入，因此，不能认定被告人杨月波的行为构成贩卖毒品罪。被告人杨月波在共同犯罪中是从犯，应当从轻或减轻处罚；被告人杨月波的主观恶性比较小，是初犯，认罪态度好，应酌情从轻处罚。

（三）事实和证据

广州铁路运输法院经公开审理查明：2009年4月初的一天，被告人谢耀辉打电话给被告人杨志武，欲从其处购买毒品“冰毒”40克。当日下午，被告人杨志武伙同被告人杨月波在深圳市龙岗区百合酒店1126房以人民币310元/克的价格，共计人民币12 400元卖给谢耀辉毒品“冰毒”40克。

2009年4月11日14时许，被告人谢耀辉身藏毒品，持当日有效的广州东至长沙的T14次火车票到广州火车东站乘车往长沙，在四楼候车室因形迹可疑被值勤民警盘查，当场从其身着的左前裤口袋内查获白色晶状物2包，从其身着的右前裤口袋内查获白色晶状物1包、红色颗粒状物4包、红色膏状物1包，从其上衣右口袋内查获红色颗粒状物1包。

2009年4月12日凌晨，公安机关在被告人谢耀辉配合下（谢耀辉打电话给被告人杨志武以向其购买毒品为名），在深圳市龙岗区时代明珠酒店楼下及该酒店的8612房分别将被告人杨月波和杨志武抓获，并当场从杨志武停放在百合酒店停车场的车牌为粤B1198N的本田小轿车内查获白色晶状物1包、红色颗粒状物3包、黑白混合物（“冰毒”和“麻古”的混合物）1包；随后又从杨志武租住的深圳市龙岗区“我爱我家”龙沁阁6D房内查获褐色枝状物（罂粟壳）和白色粉末状物各1包，从杨志武租住的深圳市布吉镇百合星城A座3002房查获食品添加剂（深红色粉末）和大红（色粉）各1瓶。

经鉴定：从被告人谢耀辉处查获的白色晶状物重69.3克，含甲基苯丙胺成分；红色颗粒状物重43.98克、红色膏状物重2克，均含甲基苯丙胺、咖啡因成分。从被告人杨志武处扣押的白色粉末状物重812克，含咖啡因成分；褐色枝状物重497克，含可待因、蒂巴因成分；红色颗粒状物重9.15克，杂色颗粒状物重0.39克，均含甲基苯丙胺、咖啡因成分；白色晶状物重0.14克，含甲基苯丙胺成分；深红色粉末状物重967克，未检出常见毒品。上述毒品已被深圳市公安局收缴。

综上所述，被告人谢耀辉运输含甲基苯丙胺成分的毒品115.28克；被告人杨志武贩卖毒品“冰毒”40克和含甲基苯丙胺成分的毒品9.68克；杨月波贩卖毒品“冰毒”40克。

上述事实有下列证据证明：

1. 深圳铁路公安处广州东站派出所民警何家贤、朱晓强的证言，证实2009年4月11日14时许，二人在广州火车东站四楼候车室防范时，对手持当日广州东至长沙T14次火车票的一形迹可疑男子进行盘查，从该男子身上查获疑似毒品的白色晶状物3包、红色颗粒状物5包、红色膏状物1包。经查，该人自称谢耀辉。

2. 深圳铁路公安处刑事警察支队民警朱浩波、张光磊的证言，证实2009年4月11日14时许，深圳铁路公安处民警在广州火车东站四楼候车室查获携带毒品进站乘车的谢耀辉，后在谢耀辉的配合下，公安机关于2009年4月12日凌晨在深圳市时代明珠酒店抓获贩卖毒品的杨志武和杨月波，并当场从杨志武停放在时代明珠酒店的车内查获“麻古”3包、“冰毒”1包和“麻古”、“冰毒”混合物1包。

3. 广州铁路公安局深圳公安处搜查笔录，证实2009年4月12日深圳铁路公安处民警杨群、马志强在杨志武租住的深圳市布吉镇“我爱我家”6D房搜出罂粟壳和白色粉状物各1包，从杨志武租住的深圳市布吉镇百合星城A座3002房查获食品添加剂（深红色粉末）和大红（色粉）各1瓶。

4. 广州铁路公安局广州公安处扣押物品、文件清单，证实从被告人谢耀辉处扣押疑似毒品的白色晶状物3包，红色颗粒状物5包，红色膏状物1包，火车票1张，索尼爱立信牌移动电话机3部，人民币1 500元，并经被告人谢耀辉签认；从被告人杨志武处扣押红色颗粒状物3包，白色晶状物1包，黑白混合物1包，罂粟壳1包，白色粉末状物1包，食品添加剂（深红色粉末）1瓶，大红（色粉）1瓶，车牌为粤B1198N（所有人王祥云）的机动车1辆及其行驶证1本、车钥匙1串，诺基亚牌移动电话机2部，索尼爱立信牌K530C型移动电话机1部，黄色手链1条，黄色戒指1枚，人民币72 500元，“goldlion”手提包1个，百合酒店卡1张，“MH-100”电子秤1台，“Lenovo”手提式电脑1台，中国建设银行卡、招商银行卡、中国邮政储蓄银行卡各1张，中国工商银行卡2张，并经被告人杨志武签认；从被告人杨月波处扣押三星牌移动电话机和诺基亚牌移动电话机各1部，中国建设银行卡3张，中国工商银行卡和中国邮政储蓄银行卡各1张。

5. 经王祥云签认的机动车行驶证复印件，证实号牌号码为粤B1198N的思域牌小轿车的所有人为王祥云。

6. 深圳铁路公安处刑事警察支队出具的情况说明，证实诺基亚牌手机（号码：13789145353）为杨志武所有。

7. 深圳市公安局公（深）鉴（理化）字（2009）967号检验报告和深圳市公安局刑警支队收字（2009）第8831号疑似毒品收条，证实从被告人谢耀辉处扣押的白色晶状物重69.3克，检出甲基苯丙胺成分；红色颗粒重43.98克、红色膏状物重2克，均检出甲基苯丙胺、咖啡因成分；上述毒品已被深圳市公安局刑警支队收缴。

8. 深圳市公安局公（深）鉴（理化）字（2009）965号检验报告和深圳市公安局刑警支队收字（2009）第8832号疑似毒品收条，证实从被告人杨志武处扣押的白色粉末重812克，检出咖啡因成分；褐色枝状物重497克，检出可待因、蒂巴因；红色颗粒重9.15克，检出甲基苯丙胺、咖啡因成分；白色晶体重0.14克，检出甲基苯丙胺成分；杂色颗粒重0.39克，检出甲基苯丙胺、咖啡因成分；深红色粉末重967克，未检出常见毒品；上述毒品已被深圳市公安局刑警支队收缴。

9. 从被告人谢耀辉处收缴的毒品和其乘车使用的火车票，经其辨认后确认无误。

10. 三名被告人相互指认照片的辨认材料，证实交易毒品“冰毒”40克的买方为谢耀辉，卖方为杨志武、杨月波。

11. 三名被告人交易毒品“冰毒”40克的地点深圳市百合酒店1126房的照片，经三人辨认后确认无误。

12. 被告人杨志武、杨月波对被抓获地点深圳市时代明珠酒店和被查获的赃物的辨认材料，经二人辨认后确认无误。

13. 三名被告人对从杨志武住处缴获的深蓝色封口胶袋的辨认材料，证实三人交易的毒品“冰毒”40克正是用该种胶袋包装。

14. 深圳铁路公安处刑事警察支队出具的情况说明，证实被告人谢耀辉在被抓捕归案后，主动揭发涉及本案的被告人杨志武、杨月波的犯罪行为，并且协助公安机关抓获被告人杨志武、杨月波，有立功表现。

15. 被告人谢耀辉的供述：2009 年 4 月 6 日其在深圳市龙岗区百合酒店 1126 房以人民币 310 元/克的价格，共计人民币 12 400 元向杨志武购买毒品“冰毒”40 克，杨月波负责帮杨志武送货；2009 年 4 月 11 日 14 时许，其携带毒品“冰毒”69.3 克和甲基苯丙胺、咖啡因 45.98 克，持当日有效的广州东至长沙的 T14 次火车票欲乘车往长沙，在四楼候车室被值勤民警查获。

16. 被告人杨志武的供述：4 月初的一天，其伙同杨月波在深圳市龙岗区百合酒店 1126 房以人民币 310 元/克的价格，共计人民币 12 400 元向谢耀辉贩卖毒品“冰毒”40 克，杨月波负责送货。

17. 被告人杨月波的供述：2009 年 4 月初的一天下午，其和杨志武在深圳百合酒店 1126 房向谢耀辉贩卖毒品“冰毒”近 40 克，其在贩毒过程中负责送货。

18. 广东省电白县人民法院（2002）电刑初字第 243 号刑事判决书和广东省茂名监狱狱政科出具的释放证明书，证实被告人谢振辉因犯抢劫罪于 2002 年 9 月 28 日被电白县人民法院判处有期徒刑八年，于 2007 年 9 月 10 日被减刑释放。

19. 深圳市罗湖区人民法院（2006）深罗法刑初字第 7 号刑事判决书和阳山县看守所出具的罪犯保外就医审批表、暂予监外执行决定书、阳山县公安局刑满释放证明书，证实被告人杨志武因犯盗窃罪于 2005 年 12 月 9 日被深圳市罗湖区人民法院判处有期徒刑一年，2006 年 2 月 28 日因病保外就医，暂予监外执行，2006 年 9 月 9 日刑满释放。

（四）判案理由

广州铁路运输法院经审理认为：被告人谢耀辉明知是毒品而非法运输，其行为已构成运输毒品罪；被告人杨志武、杨月波明知是毒品而予以贩卖，其行为均已构成贩卖毒品罪。公诉机关指控被告人谢耀辉、杨志武、杨月波所犯罪名成立，证据确实、充分。被告人杨志武和杨月波关于公安机关从被告人谢耀辉处查获的 15.46 克白色晶状毒品不是其贩卖给谢耀辉的毒品的辩解意见，以及两名辩护人关于公诉机关指控被告人杨志武、杨月波贩卖“冰毒”40 克给谢耀辉仅有三名被告人的口供，没有实物证据，并且杨志武、杨月波对毒品的形态、颜色的描述与谢耀辉的描述有出入，不能认定被告人杨志武、杨月波的行为构成贩卖毒品罪的辩护意见，经查，三名被告人关于交易毒品“冰毒”40 克的供述在交易的时间、地点、对象、数量、价格等方面均相互吻合，据此，可以认定三名被告人交易毒品“冰毒”40 克的事实成立，关于从谢耀辉处查获的白色晶状毒品 15.46 克是否属于杨志武、杨月波贩卖给谢耀辉的事实并不影响本案事实的认定，因此两名被告人及其辩护人的上述意见不成立，不予采纳。被告人杨志武关于从其包内和住处查获的毒品是用于自己吸食的辩解意见以及辩护人胡维新关于对从杨志武处查获的毒品应以非法持有毒品罪论处的辩护意见，经查，被告人杨志武伙同杨月波向谢耀辉贩卖毒品，公安机关在抓捕杨志武的过程中由被告人谢耀辉协助以购买毒品为由，约杨志武见面，随后从杨志武的包内和住处查获的毒品，应当计入贩卖毒品的数量，被告人杨志武及其辩护人的上述意见理由不充分，不予采纳；辩护人关于被告人杨志武有立功表现，应予减轻处罚的辩护意见，经查，被告人杨志武向公安机关揭发被告人谢耀辉前科情况的行为，不符合《刑法》第六十八条关于立功的规定，不予采纳；辩护人关于被告人杨志武的认罪态度较好的辩护意见，经查证属实，予以采纳。辩护人邓晓东辩称被告人杨月波在共同犯罪中是从犯，应当从轻或减轻处罚的辩护意见及关于被告人杨月波的主观恶性比较小，是初犯，认罪态度好，应酌情从轻处罚的辩护意见，经查证属实，予以采纳。被告人谢耀辉协助公安机关抓获被告人杨志武、杨月波，有立功表现，依法予以减轻处罚；被告人谢耀辉、杨志武刑满释放后五年内再犯应当判处有期徒刑以上刑罚之罪，系累犯，均依法应当从重处罚；被告人杨志武在贩卖毒品的共同犯罪中负责提供毒品、决定贩卖价格、指挥送货、收取毒资等主要贩卖事宜，起主要作用，是主犯；被告人杨月波在贩卖毒品的共同犯罪中负责送货，起次要作用，是从犯，依法予以减轻处罚。被告人谢耀辉、杨志武、杨月波认罪态度较好，依法可酌情从轻处罚。

（五）定案结论

广州铁路运输法院依照《中华人民共和国刑法》第三百四十七条第二款第（一）项、第三款、第二十五条第一款、第二十六条第一、四款、第二十七条、第六十五条第一款、第六十八条第一款、第六十四条、第五十三条、第五十九条及最高人民法院《关于处理自首和立功具体应用法律若干问题的解释》第五条、最高人民法院《关于适用财产刑若干问题的规定》第二条第一款，作出如下判决：

1. 谢耀辉犯运输毒品罪，判处有期徒刑十二年，并处没收财产人民币 25 000 元。

2. 杨志武犯贩卖毒品罪，判处有期徒刑八年，并处罚金人民币 7 万元。

3. 杨月波犯贩卖毒品罪，判处有期徒刑三年，并处罚金人民币 1 万元。

4. 扣押谢耀辉的作案工具索尼爱立信牌移动电话机 3 部，予以没收；扣押谢耀辉的人民币 1 500 元折抵财产刑，上缴国库。

5. 扣押杨志武的毒资人民币 72 500 元，予以没收，上缴国库；扣押杨志武的作案工具诺基亚牌移动电话机 2 部、索尼爱立信牌 K530C 型移动电话机 1 部、“MH-100”电子秤 1 台和“goldlion”手提包 1 个，予以没收；扣押杨志武的作案工具车牌为粤 B1198N（所有人王祥云）的机动车 1 辆及其行驶证 1 本、车钥匙 1 串，发还所有人王祥云；扣押杨志武的黄色手链 1 条、黄色戒指 1 枚和“Lenovo”手提式电脑 1 台变价后作为罚金，上缴国库；扣押的中国建设银行卡、招商银行卡、中国邮政储蓄银行卡各 1 张和中国工商银行卡 2 张及百合酒店卡 1 张，予以发还。

6. 扣押杨月波的三星牌移动电话机和诺基亚牌移动电话机各 1 部变价后作为罚金，上缴国库；扣押的中国建设银行卡 3 张、中国工商银行卡和中国邮政储蓄银行卡各 1 张，予以发还。

（六）解说

公诉机关指控杨志武、杨月波涉嫌犯贩卖毒品罪应如何定罪量刑？对此问题，在本案审理的过程中有三种不同的意见：

第一种意见认为，本案仅有三名被告人的口供，没有实物证据，并且杨志武、杨月波对毒品的形态、颜色的描述与谢耀辉的描述有出入，因此，不能认定被告人杨志武、杨月波的行为构成贩卖毒品罪。

第二种意见认为，谢耀辉、杨志武、杨月波关于交易毒品“冰毒”40 克的供述在交易的时间、地点、对象、数量、价格等方面均相互吻合，根据最高人民法院《全国部分法院审理毒品犯罪案件工作座谈会纪要》（“大连会议纪要”）有关凭口供定案的规定可以认定三名被告人交易毒品“冰毒”40克的事实，公诉机关指控杨志武、杨月波犯贩卖毒品罪成立；由于本案是以口供定罪，在量刑时亦应以三名被告人一致供述的即贩卖毒品40克作为量刑的依据，但在具体量刑时可以考虑酌情从轻处罚。

第三种意见认为，根据三名被告人一致的供述可以确定三名被告人间存在毒品交易的事实；但仅凭供述认定毒品就是含甲基苯丙胺成分的冰毒，显然证据不够确实、充分，因此，要考虑从谢耀辉身上查获的15.46克白色晶状毒品是否是谢耀辉与杨志武、杨月波交易的40克毒品中的一部分。根据谢耀辉供称其与杨志武、杨月波交易毒品后，其发现交易的40克“冰毒”由黄色和白色两种颜色的晶体组成，于是其将两种颜色的晶体分开，黄色晶体装成1包卖给一个叫“阿华”的人；由于原来的深蓝色封口胶袋弄破了，其将剩下的15克多白色晶体用透明封口胶袋包装，并一直带在身上直到被查获，经鉴定，该毒品含甲基苯丙胺成分，与三名被告人关于交易的毒品是“冰毒”的供述相印证，可见，谢耀辉的供述反映了毒品的外观和包装的变化，并做了说明，而且杨志武在公安阶段的供述称其贩卖给谢耀辉的毒品是淡黄色的、颗粒状的、大小若味精颗粒一样，与谢耀辉的描述相印证。从另外一个角度考虑，杨志武、杨月波贩卖给谢耀辉“冰毒”40克，被追究贩卖毒品罪的刑事责任，而谢耀辉作为买方其购买“冰毒”40克的行为是什么行为？因为没有实物谢耀辉不构成犯罪，而贩卖毒品罪不需要考虑实物，这解释不通。从谢耀辉处查获的15.46克毒品与交易的“冰毒”40克属同一种毒品，并且两个数量适用的刑法条款一样，根据有利于被告人的原则，应该以15.46克作为量刑的数量。

综合本案的证据和相关法律规定及政策精神，笔者同意第二种意见，以下分三个层次论述：

1. 如何理解《刑事诉讼法》第四十六条“只有被告人的供述，没有其他证据的，不能认定被告人有罪和处以刑罚”的规定？

正确地理解该条文，要区别不同的情况：对一案一被告的案件，简单地按照字面意思去理解没有问题；对一案多被告的案件，需要用辩证的思维和相对论的方法考虑。以本案为例，谢耀辉的供述相对于杨志武、杨月波的供述而言就是证人证言，同理，对其他二被告人的供述亦可以得出同样的结论。因此，对一案多被告的案件，有多个被告人的供述的不能看成“只有被告人供述，没有其他证据的，不能认定被告人有罪和处以刑罚”的情况。

2. 如何看待最高人民法院《全国部分法院审理毒品犯罪案件工作座谈会纪要》（以下简称《纪要》）中关于无毒品、毒资的毒品犯罪认定问题？

《纪要》第二点关于毒品犯罪的死刑适用问题中指出：“有些毒品犯罪案件，往往由于毒品、毒资等证据已不存在，导致审查证据和认定事实困难。在处理这类案件时，只有被告人的口供与同案其他被告人的供述吻合，并且完全排除诱供、逼供、串供等情形，被告人的口供与同案被告人的供述才可以作为定案的证据。仅有被告人口供与同案被告人供述作为定案证据的，对被告人判处死刑立即执行要特别慎重。”上述系针对毒品犯罪死刑适用的，能否运用到毒品犯罪非死刑适用的情况？笔者认为答案是肯定的，因为从常理上分析，死刑是《刑法》规定的最严厉的刑罚惩罚方法，对有可能被判处死刑的这类毒品犯罪都可以适用这种定案规则，更何况是一般的毒品犯罪。但是在适用该认定规则的时候提到了对判处死刑立即执行要特别慎重，表明对这类毒品犯罪在量刑上要留有余地，一方面是为了防止今后有可能出现言词证据以外的其他更有说服力的证据，另一方面也是考虑到被告人的认罪态度，根据刑罚量刑的原则，被告人认罪态度较好的，可以依法酌情从轻处罚。

3. 对关于没有查获实物的毒品犯罪，毒品数量应如何认定？

在毒品犯罪案件中，毒品没有被查获的，毒品数量一般是根据被告人一致的供述来认定，若供述不一致的，则按照“就低不就高”、有利于被告人的原则。

以上规定和规则是认定本案需要考虑的三个方面。

关于本案的事实，根据现有的证据，谢耀辉与杨志武、杨月波的供述均供认 2009 年 4 月初的一天，谢耀辉在深圳市龙岗区百合酒店 1126 房以人民币 310 元/克的价格，共计人民币 12 400 元向杨志武购买毒品“冰毒”40 克，杨月波负责送货，可见三名被告人关于交易毒品“冰毒”40 克的供述在交易的时间、地点、对象、数量、价格等方面均相互吻合。适用《纪要》的定罪规则，即在毒品没有被查获及完全排除诱供、逼供、串供等情形的情况下，毒品交易的情况应根据三名被告人一致的供述认定，可以认定三名被告人交易“冰毒”的事实成立。

关于毒品的数量，根据上述的三点及本案的具体情况，交易毒品的数量也应当根据三名被告人一致的供述来认定，即被告人杨志武、杨月波贩卖毒品犯罪的量刑参考数量应当为毒品“冰毒”40 克。这从逻辑上也符合本案定罪的原则，可谓定罪量刑一脉相承。

关于从被告人谢耀辉身上查获的 15.46 克白色晶状毒品能否认定在谢耀辉与杨志武、杨月波交易的毒品“冰毒”40 克中，目前对该毒品的归属仅有买卖双方的供述，买方谢耀辉供述称其与杨志武、杨月波交易的 15.46 克白色晶状毒品是杨志武、杨月波贩卖给其毒品中的一部分；卖方杨志武、杨月波则称他们贩卖给谢耀辉的“冰毒”呈黄色粉末状，并不认可从谢耀辉处查获的 15.46 克白色晶状毒品是他们贩卖给谢耀辉的，可见买卖双方是以颜色及形态作为 15.46 克毒品归属的依据，但是笔者认为 15.46 克毒品不能作为本案定罪的依据，因为本案定罪的前提是根据三名被告人一致的供述，至于毒品的颜色和形状，每个个体对此会有不同的认识也是比较正常的，毕竟买卖双方描述的毒品实物出入不是太大，而且个别的口供还有一致的地方。毒品数量是毒品犯罪定罪量刑的一个重要情节，正确适用法律规则和原则比抓着细枝末节不放更为重要。综上，将 15.46 克白色晶状毒品认定在三名被告人交易的 40 克“冰毒”中不符合本案的定罪量刑应当适用的规定和规则。至于第三种意见中提到的“杨志武、杨月波贩卖给谢耀辉‘冰毒’40 克，被追究贩卖毒品罪的刑事责任，而谢耀辉作为买方其购买‘冰毒’40 克的行为是什么行为？因为没有实物谢耀辉不构成犯罪，而贩卖毒品罪不需要考虑实物，这会解释不通。”笔者认为这种意见并不符合毒品犯罪定罪量刑的适用规则，就本案而言，若谢耀辉提到的他将一部分黄色的冰毒卖给了一人叫“阿华”的人的事实成立，就这部分的毒品犯罪可以认定为贩卖毒品罪，而目前只有谢耀辉一人的供述，故不能认定；剩余的 15.46 克毒品，就本案而言，已经将其归在运输毒品罪的犯罪数量中；退一步，如果谢耀辉没有持有 15.46 克毒品进站乘车，其持有 15.46 克毒品的行为也将构成非法持有毒品罪，因此，对没有实物的贩卖毒品犯罪，认定卖方的罪行需要适用前述三个规定和规则，对买方购买毒品的行为，若有相关证据可以证明的，也可以构成相应的毒品犯罪。

（广州铁路运输法院　郭嘉　熊晓风）

85. 刘振山被控故意杀人裁定准许撤诉案（撤回起诉、刑事附带民事诉讼）

（一）首部

1. 裁定书字号：北京市第二中级人民法院（2009）二中刑初字第184号。

2. 案由：故意杀人案。

3. 诉讼双方

公诉机关：北京市人民检察院第二分院，检察员：李松义。

附带民事诉讼原告人：童信忠，男，34岁，浙江省衢州市人，汉族。系本案被害人之子。

附带民事诉讼原告人：童兴冬，男，30岁，浙江省衢州市人，汉族。系本案被害人之子。

诉讼代理人：卢志杰，男，39岁，汉族，无业，北京市人。

被告人：刘振山，男，51岁，汉族，北京市人，农民。2007年12月19日因本案被羁押，2008年1月23日被逮捕。

指定辩护人：田朝辉，北京市达实律师事务所律师。

4. 审级：一审。

5. 审判机关和审判组织

审判机关：北京市第二中级人民法院。

合议庭组成人员：审判长：高亚莉；代理审判员：黄小明、陈胜涛。

6. 审结时间：2009年5月14日。

（二）诉辩主张

1. 公诉机关指控称

北京市人民检察院第二分院认为，被告人刘振山故意非法剥夺他人生命，致人死亡，犯罪性质特别恶劣，情节后果特别严重，社会危害性极大，其行为已构成故意杀人罪，提请依法惩处。

2. 被告辩称

被告人刘振山当庭辩称，其没有实施故意杀人；其不应当承担民事赔偿责任。

其辩护人的辩护意见为：认定刘振山故意杀人的事实不清，证据不足，刘振山无罪。

（三）事实和证据

北京市第二中级人民法院在审理过程中，公诉机关认为本案事实、证据有变化，向法院申请撤回起诉。附带民事诉讼原告人童信忠、童兴冬亦向法院申请撤回起诉。

（四）判案理由

北京市第二中级人民法院经审理认为：公诉机关及二附带民事诉讼原告人申请撤回起诉的理由成立。

（五）定案结论

北京市第二中级人民法院依照最高人民法院《关于执行〈中华人民共和国刑事诉讼法〉若干问题的解释》第一百七十七条、第一百条和《中华人民共和国民事诉讼法》第一百三十一条第一款，作出如下裁定：

准许北京市人民检察院第二分院及童信忠、童兴冬撤回起诉。

（六）解说

本案的焦点在于：对于公诉机关撤回起诉的案件，附带民事诉讼部分如何处理。

刑事附带民事诉讼案件在审理中，公诉机关可能考虑证据不足，被告人可能被宣告无罪等原因而主动要求撤回起诉，实践中遇此情况，法院一般会尝试劝说附带民事诉讼原告人撤回起诉。如果附带民事诉讼原告人坚持不撤回起诉，附带民事部分如何处理，实践中时有争议。第一种意见认为，因该民事部分的诉讼附带于刑事诉讼，虽公诉机关撤回了起诉，但附带民事诉讼原告人具有独立的诉讼地位，如果其坚持起诉，可由原合议庭根据案件的事实、证据，根据民事诉讼的证据标准，就附带民事部分作出判决，或者移送相关民庭依民事侵权案件处理。第二种意见认为，如果附带民事诉讼原告人坚持不撤回起诉，应该驳回起诉。

我们认同第二种意见。我们认为，刑事附带民事诉讼制度设立的本质在于诉讼效率，即由刑事审判庭在解决被告人是否犯罪这一问题的同时，解决因犯罪行为而造成的经济损失，如果公诉机关撤回起诉，则意味着在该案件中，被告人被指控侵犯的罪名不成立，则相应的民事诉讼即不属于刑事附带民事诉讼，不能由刑事审判庭继续按纯民事案件进行审理，所谓“皮之不存，毛将焉附”。

根据《中华人民共和国刑事诉讼法》第一百六十五条、最高人民法院《关于执行〈中华人民共和国刑事诉讼法〉若干问题的解释》第一百五十七条的规定，刑事案件起诉之后，公诉机关有两次提出补充侦查的机会。对于绝大多数刑事案件而言，即使起诉后发现事实不清、证据不足，公诉机关亦可以通过补充侦查来查清事实，补足证据。根据《人民检察院刑事诉讼规则》第三百五十一条的规定，公诉机关发现不存在犯罪事实、犯罪事实并非被告人所为或者不应当追究被告人刑事责任的，可以要求撤回起诉。另根据《人民检察院刑事诉讼规则》第三百四十八条的规定，案件审理过程中，公诉机关还有变更起诉或追加起诉的权力。据此，我们可以认为，公诉案件的撤诉，必然地意味着该案事实不够清楚，证据不够确实、充分。在此种情形下，如果由原合议庭或民事审判庭对公诉机关撤诉后的民事部分来进行审理，则在附带民事部分的案件事实的认定上必然会存在巨大的困难，而且往往直接涉及侵权行为是否成立。因此，对于公诉机关撤回起诉，附带民事诉讼原告人不肯撤诉的，法院的普遍性的做法应该是将准许公诉机关撤回起诉的裁定送达附带民事诉讼原告人，并告知有关法律规定，如果其坚持不肯撤诉，即可裁定驳回其起诉。如果公诉机关此后得以补充了新的证据后重新起诉，附带民事诉讼原告人仍然可以提起附带民事诉讼。这种处理方式对于被害人的合法权益的保护不会有负面的影响，亦更能体现公正和效率。

值得指出的是，对于某些侵权事实清楚，证据确实、充分，只是由于被告人的刑事责任年龄问题，公诉机关撤回起诉的，附带民事诉讼原告人在被驳回起诉后，当即可以该被告人及其监护人为被告，另行提起民事诉讼。我们认为，相对于刑事附带民事案件审理程序的简陋及各种保全措施的缺乏、受案范围的有限（如精神损害赔偿在刑事附带民事诉讼中一般是得不到支持的）等，对于这类案件，由专业民事审判人员进行另案处理的方式应该更有利于被害人的合法权益的保护。

本案在审查起诉阶段即经过两次补充侦查，案件起诉之后，公诉机关又提出过补充侦查，后因事实不清、证据不足，故撤回起诉。经承办法官与二附带民事诉讼原告人沟通，二原告人均表示愿意撤回起诉，故法院在裁定中对公诉机关即附带民事诉讼原告人的撤诉申请一并准予。

（北京市第二中级人民法院　黄小明）

86. 刘某某等故意伤害案（刑事附带民事诉讼）

（一）首部

1. 裁判书字号

一审判决书：福建省厦门市湖里区人民法院（2009）湖刑初字第255号。

二审裁定书：福建省厦门市中级人民法院（2009）厦刑终字第350号。

2. 案由：故意伤害案。

3. 诉讼双方

公诉机关：福建省厦门市湖里区人民检察院，代理检察员：陈向奎。

附带民事诉讼原告人：黄福生，男，1990年11月23日出生，汉族，住福建省漳州市漳州开发区，来厦暂住厦门市湖里区，系本案被害人。

法定代理人：黄溪井，男，1962年5月20日出生，汉族，系附带民事诉讼原告人黄福生的父亲。

法定代理人：黄笋花，女，1980年5月19日出生，汉族，系附带民事诉讼原告人黄福生的继母。

被告人：刘某某，男，1992年2月4日出生，江西省余干县人，汉族，初中文化，无业，住余干县杨埠乡，来厦暂住湖里区。2008年9月11日因本案被捕。

法定代理人暨附带民事诉讼被告人：刘健人，男，1964年3月19日出生，汉族，系被告人刘某某的父亲。

法定代理人暨附带民事诉讼被告人：王芳古，女，1967 年 11 月 29 日出生，汉族，系被告人刘某某的母亲。

指定辩护人：包陈华、庄华力，福建厦门联合信实律师事务所律师。

被告人（上诉人）：黄某某，男，1991 年 11 月 14 日出生，福建省南安市人，汉族，初中文化，无业，住南安市美林街道，来厦暂住湖里区。2008 年 9 月 11 日因本案被捕。

法定代理人暨附带民事诉讼被告人（上诉人）：黄春生，男，1956 年 9 月 6 日出生，汉族，系被告人黄某某的父亲。

法定代理人暨附带民事诉讼被告人：凡徐英，女，1962 年 1 月 4 日出生，壮族，系被告人黄某某的母亲。

一审辩护人及诉讼代理人：刘江南、黄志艺，福建万石律师事务所律师。

被告人（上诉人）：魏鸿某，男，1991 年 5 月 15 日出生，福建省安溪县人，汉族，中专文化，无业，住厦门市湖里区。2008 年 8 月 28 日因本案被捕。

法定代理人暨附带民事诉讼被告人（上诉人）：魏火成，男，1969 年 10 月 21 日出生，汉族，系被告人魏鸿某的父亲。

法定代理人暨附带民事诉讼被告人（上诉人）：李幼珠，女，1971 年 10 月 2 日出生，汉族，系被告人魏鸿某的母亲。

一审辩护人及诉讼代理人：许海军，福建厦门汇丰联盟律师事务所律师。

二审辩护人及诉讼代理人：许海军、王真鑫，福建厦门汇丰联盟律师事务所律师。

被告人：魏鸣某，男，1992 年 8 月 7 日出生，福建省安溪县人，汉族，初中文化，无业，住福建省安溪县湖头镇，来厦暂住湖里区。2008 年 8 月 28 日因本案被捕。

法定代理人暨附带民事诉讼被告人：魏火成，系被告人魏鸣某的父亲。

法定代理人暨附带民事诉讼被告人：李幼珠，系被告人魏鸣某的母亲。

一审辩护人：林楚雄、林俊强，福建天衡联合律师事务所律师。

附带民事诉讼被告人：侯某某，女，1995 年 6 月 16 日出生，汉族，住江苏省南京市浦口区，来厦暂住湖里区。

法定代理人暨附带民事诉讼被告人：侯庆义，男，1970 年 12 月 24 日出生，汉族，系附带民事诉讼被告人侯某某的父亲。

法定代理人暨附带民事诉讼被告人：纪静，女，1973 年 6 月 26 日出生，汉族，系附带民事诉讼被告人侯某某的母亲。

附带民事诉讼被告人：梁某某，男，1993 年 7 月 27 日出生，汉族，住厦门市湖里区。

法定代理人暨附带民事诉讼被告人：梁海防，男，1964 年 3 月 5 日出生，汉族，系附带民事诉讼被告人梁某某的父亲。

法定代理人暨附带民事诉讼被告人：卓真珠，女，1963 年 7 月 28 日出生，系附带民事诉讼被告人梁某某的母亲。

一审诉讼代理人：梁志坚，男，1964 年 9 月 18 日出生，汉族，住厦门市思明区。

4. 审级：二审。

5. 审判机关和审判组织

一审法院：福建省厦门市湖里区人民法院。

合议庭组成人员：审判长：宋晋勇；人民陪审员：郭前进、金震。

二审法院：福建省厦门市中级人民法院。

合议庭组成人员：审判长：王琦；代理审判员：王锐、彭亚奴。

6. 审结时间

一审审结时间：2009 年 8 月 27 日。

二审审结时间：2009 年 10 月 31 日。

（二）一审诉辩主张

1. 公诉机关指控称

2008 年 8 月 22 日下午，被告人刘某某、黄某某、魏鸿某、魏鸣某为帮忙侯某某解决与龚某某的矛盾，遂纠集郭某某、梁某某、叶某某、余某某、刘立某等人（均另案处理）持砍刀及钢管至本市松柏公园门口参加侯某某与龚某某的“谈判”，双方随后发生冲突，被告人刘某某等人遂持刀棍追打对方，并将黄福生打伤致右额面部创口 5.6cm、双上肢部累计创口长度超过 15cm 等，右腕关节活动度丧失达 50%、右手各指不能对指及握物，经鉴定为重伤（伤残等级七级）。针对上述指控，公诉机关在庭审中宣读和出示了被告人的供述与辩解；被害人黄福生的陈述；证人侯某某、龚某某、叶某某等的证言；法医学临床检验鉴定书、司法鉴定意见书；作案现场照片；户籍证明、抓获经过、情况说明等证据。公诉机关认为：被告人刘某某、黄某某、魏鸿某、魏鸣某结伙故意伤害他人身体，致人重伤，其行为均触犯了《中华人民共和国刑法》第二百三十四条第二款之规定，应当以故意伤害罪追究其刑事责任。根据《中华人民共和国刑法》第二十五条之规定，本案是共同犯罪。被告人刘某某、黄某某、魏鸿某、魏鸣某在实施犯罪时，未满 18 周岁，根据《中华人民共和国刑法》第十七条第三款之规定，应当从轻或减轻处罚。

2. 附带民事诉讼原告诉称

附带民事诉讼原告人黄福生诉称：2008 年 8 月 22 日，其在不知情的情况下跟随胡某某和龚某某来到松柏公园，突然遭到侯某某带领的其他被告人持刀围攻，瞬间其全身多处被几个被告人砍伤。之后，其被 120 救护车送至厦门市中山医院治疗，经诊断为右腕尺侧 8cm 横行伤口深达腕关节，部分尺骨茎突软骨面劈裂、部分肌腱、尺神经、尺动脉断裂，右前侧多处裂伤均深达骨面，右手所有手指伸肌均断裂，五指活动均受限，法医鉴定为重伤。其住院治疗 28 天，支付医疗费 11 359.95 元。住院期间由 1 名护工和 1 名亲属进行护理。经鉴定其伤情为七级伤残。被告人刘某某、黄某某、侯某某、梁某某实施侵权行为时未满 18 岁，刘某某、黄某某、侯某某、梁某某各自的监护人负有赔偿责任。附带民事诉讼原告人请求判令刘某某、黄某某、侯某某、梁某某连带赔偿其医疗费 11 359.95 元、误工费 15 684.5 元、护理费 1 960 元、伙食补助费 1 680 元、营养费 30 000 元、法医鉴定费 660 元、伤残补助费（七级伤残）191 584 元，以上共计 252 928.45 元。附带民事诉讼原告人黄福生提交了法医临床鉴定、鉴定发票、医疗专用发票、住院病历、出院记录、居委会证明等证据材料。

3. 被告辩称

被告人刘某某对公诉机关指控的犯罪事实均供认不讳，自愿认罪。关于附带民事诉讼原告人黄福生提出的附带民事诉讼部分，其表示没有异议，愿意赔偿。

其指定辩护人的辩护意见为：被告人刘某某犯罪时系未成年人，依法应当从轻或者减轻处罚；被告人刘某某归案后如实交代犯罪事实，当庭自愿认罪，可以酌情从轻处罚；被告人刘某某在伤害案件中作用相对较小。

被告人黄某某对公诉机关指控的犯罪事实均供认不讳，自愿认罪。关于附带民事诉讼原告人黄福生提出的附带民事诉讼部分，其表示愿意赔偿，但是其是在他人纠集下参加斗殴，而且其没有直接对黄福生造成直接的伤害，被害人自己也有一定的过错。

其辩护人的辩护意见为：(1) 故意伤害案中被告人黄某某没有直接伤害被害人，定性错误，被害人也存在过错；(2) 被告人黄某某未满18周岁，认罪态度好，应当从轻或者减轻处罚。

其诉讼代理人的代理意见为：(1) 被告人黄某某没有对黄福生实施直接伤害，只应当承担次要民事赔偿责任；(2) 黄福生存在过错，黄福生是为帮忙打架而到现场，有挑衅行为；(3) 黄福生的部分诉求不符合法律规定，要求的赔偿额过高；(4) 被告人黄某某仅应在责任比例内承担民事赔偿责任。

被告人魏鸿某对公诉机关指控的犯罪事实均供认不讳，自愿认罪。

其辩护人的辩护意见为：(1) 被告人魏鸿某的行为应当定性为寻衅滋事；(2) 没有指控殴打黄福生致伤的其他主要犯罪嫌疑人；(3) 被告人魏鸿某没有前科劣迹，归案后认罪悔罪，犯罪时未满18周岁，其家属积极赔偿被害人损失，请求对被告人魏鸿某减轻处罚。

被告人魏鸣某对公诉机关指控的犯罪事实均供认不讳，自愿认罪。

其辩护人的辩护意见为：(1) 故意伤害案中被告人魏鸣某的犯罪情节均较轻，应从轻处罚；(2) 被害人具有一定的过错，应酌情减轻对被告人魏鸣某的处罚；(3) 被告人魏鸣某系未成年人，认罪态度好，有悔罪表现，应当从轻或者减轻处罚。

附带民事诉讼被告人侯某某的法定代理人辩称：黄福生要求的赔偿标准太高了。

附带民事诉讼被告人梁某某的诉讼代理人的代理意见为：(1) 梁某某有到现场，但没有直接殴打黄福生，责任分配上应当少一些；(2) 黄福生的伤残鉴定书存在多处错误，不应按照工伤标准计算；(3) 居委会证明有瑕疵，黄福生系漳州市人，应当按照漳州市当地生活及收入水平确定伤残补助费用；(4) 黄福生已经从其他被告人处获得的赔偿金应当从本案总赔偿款项中扣除；(5) 黄福生提供的门诊票据和“120”发票问题较多，无法确定系黄福生据实支付的全部医疗费用；(6) 使用1人护理就足够，护理费900元较合理；(7) 营养费3万元没有依据。

(三) 一审事实和证据

本案因涉及未成年人犯罪，为不公开开庭审理。福建省厦门市湖里区人民法院经审理查明：2008年8月22日下午，被告人刘某某、黄某某、魏鸿某、魏鸣某为帮忙侯某某解决与龚某某的矛盾，遂纠集郭某某、梁某某、叶某某、余某某、刘立某等人持砍刀及钢管至本市松柏公园门口参加侯某某与龚某某的“谈判”，双方随后发生冲突，被告人刘某某等人遂持刀棍追打对方，并将黄福生打伤致右额面部创口5.6cm、双上肢部累计创口长度超过15cm等，右腕关节活动度丧失达50%、右手各指不能对指及握物等，经鉴定为重伤（伤残等级七级）。2008年8月27日公安机关根据线索抓获被告人魏鸿某、魏鸣某。同年9月9日公安机关根据线索抓获被告人刘某某、黄某某。

上述事实有下列证据证明：

1. 被害人黄福生的陈述。证实2008年8月22日下午其应中学同学胡某某的请求，到本市松柏公园门口帮助她处理与另外一个女孩子的纠纷，其约了卢某某和吴某某一起过去。到现场时，对方女孩子带了十几名男孩子。两个女孩子争吵后，对方的十几名男孩子突然追砍其、卢某某、吴某某和胡某某等人。对方男孩子手拿砍刀。其被追上后，对方一名男孩子持刀朝其后脑部砍了一刀。后来又有其他对方男孩子持刀对其乱砍，其身上多处受伤。后来对方男孩子逃跑了，警察和 120 医护人员也赶到现场。

2. 证人侯某某的证言。证实因为龚某某对其有看法，2008 年 8 月 22 日其就约龚某某到本市松柏公园谈谈。其和郭某某及其叫来的几个男子一同到松柏公园。龚某某也带了胡某某和几名男子到松柏公园。其和龚某某开始谈判，但是郭某某这边的男子突然冲过去围住对方的男子进行殴打。郭某某等人打完就跑了。听说对方的人受伤了。

3. 证人龚某某的证言。证实 2008 年 8 月 22 日下午，侯某某因之前双方的纠纷遂约其到江头公园打架，其就让胡某某帮助叫人参与。当日下午 5 时许，胡某某纠集了黄福生等几名男生到本市松柏公园门口去和侯某某谈判，对方也叫了十几名男生。突然，其看到魏鸣某等几个人在追打并拿刀砍黄福生，黄福生倒在地上。当时黄福生的头部和手臂有流血。

4. 证人叶某某的证言。证实 2008 年 8 月 22 日下午，郭某某给梁某某打电话说要去打架。其就和梁某某一起去和魏鸿某、魏鸣某等人会合，郭某某也带了侯某某等三名女生来会合，并准备了砍刀和棍子，后一起到松柏公园。其一伙人是要去帮助侯某某，因为侯某某要和龚某某打架。对方也叫了十几个人到松柏公园。刚开始魏鸿某和侯某某去和对方谈判，其一伙人在旁边等候。其一伙人准备要离开时，对方男子好像要打架，其一伙人商量后就分发工具去追打对方。其一伙人追打到对方一名男子，将对方男子打倒在地。其持刀砍了对方男子屁股，刘某某砍对方男子胳膊，梁某某砍了对方男子背部一刀。后来其一伙人立即逃离现场。

5. 证人梁某某的证言。证实 2008 年 8 月 22 日下午郭某某告诉其说龚某某要打侯某某，其就找了黄某某、魏鸿某、魏鸣某、刘某某、刘立某等八人一同到松柏公园。侯某某带了几名男生也赶到松柏公园。郭某某带了五把砍刀和几根木棍，其和刘某某等人拿砍刀，魏鸣某拿木棍，准备打架时用。双方在谈判，其在旁边等候。其间其一伙人看到对方男子走过来，其一伙人就立即反追过去，持砍刀和木棍殴打对方。魏鸣某追上对方一名男子并打了对方男子头部，对方男子倒地，其一伙人就围上去殴打。其拿刀砍了对方男子一刀，刘某某也砍了对方男子手臂。后来其一伙人就逃离现场。

6. 证人郭某某的证言。证实其朋友侯某某跟其说有一个女生龚某某要和她打架，让其介绍些人给她。其和梁某某说了，梁某某和侯某某认识后就叫了几个人。2008 年 8 月 22 日下午梁某某叫了黄某某、魏鸿某、魏鸣某、余某某、刘立某等人和其、侯某某一起到松柏公园，因为侯某某和龚某某约好在松柏公园打架。龚某某带了十几人也到松柏公园。本来其这方准备和解，但是对方不同意。其一伙人也准备了刀和棍。后来其先走，双方有发生打架，把对方的一个人打伤了。

7. 法医学临床检验鉴定书、司法鉴定意见书。证实黄福生被打伤致右额面部创口 5.6cm、双上肢部累计创口长度超过 15cm 等，右腕关节活动度丧失达 50%、右手各指不能对指及握物等，经鉴定为重伤（伤残等级七级）。

8. 作案现场照片。证实作案现场本市松柏公园门口的情况。

9. 户籍证明。证实被告人刘某某、黄某某、魏鸿某、魏鸣某的自然情况以及其实施犯罪时均未满 18 周岁。

10. 抓获经过。证实2008年8月27日公安机关根据线索抓获被告人魏鸿某、魏鸣某。同年9月9日公安机关根据线索抓获被告人刘某某、黄某某。

11. 情况说明。证实侯某某、梁某某、叶某某、刘立某因尚未达到刑事责任年龄没有被追究刑事责任的情况。

12. 被告人刘某某的供述。证实因为侯某某和龚某某有过节，龚某某约了几名男子，侯某某也约了其、郭某某、梁某某、黄某某、魏鸿某、魏鸣某、叶某某等九人。双方约好要谈判，结果打了起来。其和梁某某、黄某某、魏鸿某、叶某某均手持砍刀，其余人拿铁棍与龚某某叫来的人对打。对方没有工具，其中一名男子被其一伙人围住，其朝男子手臂砍了几刀，魏鸣某持棍打男子，叶某某持刀砍了男子屁股，梁某某持刀砍了男子背部，其他人也动手打。后来其就逃离现场。

13. 被告人黄某某的供述。证实2008年8月22日下午其和刘某某、梁某某、魏鸣某、魏鸿某、叶某某、余某某、刘立某等九人替侯某某出面和对方五个人谈判。当时其一伙人想让两个女孩子自己谈判，其一伙人要离开松柏公园。但是对方五个人一直跟着其一伙人，其一伙人也听到对方要打架。其一伙人就决定先动手，遂拿出五把砍刀和四把铁棍去和对方对打。对方看到其一伙人有工具就跑开了。对方一男子摔倒后，被魏鸣某打了一棍，被刘某某砍了一刀。回来其一伙人就回家了。

14. 被告人魏鸿某的供述。证实因为侯某某和龚某某吵架，双方约好要见面解决。2008年8月22日下午龚某某叫了十几人，侯某某则叫了郭某某，郭某某又叫了其、刘某某、梁某某、黄某某、魏鸣某，叶某某、余某某、刘立某等人。双方在松柏公园见面，其一伙人在松柏公园对面人行道上，突然对方一群男子冲过来要打其一伙人，其一伙人就拿出携带的砍刀和铁棍和对方对打。对方开始跑散，对方一名男子因为滑倒就被追上，并被砍伤。魏鸣某打了对方一棍，叶某某、梁某某、刘某某都持刀砍了男子。后来其一伙人将作案工具埋在屿后北里的一沙堆，然后各自回家。

15. 被告人魏鸣某的供述。证实2008年8月22日下午其和魏鸿某、刘某某、黄某某、叶某某、余某某、郭某某、刘立某等人到松柏公园，帮助侯某某打架。因为郭某某认识侯某某，郭某某就叫其一伙人帮忙。郭某某准备了砍刀、铁棍，其分到铁棍。其一伙人追打对方时，对方没有工具，一下子被打散。其一伙人追上了对方一个男子，把该男子打倒在地。其用铁棍打了男子一棍，刘某某朝男子手臂砍了几刀，叶某某持刀砍了男子屁股，梁某某持刀砍了男子背部。后来其一伙人就跑了。

另查明：附带民事诉讼原告人黄福生，男，1990年11月23日出生，福建省漳州市人，1998年3月起随父母来厦居住生活至案发前，系本案被害人。黄福生的父母黄溪井、黄笋花夫妇系来厦务工人员，黄溪井、黄笋花夫妇携儿子黄福生2004年起至今居住生活于湖里区禹州新村。2008年8月22日黄福生受伤后即被送往医院治疗，住院治疗28天，共计支付医疗费11 359.95元。黄福生的住院伙食补助费为1 680元。经鉴定，黄福生的伤残等级为七级，为此黄福生支付了伤残鉴定费660元。被告人魏鸿某、魏鸣某的家属曾经支付给黄福生赔偿款计2 000元。事后，郭某某的家属自愿赔偿给黄福生25 000元，黄福生自愿放弃对郭某某及其法定代理人的诉讼及实体赔偿权利。龚某某自愿赔偿给黄福生10 000元，黄福生自愿放弃对龚某某的诉讼及实体赔偿权利。胡某某自愿赔偿给黄福生10 000元，黄福生自愿放弃对胡某某的诉讼及实体赔偿权利。叶某某的家属自愿赔偿给黄福生共计30 000元，黄福生自愿放弃对叶某某及其法定代理人的诉讼及实体赔偿权利。魏鸿某、魏鸣某的家属自愿赔偿给黄福生共计 20 000 元，黄福生自愿放弃对魏鸿某、魏鸣某及其法定代理人的诉讼及实体赔偿权利，并自愿对魏鸿某、魏鸣某的伤害行为予以谅解。

上述事实有下列证据证明：

1. 医院收费票据、住院病历、出院记录、姓名更改证明。证实黄福生住院治疗 28 天，共计支付医疗费 11 359.95 元。

2. 福建历思司法鉴定所法医临床鉴定。证实黄福生的伤残等级为七级。

3. 伤残鉴定费用发票。证实黄福生支付了伤残鉴定费 660 元。

4. 湖里区康晖社区居民委员会证明。证实来厦务工人员黄溪井、黄笋花夫妇携儿子黄福生 2004 年起至今居住于湖里区禹州新村。

5. 和解协议书、撤诉申请书、收条、谅解书。证实庭外，郭某某的家属自愿赔偿给黄福生 25 000 元，黄福生自愿放弃对郭某某及其法定代理人的诉讼及实体赔偿权利；龚某某自愿赔偿给黄福生 10 000 元，黄福生自愿放弃对龚某某的诉讼及实体赔偿权利；胡某某自愿赔偿给黄福生 10 000 元，黄福生自愿放弃对胡某某的诉讼及实体赔偿权利；叶某某的家属自愿赔偿给黄福生共计 30 000 元，黄福生自愿放弃对叶某某及其法定代理人的诉讼及实体赔偿权利；被告人魏鸿某、魏鸣某的家属曾经支付给黄福生赔偿款计 2 000 元。事后魏鸿某、魏鸣某的家属自愿又赔偿给黄福生共计 20 000 元，黄福生自愿放弃对魏鸿某、魏鸣某及其法定代理人的诉讼及实体赔偿权利，并自愿对魏鸿某、魏鸣某的伤害行为予以谅解。

6. 附带民事诉讼原告人黄福生及其法定代理人的陈述。

7. 被告人刘某某、黄某某、附带民事诉讼被告人侯某某、附带民事诉讼被告人梁某某及其法定代理人、诉讼代理人的陈述。

（四）一审判案理由

福建省厦门市湖里区人民法院经审理认为：被告人刘某某、黄某某、魏鸿某、魏鸣某结伙故意伤害他人身体，致一人重伤，其行为均已构成故意伤害罪，且系共同犯罪。公诉机关指控的罪名成立。被告人刘某某、黄某某、魏鸿某、魏鸣某在实施犯罪时未满 18 周岁，对被告人刘某某、黄某某、魏鸿某、魏鸣某应当从轻处罚。被告人刘某某、黄某某、魏鸿某、魏鸣某归案后能够如实交代犯罪事实，同时能够当庭自愿认罪，被告人魏鸿某、魏鸣某的家属积极赔偿被害人经济损失并获得部分被害人的谅解，可酌情从轻处罚。

被告人黄某某的辩护人提出的现有证据不足以认定被告人黄某某参与指控的故意伤害案，被告人黄某某没有直接伤害被害人，系定性错误的辩护意见，与本案查明的事实不符，本院不予采纳。被告人魏鸿某的辩护人提出的被告人魏鸿某的行为应当定性为寻衅滋事的辩护意见，依据不足，本院不予采纳。

关于附带民事诉讼部分，本案各被告人和附带民事诉讼被告人的故意伤害行为侵害了附带民事诉讼原告人的健康权，给附带民事诉讼原告人造成了经济损失，相关的各个被告人和附带民事诉讼被告人理应承担相应的民事赔偿责任。附带民事诉讼案件的当事人对自己提出的主张，有责任提供证据。在本案审理期间，黄福生没有对其提出的误工费 15 684.5 元的诉讼请求提供相应的充分证据，该项请求本院不予采纳。关于营养费 30 000 元的请求，本院根据医疗情况酌情确定 2 500 元。医疗费 11 359.95 元、残疾赔偿费 191 584 元、护理费 1 960元、法医鉴定费 660 元、伙食补助费 1 680 元的请求，符合相关规定的计算标准，本院予以采纳。综上，按照相关规定的标准计算，黄福生应当获得的赔偿总额为 209 743.95 元。

魏鸿某、魏鸣某、叶某某、胡某某、龚某某、郭某某已经赔偿给黄福生 97 000 元，黄福生亦放弃了对上述被告人和附带民事诉讼被告人的诉讼请求，故本案其他共同侵权人对上述被放弃诉讼请求的被告人和附带民事诉讼被告人应当承担的赔偿份额不承担连带责任。根据各个被告人和附带民事诉讼被告人在故意伤害犯罪中的作用，对黄福生的民事赔偿责任分配如下：刘某某（20%）、魏鸿某（20%）、魏鸣某（15%）、黄某某（15%）、侯某某（6%）、龚某某（6%）、郭某某（6%）、梁某某（6%）、叶某某（6%）。鉴于黄福生已经放弃总赔偿金额的 53%，即放弃了赔偿金额 111 164.30 元，黄福生实际应当继续获赔的金额为 98 579.65 元。刘某某、黄某某、侯某某、梁某某及其法定代理人暨附带民事诉讼被告人理应连带赔偿给黄福生 98 579.65 元。

（五）一审定案结论

福建省厦门市湖里区人民法院依照《中华人民共和国刑法》第二百三十四条第二款、第二十五条第一款、第十七条第一、二、三款、第三十六条第一款、最高人民法院、最高人民检察院、司法部《关于适用普通程序审理“被告人认罪案件”的若干意见（试行）》第九条、最高人民法院《关于执行〈中华人民共和国刑事诉讼法〉若干问题的解释》第八十六条第（一）、（二）项、第九十四条、第一百条、《中华人民共和国民法通则》第一百零六条第二款、第一百一十九条、最高人民法院《关于审理人身损害赔偿案件适用法律若干问题的解释》第三条第一款、第五条第一款、第十七条第一、二款、第十九条第一款、第二十条第一、二款、第二十一条第一、二款、第二十三条第一款、第二十四条、第二十五条第一款，作出如下判决：

1. 刘某某犯故意伤害罪，判处有期徒刑三年十个月（系因两起重伤故意伤害并罚）。

2. 黄某某犯故意伤害罪，判处有期徒刑三年七个月（系因两起重伤故意伤害并罚）。

3. 魏鸿某犯故意伤害罪，判处有期徒刑三年十个月（系因两起重伤故意伤害并罚）。

4. 魏鸣某犯故意伤害罪，判处有期徒刑三年（系因两起重伤故意伤害并罚）。

5. 刘某某、黄某某、附带民事诉讼被告人侯某某、梁某某应当连带赔偿给附带民事诉讼原告人黄福生各项赔偿款共计 98 579.65 元，若刘某某、黄某某、附带民事诉讼被告人侯某某、梁某某没有财产或者财产不足以支付赔偿款，则不足部分由其各自的法定代理人暨附带民事诉讼被告人承担赔偿责任。

6. 驳回附带民事诉讼原告人黄福生的其他诉讼请求。

（六）二审情况

1. 二审诉辩主张

上诉人黄某某和黄春生诉称：原判认定事实不清，量刑偏重，附带民事诉讼赔偿数额错误，请求二审依法予以改判。

上诉人魏鸿某和魏火成、李幼珠诉称：原判量刑偏重，附带民事诉讼赔偿数额过高，请求二审依法予以改判。

审理中，上诉人申请撤回上诉。

2. 二审事实和证据

福建省厦门市中级人民法院经审理，确认一审法院认定的事实和证据。

3. 二审判案理由

福建省厦门市中级人民法院经审理认为：原判认定刘某某、黄某某、魏鸿某、魏鸣某犯故意伤害罪的事实清楚，证据确实、充分，且定罪准确、量刑适当，审判程序合法。判处上诉人黄某某、魏鸿某及其法定代理人暨附带民事诉讼被告人赔偿被害人的经济损失是正确的。上诉人黄某某、黄春生、魏鸿某、魏火成、李幼珠申请撤回上诉，符合法律规定。

4. 二审定案结论

福建省厦门市中级人民法院依照最高人民法院《关于执行〈中华人民共和国刑事诉讼法〉若干问题的解释》第二百三十九条、第二百四十四条，作出如下裁定：

准许上诉人黄某某、黄春生、魏鸿某、魏火成、李幼珠撤回上诉。

（七）解说

本案争议的法律问题主要有两个：

1. 限制民事行为能力人的监护人能否列为附带民事诉讼被告人

（1）限制民事行为能力人不能独立参加附带民事诉讼。《中华人民共和国民法通则》第十二条规定："十周岁以上的未成年人是限制民事行为能力人，可以进行与他的年龄、智力相适应的民事活动；其他民事活动由他的法定代理人代理，或者征得他的法定代理人的同意。不满十周岁的未成年人是无民事行为能力人，由他的法定代理人代理民事活动。"第十三条规定："不能辨认自己行为的精神病人是无民事行为能力人，由他的法定代理人代理民事活动。不能完全辨认自己行为的精神病人是限制民事行为能力人，可以进行与他的精神健康状况相适应的民事活动；其他民事活动由他的法定代理人代理，或者征得他的法定代理人的同意。"民事行为能力是民事主体独立进行民事活动的资格，分为完全民事行为能力、限制民事行为能力和无民事行为能力三种。公民的诉讼能力是公民进行诉讼的资格，其与民事行为能力具有密切的关系。公民的诉讼能力分为有诉讼能力和无诉讼能力两种。在民事诉讼中，具有完全民事行为能力的人才具有诉讼能力，限制民事行为能力和无民事行为能力的人都无诉讼能力。本案的附带民事诉讼原告人黄福生，以及被告人刘某某、黄某某、魏鸿某、魏鸣某均是不满18岁的未成年人，属于限制民事行为能力人，是无诉讼能力人，均不能独立参加附带民事诉讼。《中华人民共和国民法通则》第十六条第一款规定："未成年人的父母是未成年人的监护人。"该条第二款规定：未成年人的父母已经死亡或者没有监护能力的，依次由①祖父母，外祖父母；②兄、姐；③关系密切的其他亲属或朋友、父母单位和未成年人住所地的居委会、村委会、民政部门担任监护人。最高人民法院《关于贯彻执行〈中华人民共和国民法通则〉若干问题的意见（试行）》第十条规定："监护人的监护职责包括：保护被监护人的身体健康，照顾被监护人的生活，管理和保护被监护人的财产，代理被监护人进行民事活动，对被监护人进行管理和教育，在被监护人合法权益受到侵害或者与人发生争议时，代理其进行诉讼。"由此可见，本案这些未成年当事人均应由各自的监护人作为法定代理人代为参加附带民事诉讼，否则就是无效的诉讼行为。

（2）限制民事行为能力人成为附带民事诉讼被告人时，其监护人也应当一并列为附带民事诉讼被告人。最高人民法院《关于执行〈中华人民共和国刑事诉讼法〉若干问题的解释》第八十六条规定："附带民事诉讼中依法负有赔偿责任的人包括：（一）刑事被告人（公民、法人和其他组织）及没有被追究刑事责任的其他共同致害人；（二）未成年刑事被告人的监护人；（三）已被执行死刑的罪犯的遗产继承人；（四）共同犯罪案件中，案件审结前已死亡的被告人的遗产继承人；（五）其他对刑事被告人的犯罪行为依法应当承担民事赔偿责任的单位和个人。"《中华人民共和国民法通则》第一百三十三条规定："无民事行为能力人、限制民事行为能力人造成他人损害的，由监护人承担民事责任。监护人尽了监护责任的，可以适当减轻他的民事责任。有财产的无民事行为能力人、限制民事行为能力人造成他人损害的，从本人财产中支付赔偿费用。不足部分，有监护人适当赔偿，但单位担任监护人的除外。"因本案的四名刑事被告人均是限制民事行为能力人，其监护人不仅要担任其法定代理人，而且依法应当对其犯罪行为造成的他人损害承担民事赔偿责任。故本案应当将刑事被告人的监护人一并列为法定代理人暨附带民事诉讼被告人，并判令承担民事赔偿责任。

2. 被害人仅起诉部分共同侵权人，侵权责任要如何承担

本案是十余名未成年人共同参与的故意伤害案，被告人刘某某、黄某某、魏鸿某、魏鸣某等一伙人对被害人黄福生的伤害具有主观上的共同故意，是一起典型的共同侵权案件。最高人民法院《关于审理人身损害赔偿案件适用法律若干问题的解释》第三条规定："二人以上共同故意或者共同过失致人损害，或者虽无共同故意、共同过失，但其侵害行为直接结合发生同一损害后果的，构成共同侵权，应当依照民法通则第一百三十条规定承担连带责任。"所以，本案的全体共同侵权人应当一起共同对被害人承担连带赔偿责任。

本案共同侵权人的主体不仅包括被告人刘某某、黄某某、魏鸿某、魏鸣某四人，也包括没有被追究刑事责任的其他共同致害人如侯某某、龚某某、郭某某、梁某某、叶某某、刘立某等。但是被害人仅选择起诉刘某某、黄某某、侯某某、梁某某四人，而且要求判令这四人及其监护人承担其全部民事赔偿责任共计25万余元。侵权民事责任本应由全体侵权人来共同承担，这是为充分保护被害人的合法权益。但是本案被害人放弃了对部分共同侵权人的起诉。让部分侵权人来承担本应由全体共同侵权人承担的民事赔偿责任，这明显有悖公平原则。最高人民法院《关于审理人身损害赔偿案件适用法律若干问题的解释》第五条对此作出了明确规定："赔偿权利人起诉部分共同侵权人的，人民法院应当追加其他共同侵权人作为共同被告。赔偿权利人在诉讼中放弃对部分共同侵权人的诉讼请求的，其他共同侵权人对被放弃诉讼请求的被告应当承担的赔偿份额不承担连带责任。责任范围难以确定的，推定各共同侵权人承担同等责任。人民法院应当将放弃诉讼请求的法律后果告知赔偿权利人，并将放弃诉讼请求的情况在法律文书中叙明。"据此，本案分三个步骤来确定被害人应得的赔偿款项。首先，根据各个共同侵权人在对被害人实施故意伤害过程中的作用大小，确定各个共同侵权人的民事责任比例。其次，查明被害人已经向部分共同侵权人如魏鸿某、魏鸣某等六人取得的赔偿款项数目后，明确告知被害人对没有起诉的共同侵权人是否放弃诉讼和实体赔偿权利及其相应的法律后果。最后，将被害人放弃起诉的共同侵权人所对应的上述已经确定的民事责任比例从民事赔偿款项总额中扣除。这种处理方式对于侵权双方而言是合理的，既让被害人对自己合法权益的维护有了选择的机会，也平衡了侵权责任方的责任分担。

（福建省厦门市湖里区人民法院　宋晋勇）

87. 贺烈勇等故意伤害案
(共同犯罪的附带民事赔偿)

(一) 首部

1. 判决书字号：北京市第二中级人民法院（2009）二中少刑初字第39号。

2. 案由：故意伤害案。

3. 诉讼双方

公诉机关：北京市人民检察院第二分院，代理检察员：孙颖菲。

附带民事诉讼原告人：王祥，男，1965年12月6日出生，汉族，河北张家口人，农民，系被害人王彦军之父。

附带民事诉讼原告人：赵玉平，女，1967年7月8日出生，汉族，河北张家口人，农民，系被害人王彦军之母。

诉讼代理人：魏胜，北京市亚奥律师事务所律师。

被告人：贺烈勇，男，1988年10月3日出生，汉族，四川江油人，农民。因本案于2008年9月4日被逮捕。

辩护人：姜波，四川蜀仁律师事务所律师。

诉讼代理人：宁远广，男，39岁，无业，系被告人贺烈勇之亲属。

被告人：代宇，男，1988年6月15日出生，汉族，四川遂宁人，农民。因本案于2008年9月4日被逮捕。

辩护人：杜海燕，北京市光明律师事务所律师。

被告人：刘小辉，男，1990年1月28日出生，汉族，四川渠县人，农民。因本案于2008年9月4日被逮捕。

指定辩护人：陈雅楠，北京市京鼎律师事务所律师。

被告人：张某某，男，1991年1月23日出生，汉族，河北蔚县人，农民。因本案于2008年9月4日被逮捕。

法定代理人暨附带民事诉讼被告人：张东海，男，43岁，汉族，农民，系张某某之父。

法定代理人暨附带民事诉讼被告人：方枝琴，女，40岁，汉族，农民，系张某某之母。

辩护人：程鹏，北京市开创律师事务所律师。

4. 审级：一审。

5. 审判机关和审判组织

审判机关：北京市第二中级人民法院。

合议庭组成人员：审判长：刘云；代理审判员：王洪波；人民陪审员：雷世贵。

6. 审结时间：2009年3月20日（附带民事诉讼延期审理2个月）。

（二）诉辩主张

1. 公诉机关指控称

四被告人犯故意伤害罪，被告人张某某作案时已满 14 周岁不满 18 周岁，应对其从轻或减轻处罚。

2. 附带民事诉讼原告诉称

要求四被告人赔偿医疗费、法医鉴定费、死亡赔偿金、丧葬费、交通费、住宿费、伙食补助费、误工费共计 549 752.75 元。

3. 被告辩称

（1）被告人贺烈勇对指控的罪名无异议，辩称刘小鑫也持酒瓶打了被害人头部，不是其直接致被害人死亡。

其辩护人的辩护意见为：被害人死亡是多因一果造成，贺烈勇是被纠集参与犯罪，在共同犯罪中起次要作用；其家庭经济困难，仍筹集 5 000 元积极赔偿，请求对其从轻处罚。

贺烈勇表示愿意赔偿附带民事诉讼原告人的经济损失，但现无赔偿能力。

其诉讼代理人的意见为：经济损失认可法院确定的赔偿数额。

（2）被告人代宇对指控的事实及罪名无异议，辩称其纠集他人是受刘小鑫指使。

其辩护人的辩护意见为：代宇打电话叫人是受刘小鑫指使，且其未对被害人王彦军实施暴力，请法庭考虑其年轻，无前科劣迹，对其从轻处罚。

代宇表示愿意赔偿附带民事诉讼原告人的经济损失，但现无赔偿能力。

（3）被告人刘小辉对指控的事实及罪名无异议。

其辩护人的辩护意见为：刘小辉在本案中系从犯，作案后主动向公安机关投案，并如实供述了自己的犯罪事实，应认定其有自首情节；刘小辉系初犯，请依法对其从轻处罚。

刘小辉表示愿意赔偿附带民事诉讼原告人的经济损失，但现无赔偿能力。

（4）被告人张某某对指控的事实及罪名无异议。

其辩护人的辩护意见为：张某某犯罪时尚未成年，且其只踹了被害人韩海林一脚，造成被害人王彦军重伤死亡的后果不是张某某所为，其在共同犯罪中起次要作用，系初犯，主观恶性小，如实交代犯罪事实，认罪态度好，请求对其减轻处罚。

张某某表示愿意赔偿附带民事诉讼原告人的经济损失，但现无赔偿能力。

4. 附带民事诉讼被告答辩称

附带民事诉讼被告人张东海、方枝琴答辩称：愿意赔偿附带民事诉讼原告人的经济损失，但现无赔偿能力。

（三）事实和证据

本案因有未成年人被告人，依法不公开开庭审理，北京市第二中级人民法院经审理查明：2008 年 7 月 27 日零时许，被告人代宇、张某某及刘小鑫（另案处理）等人，在本市朝阳区崔各庄乡崔各庄村一个体餐馆用餐后，因刘小鑫称邻桌用餐的被害人王彦军（男，殁年 19 岁）等人辱骂河北省蔚县人，遂起意报复殴打对方。后代宇纠集被告人贺烈勇、刘小辉并伙同张某某、刘小鑫，于凌晨 2 时许尾随王彦军、韩海林（男，19 岁）等人至朝阳区崔各庄乡崔各庄村255号东侧路边时，贺烈勇持啤酒瓶猛击王彦军头部，后五人又分别持啤酒瓶及用拳脚殴打王彦军、韩海林等人，造成王彦军重度闭合性颅脑损伤，经抢救无效于2008年7月31日死亡；致韩海林轻微伤。被告人贺烈勇、代宇、张某某后分别被查获归案；被告人刘小辉向公安机关投案。被告人贺烈勇、代宇、刘小辉、张某某的上述行为给附带民事诉讼原告人王祥、赵玉平造成医疗费、丧葬费、死亡赔偿金等各项经济损失共计49万余元。

上述事实有下列证据证明：

1. 接受刑事案件登记表、“110”接处警记录、立案决定书证明：韩海林于2008年7月27日电话报案称，其和王彦军等人于该日零时许在崔各庄村口被六七名男子持啤酒瓶殴打，当日14时许，发现王彦军伤情严重并被送往医院。

2. 被害人韩海林的陈述及辨认笔录证明：2008年7月26日22时许，其和王彦军遭到七八个男子的殴打，王彦军头上被打出血，他说是被啤酒瓶打的。其回顺义以后27日13时许拨打110报警。韩海林辨认出刘小辉是案发前出现在其打台球的地方的男子。

3. 证人葛军的证言及辨认笔录证明：其看过2008年7月27日凌晨崔各庄村的监控录像，录像中穿黑色衣服的男子是其店里的打工者张某某。

4. 证人刘祥春（刘小辉之父）的证言证明：刘小辉托其帮他自首的情形。

5. 中国中医科学院望京医院诊断证明书、住院病案证明：王彦军的死亡情形。

6. 北京市公安局法医检验鉴定中心出具的京公法字（2008）第FY0800625-BL289号尸体检验鉴定书结论证明：王彦军符合头部受钝性物体打击致重度闭合性颅脑损伤死亡。

7. 四被告人的人口信息表、户籍材料证明：贺烈勇、代宇、刘小辉、张某某的身份情况。其中，张某某出生于1991年1月23日，作案时17周岁。

8. 被告人贺烈勇的供述及辨认笔录证明：其是接到代宇电话才去往案发地点帮忙打架的，其用啤酒瓶将王彦军打倒在地，其后代宇、刘小鑫、刘小辉、张某某也冲过去殴打了王彦军，其辨认出案发地点和同案人张某某、刘小鑫、刘小辉。

9. 被告人代宇的供述及辨认笔录证明：其用张某某的手机叫到刘小辉和贺烈勇前来帮忙打架，其见到贺烈勇第一个冲上去用酒瓶砸王彦军头部，随后他、张某某、刘小辉也一起打王彦军，打了三四分钟，刘小鑫也过来用脚踹了王彦军。其辨认打架地点和同案人刘小鑫。

10. 被告人刘小辉的供述及辨认笔录证明：代宇打电话将其约到案发地点，到了才知道是要打架。其没有看到刚开始打架的场景，只听到酒瓶碎的声音，后看见对方两人倒地，其踹了其中一人两脚。其辨认出打架地点和同案人刘小鑫、张某某、贺烈勇。

11. 被告人张某某的供述及辨认笔录证明：代宇叫了刘小辉和贺烈勇前往案发地点帮忙打架，其见到贺烈勇先上去用酒瓶打王彦军的后脑勺，王当时就倒在地上，随后刘小鑫也冲过去打王，具体怎么打没有看清。其用脚踹了韩海林，代宇用手和脚打韩，刘小辉怎么打的没看清。其辨认出打架地点和同案人刘小鑫、贺烈勇、代宇、刘小辉。

12. 附带民事诉讼原告人提供了医疗费、鉴定费、交通费、住宿费、误工证明、户籍证明等证据，证明其经济损失。

（四）判案理由

北京市第二中级人民法院经审理认为：被告人贺烈勇、代宇、刘小辉、张某某无视国法，结伙故意伤害他人身体，致一人死亡、一人轻微伤，其行为已构成故意伤害罪，且犯罪情节恶劣，后果严重，均应依法惩处。四被告人系有准备的故意犯罪，被告人贺烈勇虽系被纠集参与犯罪，但其系持酒瓶击打被害人王彦军头部并导致死亡后果的直接责任人；被告人代宇纠集他人实施故意伤害犯罪，二人在共同犯罪中均起主要作用，系主犯；被告人刘小辉、张某某参与故意伤害犯罪，对造成被害人死亡结果起辅助作用，系从犯，且刘小辉作案后主动向公安机关投案，到案后能够如实供述犯罪事实，系自首；被告人张某某犯罪时尚未成年，故对二人依法减轻处罚。刘小辉的辩护人所提刘小辉在本案中系从犯、具有自首情节的辩护意见成立，予以采纳。张某某的辩护人所提张某某犯罪时尚未成年、在本案中系从犯的辩护意见成立，予以采纳。由于四被告人的犯罪行为给附带民事诉讼原告人造成的经济损失，应当依法合理赔偿。因张某某犯罪时尚未成年，其法定代理人暨附带民事诉讼被告人亦应承担赔偿责任。附带民事诉讼原告人所提医疗费、鉴定费、伙食补助费、丧葬费、死亡赔偿金、交通费、住宿费、误工费之诉讼请求合理，予以支持，但所提伙食补助费、交通费、住宿费、误工费数额过高，且过高部分缺乏事实及法律依据，本院酌情予以确定。

（五）定案结论

北京市第二中级人民法院依照《中华人民共和国刑法》第二百三十四条、第五十五条第一款、第五十六条、第五十七条第一款、第二十五条第一款、第二十六条第一、四款、第二十七条、第十七条第一、三款、第六十七条第一款、第六十四条、第三十六条第一款、最高人民法院《关于处理自首和立功具体应用法律若干问题的解释》第一条、《中华人民共和国民法通则》第一百一十九条、第一百三十条、第一百三十三条、最高人民法院《关于审理人身损害赔偿案件适用法律若干问题的解释》第十七条第一、三款、第二十七条、第二十九条，作出如下判决：

1. 贺烈勇犯故意伤害罪，判处无期徒刑，剥夺政治权利终身。
2. 代宇犯故意伤害罪，判处有期徒刑十五年，剥夺政治权利三年。
3. 刘小辉犯故意伤害罪，判处有期徒刑四年。
4. 张某某犯故意伤害罪，判处有期徒刑三年。
5. 贺烈勇、代宇、刘小辉、张某某及其法定代理人暨附带民事诉讼被告人张东海、方枝琴连带赔偿附带民事诉讼原告人王祥、赵玉平医疗费、住院伙食补助费、丧葬费、死亡赔偿金、交通费、住宿费、误工费等各项经济损失共计人民币 494 776 元（已交纳赔偿款 14 000元在案）。

（六）解说

1. 共同犯罪人承担连带责任时是否需划分出份额

司法实践中，对于共同犯罪的被告人承担连带责任时是否需划分出份额，存在一定争议。有的观点认为，被告人的刑事责任与其民事责任是一致的，即刑罚重的其民事责任亦相对较大，刑罚轻的其民事责任相对较小，以此为由支持附带民事被告人的民事赔偿责任以按份承担为基础，以连带承担为保障。[①] 这样的逻辑推导是值得怀疑的。

首先，共同犯罪人的同一行为由于既触犯了刑法又违反了民法的相关规定，因而同时产生了刑事与民事两种责任，但这两种责任在性质上存在根本的不同，应按照刑法与民法的各自规定加以确定，而不能混为一谈。最重要的区别在于共同犯罪产生的刑事责任应遵循罪责自负原则，而共同犯罪行为在民法上评价为共同侵权行为，需承担连带责任。尽管共同犯罪适用部分行为全部责任原则，所有共同犯罪人对整个犯罪结果都负有责任，但是在责任承担上依然是根据每个行为人在共同犯罪中所起的作用大小，分清主犯、从犯、胁从犯，依照刑法规定的处罚原则予以单独处罚，即罪责自负。这意味着共同犯罪中的任何一人都是独立地承担个人的刑事责任。但是连带责任则意味着受害人有权向共同侵权人中的任何一个人或数个人请求赔偿全部损失，而任何一个共同侵权人都有义务向受害人负全部的赔偿责任。共同侵权人并不是作为独立的个体向受害人承担民事赔偿责任的，而是作为一个整体向受害人负担责任。当然，已经承担了全部赔偿责任或承担了超出自己应承担的份额的赔偿责任的共同侵权行为人有权向其他共同侵权行为人追偿其应当承担的份额，他们之间产生追偿之诉。实质上，连带责任将赔偿的风险转化为追偿的风险，即由受害人承担赔偿不能的风险转由侵权行为人承担内部求偿不能的风险。[②] 这无疑有利于充分保护受害人的利益，也是受害人与共同侵权行为人之间利益衡量的结果。

其次，关于"刑事责任与民事责任是一致的"立论基础，忽视了共同犯罪的刑事责任与共同侵权的民事责任的本质区别，一是罪责自负，一是连带责任。另外，这也混淆了共同侵权行为人与受害人之间的连带责任关系和共同侵权行为人之间的责任分担关系。在刑事附带民事诉讼中，法律要求加以解决的是共同侵权行为人与受害人之间的连带责任关系。关于共同侵权行为人之间的责任分担关系，是应与刑事责任的分担相一致，但这是其内部关系，与受害人要求一人或数人承担全部赔偿数额无关，更谈不上后者需以前者为基础，后者是受害人的法定权利。

再次，附带民事诉讼解决的是受害人由于被告人的犯罪行为而遭受物质损失的问题，是受害人和共同犯罪人之间的民事赔偿责任问题。《民法通则》第一百三十条明确规定"二人以上共同侵权造成他人损害的，应当承担连带责任"。连带责任存在于债权人和债务人之间的关系中，而与多数债权人或多数债务人之间的内部关系无关。不论几个连带债务人之间内部分担份额多少，对债权人来说，每个连带债务人都对整个债务负责，任何一个债务人无力清偿其所承担的债务时，他的清偿责任就落到其他债务人身上。[③] 因此，就法理而言，共同犯罪人向受害人承担民事赔偿责任无须以按份责任为基础。否则，这将是对法律赋予受害人的权利进行不当限制。

最后，就实践而言，刑事附带民事案件执行难现象普遍存在，绝大部分案件成为"空判"。有学者指出，在实际执行中，90%的刑事受害人的损害无法得到赔偿。[④] 另外，我国尚未全面建立起较为完善的刑事受害人救助制度，对刑事受害人的保护极其脆弱。在这种现实境况下，如果要求受害人依份额先行分别要求赔偿，在赔偿不能的情况下再要求其他人承

---

① 参见范春明：《共同犯罪附带民事诉讼的几个问题（上）》，载《人民法院报》，2006-04-19，第B04版。

② 参见张铁薇：《共同侵权制度研究》，237页，北京，法律出版社，2007。

③ 参见《中国大百科全书·法学》，73页，北京，中国大百科全书出版社，1984。

④ 参见http://www.lawon.cn/html/20078481242-1.html，2009年5月18日。

担赔偿责任，无疑更是对其不利。因为这样不仅增加受害人求偿的时间和成本，而且面临着有赔偿能力的受害人为逃避负连带责任而转移财产，使受害人得到赔偿的机会更加减少。

实践中，有的法官基于诉讼经济、避免诉累的目的，在判决共同侵权行为人承担连带责任时，进一步划分出内部承担的份额。尽管这种做法的初衷是好的，但是否完全合理合法还有待进一步探讨。一方面，这有超出诉讼请求进行判决之嫌。提起附带民事诉讼的受害人要求加以解决的是他与共同侵权行为人之间的连带责任关系，而共同侵权行为人并未就内部承担份额提起诉讼。另一方面，共同侵权行为人只有实际履行了法律要求的赔偿责任，才能提起追偿之诉，不能在未履行之前提起。另外，对于部分共同犯罪人在逃的案件，对剩下的共同犯罪人判决承担连带责任，并划分内部份额，并不一定符合诉讼经济。因为在逃的犯罪人抓住后，其内部承担的份额肯定需要进行重新划分。即使基于实证研究，共同侵权行为人之间由于份额的划分产生了大量的重复诉讼，需要在判决连带责任的同时对内部份额进行确定，也需要法律进一步作出相关规定，明确这种判决是法院依职权作出的还是需要共同侵权行为人提出相关请求，是否需为共同侵权行为人留下自愿协商的空间，其程序衔接又如何处理等等。另外，共同侵权行为人只对内部赔偿份额提起上诉时，其诉讼地位及权利如何确定，这是否使得刑事附带民事诉讼过度膨胀，反而影响诉讼效率，这一系列问题都值得进一步研究。

因此，在解决共同犯罪中的附带民事责任时，法院只需要确定共同侵权行为人应承担的赔偿总额，并判决由共同侵权行为人承担连带责任。至于每个共同侵权行为人实际如何进行赔偿，这是受害人选择的权利，他可以要求一人或数人承担全部赔偿责任。

本案中，实际参加共同犯罪的有五人，其中一人刘小鑫已另案处理，他仍然应该与本案判决的四人连带赔偿被害人亲属的损失。在这种情形下，法院即使在本案定罪判刑的四人中划分内部赔偿份额也是不准确的，因为共同致害的五人都需承担赔偿责任，法院不可能在未对刘小鑫的犯罪行为进行审理之前预先将其赔偿份额留出，进而确定其余四人的赔偿份额，更不能违背基本事实判决四人承担全部份额。因此，北京市第二中级人民法院依法判决贺烈勇、代宇、刘小辉、张某某及其法定代理人张东海、方枝琴连带赔偿被害人亲属的经济损失，没有划分其内部份额，是正确适当的。其对于共同犯罪案件中附带民事责任的确定，有一定指导意义。

2. 法定代理人的赔偿责任

最高人民法院《关于贯彻执行〈中华人民共和国民法通则〉若干问题的意见（试行）》第一百六十一条规定，侵权行为发生时行为人不满 18 周岁，在诉讼时已满 18 周岁，并有经济能力的，应当承担民事责任；行为人没有经济能力的，应当由原监护人承担民事责任。尽管该意见没有明确规定侵权行为人与其监护人应承担连带责任，但是根据该表述以及下一款“行为人致人损害时年满十八周岁的，应当由本人承担民事责任；没有经济收入的，由抚养人垫付，垫付有困难的，也可以判决或者调解延期给付”的措辞可以推论出侵权行为发生时行为人不满 18 周岁，在诉讼时已满 18 周岁的，行为人与其监护人应承担连带责任。一方面，该意见明确了侵权行为人有经济能力的应当承担民事责任，这意味着侵权行为人在诉讼时已满 18 周岁，就应当在能力范围内对自己的行为负责，不能以其行为时未满 18 周岁作为其不承担赔偿责任的理由。至于是否“有经济能力”的判断，不是一成不变的，侵权行为人随着年龄的增长逐步踏入社会就意味着他在将来是具有经济能力的。另一方面，该意见亦没有免除行为人在诉讼时已满18周岁的情形下监护人的民事责任，否则会同下一款使用“垫付”这个词语。同理，在侵权行为人有一定经济能力但不能完全偿付损失的情形下，监护人依然有责任进行赔偿，即监护人始终需在侵权行为人无法赔付的范围内承担赔偿责任。因此，在侵权行为人有可能具有经济能力但又无法独自偿付的情形下，侵权行为人及其监护人都应该承担损害赔偿责任。由于侵权行为人的经济能力不确定，无法区分侵权行为人与其监护人的赔偿份额，法院判决二者按份赔偿没有可操作性，也没有法律根据支持份额如何划分。所以，法院判决侵权行为人和监护人都承担损害赔偿责任时，规定为连带责任更为合适。

本案中张某某在犯罪时未满18岁，在诉讼时已满18岁，案发时在北京市一美发店打工，有一定经济能力，但显然无法独自承担赔偿责任，法院依法判处其法定代理人张东海、方枝琴承担连带赔偿责任是合乎法律规定的。法院之所以一并判决张某某及其法定代理人均承担连带赔偿责任，是鉴于张某某现在虽然尚无足够的经济能力赔付被害人亲属的损失，但不代表以后其就不具有该能力。如若法院不予判决张某某也承担赔偿责任，将造成即使张某某将来具有了相应的经济能力但被害人亲属也无法主张赔偿的问题。因此，法院的判决妥当，既符合法律规定的精神，也兼顾了变动的社会生活。

（最高人民法院　岳蓓玲　北京市第二中级人民法院　刘云　杨子良）

88. 于永德交通肇事案（刑事附带民事诉讼）

（一）首部

1. 裁判书字号

一审判决书（刑事部分）：北京市大兴区人民法院（2008）大刑初字第270号。

一审判决书（民事部分）：北京市大兴区人民法院（2008）大刑初字第1045号。

二审裁定书：北京市第一中级人民法院（2009）一中刑终字第1032号。

2. 案由：交通肇事案。

3. 诉讼双方

公诉机关：北京市大兴区人民检察院。

被告人：于永德，男，1984年9月6日出生，汉族，初中文化，农民，住河北省冀州市。因本案于2007年9月10日被羁押，同年10月18日被逮捕。

附带民事诉讼原告人：韦世清，男，1954年12月7日出生，壮族，农民，住广西壮族自治区宜州市。系被害人韦宝强之父。

附带民事诉讼原告人：韦桂花，女，1954年5月17日出生，壮族，农民，住广西壮族自治区宜州市。系被害人韦宝强之母。

诉讼代理人：韦凤平，女，1979年3月16日出生，汉族，农民，住江苏省句荣市。系被害人韦宝强之姐。

附带民事诉讼被告（上诉人）：天平汽车保险股份有限公司北京分公司，营业地北京市东城区东直门外大街46号天恒大厦701-703室。

法定代表人：皮闯，天平汽车保险股份有限公司北京分公司总经理。

辩护人：王颖，北京市亦德律师事务所律师。

4. 审级：二审。

5. 审判机关和审判组织

一审法院：北京市大兴区人民法院。

合议庭组成人员：审判长：刘冲；人民陪审员：高俊英、秦东爱。

二审法院：北京市第一中级人民法院。

合议庭组成人员：审判长：杨跃进；代理审判员：王雪枫、李洁。

6. 审结时间

一审审结时间：2009年1月14日。

二审审结时间：2009年4月16日。

（二）一审诉辩主张

1. 附带民事诉讼原告诉称

附带民事诉讼原告人韦世清、韦桂花诉称：2007年9月10日5时，被告人于永德驾驶轻型专业作业车（车号为京GFZ769）由西向东行至大兴区南凤路延寿营口西时，驶入行人道范围内将前方同方向步行的韦宝强撞跌，造成韦宝强受伤、车辆损坏的交通事故。北京市公安局大兴分局交通大队认定于永德负事故的全部责任。经过廊坊市人民医院诊断，韦宝强属重型颅脑损伤，住院抢救期间（2007年9月10日—11月13日）医药费开支巨大，而于永德只支付了人民币28 700元，由于无钱继续住院治疗，被迫于11月13日出院回家休养。另查明，肇事车辆为北京世家伟业食品有限公司所有，且该车购买了“交强险”，承保人为天平汽车保险股份有限公司。于永德受雇于北京世家伟业食品有限公司从事运输工作。2008年1月3日，经广西河池市一品司法鉴定中心鉴定：韦宝强伤残程度为一级，护理依赖程度为一级。2008年7月20日，韦宝强由于伤势严重，医治无效死亡。因此，请求法院判令被告天平汽车保险股份有限公司在保险责任范围内对上述赔偿款项承担赔偿责任。

2. 被告辩称

附带民事诉讼被告天平汽车保险股份有限公司北京分公司辩称：（1）于永德未取得机动驾驶证发生交通事故，根据《机动车交通事故责任强制保险条款》第九条第一款的规定：驾驶人未取得驾驶资格的，发生交通事故造成受害人受伤需要抢救的，保险公司垫付抢救费用，对于其他损失和费用，保险人不负责垫付和赔偿，因此，我方只同意在8 000元限额内垫付抢救费用。（2）保险条款不能对抗第三人的说法不正确，并且在司法实践中各法院严格按照《机动车交通事故责任强制保险条款》判决。

（三）一审事实和证据

北京市大兴区人民法院经公开审理查明：于永德是北京世家伟业食品有限公司的司机，

2007 年 9 月 10 日 5 时，于永德持伪造驾驶证驾驶轻型专业作业车（车号为京 GFZ769）为公司送货，由西向东行至大兴区南凤路延寿营口西时，驶入行人道范围内将前方同方向步行的韦宝强撞出，造成韦宝强重度颅脑损伤，经法医鉴定为重伤。北京市公安局大兴分局交通大队认定于永德负事故的全部责任。

另查明，于永德受雇于北京世家伟业食品有限公司从事运输工作，但未取得机动车驾驶证，其在公司送货过程中发生了此次交通事故。北京世家伟业食品有限公司于事发前，在天平汽车保险股份有限公司为肇事车投保了交通事故责任强制保险，医疗费责任限额为 8 000 元，伤残死亡赔偿责任限额为 50 000 元。

上述事实有下列证据证明：

韦宝强的医疗费、护理费、伤残鉴定费等票据、广西壮族自治区宜州市公安局洛西派出所出具的韦宝强户口注销证明、死亡情况证明、宜州市洛西镇祥北村村委会出具的情况说明等。

（四）一审判案理由

北京市大兴区人民法院经审理认为：于永德在未取得合法驾驶资格的情况下，违反道路交通安全法，发生致一人重伤后死亡的交通事故，对事故负全部责任。附带民事诉讼被告天平汽车保险股份有限公司北京分公司作为肇事车辆的保险人，应在交通事故责任强制保险的责任限额内对附带民事诉讼原告人进行赔偿。附带民事诉讼被告天平汽车保险股份有限公司北京分公司代理人关于被告人于永德无照驾车，只垫付抢救费用，对于其他损失和费用，不负责垫付和赔偿的辩护意见，虽来自交强险合同的条款，但其与《中华人民共和国道路交通安全法》第七十六条第一款规定确定的赔偿原则不符，本院不予采纳。

（五）一审定案结论

北京市大兴区人民法院依照《中华人民共和国刑法》第一百三十三条和《中华人民共和国道路交通安全法》第七十六条，作出如下判决：

1. 于永德犯交通肇事罪，判处有期徒刑二年。

2. 天平汽车保险股份有限公司北京分公司赔偿韦世清、韦桂花经济损失人民币 58 000元。

（六）二审情况

1. 二审诉辩主张

上诉人天平汽车保险股份有限公司北京分公司诉称：于永德未取得机动车驾驶证发生交通事故，根据《机动车交通事故责任强制保险条款》第九条第一款的规定，驾驶人未取得驾驶资格的，发生交通事故造成受害人受伤需要抢救的，保险公司垫付抢救费用，对于其他损失和费用，保险人不负责垫付和赔偿，因此，只同意在 8 000 元限额内垫付抢救费用。请求二审法院依法改判。

原审附带民事诉讼原告人的诉讼代理人韦凤平辩称：同意一审法院判决。

2. 二审事实和证据

北京市第一中级人民法院经审理，确认一审法院认定的事实和证据。

3. 二审判案理由

北京市第一中级人民法院经审理认为：于永德在未取得合法驾驶资格的情况下，违反道路交通安全法，发生致一人重伤后死亡的交通事故，对事故负全部责任。附带民事诉讼被告天平汽车保险股份有限公司北京分公司作为肇事车辆的保险人，应在机动车第三者责任强制保险责任限额内对附带民事诉讼原告人进行赔偿。对于上诉人上诉所提于永德未取得机动车驾驶证发生交通事故，根据《机动车交通事故责任强制保险条款》第九条第一款的规定，驾驶人未取得驾驶资格的，发生交通事故造成受害人受伤需要抢救的，保险公司垫付抢救费用，对于其他损失和费用，保险人不负责垫付和赔偿，因此，只同意在 8 000 元限额内垫付抢救费用，请求二审法院依法改判的上诉理由，经查，《机动车交通事故责任强制保险条款》第九条第一款的规定与《中华人民共和国道路交通安全法》第十七条、第七十六条第一款及《机动车交通事故责任强制保险条例》第二十一条、第二十二条、第二十三条的规定不符，上诉人应在死亡伤残赔偿限额、医疗费用赔偿限额范围内对附带民事诉讼原告人进行赔偿。上诉人的上诉理由无事实及法律根据，本院不予采纳。一审法院根据附带民事诉讼原告人遭受的实际经济损失及国家相关法律、法规的规定，判决附带民事赔偿数额合理，审判程序合法，应予维持。

4. 二审定案结论

北京市第一中级人民法院依照《中华人民共和国刑事诉讼法》第一百八十九条第（一）项，作出如下裁定：

驳回上诉，维持原判。

（七）解说

1. 保险公司能否作为本案附带民事诉讼被告人？

一种意见认为：《刑事诉讼法》第七十七条规定："被害人由于被告人的犯罪行为而遭受物质损失的，在刑事诉讼过程中，有权提起附带民事诉讼。"根据这条规定，附带民事诉讼被告人的范围只限于刑事被告人，保险公司不能作为附带民事诉讼被告人。

另一种意见认为：最高人民法院《关于执行〈中华人民共和国刑事诉讼法〉若干问题的解释》第八十六条规定："附带民事诉讼中依法负有赔偿责任的人包括：（一）刑事被告人（公民、法人和其他组织）及没有被追究刑事责任的其他共同致害人；（二）未成年刑事被告人的监护人；（三）已被执行死刑的罪犯的遗产继承人；（四）共同犯罪案件中，案件审结前已死亡的被告人的遗产继承人；（五）其他对刑事被告人的犯罪行为依法应当承担民事赔偿责任的单位和个人。"根据该条的规定，附带民事诉讼被告人不只限于刑事被告人，附带民事诉讼不仅包括侵权法律关系，还应包括其他雇佣法律关系、代理法律关系、隶属法律关系、合伙法律关系、管理法律关系、继承法律关系等所产生的民事赔偿责任。因此保险公司可以作为附带民事诉讼被告人。

我们同意第二种意见，根据《道路交通安全法》第十七条和第七十六条的规定，机动车第三者责任保险属强制保险。这种保险是由法律直接规定的，机动车所有人或者使用人都必须投保的保险，不是当事人自愿购买的保险。这种保险除具有法定性外，还有以下特点：保险的目的不仅是为了使被保险人通过分散风险解脱其部分赔偿责任，更主要是为了填补受害人的损害，使其得到快捷、基本的赔偿，具有显著的公益性；保险人不得拒绝接受投保，而且不应以追求利润为经营目标；保险费、保险金额等并非完全由当事人协商，而是由国家有关部门作出规定。所以，《道路交通安全法》所称的"机动车第三者责任强制保险"不是一般的商业保险中的第三者责任保险，机动车交通事故的受害人与保险人之间既不存在合同关系，也不存在侵权损害赔偿关系，按照《道路交通安全法》第七十六条的规定，在实施"机动车交通事故责任强制保险"前提下，受害人应享有直接请求保险人赔偿的权利，这种权利是法定的。因此，第三者强制险的保险公司属于上述解释第八十六条第（五）项规定的"其他对刑事被告人的犯罪行为依法应当承担民事赔偿责任的单位和个人"。受害第三者享有向肇事机动车车主投保的保险公司要求支付赔偿金的权利。受害第三者向保险公司提起附带民事诉讼，法院应当受理。

2. 肇事机动车驾驶者无证驾驶，保险公司应否在机动车第三者责任保险限额内承担赔偿责任？

保险公司承担的是法定责任非合同责任，合同约定不能成为免责依据。如前所述，在道路交通事故赔偿纠纷案中，作为肇事机动车第三者责任险承保人的保险公司在履行其赔偿义务时，是依据《道路交通安全法》第七十六条所确定的赔偿义务进行的赔偿，其属于法定义务，意在弥补因加害人的赔偿能力不足、拒绝赔偿、肇事后逃逸、赔偿滞后等原因可能出现的受害人求偿不能或不能充分求偿的客观风险而作出的法定救济。因此，第三者险是确保因被保险人的致害行为而受害的第三人能够得到切实有效的赔偿，即为被保险人以外的第三人的利益而存在。因而除了法律规定的免责事项，保险人和被保险人在保险合同中约定的免责事由对被害人不具有约束力，根据《道路交通安全法》第七十六条的规定，保险人的责任限于"责任限额"范围。《机动车交通事故责任强制保险条例》第二十一条、第二十二条对保险公司的责任范围及免责作了明确规定，即："道路交通事故的损失是由受害人故意造成的，保险公司不予赔偿。"因而就强制保险而言，保险人的免责事由依《机动车交通事故责任强制保险条例》而非保险合同确定。《机动车交通事故责任强制保险条款》是中国保险行业协会制定的，报国务院下属机构保监会批复同意的条款。《机动车交通事故责任强制保险条款》第九条规定：在对于驾驶人未取得驾驶资格的；驾驶人醉酒的；被保险机动车被盗抢期间肇事的；被保险人故意制造交通事故的情形下发生交通事故，保险人在医疗费用赔偿限额内对抢救费用垫付，并有权向致害人追偿。对于其他损失和费用，保险人不负责垫付和赔偿。这一条款显然与国务院《机动车交通事故责任强制保险条例》第二十二条相悖，后者规定，只是对上述情况造成受害人财产损失的，保险公司不承担赔偿责任。而交强险的责任限额分为死亡伤残赔偿限额、医疗费用赔偿限额、财产损失赔偿限额以及被保险人在道路交通事故中无责任的赔偿限额，因此对死亡伤残赔偿、医疗费用赔偿没有作除外规定。而《机动车交通事故责任强制保险条款》自行对医疗费用赔偿以外的赔偿作出除外规定没有法律依据，违背了国家设立交强险的初衷。一审法院根据交强险赔偿限额判决天平汽车保险股份有限公司北京分公司数额合理，应予维持。

（北京市第一中级人民法院　王雪枫）

89. 陈昌弟交通肇事案（刑事附带民事诉讼）

（一）首部

1. 裁判书字号

一审判决书：福建省福鼎市人民法院（2009）鼎刑初字第 75 号。

二审裁定书：福建省宁德市中级人民法院（2009）宁刑终字第 195 号。

2. 案由：交通肇事人身损害赔偿案。

3. 诉讼双方

公诉机关：福建省福鼎市人民检察院，代理检察员：林翼。

附带民事诉讼原告人（上诉人）：张春英，女，1955 年 3 月 13 日出生，汉族，系被害人陈孝池之妻。

附带民事诉讼原告人（上诉人）：陈丽娟，女，1980 年 12 月 28 日出生，汉族，系被害人陈孝池之女。

附带民事诉讼原告人（上诉人）：陈健，男，1983 年 2 月 3 日出生，汉族，系被害人陈孝池之子。

诉讼代理人：陈阿亮，福建鹏远律师事务所律师，系附带民事诉讼原告人张春英、陈丽娟、陈健共同的诉讼代理人。

附带民事诉讼原告人：陈春水，男，1950 年 5 月 6 日出生，汉族，系本案被害人。

诉讼代理人：张明进，福建鹏远律师事务所律师。

附带民事诉讼原告人：韦大学，男，1973 年 1 月 6 日出生，汉族，系本案被害人。

附带民事诉讼原告人：吴可存，男，1959 年 9 月 30 日出生，汉族，系本案被害人。

诉讼代理人：叶怀宝，福建建达律师事务所律师，系附带民事诉讼原告人韦大学、吴可存共同的诉讼代理人。

被告人：陈昌弟，男，1970 年 2 月 5 日出生，汉族。2009 年 1 月 8 日因本案被逮捕。

辩护人暨附带民事诉讼代理人：陈宝玉，福建鼎平律师事务所律师。

附带民事诉讼被告：福建华星建设工程有限公司。

法定代表人：梅传瑶，福建华星建设工程有限公司董事长。

附带民事诉讼被告人：周文金，男，1960 年 8 月 1 日出生，汉族。

诉讼代理人：张图，福建建达律师事务所律师，系附带民事诉讼被告人福建华星建设工程有限公司、周文金共同的诉讼代理人。

附带民事诉讼被告人：林秋生，男，1965 年 6 月 5 日出生，汉族。

诉讼代理人：连国和、施继进，福建鹏远律师事务所律师。

4. 审级：二审。

5. 审判机关和审判组织

一审法院：福建省福鼎市人民法院。

合议庭组成人员：审判长：郑雄；审判员：戴传保、陈余生。

二审法院：福建省宁德市中级人民法院。

合议庭组成人员：审判长：谢勇；审判员：朱豪侠；代理审判员：黄传明。

6. 审结时间

一审审结时间：2009 年 10 月 27 日。

二审审结时间：2009 年 12 月 18 日。

（二）一审诉辩主张

1. 公诉机关指控称

2008 年 12 月 2 日上午，被告人陈昌弟未依法取得机动车驾驶证驾驶无牌变形拖拉机，由福鼎市沙埕镇南镇村开往岙腰村，途中车辆碾压路面堆放的石子堆后，坠入路外悬崖下，造成车辆损坏、陈孝池当场死亡、陈春水重伤以及吴可存、韦大学、王本福、王定招等人受伤的交通事故。陈昌弟负本起事故的主要责任。被告人陈昌弟的行为应以交通肇事罪追究其刑事责任。

2. 附带民事诉讼原告诉称

（1）附带民事诉讼原告人张春英、陈丽娟、陈健诉请判令被告人及附带民事诉讼被告人连带赔偿经济损失共计 431 351 元。

（2）附带民事诉讼原告人陈春水诉请判令被告人及附带民事诉讼被告人连带赔偿经济损失共计 96 627.3 元。

（3）附带民事诉讼原告人韦大学诉请判令被告人及附带民事诉讼被告人连带赔偿经济损失共计 91 015.64 元。

（4）附带民事诉讼原告人吴可存诉请判令被告人及附带民事诉讼被告人连带赔偿经济损失共计 21 073.6 元。

3. 被告辩称

（1）被告人陈昌弟辩称，被害人有一定过错，可减轻其民事赔偿责任。

（2）附带民事诉讼被告福建华星建设工程有限公司及周文金辩称，其不应承担连带赔偿责任，林秋生是堆石子的实际施工人员，应承担赔偿责任，被害人有一定过错。

（3）附带民事诉讼被告人林秋生辩称，本案责任主体是公司和承包人周文金，其不存在间接过失，应驳回附带民事诉讼原告人对其提出的诉讼请求。

（三）一审事实和证据

福鼎市人民法院经公开审理查明：2008 年 12 月 2 日上午，被告人陈昌弟与被害人陈孝池、陈春水、韦大学、吴可存等人在福鼎市沙埕镇政府修建的南镇村方向公路施工后乘坐未依法取得机动车驾驶证的被告人陈昌弟驾驶的无牌变形拖拉机，从沙埕镇南镇村开往沙埕镇岙腰村钓澳方向，行经由福建华星建设工程有限公司向福鼎市沙埕南龙海防公路工程建设指挥部承包并转包给周文金并由林秋生具体操作施工的沙埕南龙海防公路南镇村至岙腰村路段，碾压施工竣工验收后尚遗留堆放的石子堆后，坠入前方右路外悬崖下，造成车辆损坏，被害人陈孝池当场死亡，被害人陈春水重伤，被害人吴可存、韦大学、王本福、王定招等人受伤的交通事故。经福鼎市公安局交通警察大队责任认定，陈昌弟负本起事故的主要责任，福建华星建设工程有限公司违反了《中华人民共和国道路交通安全法》第三十二条第二款的规定，负本起事故的次要责任。附带民事诉讼原告人张春英、陈丽娟、陈健因被害人陈孝池死亡造成的经济损失有：死亡赔偿金 359 220 元、丧葬费 12 851 元、交通费 800 元，共计 372 871元。附带民事诉讼原告人陈春水因受伤造成的经济损失有：医疗费 16 645.74 元、残疾赔偿金 49 568.56 元、法医鉴定费 150 元、伤残鉴定费 1 200 元、交通费 300 元、营养费 5 000元、误工费 5 612 元、护理费 4 600 元，共计 83 076.30 元。附带民事诉讼原告人韦大学因受伤造成的经济损失有：医疗费 2 386.84 元、鉴定费 850 元、交通费 430 元、残疾赔偿金 12 392.14 元，共计 16 058.98 元。附带民事诉讼原告人吴可存因受伤造成的经济损失有：医疗费 2 695.65 元、鉴定费 150 元、交通费 287 元，共计 3 132.65 元。案发后，附带民事诉讼被告人林秋生已支付 57 000 元。

上述事实有下列证据证明：

1. 被害人陈春水、韦大学、吴可存的陈述证实，案发当天，他们等人在沙埕镇南镇村的工地干完活后，乘坐陈昌弟驾驶的拖拉机回钓澳吃午饭，途中发生交通事故。陈春水的陈述还证实该公路是周文金负责建设，工程队是林秋生当工头；韦大学的陈述还证实其是林秋生叫去做工并付给工资；吴可存的陈述亦证实林秋生付其工资。

2. 证人郑秀锦、王本福、林德良的证言证实，案发当天中午收工时乘坐陈昌弟驾驶的拖拉机，从南镇工地回钓澳吃午饭，途中发生交通事故；并证实他们是向林秋生拿工资。王本福、林德良的证言还证实，他们是林秋生叫去做工，做工的工地是周文金承包的。

3. 证人周文金的证言证实，沙埕镇南镇往龙安的水泥路由其承建，林秋生是其叫来负责水泥路面施工的，是口头协议由林秋生承包，人员雇用、设备提供等均由林秋生自理。林秋生做完一段路面其便支付相关费用，林秋生手下工人工资由林秋生支付。发生事故的路段在事故发生前已完成施工作业，并已于 2008 年 11 月通过验收。

4. 证人林秋生的证言证实，案发当天乘坐肇事车辆的人是其叫来给周文金做工的，准备去钓澳吃午饭，做工工具是其提供，肇事车辆是陈昌弟从其处购得。

5. 被告人陈昌弟的供述证实，案发当天上午，其与陈孝池、陈春水、韦大学、吴可存等人在沙埕镇南镇村修路下班后，陈孝池等人乘坐其驾驶的无牌拖拉机准备回岙腰村钓澳吃午饭，途中碾压路面的石子堆后翻车，导致陈孝池死亡、陈春水等人受伤；其没有驾驶证，肇事车辆是其向林秋生购得。

6. 附带民事诉讼原告人张春英、陈丽娟、陈健在一审庭审中的陈述，承认案发后从林秋生处收到赔偿款 5 万元；附带民事诉讼原告人陈春水在一审庭审中的陈述，承认案发后从林秋生处收到赔偿款 7 000 元。

7. 现场勘查笔录、现场示意图、现场照片证实案发现场情况。

8. 福鼎市公安局法医学尸体检验鉴定书、法医学人体损伤程度鉴定书证实，被害人陈孝池因本起交通事故死亡，以及被害人陈春水、韦大学、吴可存、王定招的伤情。

9. 福鼎市医院疾病证明书、病历证实，被害人陈春水、韦大学、吴可存等人的伤情及治疗情况。

10. 福鼎市公安局交通警察大队交通事故认定书证实，陈昌弟负本起事故的主要责任，福建华星建设工程有限公司负本起事故的次要责任。

11. 福建闽宁司法鉴定所车辆鉴定检验报告书证实，肇事车辆不符合技术规范。

12. 机动车驾驶证查询结果证实，陈昌弟未依法取得机动车驾驶证。

13. 协议书证实，福建华星建设工程有限公司向福鼎市沙埕南龙海防公路工程建设指挥部承包福鼎市南镇至龙安计10千米长的海防公路工程。

14. 福建华星建设工程有限公司劳务承包责任书证实，福建华星建设工程有限公司将南镇至龙安海防公路工程转包给周文金。

15. 福建省交通工程质监站宁德分站福鼎质监所一般农村公路工程竣工验收鉴定书证实，发生本起交通事故的路段在事故发生前已通过竣工验收鉴定，被评为合格工程。

16. 收条证实，林秋生向周文金领取南龙公路工程工资款的情况。

17. 医疗费票据、交通费票据、鉴定费票据证实，附带民事诉讼原告人花费医疗费、交通费、鉴定费的数额。

18. 福鼎市秦屿农场出具的证明、福鼎市社会劳动保险管理中心出具的证明、国有土地使用权证、职工养老保险手册证实，陈孝池生前属城镇居民。

19. 户籍证明、身份证证实，被害人、附带民事诉讼原告人的身份、彼此关系以及被告人的身份情况。

（四）一审判案理由

福鼎市人民法院经审理认为：被告人陈昌弟的行为已构成交通肇事罪。被告人陈昌弟交通肇事的行为给被害人造成损失，应当赔偿。附带民事诉讼被告人福建华星建设工程有限公司、周文金、林秋生对竣工后公路路面遗留的石子堆未及时清除，为本起交通肇事提供了条件，亦应当对被害人的损害结果承担相应的赔偿责任。被害方明知被告人陈昌弟无证驾驶而搭乘，且属好意同乘，应自行承担相应的民事责任。被告人陈昌弟应承担60%民事赔偿责任，附带民事诉讼被告人福建华星建设工程有限公司、周文金、林秋生连带承担30%民事赔偿责任，被害方自己承担10%民事责任。

（五）一审定案结论

福鼎市人民法院依照《中华人民共和国刑法》第一百三十三条、第三十六条第一款、《中华人民共和国民法通则》第一百一十九条、最高人民法院《关于审理人身损害赔偿案件适用法律若干问题的解释》第三条、第十七条，作出如下判决：

1. 陈昌弟犯交通肇事罪，判处有期徒刑一年二个月。

2. 陈昌弟按60%承担民事赔偿责任，在判决生效之日起一个月内支付给附带民事诉讼原告人张春英、陈丽娟、陈健人民币223 722.60元，支付给附带民事诉讼原告人陈春水人民币49 845.70元，支付给附带民事诉讼原告人韦大学人民币9 635.38元，支付给附带民事诉讼原告人吴可存人民币1 879.59元。

3. 附带民事诉讼被告福建华星建设工程有限公司、周文金、林秋生按30%连带承担民事赔偿责任，在判决生效之日起一个月内支付给附带民事诉讼原告人张春英、陈丽娟、陈健人民币111 861.30元（未扣除已支付的5万元），支付给附带民事诉讼原告人陈春水人民币

24 922.89 元（未扣除已支付的 7 000 元），支付给附带民事诉讼原告人韦大学人民币 4 817.69 元，支付给附带民事诉讼原告人吴可存人民币 940 元。

（六）二审情况

1. 二审诉辩主张

上诉人张春英、陈丽娟、陈健上诉称其误工费 3 000 元、精神损害抚慰金 5 万元、交通费4 280元三项诉讼请求应得到支持；原判认定发生事故的路段由林秋生具体操作施工没有任何依据；认定发生事故的路段在事故发生前已通过竣工验收不符合事实；陈昌弟违规驾车行为与福建华星建设工程有限公司、周文金等人遗留石子堆行为构成共同侵权，依法应承担连带责任。请求依法改判陈昌弟、福建华星建设工程有限公司共同连带赔偿其经济损失共计429 351元，周文金对福建华星建设工程有限公司的赔偿款承担连带赔偿责任。

其诉讼代理人的代理意见是：被害人陈孝池死亡的发生地点系施工现场而非“道路”，原判认定为交通肇事有误，本案属雇员在从事雇佣活动中因安全生产事故遭受人身损害的情形，应由发包人福鼎市沙埕南龙海防公路工程建设指挥部、承包人福建华星建设工程有限公司、分包人周文金、雇主林秋生承担连带赔偿责任；陈昌弟系林秋生的雇员，陈昌弟运送陈孝池等人回钓澳的行为属从事雇佣活动的行为，产生的法律后果应由雇主林秋生承担，陈昌弟负连带赔偿责任。

2. 二审事实和证据

宁德市中级人民法院经审理，确认一审法院认定的事实和证据。

3. 二审判案理由

宁德市中级人民法院经审理认为：原审被告人陈昌弟违反交通运输管理法规，无证驾驶不符合技术规范的无牌拖拉机，发生交通事故致一人死亡、一人重伤，且负事故的主要责任，其行为已构成交通肇事罪。原审被告人陈昌弟的犯罪行为造成上诉人张春英、陈丽娟、陈健及原审附带民事诉讼原告人陈春水、韦大学、吴可存经济损失的合理部分，应当赔偿。原审附带民事诉讼被告人福建华星建设工程有限公司、周文金、林秋生对竣工后公路路面遗留的石子堆未及时清除，为本起交通事故的发生提供了条件，应当对损害后果承担相应的赔偿责任。被害方明知是无牌货运车辆而搭乘，有一定过错，应自行承担相应的民事责任。原判认定事实清楚，确定承担赔偿责任的主体、比例、方式及赔偿数额均无不当。上诉人张春英、陈丽娟、陈健及其诉讼代理人的上诉理由及代理意见均不予采纳。

4. 二审定案结论

宁德市中级人民法院依照《中华人民共和国民事诉讼法》第一百五十三条第一款第（一）项的规定，作出如下裁定：

驳回上诉，维持原判。

（七）解说

这是一起看似普通的交通肇事案件，但由于牵涉的当事人人数众多，涉及多种法律关系，因而确定本案的人身损害赔偿责任较为复杂。

1. 如何对被告人陈昌弟的行为正确定性。

此认定关系到各当事人之间不同的民事法律关系及责任承担。本案双方当事人争议焦点之一就是被告人陈昌弟的行为是构成交通肇事罪还是重大责任事故罪。交通肇事罪是指违反交通管理法规，因而发生重大事故，致人重伤、死亡或者使公私财产遭受重大损失的行为。重大责任事故罪是指在生产、作业中违反有关安全管理的规定，或者强令工人违章冒险作业，因而发生重大伤亡事故或者造成其他严重后果的行为。要对被告人陈昌弟的行为正确定性，关键是要查明本起事故是发生于道路还是生产、作业中，以及被告人陈昌弟的行为违反的是何种法规、规定。现有证据表明，发生本起交通事故的路段在事故发生前已通过竣工验收鉴定，被评为合格工程。被告人陈昌弟无证驾驶不符合技术规范的无牌拖拉机，发生交通事故致人死伤，其行为违反的是交通运输管理法规而非有关安全管理的规定，事故发生于道路而非发生于生产、作业中，故应认定为交通肇事。

2. 被告人陈昌弟的行为是否属“从事雇佣活动”。

根据最高人民法院《关于审理人身损害赔偿案件适用法律若干问题的解释》第九条第二款的规定，“从事雇佣活动”是指从事雇主授权或者指示范围内的生产经营活动或者其他劳务活动。雇员的行为超出授权范围，但其表现形式是履行职务或者与履行职务有内在联系的，应当认定为“从事雇佣活动”。认定某个行为是否属于“从事雇佣活动”，可以综合审查以下内容进行判断：(1) 行为是否具有已形成雇佣关系的前提，是否与受雇范围相一致或相关联，是否存在超越职责范围等情况；(2) 行为是否发生在履行职责的时间、地点范围内；(3) 是否以雇主名义；(4) 从事雇佣活动的行为其目的是否为完成受雇活动，履行职责。本案被告人陈昌弟在施工结束后搭载被害人陈孝池、陈春水、韦大学、吴可存等人并非经雇主授权或者指派，肇事车辆亦非雇主所有而属被告人陈昌弟所有，被告人陈昌弟搭载被害人等人的行为并非履行职务，与施工这一职务行为没有内在联系，系其个人行为，不属从事雇佣活动。

3. 本案中交通肇事行为与在路面堆放石子的行为这两个侵权行为的关系及相关侵权人的责任承担。

根据本案事实，对于所造成的人身损害后果，交通事故的肇事者及堆放石子的相关责任人均有过错和侵害行为，但二者没有共同故意或者共同过失，不构成共同侵权。因此要进一步判定二者实施的侵害行为的结合方式，若是“直接结合”则适用连带责任，若是“间接结合”则适用按份责任。本案伤亡后果的发生，是由于被告人陈昌弟的违规驾驶、施工方的非法侵占道路、被害人明知是无牌货运车辆仍然乘坐的过失等原因行为，共同作用所致。这些分别实施的数个行为，不是同时发生，而是连续发生，偶然竞合，在时空上形成关联的进程，共同作用，产生了同一损害后果，且某一单独行为并不必然导致损害结果的发生，仅是创造了条件，所以应该属于“间接结合”，而非“直接结合”。因此，应适用最高人民法院《关于审理人身损害赔偿案件适用法律若干问题的解释》第三条第二款的规定，根据过失大小、原因力比例各自承担相应的赔偿责任。综上，一、二审法院确定本案民事赔偿责任符合法律、司法解释及法理，对本案处理正确。

（福建省宁德市中级人民法院　黄传明）

90. 杨长军过失致人死亡案
（刑事附带民事诉讼）

（一）首部

1. 判决书字号：江苏省宝应县人民法院（2009）宝刑初字第230号。

2. 案由：过失致人死亡案。

3. 诉讼双方

公诉机关：江苏省宝应县人民检察院，检察员：葛海滨。

附带民事诉讼原告人：夷桂芳、梁爱娟、梁爱华，分别系被害人梁正的妻子、女儿和儿子。

诉讼代理人：梁莲花，江苏擎天柱律师事务所宝应分所律师。

被告人：杨长军，男，1977年6月18日出生于江苏省建湖县，住江苏省建湖县庆丰镇。因本案于2009年5月22日被刑事拘留，同年6月2日被逮捕。

辩护人：高登军，江苏盐城一枝笔律师事务所律师。

附带民事诉讼被告：无锡市滨湖区泰康汽车运输队（以下简称泰康车队）。

附带民事诉讼被告：天安保险股份有限公司无锡市锡山支公司（以下简称锡山保险公司）。

诉讼代理人：王荣勤，锡山保险公司员工。

4. 审级：一审。

5. 审判机关和审判组织

审判机关：江苏省宝应县人民法院。

合议庭组成人员：审判长：刁品源；审判员：王向红；人民陪审员：张文峰。

6. 审结时间：2009年9月30日。

（二）诉辩主张

1. 公诉机关指控称

2009年5月21日10时许，被告人杨长军驾驶车牌号为苏B16826解放牌货车送货至宝应县西安丰镇，雇请被害人梁正等人卸货。后被告人杨长军到该镇信用社欲取钱付梁正等人的劳务报酬，因银行卡缺损取款不成，被告人杨长军遂驾驶货车准备离开，被害人梁正拽住货车右侧车门拦车索要报酬，被告人杨长军慢速行驶没有停车，致被害人梁正不慎跌倒受伤，经抢救无效死亡。法医鉴定后认定：梁正系遭受车辆损伤后右股骨上段骨折，右胫腓骨开放性粉碎性骨折致创伤性休克死亡。

2. 附带民事诉讼原告诉称

被告人杨长军的行为给三附带民事诉讼原告人造成的经济损失有死亡赔偿金、丧葬费、被扶养人生活费等合计198 493元。由于肇事车辆苏B16826解放牌货车挂靠于附带民事诉讼被告人泰康车队，该车已向附带民事诉讼被告人锡山保险公司投保了强制责任保险，故请求判令先由锡山保险公司在交强险范围内承担赔偿责任，超出部分由被告人杨长军与泰康车队互负连带赔偿责任。

3. 被告辩称

被告人杨长军对公诉机关指控的犯罪事实、罪名、法律适用无异议，对三附带民事诉讼原告人提出的诉讼请求亦无异议。

4. 附带民事诉讼被告辩称

附带民事诉讼被告泰康车队辩称，肇事车辆苏 B16826 解放牌货车系被告人杨长军所有，挂靠在我单位，按挂靠合同约定，该挂靠车辆在经营过程中所有的风险及其民事赔偿责任均由杨长军自行承担；肇事车辆已投保了交强险，应首先由锡山保险公司在交强险范围内承担赔偿责任。

附带民事诉讼被告锡山保险公司辩称，肇事车辆在我公司投保交强险是事实。但本案是由于被告人杨长军过失致人死亡犯罪而不是交通肇事而引起，且交警部门对本案未出具事故责任认定书。因此，依照《机动车交通事故责任强制保险条例》（以下简称《强制保险条例》）的规定，我公司不应承担交强险的赔偿责任，请求驳回三附带民事诉讼原告人的诉讼请求。

（三）事实和证据

宝应县人民法院经公开审理查明：2009 年 5 月 21 日 10 时许，被告人杨长军驾驶车牌号为苏 B16826 解放牌货车运送水晶材料至宝应县西安丰镇，雇请被害人梁正（男，1954 年 8 月 19 日生）等人帮忙卸货。因长途运输致货物出现破损，被告人杨长军未能从收货方得到运费。被告人杨长军来到该镇信用社欲取钱付梁正等人的劳务报酬，后因银行卡缺损取款不成，被告人杨长军遂驾驶货车准备离开，被害人梁正拽住货车右侧车门拦车索要报酬，被告人杨长军慢速行驶没有停车，致被害人梁正不慎跌倒，其右腿被货车右后轮碾压受伤，经抢救无效死亡。宝应县公安局法医学尸体检验鉴定书认定：梁正系遭受车辆损伤后右股骨上段骨折，右胫腓骨开放性粉碎性骨折致创伤性休克死亡。案发后，被告人杨长军主动向公安机关投案，并如实供述了犯罪事实。

另查明，肇事车辆苏 B16826 解放牌货车属被告人杨长军所有，挂靠于泰康车队从事营运。2009 年 5 月 6 日被告人杨长军就苏 B16826 解放牌货车向锡山保险公司投保机动车强制保险，保险期限自 2009 年 5 月 10 日起至 2010 年 5 月 9 日止。

本案在诉讼期间，被告人杨长军经与三附带民事诉讼原告人协议，就被害人梁正死亡产生的经济损失人民币 198 493 元，在强制保险责任限额 110 000 元的范围以外，已自愿赔偿三附带民事诉讼原告人损失合计 88 493 元（其中以苏 B16826 解放牌货车折价为 40 000 元），并补偿了精神抚慰金人民币 69 507 元，三附带民事诉讼原告人予以接受并对被告人杨长军表示谅解。

上述事实有下列证据证明：

1. 被告人杨长军供述，证实其供认在 2009 年 5 月 21 日 10 时许为逃避支付报酬而强行发动货车，致梁正从车上跌倒受伤并致死亡的事实。

2. 证人孙正健等人证言，证实被告人杨长军强行发动货车致被害人死亡的事实。

3. 宝应县公安局法医学尸体检验鉴定书，证实本案被害人系车辆损伤后致创伤性休克死亡。

4. 现场勘验检查笔录、现场图及现场照片，证实案发现场的情况。

5. 发破案经过及抓获经过说明，证实本案的案发经过及被告人归案情况。

6. 赔偿协议及谅解书，证实本案诉讼期间，被告人亲属与三附带民事诉讼原告人达成赔偿协议并取得被害人亲属谅解的事实。

7. 挂靠合同书，证实肇事车辆系被告人所有，并挂靠于泰康车队从事运营的事实。

8. 机动车交通事故责任强制保险单，证实案发前被告人就肇事车辆向锡山保险公司投保了交强险，本案事故发生在保险期限内。

9. 户籍资料，证实被告人及附带民事诉讼原告人、证人的身份情况。

（四）判案理由

宝应县人民法院经审理认为：

1. 刑事部分，被告人杨长军由于过失，导致他人死亡，情节较轻，其行为已构成过失致人死亡罪。被告人杨长军犯罪后主动向公安机关投案，并如实供述自己的罪行，是自首，依法可以从轻处罚。被告人杨长军的亲属在诉讼期间帮助被告人杨长军赔偿了被害人亲属部分经济损失，取得了被害人亲属的谅解，亦可酌情对被告人杨长军予以从轻处罚。江苏省宝应县人民检察院指控被告人杨长军犯过失致人死亡罪的事实清楚，证据确实、充分，定性准确，予以采纳。

2. 附带民事部分，公民的生命健康权受法律保护，附带民事诉讼原告人因被告人杨长军的过失犯罪行为致近亲属梁正死亡，依法有权获得赔偿。三附带民事诉讼原告人要求由锡山保险公司在交通事故责任强制保险责任限额范围内赔偿 110 000 元，超出部分由被告人杨长军及泰康车队予以赔偿的请求，符合法律规定，应予支持。对泰康车队提出其与被告人杨长军系车辆挂靠关系，对被告人杨长军驾驶挂靠车辆致人死亡造成的损失，应由锡山保险公司在交强险范围内首先承担赔偿责任的答辩意见，经查属实，予以采纳。对锡山保险公司提出被告人杨长军的行为被认定为过失致人死亡罪，本案不属于交通事故引起的人身损害赔偿，依照《强制保险条例》的规定，保险公司不应在强制保险责任限额内给予赔偿的答辩意见，经查，被告人杨长军及泰康车队在案发前就苏 B16826 解放牌货车与锡山保险公司订立了机动车交通事故责任强制保险合同，并支付了相应的保险费。现被害人梁正在保险期限内被被保险机动车碾压致死。锡山保险公司即应依法在强制保险责任限额内对被害人梁正的人身死亡损失给予赔偿。因为《道路交通安全法》及《强制保险条例》的立法宗旨在于保障机动车道路交通事故受害人依法得到赔偿。根据《道路交通安全法》第七十六条第一款的规定，机动车发生交通事故人身伤亡、财产损失的，由保险公司在机动车第三者责任强制保险责任限额范围内予以赔偿。即保险公司在交通事故人身损害赔偿中承担无过错责任，无论交通事故当事人是否有过错，保险公司都应在交强险范围内予以赔偿。《道路交通安全法》第一百一十九条还明确规定，“交通事故”是指车辆在道路上因过错或者意外造成的人身伤亡或者财产损失的事件。本案被害人梁正在道路上因被告人杨长军的过失被机动车碾压致死，符合认定交通事故的范畴。被告人杨长军虽然因过失致人死亡罪被判处刑罚，但不能因被告人杨长军的犯罪性质而否认被害人在道路上被被保险机动车碾压致死的客观事实。锡山保险公司以被告人杨长军被认定为过失致人死亡罪为由，认为被害人梁正的死亡损失不属于强制责任保险赔偿范围的答辩理由，与法不符，不予采纳。对锡山保险公司以公安机关交通管理部门未对本案作出交通事故认定书为由，而主张不承担强制保险赔偿责任的答辩意见，经查，《道路交通安全法》和《强制保险条例》均未规定交通事故认定书是保险公司承担强制保险赔偿责任的前置条件和必要依据，锡山保险公司的该答辩理由于法无据，不予采纳。对锡山保险公司还提出附带民事诉讼原告人夷桂芳主张赔偿被扶养人生活费的诉求不符合法律规定的答辩意见，经查，三附带民事诉讼原告人主张的被扶养人生活费 35 520 元，已由被告人杨长军及其亲属在交强险范围外自愿予以赔偿，锡山保险公司提出的该答辩意见已无实质性意义。综上，法院对三附带民事诉讼原告人要求锡山保险公司在强制保险责任限额范围内赔偿 110 000 元的诉讼请求，依法予以支持。并且由于被告人杨长军已就强制保险责任限额范围以外的损失与三附带民事诉讼原告人自行达成赔偿协议并履行，故泰康车队无须对该部分损失再承担连带清偿责任。

（五）定案结论

宝应县人民法院依照《中华人民共和国刑法》第二百三十三条、第六十七条第一款、第三十六条第一款、《中华人民共和国刑事诉讼法》第七十七条第一款、最高人民法院《关于刑事附带民事诉讼范围问题的规定》第一条、《中华人民共和国民事诉讼法》第一百三十条、《中华人民共和国民法通则》第一百一十九条、《中华人民共和国道路交通安全法》第七十六条第一款、第一百一十九条第（五）项、《机动车交通事故责任强制保险条例》第三条、第二十一条、最高人民法院《关于审理人身损害赔偿案件适用法律若干问题的解释》第十七条第三款、第二十七条、第二十八条、第二十九条，作出如下判决：

1. 杨长军犯过失致人死亡罪，判处有期徒刑六个月。

2. 由附带民事诉讼被告天安保险股份有限公司无锡市锡山支公司赔偿三附带民事诉讼原告人 11 万元。

3. 驳回三附带民事诉讼原告人的其他诉讼请求。

（六）解说

本案的争议焦点在于交强险问题，即对被告人未作交通肇事罪定罪处罚时，可否适用《道路交通安全法》第七十六条的规定，判由锡山保险公司对被害人损失在强制保险限额范围内承担赔偿责任。审理法院对此作出了肯定性认定。

首先，从过失致人死亡罪与交通肇事罪犯罪特征分析，可见二者均属过失犯罪，但过失致人死亡罪是普通过失犯罪，危害范围有限，大多只会造成个别人死亡；而交通肇事罪是危害公共安全的过失犯罪，其侵犯的客体具有危害范围广、后果严重的特点，因此，立法对交通肇事罪作出了特殊规定，交通肇事罪与过失致人死亡罪之间是特别法与普通法的关系。本案被告人杨长军在犯罪主观方面，表现为已经预见自己的行为可能造成被害人伤亡而轻信能够避免，最终造成被害人死亡后果的过失。与交通肇事犯罪在主观上因违反交通运输管理法规而造成人员伤亡后果的过失有明显区别，且案发后，交通管理部门未对事故责任作出认定，使得认定行为人是否构成交通肇事罪缺乏必要认定条件，故本案对被告人杨长军以过失致人死亡罪定罪处罚。

其次，我国《道路交通安全法》第七十六条的立法宗旨在于，将本该由肇事者承担的赔偿责任扩大到社会保险机制中，以保障交通事故受害人依法得到及时赔偿和救治。根据这一规定，只要发生机动车因交通事故造成人身伤亡、财产损失的情形，保险公司就应在第三者责任强制险限额范围内对受害人予以赔偿，而不必考虑交通事故的责任认定。除受害人故意的情形外，保险公司没有其他免责理由。

再次，根据《道路交通安全法》对“交通事故”概念的界定，本案被害人梁正在道路上被机动车碾压致死的事实属于交通事故的范畴，依法应依照《道路交通安全法》第七十六条的规定得到损害赔偿。保险公司以本案罪名不是交通肇事罪为由拒绝承担赔偿责任，显然与《道路交通安全法》第七十六条立法宗旨和具体规定相违背。因此，法院依法判令由锡山保险公司按照交强险的规定，对被害人的损失在强制保险限额范围内承担赔偿责任。

宣判后，锡山保险公司主动履行了判决确定的赔偿义务，本案刑事及附带民事诉讼均取得了良好的法律效果和社会效果。

（江苏省宝应县人民法院　王向红）

91. 黄忠云交通肇事案（刑事附带民事诉讼）

（一）首部

1. 裁判书字号

一审判决书：福建省福清市人民法院（2009）融刑初字第199号。

二审裁定书：福建省福州市中级人民法院（2009）榕刑终字第724号。

2. 案由：交通肇事刑事附带民事人身损害赔偿案。

3. 诉讼双方

公诉机关：福建省福清市人民检察院，代理检察员：陈文日。

附带民事诉讼原告人：陈瑞香，女，1977年9月20日出生于福清市，汉族。系本案被害人杨尊建之妻。

附带民事诉讼原告人：杨财盛，男，1941年6月14日出生于福清市，汉族。系本案被害人杨尊建之父。

附带民事诉讼原告人：叶瑞英，女，1944年8月8日出生于福清市，汉族，福清市人。系本案被害人杨尊建之母。

附带民事诉讼原告人：杨圣勇，男，1998年8月12日出生于福清市，汉族。系本案被害人杨尊建之子。

法定代理人：陈瑞香，系杨圣勇之母。

上述四原告人的共同诉讼代理人：陈文，福建天月律师事务所律师。

被告人：黄忠云，男，1973年4月21日出生于重庆市，汉族，初中文化，农民。因本案无证驾驶于2008年11月10日被行政拘留十五日，因本案于2008年11月24日被刑事拘留，同年12月3日被逮捕。

附带民事诉讼被告人：杨碧英，女，1937年8月24日出生于福清市，汉族。系本案肇事闽AVV032二轮摩托车行驶证登记车主。

诉讼代理人：何群，福清市阳下法律服务所法律工作者。

附带民事诉讼被告（上诉人）：华安财产保险股份有限公司福建分公司（以下简称华安财保福建分公司）。

负责人：陈健，该公司副总经理。

诉讼代理人：杜昌敏，福建理争律师事务所律师。

4. 审级：二审。

5. 审判机关和审判组织

一审法院：福建省福清市人民法院。

合议庭组成人员：审判长：陈文晖；人民陪审员：毛立平、张帆。

二审法院：福建省福州市中级人民法院。

合议庭组成人员：审判长：林梁；审判员：傅立新；代理审判员：唐文东。

6. 审结时间

一审审结时间：2009年6月18日。

二审审结时间：2009年9月1日。

（二）一审诉辩主张

1. 公诉机关指控称

2008年11月8日13时许，被告人黄忠云驾驶闽AVV032号二轮摩托车载谢青由福清市宏路街往福清市交巡警大队方向行驶至福清市宏路镇福平路段。被害人杨尊建在同向路右侧逆行，被告人黄忠云避让不及，车前部撞上杨尊建，致使杨尊建死亡。事故发生后，被告人黄忠云报警并在现场等候。经交通事故认定书认定，被告人黄忠云无驾驶证驾驶摩托车，且事先对路况估计不足，未在确保安全的原则下通行，负事故全部责任，被害人杨尊建无责任。针对上述指控，公诉机关向法庭提供了相应的证据。公诉机关认为，被告人黄忠云违反交通运输管理法规，致一人死亡，负事故全部责任，其行为触犯《刑法》第一百三十三条的规定，应以交通肇事罪追究其刑事责任；被告人黄忠云有自首情节，依法可从轻或减轻处罚。

2. 附带民事诉讼原告诉称

各原告人其因近亲属杨尊建死亡受到的经济损失为：医药费104 954元、住院伙食补助费3 240元、护理费1 800元、丧葬费11 043元、死亡赔偿金310 100元，被扶养人生活费杨财盛47 905元、叶瑞英58 960元、杨圣勇44 220元，交通费20 000元、误工费76 600元，合计678 822元，以及精神损害抚慰金150 000元，其请求判令由被告人黄忠云与附带民事诉讼被告人杨碧英连带赔偿，附带民事诉讼被告华安财保福建分公司在交强险责任范围内予以赔偿，并要求在新的年度统计数据公布后按新的赔偿标准赔偿。

3. 被告辩称

被告人黄忠云辩称：对指控的犯罪事实没有异议，表示没有能力赔偿附带民事诉讼原告人的损失。

附带民事诉讼被告人杨碧英辩称：杨碧英系将身份证借给被告人黄忠云办理有关肇事二轮摩托车登记上牌事宜，虽是该肇事车的登记车主，但对该肇事车没有实际占用、使用、处分权，不应承担本案的民事赔偿责任，对原告人请求赔偿的部分项目及数额有异议。

附带民事诉讼被告华安财保福建分公司辩称：由于被告人黄忠云系无证驾驶，根据有关规定其在本案中不负赔偿责任，对附带民事诉讼原告人请求赔偿的部分项目及数额有异议，认为外购药品及其他物品的发票、机票不能认可，赔偿应按农村居民的标准。

（三）一审事实和证据

福清市人民法院经公开审理查明：2008年11月8日13时许，被告人黄忠云驾驶闽AVV032号二轮摩托车后载谢青由福清市宏路街往福清市交巡警大队方向行驶至福清市宏路福平路段，行人杨尊建在同向路右侧逆行，被告人黄忠云避让不及，车前部撞上杨尊建，致使杨尊建受伤经送医院抢救无效死亡。事故发生后，被告人黄忠云报警并在现场等候。2008年11月27日，福清市公安局交通巡逻警察大队作出公交认字［2008］第382号交通事故认定书，认定被告人黄忠云无驾驶证驾驶摩托车，且事先对路况估计不足，未在确保安全的原则下通行，其行为违反《中华人民共和国道路交通安全法》第十九条第一款、第三十八条之规定，是导致本起事故发生的原因所在，应负本起事故全部责任，杨尊建无责任。事故发生当日，杨尊建即被送往福清市融强医院抢救，花费医疗费27 949.97元、法医鉴定出诊费700元；2008年11月12日转中国人民解放军南京军区总医院继续治疗，2008年11月21日救治无效死亡，花费医疗费38 451.80元。杨尊建住院抢救治疗共计14天。

另查，本案交通事故中死者杨尊建的家庭成员为四附带民事诉讼原告人：其妻陈瑞香，其父杨财盛（1941年6月14日出生），其母叶瑞英（1944年8月8日出生），其子杨圣勇（1998年8月12日出生）。杨尊建与四原告人的户籍所在地为福清市沙埔镇龙洋村龙南61号、61-2号，于2004年在福清市宏路镇龙塘村自建一幢五层房屋（福岚小区门牌277号）并长期共同居住。自2006年12月8日起，原宏路镇龙塘村归福清市石竹街道所辖，属福清市中心城区。杨财盛、叶瑞英夫妇共有三个子女：长子即死者杨尊建，次子杨尊佳（1975年5月4日出生，已分家），次女杨秀宁（1977年10月14日出生，已出嫁）。

又查，2008年10月23日，附带民事诉讼被告人杨碧英与被告人黄忠云一同前往交管部门并由杨碧英出具其身份证为一辆新购买的二轮摩托车办理了报牌手续，该新购车登记号牌号码为闽AVV032即本案肇事二轮摩托车，报牌手续办好后，附带民事诉讼被告人杨碧英即将该车转让给被告人黄忠云由其实际支配，但未办理该车所有权变更登记，该车机动车行驶证登记所有人仍为杨碧英。该肇事二轮摩托车已于同日在附带民事诉讼被告华安财保福建分公司福清营销部投保机动车交通事故责任强制险，保险单号F040103612008000638，被保险人为杨碧英，保险期间自2008年10月23日0时起至2009年10月22日24时止。自2008年2月1日起机动车交通事故责任强制保险的死亡伤残赔偿限额为110 000元、医疗费用赔偿限额为10 000元。机动车交通事故责任强制保险条款［中保协条款（2006）1号］约定，死亡伤残赔偿限额项下负责赔偿丧葬费、死亡补偿费、受害人亲属办理丧葬事宜支出的交通费用、残疾赔偿金、残疾辅助器具费、护理费、康复费、交通费、被扶养人生活费、住宿费、误工费，被保险人依照法院判决或者调解承担的精神损害抚慰金。医疗费用赔偿限额项下负责赔偿医药费、诊疗费、住院费、住院伙食补助费，必要的、合理的后续治疗费、整容费、营养费。

上述事实有下列证据证明：

1. 证人谢青的证言，证实2008年11月8日13时许，其拦乘一辆二轮摩托车，该摩托车驾驶人后载其行驶在福平路路右时，撞上同向前方靠路边行走的一位行人的事实。

2. 被告人黄忠云的供述，供认了2008年11月8日13时许，其无驾驶证驾驶闽AVV032号二轮摩托车后载一乘客在福平路路右行驶时，撞上同向前方靠路边行走的一位行人，事故发生后其打电话报警。其所驾驶的闽AVV032号二轮摩托车是在宏路吓斌车行买的，车行帮其报的牌，因其是外地人不能报牌，是借用杨碧英的身份证报的牌，杨碧英是车行叫来的，帮其上牌，行驶证登记的就是杨碧英的名字，后杨碧英将车转让给其。

3. 疾病诊断证明书、死亡报告单、司法检验报告书，证实被害人杨尊建因本案交通事故致颅脑损伤经抢救无效于2008年11月21日死亡的事实。

4. 事故车辆安全技术检验、痕迹鉴定书，证实经司法鉴定肇事车辆闽AVV032号二轮摩托车的前左部与行人杨尊建的身体发生过相碰撞的事实。

5. 现场勘验笔录及照片，证实案发现场的情况。

6. 接警单、到案经过，证实被告人黄忠云案发后报警并在现场等候，因本案无证驾驶被治安拘留15天，后被刑事拘留的事实。

7. 公安综合查询信息，证实经公安机关查询被告人黄忠云没有驾驶证的事实。

8. 交通事故认定书，证实福清市公安局交通巡逻警察大队于2008年11月27日作出公交认字［2008］第382号交通事故认定书，认定在本起交通事故中被告人黄忠云应负全部责任、杨尊建无责任的事实。

9. 户籍证明，证实被告人黄忠云的身份情况。

10. 附带民事诉讼被告人杨碧英在侦查阶段的陈述，证实有一个四川人到吓斌车行买摩托车，用其身份证去报了牌，报牌时其也去交警大队协助办理手续，手续办好后，其与这个四川人还写了转让协议，将车（闽AVV032号二轮摩托车）转让给这个四川人，该车实际产权是这个四川人的，因外地人不能报牌，所以变通用其身份证去报牌，再转让，其收了人民币500元的佣金的事实。

11. 户口簿及身份证明，证实四附带民事诉讼原告人的身份等基本情况。

12. 医院病历、疾病证明书、火化证、居民死亡医学证明书，证实被害人杨尊建经医院抢救无效于2008年11月21日死亡的事实。

13. 医疗费、鉴定费发票，证实对被害人杨尊建救治、鉴定所支出医疗费、鉴定费的情况。

14. 福清市公安局石竹派出所证明、福清市人民政府石竹街道办事处证明、福清市人民政府石竹街道龙塘村民委员会证明，证实被害人杨尊建生前与其近亲属即四原告人，于2004年在福清市原宏路镇龙塘村自建一幢房屋（福岚小区门牌277号）并长期共同居住的事实。

15. 交强险保单及保险条款，证实本案肇事闽AVV032号二轮摩托车在附带民事诉讼被告华安财保福建分公司投保交强险的情况。

（四）一审判案理由

福清市人民法院经审理认为：被告人黄忠云驾驶机动车违反交通运输管理法规，因而发生重大交通事故，致一人死亡，负事故全部责任，其行为构成交通肇事罪。公诉机关指控的罪名成立。被告人黄忠云在案发后能自动投案，如实供述自己的罪行，是自首，依法予以从轻处罚。被告人黄忠云交通肇事行为造成四附带民事诉讼原告人之近亲属行人杨尊建死亡的损害后果，其行为构成侵权，应当承担相应的民事赔偿责任；附带民事诉讼被告人杨碧英系被告人黄忠云所驾肇事车辆的机动车行驶证登记所有权人，享有该肇事车的运行利益及运行支配权且负车辆管理之义务，应对被告人黄忠云承担的赔偿义务负连带赔偿责任。由于肇事车辆在附带民事诉讼被告华安财保福建分公司投保有机动车交通事故责任强制保险，对于四附带民事诉讼原告人的经济损失 607 919.77 元，附带民事诉讼被告华安财保福建分公司应在交强险死亡赔偿限额内赔偿 110 000 元，在医疗费赔偿限额内赔偿 10 000 元。超出交强险责任限额部分的 487 919.77 元，被告人黄忠云应予赔偿，附带民事诉讼被告人杨碧英应负连带赔偿责任。四附带民事诉讼原告人请求赔偿的其他不合理部分，本院不予支持。四附带民事诉讼原告人在本案刑事附带民事诉讼中，请求赔偿精神损害抚慰金没有法律依据，本院不予支持。被告人黄忠云因本案无证驾驶被行政拘留 15 天，应予折抵刑期。

（五）一审定案结论

福清市人民法院依照《中华人民共和国刑事诉讼法》第七十七条第一款、《中华人民共和国民事诉讼法》第六十四条、《中华人民共和国刑法》第一百三十三条、第三十六条第一款、第六十七条第一款、《中华人民共和国道路交通安全法》第九条、第十二条、第七十六条、《机动车交通事故责任强制保险条例》第三条、第二十一条、第二十二条、第二十三条、《中华人民共和国民法通则》第九十八条、第一百零六条、第一百一十九条、第一百二十三条、第一百三十四条第一款第（七）项、最高人民法院《关于刑事附带民事诉讼范围问题的规定》第一条、最高人民法院《关于人民法院是否受理刑事案件被害人提起精神损害赔偿民事诉讼问题的批复》、最高人民法院《关于审理人身损害赔偿案件适用法律若干问题的解释》第十七条第一、三款、第十九条、第二十条、第二十一条、第二十二条、第二十三条、第二十七条、第二十八条、第二十九条、第三十五条，作出如下判决：

1. 黄忠云犯交通肇事罪，判处有期徒刑一年六个月。

2. 附带民事诉讼被告华安财产保险股份有限公司福建分公司应一次性赔偿附带民事诉讼原告人陈瑞香、杨财盛、叶瑞英、杨圣勇人民币 120 000 元，款限本判决发生法律效力之日起一个月内付清。

3. 黄忠云应一次性赔偿附带民事诉讼原告人陈瑞香、杨财盛、叶瑞英、杨圣勇人民币 487 919.77 元，款限本判决发生法律效力之日起一个月内付清。

4. 附带民事诉讼被告人杨碧英对上述第 3 项确定的黄忠云应承担的赔偿义务负连带赔偿责任。

5. 驳回附带民事诉讼原告人陈瑞香、杨财盛、叶瑞英、杨圣勇的其他诉讼请求。

（六）二审情况

1. 二审诉辩主张

上诉人华安财保福建分公司上诉称，依据《机动车交通事故责任强制保险条例》和《机动车交通事故责任强制保险条款》中的免责条款，其不应承担在交强险责任限额内赔偿附带民事诉讼原告人的义务。

2. 二审事实和证据

福州市中级人民法院经审理，确认一审法院认定的事实和证据。

3. 二审判案理由

福州市中级人民法院经审理认为：原审被告人黄忠云驾驶机动车违反交通运输管理法规，因而发生重大交通事故，致一人死亡，负事故全部责任，其行为已构成交通肇事罪。原审被告人黄忠云在案发后能自动投案，如实供述自己的罪行，是自首，依法予以从轻处罚。原审被告人黄忠云交通肇事行为造成四名被上诉人之近亲属杨尊建死亡的损害后果，其行为构成侵权，应当承担相应的民事赔偿责任；原审附带民事诉讼被告人杨碧英系原审被告人黄忠云所驾肇事车辆的机动车行驶证登记所有权人，享有该肇事车的运行利益及运行支配权且负连带赔偿责任。由于肇事车辆在上诉人华安财保福建分公司投保有机动车交通事故责任强制保险，对于四名被上诉人的经济损失 607 919.77 元，上诉人华安财保福建分公司应在交强险死亡赔偿限额内赔偿 110 000 元，在医疗赔偿限额内赔偿 10 000 元。超出交强险责任限额部分 487 919.77 元，原审被告人黄忠云应予赔偿，原审附带民事诉讼被告人杨碧英应负连带赔偿责任。华安财保福建分公司及其代理人上诉及代理意见与其在一审时的答辩理由完全一致，一审法院对上述答辩意见不能成立的理由已在一审判决书中作了合法有据的充分辩驳，本院予以确认。针对本案附带民事部分，原判决认定事实清楚，适用法律正确。

4. 二审定案结论

福州市中级人民法院依照《中华人民共和国民事诉讼法》第一百五十三条第（一）项，作出如下裁定：

驳回上诉，维持原判。

（七）解说

1. 关于被告人黄忠云未取得驾驶资格造成交通事故，对受害人的人身伤亡损失，附带民事诉讼被告人华安财保福建分公司应否在交强险赔偿限额内予以赔偿的问题。

附带民事诉讼被告华安财保福建分公司辩称：第一，根据《机动车交通事故责任强制保险条例》（以下简称《交强险条例》）第二十二条规定，在本案驾驶人即被告人黄忠云无证驾驶的情形下，其仅有垫付之责任，而无赔偿之责任；同时，因本案并无证据证明公安交警部门有通知其垫付医疗费，故其在本案中也不负有垫付医疗费的责任。第二，根据保监会审批的全国统一适用的《机动车交通事故责任强制保险条款》（以下简称《交强险条款》）第四条、第九条的规定，本案被告人黄忠云系无证驾驶，不是“投保人及其允许的合法驾驶人”，因此其不负赔偿责任。

福清市人民法院认为：第一，根据法律法规规定，交强险保险人对交通事故受害人的损失应承担无过失赔偿责任。

我国《道路交通安全法》第七十六条规定："机动车发生交通事故造成人身伤亡、财产损失的，由保险公司在机动车第三者责任强制保险责任限额范围内予以赔偿……交通事故的损失是由非机动车驾驶人、行人故意碰撞机动车造成的，机动车一方不承担赔偿责任。"该条对机动车第三者责任强制保险赔偿作了原则性规定。关于该强制保险具体的投保、赔偿办法等，《道路交通安全法》第十七条规定，授权国务院另行规定。国务院根据法律的授权制定了《交强险条例》，并于2006年7月1日起施行。按照该条例第二条的规定，机动车交通事故责任强制保险的投保、赔偿和监督管理，适用该条例。因此，在本案的肇事车辆已依法投保了机动车交通事故责任强制保险的情况下，相关强制保险的赔偿应适用《交强险条例》的规定。

《交强险条例》第三条规定："本条例所称机动车交通事故责任强制保险，是指由保险公司对被保险机动车发生道路交通事故造成本车人员、被保险人以外的受害人的人身伤亡、财产损失，在责任限额内予以赔偿的强制性责任保险。"交强险是基于公共政策的需要，为了维护社会大众利益，以法律法规的形式强制推行的保险，其主要目的在于保障车祸受害人能够获得基本的保障，具有社会公益属性。交强险业务总体上以不赢利不亏损的原则审批保险费率，此区别于商业险（包括商业性的机动车第三者责任险）。《交强险条例》第二十一条规定："被保险机动车发生道路交通事故造成本车人员、被保险人以外的受害人人身伤亡、财产损失的，由保险公司依法在机动车交通事故责任强制保险责任限额范围内予以赔偿。道路交通事故的损失是由受害人故意造成的，保险公司不予赔偿。"

上述法律、法规的规定，确立了保险公司对交通事故受害人的损失承担无过失赔偿责任的基本原则，即投保交强险的机动车发生交通事故，致第三者人身伤亡及财产损失，首先应由保险公司在责任限额内予以赔偿。除法律法规规定的免责事由之外，不论交通事故当事人各方是否有过错以及过错程度如何，保险公司均应向交通事故受害人承担赔偿责任，此体现了交强险保障受害人及社会大众利益的根本目的。

第二，驾驶员无证驾驶等情形，并不属于法律法规所规定的保险公司对受害人损失不承担赔偿责任的免责事由。

《道路交通安全法》第七十六条规定唯一的免责事由是"交通事故的损失是由非机动车驾驶人、行人故意碰撞机动车造成的"；且仅是"机动车一方不承担赔偿责任"，而非保险公司不承担赔偿责任。《交强险条例》第二十一条规定唯一的免责事由是"受害人故意造成的"损失的，保险公司不予赔偿。

同时，《交强险条例》第二十二条也并非保险公司对受害人的人身伤亡赔偿的保险责任免除条款。

《交强险条例》第三条、第二十一条规定，对于"受害人人身伤亡、财产损失"，保险公司依法在交强险责任限额范围内予以赔偿。第二十三条规定，交强险实行分项责任限额，即细分为死亡伤残、医疗费用以及财产损失三大项责任限额，财产损失仅是其中的一项责任限额。因此，发生交通事故造成受害人人身伤亡和财产损失应当是两个不同的概念。第二十二条规定："有下列情形之一的，保险公司在机动车交通事故责任强制保险责任限额范围内垫付抢救费用，并有权向致害人追偿：（一）驾驶人未取得驾驶资格或者醉酒的；（二）被保险机动车被盗抢期间肇事的；（三）被保险人故意制造道路交通事故的。有前款所列情形之一，发生道路交通事故的，造成受害人的财产损失，保险公司不承担赔偿责任。”

从上述条款规定可见，第二十二条第一款仅对属于医疗费用的抢救费用，规定保险公司在责任限额内垫付并可向致害人追偿，但并未规定保险公司可以免责，同时亦未规定保险公司承担垫付义务的具体时限。第二十二条第二款规定，在第一款规定的驾驶人未取得驾驶资格等发生道路交通事故情形下，保险公司仅就“受害人的财产损失”不承担赔偿责任，而死亡伤残和医疗费用，属于“受害人的人身伤亡”损失，不属“受害人的财产损失”，仍属赔偿之列。

因此，在《道路交通安全法》、《交强险条例》均未对在驾驶员无证驾驶等系免责事由情形下，受害人的“财产损失”以外的受害人的“人身伤亡损失”作出规定，保险公司仍应在死亡伤残、医疗费赔偿限额内予以赔偿。

第三，驾驶人未取得驾驶资格等情形下造成交通事故，保险公司在死亡伤残、医疗费赔偿限额内对受害人的人身伤亡损失予以赔偿，此体现了交强险对受害第三人人身权益的保护功能。

对于交通事故的受害人而言，无论机动车驾驶人是否具有驾驶资格，受害人对因此而发生的交通事故均无法防范，只要这种事故对于受害人而言是偶然的、不可预料的，就应视为保险事故。受害人因驾驶人一般过失行为尚且可以请求保险公司赔付，而驾驶人具有无证驾驶的严重过失行为，甚至于交通肇事后逃逸，保险公司更应对受害人人身伤亡损失予以赔付，此才符合交强险此一特殊的强制责任险对不特定受害人和社会公众利益的保护原则及其公益性质。交强险赔付数额，虽然从制定之初的 6 万元调整上升到 2008 年 2 月 1 日起的 12.2 万元，但交强险赔偿采取的是限额赔偿，对交通事故受害人的人身伤亡损失，也仅是一种基础的财源保障。对于本案而言，在交强险赔偿限额内仅能解决受害人人身伤亡损失赔偿的一小部分，其余大部分损失，最终还是应当由本起交通事故的直接侵权人等来赔偿，受害人的损失能否得到完全赔偿，还需取决于直接侵权人等其他赔偿义务人的赔偿能力。

至于驾驶人无证、醉酒驾驶、交通肇事后逃逸，甚至故意制造交通事故的违法犯罪行为，根据法律法规的规定，应由其承担相应的民事、行政责任直至追究其刑事责任，保险公司依法对交通事故受害人承担赔付义务，显然并不必然会导致对上述交通严重违法乃至犯罪行为的放纵。

第四，《交强险条款》第四条、第九条并非保险公司对受害人人身伤亡赔偿的保险责任免除条款。

《交强险条款》第四条约定：“交强险合同中的被保险人是指投保人及其允许的合法驾驶人。”但据此并不能当然推导出驾驶人无证驾驶，即可免除保险公司对受害人的赔偿义务。

对于《交强险条款》第九条，该条款系在“垫付与追偿”标题之下，并未在“责任免除”标题之下，因此不应视为是对“责任免除”所做的约定。在“责任免除”标题之下为第十条，第十条明确约定：“下列损失和费用，交强险不负责赔偿和垫付：（一）因受害人故意造成的交通事故的损失……”显然，该条款是符合《交强险条例》对于免责事由的规定的，在该条款中并无驾驶人无驾驶资格等情形，交强险不予赔偿之约定。

《保险法》（2002 年修正）第三十一条规定：“对于保险合同的条款，保险人与投保人、被保险人或者受益人有争议时，人民法院或者仲裁机关应当作有利于被保险人和受益人的解释。”因此，从对格式化的交强险保险条款的解释来看，对《交强险条款》第四条、第九条、

第十条的解释，亦应作出有利于交强险受益人即交通事故受害人的解释，即第四条、第九条均不应视为对受害人人身伤亡赔偿的保险责任免除条款。

同时，鉴于交强险的强制、公益等特殊性，《交强险条款》中的免责条款，仅限于在保险公司与投保人、被保险人之间具有约束力，不应当对抗作为《道路交通安全法》、《交强险条例》特殊保护对象的交通事故的受害人。

第五，本案中还存在附带民事诉讼被告华安财保福建分公司未就交强险保险合同中的免责条款尽到“明确说明”的义务，而实际上可能直接导致该免责条款不产生效力的问题。

本案所涉交强险保险条款内容是保险公司为了重复使用而预先拟定的，并在订立合同时未与对方协商的条款，属于保险公司事先制定的格式条款。依据《合同法》第三十九条的规定，“采用格式条款订立合同的，提供格式条款的一方应当遵循公平原则确定当事人之间的权利和义务，并采取合理的方式提请对方注意免除或者限制其责任的条款，并按照对方的要求，对该条款予以说明。格式条款是当事人为了重复使用而预先拟定，并在订立合同时未与对方协商的条款。”

同时，《保险法》（2002 年修正）第十八条规定：“保险合同中规定有关于保险人责任免除条款的，保险人在订立保险合同时应当向投保人明确说明，未明确说明的，该条款不产生效力。”根据 2000 年 1 月 21 日最高人民法院作出的《关于对〈保险法〉第十七条规定的“明确说明”应如何理解的问题的答复》，所谓“明确说明”，是指保险人与投保人签订保险合同之前或者签订保险合同之时，对于保险合同所约定的免责条款，除了在保险单上提示投保人注意外，还应当对有关免责条款的概念、内容及其法律后果等以书面或者口头形式向投保人或其代理人作出解释，以使投保人明了该条款的真实含义和法律后果。该答复虽然是针对 1995 年《保险法》第十七条规定作出的，但 1995 年《保险法》第十七条的规定与 2002 年《保险法》第十八条的规定一致；该答复虽然是就个案作出的，但人民法院在审理同类案件时可以参照执行。保险合同系专业性较强的合同，涉及专业术语较多，保险人有义务向投保人予以明确说明。

本案附带民事诉讼被告华安财保福建分公司虽然在涉案交强险保险单文本中以“重要提示”提示有免责条款、在交强险格式条款中规定了免责条款，但这仅是尽到了提醒投保人注意的义务，而保险公司对自己是否尽到明确充分的说明义务，应负有举证责任。本案审理中，华安财保福建分公司并没有举证证明自己对该免责条款已经向投保人或被保险人尽到明确充分的说明义务，相反，在涉案交强险保险单上，“投保人声明”一栏却没有投保人签字（签章）。

根据本案事实、证据，不能认定华安财保福建分公司已经履行了就免责条款的概念、内容及其法律后果等以书面或者口头形式向投保人或其代理人作出解释，以使投保人明了该条款的真实含义和法律后果的明确说明义务。

因此，本案被告人黄忠云及附带民事诉讼原告人和被告人如果注意并针对这个问题向保险公司提出抗辩，则不论涉案机动车辆交强险保险合同中的免责条款的规定是否具有法律依据、是否有效，该免责条款都因华安财保福建分公司未能尽到明确说明的义务而不产生效力，该免责条款对投保人以及保险受益人即本案刑事附带民事诉讼原告人均不产生约束力。

在本案审理过程中，被告人黄忠云及附带民事诉讼原告人和被告人及诉讼代理律师均未注意并针对这个问题据以向保险公司提出抗辩。因该问题是否属释明权行使范围无法确定，一审法院并未对此进行释明。

综上，附带民事诉讼被告华安财保福建分公司提出依据《交强险条例》、《交强险条款》中的免责条款，其不应承担在交强险责任限额内赔偿刑事附带民事诉讼原告人之义务的辩解意见，不符合法律规定，一审法院不予采纳。附带民事诉讼原告人请求判令刑事附带民事诉讼被告华安财保福建分公司在交强险责任限额内承担赔偿责任的诉讼主张，有事实根据和法律依据，应予支持。

值得注意的是，全国各地法院对于无证、醉酒驾驶情形交强险保险公司应否赔偿，主要有保险公司应当赔偿和不赔偿两种判决，如山东、山西、广东等部分法院的判决，目前争议仍然存在。本案审理过程中，华安财保福建分公司的诉讼代理人亦向本院提交了福州中院（2008）榕民终字第2916号民事判决书，该份判决即撤销了闽侯法院（2008）侯民初字第1032号民事判决，认定无证驾驶情形下，保险公司不应承担赔偿责任，判决依据为《交强险条例》第二十二条之规定。对此法律理解及适用不统一的情形，有待最高人民法院作出明确的司法解释。

2. 关于附带民事诉讼被告人杨碧英应否承担民事赔偿责任的问题。

我国《民法通则》第一百二十三条规定："从事高空、高压、易燃、易爆、剧毒、放射性、高速运输工具等对周围环境有高度危险的作业造成他人损害的，应当承担民事责任；如果能够证明损害是由受害人故意造成的，不承担民事责任。"机动车运输属于高度危险作业，因高度危险作业致人损害的，危险设施的所有权人即机动车所有人应当负无过失责任。同时，根据《道路交通安全法》第七十六条规定，本案系机动车与行人发生交通事故，机动车一方亦应负无过失赔偿责任。而《道路交通安全法》第九条规定，申请机动车登记的，应当提交机动车所有人的身份证明；第十二条规定，机动车所有权发生转移的，应当办理相应的登记。在当事人签订车辆买卖合同并实际交付车辆后，如未办理机动车所有权变更登记手续，虽不影响买卖合同的效力，也不影响车辆的交付使用，但由于登记的所有权具有公示作用，因而对于第三人而言，登记车主就是机动车所有权人，享有机动车的运行利益及运行支配权且应当负有车辆管理之义务，故仍应对因机动车运行所造成的损害承担无过失赔偿责任。至于机动车的实际支配人，自然享有该机动车的运行利益及运行支配权且负车辆管理之义务，理应对因机动车运行所造成的损害承担无过失赔偿责任。

因此，被告人黄忠云作为肇事车实际支配人和直接侵权人，应对驾车肇事造成他人损害承担无过失赔偿责任，附带民事诉讼被告人杨碧英作为肇事机动车行驶证登记所有人，应对被告人黄忠云驾车致人损害所承担的赔偿义务负连带赔偿责任。

3. 关于本案死亡赔偿金、被扶养人生活费是按城镇居民还是农村居民的标准计算的问题。

附带民事诉讼被告华安财保福建分公司辩称，本案赔偿应按农村居民的标准。审理法院认为，本案受害人杨尊建及其近亲属即四原告人的户籍所在地为福清市沙埔镇龙洋村龙南61-2号，但于2004年在福清市宏路镇龙塘村自建一幢房屋（福岚小区门牌277号）并长期居住。根据《福清市人民政府关于设立玉屏等七个街道办事处的通知》（融政综［2006］311号，2006年12月8日），福清市石竹街道下辖原宏路镇龙塘村，属福清市中心城区。因此，本案人身损害赔偿应按城镇居民的标准。

（福建省福清市人民法院　陈文晖）

92. 刘艳等盗窃案
(被告人认罪程序)

(一) 首部

1. 裁判书字号

一审判决书：北京市丰台区人民法院（2009）丰刑初字第215号。

二审裁定书：北京市第二中级人民法院（2009）二中刑抗终字第1289号。

2. 案由：盗窃案。

3. 诉讼双方

公诉机关（抗诉机关）：北京市丰台区人民检察院，代理检察员：张启明、王晋。

被告人（上诉人）：刘艳，女，1978年6月23日出生，汉族，出生地黑龙江省甘南县，初中文化，农民，住黑龙江省甘南县。因本案于2008年9月17日被羁押，同年10月24日被逮捕。

被告人（上诉人）：李冬娜，女，1976年12月20日出生，汉族，出生地黑龙江省齐齐哈尔市，无业，住黑龙江省齐齐哈尔市。因本案于2008年9月17日被羁押，同年10月23日被逮捕。

4. 审级：二审。

5. 审判机关和审判组织

一审法院：北京市丰台区人民法院。

合议庭组成人员：审判长：云强；人民陪审员：卢瑞云、杨永才。

二审法院：北京市第二中级人民法院。

合议庭组成人员：审判长：白波；审判员：麻学军；代理审判员：邱波。

6. 审结时间

一审审结时间：2009年3月10日。

二审审结时间：2009年9月11日。

(二) 一审情况

1. 一审诉辩主张

(1) 公诉机关指控称

被告人刘艳、李冬娜均系北京市丰台区六里桥豪情丽人歌厅服务员。2008年9月17日5时许，被告人刘艳、李冬娜伙同他人在本市丰台区六里桥“成都小吃”饭馆内，由被告人刘艳、李冬娜转移被害人梁琦注意，配合他人窃走被害人梁琦人民币98 000元。

(2) 被告辩称

被告人刘艳、李冬娜在开庭审理过程对公诉机关指控的犯罪事实不持异议。

2. 一审事实和证据

北京市丰台区人民法院经公开审理查明：被告人刘艳、李冬娜均系北京市丰台区六里桥豪情丽人歌厅服务员。2008 年 9 月 17 日时许，被告人刘艳、李冬娜伙同他人在本市丰台区六里桥“成都小吃”饭馆内，由被告人刘艳、李冬娜转移被害人梁琦注意，配合他人窃走被害人梁琦人民币 98 000 元。被害人报警后，歌厅经理打电话叫二被告人到公安机关说明情况，后二被告人均供述了伙同他人盗窃的事实。

上述事实有下列证据证明：

被告人的供述，被害人梁琦陈述，证人向玉玲、刘永红、罗累累、王昌武、李伟证言，公安机关出具的破案报告等。

3. 一审判案理由

北京市丰台区人民法院经审理认为：被告人刘艳、李冬娜以非法占有为目的，采用秘密窃取的手段，盗窃公民财物，数额特别巨大，其行为均已构成盗窃罪，应予处罚。北京市丰台区人民检察院指控二被告人犯盗窃罪的罪名成立。二被告人在案发后均能够主动投案并认罪，是自首，本院对二被告人均减轻处罚。

4. 一审定案结论

北京市丰台区人民法院依照《中华人民共和国刑法》第二百六十四条、第二十五条第一款、第六十七条第一款、第五十二条、第五十三条、第六十四条、第六十一条，作出如下判决：

(1) 刘艳犯盗窃罪，判处有期徒刑五年，并处罚金人民币 5 000 元。

(2) 李冬娜犯盗窃罪，判处有期徒刑五年，并处罚金人民币 5 000 元。

(3) 继续追缴刘艳、李冬娜违法所得人民币 98 000 元返还被害人梁琦。

(三) 二审诉辩主张

抗诉机关抗诉称：一审法院简化适用普通程序审理程序不当；一审法院量刑畸轻。

上诉人刘艳上诉称：其在盗窃过程中只是起到辅助作用，没有直接参与盗窃，没有分得赃款。其主动到案如实供述他人盗窃的经过，原判量刑过重。

上诉人李冬娜上诉称：其不是主犯，有主动投案自首的情节，原判量刑过重。

(四) 二审认定的证据

北京市第二中级人民法院经审理，认定以下证据：

1. 被害人梁琦的陈述：2008 年 9 月 16 日晚，其去六里桥北边的一家歌厅唱歌，到了 17 日 1 时许，其带了四个小姐在楼下吃饭，钱当时还带在身上。后来不知过了多久，又到了六里桥亿客隆旁边一家成都小吃店，其跟三个小姐要了点包子和豆腐脑，刚喝了几口，其想上厕所，后其到一个像变压器的地方小便，过几分钟回到小吃店发现那三个小姐不见了，包也不见了。这时歌厅经理打了一个电话，帮其报的案。其的包是白色手提纸袋，内有 9.8 万元左右，分 10 捆，其中 9 捆每捆 100 张，红色新版百元，另 1 捆为 8 000 元左右。

2. 证人刘永红（成都小吃店老板娘）的证言：2008 年 9 月 17 日凌晨 4 点 30 分时，有三女一男到其店里吃饭，当时坐在靠北墙第三桌。有一个女子出去过一次，留着长发，出店后往东有十几米远，站在那里用手机打电话，说了有半分钟就回去了。她刚进去又出来一个女子，留着马尾辫，背挎包，去东边一个小卖部买东西去了，去了5分钟就回来了，拿着一个口香糖。她刚进店没几分钟，那个留长发打电话的女子和买口香糖的女子一起又出来了，她俩去了有十多分钟回来。背挎包女子和打电话女子坐在外边面朝东，第三个女子和那个男的坐在里面，面朝西。不到半个小时，外边过来两个男子，一胖一瘦，进店后坐在中间那排后数第四个座位上。店内那个喝多的男子又闹事，她（他）们相互亲，这时其看见那个胖子老是盯着喝多的那个男的，连饭都不吃了。大概七八分钟，那两个男子就走了。十多分钟后背挎包的女子过来结账，她们四个人就走了，三个女子朝北，男的去东边一个变压器下解手。男的回来后问了问，又打电话，没有一会儿来一个男的，原来那个男的说自己包丢了，后来那个男的就报警了。

3. 证人罗累累（成都小吃店伙计）的证言：2008年9月17日凌晨4点左右，店里来了四个人，三女一男，大约吃了一个小时时间，期间有四五个客人来，有两个男的是一伙的。结账时是有一个女的先到外面结账，随后另外两个女的跟出来，那个男的也出来了，男的去上厕所，回来后问他三个朋友去哪儿了，其说早就走了。那个男问拉面馆在哪，过了一会儿又回来，嘴里还骂街，问看见他的包了吗，他进店找没找到，就给一个人打电话，过了会来一个男的，可能是歌厅经理，他报的警，把那三个小姐也叫回来了。

4. 证人王昌武（成都小吃店老板）的证言：2008年9月17日早晨4点多，来了四个客人，三女一男。5点多，三个女子中的一个跟其爱人结账，她们就走了。男的还在，后他找那三个女的，没找到，然后他说包丢了，打电话叫来一个男的，后来的男子打电话报警。

5. 证人李伟（丰台区丰益园歌厅小姐）的证言：2008年9月17日凌晨3点左右，其和男朋友李俊玉在暂住地，李接到了电话，后他说有事出去一趟。到9月17日早上5点左右，李东娜、“荣荣”（向玉玲）、刘艳三人来到其的屋内，进屋后就问李俊玉呢，这时李俊玉进来，将她们三人叫到隔壁那间屋，并说“你别过来了”。6点左右，其下楼买水，上楼时看见李俊玉、张峰以及一名不知道姓名的男子一起往外走，李俊玉还说“你赶紧回屋睡觉去吧”，之后李俊玉再也没有回来。当时那个不知姓名的男子手中提着一个白色不透明的塑料袋。

6. 侦查机关出具的破案报告证明：侦查机关接报案及抓获刘艳、李东娜的经过。

7. 被告人刘艳在侦查阶段的供述（2008年9月17日16时10分至18时15分）：2008年9月17日凌晨3时许，其与李冬娜、“荣荣”等人在歌厅楼下陪一个男客人喝酒。李冬娜冲其伸出两个手指。过了一会儿客人说“哥有钱，20万哪”，其才明白李冬娜的意思。之后李冬娜说“天这么晚了，你不给你宝贝打个电话”。后其给男朋友（马长生）打电话，接通后男友让其把电话给了李冬娜。后该男客人请其三个人去吃火锅，就打车向西去辣妹火锅店。由于火锅店没有营业，就到了旁边的成都小吃店吃饭喝酒。李冬娜把其叫出来，说长生和毛毛（李俊玉）一会儿过来，20万元哪，太诱人了。此时其已意识到她们已商量好偷客人的钱，但其没有反对。吃饭时，李冬娜小声说让把钱袋子挪到外边来，其说“客人在没办法挪”。之后李冬娜让“荣荣”一起上厕所，李冬娜又对其说“你过去坐哥旁边，跟哥喝杯酒”。其就坐到客人旁边和客人喝酒，客人要抽烟，让其帮忙从纸袋内取烟，这样其把钱袋递给客人，客人拿完烟后就顺手把钱袋子放在他的外侧了，这时李冬娜和“荣荣”上厕所回来了，坐在其和客人对面。客人往其身上靠，其顺势把双手搭在客人的肩上，说“来，亲一口”，这时看到毛毛和马长生前后脚进了小吃店，坐在客人身后的一张桌子上。因客人酒喝多了往其身上靠，其就顺势搂住他脖子，这时其看见其男朋友马长生探身准备拿放钱的纸袋，这时客人又直起身了。李冬娜随即过来坐在客人的腿上，双手搂着客人的脖子，其看见马长生拿着客人的钱袋子和毛毛出了小吃店，李冬娜又坐回原处。后其假借生客人的气离开小吃店。没走几步，李冬娜、"荣荣"和客人都出来了，李冬娜在打电话，其跟他们说"还不走"，这样就一起打车离开。下车后马长生打电话来让直接到毛毛家，此时李冬娜的手机响了，是领班打来的，李不敢接。到了毛毛家后，马长生站在屋内，床上有一塑料袋钱，约八九万元。马长生对李冬娜说"听谁说有 20 万元呀，还不到 10 万元，要知道就不拿了"。李冬娜说是客人说有 20 万元，同时把领班打电话的事也说了。毛毛说该怎么说怎么说，钱的事不知道，让把通话记录都删除。李冬娜给领班打了电话，其和李冬娜、"荣荣"就去了小吃店，到了后就被带回派出所。在烧烤店喝酒时，其知道客人有钱，只是想骗点钱，等到小吃店李冬娜跟其说完以后，其也就有了偷客人钱的想法，之后也就顺其自然地配合偷钱。

8. 被告人李东娜在侦查阶段的供述（2008 年 9 月 27 日 17 时 45 分至 19 时 55 分）：2008 年 9 月 17 日凌晨 2 点多，其和"荣荣"等人陪一个客人在歌厅楼下烧烤店吃饭，其给男友赵宏亮打电话，因无人接听，其打电话给龙哥，闲聊时说了一个客人找了七八个小姐，身上带了 20 多万元。过了一会儿刘艳从外面进来，坐在客人的旁边。吃完饭后，在门口刘艳搂着客人的脖子说她还没吃饱呢，让再找个地方喝点。其刚想走龙哥打电话过来，让刘艳接电话，其大概听到"去什么辣妹"。经理陈旭说"老梁喝了这么多酒，他身上带了 20 万元，别丢了，差不多弄 1 万就得了"，其说"弄 1 万回来给你好处费"，后几个人打车去了辣妹子火锅，因关门了就去了北边的成都小吃。到了成都小吃后，坐在靠北墙第三个桌子。点菜时刘艳单独出去了一趟，回来后又陪其上厕所，路上刘艳说"一会儿龙哥来"，其说"龙哥来是不是想那一笔钱呀"，刘说"20 万太诱惑了"，其后刘艳进店后，其把"荣荣"叫出来，说"一会儿龙哥就过来，要拿走这些钱"，"荣荣"说"那么黑干什么，20 万可是犯法的，咱们两个证件都在单位押着呢，打电话别让龙哥来"。其二人往回走，在成都小吃门口处就见龙哥来了。进去后，其和"荣荣"坐在一起，老梁和刘艳坐在对面，老梁的纸袋当时就放在桌下的左侧边。龙哥和李俊玉坐在其斜对面。刘艳搂住老梁上前亲，老梁站起身说我不喜欢你，然后就坐下了，龙哥见老梁站起身，上前要动手拿纸袋，结果老梁又马上坐下，没偷成。刘艳见龙哥没偷成又上前搂住老梁的脖子，龙哥见老梁转过身子的机会，他上前把桌下的纸袋拿走了。龙哥得手后李俊玉跟着离开。这时老梁说到外边解手，刘艳见老梁走了，她马上结账，趁这机会其等人就走了。到暂住地刚下车，李俊玉打电话给刘艳让去李的暂住地。到了后，龙哥问你们怎么回来了，其说是刘艳让回来的，龙哥就急了还骂，其看见李俊玉床上放的都是钱。在屋里几分钟，经理给其打电话让回成都小吃。其三人就打车回来，后被带回派出所。

9. 证人向玉玲的证言（2008 年 9 月 17 日 16 时 05 分至 18 时 40 分）：2008 年 9 月 16 日晚，有一个男客人到豪情丽人唱歌，9 月 17 日凌晨 2 点左右，客人要带其等人去吃饭。吃饭过程中，领班跟客人开玩笑，客人说他随身携带 20 万元。吃完饭后，客人叫了其、李东娜、小颖（刘艳）一起出去吃火锅，就一起去了亿客隆家具城辣小妹吃火锅，因火锅店关门，就到了旁边的成都小吃。进屋后，其坐在靠墙的位置，客人开始挨着其动手动脚，其换了位置。李东娜让其一起上厕所，出来后，李说咱们把那个客人的纸袋拿走，其说不行，里面钱太多了，如果想要的话，就从里面抽出几张，你们太黑了。回到饭店，其看见李东娜的弟弟毛毛和小颖的男朋友坐在旁边的座位吃饭。李东娜就坐在客人的腿上开始聊天，客人就叫李东娜滚。在叫其出去之前，李东娜和小颖出去过一次。李东娜从客人腿上下来后，小颖抱着客人的头聊天，客人生气让她滚开，小颖就出去了，客人也随着出去了，李东娜随着客人后面走出去，回头叫其赶紧走。出了饭馆就拐入右侧的胡同，后打车回到毛毛家。到毛毛家后，其听见有人说这钱根本不够 20 万元，连 10 万元都不够，毛毛问李东娜那客人会不会报警，李东娜说可能会。李东娜和小颖先回的住处，5 分钟后回来说歌厅经理打电话让去一趟成都小吃，到后就被带回派出所。

10. 证人向玉玲的证言（2009 年 9 月 18 日 14 时 05 分至 17 时 30 分）：李东娜和刘艳两人出去了，干什么其也不知道。当时这客人坐在其身边总动手动脚，当她俩回来后，其冲李东娜使眼色意思是不想坐客人身边，李东娜就让刘艳和其换座位让她坐客人身边去。这样，其从墙边拿起客人装钱的纸袋子放到客人两腿中间让他自己夹着。其坐过去以后没一会儿，李东娜又叫其跟她出去，说："咱们一会儿把那客人的钱提走。'其说："你们太黑了，20 万要坐牢的。要我就从他袋子里抽几张或拿一万就够了。"李东娜问其："那怎么办呀?"其说："我不管。"扭头其就进店里了。其一进去就看见龙哥和毛毛两人坐在一进门中间一排的最后一张桌上，龙哥背对着那客人，毛毛面冲店门坐着，他们就坐在我们斜后方，都互相装作不认识。坐下后，刘艳就搂过客人脖子和他亲吻，当时客人面冲刘艳背对着他的纸袋，因为其和李东娜回屋时就看见这纸袋子放在客人自己脚下靠桌腿处外侧，不是刘艳就是客人放的。这时，李东娜又过去坐在客人腿上假装亲热，其就知道她俩在做掩护为让龙哥偷钱，其也拿起啤酒瓶说："你们都少喝点"，后其给客人倒了半杯啤酒。随后，其就没看见龙哥和毛毛，那纸袋也没了，前后也就一分钟。得手后李东娜从客人身上起来回到座位上，刘艳也推开客人，客人生气说滚，刘艳也假装生气，这客人起身去厕所，刘艳装作很生气的样子要走出去，边走边说"东娜快走"。李东娜又叫其一起走。出去后打出租车，车上李东娜接一电话后说去毛毛暂住地。到了毛毛家后，其看见客人纸袋也放在靠墙处，毛毛说"哪有 20 万块钱，才 9 万多块钱"，龙哥也是骂骂咧咧。没一会儿，领班给李东娜打电话说客人钱丢了，让回成都小吃核实一下。后刘艳说"如果警察找咱们录口供，你就该怎么说就怎么说，只当这事没发生过"。毛毛又说"你该怎么说就怎么说，别提见过我和龙哥的事"。李东娜把自己手机里储存的龙哥和毛毛的手机号全删掉后，三人就回成都小吃。

11. 侦查机关出具的破案报告，证明本案的侦破及刘艳、李东娜的归案情况。

12. 北京市公安局丰台分局预审处的工作说明：李东娜、刘艳盗窃一案中的同案犯"李俊玉"、"马长生"仍在查找过程中。

13. 北京市公安局丰台分局刑侦支队出具的工作说明：该队办理梁琦被盗案，经工作发现向玉玲、刘艳、李东娜有作案嫌疑，经初步对三人分别讯问，向玉玲首先供认了主要犯罪事实并同时交代"龙哥"、"毛毛"的基本情况并协助公安机关到二人暂住地实施抓捕。

（五）二审判案理由

北京市第二中级人民法院经审理认为：一审法院简化适用刑事普通程序审理刘艳、李东娜犯盗窃罪一案不当，可能影响公正审判。

（六）二审定案结论

北京市第二中级人民法院依照《中华人民共和国刑事诉讼法》第一百九十一条第（五）

项，作出如下裁定：

1. 撤销北京市丰台区人民法院（2009）丰刑初字第215号刑事判决。

2. 发回北京市丰台区人民法院重新审判。

（七）解说

本案基本事实清楚，基本证据确实、充分。虽然刘艳、李东娜的供述均将主要责任推给了对方，否认提起犯意、联系马长生、李俊玉，但不可否认的是，二人均承认在到了成都小吃店后得知了要对梁琦实施盗窃。从证人向玉玲的证言看，李东娜给向玉玲传达了要盗窃的意图，在马长生、李俊玉到达现场后，刘艳、李东娜均和梁琦有亲密举动，以吸引梁琦的注意，得手后刘艳率先离开并招呼李东娜快走，回到李俊玉的住处，刘艳、李东娜均对盗窃的完成没有异议，且刘艳在回成都小吃店前还对向玉玲有交代，李东娜有删除信息的举动。通过上述情况，刘艳、李东娜虽然没有直接实施盗窃行为，但二人勾结马长生、李俊玉并为后者提供掩护，已构成共同犯罪。目前马长生、李俊玉在逃，犯意的形成、事前的分工安排由于二人相互推卸责任，不好确认，但在共同犯罪中，刘艳、李东娜并非处于次要或从属地位，不应认定为从犯。

刘艳、李东娜在接到歌厅经理电话后，回到成都小吃店，虽然派出所询问时都没有承认犯罪，但在随后的讯问中，都供认了主要犯罪事实。二审期间，检察员调取了公安机关出具的新的工作说明，显示是由向玉玲率先供述，但在案的讯问笔录表明，侦查人员对刘艳等三人的讯问时间存在重叠，还是应认定刘艳、李东娜系自动投案后，如实交代自己的主要犯罪事实。关键的问题是，刘艳、李东娜在一审的当庭供述能否认为是翻供，刘艳一审当庭供称不知道“龙哥”来干什么，不知道要偷钱，认罪是因为自己也在现场；李东娜供称刘艳在小吃店时向其直接说了拿钱，偷了什么钱不知道。刘艳的供述否认了预谋、否认了参与掩护行为，该供述已根本推翻了其在侦查阶段的有罪供述，并不能适用认罪程序审理，更不能认定为如实供述具有自首情节。一审法院程序严重违法，在被告人不认罪的情况下，适用认罪程序审理，且根据北京市高级人民法院、市检、司法局颁发的《关于简化适用刑事普通程序审理被告人认罪案件实施细则》，未给刘艳、李东娜指定辩护人。故检察机关抗诉及二审出庭意见正确，应对该案发回重审。

（北京市第二中级人民法院　邱波）

93. 陈学正等盗伐林木案
（变更指控罪名）

（一）首部

1. 判决书字号：云南省寻甸回族彝族自治县人民法院（2009）寻刑初字第127号。

2. 案由：盗伐林木案。

3. 诉讼双方

公诉机关：云南省寻甸回族彝族自治县人民检察院，代理检察员：舒余魁、彭朝柱。

被告人：陈学正，男，1969 年 4 月 23 日出生于云南省寻甸县，汉族，高中文化，农民，寻甸县七星乡高田村委会副主任兼文书，七星乡人大代表，住寻甸县七星乡高田村。

辩护人：周应祥，云南博奕律师事务所律师。

辩护人：高兴堂，云南红塔律师事务所昆明分所律师。

被告人：祖万云，男，1971 年 1 月 6 日出生于云南省昭通市，汉族，小学文化，农民，住石林县板桥乡。

辩护人：王为、燕鸿，云南中天律师事务所律师。

4. 审级：一审。

5. 审判机关和审判组织

审判机关：云南省寻甸回族彝族自治县人民法院。

合议庭组成人员：审判长：谭继林；审判员：李丽、梁军。

6. 审结时间：2009 年 8 月 24 日。

（二）诉辩主张

1. 公诉机关指控称

2007 年 11 月 21 日，被告人陈学正与七星乡高田村委会鲁口哨村村民小组组长陈胜有签订《荒山承包经营合同》，承包经营鲁口哨村丁家地皮坡山，期限 50 年，自 2007 年 12 月 1 日起至 2058 年 11 月 30 日止。鲁口哨村丁家地皮坡山属高田村委会鲁口哨村集体所有，是 2001 年“天保”工程造林地。陈学正与陈胜有签订的《荒山承包经营合同》未依法取得村民会议或村民代表的同意。后陈学正与祖万云合伙在丁家地皮坡山上种植经济林木，于 2008 年 12 月 15 日至 27 日租用挖掘机在丁家地皮坡山林地内翻挖林地，毁坏林地 57.9 亩，损毁幼树 7 530 株，价值人民币 16 400 元。

公诉机关认为：被告人陈学正、祖万云故意毁坏公私财物，数额较大，其行为已触犯《中华人民共和国刑法》第二十五条、第二百七十五条之规定，应当以故意毁坏财物罪追究其刑事责任。

2. 被告辩称

被告人陈学正对指控证据及指控事实均提出异议。认为：承包合同是经过村民代表大会同意的。只知道是集体林地，不知道是“天保”工程造林地。没有挖掉那么多树，只有三四百棵。

其辩护人的辩护意见为：（1）指控证据中证实丁家地皮坡山是“天保林”的证据不充分，没有佐证。核查报告上无核查人员签名是无效的，7 530 株的推算不准确，被其损毁的树苗全部放置在守山房内，可以数幼树来确定毁坏的幼树数量，而不应采用评测、推算方法。并且核查报告是在立案前作出，作出单位无核查权。鉴定报告也是无效的，无鉴定人资质，也无调查资料，依据的是无效的核查报告。（2）指控罪名不成立。因为被告人主观上没有损坏财物的直接故意，其签订了合法有效的荒山承包经营合同，取得承包经营权，在开垦种植过程中，没有故意毁坏幼树的想法。客观方面，其也没有具体实施损坏公私财物的行为，没有大面积毁坏已种植幼树，被告人开荒种地不需要向任何单位和组织立项报批，其种树过程中，毁坏了少量幼树，并不构成犯罪。而且通过他的努力，已将荒山变为林地，故请宣判被告人陈学正无罪。

被告人祖万云辩称：翻挖是为了种树，为了藏柏成活率高，我们没有挖那么多树，仅挖了三四百棵，认不得是“天保林”。

其辩护人的辩护意见为：(1) 祖万云不具有故意毁坏公私财物的主观心态，荒山承包经营合同中，村委会、村民小组、七星林业站均确认了丁家地皮坡山是荒山，但也不否认承包范围内有零星林木存在，合同明确承包人享有经营自主权，未约定承包人对承包范围内的林木不能处置。(2) 对翻挖面积 57.9 亩不持异议，但对损毁 7 530 株的数量有异议。核查报告内容和形式上存在问题，作为重要证据，除非实物不存在的情况下，方可通过评估方式确定数量及质量，本案中，两被告人已陈述损毁的幼树只有三四百棵，林业局制作的报案材料数量是六百余棵，对同一事实存在证据不一的情况下，从有利于被告人的证据采纳原则，应认定毁坏幼树 600 株。(3) 鉴定报告存在鉴定程序不合法、鉴定机构和鉴定人员不具有林业资源评估鉴定资质的问题，而且检材是不具有证据效力的核查报告，故对损毁价值不能以 16 400 元计。(4) 两被告人投资近 20 万元栽种两万多株藏柏，已通过林业站的验收，并收到了实际的效益。涉案地点现由荒山变为绿地，未给社会造成实际危害，应宣告祖万云无罪。

(三) 事实和证据

寻甸回族彝族自治县人民法院经公开审理查明：2007 年 11 月 21 日，被告人陈学正与七星乡高田村委会鲁口哨村村民小组组长陈胜有签订《荒山承包经营合同》，承包经营鲁口哨村丁家地皮坡山，期限 50 年，自 2007 年 12 月 1 日起至 2058 年 11 月 30 日止。2008 年 4 月 15 日寻甸县林业局的森林、林木、林地状况登记表表明，鲁口哨村丁家地皮坡山林地、林木所有权，林地、林木使用权均属高田村委会鲁口哨村集体所有。被告人陈学正与祖万云合伙在丁家地皮坡山上种植经济林木，由被告人祖万云从嵩明租赁挖掘机于 2008 年 12 月 15 日至 27 日在丁家地皮坡山翻挖林地，造成林地毁坏 57.9 亩，损毁幼树 7 530 株，经鉴定价值人民币16 400元。2009 年 7 月 16 日，寻甸县林业局对被告人陈学正与祖万云所翻挖林地内种植的藏柏进行调查，所种植藏柏成活率较高。

上述事实有下列证据证明：

现场勘查笔录、照片，证人证言，被告人供述及指认笔录、照片，鉴定结论及辩护人出示的藏柏种植照片，退耕还林调查记录表等。

(四) 判案理由

寻甸回族彝族自治县人民法院经审理认为：被告人陈学正、祖万云违反国家保护森林法规，明知丁家地皮坡山林地、林木属鲁口哨村集体所有的情况下，未经林业行政主管部门及法律规定的其他主管部门批准并核发林木采伐许可证，以非法占有为目的，擅自砍伐集体所有的林木，数量巨大，其行为均已构成盗伐林木罪。本院依法予以变更公诉机关的指控罪名。本院认为被告人陈学正与陈胜有签订的承包合同是否有效对本案的定性没有影响。《中华人民共和国森林法》第三十二条明确规定，采伐林木必须申请采伐许可证，按许可证的规定进行采伐；农村居民采伐自留地和房前屋后个人所有的零星林木除外。最高人民法院《关于审理破坏森林资源刑事案件具体应用法律若干问题的解释》第三条第（二）项规定，以非法占有为目的，擅自砍伐本单位或本人承包经营管理的森林或其他林木的，以盗伐林木罪定罪。被告人承包的丁家地皮坡山林地、林木所有权属鲁口哨村集体所有，二被告人是明知的，被告人陈学正、祖万云要砍伐所承包林地内的幼树必须经过林业主管部门的批准并取得采伐许可证，故被告人陈学正、祖万云没有经过林业主管部门批准擅自翻挖属集体所有的本人承包的幼树，其行为应当以盗伐林木罪定罪，故辩护人称被告人开荒种地不需要向任何单位立项报批及对承包林地内林木有处置权及被告人无罪的辩护意见本院不予采纳。本案案发时，被采伐的林木堆放在陈学正守山房内，可采用实物鉴定法，而核查报告是由具有相应资质的核查人员采用推算方法得出核查结论，是在没有任何意外及人为因素的情况下作出的推算报告，本院对核查报告结论予以采纳。鉴定报告也是由具有相应资质的鉴定人员、鉴定机构作出，本院对鉴定结论予以采纳。故对辩护人辩称不予采纳核查报告及鉴定报告的辩护意见本院不予采纳。证人证言及公诉机关出具的第4、7组书证以及从陈学正守山房内幼树照片可以证实陈学正所承包的丁家地皮坡山属人工造林地，并不是如辩护人出示的36名村民证言证实的仅有刺蓬、杂草，根本没有树或仅有几十棵树，故本院对辩护人出示的该组证据不予采纳，对二被告人辩护仅挖了三四百棵树的辩护意见不予采纳。

（五）定案结论

寻甸回族彝族自治县人民法院依照《中华人民共和国刑法》第三百四十五条第一款、第二十五条第一款、第七十二条第一款，作出如下判决：

1. 陈学正犯盗伐林木罪，判处有期徒刑三年，缓刑四年，并处罚金人民币2 000元。
2. 祖万云犯盗伐林木罪，判处有期徒刑三年，缓刑四年，并处罚金人民币2 000元。

（六）解说

1. 本案中，被告人陈学正、祖万云的行为是否构成指控罪名？

公诉机关指控被告人犯故意毁坏财物罪，故意毁坏财物罪是指故意毁灭或者损坏公私财物，数额较大或者有其他严重情节的行为，犯罪的目的不是非法获取财物，而是将财物毁坏，犯罪的动机各种各样，一般是出于个人报复或忌妒等心理。故意毁坏财物行为指向的一般是特定的财物，而本案中是特定的对象——森林资源，二被告人与村委会签订了承包经营合同，二被告人主观上没有损毁财物的故意，二被告人租用挖掘机翻挖林地，造成林地毁坏、幼树损毁的行为显然不能以故意毁坏财物罪定罪。

2. 二被告人的行为应当构成何罪？

《森林法》规定，采伐林木必须申请采伐许可证，按许可证的规定进行采伐。最高人民法院《关于审理破坏森林资源刑事案件具体应用法律若干问题的解释》第三条第（二）项规定，以非法占有为目的，擅自砍伐本单位或本人承包经营管理的森林或者其他林木，数量较大的，应当以盗伐林木罪定罪处罚。本案中，二被告人所承包的丁家地皮坡山林地、林木所有权属七星乡高田村委会鲁口哨村，二被告人是明知的，而二被告人没有经过林业行政主管部门及法律规定的其他主管部门批准并核发林木采伐许可证，以非法占有为目的，擅自砍伐集体所有的林木，二被告人的行为应当构成盗伐林木罪。

3. 法院变更罪名是否程序合法？

本案中，公诉机关指控罪名是故意毁坏财物罪，而法院经审理认为被告人行为不构成指控罪名而是应当构成盗伐林木罪，那么法院应当怎么做呢？法院能否变更罪名定罪量刑？法院变更罪名是否合法？

若法院变更罪名，而公诉机关并未指控，那么新的罪名是谁给的呢？是法院强加的，那么法院成了第二公诉人了。公诉机关只起诉被告人构成这个罪，而现在法院强加给另一个罪名，这等于法院成为了第二公诉人。按照法理，法院应当是居中裁判，即中立，所谓中立，是指裁判者在控辩双方之间保持不偏不倚的态度，给双方平等的对待。法院变更罪名，违反了中立性，法院变成原告了，变更罪名应当是公诉机关变更指控罪名，法院再来裁判，但在实践中，要求检察机关将案件撤回去，重新以新罪名起诉，存在一些困难，公诉机关认为反正被告人是构成犯罪，我们已经起诉了，你们法院不可能判无罪，事实也如此，法院不可能仅就指控的罪名来看，被告人行为不构成指控罪名就判被告人无罪，因为法院从不放纵任何一个犯罪分子和打击犯罪的角度来考虑，只能变更罪名，这样也节约了诉讼成本。但这样做实际上又与中立裁判背道而驰了，虽然结果可能是一样的，但程序上可能是违法的。故司法实践中，遇到类似情况，法院应当如何处理，变更罪名程序上是否合法是一个值得商榷的问题。

（云南省寻甸回族彝族自治县人民法院　李丽）

94. 李向优等故意伤害案（疑罪从无原则的适用）

（一）首部

1. 判决书字号：福建省霞浦县人民法院（2009）霞少刑初字第7号。

2. 案由：故意伤害案。

3. 诉讼双方

公诉机关：福建省霞浦县人民检察院，检察员：高陈清。

附带民事诉讼原告人：李美南，男，1976年11月20日出生，汉族，初中文化，个体经营户。系本案被害人。

诉讼代理人：吴炳烨，福建星龙律师事务所律师。

附带民事诉讼原告人：陈诚，男，1983年3月12日出生，汉族，初中文化，个体经营户。系本案被害人。

被告人：林光，男，1982年9月18日出生，汉族，初中文化，无业。因本案于2008

年7月31日被刑事拘留，同年9月5日被逮捕。

被告人：苏斌喜，男，1986年10月1日出生，汉族，小学文化，无业。2006年5月16日因犯故意伤害罪被判处有期徒刑一年八个月，2008年1月15日刑满释放。因本案于2008年8月5日被刑事拘留，同年9月5日被逮捕。

被告人：李向优，男，1988年4月27日出生，汉族，小学文化，无业。2006年10月26日因犯故意伤害罪被判处有期徒刑十个月，2007年4月26日刑满释放。因本案于2008年11月10日被逮捕。

被告人：李丰玲（绰号“猪仔”），男，1978年6月21日出生，汉族，初中文化，无业。因本案于2008年8月5日被刑事拘留，同年9月5日被逮捕。

辩护人：陈言峰，霞浦县法律援助中心律师。

被告人：李伏信，男，1987年11月10日出生，汉族，小学文化，无业。因本案于2008年9月2日被刑事拘留，同年9月5日被逮捕。

附带民事诉讼被告人：李捷冬，男，1961年12月4日出生，汉族，小学文化，农民。系被告人李向优之父。

4. 审级：一审。

5. 审判机关和审判组织

审判机关：福建省霞浦县人民法院。

合议庭组成人员：审判长：陈晓红；审判员：朱春彝；人民陪审员：郑小莹。

6. 审结时间：2009年10月15日。

（二）诉辩主张

1. 公诉机关指控称

（1）被告人林光、李丰玲、苏斌喜、李伏信、李向优故意伤害的事实：

2008年7月5日上午10时许，被告人林光在本县松城街道北门外玄坛宫二楼活动室内因打牌与李美南发生争执，当日13时许，被告人林光召集被告人苏斌喜、李丰玲、李伏信、李向优、同案人黄良峰（另案处理）等人持刀在北门外玄坛宫二楼活动室内将被害人李美南砍伤。经法医学伤情检验鉴定，被害人李美南的伤为重伤、八级伤残。

（2）被告人李向优故意伤害的事实：

2005年11月27日16时许，同案人郑臣武（已判决）在本县沙江镇源兴网吧上网，因曾欠上网费用一事与经营该网吧的陈诚发生争执。当日20时许，郑臣武纠集了被告人李向优、同案人郑宜健（已判决）等人到源兴网吧，持菜刀对被害人陈诚乱砍，致陈诚的手、脚多处被砍伤，陈诚的姐姐陈雪劝架时手部也被砍伤。经法医学伤情检验鉴定，被害人陈诚的伤为重伤、七级伤残。

公诉机关认为，被告人林光、李丰玲、苏斌喜、李伏信、李向优故意伤害他人身体致人重伤，其行为均触犯了《中华人民共和国刑法》第二百三十四条第二款的规定，犯罪事实清楚，证据确实、充分，应当以故意伤害罪追究上述五被告人的刑事责任。被告人苏斌喜、李向优均因故意犯罪被判处有期徒刑以上刑罚，在刑罚执行完毕以后五年内故意再犯应当判处有期徒刑以上刑罚之罪，根据《中华人民共和国刑法》第六十五条的规定，是累犯，均应当从重处罚。被告人李向优在2005年犯罪时年已满16周岁不满18周岁，根据《中华人民共和国刑法》第十七条第一、三款的规定，应当从轻或减轻处罚。

2. 附带民事诉讼原告诉称

附带民事诉讼原告人李美南诉请判令被告人林光、李丰玲、苏斌喜、李伏信、李向优赔偿医疗费22 318.46元、护理费1 776元、误工费8 064元、住院伙食补助费480元、交通费990元、残疾赔偿金107 766元，法医鉴定等费用255元，共计人民币141 649.46元。

附带民事诉讼原告人陈诚诉请判令被告人李向优及附带民事诉讼被告人李捷冬赔偿其经济损失人民币58 621.19元。

3. 被告辩称

被告人林光、李丰玲、李伏信对公诉机关指控的犯罪事实及罪名均无异议。

被告人李丰玲的辩护人的辩护意见为：被害人李美南的重伤结果非被告人李丰玲造成，且其主观恶性程度相对较小，认罪态度好，又系偶犯，故请求对被告人李丰玲从轻处罚。

被告人苏斌喜辩称：该起犯罪其虽有参与，但未持刀，亦未动手伤害李美南。

被告人李向优对公诉机关指控的第一起犯罪，辩称：该起犯罪其虽参与，但未持刀；对指控的第二起犯罪，辩称：其未参与伤害陈诚。

对附带民事部分，被告人林光、李丰玲、苏斌喜、李伏信、李向优均认为，应当赔偿被害人李美南的经济损失，但目前无能力赔偿；被告人李向优认为，其不应对被害人陈诚的经济损失承担赔偿责任。

（三）事实和证据

霞浦县人民法院经公开审理查明：2008年7月5日上午10时许，被告人林光与李美南在霞浦县松城街道北门外玄坛宫二楼活动室内观看他人打牌时发生争执，遂思报复。当日13时许，被告人林光召集被告人李丰玲、苏斌喜、李向优、李伏信及同案人黄良峰（另案处理）等人来到北门外玄坛宫二楼活动室，林光指认并第一个冲上前持匕首捅李美南，李丰玲、苏斌喜、李向优、李伏信、黄良峰随后持刀围砍李美南，致李腹部积血、横结肠破裂，四肢多处受伤，头皮裂伤。经法医学伤情检验鉴定，被害人李美南的伤属重伤、八级伤残。

被告人李丰玲到案后，协助公安机关抓获被告人苏斌喜。

另查明，被告人林光、苏斌喜、李向优、李丰玲、李伏信等人的故意伤害行为造成附带民事诉讼原告人李美南的经济损失为：附带民事诉讼原告人李美南被砍伤住院治疗24天，花费医疗费18 718.46元，住院伙食补助费432元，误工费8 064元，残疾赔偿金107 766元，护理费1 776元，交通费990元，法医鉴定费用255元，共计人民币138 001.46元。

上述事实有下列证据证明：

1. 被害人李美南陈述、证人陈伟、郑振东证言及辨认笔录、辨认照片，证实2008年7月5日上午10时许，李美南与林光在本县北门外玄坛宫二楼活动室内观看他人打牌时发生争执，当日下午，林光就带人持刀来到北门外玄坛宫二楼活动室将李美南砍伤。被害人李美南还辨认出李丰玲、苏斌喜是案发当天和林光一起将其砍伤的其中二人。

2. 证人陈孝电证言，证实案发当天，李向优曾打电话告诉其李美南被打一事。

3. 霞浦县公安局霞公刑技法伤检鉴字（2008）第A169号、（2008）第A264号法医学伤情检验鉴定书及相关疾病证明材料、伤检照片，证实李美南被砍打致腹部积血、横结肠破裂，四肢多处受伤，头皮裂伤，其损伤程度经法医鉴定属重伤、八级伤残。

4. 霞浦县公安局扣押物品清单、作案凶器照片，证实公安机关从被告人林光处提取到林光刺伤李美南的匕首1把。

5. 霞浦县公安局出具的抓获经过及情况说明，证实公安机关抓获被告人林光、李丰玲、李伏信、李向优的经过以及被告人李丰玲到案后，协助公安机关抓获被告人苏斌喜的事实。

6.（2006）霞刑初字第123号、（2006）霞刑初字第190号刑事判决书，证实被告人苏斌喜、李向优的前科情况及刑满释放时间。

7. 被告人林光、苏斌喜、李向优、李丰玲、李伏信的户籍证明，证实本案五被告人的年龄、身份情况。

8. 被告人林光供述及其辨认笔录、辨认照片，证实2008年7月5日上午，其与李美南在本县北门外玄坛宫二楼活动室观看他人打牌时发生争执，其被李美南打了，后被人劝开，其不服气，遂叫绰号“猪仔”的李丰玲联系小弟报复李美南，而后其持匕首与李丰玲、苏斌喜、李伏信及李丰玲叫来的两个朋友等人一起持刀到北门外玄坛宫二楼活动室内，其第一个冲进去朝李美南肚子刺了两下，接着李丰玲等人持刀围过去对李美南乱砍。

9. 被告人李丰玲供述及其辨认笔录、辨认照片，证实2008年7月5日上午，林光以被李美南打了为由，叫其联系小弟去报复李美南，后其联系了苏斌喜、李向优、李伏信、黄良峰等人，与林光一起持刀来到本县北门外玄坛宫二楼活动室，林光持匕首第一个冲进去刺李美南，随后其与苏斌喜、李伏信、李向优、黄良峰等人也持刀冲过去，将李美南砍倒在地。

10. 被告人苏斌喜供述及其辨认笔录、辨认照片，证实2008年7月5日下午，经李丰玲联系，其与李丰玲、李伏信、黄良峰、李向优在林光的带领下来到北门外玄坛宫二楼活动室，林光、李伏信、黄良峰、李向优持刀将一个正在打牌的男青年砍伤。

11. 被告人李伏信供述及其辨认笔录、辨认照片，证实2008年7月5日上午，李丰玲打电话告诉其林光被人打了，要找人报复，后林光持匕首与其、李丰玲、苏斌喜、李向优、黄良峰一起到北门外玄坛宫二楼活动室，林光、李丰玲、苏斌喜、李向优、黄良峰持刀砍伤李美南。

12. 被告人李向优供述及其辨认笔录、辨认照片，证实2008年7月5日上午，李丰玲打电话告诉李伏信，林光被人打了，要找人报复，后其与林光、李丰玲、李伏信、苏斌喜一起来到北门外玄坛宫二楼活动室，林光、李伏信、李丰玲、苏斌喜等人持刀砍伤李美南以及案发当天其曾在六一七路400号京杂店打电话将李美南被打一事告知陈孝电。

13. 医疗费票据、法医学伤情检验鉴定书及霞浦县医院住院病历、出院记录等相关疾病证明材料，证实李美南被砍伤住院治疗24天，共花费医疗费18 718.46元；其伤残等级程度于2008年10月9日经鉴定属八级伤残，至定残日前一天止误工时间为96天的事实。

14. 霞浦县松城街道集贤社区居民委员会出具的证明，证实李美南于1983年起至今居住在霞浦县松城街道集贤社区目海路86—8号的事实。

15. 被害人李美南身份证复印件，证实李美南身份、年龄等基本情况。

(四) 判案理由

霞浦县人民法院经审理认为：被告人林光、苏斌喜、李向优、李丰玲、李伏信结伙故意伤害他人身体，致一人重伤、八级伤残，其行为均已构成故意伤害罪。公诉机关指控的罪名成立，但其中指控被告人李向优参与共同故意伤害陈诚的事实不清，证据不足，该项指控不能成立，应予纠正。被告人苏斌喜、李向优均曾因犯故意伤害罪被判处有期徒刑，刑罚执行完毕后五年以内，又犯应判处有期徒刑以上刑罚之罪，均系累犯，依法均应予从重处罚。被告人李丰玲到案后，协助公安机关抓捕同案犯，具有立功表现，可予以从轻处罚。被告人林光、苏斌喜、李向优、李丰玲、李伏信等人的犯罪行为致使附带民事诉讼原告人李美南遭受经济损失，应予以赔偿，但具体的赔偿项目数额应参照相关法律的规定予以确认。被告人林光、苏斌喜、李向优、李丰玲、李伏信应赔偿附带民事诉讼原告人李美南医疗费、误工费、护理费、住院伙食补助费、残疾赔偿金、交通费、法医鉴定费用等经济损失，共计人民币138 001.46元。附带民事诉讼原告人陈诚提出要求被告人李向优及附带民事诉讼被告人李捷冬赔偿经济损失的诉讼请求，不予支持。

（五）定案结论

霞浦县人民法院依照《中华人民共和国刑法》第二百三十四条第二款、第二十五条第一款、第六十五条第一款、第六十八条、第六十四条、第三十六条第一款和最高人民法院《关于处理自首和立功具体应用法律若干问题的解释》第五条、《中华人民共和国民法通则》第一百一十九条、第一百三十条、最高人民法院《关于审理人身损害赔偿案件适用法律若干问题的解释》第十七条，作出如下判决：

1. 林光犯故意伤害罪，判处有期徒刑五年。
2. 苏斌喜犯故意伤害罪，判处有期徒刑四年三个月。
3. 李向优犯故意伤害罪，判处有期徒刑四年三个月。
4. 李丰玲犯故意伤害罪，判处有期徒刑四年。
5. 李伏信犯故意伤害罪，判处有期徒刑三年六个月。
6. 林光、苏斌喜、李向优、李丰玲、李伏信共同赔偿附带民事诉讼原告人李美南经济损失计人民币138 001.46元，应于判决生效后一个月内付清。上述被告人对附带民事诉讼原告人李美南的经济损失承担连带赔偿责任。
7. 附带民事诉讼被告人李捷冬对附带民事诉讼原告人陈诚的经济损失不承担赔偿责任。
8. 现扣押于公安机关的作案工具匕首1把，予以没收。

（六）解说

本案在审理时，对公诉机关指控李向优参与共同故意伤害陈诚一节的事实是否成立存在争议，检察机关指控李向优参与共同故意伤害陈诚，笔者认为，检察机关指控李向优参与共同故意伤害陈诚的事实不能成立，本案虽然不能完全排除李向优作案的嫌疑，但本案现有证据尚不足以认定李向优参与共同故意伤害陈诚的犯罪，属“刑事疑罪”，应采用“疑罪从无”的原则，依法认定检察机关指控李向优参与共同故意伤害陈诚的事实不清，证据不足，该项指控不能成立。

从本案的情况来看，首先，在案证据中虽被害人陈诚、证人陈雪和汤祥均辨认出李向优有参与伤害陈诚，但上述辨认是在案发约两年半后才作出，辨认人的记忆及辨认前对被告人的认知都有一定的问题，且被害人陈诚陈述中讲到其听同村人黄宗波、俞承杰说李向优是参与砍其的其中一人，属于传来事实，该事实未能得到原始证人黄宗波、俞承杰证言的印证。其次，同案人郑臣武、郑宜健始终未供述李向优有参与该节犯罪，且李向优本人自始至终否认该节犯罪事实，由此可见，公诉机关指控李向优参与伤害陈诚的事实不清，证据不足，该项指控不能成立；李向优该辩解有理，应予以采纳。

作为刑事案件，必须坚持严格的法定证明标准，即犯罪事实清楚，证据确实、充分。运用证据定罪，前提是证据本身一定要真实、可靠。检察机关指控李向优参与共同故意伤害陈诚的证据仅有被害人陈诚传来的陈述、被害人陈诚、证人陈雪和汤祥在案发约两年半后才作出的辨认笔录，再无其他证据佐证。且已被判刑的同案人郑臣武、郑宜健始终未供述李向优有参与该节犯罪，李向优本人自始至终否认该节犯罪事实。由此可见，认定李向优参与共同故意伤害陈诚缺乏能形成锁链的具有排他性的证据。本案尽管不能全面排除李向优作案的嫌疑，但结合全案的事实及证据加以综合判定，仍应适用“疑罪从无”的原则。本案法院鉴于认定李向优参与共同故意伤害陈诚的证据未达到法定证明标准，依法作出检察机关指控李向优参与共同故意伤害陈诚的事实不清，证据不足，该项指控不能成立的判决是正确的。

（福建省霞浦县人民法院　陈晓红）

95. 侯晓东被控诈骗裁定准许撤诉案（撤回起诉、撤回上诉）

（一）首部

1. 裁定书字号

一审裁定书：辽宁省铁岭市清河区人民法院（2008）清刑初字第46号。

二审裁定书：辽宁省铁岭市中级人民法院（2009）铁刑二终字第37号。

2. 案由：诈骗案。

3. 诉讼双方

公诉机关：辽宁省铁岭市清河区人民检察院，检察员：王文慧。

被告人（上诉人）：侯晓东，男，1967年2月10日出生，汉族，辽宁省沈阳市人。2008年8月28日因本案被逮捕。

辩护人：刘安财，辽宁申扬律师事务所律师。

4. 审级：二审。

5. 审判机关和审判组织

一审法院：辽宁省铁岭市清河区人民法院。

合议庭组成人员：审判长：梁勇；审判员：孙迪、王东。

二审法院：辽宁省铁岭市中级人民法院。

合议庭组成人员：审判长：孙元；审判员：王建鹏、朱存根。

6. 审结时间

一审审结时间：2009 年 2 月 17 日。

二审审结时间：2009 年 3 月 19 日。

（二）一审情况

1. 一审诉辩主张

（1）公诉机关指控称

2007 年 4 月，被告人侯晓东与被害人柏立新经人介绍在电话中结识，侯自称是辽宁省农委国际交流中心职工（该中心于 2007 年 6 月份解体）。一个月后，侯假意到柏的“铁岭市百利鑫科技开发有限公司”考察，并拿出 2005 年办事剩下的“中小企业科技申请表”和从省农委随手拿的“新农村农业现代化示范区登记表”让柏填写，柏填写完后侯予以丢弃，2007 年 5 月至 6 月间侯先后答应为柏办理农业产业化项目资金 30 万～50 万元、设备改造资金 20 万～30 万元及指标贷款 150 万～200 万元，并以立项费、可研报告费、税费、招待费、评估费等借口多次向柏立新索要费用总计 6.5 万元，而事实上侯并没有办这三件事的能力，也未实际运作此三件事。2007 年 11 月柏感到被骗后多次追侯还款，侯只还 3 000 元后就拒不还款。案发后，侯又偿还柏 1.5 万元，其余被其挥霍、占有。

（2）被告辩称

侯晓东辩称其并没有非法占有的目的，其实际运作了这三件事，只是由于其他原因没有办成。表示愿意返还其余款项。

2. 一审事实和证据

铁岭市清河区人民法院经公开审理认定以下证据：被告人侯晓东供述；被害人柏立新陈述；证人刘玉生、赫坤、唐春福、李秀丽证言；情况说明、证实材料、转账凭证及存款回执、各种申请表、扣押返还物品清单、报案材料、抓捕经过等书证。

审理中，铁岭市清河区人民检察院申请撤回起诉。

3. 一审判案理由

铁岭市清河区人民法院经审理认为：清河区人民检察院在判决宣告前，要求撤回起诉，符合法律规定。

4. 一审定案结论

铁岭市清河区人民法院依照最高人民法院《关于执行〈中华人民共和国刑事诉讼法〉若干问题的解释》第一百七十七条，作出如下裁定：

准许铁岭市清河区人民检察院撤回起诉。

（三）二审诉辩主张

上诉人侯晓东诉称：一审法院未提及检察院的撤诉理由，亦未说明准许检察院撤诉的原因。

案件受理后，侯晓东要求撤回上诉。

（四）二审事实和证据

铁岭市中级人民法院经审理，确认一审法院认定的证据。

（五）二审判案理由

铁岭市中级人民法院经审理认为：上诉人侯晓东提出的撤回上诉的要求符合法律规定。

（六）二审定案结论

铁岭市中级人民法院依照最高人民法院《关于执行〈中华人民共和国刑事诉讼法〉若干问题的解释》第二百三十九条，作出如下裁定：

准许上诉人侯晓东撤回上诉。

（七）解说

本案涉及公诉案件撤回起诉的法律问题。

1. 被告人的上诉权问题

有人认为，被告人对人民法院准许公诉机关撤回起诉的裁定，一律不享有上诉权。笔者认为，人民法院对于同意检察院撤回起诉的裁定，在本质上也是这一案件的判决，因为它决定不追究被告人的相关责任或被告人是无罪的，所不同的不过是它并未通过全部的审判过程。故被告人应当享有上诉权。按照我国刑事诉讼的基本原则，上诉权是法律赋予当事人（被害人除外）及其法定代理人不服一审裁判，依法提起上诉的诉讼权利，是当事人诉讼权利的重要组成部分，司法机关无权剥夺。《刑事诉讼法》第一百八十条第一款规定："被告人、自诉人和他们的法定代理人，不服地方各级人民法院第一审的判决、裁定，有权用书状或者口头向上一级人民法院上诉。"第三款又规定："对被告人的上诉权，不得以任何借口加以剥夺。"这是保障被告人诉讼权利的基本规定。"人民法院第一审的判决、裁定"，其中就包含了对检察机关的撤回起诉请求的裁定。而剥夺被告人的上诉权，是属于严重违反法定程序的行为，也侵犯了公民的人权。至于上诉的理由，相关法律亦没有具体规定，按照《刑事诉讼法》和有关司法解释，被告人不服一审裁判，只要在法定期限内依法提出，并不需具体理由，上诉即可成立。被告人认为一审法院准许公诉机关撤回起诉，侵犯了其合法权益，或者准许撤回起诉将会对其产生不利后果，如丧失可能被宣判无罪的机会等，就有理由提出上诉，引起二审重新审理的程序。

2. 撤回起诉的时间

撤回起诉的时间即限定在提起公诉后法院审理前的阶段。公诉机关未提起诉讼当然谈不到撤诉；在法院宣告判决前，公诉机关原则上也不得撤回起诉。这是因为案件一旦进入法庭审理程序，检察机关就应积极地提出证据，承担举证责任，通过证明被告人有罪来推翻无罪推定，从而达到在法庭上胜诉的目的。如果检察机关以某一理由为名撤回起诉，然后再重新起诉即意味着案件由审理阶段退回到审查起诉，甚至是侦查阶段，被告人受到的是多次重复的刑事追诉。况且，毕竟在案件起诉到法院之后，法院所要做的就是通过展开法庭审理活动就起诉书的指控是否成立问题作出权威的法律裁断。特别是检察机关以事实不清、证据不足为由撤回起诉就意味着一个本来应当由法庭按照无罪推定原则判决被告人无罪的案件，无法在法庭上获得权威的法律裁决，从而使被告人的地位、命运一直处于不确定甚至有待判定的状态。而在检察机关提起公诉后审理前的阶段，法庭尚未进入案件的实质审理阶段，大多是处于对案件进行程序性的审查阶段。此时检察机关发现某种不应对被告人起诉的或是有其他情况如遗漏罪行和被告人的，可以将案件撤回再行处理。这时的撤回起诉没有侵犯法院的审判权，而是公诉权的正常行使，也是行使起诉裁量权的表现。

3. 关于公诉案件撤回起诉的事实理由

即公诉机关发现被告人不具有应当追究刑事责任的情形或被告人错误的，其中被告人不具有应当追究刑事责任的情形包括《刑事诉讼法》第十五条规定的六种情形，还包括第十五条未容纳的所有不认为是犯罪的情形，如正当防卫；被告人不构成犯罪的；犯罪事实非被告人所为的。实际上这些都是不追究刑事责任的情形，理应包含在第十五条中共同作为刑事诉讼法中法定不起诉的条件，只是由于法律规定得不完善。撤回起诉的理由仅限于法定不起诉应当包括的情形，而对酌定不起诉及存疑不起诉的情形，公诉机关起诉后，不得撤回起诉。前者原因在于虽然公诉机关具有起诉的裁量权，但起诉都是在经过缜密细致的审查、严谨科学的判断后作出的。既然在可以不起诉的情形下选择了起诉，就意味着公诉机关认为应该追究被告人的刑事责任，而起诉后又撤诉的，且不说是何原因，可能出现的公诉权的滥用就有损于检察机关起诉决定的严肃性。另外，诉讼已经提起，法院作为中立裁判机关，享有最终的裁决权，是否追究被告人刑事责任，公诉机关对其指控承担证明责任，即使又发现了可以不起诉的情况也应由法院作最终的判定。否则可诉可不诉的案件，检察机关诉了又撤，撤了又诉反复进行，有害于公诉权的行使和审判权的最终裁判力，而且被告人受长期的追诉，人身自由、人身尊严都可能受到侵犯。

4. 关于公诉案件撤回起诉的法院审查

撤回起诉的法院审查是指在检察机关提出撤回起诉时，法院要承担审查其他诉讼参与人是否有异议，即是否有不同意检察机关撤回起诉的。这是因为检察机关的撤回起诉可能存在着与被告人或被害人的诉讼利益冲突。法院对被告人、被害人是否同意检察机关撤诉的审查具有重要意义：一方面有利于提高诉讼效益，另一方面可以防止少数侦查机关和检察机关将撤回起诉作为逃避错案追究的护身符。

首先，从被告人角度讲，检察机关撤回已经提起的公诉意味着国家对被告人追诉活动的终止，被告人可以避免因审判结果的不确定性而可能对其错误定罪的风险。这是有利于被告人的。但是，也存在例外情况。如《刑事诉讼法》第十五条规定的六种情形中，第（二）项“犯罪已过追诉时效期限的”，要注意到这是在已经构成了犯罪的前提下免予追究刑事责任的，即对此人已经作了有罪的法律评价。倘若被告人认为自己根本就是无辜的，没有任何违法犯罪行为而是被错误起诉，此时为了彻底洗清自己的冤屈，其可能会坚持要求接受法院审判，希望通过公开、公正的法庭审判，通过法院的最终无罪判决来证明自身的清白。被告人的异议是客观存在但却是最容易被忽视的，少数检察机关甚至是法院错误地理解和利用手中的权力，如在一审程序中检察机关在案件证据不足、胜诉无望的情况下提出撤回起诉的要求，而法院则以裁定的方式予以准许，根本不考虑被告人的利益；而在检察机关对同一被告人的同一行为再次提起公诉时，法院也会轻易地予以接受。在这里，提起重复追诉的尽管不是法院，而是检察机关，但法院本身却成为检察机关任意实施重复追诉的协助者，同时撤回起诉就成为逃脱错案追究的托辞和护身符。

其次，从被害人的角度讲，检察机关撤回起诉是与被害人的利益相矛盾的。被害人一般都有着强烈的要求惩罚犯罪的愿望，检察机关撤回起诉不再追诉，但被害人可能认为自己的利益没有得到应有的保护，可能继续向检察机关申诉或者向法院起诉，甚至是上访。这样的撤诉不仅没有起到终结案件的作用，而且被害人还得进行大量的司法投入，对保护当事人的权利和诉讼效益都是不利的。在公诉案件的撤诉问题上给被害人一个提出异议的权利，不仅有利于保护他们的利益，也有利于减少诉累。

（辽宁省铁岭市中级人民法院　王建鹏）

96. 曹娟职务侵占案（抗诉、改判）

（一）首部

1. 判决书字号

一审判决书：北京市石景山区人民法院（2009）石刑初字第290号判决书。

二审判决书：北京市第一中级人民法院（2009）一中刑初字第3503号判决书。

2. 案由：职务侵占案。

3. 诉讼双方

公诉机关（抗诉机关）：北京市石景山区人民检察院，代理检察员：马爽、任国库。

被告人：曹娟，女，1982年4月15日出生，汉族，大专文化，原系北京物美商业集团股份有限公司职工。因本案于2009年1月14日被刑事拘留，同年2月20日被逮捕。

一审辩护人：刘春华，北京中润律师事务所律师。

二审辩护人：屈献庄，北京中润律师事务所律师。

4. 审级：二审。

5. 审判机关和审判组织

一审法院：北京市石景山区人民法院。

合议庭组成人员：审判长：吕志杰；人民陪审员：张丹茹、姜桂梅。

二审法院：北京市第一中级人民法院。

合议庭组成人员：审判长：宋之愉；审判员：关芳；代理审判员：张学。

6. 审结时间

一审审结时间：2009年9月28日。

二审审结时间：2009年12月18日。

（二）一审情况

1. 一审诉辩主张

（1）公诉机关指控称

2007年10月间，被告人曹娟在担任北京物美商业集团股份有限公司采购主管期间，利用其经供货商交纳费用的职务便利，将北京迎时万佳纺织品有限公司交给本公司的12万元场租劳务费非法占为己有，构成职务侵占罪。

（2）被告辩称

被告人曹娟表示认罪，但辩称其行为是挪用资金，涉案数额只有6万余元，并无侵占行为。

其辩护人的辩护意见为：曹娟涉案数额是6万余元，其将北京迎时万佳纺织品有限公司的钱提供给他人使用，属于拆借行为，不构成职务侵占罪；曹娟积极退赃且有自首情节，建议对曹娟从轻处罚。

2. 一审事实和证据

北京市石景山区人民法院经公开审理查明：2007年10月间，被告人曹娟在担任北京物美商业集团股份有限公司采购主管期间，利用其经手供货商交纳费用的职务便利，将北京迎时万佳纺织品有限公司交给北京物美商业集团股份有限公司场租劳务费的1张票面金额人民币12万元的转账支票，通过他人兑换成现金后，将其中64 577元非法占为己有，后逃匿。

上述事实有下列证据证明：

（1）被告人曹娟在公安机关的供述：其在北京物美商业集团股份有限公司（以下简称物美公司）采购中心任采购主管，负责纺织品采购，北京迎时万佳纺织品有限公司（以下简称迎时万佳公司）、北京星月丹江商贸有限公司（以下简称星月丹江公司）均是其单位的供货商。其为完成2007年8月的费用指标，以个人名义从星月丹江公司借了12万元，然后将该款以迎时万佳公司的名义存入其公司账户。其借费用时跟两家公司都说了，并告诉迎时万佳公司的高建平说："先借给你12万元交费，下个月申请1张12万元的支票还借钱的公司"。2007年10月间，高建平给其一个6万多元的存折，其将该款取出后凑成7万元，以其母亲杨萍的名义存入中国工商银行后，将该存折以个人名义借给星月丹江公司的田伟红，这钱就是迎时万佳公司还星月丹江公司出借12万元钱的一部分。剩余的钱其向高建平要，高建平没给，其没和星月丹江公司说明这事。

被告人曹娟在一审庭审中供述，因星月丹江公司的田伟红个人家庭生活困难，其将高建平给其存折里的6万多元取出来，又加了些钱凑成7万元，以个人名义将该款借给田伟红了。

（2）证人郭兰芝（北京物美商业集团股份有限公司法务稽核部经理）证言证实，曹娟在担任物美公司纺织品采购主管期间，负责管理二十余家纺织品供应商费用收取工作，具体的数目由曹娟本人同供货商谈定。2007年10月26日，北京迎时万佳纺织品有限公司给其单位汇款12万元没收到。经核实这笔场租费用曹娟经手。

（3）证人郑广权（北京物美商业集团股份有限公司副总监）证言证实，曹娟离职前，公司接到投诉后调查发现曹娟有帮助供应商相互拆借资金的行为，当时公司明确表示不允许采购主管帮助供应商相互拆借资金，公司发现曹娟负责的供应商账目有异常时，曹娟已经离职了，当时公司并没有给她签离职审批单，曹娟不辞而别，且失去联系。

（4）证人王娟（北京物美商业集团股份有限公司出纳）证言证实，其公司于2007年8月28日开具金额12万元的发票（代码211000672140，发票号码为27963184）是其经手办理的。该发票是开给北京迎时万佳纺织品有限公司的，但费用是北京星月丹江商贸有限公司以支票方式交的费用，发票由采购主管曹娟拿走，支票号是114004689。物美公司不允许交款方与开具发票名称不一致的这种情况，只有采购（主管）在场说明原因后，才能开具发票，别的部门不多，只有曹娟负责纺织科时这种情况比较多。曹娟在担任主管时，没有替供应商用大额现金交款的情况。其证言还有该公司的相关账目表相印证。

（5）证人高建平（北京迎时万佳纺织品有限公司职工）证言证实，2007 年 8 月份，曹娟给其打电话说费用不够了，让其公司提前交 12 万元的费用，其没同意。几天后曹娟又打来电话说这笔费用已让别的公司帮你们交了。2007 年 10 月初，曹娟又催其交这笔费用，其将 12 万元款以转账支票的形式给曹娟，曹娟交给其于 2007 年 8 月 28 日开具的金额为 12 万元的发票。第二天曹娟又把这张支票退回来，让其兑成现金。其通过高云把这张支票兑换成 5 万多元现金和 6 万多元的存折，共计 12 万元整交给曹娟，交款情况无他人能证实，曹娟收款后未给其留下字据。其证言还有北京迎时万佳纺织品有限公司收到的发票复印件相印证。

（6）证人高云证言证实，2007 年 10 月的一天，高建平给其一张迎时万佳公司票面金额 12 万元的转账支票，让其兑现金，其通过谷艳杰帮忙兑换成一张 6 万多元现金的存折和 5 万多元现金，一共 12 万元交给高建平。证人谷艳杰、贾振兰的证言也能印证上述事实。证人贾振兰证言还证实，高云拿到的存折户名为贾振兰，是中国工商银行的活期存折，存折金额是 64 577 元，现金 55 423 元，凑的 12 万元。证人苏建沅、乔红娥的证言也能印证上述事实。还有贾振兰的中国工商银行活期储蓄存折及取款凭证的复印件相印证。

（7）证人田伟红（北京星月丹江商贸有限公司法定代表人）证言证实，2007 年 8 月 31 日交给物美公司的支票号为 114004689，金额为 12 万元人民币的费用没有取得发票。这笔 12 万元款是曹娟通知其交纳给物美公司的，其追问时曹娟总是以各种理由搪塞。其只与物美公司做生意，其和其公司所有的资金往来和债权债务都直接和物美公司发生，与曹娟个人无任何资金往来或债权债务。曹娟没有给过其和其公司钱，也没有用存折或银行卡等非现金形式给其或其公司钱，也没有委托他人给其或其公司钱。其证言还有北京星月丹江商贸有限公司的账目单及银行对账明细表、签发给北京物美商业集团股份有限公司的转账支票复印件相印证。

（8）北京物美商业集团股份有限公司企业法人营业执照证实，该公司类型：股份有限公司，住所：北京市石景山区八大处高科技园区实兴东街 1 号 5610 室。该公司出具的证明材料证实：曹娟于 2006 年 5 月 22 日在该公司担任纺织品采购主管，工作职责主要为供货商的新增汰换、购销合同的洽谈审批等及纺织品促销和督核供货商按合同约定向财务按时交纳费用，并将收取的供货商合作费用及时上交公司财务。

（9）公安机关出具的到案经过、工作说明证实，2009 年 1 月 12 日，北京市公安局石景山分局刑侦支队接甘肃省天水市麦积区公安分局治安大队电话称：2008 年 12 月被列为网上在逃人员的曹娟已到治安大队接受讯问。石景山分局立即派出侦查员，于 2009 年 1 月 14 日在甘肃省天水市麦积区公安分局治安大队将犯罪嫌疑人曹娟押解回京（押解前未羁押）。曹娟提取涉案的中国工商银行活期存折中金额是 64 577 元。

3. 一审判案理由

北京市石景山区人民法院经审理认为：曹娟身为企业职工，为谋取私利，利用职务上的便利，将本单位的财物非法占为己有，数额较大，其行为已构成职务侵占罪。但指控曹娟构成职务侵占罪的 12 万元中，有 55 423 元现金不能充分证实系被告人曹娟非法占有，故不予确认。

4. 一审定案结论

北京市石景山区人民法院依照《中华人民共和国刑法》第二百七十一条第一款、第六十七条第一款、第六十四条、第六十一条，作出如下判决：

（1）曹娟犯职务侵占罪，判处有期徒刑二年。

（2）曹娟退赔的犯罪所得人民币 64 577 元，发还北京物美商业集团股份有限公司。

（三）二审诉辩主张

1. 抗诉机关抗诉称

一审判决认定事实错误，适用法律不正确，导致量刑不当。抗诉机关认为，曹娟的职务侵占行为，使物美公司给迎时万佳公司开出了 12 万元的发票，却未收到该款，损失 12 万元，侵犯了物美公司的财产所有权，曹娟是否对 12 万元全部实际控制，不应影响本案犯罪金额的认定。一审法院认定曹娟职务侵占本公司财产为 64 577 元，属认定事实错误。此外，曹娟虽自动投案，但在侦查阶段及审查起诉阶段未供述自己的犯罪行为，不符合自首要件；且在庭审阶段仅承认职务侵占 64 577 元，仅对部分犯罪事实供述，不属于自首。

2. 原审被告辩称

原审被告人曹娟辩称：星月丹江公司为迎时万佳公司垫付了 12 万元；高建平只给了其 6 万余元；其已将 7 万元给了田伟红。

其辩护人的辩护意见为：曹娟从星月丹江公司拿的 12 万元支票应认定为借款，不是星月丹江公司交给物美公司的赞返费；曹娟是否将 7 万元还给了田伟红，应对杨萍存折的取款人签字做笔迹鉴定；物美公司的供应商之间相互拆借是确实存在的，物美公司写的曹娟案说明中也提到了曹娟多次从其他公司借款为星月丹江公司垫款；高建平证言对给曹娟钱款证实细节前后不一，如果是正常向物美公司交款，也没有必要使用如此隐蔽的手段。曹娟主动投案，如实供述罪行，按照法律规定在一审判决前能如实供述犯罪事实的，应认定为自首。

（四）二审事实和证据

北京市第一中级人民法院经审理查明：2007 年 8 月至 10 月间，原审被告人曹娟在担任物美公司采购主管期间，利用职务便利，指令公司财务人员，将其主管的供货商星月丹江公司交纳的 12 万元场租费，记入另一供货商迎时万佳公司名下，并由物美公司给迎时万佳公司开具了收到 12 万元的发票。后曹娟将迎时万佳公司实交的 12 万元场租费侵吞。

认定上述事实的证据，与经一审庭审举证质证的证据相同。

（五）二审判案理由

北京市第一中级人民法院经审理认为：原审被告人曹娟在担任公司采购主管期间，利用职务之便，将本公司财物非法占为己有，数额巨大，其行为已构成职务侵占罪，依法应予惩处。鉴于曹娟主动投案，能够供述案件事实，有自首情节，结合其家属代其退赔全部赃款，可依法对曹娟减轻处罚，因此，本院对抗诉机关关于原判认定曹娟具有自首情节有误的抗诉意见不予采纳。但原审判决对曹娟利用职务侵占公司财物的数额认定有误，予以纠正。对抗诉机关关于原判认定事实有误的抗诉意见予以采纳。

（六）二审定案结论

北京市第一中级人民法院依照《中华人民共和国刑事诉讼法》第一百八十九条第（二）项、《中华人民共和国刑法》第二百七十一条、第六十七条第一款、第六十一条、第六十四条，作出如下判决：

1. 撤销北京市石景山区人民法院（2009）石刑初字第290号刑事判决。
2. 曹娟犯职务侵占罪，判处有期徒刑三年。
3. 在案扣押的人民币12万元，发还北京物美商业集团股份有限公司。

（七）解说

本案书证与被告人供述和辩解、证人证言之间存在矛盾，因此涉及证据采信的问题。在本案的审理过程中，曹娟辩解称自己是为了完成物美公司的指标才使用向不同的公司开发票和支票的手段进行拆借资金，且有其供述和北京迎时万佳公司业务员高建平的证言能够反映此问题。如果对其辩解和高建平的证言采信，那么曹娟的行为则不构成职务侵占罪。但如果依据本案在案的书证，则曹娟的行为构成职务侵占罪无疑。

职务侵占罪成立的一个前提是利用职务便利将本单位的财物占为己有。但是对于星月丹江公司所交12万元的性质存在争议——是星月丹江公司为自己交的赞返费，还是为迎时万佳公司垫付的资金——从而导致对于曹娟行为认定意见的不一。对12万元性质的认定实际上是对于书证和证人证言证明力大小的判断问题。如果采信书证，则曹娟的行为可以定为职务侵占，如果采信被告人辩解和证人证言，则曹娟的行为是拆借资金的行为。

书证，作为以文字、符号、图形等方式所记载的内容来证明案情的实物证据，具有如下特征：书证所记载的内容或表达的思想往往能直接证明有关的案件事实；书证同其他证据相比，证明力更强；特定书证的有无，是认定某些犯罪是否成立的必要条件。证人证言是指证人就自己所知道的案件事实情况向司法机关所作的陈述，都是当事人从主观上对信息进行加工、选择的过程，具有主观性。即使一个最诚实的人，提供的证言也可能有失真的时候。其原因是：言词证据要受到主客观因素的影响；可能遇到各种不正之风的干扰；证人对自己曾经感受的事情所作的复述，从感知、记忆到表述每个阶段都可能出现误差。目前在实践中已经形成了以下对于证人证言采信的规则：证人陈述案件事实证言的内容前后矛盾又无其他证据佐证的，不予采信；对方对证人证言提出反证时，提供证人证言的一方不能反驳，对该证人证言不予采信；证明同一案件事实时，当证人证言与其他证据互相矛盾，而证人证言不稳定，前后有变化的，一般对证人证言不予采信。此外，物证、档案、鉴定结论、勘验笔录或者经过公证、登记的书证，其证明力一般高于其他书证、视听资料或证人证言。

根据上述证明规则，结合本案，首先，曹娟的多次供述均不一致，形不成稳定的供述，例如，曹娟到公安机关投案后并不承认收到高建平给的存折，公安机关多次对其进行讯问后，她称是高建平提出要跟她一起私分这笔12万元，她在收到高建平给的存折后，把钱取出又添钱凑齐7万元存了一个存折，把这个存折给星月公司的田伟红了。因此曹娟供述的证明力降低。其次，田伟红的证人证言由于涉及刑民交叉，且现在无法查清田伟红去向、无法证实其证言而导致证明力降低。再次，高建平证人证言前后矛盾，存在诸多疑点，例如，高建平先称其于当月在物美公司总部，经曹娟授意她拿着曹娟的文件夹，把现金和存折夹进这个文件夹，后来曹娟去厕所找她，她就把放着钱的文件夹交给曹娟了，当时存折上写着密码；补侦期间高建平又称其拿着文件夹、枕芯样品，在厕所将钱装进枕芯，把存折装进曹娟的文件夹，在五层候梯间把文件夹和枕芯给了曹娟，曹娟接过东西什么也没说。此外，高建平在一审当庭询问中表现支吾，因此其证言证明力降低。最后，经审查，本案书证的形式和取得方式均合法，具有较强的证明力。可见，在此案中书证的证明力远远高于其他言词证据，故仅采信书证，而对于上述其他言词证据均不予采信。据此，对于星月丹江公司交给物美公司的12万元支票以及物美公司交给迎时万佳公司的12万元发票均予以确认，即物美公司本应获得24万元的收益，但是由于曹娟的行为而使物美公司损失其中12万元，故对于曹娟的职务侵占物美公司12万元的行为应予确认。

（北京市第一中级人民法院　关芳　宋振宇）

97. 王云贪污、受贿、违法发放林木采伐许可证案（审判监督程序）

（一）首部

1. 裁判书字号

一审判决书：四川省攀枝花市西区人民法院（2007）攀西刑初字第97号。

二审裁定书：四川省攀枝花市中级人民法院（2008）攀刑终字第13号。

再审判决书：四川省攀枝花市中级人民法院（2008）攀刑再终字第2号。

2. 案由：贪污、受贿、违法发放林木采伐许可证案。

3. 诉讼双方

公诉机关：四川省攀枝花市西区人民检察院，检察员：刘文娟。

申诉人（一审被告人、二审上诉人）：王云，男，1964年2月14日出生于四川省盐边县，汉族，大学文化，原四川省盐边县劳动与社会保障局局长、党组书记。

辩护人（二审、再审）：卢刚，四川三才律师事务所盐边分所律师。

4. 审级：再审。

5. 审判机关和审判组织

一审法院：四川省攀枝花市西区人民法院。

合议庭组成人员：审判长：刘小平；审判员：刘晓梅；代理审判员：杨媛。

二审法院：四川省攀枝花市中级人民法院。

合议庭组成人员：审判长：李伟东；审判员：王建方、姚孝胜。

再审法院：四川省攀枝花市中级人民法院。

合议庭组成人员：审判长：蒋毅；审判员：董敏、文仁寿。

6. 审结时间

一审审结时间：2007年11月15日。

二审审结时间：2008年1月18日。

再审审结时间：2009年6月23日。

(二) 一审情况

1. 一审诉辩主张

(1) 公诉机关指控称

被告人王云在担任四川省盐边县林业局局长期间，于2006年9月伙同该县森防站站长彭志江（另案处理）贪污该县的病虫防治经费人民币204 300元；被告人王云还利用职务之便，从2003年至2005年期间，非法收受他人所送现金及商品房一套共计价值525 758元，为他人谋取利益；2006年12月，被告人王云违反森林法的规定，发放林木采伐许可证，导致国有林木被砍伐274.7立方米，集体林木被砍伐239.8立方米。被告人王云的行为分别构成贪污罪、受贿罪、违法发放林木采伐许可证罪，应对其予以数罪并罚；被告人王云贪污及受贿金额均在10万元以上，故其所犯贪污罪和受贿罪均应被判处十年以上有期徒刑的刑罚，其所犯违法发放林木采伐许可证罪应被判处三年以下有期徒刑或拘役的刑罚；被告人王云因涉嫌违法发放林木采伐许可证罪被司法机关传唤后，主动如实供述了自己受贿及贪污的犯罪事实，因此对其贪污罪和受贿罪应按自首从轻或减轻处罚。此外，被告人王云到案后认罪态度较好，可酌情对其从轻处罚。

(2) 被告辩称

被告人王云对公诉机关的指控未提出异议。

2. 一审事实和证据

攀枝花市西区人民法院经公开审理查明：

(1) 受贿的事实

①2004年3、4月期间，承包盐边县部分林区小蠹虫防治工程的陈煜、钟鑫平为感谢被告人王云对二人在小蠹虫防治工程中的关照，在成都市购买了一套价值人民币323 758元的商品房送给被告人王云。2004年9月被告人王云以其妻赵晓蓉的名义办理了该商品房的房产证等所有权凭证。

②2004年春节前，承包盐边县部分林区小蠹虫防治工程的毛刚为感谢被告人王云在防治工程中对自己的关照，分别在王云的办公室和盐边县一餐厅内，先后两次送给被告人王云人民币现金3万元，共计6万元，王云将毛刚所送现金收下据为己有。

③2004年春节前，承包盐边县部分林区小蠹虫防治工程的李兰辉为感谢被告人王云在防治工程中对自己的关照，在被告人王云的家中以拜年的名义送给王云人民币现金1万元；2006年春节期间，李兰辉为感谢王云在一次木材交易过程中对自己的关照，再次以拜年的名义送给王云人民币现金2 000元，王云将李兰辉所送现金收下据为己有。

④2005年春节前，曾在盐边县林区承包小蠹虫防治工程的陈仲学听说2005年盐边县又

有一批小蠹虫防治工程要开展，为感谢王云以前在小蠹虫防治工程中对自己的关照，也为进一步与王云搞好关系，争取拿到2005年的防治工程，陈仲学在王云的办公室送给王现金人民币3万元，王云将陈仲学所送现金收下据为己有。

⑤2005年，盐边县林业局在实施“退一还二”荒山荒地人工造林、封山育林的工作中，安排给盐边县国胜乡林业站站长尹富康造林面积7 000余亩，国家为此已支付给尹富康造林款25万余元。事后被告人王云认为自己在尹承包该工程中帮了忙，尹富康在该工程中赚了钱，便安排县林业局下属退耕办主任王永忠（另案处理）找尹拿点钱。后王永忠从尹富康等处拿了10万元现金到王云的办公室，王从中拿出3万元给王永忠，将其余7万元占为己有。

（2）贪污的事实

2006年9月的一天，被告人王云在办公室听下属的县森防站站长彭志江（另案处理）汇报，上级要来人检查，该局还有20余万元的病虫害防治经费没有使用，钱得用出去。王云听后便安排彭志江以造假劳务花名册的方式，将该笔防治经费204 300元下发给各乡林业站。同年11月假劳务花名册经王云签字后入账，防治经费下拨到各林业站后，彭志江又根据王云的安排陆续把钱都收了回来。2007年1月的一天，彭到王的办公室汇报说钱已收回来，王又安排彭志江拿19万元回来，其余1万余元分给各乡林业站长。几天后彭志江将19万元现金拿到王云的办公室交给王。当日下午王云分了3万元给彭志江，其余16万元被其侵吞。

（3）违法发放林木采伐许可证的事实

2005年2月，盐边县电力公司箐河经桑园至新县城110kV输变电工程项目向盐边县林业局申请占用林地和砍伐林木。根据森林法律、法规的相关规定，对盐边县电力公司所提申请的审核审批权限应由四川省人民政府的林业主管部门行使。2006年1月4日，被告人王云明知盐边县林业局无权对盐边县电力公司申请占用林地一事作出决定，仍然违反规定，签发了边林函（2005）40号文，同意盐边县电力公司占用林地41.3762公顷，使该公司违法占用林地进行施工得以进行。2006年12月23日，被告人王云又违反规定签发了国有林201.4立方米的林木采伐许可证；经王云同意，郑继刚签发了集体林830余立方米的林木采伐许可证，均用于盐边县电力公司在施工中对所占用林地内的林木砍伐。根据攀枝花市林业调查规划设计院调查后认定，盐边县电力公司实际占用林地15.304 9公顷，砍伐国有林木274.7立方米、集体林木239.8立方米。

被告人王云因涉嫌犯违法发放林木采伐许可证罪被司法机关传唤后，主动如实地供述了自己贪污、受贿的犯罪事实，并已退还所获赃款。

上述事实有下列证据证明：

户籍证明、到案经过、情况说明、扣押清单、任职文件、岗位职责、盐边县林业局发文签、盐边县电力公司申请、集体林木采伐许可证、国有林木采伐许可证、攀枝花市林业局文件、国家林业局《占用征用林地审核审批管理办法》、《中华人民共和国森林法实施条例》、公证书、补充协议、会议纪要、房屋所有权证、不动产发票、结算票据、劳务花名册、证人陈煜、钟鑫平、赵晓蓉、毛刚、李兰辉、陈仲学、王永忠、尹富康、彭志江、彭洪恩、赵晓林、梁晓玲、唐成云的证言、被告人王云的供述等证据证明。

3. 一审判案理由

攀枝花市西区人民法院经审理认为：被告人王云身为国家工作人员，利用职务便利，伙同下属采取虚报冒领方式侵吞国家公共财产价值达人民币204 300元，其行为已构成贪污罪；被告人王云还利用职务便利，非法收受他人钱财价值达人民币425 758元，其中伙同下属索取他人钱财人民币 100 000 元，为他人谋取利益，其行为已构成受贿罪；被告人王云身为林业主管部门工作人员，违反森林法律、法规的规定发放林木采伐许可证，情节严重，致使森林遭受严重破坏，其行为亦构成违法发放林木采伐许可证罪，依法应予以数罪并罚。公诉机关指控的罪名成立，予以采纳。被告人王云因涉嫌违法发放林木采伐许可证罪被司法机关传唤后，主动供述了司法机关尚未掌握的自己贪污及受贿的犯罪事实，因此对其贪污罪和受贿罪应认定为自首，可依法减轻处罚。

4. 一审定案结论

攀枝花市西区人民法院依照《中华人民共和国刑法》第三百八十二条第一款、第三百八十三条第一款第（一）项、第三百八十五条第一款、第三百八十六条、第四百零七条、第二十五条第一款、第六十一条、第六十四条、第六十七条第二款、第六十九条以及最高人民法院《关于审理破坏森林资源刑事案件具体应用法律若干问题的解释》第十二条第（二）项，作出如下判决：

（1）王云犯受贿罪，判处有期徒刑七年，并处没收个人财产人民币 40 万元；犯贪污罪，判处有期徒刑五年，并处没收个人财产人民币 20 万元；犯违法发放林木采伐许可证罪，判处有期徒刑二年，决定执行有期徒刑十一年，并处没收个人财产人民币 60 万元。

（2）随案移送赃款人民币 655 758 元，依法予以收缴，上缴国库。

（三）二审情况

1. 二审诉辩主张

上诉人王云向攀枝花市中级人民法院诉称：原判认定贪污和受贿具体金额有误，贪污应为 160 000 元，受贿应为 495 758 元；自己没有索贿行为；不构成违法发放林木采伐许可证罪；认罪态度较好，积极退赃，有自首和立功情节，没收个人财产 60 万元过高，量刑过重。

攀枝花市人民检察院对一审法院的判决未提出异议，但针对上诉人王云的辩解及辩护人的辩护理由列举了情况说明、扣押物品清单、盐边县林业局发文签、盐边县电力公司申请、集体林木采伐许可证、国有林木采伐许可证、攀枝花市林业局文件、国家林业局《占用征用林地审核审批管理办法》、《中华人民共和国森林法实施条例》、公证书、补充协议、会议纪要、房屋所有权证、不动产发票、结算票据、劳务花名册、证人证言、被告人王云的供述等证据来予以说明上诉人王云伙同他人贪污的金额为 204 300 元，受贿金额为 425 758 元，其中索贿金额为 100 000 元；其违反森林法律、法规发放林木采伐许可证，情节严重，致使森林遭受严重破坏，其行为已构成违法发放林木采伐许可证罪。建议二审法院驳回上诉，维持原判。

2. 二审事实和证据

攀枝花市中级人民法院经审理，确认一审法院认定的事实和证据。

3. 二审判案理由

攀枝花市中级人民法院经审理认为：原审被告人王云身为国家工作人员，利用职务便利，伙同下属采取虚报冒领方式侵吞国家公共财产价值达人民币 204 300 元，其行为已构成贪污罪；原审被告人王云还利用职务便利，非法收受他人钱财价值达人民币 425 758 元，其中伙同下属索取他人钱财人民币 100 000 元，为他人谋取利益，其行为已构成受贿罪；原审被告人王云身为林业主管部门工作人员，违反森林法律、法规的规定发放林木采伐许可证，情节严重，致使森林遭受严重破坏，其行为亦构成违法发放林木采伐许可证罪，依法应予以数罪并罚。原审被告人王云因涉嫌违法发放林木采伐许可证罪被司法机关传唤后，主动供述了司法机关尚未掌握的自己贪污及受贿的犯罪事实，因此对其贪污罪和受贿罪应认定为自首，可依法减轻处罚。上诉人王云的辩护人卢刚出示的证据不能证实上诉人王云的行为不构成违法发放林木采伐许可证罪，不予采信；上诉人王云及辩护人卢刚关于“原判认定违法发放林木采伐许可证罪与事实不符，认定受贿和贪污的数额有误，不构成索贿行为，有立功情节”的上诉理由及辩护意见与本案查明的案件事实不相符合，且无相关证据证实，不予采信；关于“认罪态度好，积极退赃，有自首行为”的上诉理由和辩护意见，原判已予以认定，且已减轻判处。原判认定事实清楚，证据充分，定性准确，适用法律错误，审判程序合法，量刑适当。

4. 二审定案结论

攀枝花市中级人民法院依照《中华人民共和国刑事诉讼法》第一百八十九条第（一）项，作出如下裁定：

驳回上诉，维持原判。

（四）再审诉辩主张

1. 申诉人申诉称

申诉人王云申诉称：(1) 一、二审审理过程中，检举曹某某犯罪的事实未查实。现曹某某的犯罪事实已查实，其检举属立功，结合原审查实的自首情节，应当减轻处罚，原判量刑过重。(2) 收取尹富康等人 10 万元人工造林款的行为不构成索贿。(3) 贪污金额应为 192 900 元。(4) 不构成违法发放林木采伐许可证罪。(5) 原审判决没收其个人财产 60 万元过高。

2. 攀枝花市人民检察院意见

本案事实清楚，证据充分，罪名成立。被告人王云检举查实，具有立功情节，请法院酌情处理。

（五）再审事实和证据

攀枝花市中级人民法院经再审查明：申诉人王云向攀枝花西区人民检察院检举的曹某某受贿一案查实。曹某某原系攀枝花市盐边县人大常委会副主任兼盐边县林业局局长，在其任职期间受贿 16 万元。攀枝花市西区人民法院于 2008 年 7 月 3 日作出（2008）攀西刑初字第 65 号刑事判决，以被告人曹某某犯受贿罪，判处有期徒刑五年，并处没收个人财产人民币 5 万元。随案移送赃款人民币 16 万元依法予以追缴，上缴国库。曹某某不服，向攀枝花市中级人民法院提出上诉。攀枝花市中级人民法院于 2008 年 8 月 28 日作出驳回上诉，维持原判的（2008）攀刑终字第 81 号刑事裁定。

上述事实有下列证据证明：

1. 攀枝花市西区人民检察院出具的《情况说明》，证实王云在侦查期间检举他人受贿的事实已查明。

2. 攀枝花市西区人民法院（2008）攀西刑初字第 65 号刑事判决书和攀枝花市中级人民法院（2008）攀刑终字第 81 号刑事裁定书，证实曹某某受贿 16 万元，以受贿罪判处有期徒刑五年，并处没收个人财产人民币 5 万元的事实。

其余事实和证据与一审、二审认定的事实、证据一致，予以确认。

（六）再审判案理由

攀枝花市中级人民法院经审理认为：被告人王云身为国家工作人员，利用职务上的便利，伙同下属采取虚报冒领的方式侵吞国家公共财产价值人民币 204 300 元，其行为已构成贪污罪；被告人王云利用职务上的便利，非法收受他人钱财价值人民币 425 758 元，其中伙同下属索取他人钱财人民币 100 000 元，为他人谋取利益，其行为已构成受贿罪；被告人王云身为林业主管部门的工作人员，违反森林法律、法规的规定发放林木采伐许可证，情节严重，致使森林遭受严重破坏，其行为构成违法发放林木采伐许可证罪，依法予以数罪并罚。被告人王云因涉嫌犯违法发放林木采伐许可证罪被司法机关传唤后，主动供述了司法机关尚未掌握的自己贪污和受贿的犯罪事实，对其所犯贪污罪和受贿罪应认定为自首，可依法减轻处罚。被告人王云检举被告人曹某某的受贿事实经查属实，王云具有立功情节，依法可从轻处罚。原判对该检举因审理过程中未查实，未予认定，故原判量刑过重。被告人王云提出的这点申诉理由成立，予以采纳。其余申诉理由与本案查明的事实不符，不予采纳。

（七）再审定案结论

攀枝花市中级人民法院依照《中华人民共和国刑法》第三百八十二条第一款、第三百八十三条第一款第（一）项、第三百八十五条第一款、第三百八十六条、第四百零七条、第二十五条第一款、第六十一条、第六十四条、第六十七条第二款、第六十八条第一款、第六十九条、最高人民法院《关于审理破坏森林资源刑事案件具体应用法律若干问题的解释》第十二条第（二）项、《中华人民共和国刑事诉讼法》第一百八十九条第二款第（二）项、第二百零六条，作出如下判决：

1. 撤销攀枝花市西区人民法院（2007）攀西刑初字第 97 号刑事判决书和攀枝花市中级人民法院（2008）攀刑终字第 13 号刑事裁定书。

2. 王云犯受贿罪，判处有期徒刑六年六个月，并处没收个人财产人民币 40 万元；犯贪污罪，判处有期徒刑五年，并处没收个人财产人民币 20 万元；犯违法发放林木采伐许可证罪，判处有期徒刑一年六个月，决定执行有期徒刑十年，并处没收个人财产人民币 60 万元。

3. 随案移送赃款人民币 655 758 元，依法予以收缴，上缴国库。

（八）解说

《中华人民共和国刑法》第六十八条规定：“犯罪分子有揭发他人犯罪行为，查证属实的，或者提供重要线索，从而得以侦破其他案件等立功表现的，可以从轻或者减轻处罚；有重大立功表现的，可以减轻或者免除处罚。”查证被告人检举的犯罪行为是否属实，必须经过法定的程序，如果被告人检举的犯罪行为在诉讼期间未查实，在判决生效后被查实，那么该如何处理呢?《中华人民共和国刑事诉讼法》第二百零四条第（一）项规定，有新的证据证明原判决、裁定认定的事实确有错误的，人民法院应当重新审判。对此，最高人民法院研究室在对四川省高级人民法院《关于检举行为在判决发生法律效力之前但查证在判决发生法律效力之后应如何适用法律问题的答复》（法研［2010］号）中进一步予以了明确：裁判生效之后发现罪犯在裁判生效之前有立功或者重大立功表现，并且明显影响量刑的，应当根据《刑事诉讼法》第二百零四条之规定适用审判监督程序审理，经查证属实的，依照《刑法》第六十八条规定予以改判。即刑事诉讼中，被告人检举、揭发的他人犯罪行为在审判过程中未查实，在判决生效后被查证属实，构成立功的，应当依照审判监督程序进行再审。

本案中，原审被告人在原审诉讼中有检举、揭发他人犯罪行为，在审理阶段未查证属实，故人民法院不能认定为立功情节。判决发生法律效力后，原审被告人检举、揭发他人犯罪行为的事实被查实，构成立功表现，属于《刑事诉讼法》第二百零四条第（一）项规定的"新证据"。此时人民法院按照审判监督程序进行再审，对原审未认定的立功情节予以认定，而没有按照服刑立功，通过减刑、假释来处理，是符合刑事诉讼法立法精神的，也与之后最高人民法院研究室的答复相契合。该案是典型的"以案释法型"案例，对今后司法实践中因司法机关查证犯罪事实延迟，导致原审判决裁定认定的事实错误的案件，应当适用何种程序纠错进行了明确。

（四川省高级人民法院　杨鲁静）

图书在版编目（CIP）数据

中国审判案例要览．2010年刑事审判案例卷/国家法官学院，中国人民大学法学院编．—北京：中国人民大学出版社，2012.1
ISBN 978-7-300-15153-3

Ⅰ．①中… Ⅱ．①国… ②中… Ⅲ．①审判-案例-汇编-中国-2010②刑事诉讼-审判-案例-汇编-中国-2010 Ⅳ．①D920.5 ②D925.218.25

中国版本图书馆CIP数据核字（2012）第003947号

"十二五"国家重点图书出版规划
国家出版基金资助项目
中国审判案例要览（2010年刑事审判案例卷）
国家法官学院
中国人民大学法学院 编
Zhongguo Shenpan Anli Yaolan（2010 nian Xingshi Shenpan Anlijuan）

出版发行	中国人民大学出版社		
社　　址	北京中关村大街31号	**邮政编码**	100080
电　　话	010－62511242（总编室）		010－62511398（质管部）
	010－82501766（邮购部）		010－62514148（门市部）
	010－62515195（发行公司）		010－62515275（盗版举报）
网　　址	http://www.crup.com.cn		
	http://www.ttrnet.com（人大教研网）		
经　　销	新华书店		
印　　刷	涿州市星河印刷有限公司		
规　　格	185 mm×260 mm　16开本	**版　　次**	2012年2月第1版
印　　张	35 插页3	**印　　次**	2012年2月第1次印刷
字　　数	858 000	**定　　价**	130.00元

版权所有　侵权必究　　印装差错　负责调换